JN190579

汲古叢書184

大櫛敦弘著

秦漢統一国家体制の研究

汲古書院

目次

序章――本書での研究の視角と方法―― 3

第一部 内史・三輔・関中編――「本土」から「首都圏」へ 23

第一章 内史の展開と秦漢統一国家体制の形成 25
第一節 問題のありか 25
第二節 雲夢秦簡と内史研究 27
第三節 「二年律令」と内史研究 34
第四節 里耶秦簡、岳麓秦簡と内史研究 42
第五節 内史制度の展開と秦漢統一国家体制の形成 48

第二章 前漢三輔制度の形成 65
第一節 問題のありか 65
第二節 三輔制度形成をめぐる史料と先行研究 67
第三節 三輔成立の時期をめぐって 79

第四節　内史分置の文帝後元年間説をめぐって……87
第五節　終節……90
補論『漢書』地理志における内史の設置時期をめぐって……99
第一節　問題のありか……99
第二節『漢書』地理志に見える各郡国の設置時期……101
第三節　黄彰健説の検討……105
第四節　終節……109
第三章　前漢三輔制度の展開……114
第一節　問題のありか……114
第二節　三輔都尉……115
第三節　関中の拡大……121
第四節　司隷校尉部の出現……129
第五節　終節……137
第四章　中国「畿内制度」の形成に関する一考察……147
第一節　問題のありか……147
第二節　秦・漢初における「畿内」……149
第三節　翼奉の洛陽遷都論……152
第四節　王莽の畿内制度……154

第五節　終節……157
第五章　関中・三輔・関西――関所と秦漢統一国家――……162
第一節　問題のありか……162
第二節　国内の関所のライン……164
第三節　秦および前漢前期における「広域関中」と「初期領域」、「内史の地」の呼称の用例……171
第四節　前漢後期における「新関中」と三輔地域の呼称の用例……178
第五節　後漢期における「関所の内側」と三輔地域の呼称の用例……182
第六節　終節……188
第二部　東方諸地域編――「他国」から「地域」へ……201
第一章　統一前夜――戦国後期の「国際」秩序――……203
第一節　問題のありか……203
第二節　戦国後期の「統一国家像」……204
第三節　戦国後期の「国際」秩序……214
第四節　「国際」秩序から統一国家体制へ……224
第五節　終節……227

第二章　燕・齊・荊は地遠し――秦漢統一国家と東方地域――　236
第一節　問題のありか――統一国家体制の形成と展開――　236
第二節　秦末、楚漢戦争期の東方地域　238
第三節　漢初における各諸侯王国の地域的傾向　247
第四節　終節　258
補論　戦国の残像――秦末、楚漢戦争期における旧魏の領域――　265
第一節　問題のありか　265
第二節　『戦国縦横家書』第二十六章に見られる魏の領域とその年代　269
第三節　秦末、楚漢戦争期における旧魏（梁）の領域　274
第四節　終節――戦国の残像――　281
第三章　使者の越えた「境界」――秦漢統一国家体制形成の一こま――　288
第一節　問題のありか　288
第二節　前漢武帝期における統一国家体制の形成――近年の研究から――　290
第三節　徐偃矯制事件の周辺　293
第四節　元狩・元鼎の交――博士の郡国循行の事例から――　301
第五節　終節――「境界」を超えて――　315

第三部　移動と空間編――軍事、行幸 325
第一章　秦代国家の統一支配――主として軍事的側面から―― 327
第一節　問題のありか 327
第二節　秦末・楚漢戦争期の軍事的状況 328
第三節　統一支配の軍事的背景 336
第四節　統一支配の軍事的体制 341
第五節　終節 349
補論　三川郡のまもり――「秦代国家の統一支配」補論―― 357
第一節　問題のありか 357
第二節　三川郡の概観 359
第三節　三川郡のまもり 364
第四節　終節――秦代国家の統一支配・補論―― 375
第二章　新朝の統一支配――主として軍事的側面から―― 386
第一節　問題のありか 386
第二節　前漢の統一支配と翟義の乱 389
第三節　四関将軍 396

第四節　新朝の防衛体制——崩壊時の事例から—— 402
第五節　終節 410
第三章　前漢武帝期の行幸——その基礎的考察—— 419
第一節　問題のありか 419
第二節　行幸資料の集成 420
第三節　行幸の概要 424
第四節　行幸と地域 428
第五節　行幸の諸相 431
第六節　終節——歴史的位置づけ—— 437
第四章　後漢時代の行幸 445
第一節　問題のありか 445
第二節　行幸の概要 446
第三節　行幸と地域 453
第四節　行幸の諸相 463
第五節　終節 472
終　章 485
第一節　ここまでのまとめ 485

第二節　秦邦――戦国後期の「国際」秩序と領域内での地域的区分――……490
第三節　統一秦における領域内での地域的区分……497
第四節　秦漢統一国家体制の形成と展開……509
補論　「襄武・上雒・商・函谷關」の間
――岳麓書院蔵秦簡（肆、五三）に見える特定領域――……524
第一節　問題のありか……524
第二節　特定領域の範囲とその問題点……526
第三節　特定領域をめぐる諸研究の検討……529
第四節　終節……533
引用文献一覧……541
初出一覧……571
あとがき……575
索　引……*1*

秦漢統一国家体制の研究

序章――本書での研究の視角と方法――

中国の長い歴史において、時として分裂の局面をまじえながらも、基本的に統一の枠組みが維持され、かつ拡大、発展してきたことは、その大きな特徴の一つといえるであろう。本書では、そこでの最初の事例となる秦および漢代における統一国家の体制がいかに形成され、かつ展開していったのかを、主として「地域の統合」――すなわち「地域間での支配、対立関係の構図とその相対化」――という側面より考察を加えてゆくものであるが、まずはこうした研究の視角と方法などについて、その背景となる状況も含めて簡単に整理しておくこととしたい。

「地域」の統合

そもそも統一とは諸地域の統合の上に成し遂げられるものであるが、この最初の統一国家が出現するにあたっては、当然のことながら、実に長きにわたる形成の過程が必要であった。いささか単純化して述べるならば、そこでは原初の小規模な集落や地域がより規模の大きい、より高次のレベルでのそれへと統合されてゆく、そしてそれがさらに高次の、より広域なレベルに統合される――このような動きが幾度となく繰り返し重ねられて、統一へと至るものであったと思われるのである。こうした統一への形成の過程については、たとえば宮崎市定氏が「中国古代史とは、都市国家的小聚落が無数に散在した上代から、次第にその中に中心国家が成長して国家連合を形造り、覇者が出現し、領土国家が形成されて、最後に古代帝国が成立するまでの過程であるとも言うことができる」(1)として、「都市国家─領土国家─古代帝国」の段階に分けて整理していることなど(2)は周知の通りであろう。

近年では鶴間和幸氏が殷周・春秋期の都市国家の基盤となり、領域国家形成後にも郡県の基盤となった「第一の地域」、戦国の領域国家の基盤となり、あるいは漢代十三州や経済上、言語上の区域とも重なる「第二の地域」、そして華夷共存の世界である「第三の地域」という三つの地域を措定し、その空間的な拡大とそれに対応した国家の形成という視点から、「都市国家から領域国家、そして領域国家が競合していくなかで中華という国際秩序を生みだし、やがて中華世界を一つの帝国として統合していく求心力が生まれていく過程」を提示している。ちなみに本来は諸国家の共存する華夷世界に、一方的な中華帝国を建設しても第二の地域国家の集合にとどまらざるをえないことから、統一帝国すなわち中華帝国は、第二の地域と第三の地域の中間に位置する存在であるという(3)。

また平勢隆郎氏は、「農村が普遍的に存在する段階→農村や小さな都市を比較的大きな都市がまとめげる段階→その比較的大きな都市を大国(これも都市)がまとめあげる段階→大国が中央となり、配下の都市を県にして、県に官僚を派遣して地方を統治する段階→いくつかできあがっていた中央政府を滅ぼしての天下統一」という段階を提示し(4)、あるいはそれを「小領域─中領域─大領域」の三つの領域において論じている(5)。

さらに渡邊信一郎氏は、龍山文化期以来の三層ないし四層の階層構造をもつ聚落群が東周期には行政的軍事的に県制へと再編されたこと、こうした県さらには郡の境域をこえて言語(方言)・貨幣・遠隔地交易の各次元における複数の広領域交通圏がその上に展開しており、これらはさらに全体として重層的な複合的相互作用圏を構成していたが、それに加えて対外的拡張政策により形成された首都圏─内郡─辺郡間の中心─周辺構造と軍事的相互作用圏の創出をもって、「外部諸地域に対して軍事的拡張傾向をもつ大規模な複合的政治社会」としての「帝国」が成立したとしている[6]。

以上のように、論者によって詳細は異なるものの、秦漢統一国家が幾層にもわたる地域の統合、拡大の過程を繰り返して形成されてきたこと、のみならずそれぞれの階層におけるこうした地域のまとまりが、統一後も行政や経済、言語上の区域などとして持続していたこと、などが論じられてきているのである。『史記』巻一二九貨殖列伝や『漢書』巻二八地理志、あるいは揚雄『方言』に見られるような、統一体制下での経済や風俗、言語などの地域によるまとまりの存在も、こうした状況の一端を示すものといえるであろう[7]。

このような「地域」の統合とその持続という側面は、基本的に均質均等な支配を志向する統一国家の枠組みや諸制度――官僚制度や地方行政制度をはじめとして、法律、司法、財政、軍事、交通、儀礼、祭祀、監察、貨幣、駅伝、情報伝達や祭祀、文字、思想等々――からするならば[8]、多分に逆行、矛盾する異質な要素であり、それゆえ前面にあらわれてくることは必ずしも多くはない。とはいえそのような存在であればこそ逆に、統合の過程や統一の実際のあり方などを知る上での貴重な手がかりをそれは提供してくれるのではないかと考えられるのである。

このような視点から統一の諸相について論じる研究は、その分野や方法など、実に多岐にわたっており、思いつくままに挙げてみるだけでも、たとえば胡宝国氏は漢代における政治と文化の中心となる地域について考察を加えた中で、前漢期に至っても秦・楚・斉など戦国時代の枠組みが残存しており、政治の中心と文化の中心とが分離していたのが、後漢以降、政治の中心も文化の中心もともに中州（中原地区）に転移し、戦国文化の最終的終末をむかえたとしている[9]。また周振鶴氏は、主として循吏などの地方官の事跡の例から風俗の面での統一の傾向を探り、それが前漢後期には主として華北各地であったのが、後漢から次第に江南へと広がるとしており[10]、さらに王子今氏も、漢代の

「関東」と「関西」の両大区分が魏晋では「江南」と「江北」という区分になってゆくと論じていることなどは、これら地域の枠組みの大まかな推移を示すものであろう。あるいはそれまで地方的な差異の存在が推測される「八風」（八方向からの風）の名称が、前漢中期以降くらいにはほぼ統一されたとする坂出祥伸氏の研究など、個別のテーマに即した研究も枚挙にいとまがない。

さらに考古学上の知見からも、たとえば松崎つね子氏は戦国秦の占領期、秦代、漢代それぞれにおける楚地での喪葬習俗の比較から、地下世界において最も地域性を顕現する習俗の喪失に、地上世界統一の趨勢を見る。また中村亜希子氏は、呉楚七国の乱が起こった前一五〇年頃を境に斉の瓦の紋様が地域性を失っていく事を指摘し、小澤正人氏は巴蜀文化が前漢前期、武帝期以前に終末を迎えたとし、あるいは前漢時代の華中・華南の墓葬における副葬品の様相の検討から、漢墓としての統一性の背景に国家による統一があったことを推測する。さらに時代を下って後漢中期に至ると、墓の形式のみならず副葬品においても華北と華中・華南との大差がなくなるような、墓制上の統一が進行していったことが高濱侑子氏によって指摘されている。

以上はそのわずか一部の例にすぎないが、それでもこれらからは、「地域の統合」といった視点より「統一」の問題を考える研究のアプローチの多様性や、その裾野の広がりをうかがうことができるであろう。そしてこれらのうちでも、統一国家の体制について考える上でとくに注目されるのが、「地域間での関係」に関わる研究である。

統一国家における「地域間の関係」

わが国の秦漢史研究においては、「最初の本格的な統一国家」としての秦漢統一国家についての重要性はつとに認識されてはいたものの、既存の文献史料の記事だけでの制約もあったことなどから、「地域の統合」といった側面からの考察は基本的に広がりを欠いていた。[19]こうした状況に変化をもたらした一つの大きな要因が、後述するような簡牘など出土文字資料をはじめとする考古学的資料の出現、増加である。それによってこれまで知られていなかった、とくに戦国から秦代、漢初にかけての同時代資料による新知見が飛躍的に増加したのであり、そうした中で前述したような「地域の統合」という視点からの研究の一つとして、統一国家の形成や構造について、地域間の関係から論じる研究があらわれてきたのであった。

まず鶴間和幸氏は、簡牘資料をはじめ遺跡や画像石、実地調査などさまざまな面から、「地域」に視点を置いて秦帝国の形成について検討を加えているが、[20]とくにそこでの「戦国時期の地域国家の延長上に統一帝国というものがある」、[21]あるいは秦の統一の実態を「関中・巴蜀の両地域を統一事業の基盤にして東方六国を政治的に一時抑えることができた」[22]とするなどの議論は、本書での考察においても継承するものである。

さらに藤田勝久氏は秦や楚などといった地域性の側面から統一国家について、それぞれの地域の社会システムとその融合から論じており、[23]また必ずしも新出資料などによるものではないが、渡邊信一郎氏は財政的物流の分析から、「三輔―内郡―辺郡」の中心・周辺構造からなる漢代の帝国編成を提示している。[24]このほかにも各地域の動向から楚漢戦争の過程を見直す柴田昇氏の研究や、[25]「関中を拠点とする一政権に過ぎなかった『漢』がどのようにして、統一国家となったのか」のメカニズムを前漢前期の政治史の検討から解明しようとする松島隆真氏の研究など、[26]こうした「地域間の関係」に関わる近年の研究は多岐にわたる。[27]これらの諸研究については、本書での以下の考察の中で逐次取り上げてゆくこととなるであろう。

本書での考察もこのような研究の流れに連なるものであるが、そこで特に注目し取り上げるのは、「統一の主体と

「地域間での支配、対立関係の構図とその相対化」という側面である。

なる地域」と「それ以外の地域」との――いうなれば「支配する側の地域」と「支配される側の地域」との――

地域間での支配、対立関係の構図とその相対化

統一国家の支配なり体制が、とくにその初期段階において「統一の主体となる地域」と「それ以外の地域」との間で露骨な支配、対立の関係にある例は、歴史上、中国に限らず広く見られる現象であるといえよう。ローマ帝国におけるイタリア本土、初期イスラム帝国におけるアラビア本土あるいは古代日本における畿内諸国、中国でも唐代における「関中本位主義」などの例にも見られるように、多くの場合そこでは当初、統一の主体であり原動力となった地域と、それ以外の地域との間にいわば征服者と被征服者、「本土」と「占領地」として、支配―被支配の関係が色濃く反映された区分や差等が存在していたのであった。しかし統一が維持され長い年月が経過するにつれて、こうした露骨な地域間での支配、対立の構図もしだいに相対化して後景に退き、場合によってはその重心となる地域さえ移動するなど、統一国家としての枠組みや一体性が優越するようになる。ローマ帝国におけるローマ市民権の拡大や、イタリア本土のローマから東方のコンスタンティノープルへの遷都などは、その端的なあらわれであるといえよう。

これを秦漢統一国家の場合で見てみるならば、渭水盆地一帯を拠点として国制を整えた戦国秦は、その領域をこえて版図を拡大してゆき、ついには東方の戦国諸国を征服して統一を実現するわけであるが、東方地域の反乱によって短期間であっけなく崩壊し、楚漢戦争を経て前漢が成立する。前漢も秦と同様に渭水盆地一帯をその基盤としたが、当初、東方には強大な諸侯王国が存在し漢の支配は充分には及ばなかった。しかし武帝のころになると実質的な全国

直轄支配が成立し、以後、前漢後期を通じて比較的安定した状態が持続するものの、新により簒奪されてしまう。その新が短期間で反乱の中で崩壊すると、後漢が再統一を果たすが、都は東方地域西端の洛陽に移るなど、それにともなってその基盤となる地域も大きく変動することになる――およそこのような展開をたどっているのである。

秦漢時代、とくに秦および前漢時代の統一国家における「地域間での支配と対立の関係の構図」は、上記の展開からもうかがわれるように、基本的に都の置かれていた西方の地域が東方地域を支配するというものであった。このこと自体は、元人の方回が「關西を以て關東を制す」(28)と述べるなど、つとに指摘されてきたことであり、先の鶴間氏の指摘などにも見られる通りである。筆者はこうした関係の統一国家の構造におけるあらわれ方を（狭義の）「統一国家体制」として、その形成や展開について、これまで考察を重ねてきた。それらはおよそ以下のような三つの論点に分けることができる。

まず一つ目は、統一支配の基盤となる「支配、統合する側の地域」、いわば「中核地域」の国制上の位置づけの問題である。ここまでにも見てきたように、統一の初期段階においては露骨な「地域的な支配と被支配の関係」が見られたわけであるが、そこで「本土」としての性格を色濃く帯びていたこの中核地域がしだいに「首都圏」へと変質してゆく過程のうちに、こうした地域間の支配や対立の構図が相対化し、統一国家体制が成熟してゆく過程が具体的にうかがわれることを、この地域に関わる「内史」や「三輔」、あるいは「畿内」制度などから論じてきた。

二つ目の論点ではこれとは対照的に、統一国家形成の過程において「支配、統合される側の地域」となった東方地域のあり方を問題とする。そもそも統一国家形成の足取りとは、主体となる側の一方的な意志や思惑のみによって決定づけられるわけではなく、それに抵抗する側との現実の力関係など様々な要因が複合して規定されるものであろう。こうした見通しのもと、これらの地域の性格が（対立、あるいは服属する）他の「諸国」から「占領地」、さらには

「地域」へと転化してゆく具体的なあり方を通じて、それが秦漢統一国家体制と対立しつつも、次第にそこに組み込まれてゆく過程を論じた。

最後に三つ目の論点として、こうした地域間の関係を背景に展開される統一国家支配の実態について、反乱軍や鎮圧軍、あるいは皇帝による移動の事例から、具体的に考察し、確認したのであった。

これらの研究は長い期間をかけて試行錯誤を繰り返しつつ蝸牛の歩みを重ねてきたものであり、その間に有益な批判や指摘を受けて理解を改めたり、新たな史料や研究の出現によって認識を新たにした点も少なくない。たとえばここにいう「地域間の支配、対立関係の構図とその相対化」といった展開について、かつては「関中」と「東方諸地域」という比較的固定化された地域間での単一の関係としてとらえていたのであるが、後述するような「関中」の語義や関所のラインの変化などからするならば、むしろそこにはもう少し重層的、複合的な状況を想定すべきなのではないかと考えるに至った。そもそも統一に向かって領域が拡大、膨張してゆく過程の中で、この「地域間の支配、対立関係の構図とその相対化」の動きは、決して一度きりのものではなく、その段階に応じてレベルやサイズを上げながら、繰り返し重層的にあらわれてくると見るべきなのではなかろうか。これを先にも述べたところの「初期のごく小規模な領域から出発した国家が、周囲の地域を占領してその領域へと少しずつ取り込んで拡大してゆく過程」に即して想定してみるならば、この段階においても小規模ながら「地域間での支配、対立の関係」が存在していたのが、時とともにその関係は相対化してゆき、やがてはある程度の一体性を帯びるようになってゆく。その段階で、新たに占領され版図に組み込まれた新領土とそれらとの間でさらに新たなる「地域間での支配、対立の関係」が生じてくることとなる——このような繰り返しの中で地域間の対立の「最前線」となる境界線を絶えず更新しながら、統一が実現されていったものと思われるのである。ティベル河畔の都市国家であったローマがイタリア本土を支配する領域国家ローマの段階を経て、さらには地中海世界を支配する大帝国ローマへと成長していった道のりなどは、まさにこうした過程をたどった典型的な例であり、秦による統一の過程も基本的に同様であったといえるであろう。このように「地域間の支配、対立関係の構図」とはさまざまな時期の状況を含み込んだ重層的、複合的なものなのであり、そこでの「最前線」となる境界線は絶えず更新されていったのである。そして統一が実現した後でもそれらが一気に消失してしまうことはなく、統一支配の及び方の地域的な濃淡などとして、そこでの展開に影響を及ぼしていた。最終的にはこれら重層的な「地域間の支配、対立関係の構図」も、しだいに相対化し後景へと退いて、わずかに痕跡をとどめるにすぎなくなってしまうのではあるが、統一国家体制におけるかつてのこうした「最前線たち」は、いわば年輪のようにその時々の過程を刻んでいるのであり、それらを読み解いてゆくことによって逆に、統一国家体制が形成されてきた具体的な過程や、構造を理解することができるのではないかと考えられるのである。

本書の構成

以上、本書での考察の前提となる「地域」の統合、統一国家における「地域間の関係」「統一国家体制」、あるいは「地域間の支配、対立関係の構図」などについて、関連する研究の状況とも合わせて簡単に整理をしてきた。これらをふまえて本書では、主として「地域間での支配、対立関係の構図とその相対化」という側面より、秦漢統一国家の体制がいかに形成され、かつ展開していったのかについて論じてゆくこととする。(29) こうした検討を通じて、この中国史上最初の本格的な統一が成立し定着してゆく過程やその構造をある程度具体的に一貫したかたちで理解するとともに、そこで展開し、関連してくるこの時代の諸相についてもつとめて明らかにしてゆくこととしたい。

このような見通しのもと本書では、旧稿に増補、改定を施し全体の論旨を整えた上で、それらを上記三つの論点に応じてそれぞれ第一部「内史・三輔・関中編」、第二部「東方諸地域編」、第三部「移動と空間編」の諸章としてまとめて構成している。これをうけてさらに「終章」では、各時期における「地域間の支配、対立関係の構図」のあり方を時系列に沿って提示した。ちなみに本書では、第一部第一章第四節や第五章第三節、あるいは終章をはじめとして、現在公表が進んでいる里耶秦簡や岳麓書院蔵秦簡、とくに後者の最新の成果を取り入れている。岳麓書院蔵秦簡はいわゆる非発掘簡であるという点で史料としての信頼性には一定の留保はつくものの、従来ほとんど手かがりのなかった秦代の状況がこれによって明らかとなったのであり、こうした「空隙」が埋まることによってさらに、戦国後期から後漢時代におよぶ統一国家体制の形成と展開のあり方を、より総括的に示すことが可能となったのである。

以上が本書の構成であるが、そこでの考察に入る前に、さらに以下の二点についてあらかじめ言及しておくこととしたい。

「中核地域」の呼称の問題と主な簡牘資料の紹介

まず第一に、戦国秦の初発の領域であり、秦漢統一国家の基盤となった渭水盆地一帯の「中核地域」の呼称の問題がある。これについては、従来の諸研究において「関中」、「京師」、「王畿」、「畿内」、あるいは「内史」や「三輔」などの語がその呼称として用いられてきたのであるが、それぞれ以下のような問題がある。

まず「関中」の語であるが、これはたしかにこの「中核地域」を指すことが多いものの、第一部第三章や第五章で詳しく論じるように、南北に走る関所のラインの西側全体（「中核地域」のほかにも蜀や隴西、上郡などを含む）地域の方がむしろ公式には「関中」とされていたようであり、さらに武帝期の「広関」以降には新たに繰り入れられた太原や上党の地域なども含めた地域も「関中」とされるなど、その用例には広狭あるいは時代による語義の振幅がある。本書ではこれらについてそれぞれ「（狭義の）関中」、「広域関中」、「新関中」の語で区別しているが、以上のように、そもそもこの語が「関所の中の地」という普通名詞としての性格をある程度もっている以上、特定の地域を呼称するのには適当ではないように思われる。

また「京師」も、たとえば『漢書』巻一九百官公卿表上の内史条の「京師を掌治する」など、この地域を指す語として用いられる場合もあるものの、当然のことながら都そのものを指す場合もあることから、ここでの用語としてはやはり避けておいた方がよいであろう。

また「王畿」、「畿内」についても、本書第一部第四章で論じるように、その歴史的性格を考えると、この時代についてこれらの語を使用するのには問題がある。

同様に「内史」についても、本書第一部第一章での議論からすると、この地域を指す語としては（時代によっては）必ずしも適当ではない。また「三輔」はこの地域の名称としては問題はないが、それが出現するのは武帝期になってからのことである。

このほかにも旧稿では「秦の故地」の語を用いることもあったが、これも「秦の旧領域」として、渭水盆地一帯の初発の領域の場合から、統一直前の段階でのかなり広大な領域の場合に至るまでをも含む相対的な呼称である点で、やはり問題があるといえよう。

以上のように見てくるならば、この地域についてはそのまま「中核地域」の語で示すのでよいようにも思われるのではあるが、しかし先にも述べたような重層的な地域構造のもとでは、たとえば（秦や漢初にあっては）その外側に展開する「広域関中」にもそうした要素が幾分なりとも認められること、あるいは後漢期にはそれはむしろ洛陽周辺の地域を指す語となってしまうことからすれば、必ずしも適当な用語と見なすことはできないであろう。

こうしたことから本書では、戦国秦および秦代のそれについては（領土の拡大につれて設置されてゆく郡など他の領域と対比して）「（秦の）初期領域」の語を用いることとしたい。もとより秦国の長い発展の歴史を考えるならば、この用語についても若干の議論の余地は残るであろうが、以下では渭水盆地一帯の――後の内史や三輔地区につながる――地域を、まずは括弧つきの「（秦の）初期領域」の語で示すこととし、さらに漢初については「内史地区」あるいは「内史の地」、そして三輔制度成立以降は「三輔」の語を用いることとする。ちなみに本書第一部第一章第五節、あるいは終章でも論ずるように、少なくとも秦代においては、この地域は「中」あるいは「中縣（・道）」と呼称されていたようであるが、現時点ではそれについてなお検討の余地もあることから、ここでは使用を見合わせることとする。

第二に、本書では文献史料に加えて、簡牘資料などの新知見を取り入れて考察を展開しているが、それらのうちでも、とくに本書全体にわたって多く引用する雲夢睡虎地秦墓竹簡、張家山漢簡、里耶秦簡、岳麓書院蔵秦簡（岳麓秦簡）について、以下に簡単に紹介しておくこととしたい。

【雲夢睡虎地秦墓竹簡】

一九七五年、湖北省雲夢県睡虎地十一号墓より出土の一一五五枚余りの竹簡。その内容は「編年紀（葉書）」、「語書」、「秦律十八種」、「效律」、「秦律雑抄」、「法律答問」、「封診式」、「為吏之道」、「日書」甲・乙種の一〇種類に分類されている。墓主は某喜なる人物で、「編年記」によると南郡の安陸県などで司法関係の官吏をつとめていたようであり、またその記録は秦始皇帝三十（前二一七）年まで続いている。戦国から統一期にかけての基層行政レベルにおける秦の行政、司法、さらには生活、文化を伝える生の史料として、秦漢史研究に大きな影響を与えた。本書の以下の議論においても、秦律の一部を伝える「秦律十八種」、「效律」、「秦律雑抄」や、問答形式で律文を解説する「法律答問」などでの記事を多く取り上げている。釈文や図版に

睡虎地秦墓竹簡整理小組『睡虎地秦墓竹簡』（文物出版社、一九七八年、北京）

睡虎地秦墓竹簡整理小組『睡虎地秦墓竹簡』（文物出版社、一九九〇年、北京）

があり、訳注に

松崎つね子『睡虎地秦簡』（明徳出版社、二〇〇〇年）

工藤元男編『睡虎地秦簡訳注――秦律十八種・效律・秦律雑抄――』（汲古書院、二〇一八年）

などがある。

【張家山漢簡】

一九八三年から八四年にかけて、湖北省江陵県張家山二四七号漢墓から出土した一二三六枚余りの竹簡。暦譜のほか「二年律令」、「奏讞書」、「脈書」、「算数書」、「蓋閭」、「引書」などの内容を含む。墓主については不詳であるものの、暦譜の記載は漢の高帝五（前二〇二）年から呂后二（前一八六）年にかけてのものと見られており、この竹簡群の年代を考える上での一つの目安とされている。雲夢睡虎地秦墓竹簡に対して漢初の具体的な状況を伝える史料として重要である。これらの中でも「二年律令」中の諸法文、とくに官名、官秩や諸県名が一覧で示されている「秩律」や関所の管理などについて規定した「津関令」などが本書での考察に関わってくる。釈文や図版としては

張家山二四七号漢墓竹簡整理小組編『張家山漢墓竹簡〔二四七号墓〕』（文物出版社、二〇〇一年、北京）

張家山二四七号漢墓竹簡整理小組編『張家山漢墓竹簡〔二四七号墓〕』釈文修訂本（文物出版社、二〇〇六年、北京）

がある。また二年律令や奏讞書について、釈文や図版としては

彭浩・陳偉・工藤元男主編『二年律令与奏讞書――張家山二四七号漢墓出土法律文献釈読』（上海古籍出版社、二〇〇七年、上海）

があり、訳注に

朱紅林『張家山漢簡《二年律令》集釈』（社会科学文献出版社、二〇〇五年、北京）

冨谷至編『江陵張家山二四七号漢墓出土漢律令の研究』訳注篇（朋友書店、二〇〇六年）

池田雄一編『奏讞書――中国古代の裁判記録――』（刀水書房、二〇〇二年）

早稲田大学簡帛研究会「張家山第二四七号漢墓竹簡訳注（一）～（五）」（『早稲田大学長江流域文化研究所年報』第一～五号、二〇〇二～〇七年）

専修大学『二年律令』研究会「張家山漢簡『二年律令』訳注（一）～（一四）」（『専修史学』三五～四八、二〇〇三～一〇年）

などがある。

【里耶秦簡】

二〇〇二年に湖南省龍山県里耶鎮の戦国、秦代古城遺跡から出土した三万六千余枚の簡牘で、そのほとんどは木簡。始皇二五（前二二二）年から二世二（前二〇八）年の紀年が見えている。大部分は古井戸に廃棄された官文書で、当時ここに置かれていた遷陵県の行政文書を中心に、統一に際しての用語の変更を一覧にした「更名篇書」など、貴重な新知見をもたらしてくれる。現在公刊中で、図版や釈文に

湖南文物考古研究所編『里耶秦簡』壹（文物出版社、二〇一二年、北京）
湖南文物考古研究所編『里耶秦簡』貳（文物出版社、二〇一七年、北京）
陳偉（主編）『里耶秦簡牘校釈』第一巻（武漢大学出版社、二〇一二年、武昌）「校釈一」
陳偉（主編）『里耶秦簡牘校釈』第二巻（武漢大学出版社、二〇一八年、武昌）「校釈二」

などがある。

【岳麓書院蔵秦簡】

二〇〇七年に湖南大学岳麓書院が香港の骨董市場から購入した約二一〇〇片と、二〇〇八年に同書院に寄付された七六片の竹簡（少量の木簡を含む）からなる、いわゆる非発掘簡である。その内容は「質日」、「爲吏治官及黔首」、「爲獄等状四種」、「占夢書」、「数（書）」、「奏讞書」、「秦律雑抄」、「秦令雑抄」などの内容を含む。詳細は今後の研究の進展に待たれるが、秦代の法律や官文書を含み、貴重な新知見をもたらすものとして注目されている。図版や釈文に

朱漢民・陳松長主編『岳麓書院蔵秦簡』壹（上海辞書出版社、二〇一〇年、上海）
朱漢民・陳松長主編『岳麓書院蔵秦簡』貳（上海辞書出版社、二〇一一年、上海）
朱漢民・陳松長主編『岳麓書院蔵秦簡』参（上海辞書出版社、二〇一三年、上海）
陳松長主編『岳麓書院蔵秦簡』肆（上海辞書出版社、二〇一五年、上海）
陳松長主編『岳麓書院蔵秦簡』伍（上海辞書出版社、二〇一七年、上海）
陳松長主編『岳麓書院蔵秦簡』陸（上海辞書出版社、二〇二〇年、上海）
陳松長主編『岳麓書院蔵秦簡』柒（上海辞書出版社、二〇二二年、上海）
陳松長主編『岳麓書院蔵秦簡（壹―参）釈文修訂本』（上海辞書出版社、二〇一八年、上海）

があり、訳注に宮宅潔（編）二〇二三ほか

専修大学『二年律令』研究会「『岳麓書院蔵秦簡（参）』訳注」（一）～（六）（『専修史学』第五九、六一、六三、七〇～七二号、二〇一五～一七、二一～二二年）

「秦代出土文字史料の研究」班「岳麓書院所蔵簡《秦律令（壹）》訳注稿」その（一）～（四）（『東方学報』第九二～九六冊、二〇一七～二一年。継続中）

中国人民大学法学院法律史料研読班「岳麓書院蔵秦律令簡集注」（一）～（四）（『簡帛研究』二〇二一春夏巻～二〇二二秋冬巻、継続中）

がある。

注

（1）宮崎市定一九五七参照。そこではまた「上古に万国とか千八百国とか称せられた無数の邑は、漢代になるとその大きさや重要さによって、上級のものは県となり、中級のものは郷・聚となり、下級のものは亭となって、他の新興の聚落とともに凡そ三級に位つけされたのである」ともしている。

（2）宮崎市定一九六五など参照。

（3）鶴間和幸一九九八など参照。

（4）平勢隆郎二〇〇三など参照。

（5）平勢隆郎二〇一二など参照。

（6）渡邊信一郎二〇一三、二〇一七など参照。

（7）こうした地域のまとまりについての近年の研究としては、雷虹霽二〇〇七など参照。

（8）これらについて一々列挙することはしないが、たとえば籾山明二〇〇六での「『司法経験の再分配』とも呼ぶべき仕組みが、中国における広大な領域支配を可能にした条件の一つであ」る（二七九頁）といった指摘などはこうした均質均等な支配を志向する統一国家支配のあり方を示す好例であろう。

また宮宅潔二〇一八bでは、里耶秦簡に見える穀物支給制度の分析から、秦の領土が飛躍的に拡大した後も、それ以前の比較的狭隘な領土を前提とした食糧自弁の原則を引きずっていたことを指摘した上で、秦の統一が早々に破綻した一因を遠隔地の軍事支配を支えうる兵站制度を十分に確立しないまま、征服から占領統治へ踏み出していった制度の未熟さに求めているが、これなどは領域の統合・拡大がこうした制度的な枠組みに裏付けられ、かつ規定されていたこと、さらにはそれが「地域」の問題との間に矛盾をはらむ側面を有していたことを示す一例でもあるといえよう。

（9）胡宝国一九九八参照。

（10）周振鶴一九九七参照。

（11）王子今一九九四第一六章第三節参照。

（12）坂出祥伸一九八六参照。

（13）松崎つね子一九九九参照。なお、近年の太田麻衣子二〇一九bでは、戦国後期以降、短期間のうちに支配者の交替がなんどもくりかえされた江浙地区における楚・秦・越文化の重層的融合のあり方を論ずる。

（14）中村亜希子二〇〇七参照。

（15）小澤正人一九九六参照。

（16）小澤正人二〇〇八参照。

（17）高濱侑子一九九四参照。

（18）この時代の統一の形成をめぐる論点としては、以上に見てきた「地域の統合」以外にも、たとえば「中華」の形成などのそれも重要である。渡邉英幸二〇一〇、冨谷至二〇二一など参照。

（19）たとえば西嶋定生一九六七では「秦漢統一国家の特質は皇帝支配の出現をもって示されるものであり、皇帝支配の内容は郡県制・官僚制・個別人身的支配と二十等爵制との結合体制として理解されるものである」とする。また鶴間和幸一九九八、二〇一三、江村治樹二〇一一などでは、戦国秦漢史研究における地域的視点からの研究についての学説史整理がなされている。

(20) 鶴間和幸二〇一三参照。

(21) 鶴間和幸一九九八参照。

(22) 鶴間和幸一九八六参照。

(23) 藤田勝久二〇〇五など参照。

(24) 渡邊信一郎二〇一〇第一部第五章など参照。なお渡辺一九九六では、元会儀礼の分析などから帝国構造について論じている。また中国における「核心区」と「辺縁部分」などの地域的区分や階層性の研究については、朱聖明二〇一四に整理がなされている。

(25) 柴田昇二〇一八参照。

(26) 松島隆真二〇一八参照。

(27) これらのうちで紙屋正和二〇〇九などの郡県制の研究は、地方行政の運用のあり方とその変遷を主たる関心の対象とするものではあるが、空間的な領域支配のあり方を問題としているという点では、本書での問題意識とも関連する面がある。また、宮宅潔二〇一八aでは、出土文字資料の実例も交えながら、統一への過程や統一の実態、あるいはその展開の様相について目配りよくまとめられており、そこでの理解の方向性は、本書での以下の議論とも基本的に一致するところが多い。中国でのこの分野の研究についてここで詳細に紹介する余裕はないが、たとえば傅楽成一九七六では、「山東」、「山西」出身勢力の性格や対抗、消長という視点からの漢代史の展開を簡単にまとめている。また上古から秦漢時代にかけての歴史的展開を、その主たる舞台であった華北における「東平原区」と「西高地系」との対立と融合の側面より論じた「夷夏東西説」(傅斯年一九三三)なども、こうした系譜に含めてよいであろう。

(28) 續『古今攷』巻二三・西都長安「漢高祖定都關中、西巴・蜀、北隴西・上郡・北地、未嘗以封諸侯王。其王者皆在函谷關・

武關之東。以關西制關東」

(29)　本書での考察において「地域」として直接に考察の対象となるのは、主として秦漢統一国家に直接に先行する戦国諸国の領域に相当する地域――前出の「領域国家」や「第二の地域」、「中領域」、「広領域交通圏」などに相当――となる。ただし戦国諸国の領域は長期にわたり大きく変化している点にも注意する必要がある。また統一国家体制において重要となるのは、旧秦の地域と旧東方諸国との関係であり、それはおおよそ戦国後期の状況を背景としているものと思われる。本書第二部第二章補論など参照。

第一部　内史・三輔・関中編——「本土」から「首都圏」へ

この第一部では、戦国秦の初期の領土であり、秦漢統一国家の基盤となった渭水盆地一帯の特殊地域（「（秦の）初期領域」、「内史の地」、「三輔」）の統治形態の変遷を追い、「本土」から「首都圏」へとその性格が転化する過程のうちに統一国家体制のあり方や展開を見てゆくこととする。

第一章　内史の展開と秦漢統一国家体制の形成

第一節　問題のありか

本章では、内史をめぐる近年の諸研究の整理・紹介を通じて、秦漢統一国家体制の形成のあり方について考察を加える。

ここで問題とする「内史」とは、（前漢武帝期以降の）「首都圏」ともいうべき渭水盆地一帯の行政区画である「三輔」の前身にあたる存在である。『漢書』巻二八地理志（以下「地理志」）によるならば、「内史」が「左右内史」に分置され、さらには主爵都尉の系譜を引く右扶風も加わって、武帝の太初元（前一〇四）年以降、京兆尹・左馮翊・右扶風の三者からなる「三輔」へと変遷していったという。(1)ちなみに同書巻十九百官公卿表（以下「百官表」）によれば、その地域を治める官も「内史」（あるいは「左右内史」）、「三輔」と称されている。(2)三輔の地は帝都を擁する地域としての特別な位置づけもなされていたものの、基本的にはそれぞれ「郡」に相当する行政区画であった。しかしその前身である内史の性格の理解をめぐっては、後述のように諸説が提示されており、秦漢史研究における重要な問題の一つとなっている。

こうした内史の問題を、秦漢統一国家体制との関連において取り上げるのは、以下のような理由による。

周知のように、そもそもこの地域はかつて初期戦国秦の版図そのものであったわけであるが、やがてその外側で秦の領域が拡大に拡大を重ねて統一へと至り、さらに前漢に継承されてゆく中で、その性格も先ほど述べたような特別な位置づけの行政区画へと転化していったのであった。その意味でそれは、あたかも古代ローマにおけるイタリア本土や、初期イスラム帝国でのアラビア本土、あるいは古代日本における畿内諸国のごとき存在であったといえるであろう。そしてこれら類似の事例においては、領域国家がより高次の統合を実現してゆく過程において、旧来の領域は当初「本土」として「被征服地」である他の地域との間に明確な区別、対立の関係が見られるものの、やがて統合が成熟し融合が進んでゆくにつれて、そうした関係は後景にしりぞき、その役割や位置づけも相対化してゆく――という展開が見られるのであり、もしこのような関係をここでも当てはめて考えることができるのであれば、内史（や三輔など）の性格、位置づけの変遷のうちに、秦漢統一国家体制の形成のありようが反映されているのではないかと思われるのである。

とはいえ、これら内史（や三輔）についての史料は、前引の「地理志」や「百官表」でごくごく簡単な制度と沿革のあらましが述べられ、あるいは同じく「百官表」に（必ずしも完全ではない）歴代任官者の情報が示されるほかには、断片的な記事が残されているにすぎない。この時代の史料一般の例にもれず、全体的な構図のもとに議論を展開するには、目下のところ手持ちの「ピース」は決定的に欠けているのである。こうした中で雲夢睡虎地秦墓竹簡の出現は、これまで知られてこなかった戦国後期における内史のあり方が示されたという点で、この分野の研究を大きく活性化させるものであった。本章での議論において、この秦簡中に見える内史の問題を避けて通ることはできないであろう。さらにこれに加えて近年、江陵張家山漢簡「二年律令」から漢初の内史に関わる規定の内容が知られるようになり、また現在公表が進んでいる里耶秦簡や岳麓秦簡中にも内史関連史料が含まれているなど、この方面での「ピース」は少しずつではあるが増えてきているのである。

以上より本章では、まずはこれら出土文字資料を中心に、秦から漢初にかけての内史の性格をめぐる諸説について整理・紹介し、それらをふまえて秦漢統一国家体制形成のあり方に説き及んでゆく。なお、この地域の呼称としては、「内史」や「三輔」のほかに「関中」、「京師」などの語が用いられているが、それぞれ広狭あるいは時代による語義の振幅がある。(3) 本章ではこうした時代性や統一国家体制の段階性を意識して、序章でも述べたように、戦国秦のそもその版図であり、前漢武帝期以降には三輔の置かれたこの渭水盆地一帯の地域を示すのに、戦国秦および秦代のそれについては（領土の拡大につれて設置されてゆく郡と対比して）「初期領域」、漢初については「内史地区」あるいは「内史の地」の語（なお三輔制度成立以降は「三輔」）を用いることとする。

第二節　雲夢秦簡と内史研究

まず官職としての内史は、「百官表」にも「周官」と記されているようにその起源は古く、金文をはじめとして春秋、戦国時代の史料にもその存在は確認されるが、それらは基本的に王宮内の側近官としての性格をもつものであったと考えられている。(4) 一方、戦国秦では巴郡設置（前三一六年）を皮切りとして、領域の拡大とともに本来の領域（故地）の外に郡が次々と設置されていったわけであるが、こうした中、内史の官がどのようにして百官表にいう「京師を掌治」する官として、この故地を管轄するようになっていったのかという問題は、首都圏制度形成のあり方を考える上でも重要であろう。これについて従来の文献史料からは――戦国後期の秦の内史が重要な中央官であったらしいことはうかがわれるものの[5]——必ずしも明らかにされてきてはおらず、この点で貴重な知見をもたらすこととなったのが、先にも述べた雲夢睡虎地出土の秦律なのであった。

この著名な史料については、序章でも簡単に紹介したところであるが、そのうちの「秦律十八種」などは「県と都官の管理業務に係わる律の条文をまとめた」ものであるとされていること[6]、一方で秦律中の「郡」に関わる事例はごく少数にとどまっていること、などの点はここであらかじめ指摘しておきたい。このような秦律において「内史」に関わる規定が八例見えているのであり、戦国後期におけるその具体的なあり方を示す事例として注目される。

このうち七例は「秦律十八種」に含まれる各律の条文で、その大まかな内容としては、まず穀倉管理に関わる規定として、①穀物・芻藁を倉に搬入するごとに（貯蔵量、搬入者、穀倉のスタッフなどの情報を記した）「廥籍」を作成して内史に報告する（倉律）[7]、②上計時には廥籍を内史に提出する（效律）[8]、あるいは③醸造用の稲については別途に処理し、その数量を簿籍に記して内史に報告する（倉律）[9]などとあり、さらに公牛飼育に関わる規定として、④官有の服牛の使用状況について、内史は県を考課する（厩苑律）[10]という。また官有物管理に関わる規定として、⑤県・都官の官有の器物廃棄に際して、所定の時期より以前に処分せざるをえない場合は、書面で内史に報告する（金布律）[11]、⑥都官は官有器物の廃棄による補充について、九月に内史に必要な数量を帳簿に記して報告する（内史雜律）[12]とあり、工人管理に関わる規定として、⑦技術習得で劣等の工人の名簿を内史に提出する（均工律）[13]——以上のような規定が見えているのである。

また残る一例は「法律答問」中の、⑧国外に不法に搬出されようとした珠玉は内史が没収し、内史は（摘発者に）報償を与えるという規定である[14]。なお、条文中にこそ「内史」の名は見られないものの、「秦律十八種」中の「内史雜律」の規定は右に挙げた以外にも十条存在しており、その内容は文書行政、官吏の任免、量器の管理、穀倉や保管庫・文書庫の防災など、官庁での業務全般に及ぶ(15)。

これらの条文の内容からは、それまで知られることのなかったこの時期における内史官の具体的な役割の一端がうかがわれるのであるが、見られるように、そこでは「京師を掌治」するという側面は必ずしも顕著にはあらわれてきておらず、穀物や財貨・物資の管理などに関わる規定が多く占めているという点で、むしろそれは治粟内史（のちの大司農）の「穀貨を掌る(16)」という職掌に近いようでもある。こうしたことから、秦律中の内史の性格をめぐる研究においては、その当初より治粟内史との関係をどのように理解するかということが、重要な論点の一つとされてきたのであった(17)。

このような内史の問題についての最初の本格的な専論が、工藤元男氏の研究である。そこでは秦簡に見える「内史」という官の用例を帰納的に検討し、それが太倉を通じて全秦の糧草部門を、また大内を通じて貨財をそれぞれ統括する中央の財政統括機関であったとする。さらにこのような秦簡での内史のあり方が、王の策（冊）命をつかさどる周の内史や「京師を掌治」する秦漢時代の内史とは異なる一方で、国家財政を管掌していた「治粟内史」にむしろ近いものであることを指摘し、これらの関係、ひいては内史の展開について、それは周の伝統をひく内史が、「耕戦制度」を基礎とする商鞅県制の施行を契機として、その財政部門を中央で総裁するために再編されたものであるが、やがてこのような体制のもと秦が統一を果たすと、内史から財政機構の部分を切り離し、太倉と大内を統括する独立の財政機構（治粟内史）を編成し、もとの内史は京師掌治の官として再編された、と論じたのであった(18)。このような工藤氏の研究は、秦律それ自体に即した詳細な検討から、戦国後期における秦の内史官のあり方、あるいはそれが「京師を掌治」する内史へと再編される過程を具体的かつ整合的に提示したという点で、首都圏制度形成の問題を考える上でも重要であるといえよう。

一方、江村治樹氏は出土秦律の性格を検討する中で、内史の問題に言及している。すなわち、出土した秦律はもともと関中地域（本章でいう「（秦の）初期領域」）を対象として形成され、それら旧条文をそのまま保存しながら増補が重ねられてきたものであり、そこに見られる内史と県（・都官）との関係にしても、そのまま秦全土に適用されていたわけではない（関中以外の地域ではそれは「郡」と県との関係に読み替えて準用されていた）。さらに内史の職掌のすべてがそこに見えているのではないこと、あるいは秦律中の太倉、大内がその属官であったとまでは必ずしも言えないこと、などの諸点をあわせて指摘して、出土秦律の内史は「掌治京師」の内史であり、（郡が県に対するように）秦固有の領土である内史地区の全県を統轄する官であった、としているのである[19]。

また藤田勝久氏も、郡県制形成の過程を検討する一環としてこの問題について取り上げ、江村氏の研究などを引きつつ、内史が秦の全国的な財政機構であったとの見方に疑問を呈する。さらに内史雑律に見られる文書の伝達、官吏の任用、学室での教育、器物と文書の管理などの幅広い業務は治粟内史の役割を越えているなどとして、秦簡にみえる内史は、財物をはじめ他の規定を通じて県と都官を統括している行政機関であり、京師を掌る「郡」にあたる存在であるとしたのであった。こうした藤田氏の議論の背景には、まず京師において県を統轄する郡レベルの行政機構が整えられ、それが領土を拡大してゆく過程でしだいに辺境の郡県に伝えられてゆく、あるいは戦国秦の県制において軍政優位であったのが、次第に民政と並行するようになる、などといった秦の郡県制形成をめぐる理解が関わっている[20]。

ついで山田勝芳氏は、当時の財政機構の変遷を検討する中で内史の展開について以下のような見通しを提示した。すなわち内史は、商鞅の改革以後、法に基づく文書行政が重要になるとともに地位が向上し、辺境地区におかれた郡が軍事のみならず行政機能をもって管内の県の上級官庁となるに従って、「全秦の文書行政を統轄する」とともに、

「本来の秦地である内史地区の行政長官でもある」という二重性をもつに至る。しかしやがて領域の拡大や、職務の繁劇化が進むとその二重性を維持できなくなり、前者の役割を継承して御史大夫府が設置され、内史は内史地区の長官となるという形で再編が行われた。また大内や太倉は本来的に独立の中央官であると同時に内史の指揮もうけていたが、太倉や公田に関わる旧内史の職の一部を継承する形で米穀を一元的に扱う治粟内史が設置され、さらに漢初に少府から大内が移管されたことで、それは銭をも扱う国家財政官となった――とするのである。(21)このような山田氏の理解は、秦律段階での内史の性格を「二重性」においてとらえるとともに、治粟内史のほか少府や御史大夫、大内、少内など、関連する機構との関連の中でその展開について、より整合的な解釈を提示しようとしている点で注目されよう。

このほかに越智重明氏は、始皇帝のとき太倉と大内とを掌っている内史と、京師を掌治する内史との二つの内史が同時に存在していた可能性を指摘するが、(22)その具体的な形成・発展のありかたについては言及しておらず、それを積極的に裏づける確証も現時点では見出しがたい。

このように秦律の出現を契機として、戦国後期の秦における内史の性格についてさまざまな視点からの研究が展開してきたわけであるが、そこに見られる県や都官から上呈される簿籍を「計簿」と「それ以外の各種簿籍」とに区別して検討することから、この問題についての総合的な理解を求めたのが重近啓樹氏の研究である。すなわち（郡管下の県であれば郡に提出すべき）計簿に関連する簿籍が内史に提出されている（②など）ことから、秦律にあらわれているのは（郡が設置されていない）関中諸県と内史との関係であったこと、そこでは内史が県からの計簿を受けるべき立場にあり、内史はそれをもとに関中諸県に対して考課や賞罰を行っていた（④・⑦など）ことなどを指摘する。一方、県・都官から中央諸官府の太倉や大内などに上呈される各種簿籍の検討より、内史は属官である太倉、大内を通じて、秦全域の県倉（田租・芻稾など）や公器などを管掌していたとする。このように秦律に見える内史は、基本的に（太倉、大内などを属官とする）朝廷の中央官であると同時に、関中地域の地方官的側面をも持つという「二重性」を有していたのであるが、後者の地方行政官府としての性格は未成熟であり、関中の諸県に対する行政は、関係をもつ邦司空、中尉などの中央諸官府も分担して統轄していた。その中でも内史は関中諸県の行政を全般的に監督・監察しており、こうした側面から、統一後、郡県制が整備されてゆく過程で郡に対する関中地域の長官としての、即ち「掌治京師」としての内史が成立し、それと連動して太倉と大内の二官を基幹とする治粟内史も新たに構成され、漢代につながる内史・県制、及び郡県制の基本的枠組みが成立することになった――との見通しを提示したのである(23)。

重近氏のこのような見解は、当然のことながら本章での議論とも密接に関わるものである。すなわち以上に見てきたところでは、秦律段階における「初期領域」はいまだ内史が（郡の長官のように）掌治する地域とはなっておらず、（官職としての）内史が中心となりながらも基本的に中央諸官府により分担して統轄される地域であったということになるが、これを「秦の領域拡大にともなって獲得した新たな領域については郡を通じて支配している」という状況と対比してみるならば、「初期領域」におけるこのような統治のあり方には、（占領地に対する）「本国」、「本土」としての性格が色濃く残されていたと見てとることができるであろう。とすればさらに、（官職としての）内史が（郡守に相当する）「京師を掌治する」官として再編されたことは、その治める地域が基本的に「郡」としての性格を帯びるようになったことを示すものであり、それはまた――「本国」、「本土」と占領地としての「郡」とが対立している状況とは異なり――全領域がまずは郡県制の大枠のもとに一元化されるような統一国家体制が成立したことを意味するものであったと考えられるのである。

なお、先に紹介した工藤氏は以上のような後続の諸説を整理・検討した上で、秦簡中の内史について「財政を中心とする秦全土の文書行政を統括する中央官」であるとし、占領地の拡大にともない逆に秦の本土の強化が必要とされる状況のもと、内史も全領域に財政面での支配の手を拡げると同時に、他方で専門に本土を統治する行政官としての性格をも強めてゆくこととなり、やがてこのような「二重性」をはらんだそれが、「戦国末期には」前者の側面を中心とする治粟内史と、後者のそれによる「京師を掌治」する内史とに分化する形で再編された、との見解を提示している[24]。

ここで中国での内史をめぐる研究についても簡単に紹介しておくと、秦簡出土当初より高敏、于豪亮、栗勁氏などによって言及がなされてきており[25]、またたとえば裘錫圭氏によって、秦律の多くは（郡が設置される以前の）内史所属の各県に対するものであり、それら旧条文が郡においても襲用された、と指摘されている点なども注目されよう[26]。専論としては、まず彭邦炯氏が官制史の視角から、秦の内史は大内、少内と少府を属官として、全国の財政経済（物資、金銭、厩苑）を主管しており、「掌治京師」はその職掌の範囲ではなかったとしている。そして六国統一後、治粟内史が「掌穀貨」の官として設けられると、内史の職掌は畿内を管理することとなったが、それはやはり経済職能を主とするものであり、軍政大権などがない点で一般の郡守とは異なっていた、という[27]。

また張金光氏は、秦簡に見られる内史は中央機構の一であり、その主要な職掌は全国の財政を統轄することで、あわせてその他雑多な職分を兼ねていたとする[28]。そこでの個々の論点についてはなお検討の余地もあるかとは思われるが[29]、内史が基本的に中央官であること、「京師を掌治」する官にとどまらない職掌を有することなどの指摘は、傾聴すべきものであろう。

一方、宮長爲氏は秦簡中の「内史」について、「掌治京師」の内史と「掌穀貨」の治粟内史という異なる性質の二種の官職を含むとするが、たとえばなぜ後者が「治粟内史」の名称で示されていないのか、などといった点を含めて具体的な説明はなされていない[30]。

なお秦簡を主とした研究ではないが、賈俊俠氏は西周から秦漢に至る内史官の変遷を追う[31]。また郇蕾氏は、統一直後から二世元年に至るまで十四年にわたって内史の任にあった蒙恬が、実際にはその期間は軍を率いて外地に駐屯したままである、あるいは内史騰が韓征服の軍を率いているなどの事例から、この時期の内史は実質をもたない名誉職的な官であったと推測し、その実質的な運営について、属県は中央の強い管理の下に置かれ、都水長以下の属官は全国に職掌の及ぶ、九卿に準じるような中央官であったという[32]。ちなみに内史の具体的な属県については、徐衛民[33]、后暁栄・田小娟[34]、呉良宝・秦鳳鶴[35]各氏の考証がなされている。

第三節　「二年律令」と内史研究

ここまでに見てきたように、雲夢睡虎地秦律の出土を契機として、戦国後期の内史官の具体的なあり方が明らかとなってきたわけであるが、それはまた当時における「(秦の) 初期領域」の性格や位置づけの理解にも密接に関わってくる問題なのであった。こうした中、湖北省江陵張家山漢簡「二年律令」の出現は、漢初における内史の新たな事例を提供するものとして注目されている。

そこに見られる内史関連の規定は、まず秩律に⑨二千石の官として、御史大夫、廷尉に次いで三番目に内史の名が見えている。一方、治粟内史の存在はそこには確認できない[36]。つぎに置吏律に分類される条文に、⑩「縣道官の計簿はそれぞれ所属の二千石に報告する」とした上で、恒常的な俸禄や糧食および財用の請求について、「郡では郡守に、『中』では内史に報告する」とあり、さらに⑪都官については尉や内史以下が裁いてはならず、案件はすべて「正」

に報告するが、郡では郡守に報告する、とある。[37]このように「二年律令」では、秦律にあまり見られなかった郡がその存在感を増しており、ここでも内史と並列して記されている点が注目される。またこの後者の条文において、「裁判について尉や内史が関与することなく正に報告する」とあるのは、郡の場合とは区別されていることから、「(秦の)初期領域」についての規定であるということになるであろう。さらに田律には、⑫官有の馬や牛などへの飼料となる芻藁の使用量・現存量を所定の書式、期限をもって内史に報告するようにとの規定も見えており、[38]後述するように、先の秦律①の規定との関係においても注目される。

また津関令では、「民が勝手に馬を買って扜關・鄖關・函谷關・武關や他の河塞津關を出てはならない」とした上で、⑬県が馬を購入する場合には、調達先の地区の内史や郡守に報告をし、それをうけて内史や郡守は所定の手続きを経て津関に(その通過を認めるよう)通告すること、[39]あるいは⑭関外の郡が上計に必要な馬を購入する場合にも、同様に内史や郡守に報告すること、[40]などの規定が見えている。ここでは扜関以下の関所のラインを境として、馬を買い入れる東方(関外)の郡や県と、その西方に位置する「内史・郡守」(の地域)とに大別されているが、そこに見られる内史とは、こうした西方諸郡の郡守と同様の――いうなれば「内史地区の長官」のような――存在であったということになるであろう。なお、このほかに津関令では三件、相国が津関の出入に関する内史からの上奏を取り次ぎ裁可を得ている例も見えている。[41]

このように「二年律令」は、これまであまり知られることのなかった漢初における内史のあり方についての具体的な事例を提供してくれる史料であった。その史料としての性格にはなお検討の余地はあるものの、[42]たとえばそこに見られる郡との関係などをはじめとして、そこからもたらされる様々な知見は、それまでに展開してきた内史をめぐる議論との関わりからも注目されよう。

森谷一樹氏の研究は、このような「二年律令」の検討から、内史の性格とあわせて郡県制形成の問題についても論じたものである。まずは「二年律令」の条文、あるいは里耶秦簡での統一直後の事例など[43]から、そこに見られる内史官が郡あるいは郡守と近似した存在として扱われており、かつ内史管轄下の境域（「中」）が「郡」とみなされたり、「内史」と称されることがあったことを明らかにするが、しかしその一方で、それがそのまま郡に相当するところの「京師掌治」の官職であったわけでもないという。すなわちまず（入関以前、あるいは渭南・河上・中地の三郡が設置されていた高帝二年から九年にかけての）[44]管轄すべき行政区画が存在しなかった時期においても、周苛や杜恬などの内史就任者の存在が確認されることを指摘した上で、「二年律令」⑫の規定について、秦律①の規定と直接的な関係を有するものであるとし、かつこれら秦律の規定に治粟内史との関わりを見出す先述の工藤氏の研究から、そこでの内史は後世の治粟内史のように、全国の穀貨を掌ってもいたとする。当時、治粟内史という官それ自体は存在してはいたものの、このような職掌を持つには至ってはおらず、それゆえ秦律の時代から「二年律令」の時代まで――先述の三郡設置の時期などを除いて――内史という官署は（後世の）内史と治粟内史とのそれがなお未分化な、複雑多岐にわたる職掌を有する巨大機構なのであったという。そして史・卜の人事権や裁判関係の規定⑪から、「京師」（本書でいう「（秦の）初期領域」、「内史地区」に相当）治下の県では、前者であれば大史・大卜、後者なら廷尉などと、その職務内容に応じてそれぞれの中央官が管轄していたが、それに対して地方に設置された郡では時間や距離などの制約を克服する必要から、軍事権や武器製造権、あるいは裁判権など、これら中央官庁の職掌を郡守が一括する形で代行していたとする。ちなみに「京師」の県と中央官庁との関係において、内史とのそれが最も重要であったことから、どの郡にも所属していない「京師」の境域が「内史」と称されたものという。さらに郡県制形成の問題に関連して、「内史と県との関係がそのまま郡に適用されて全国に広まっていった」とする前述の藤田氏の見解を批判し、さらに睡虎地秦律と「二年律令」との比較から、中央官庁が郡治下の県を直接掌握するような関係がしだいに見られなくなってゆく傾向にあることを指摘して、（前述のような）中央官庁の職掌を郡が代行する範囲が拡大してゆき、やがては中央は郡を介することで県を掌握するという「中央―郡―県」という一元的なシステムが整備されてゆく方向にあったと論じているのである(45)。

このように森谷氏の研究は、「二年律令」の知見にもとづいて漢初における内史のあり方を明らかにするとともに、さらにそこから秦律段階での内史、あるいは郡県制形成の問題について新たな理解を求めたものである。後者の郡県制形成の問題についてはのちほどあらためてふれるが、ここでは前者の問題に関連して、「読替説」批判の議論について言及しておくこととしたい。

「読替説」とは、「秦律は地方の郡では準用されるべきものであった」とする先述の江村氏の見解を指す。森谷氏は工藤氏の研究を援用する中で、それに対する反論である「読替説」を「秦律の『内史』をすべて『郡』と読み替え、あくまで内史を京師掌治の官署とする」と規定した上で、以下のような批判を加える。すなわち、「二年律令」では「内史」と「郡」とが対になって併置されているので読み替えはなされていないことになるが、そこで「内史」のみが見えている⑫の規定は秦律の①の規定と密接な関係にあることから、もし読替説によって①の「内史」を「郡」に読み替えるのであれば⑫も同様でなければならない。しかしそれでは「内史」と「郡」とが並記される他の「二年律令」での規定と整合性を欠くこととなって矛盾するので、その前提となる「読替説」は成立しない――このように主張するのである。

森谷氏の指摘するように、秦律に見える「内史」を一律に「郡」と読み替えるのには、たしかに問題があるとはいえるであろう。もっとも、筆者の理解するところでは、より柔軟な準用のあり方を想定するならば、たとえば内史の性格に（中央官的側面とともに地方官的側面をもあわせた）「二重性」を想定する立場からも、解釈は可能であると思われる。すなわち秦律に「関中でしか適用できない」旧条文がそのまま保存されていたとして、地方の郡治下の行政の現場では、内史に関わる規定についても現実の状況に応じて、前者の中央官的側面をもつものについてはそのままに、後者の地方官的側面を有するそれについては「郡」と読み替えることで対応していたのではなかろうか。それが漢律の段階になると、秦律を基本的に踏襲しながらも、制定当時の状況に応じて郡などの存在をそこに反映させるなどの「アップデート」がなされており、前者に関わる規定については「内史」のままであるのに対して、後者については当時の実状に合わせて「内史」と「郡」とを並記しているのであろう。その場合ここで問題となる秦律①の規定は、前出の重近氏の分類に従えば前者に属するものであり、それゆえこれと直接的な関係を有する「二年律令」の⑫においても「内史」のままとされたのである。森谷氏の説くように、秦律段階の内史を郡とまったく同一視することには問題があるものの、しかしそこに地方官的側面を想定することは、なお充分に可能であるといえよう。

「二年律令」から内史の問題を論じた研究としては、ほかに尹弘兵氏が内史と治粟内史官の展開の過程について考察を加えている。まずは「二年律令」に見える内史の職掌について、全国の財経事務を職掌としている点（⑫など）、治粟内史の存在が確認されない点などから、秦律での内史のそれときわめて近しいものであるとする。さらにそこでの内史は「京師を掌治」する職掌も兼ねているものの裁判権などは有しておらず、その管轄区（本書でいう「内史地区」）は基本的に中央政府によって直接管理されていたとした。その上で内史、治粟内史官の変遷・展開の過程について、戦国秦の内史は全国財政事務を担当していたが、統一後に内史が京師を掌治するようになり、その職掌であった全国の財経事務は新たに設けられた治粟内史に継承された。漢初、（「（秦の）初期領域」の）渭南郡以下の三郡が設置されると内史が全国財経事務を担当する（戦国秦の）体制に戻り、三郡が廃止された後は、内史は全国財経事務とあわせて「掌治京師」をもまたその職掌とするようになったが、それは前述の如く部分的なもので、統一秦の内史や後身の京兆尹とは異なる過渡的な形態であった。こうした体制が（内史は京師を、治粟内史は財経事務を担当するような）秦の旧制に戻るのは、（後述する）陳平の例から呂后二年から孝文元年（あるいは呂后八年）のことで、呂后統治時期であったのではないか――このような見通しが提示されている。(46)

「二年律令」に見られる内史をめぐる尹氏の理解は、前出の森谷氏のそれと共通するところが多く、また内史と治粟内史官の展開についても関連する諸史料の中から整合的な理解を求めるものとなっている。ただし、秦律段階での内史の職掌を「全国財政事務の総管」とする点は、工藤（旧説）、彭、張、高諸氏の先行研究に拠るものであるが、これについてはここまでにも見てきたように、内史の性格に「二重性」を想定する議論の存在をはじめとして、なお検証を必要とする問題は少なくないであろう。またそこでは統一秦の段階における「内史が京師を、治粟内史が財経事務を担当する」ような体制を、その前後の時期とは区別される存在として想定することで、内史と治粟内史官の展開をめぐる過程がいささか複雑で曲折したものとなってしまっているが、その点では治粟内史という官の存在と職掌とを分けて考える――すなわち統一秦における内史の分化を想定しない――ことによって、戦国から漢初にかけて巨大な職掌を有する内史という官署がゆっくりと分化してゆくとの見通しを提示する森谷説の方が、よりシンプルかつ一貫性のある解釈を提示しているのではないかと思われる。

また游逸飛氏は「二年律令」史律の条文の検討から、史の学童が内史地区では太史により、その他の郡では郡守によってそれぞれ試験を課されていたこと、その一方でさらに高次の試験については太史が権限を有しており、さらに太史は諸郡の属県の令史の任命もしていたことなどを指摘する。そしてこのような（内史地区を管轄すると同時に、全土に対しても職掌が及ぶという）二重性において、太史は内史の性格と相似していること、さらにそこには軍事的性格が突出する初期の郡県が一般地方行政区へと移行してゆく中での過渡的な側面を示していることを論じている[47]。ここで明らかにされているように、太史官という視点からも、中央諸官府が「二重性」を有しつつ内史地区の諸県を分担して統轄していることが確認され、かつそれが郡県制形成の問題と関わって論じられていることは注目されよう。

なお、張雅娟氏は「二年律令」秩律に見える諸県の所属をめぐる先行研究を検討し内史地区所属の県について確定した上で、そこに一等県の多くが含まれていること、また秩律における諸県の排列は内史の属県を筆頭として、他郡の属県がそれを取り巻いて守護するような構成になっていることなどから[48]、内史地区が特殊な位置づけをされていたと説いている[49]。

趙志強氏は、主として文献史料を中心に郡との関係、区分の問題を中心として内史について論じている。まず戦国時代、秦のみならず他の諸国もおしなべて京畿地区には郡を設けてはいなかったことを指摘した上で、秦にあっても商鞅変法で設置された四十一県の「本土」である内史の地とそれ以降の占領地に置かれた郡とでは、大きな差異や区別があったこと、また戦国末から秦代にかけて、内史の官は京畿地区の事務を管轄する以外にも全国の財政経済、司法活動をも掌るなど幅広い職掌を有していたが、秦代から前漢初にかけてその役割は次第に縮小してゆき、高后二（前一八六）年すなわち「二年律令」の段階以降に財政経済を掌る治粟内史が分化すると、内史はもっぱら京師地区を担当する官となってゆくこと、さらに内史から左右内史、三輔へと展開してゆく中でもそれらは基本的に一般の郡とは区別される存在であり続けたものの、その実態から郡と同一視されていったこと、などを論じている[50]。

このような趙氏の議論において、「本土」である内史とその他の地域である郡という区分から両者の関係を取り上げている点は、本章での問題関心とも共通するものであり、また他の戦国諸国の例からの議論など傾聴に値する点も少なくない。とくに内史の「郡」としての性格（の有無）に関わる史料については、文集、札記の類に至るまで博捜し、詳細な検討が加えられている。しかしその一方で、ここまでに見てきたような内史に関わる先行研究の参照は必ずしも充分ではなく、たとえば「中央諸官府による内史地区の分担統治」などといった議論をふまえることのないままに、その職掌やあり方が論じられているのであり、それによってさらに内史と郡との関係、区分の問題についても、こうした重要な「質的な変化」の側面を欠落した形で議論が展開してしまっていることには注意しなければならない。

また孫聞博氏は秦漢時代の内史（地区）や諸郡など地方の武官制度について動態的な考察を加える中で、「二年律令」秩律では両者の武官系統が類別や秩級の上で基本的に一致していることから、(51)秦及び前漢初期における内史と諸郡とは、軍事的には高下の区別のない対等な関係にあったとする。そしてこうした「中外平等」の構造は武帝期以降、京師と諸郡の武官系統の差異が拡大し、また内地の郡県では武官の縮小が起こる一方、辺郡の軍事組織が進化するなど変質してゆくが、その背景には「軍国体制」から「日常行政体制」への転換、「戦国モデル」から「帝国モデル」への転換という大きな流れがあったと論じている。(52)孫氏のこうした議論は、内史のあり方について直接に論じたものではなく、地方軍事組織の比較という問題に限ってのものではあるものの、そこで内史（地区）と諸郡との双方が同等に扱われる場合もあったとの指摘は、後述の渡邉英幸氏の議論ともあわせて、統一国制における内史の位置づけについて考える上で見逃すことのできない一面を示すものといえるであろう。

李偉氏の研究では、張家山漢簡を中心に内史のあり方や治粟内史との関係について論じている。そこでは漢初の内史の職能は主に京畿一帯の管轄にあったこと（⑬・⑭から）、内史が中央諸官府の財政を管轄していると見なすことはできないこと（⑩から。「中關内史」の「中」は「関中」を指す）、あるいは張蒼が相国蕭何のもとで計相として「郡國の上計を領主」している例（『史記』巻九六本伝）から、全国の上計を掌るのは丞相であり内史ではないと考えられること、などの諸点を指摘して、漢初の内史とは秦代の内史とは異なり中央官庁の財政を担当しておらず、真に国家財政をになっていたのは治粟内史であったという。[53]張夢晗氏もまた張家山漢簡などの検討から、ほぼ同様な議論を展開しているが、そこではさらに漢初に洛陽を都としていた時点ではそこに内史を置いていた、あるいは楚漢戦争期に周苛、周昌、杜恬などの武将が名ばかりの内史に任じられているのは軍功に対する褒賞であった、などの興味深い指摘もなされている。[54]このような両氏の議論は、確かにこの時期における内史のあり方の一面をとらえたものではあるが、一方で関連する他の史料や先行研究への目配りが充分にはなされておらず、また個々の論点においていくつか疑点が見られることなども、[55]ここでは指摘しておく必要があるであろう。

このように「二年律令」の出現によって、漢初の内史のあり方が少しずつ明らかとされてきたのであるが、続く里耶秦簡と岳麓秦簡の出現は、これまで相対的に「空白地帯」として残されていた秦代の内史について具体的な手がかりを提供することとなる。次節ではそれによる新たな研究の展開を追ってゆくこととしよう。

第四節　里耶秦簡、岳麓秦簡と内史研究

以上は旧稿公表段階での研究状況であったが、その後、里耶秦簡と岳麓書院蔵秦簡との内容がしだいに明らかとなってきた。前者についてはいまだ公刊の途上でありその全貌を得るには至っておらず、後者についても全貌が明らかになったばかりのところであるが、ここまでに知られるようになった内容の中でも、内史に関わる興味深い事例がすでにいくつも見えており、それについての注目すべき研究もあらわれてきている。それらの研究では当然のことながら、ここまでに見てきた研究の成果をふまえて議論がなされていることから、時系列の上では漢初からいったん引き返す形となるが、以下にこれらの新知見に基づく統一秦の内史のあり方について見てゆくこととしたい。

まず里耶秦簡には、たとえば⑮琅邪尉の治所移転の通知の宛名に「内史・属邦・郡守主」[56]とある例や、⑮洞庭郡の兵器を「内史および巴郡・南郡・蒼梧郡に輸送する」[57]例などが見えている。また岳麓書院蔵秦簡からは、「内史襍律」として、量器の管理や物資貯蔵施設の防災など、雲夢秦簡中の「内史雑律」と類似の規定が見られる[58]ほか、内史が里門や西工室の管理、あるいは戦没者に関わる上言をおこなっている例[59]、そして⑰「■内史郡二千石官共令」[60]、「■廷内史郡二千石官共令」[61]などと題される令文の存在なども知られることとなった。これらの例からは、およそ統一秦の段階における内史が法制面において——なお郡とは一定の区別はありながらも——すでに「郡」のような行政組織としての性格をかなり濃厚に帯びる存在となっていたことがうかがわれるのである[62]。なおこのほかにも内史律、内史倉曹令、内史旁金布令などの規定も報告されており[63]、この時期の内史のより具体的なあり方について解明の進むことが期待される。

またこれと関連して岳麓書院蔵秦簡で注目されるのが、先の張家山漢簡「二年律令」の⑩の置吏律の記事にも「郡は其の守に關し、中は内史に關せ」と見えている「中」の存在である。すなわち⑱身元不明の逃亡者についての「中の縣・道官は咸陽に送り、郡の縣・道官は郡の都縣に送る」[64]という規定や、⑲不法に「中の縣・道」に入ってきた郡及び襄武・上雒・商・函谷関外の者やこれらの地に遷された者を宿泊させた場合の罰則に関する規定[65]、⑳隴西や郡の県・道に遷となった者の「中の縣・道官」への入境を禁ずる規定[66]、㉑郡および関外の黔首の親族訪問や商用での「中の縣【道】」への入境は禁錮を受けていない限り許可する規定[67]、などの事例が見えているのであり、これらの例では、「中」が「縣・道」を管轄する存在として、「郡」と並列、対置される存在であり、かつ「郡」とは事務的な手続きにおいて区別があり、「郡」（㉑では「関外」も）からの移動、入境にも制限のかけられる場合があったこと、などが知られるのである。ちなみに⑲の規定から、この「中」の具体的な範囲が「襄武・上雒・商・函谷關」のラインに囲まれた領域であるとの見方もなされてきたが、これが成り立ちがたいことは後述する通りである。[68] なお、「中の縣・道」のほかにも「中の縣」の事例も見えており、㉒御史の「中縣」への査定は郡の場合と同様であるとする規定や、[69] ㉓他郡や中県の者がよその郡の吏となった場合の「除貲贖」に関する規定、[70] ㉔郡や中県の千石以下の官吏が他県に出張中に父母が亡くなった場合の規定、[71] ㉕中県の史の学童で受験した八四一人中一一〇人が史の任官を避けた問題、[72] などの例が見えており、「郡」との関係をはじめとして「中」をめぐる興味深い知見を提供している。

こうした新史料による成果として、まず楊振紅氏の研究では雲夢秦簡、張家山漢簡「二年律令」を中心に、⑰の例なども引きつつ「王畿」の行政長官であった内史の歴史的展開について検討を加え、そこから分封制が郡県制へと転化し、さらに発展してゆく過程を論じている。すなわちそこでは雲夢秦簡中の内史記事の検討から、内史は戦国秦で「邦」すなわち王畿（京師）を掌治する行政長官であり、かつ大倉と大内は内史の系統ではなく都官の系統であったとする。この段階での内史は商鞅変法によって設置された県を管轄してはいたが、後代の「郡」のような存在ではなく、分封体制下の王畿すなわち「邦」であった。それが統一後、「邦」制が廃棄されると、内史は一つの郡として郡県制の一環に組み込まれることになったという。[73]

内史が「郡」としての性格を帯びるようになる過程（楊氏はそれを秦の統一時に求める）に統治形態の展開の縮図を見出そうとする楊氏の問題意識は、本書での考察のあり方とも共通するものであるが、一方でそこでの内史を「邦」とする理解については、次に紹介する渡邉英幸氏の研究において実証的な批判がなされているほかに、いわゆる「読替説」や「中央諸官府による内史地区の分担統治」といった重要な論点について検証がなされていないことに加えて、個々の論証においても疑点が散見されるなど、[74] いくつかの問題点も存在している点には留意する必要があるであろう。

とはいえ、内史の行政長官としての側面を強調し、当初の内史研究において強調されていた（大倉や大内との関係に示されるような）全国的な財政統括機関としての側面について疑義を呈した点は、以下に見られるように後続の研究においても引き継がれてゆくこととなる。そこには先述したように、張家山漢簡「二年律令」に続いて、里耶秦簡や岳麓秦簡においても「郡」と同様な存在としての「内史」の事例が多く知られるようになったという事情が多分に影響を及ぼしているといえるであろう。

また渡邉英幸氏は、まず戦国秦の邦と畿内（本書でいう「（秦の）初期領域」）について論じた中で、⑮の記事から、情報伝達経路、管轄権限が、内史では畿内の県・都官、属邦では畿内の道と全土の属邦都官（―異民族集団）、郡守が畿外の県・道・都官であったなどとして、戦国末期の秦ではすでに「内史」と「郡」とを区分する行政区画が成立していたとする。さらに岳麓秦簡中の⑱・⑲・⑳などの例から、遅くとも戦国末の秦では畿内・関中を指す「中」という地域的枠組みが成立しており、「郡」と対比される行政区画として律令上でも明記されていたとする。そして統一に向かう段階において律文や語句の整備・改訂が行われ、畿内「中」と畿外「郡」が区画され、前者を内史等の中央諸官、後者を郡守が管轄し、それぞれの分掌や文書行政の経路が整備されていた、としたのであった[75]。

さらに内史そのものについて、筆者の旧稿を含む先行研究に批判的に検討を加え、雲夢秦簡にみえる内史の職掌と管轄範囲に関して、大内と大倉との統属関係は確認できず内史を「財政官」とみなすことは難しいことを指摘した上で、「内史襍律」など岳麓書院蔵秦簡中の内史の用例を詳しく検討し、内史の本来の職掌は内政・文書統轄官であり、それを「財政」や「京師」に限定するのは適当ではなく、戦国中期の国政変革と文書行政の確立に伴い、全土の資産や文書・記録を統轄するいわば総務省的な役割を果たす中央官としての性格を持つに至ったのが、さらに戦国後期に各郡の設置と、他の中央官の整備・分掌を経て、最終的に京師掌治の行政官として定立していった、とするのである[76]。

以上のような渡邉氏の研究は、里耶秦簡や岳麓秦簡など最新の知見を最大限活用しつつ、従来の史料や研究をより総合的、整合的に見直したものといえよう。そこでは戦国後期から秦代にかけての段階で、すでに「(秦の)初期領域」には従来想定されていた以上に郡としての性格が色濃く見られるようになっていたこと、また財政を統轄する官としての側面についてはそこではあまり確認されないこと、などの新たな知見を反映して、より具体的な内史のあり方やその変遷が明らかにされている。里耶秦簡、岳麓秦簡ともに研究が緒に就く中で、治粟内史の問題なども含めて、今後さらなる新知見の出現も予想されるが、本研究はそのための拠るべき基盤となるものといえよう。

　このように里耶秦簡や岳麓書院蔵秦簡からは、統一秦の内史には「郡」のような行政組織としての性格を濃く帯びるようになっていたことがうかがわれるのではあるが、しかしながら一方では、先述したように「内史」と「郡」とは区別される存在でもあったのであり、またたとえば㉓「故徼(後出)沿いの県、あるいは郡の県の黔首や県の属吏が移動する場合には必ず尉に報告する」という尉卒律の規定[77]では、「内史」という語こそ見えないものの、(故徼沿いの県を除く)内史の地域と郡とで手続きが異なっていたことが示されている。㉔「一定の人々を徭役労働に徴発するに際しては、(「中」では)所轄の執法にあらかじめ申請し、郡ではそれぞれ郡守に申請する」という徭律の規定[78]もその一つであるが、とくにここで郡守と対置されるのが執法とされていることから、「中」の地域でこうした職務を統轄するのは内史ではなくして執法であったこと、すなわち当時の段階においてもこの地域は中央諸官が分担して統轄していた例であると見ることができるであろう。「内史」ではなく「中」の呼称が用いられていること[79]も含めて、これら統一秦の状況を示す新出史料においては、このように内史と郡――あるいはこの地域と郡――との間に、なお無視することのできない差異や区別の側面が存在した事例も同時に確認されるのである。

　岳麓書院蔵秦簡の出現によって、「初期領域」に相当する地域が――「二年律令」の時期からさらにさかのぼって――秦代においても「中」とされていたことが明らかとなったわけであるが、ここまでの議論に即して当時におけるこの「中」の地域のあり方についてまとめるならば、「なお中央諸官が分担してその属県を統轄する形をとりつつも、前代に比べるとしだいに「郡」としての性格を強めつつある」とすることができるであろう。それはまさに前節までに見てきた雲夢秦簡と二年律令との空隙を埋めるものであったと思われるのである。

なお孫聞博氏は岳麓秦簡の⑰「内史郡二千石官共令」の検討から、内史は郡と相対するときは「中」と称すること、後漢の十三州部に中州すなわち司隷が含まれているのに対して、前漢の司隷部は州部の中には含まれず、十三州部と並列関係であったが、それはこの「内史」と「郡」が並列、連称されていた秦代に遡る可能性があること、などを指摘している。(80)

また晏昌貴氏は、里耶秦簡中の文書逓伝での封検の例の検討から、そこでは「遷陵　洞庭」のように、前者が県名で受け取り側、後者が郡名で発信地で、前者は多くの場合後者の属県であることを指摘する。そして内史についても同様に「美陽　内史」（九—二三五四、校釈二、四八三頁）や「武關　内史」（八—二〇六、校釈一、一一三頁）などの例が見られるものの、一方では「彭陽　内史」（八—一〇五、校釈一、六三頁）や「襄武　内史」（九—九六五、校釈二、二三一頁）など、内史の場合には（安定や隴西など）他の郡に属すると思われる県名も見えていることから、秦代の地方の県道の文書が場合によっては直接内史に上され、所轄の郡を経なかった可能性にも言及している。(81)このことは、内史が朝廷の中央官であると同時に、関中地域の地方官的側面をも持つというその「二重性」を文書逓伝の面から示すものであるのかもしれない。

なお、雲夢睡虎地秦簡・置吏律の「縣・都官・十二郡」(82)という記事について、晏昌貴氏は「縣・都官」は内史に属し、「十二郡」は内史以外を指すとする。また「天下」の語義の検討から、秦の統一時の「三十六郡」には「関中秦故地」は含まれないとする。(83)ちなみに岳麓書院蔵秦簡の置吏律では同様の規定が「縣・都官・郡」となっており、(84)上との対比からすれば、この段階でも「内史」は「郡」とは別の存在として扱われていたと見ることができるかもしれない。

第五節　内史制度の展開と秦漢統一国家体制の形成

以上に見てきたように、近年の内史研究は、雲夢睡虎地秦律や江陵張家山漢簡「二年律令」、さらには里耶秦簡や岳麓秦簡などの新たな知見によって大きな成果を挙げてきた。ここまでに述べてきたことをふまえるならば、個々の論点はさておき、現時点での大まかな到達点としては、およそ以下のように総括することができるであろう。

(一) 秦律段階での内史は、基本的に秦全土の文書行政や財政などを統轄する朝廷の中央官（そのあり方についてはなお議論もある）であったが、一方では「初期領域」を治める地方官でもあるという「二重性」を有していた。

(二) ただしその後者の側面については、内史は「初期領域」に対して郡守と完全に同等な存在であったわけではなく、内史が中心となりながらも、基本的に中央諸官府が分担してこの地域の属県（中県道）を統轄していた。

(三) こうした体制は漢初にあっても基本的に同様――渭南郡以下の三郡が設置されていた時期を除く――であったが、治粟内史が全土の財政を統轄する官として再編されることなどによって「二重性」は解消し、内史は名実ともに「内史地区」の長官として「京師掌治」の官となっていった。

これらの議論は主として官職としての内史に関わるものであるが、そこでの「（秦の）初期領域」あるいは「内史地区」に対する統治のあり方から、以下にこの地域の国制上の位置づけ、さらには秦漢統一国家体制の形成の問題について考えてみることとしたい。

見られるように、そこでは「中央諸官府が分担してその属県を統轄する」という体制がとられていたわけであるが、それはまさにこの地域が（かつてそれが領域全体であったころの体制そのままに）中央の直接の統治下にあったことを示しているといえるであろう。先にも述べたように、これを「秦の領域拡大にともなって獲得した新たな領域については郡を設けて支配している」という状況と対比してみるならば、「初期領域」なり「内史地区」におけるこのような統治のあり方には、（占領地に対する）「本国」、「本土」としての性格が色濃く残されていると考えられるのである(85)。「秦律は地方の郡においては準用されるべきものであった(86)」という見方がなお成り立ちうるものであるならば、それはこうした関係を端的に示す例であるといえるかもしれない。

もっとも前節でも紹介した渡邉英幸氏の研究では、筆者の旧稿(87)を批判する中で、こうした律の準用について、秦の国制は「故地」と「占領地」との間に厳密な区別を設ける不聯続の関係ではなく、むしろ均質的な統治を占領地にも拡大してゆくような聯続性の文脈で理解すべきであるとし、あわせて畿内と畿外の間に行政上の区画は存在しても、畿内領域のみを「固有の領土」と見なす意識は確認できないことを指摘している(88)。渡邉氏の議論は説得力のあるものであり、本書においてもこうした批判を受け止めて見解を改めているところがある。とくに統一国家体制においては、地域間の区別や差異が存在するその一方で、当然のことながら均一の理念で全領域を統治しようとする側面があることについても無視することはできないのであり、またそこでの「地域間の支配、対立の構図」は、単純に「（秦の）初期領域」や「内史の地」とそれ以外の「郡」との間のみに存在するわけではなく、後述するような「関中」と「関外」、「旧秦」と「旧六国」など、複数の重層的な構造のもとに理解されるべきであると思われる。このように考えることによって、より柔軟で実態に即した理解に近づくことができるであろう。ここまでに見てきたことからするならば、戦国後期や秦代、あるいは漢初の段階における「（秦の）初期領域」や「内史の地」と他の「郡」の地域との間には、たしかに「本土」と「占領地」というほどの厳峻な区分は明確には見出しがたいものであるかもしれない。後述するように、当時の段階においては「地域間での支配、対立関係」の主軸はすでに「旧秦」と「旧六国」などの間に移行していたのである。しかしその場合でも、以上に論じてきたような（「郡」とは異なり）中央諸官府が分担してこの地域を統轄しているというそのあり方に、かつて秦の領域全体《そのもの》であったそれが「本土」として周囲の郡を「占領地」として支配していたという「より古層における体制の痕跡、名残」を見出すことは許されるであろうし、それは統一国家体制の上でも一定の重要性を有していたと考えられるのである。なお、前出の⑱～⑳、さらには㉑の岳麓書院蔵秦簡の規定に見られる「中の縣・道」が「郡」とは区別されており、外部からの移動や滞在について様々な制限を課されていたことなどは、それと他地域との間になお実態的な区別が残されていた可能性をうかがわせるものであり、今後の新史料の発見や研究の進展が待たれる。

このように秦律や「二年律令」段階での「（秦の）初期領域」や「内史地区」については、そこでの統治のあり方から見て、他の一般の郡（や後身である三輔）とは異なる位置づけがなされていたと考えられるのであるが、一方で（三）に見られるような「京師掌治」の官として実質的に郡守と同等な存在となった段階での内史のもとでは、「内史地区」も（「首都圏」として特殊な存在ではありつつも）基本的に郡県制の枠組みのもとに包含されるようになっている。このような変化の背景には、統一がしだいに定着・成熟し、郡県制が整備されてゆくという動きがゆっくりと進行していたであろうことが自ずと想定されるのであるが、その意味では以上に見てきたこの時期は、こうした動きを背景として、（かつて「本国」であった）「本土」がさらに（「特殊な郡」である）「首都圏」へと移行してゆく長い過程でもあったと見なすことができるであろう。

こうした「本土から首都圏へ」といういわば「過渡的」な性格は、当時におけるこの地域の「郡」としての位置づけの上にもあらわれている。すなわち森谷氏の指摘するように、さらに前節での里耶漢簡や岳麓秦簡、そして「二年律令」などの出土文字資料の用例などから確認されるように、統一秦や漢初において内史管轄下の境域が「郡」とみなされたり、「内史」と称されていたことが知られるのであるが(89)、その一方で文献史料では、たとえば本書第一部第二章以下でも指摘するように、秦および前漢前期におけるこの地域の呼称としては「関中」の語が圧倒的に多く見えており、「内史」と称されている例はきわめて少ないのである。もとより文献史料においては「用語の後代性」の可能性も考慮する必要があるが、前漢後期の用例において、内史の後身である「三輔」の語をそのまま用いる例が「関中」のそれに取って代わり多数を占めるようになっていることからするならば、「内史」の語例のこうした傾向は当時の状況をある程度は反映したものと見てよいであろう(90)。また『史記』巻十五六国年表二世元年九月条の「郡縣皆反」という記事は、あるいは秦の本拠地であるこの地域が「郡」には含まれていなかったことを示すものであるかもしれない。

以上のように、この時期における内史の「郡」としての位置づけをめぐっては、史料によって記載は必ずしも一定していないのである(91)。『史記』巻十七漢興以来諸侯王年表には、高祖末年の漢の直轄領を列挙した上で「與内史凡十五郡」と総括した記事が見えているが(92)、そこでの「内史」は大枠としては郡の一つとして数えられてはいるものの、同時に他の郡とは区別した書き方もなされているのであり、これなどは当時におけるこうした「内史」の過渡的な位置づけを示す好個の例であるといえよう。

それでは「内史地区」がこうした過渡的な性格を脱却して、「本土」から「首都圏」へと完全に移行し、「郡」と実質的に等しい存在として郡県制の枠組みのもとに本格的に包含されるようになるのは、いずれの時点に求められるのであろうか。その一つの目安とみられるのが、(三)でも述べたような「治粟内史が全土の財政を統轄する官として再編されることによって内史の『二重性』が解消し、名実ともに『内史地区』の長官として『京師掌治』の官となっていった」その時期である。ここまでに見てきたように、内史の職掌における財政の比重については意見の分かれるところではあるが、「内史」の語を冠するこの官の分置が内史のあり方に大きな影響をもたらす一つの画期であったことは疑いない。そしてこの点については、秦律段階の研究においては秦の六国統一前後のこととされてきたものの、「二年律令」の秩律などに治粟内史の存在が確認できないことから、(93) 治粟内史の再編（もしくは設置）はこれより以降にくり下げて想定されるようになってきたこと、ここまでに見てきた通りである。そしてその前提のもとで諸家が重視するのは、『史記』巻五六陳丞相世家に見える、即位当初の文帝の質問に対して「問銭穀、責治粟内史」と陳平が答えたという記事である。(94) 見られるように、この時期に「穀貨を掌る」ような治粟内史の存在がそこに認められるとするならば、（それ以前の）呂后期から文帝初年にかけての時期に、こうした再編がなされていたということになるであろう。

ただし、この話自体には多分に逸話、故事としての性格が認められるようでもあり、そこに見られる文帝と陳平との問答をそのまま歴史的事実と見なすことができるかどうか判断の分かれるところである。加えてその前後の時期に治粟内史の活動、存在が他にはほとんど確認されないことからするならば、この「孤証」に全幅の信頼を置いて、内史再編の時期の決め手とすることには慎重にならざるをえないのではなかろうか。

ここで――文帝初年においてこうした問答が実際に行われたのかどうかは別にして――そこに見られる「問銭穀、責治粟内史」という観念自体は何らかの歴史的実態を有していたとの前提に立つならば、治粟内史の官名が存在していた景帝後元（前一四三）年（この年に大農令と改称）までに、内史再編の時期の下限をおしさげることができるかもしれない。ちょうどこの前後は呉楚七国の乱の鎮定を受けて漢朝の中央集権政策が大きく進展していた時期に当たっており、とくに景帝中五（前一四五）年の王国改革によって諸侯王国の領域が中央の直接支配領域となるなど、統一国制への再編が動き出していたことが指摘されているのである。(95) したがって、もしこの時期に内史の再編が行われ、かの地域の性格、位置づけが「本土」から「首都圏」へと移行したのであるとすれば、それはこうした秦漢統一国家体制形成のより大きな流れの一環として理解することもできるかもしれないのであるが、現在のところは、その可能性を指摘するにとどめておかざるをえない。(96)

なお以上の議論では、秦漢統一国家体制の形成について、もっぱら「内史地区域とそれ以外の一般の郡が設置された地域」との関係において見てきたわけであるが、このような地域間の支配や対立の構図には、これとは別に戦国秦と東方諸国との関係を継承した「広域関中と関東」という枠組みも並行して存在していたことを最後に一言しておきたい。すなわち秦律段階での秦の領域（秦邦）は、「初期領域」と比較的早くにその版図に入った北・西・南方の北地・上郡や隴西・漢中、あるいは巴、蜀などの諸「郡」とによって構成されており、さらにその外側に他の東方諸国（它邦）の地域が広がるという構図になっていたのであるが、統一後もこうした関係は継承され、函谷・臨晋・武関・扜関・鄖関などからなる関所のラインをはさんで、旧秦の「広域関中」と旧東方諸国の「関東」とが対峙するような構図が展開されていたのである。(97) 先にも引いた「二年律令」津関令⑫・⑬などの例において、東方（関外）の郡や県と、その西方に位置する「内史・郡守」（の地域）とに大別されているのも、その一つのあらわれといえるであろう。当時においては、「内史と一般の郡」と並んで、このような「（内史を含めた広域）関中と関東」という地域間の支配や対立の構図が重層的に存在していたのである。さらに付け加えるならば、後述するような戦国末期の始皇即位前後の段階における秦と東方諸国との境界（故徼）なども、その外側に存在する重要な境界線となっていた。そして秦末の諸反乱や楚漢戦争、漢朝中央と諸侯王国との対立などの展開から見るならば——統一国制の問題とは別に——地域間での対立の枠組みとしては、むしろ後二者の方がより主要なものとなっていたようであるが、それも武帝期における統一国家体制形成、確立の流れの中で相対化が進み、前漢後期から後漢時代にかけてその重要性を低下させていったのである(98)。

先にも述べたように、近年の内史研究は雲夢睡虎地秦律や江陵張家山漢簡「二年律令」などの新たな知見によって大きく進展してきたのであるが、現在もたとえば内史に関わる史料を含む里耶秦簡などの内容が公表されつつあり、「ピース」は少ないながらも着実に増え続けている。それによって内史をめぐる理解も今後さらに進んでゆくことが期待されるであろう。

以上の考察をうけて次章では、内史の後身である三輔制度形成の過程について論じてゆくこととしたい。

注

（1）　同志、京兆尹条の原注に「故秦内史、高帝元年屬塞國、二年更爲渭南郡、九年罷、復爲内史。武帝建元六年分爲右内史、太初元年更爲京兆尹」とあり、また左馮翊条原注に「故秦内史、高帝元年屬塞國、二年更名河上郡、九年罷、復爲内史。武帝建元六年分爲左内史、太初元年更名左馮翊」、右扶風条原注に「故秦内史、高帝元年屬雍國、二年更爲中地郡、九年罷、復爲内史。武帝建元六年分爲右内史、太初元年更名主爵都尉爲右扶風」とある。

（2）　同表の内史条に「周官、秦因之、掌治京師。景帝二年分置左〔右〕内史。右内史、武帝太初元年更名京兆尹……左内史、更名左馮翊……。」とあり、また主爵中尉条に「秦官、掌列侯。景帝中六年更名都尉、武帝太初元年更名右扶風、治内史右地……與左馮翊・京兆尹是爲三輔」とある。

（3）　たとえば「関中」の語が指す範囲は渭水盆地一帯の地域を指す場合や、巴蜀や天水・安定郡などを含めたいわゆる「広域関中」、「大関中」を示す場合など、広狭多様である。邢義田一九八三a、b、肥後政紀一九九五、王子今二〇〇四、辛徳勇二〇〇六など参照。

（4）白川静一九七三、賈俊俠二〇〇四など参照。また秦の武王二（前三〇九）年の紀年をもつ四川省青川県出土の田律には、「二年十一月己酉朔朔日、王命丞相戊、内史匽氏、臂更脩爲田律（下略）」と、王が丞相と内史とに田律の「更修」を命じていたことが記されている。釈文は初師賓ほか二〇〇五、および廣瀬薫雄二〇一七による。

（5）『戦国策』秦策三・應侯謂昭王章に、穰侯執政末期の権勢を述べた中に「自斗食以上、至尉・内史及王左右、有非相國之人者乎」とあり、『史記』巻六秦始皇本紀九年条には、嫪毐の乱に際して一味として処刑された高官として、「内史肆」の名が衛尉や佐弋、中大夫令とならんで見えている。

（6）江村治樹一九八一参照。

（7）「入禾稼・芻稾、輒爲廥籍、上内史」（秦律十八種、第二八簡）。簡番号は睡虎地秦墓竹簡整理小組一九九〇による。

（8）「至計而上廥籍内史」（秦律十八種、第一七五簡）。

（9）「稲……別粲・穤（糯）之襄（釀）、歳異積之、勿増積、以給客、到十月牒書數、上内【史】」（秦律十八種、第三六簡）。

（10）「今課縣・都官公服牛各一課……内史課縣、大（太）倉課都官及受服者」（秦律十八種、第一九～二〇簡）。

（11）「糞其有物不可以須時、求先買（賣）、以書時謁其狀内史。」（秦律十八種、第八七～八簡）。

（12）「都官歳上出器求補者數、上會九月内史」（秦律十八種、第一八七簡）。

（13）「工師善教之……盈期不成學者、籍書而上内史」（秦律十八種、第一一一～二簡）。

（14）「盗出朱（珠）玉邦關及買（賣）於客者、上朱（珠）玉内史、内史材鼠（予）購。」（法律答問、第一四〇簡）。

（15）たとえば「有事請殹（也）、必以書、毋口請、毋羈（羈）請」（秦律十八種、第一八八簡）、「除佐必當壯以上、毋除士五（伍）新傅。苑嗇夫不存、縣爲置守、如廄律」（秦律十八種、第一九〇簡）、「毋敢以火入臧（藏）府・書府中。吏已收臧（藏）、官嗇夫及吏夜更行官。毋火、乃閉門戸」（秦律十八種、第一九七簡）など。

（16）「百官表」治粟内史条に「秦官、掌穀貨、有両丞。景帝後元年更名大農令、武帝太初元年更名大司農。屬官有太倉・均輸・平準・都内・籍田五令丞、斡官・鐵市両長丞」とある。

(17) 秦簡中の内史をめぐる初期の研究においては、たとえば睡虎地秦墓竹簡整理小組一九七八では、内史について「百官表」内史条とともに治粟内史条を引いて注釈を加えており（三四頁）、また高敏一九七九では、内史は治粟内史の職を行使しており、始皇帝の六国統一時に治粟内史に改められたとし、さらに栗勁一九八五、第八章では、秦簡中の内史は『漢書』百官表にいう「掌治京師」の内史ではなく、「掌穀貨」の治粟内史であるとしている。一方で于豪亮一九八〇では、前代の記事や内史雑律の条文を中心として、秦の内史は京師付近の地区を統治したとしている。

(18) 工藤元男一九八一参照。

(19) 江村治樹一九八一参照。

(20) 藤田勝久一九八四参照。なお、藤田氏はさらに前注（4）掲、四川省青川県出土の田律の記事からその段階における「内史—県」制につながる体制の存在を指摘するが、そこでの内史の性格については、後述の諸説などに批判があり、なお一定した理解を見ていない。また廣瀬薫雄二〇一七では、恵文王期の兵器銘文に内史が督造者として見えていることともあわせて、当時の内史はこの時点で（郡守と同様の）京師を治める行政官であったとするが、渡邉英幸二〇一九にも指摘があるように、青川木牘の出土地やそこでの内史の役割の問題など、なお検討を要する点は残されている。

(21) 山田勝芳一九八七参照。

(22) 越智重明一九八八、第二編第二章第三節「内史」参照。

(23) 重近啓樹一九九五参照。

(24) 工藤元男一九九八、第一章参照。

(25) 前注（17）参照。

(26) 裘錫圭一九八一、注（12）参照。

(27) 彭邦炯一九八七参照。

(28) 張金光一九九二参照。

(29) たとえば秦律の記事から全国からの計簿などを内史が受領する、としているが先の重近説にも言及があるように、戦国秦の郡ではそれぞれが計簿を受領していたことは明らかでありこれと矛盾する、など。

(30) 宮長爲一九九六参照。

(31) 賈俊俠二〇〇四参照。

(32) 郇蕾二〇〇七参照。

(33) 徐衛民二〇〇五参照。

(34) 后暁栄・田小娟二〇〇七参照。

(35) 呉良宝・秦鳳鶴二〇一六参照。

(36) 「●御史大夫、廷尉、内史……秩各二千石」（四四〇～一簡）。簡番号や釈文は張家山二四七号漢墓竹簡整理小組二〇〇一、二〇〇六、彭浩・陳偉・工藤元男二〇〇七による。また、朱紅林二〇〇五、冨谷至二〇〇六など参照。

(37) 「縣道官之計、各關屬所二千石官。其受恒秩氣稟、及求財用委輸、郡關其守、中關内史。受爵及除人關於尉。都官自尉、内史以下毋治獄、獄無輕重關於正、郡關其守」（二一四～五簡）。

(38) 「官各以二尺牒疏書一歲馬・牛・它物用稾數・餘見芻稾數、上内史。恒會八月望」（二五六簡）。

(39) 「□議、禁民毋得私買馬以出扜關・鄖關・函谷・武關及諸河塞津關。其買騎・輕車馬、吏乘・置傳馬者、縣各以所買名匹數告買所内史・郡守、内史・郡守各以馬所補名爲久久馬、爲致告津關、津關謹以藉（籍）、久案閲、出」（五〇六～七簡）。津関令をめぐっては楊建二〇一〇、扜関などについては、莊卓燐二〇一九など参照。致については鷹取祐司二〇一七参照。

(40) 「十二。相國議、關外郡買計獻馬者、守各以匹數告買所内史・郡守、内史・郡守謹籍馬職（識）物・齒・高、移其守、及爲致告津關、津關案閲、出、它如律令」（五〇九～五〇八簡）。楊建二〇一〇など参照。

(41) 「相国上内史書言、請諸詐襲人符傳出入塞之津關、未出入而得、皆贖城旦舂。將吏智其請、與同罪。●御史以聞。●制曰可。以□論之」（四九六～七簡）、「九　相国下（上か）内史書言、函谷關上女子廁傳、從子雖不封二千石官、内史奏。詔曰、入、令吏以縣次送至徙所縣。縣問、審有引書、毋怪□□□等出。●相国、御史復請。制曰可」（五〇二～三簡）、「十三　相国上内史書言、諸以傳出入津關而行□子□未盈一歲、與其母偕者、津關謹安實籍書出入。●御史以聞。制曰可」（五一二簡）。

その内容は、それぞれ他人の通行証の不正行使未遂の罰則案、函谷関通過の可否の照会、乳児の出入りの際の規定案など。
(42) この史料の性格などについては、たとえば宮宅潔二〇〇四参照。
(43) 前出の⑩、⑬や「都官在長安・櫟陽・雒陽者、得除吏官在所郡及旁郡」(二一八簡)、里耶秦簡中の「廿七年二月丙午朔庚寅……今洞庭兵輸内史及巴・南郡・蒼梧」(九―二二八三、校釈二、四四七―八頁)。
(44) 前注(1)掲、『漢書』地理志の記事を参照。
(45) 森谷一樹二〇〇六参照。
(46) 尹弘兵二〇〇八参照。
(47) 游逸飛二〇一二参照。
(48) これについては晏昌貴二〇〇六に指摘がある。
(49) 張雅娟二〇〇七参照。
(50) 趙志強二〇一六参照。
(51) 「内史……中尉……郡守・尉……秩各二千石」(四四〇～一簡)、「中司馬、郡司馬、騎司馬、中輕車司馬……秩各千石、丞四百石」(四六八・四四四簡。郭洪伯二〇一二による)、「中發弩、枸(勾)指發弩、中司空・輕車、郡發弩・司空・輕車、秩各八百石、有丞者三百石」(四四五簡)、「中候、郡候……秩各六百石、有丞者二百石」(四四六簡)。
(52) 孫聞博二〇一六a参照。
(53) 李偉二〇一九参照。
(54) 張夢晗二〇一九参照。
(55) たとえば張氏は、「張家山漢簡『二年律令』にみえる内史の事例の多くが京師掌治の内史である中、唯一それが全国の財政を掌管していた重要な根拠とされる」⑫の記事について、そこでの「官」の内容や提出期限などの点から、内史が京師地区での(太僕の官属の)上計を受ける規定であると解釈できるとするが、先述したような雲夢秦簡の①の倉律との対応関係からするとその解釈には検討の余地があると思われる。また李氏の議論においては、そこで重要な位置づけにあるはずの治粟内史に関わる検討はほとんどなされてはいない。さらに両氏ともに秦の内史は京師地区と全国の財政事務を同時に掌管していたとしながら、漢初の内史については、京師地区に加えて全国の財政事務を掌管するのは、その権力が大きくなりすぎて王朝の脅威となることから不可能なことであったとしている。この点について李氏は漢初は直轄の郡の範囲が狭小であったため相対的に内史地区の重要性は秦代に比べて高かったという理由を挙げて説明しているが、広大な全国の財政事務を管轄していた分、秦の内史の権力も大きかったのではなかろうか。また張氏は秦では郡の役割はまだ軍事に偏するなど大きくなかったことを挙げている。そこでは漢になって郡の役割が突如増大したことが前提となるが、その点は検証されておらず、むしろ漢初でも郡の役割はまだ限定されたものとする理解が一般であるかと思われる。

(56)　原文は「……亥朔辛丑、琅邪叚（假）【守】□敢告内史・属邦・郡守主。琅邪尉徙治即【默】……」（八―六五七背Ⅰ、校釈一、一九三頁）。

(57)　原文は「今洞庭兵輸内史、及巴・南郡・蒼梧【輸甲】兵、當傳者多（後略）」（九―二二八三、校釈二、四四七―八頁）。

(58)　「●内史襍律曰、芻稾廥・倉・庫・實官・積、垣高毋下丈四尺、瓦蘠（牆）、財（裁）爲候、晦令人宿候、二人備火、財（裁）爲□□水、宮中不可爲池者財（裁）爲宮旁。」（肆、一六九―七〇）、「●内史襍律曰、諸官縣料各有衡石羸（纍）・斗甬（桶）、期足、計其官、毋叚（假）黔首、不用者、平之如用者。以鐵午（杵）閜（扃）甬（桶）口、皆壹用方櫜（概）、[方]櫜（概）毋得、用槃及圜櫜（概）。」（肆、一七一―二）、「●内史襍律曰、黔首室・侍（寺）舍有與廥・倉・庫・實官補屬者、絶之、毋下六丈。它垣屬焉者、獨高其侍（置）、不從律者、貲二甲。」（肆、一七五―六）など。

(59)　「廿年二月辛酉内史言、里人及少吏有治里中、數晝閉門不出入。（後略）」（肆、二九七）、「泰上皇時内史言、西工室司寇・隠官・踐更多貧不能自給糧（糧）。（後略）」（肆、三二九）、「●内史言、繇卒從破趙軍」、長輓・粟徒・壹夫身貧毋（無）糧、貸縣官者、死軍、爲長（後欠）」（肆、三三二）など。

(60)　肆、三〇七および三一二、三二〇、三二七、三二八、三三三、三四〇、三四三など。

(61)　肆、三五三および三七五、三九〇など。

(62)　「内史郡二千石官共令」などについては「甲」から「辛」までの、「廷内史郡二千石官共令」については「己」、「辛」などの編名の存在が確認されており、この規定がかなり大量に存在していたと見られる。曹旅寧二〇一二では、ここから「読替説」を再確認する。陳松長二〇一六では、⑰の「内史郡二千石官共令」、「廷内史郡二千石官共令」の「共令」とは、「何々に供する令」の意味で、異なる官吏と官署が具体的な行政管理過程の中で遵守すべき令のことであり、たとえば「内史郡二千石官共令」も「内史、郡二千石官が共同で使用する令」ではなく、「内史、郡二千石官が遵守して使用する令」のことであるという。これに対して宮宅潔二〇二三では、（嶽麓書院蔵秦簡の段階での）「廷内史郡二千石官共令」は「共通の令」という意味を失い、あらゆる「令」を指す汎称となっていたとし、その背景として、内史とその周辺が領土であった時代の規定が、領土の拡大に伴い改訂されて、（内史・郡の）秦の全領域に適用される規定集としてまとめられ、その篇名に（新たに廷律に則って処理するようになったことを背景に）「廷」字が冠されたといった経緯を想定している。

(63) 内史律については、肆、三〇二、伍、一八八―九に、内史倉曹令は伍、二五四、二五六、二五八に、内史旁金布令は伍、二六〇、二六二、二六四などに見えている。

(64) 「■亡不仁邑里・官、毋以智（知）何人殹（也）、中縣道官詣咸陽、郡【縣】道詣其郡都縣、皆毄（繫）城旦舂、槫作倉、苦、令舂勿出、將司之如城旦舂。」（肆、二四―五）。

(65) 「郡及襄武」上雒・商」・函谷關外人及䙴（遷）郡・襄武・上雒・商・函谷關外」（肆、五三）、および「男女去、闌亡・將陽、來入之中縣・道、無少長、舍人室、室主舍者、智（知）其請（情）、以律䙴（遷）之。」（肆、五四）。

(66) 「□□□罪而與〈遷〉郡縣道及告子居隴西縣道及郡縣道者、皆毋得來之中縣道官。反律者、皆」（肆、九三）。

(67) 「●郡及關外黔首有欲入見親・市中縣【道】、【毋】禁錮者殹（也）、許之。入之、十二月復、到其縣、毋後田。田時、縣毋……」（肆、三六六）。この記事については欧揚二〇一五参照。

(68) 本書終章補論参照。

(69) 「御史課中縣官、取殿數如郡。殿者、貲守・守丞・卒史・令・丞各二甲、而令獄史均新地」（伍、五一）。

(70) 「（前略）【中】縣・它郡人為吏它郡者、得令所為吏郡黔首為除貲贖。屬邦與内史通相為除。為解爵者、獨得除貲」（伍、一四三―四）。

（71）「●令曰：郡及中縣官吏千石下繇（徭）傳（使）、有事它縣官而行、聞其父母死（後略）」（伍、二九六）。

（72）「中縣史學童今茲會試者凡八百卌一人」、其不入史者百一十一人。（後略）」（陸、二五二）。

（73）楊振紅二〇一三参照。

（74）内史を「邦」とする理解の問題点については、渡邉英幸二〇一八参照。また、たとえば楊氏は雲夢秦簡④の廄苑律の記事から内史が県の直属長官であるのに対し、大倉は都官の系統であったとしているが、前注（10）掲の原文に見られるように、ここでは「大倉」が「都官」に課す関係となっている。また「縣上食者籍及它費大（太）倉、與計偕。都官以計時讎食者籍」（秦律十八種、第三七簡）という倉律の規定から、都官の名籍ほかを上計時に内史ではなく大倉に提出しているのは、それらが都官が内史の属県で受け取った食糧や支出であるため、都官系統の大倉に提出するのであるとしているが、ここで大倉に提出するよう規定されているのは都官ではなく県であろう。さらに⑤の金布律の全文「縣・都官以七月糞公器不可繕者、有久識者靡蚩之。其金及鐵器入以爲銅。都官輸大内、内受買（賣）之、盡七月而觱（畢）。都官遠大内者輸縣、縣受買（賣）之。糞其有物不可以須時、求先買（賣）、以書時謁其狀内史。」（秦律十八種、第八六～八簡）後段について、都官は廃棄する公器を大内に回して大内が売却するが、大内から遠い場合は県に運んで県が売却する。「糞其有物不可以須時、求先買（賣）、以書時謁其狀内史。」という規定から逆に一般の場合には、縣が都官で廃棄する公器を回収すると、まず内史に許可を求めなければならないが、緊急の場合には事後報告でよいとする、と解釈して諸官の関係を論じている。しかし「糞其有物不可以須時、求先買（賣）、以書時謁其狀内史。」は、その直前の「都官が県に……」ではなくて、冒頭の「縣や都官は七月になってから……」を受けた例外規定であると見るべきであり、すなわち内史への報告は県だけではなく都官も行うことになっていたと考えられる。また張家山漢簡「二年律令」⑩の「郡關守、中關内史」から、王畿（京師）各県は内史に上計していたとするが、これは上計ではなく、恒常的な俸禄や糧食および財用の請求に関わる規定にすぎない。さらに⑫の規定からも同様の指摘がなされているが、この規定がむしろ内史が全国の報告を受けていたことを示す史料であることは先述した通りである。

（75）渡邉英幸二〇一八参照。

(76) 渡邉英幸二〇一九参照。

(77) 「●尉卒律曰、縁故徼縣及郡縣黔齒〈首〉、縣屬而有所之、必謁尉。（後略）」（肆、一三二）。序章でも紹介した「秦代出土文字史料の研究」班二〇一八では、「縁故徼縣」とは内史所属の県のうち、旧六国と境界を接していたもの、とする。

(78) 「●繇（徭）律曰、發繇（徭）、興有爵以下到人弟子・復子、必先請屬所執灋（法）、郡各請其守」（肆、一五六）。「秦代出土文字史料の研究」班二〇一八、および土口史記二〇一七、王四維二〇一九参照。

(79) 「為人除貲贖者、内史及郡各得為其畍（界）中人除、毋得為它郡人除」（伍、一四三）のように「内史の界中」という例は見られる。後世の「内史の地」と同様に、内史が郡とは区別されていることを示す例といえよう。

(80) 孫聞博二〇一七参照。

(81) 晏昌貴二〇一九参照。なお、晏昌貴二〇一四では、岳麓書院蔵秦簡などにもよりながら、統一のころには内史が地域形態の名称を有していることを指摘するが、「二重性」の議論を顧みないままに二者択一の議論を展開するなど検討の余地がある。

(82) 秦律十八種、第一五七簡。

(83) 晏昌貴二〇一二参照。

(84) 肆、二二〇。

(85) 土口史記二〇一〇では、秦旧来の伝統的領域内においては、その現実の規模から直接統轄が可能であったが、領域規模が急速に拡大すると、行政の効率上、郡を置く必要が生じたと想定している。そこでは内史が一元的にこの地域を統轄しているとの理解には立つものの、秦の旧来の領域における直轄支配、領域の膨張にともなうその外部の領域での郡の設置などの論点は、本章での議論との関係において注目される。

(86) 江村治樹一九八一参照。

(87) 大櫛敦弘二〇一四、一九九九参照。

(88) 渡邉英幸二〇一八参照。

(89) 埋葬年代は後元元年（前一六三年）以降とされる、近年出土の荊州胡家草場前漢簡牘の興律では管内の烽燧管理において

「郡・内史有蓬（烽）遂（燧）者（後略）」（一一九九）と内史が郡と並列されている。荊州博物館・武漢大学簡帛研究中心二〇二二（編）参照。両者がほぼ同様な存在であることがうかがわれる一方で、区別もされていること、あるいは郡、内史の順で表記されていることなどが注目される。

（90）この時期に内史が（固有名詞としての）郡名として用いられることが少ない理由の一つとして、諸侯王国にも「内史」が存在していた点が挙げられるかもしれない。紙屋正和一九七四bは、漢初の内史が王国内で国都を含む郡の行政に当たっていたとする。中央とほぼ同様の官制であったとされる漢初における諸侯王国の内史のあり方は、漢朝中央の内史について考える上でも重要な手がかりとして注目されるが、紙屋説の前提となっているのが（秦律が出土する以前の）漢の内史が当時から京師を含む内史郡の長官であった、という旧来の理解である点には注意する必要がある。この時期の王国の内史には、王に随行して入朝したり（『史記』巻九呂后本紀ほか）、王を諫める（巻十九惠景閒侯者年表ほか）、使者をつとめる（巻五二齊悼惠王世家ほか）などの活動の例も見えており、そのあり方についてはなお検討が必要とされるであろう。

（91）「地理志」では、内史の郡としての設置は高帝期のこととして認識されていたようである。本書第一部第二章補論参照。

（92）本書第一部第二章補論参照。

（93）なお、秩律に治粟内史が見られないことについて、山田勝芳二〇〇二では記載漏れの可能性を指摘しており、また閻歩克二〇〇三では、そこに「内史」と「治粟内史」との双方を含むとする。なお秩律については森谷一樹二〇〇四参照。

（94）「居頃之、孝文皇帝既益明習国家事、朝而問右丞相勃曰『天下一歲決獄幾何。』勃謝曰「不知。」問「天下一歲錢穀出入幾何。」勃又謝不知、汗出沾背、愧不能對。於是上亦問左丞相平。平曰「有主者。」上曰「主者謂誰。」平曰「陛下即問決獄、責廷尉。問錢穀、責治粟内史。」」なおこの後に文帝二年に陳平が没したことが記されており、この問答は文帝治世のごく初期のものとされていたことになる。

（95）杉村伸二二〇〇四b参照。

（96）また前注（2）の「百官表」にも見られるように、景帝二年には内史が左右内史に分かれていることから、治粟内史の再編（もしくは設置）をこの時期にくり下げて想定した場合、この左右内史分置の問題が関わってくる可能性も考えられる。

(97)　本書終章参照。

(98)　本書第二部第三章参照。

補記

本稿校正時に至って、土口史記二〇二三の議論に接した。そこでは里耶秦簡や岳麓書院蔵秦簡などの検討から読替説を再確認する一方で、二重性論についてはその根拠（となる内史による法案提出の事例や内史雑律）について再検証を加え、こうした見方が成り立ちがたいものであり、「遅くとも統一期の秦においては内史と郡守の地域的な分業体制が成立しており、両者は基本的にそれぞれの管区内を治める地方長官となっていた」ことを実証的に論じている。たしかに里耶秦簡や岳麓書院蔵秦簡などの出現によって、統一期における内史に「郡」もしくは地方長官としての側面が、従来考えられていた以上に際だってあらわれていることが明らかになってきたといえるであろう。しかし一方で本書でも論じるように、この地域を示す呼称が多分に曖昧であることをはじめとして、この「初期領域」が他の郡とは異なる扱われ方をしていたこともまた事実であり、さらに二重性の問題にしても、ここまでにも見てきたように、（漢のごく初期の事例ではあるが）管轄すべき行政区画が存在していなかった時期にも内史就任者の存在が確認されること、百官表に「秦官、穀貨を掌る」とされる治粟内史と内史との間では何らか関係が想定されるのであり、しかもこの治粟内史の存在が実際にはかなり後まで確認されないこと、（土口氏は行政的な統属関係を示すものではないとするものの）内史と他の郡に属する県との間のやり取りを示す封検の例がいくつも見られること、太史官についてもこうした二重性が指摘されていることなどからも、なお検討の余地はあるのではないかと思われるのである。

また呉方基二〇二四では、岳麓書院蔵秦簡に見える「中県道」の検討から、秦代の京畿地区（本書でいう「初期領域」）は、「中県」を統轄する内史と、「中道」を統轄する属邦とによってそれぞれ二重に管轄される行政体制をとっていたが、一方で「中県道」が一体化してゆくような、漢代の体制につながる傾向も見えているとする。

第二章　前漢三輔制度の形成

第一節　問題のありか

本章で問題とする「三輔」とは、前漢のみやこ長安が置かれた渭水盆地一帯の三つの（郡に相当する）行政区画のことであり、武帝の太初元（前一〇四）年に設置された京兆尹・左馮翊・右扶風の三者からなる。周知のように前漢王朝は全国を郡（・国）に区画して、その長官として太守（・相）を置いたのであるが、いわば「首都圏の特別区」であるこの三つの「郡」については、その長官も（太守ではなく）それぞれ京兆尹・左馮翊・右扶風と称され、かつ中央官としての側面をも有するなど、他の一般の「郡」とは区別される――以下で言及する場合のそれとは意味合いを異にするが――別格の存在とされていた[1]。

この三輔の前身となるのが戦国秦以来の「内史」なのであるが、前章ではこの内史（官）をめぐる諸研究について整理し検討を加え、

（一）戦国秦における内史は、基本的に秦全土の財政（や文書行政）などを統轄する朝廷の中央官であったが、一方では（この渭水盆地一帯の）「初期領域」を治める地方官でもあるという「二重性」を有していた。

（二）ただしその後者の側面については、内史は「初期領域」に対して郡守と完全に同等な存在であったわけではなく、内史が中心となりながらも、基本的に中央諸官府が分担してこの地域の属県を統轄していた。

（三）こうした体制は統一秦や漢初にあっても基本的に同様であったが、治粟内史が全土の財政を統轄する官として内史から分離・再編されることによって「二重性」は解消し、内史は実質的に郡守と同等な存在となっていった。

と総括した。その上でさらに、このような「中央諸官府が分担してこの地域（の属県）を統轄する」という体制は、まさにこの地域が（かつてそれが領域全体《そのもの》であったころの初期戦国秦の体制そのままに）中央の直接の統治下にあったことを示すものであり、そこでは（秦の領域拡大にともなって獲得した新たな領域に設けられた「郡」に対する）「本国」、「本土」としての性格が色濃く残されていると考えられること、そしてこのような体制が「郡」と実質的に同等な存在へと転化してゆく過程のうちに、「本土」と「被征服地」とでもいうべき露骨な地域間対立の関係が相対化して後景に退き、この地域を含む全領域が基本的に郡県（郡国）制の枠組みの中に包摂されるような「統一国家体制の成熟」が見出されること――などを論じたのである。

このように内史など「首都圏の特別区」のあり方やその展開は、秦漢統一国家体制の形成について考える上でも重要な問題なのであるが、たとえばそこで重要な契機の一つとされている「治粟内史の再編（もしくは設置）」がなされたのは漢初のどの時点でのことであったのか、などといった点については、現在の史料の状況からは充分に絞り込むことができなかった。さらに、この内史の後身である三輔制度形成の過程についても筆者はかつて考察を試みたことがある（以下、「旧稿」）[2]が、その後の検討の結果、いくつかの点で再考が必要であると考えるに至った。

以上から本章では、「旧稿」での議論の見直しを中心として、三輔制度形成の過程について再度検討を加えることとしたい。まずは「旧稿」やその後の諸研究をも含めてここでの問題をいま一度簡単に整理・紹介した上で、三輔制度の成立や内史分置などの諸点について論じ、あわせて秦漢統一国家体制形成の問題にも言及することとしたい。

第二節　三輔制度形成をめぐる史料と先行研究

本節では、以上に述べたような三輔制度形成をめぐる主要な史料や先行研究について、簡単に整理紹介する。周知のように、この問題についての最重要の史料とされるのが、『漢書』巻一九上百官公卿表（以下、「百官表」）、および巻二八上地理志に見える、同制度の沿革をめぐるそれぞれ次のような記事である。まず百官表の内史条には

周官、秦因之、掌治京師。景帝二年分置左〔右〕内史。右内史、武帝太初元年更名京兆尹……左内史、更名左馮翊……。（周代以来の官で、秦もこれを踏襲した。京師を管轄する。景帝二年に左〔右〕内史に分置されたが、さらに右内史は武帝太初元年に京兆尹と改名し……左内史は左馮翊と改名した……）

とあり、さらに主爵中尉条に

秦官、掌列侯。景帝中六年更名都尉、武帝太初元年更名右扶風、治内史右地……與左馮翊・京兆尹是爲三輔……。（秦で設置された官で、列侯を管轄する。景帝中六年に都尉と改名し、武帝太初元年には右扶風となり、内史の右地を治めた……左馮翊・京兆尹と合わせて「三輔」を構成する）

とあって、（「旧稿」でも示したように）これを図示すると以下のようになる。

〔秦〕

主爵中尉 ―― （前一五五）〔景　二〕（主爵）都尉 ―― （前一四四）〔景中六〕右扶風 （前一〇四）〔太初元〕

内　史 ┬ 右内史 ―― 京兆尹
　　　 └ 左内史 ―― 左馮翊

一方、地理志では京兆尹条での原注に

故秦内史、高帝元年屬塞國、二年更爲渭南郡、九年罷、復爲内史。武帝建元六年分爲右内史、太初元年更爲京兆尹。（もと秦の内史で、高帝元年に塞国に属し、二年には渭南郡となるも、九年には廃止して、また内史となる。武帝建元六年に分置されて右内史となり、太初元年には京兆尹に改められた）

また左馮翊条でのそれに

故秦内史、高帝元年屬塞國、二年更名河上郡、九年罷、復爲内史。武帝建元六年分爲左内史、太初元年更名左馮翊。（もと秦の内史で、高帝元年に塞国に属し、二年には河上郡となるも、九年には廃止して、また内史となる。武帝建元六年に分置されて左内史となり、太初元年には左馮翊と改名した）

さらに右扶風条の原注では

故秦内史、高帝元年屬雍國、二年更爲中地郡、九年罷、復爲内史。武帝建元六年分爲右内史、太初元年更名主爵都尉爲右扶風。（もと秦の内史で、高帝元年に雍国に属し、二年には中地郡となるも、九年には廃止して、また内史となる。武帝建元六年に分置されて右内史となり、太初元年には主爵都尉と改名し、右扶風となった）

とそれぞれに見えており、これも同様に図示すると以下の通りとなる。

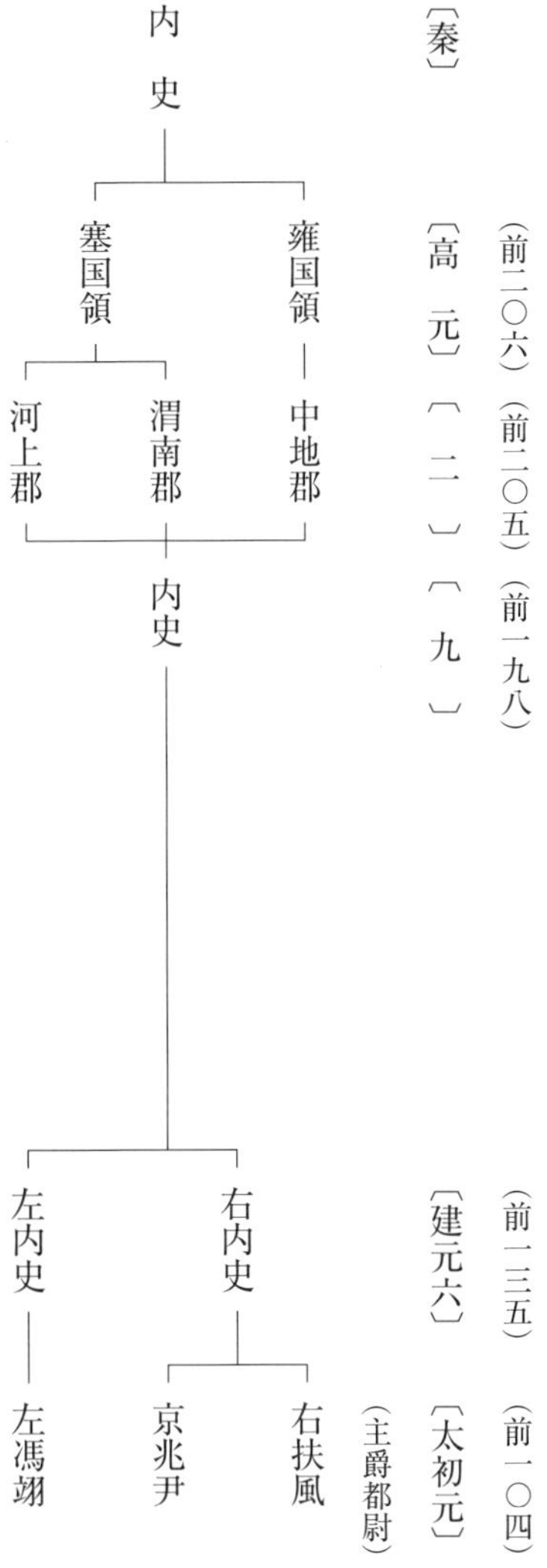

見られるように、両者のいずれにおいても、秦のそれを継承した内史がやがて左右に分置され、さらに主爵都尉の系統をひく右扶風と合わせて、武帝の太初元年には「三輔」の制度が最終的に確立した――という大筋において共通しているのであり、この点は三輔制度形成の流れについて考える上での大前提となるであろう。一方でこの両者の間には多くの点で異同のあることもまた明らかであり、（一）百官表では「内史」と「主爵中尉」という、もともと別

個の系統が合体して「三輔」が形成されたとしているのに対して、地理志では「三輔」はいずれも内史の系統をひくものとして説明されていること、（二）地理志では前漢草創期における行政区分の変動について伝えているが、これは百官表には見られないこと、さらに（三）百官表では景帝の中六年に主爵中尉から（主爵）都尉への名称変更のなされたことを伝えるが、これは地理志には見られないこと、[3]そして（四）百官表が分置の年代を景帝二年としているのに対して、地理志ではそれが二十年ほど後の武帝建元六年となっているのであり、両者の記載は明らかに食い違っていること、などの諸点が挙げられる。とくに最後の（四）内史の左右分置の年代をめぐる矛盾については、双方の記載が明白に齟齬していることもあって、三輔制度形成の過程をめぐる従来の諸研究において主要な論点とされてきたのであった。

このこととも関連して注目される史料として、百官表には（必ずしも完全ではないが）歴代内史（左右内史を含む）任官者の情報が示されている。そこでの漢初より太初元年の三輔成立に至るまでの内史あるいは左右内史就任者を抜き出してみると、以下の通りとなる（主爵中尉、主爵都尉は除外）。

高帝　元年　内史周苛遷
　　　　　　内史周苛爲御史大夫
　　　五年　殷内史杜恬
孝文十四年　内史董赤
孝景　元年　中大夫鼂錯爲左内史、一年遷。
　　　二年　八月丁巳、左内史朝錯爲御史大夫。

元朔三年　左内史公孫弘爲御史大夫。
　　　　　左内史李沮、四年爲將軍。
　　四年　右内史蕢
　　五年　主爵都尉汲黯爲右内史、五年免。
元狩元年　左内史敞
　　四年　定襄太守義縦爲右内史、二年下獄棄市。

〔孝武〕
建元元年　中尉寧成爲内史、下獄論。
　　　　　内史印
二年　内史石慶
三年　内史石徧
四年　江都相鄭當時爲右内史、五年貶爲詹事。
元光二年　内史充
五年　右内史番係
　　　　　博士公孫弘爲左内史、四年遷。
六年　右内史王鼂
元鼎元年　右内史蘇縦
四年　右内史李信成
　　　　　中大夫兒寬爲左内史、三年遷。
元封元年　左内史兒寬爲御史大夫。
　　　　　御史中丞咸宣爲左内史、六年免。
四年　少府王温舒爲右内史、二年免。
太初元年　故左内史咸宣爲右扶風。三年下獄自殺。
　　　　　京兆尹無忌。左馮翊殷周。

一般に「左内史」や「右内史」の記事の存在は、少なくともその時点において内史の左右分置がすでになされていたことを示すものと考えられるのであるが、これらの記事によれば、地理志で内史が左右に分置されたとある建元六年以降にはほぼ「左内史」、「右内史」と「左」「右」が明記されている。これに対して、百官表に分置の年とされる景帝二年以降、この建元六年に至るまでの時期の記事では六例中四例がなお「内史」のままとなっている一方で、景帝二年の「左内史朝（鼂）錯」と建元四年の「江都相鄭當時、右内史と爲る」のような左右内史の例も見えてはいる。さらには分置の前であるはずの景帝元年にも「中大夫鼂錯左内史と爲る」という記事が存在しているのであり、これらの記事から内史の左右分置の年代の下限をどのように判断するかは、一考を要する問題であるといえよう。

以上に三輔制度形成をめぐる主要な史料として、地理志および百官表の記事を紹介してきた。それ以外の関連する史料については、以下の主要な先行研究の整理・紹介、あるいは次節以下での考察の中で逐次言及してゆくこととしたい。

この問題について考える上で、まずもって取り上げるべきは鎌田重雄氏の研究であろう。鎌田氏は漢代の三輔制度全般にわたって論じた中で、三輔制度形成の過程とくに内史の左右分置の問題について、「古来（顔師古注や『通志』、『文献通考』など―筆者）……殆ど云ってよい位景帝二年説を採る」のに対して、「左右内史分置に関する従来の景帝二年説は棄てらるべきであり、建元六年説が妥当である」と主張する。そこでは景帝二年以降も「内史」とのみ記されている事例が多く見られることに加えて、（景帝二年から建元六年にかけての時期の）左右内史の事例についての以下のような批判的な検証から、建元六年以前には内史の分置はなされてはいなかったことを論じている[4]。

すなわちまず景帝元年と二年の「左内史」鼂錯の事例について、『史記』『漢書』の他の部分ではそれがすべて「内史」と記されている上に、内史就任は明らかに二年のことであり、「元年」とあるのは誤りであるなどその記載に問題があること、また建元四年の「右内史」鄭當時の事例については、その更迭のきっかけとなった事件から逆算すると、右内史就任は建元六年のこととすべきで実は建元四年ではないこと、を指摘する。さらに『史記』巻十一孝景本紀二年条には

置南陵及内史祋祤爲縣（南陵を置き、内史の祋祤を県とした）

という記事について、従来は地理志や『史記』巻二二漢興以来将相名臣年表などによれば薄太后南陵の設置の年代が文帝七（前一七三）年であるのは明らかであることから、この記事には何らかの誤りがあるとして、百官表の先の記載との関係をもとに「これは本来は、この景帝二年に内史が左右に分置されたことを示す記事であったのではないか」とも考えられてきた[5]。これに対して鎌田氏は、この「南陵」や「祋祤《たいう》縣」の設置は、呉楚七国の乱勃発の前年である

この時期において、兵変の徴候を鎮め、陰陽を調和させるためにとられた措置として『史記』の著者が特別な意図のもとに置いた記事であり、簡単に誤りとして片付けることはできず、それゆえこの記事はそのまま「南陵県を置き、また殺祤県を置いて内史に属せしめた」と解すべきものなのであり、この年に左右内史分置があった記事とするには根拠薄弱である――これらの諸点から、内史分置の時期として地理志の建元六年説が支持される、としたのである。

ちなみに、内史が左右に分置され、さらに三輔へと展開してゆく背景としては、「漢高祖以来の彊本弱末の政策による京師人口の激増、及び豪強、富豪、名家、高官等の京師集中」により、「豪強姦利をなし姦盗輩出するの情勢」をもたらし、京師の掌治が煩雑化してきたことが指摘されている。ただし、主爵都尉がその本来の職掌たる列侯を掌る官から三輔の一に加わった時期については明らかではないが、おそらくは左右内史分置以後であったのではないか、という。(6)

ついで山田勝芳氏は、武帝代の財政機構の変動を論ずる中で、李成珪氏の研究(7)をうけつつ三輔制度形成の問題についても言及している。そのうちまず左右内史分置の問題に関しては、（鄭當時の右内史就任の時期を考える上での目安となる）武安侯田蚡と魏其侯竇嬰との廷争の年代は、『漢書』武帝紀、『史記』・『漢書』の表によれば、元光三（前一三二）年夏以降と考えるべきであり、そうであるならば「右内史鄭當時」が（百官表の）建元四年条にあっても問題はないこと、さらに――この史料については本章でも後ほど取り上げるが――『漢書』巻六五東方朔伝に建元三・四年頃に左右内史の存在したことが明らかな事例が見られること、などの点を挙げて、（景帝二年における内史の左右分置を否定する）鎌田氏の見解を批判した。また左右内史特に右内史を内史と称することが多かったが、武帝即位後次第に左右を明記するようになった可能性を指摘している。

なお山田氏は三輔が出揃う時期の状況についても言及しており、主爵都尉廃止の理由を「列侯の数が激減し、且つ実権が弱められていたため、もはやその統制のための専官を必要としなくなった」ことに求める李成珪氏の見解を是とした上で、太初元年に繁劇な右内史地区を分割し右扶風を設けようとした時、すでに列侯担当官としての存在の意義が薄れていた主爵都尉をそのまま右扶風に横すべりさせたという。(8)

一方、前漢三輔制度の成立や機能について論じた崔在容氏の研究においても、内史の左右分置の問題については、「南陵」や「殺祤縣」設置に関する理解などでの鎌田説の問題点を指摘して、建元六年説を取ることは難しいものであるとする。その上でさらに（一）地理志と百官表の記載の矛盾について、史料の性格上、地理志は「行政区分」のことを、百官表は「官制」のことを記載したものであって、両者は区別して扱われるべきであり、したがってそれぞれに記されている通り、景帝二年に「官制」の内史が左右に分置され、武帝建元六年になって「行政区分」の内史が左右に分割されることで、名実相伴う内史の左右分治が行われたと解すべきである、（二）「官制」の上で内史が左右に分置された景帝二年から、左内史地と右内史地とに分離される建元六年に至るまでの間に（「左」「右」を付さない）「内史」の例が多く見られるが、そこでは右内史は「主官」としてその職責がもとの内史と違いがなく、そのまま「内史」とも呼ばれたのに対して、左内史は「補佐官・監督官」的存在であり、あるいは常置ではなかったと推測される、そして（三）こうした「官制」と「行政区分」とのズレは三輔成立の場合も同様であり、『漢書』景帝紀中六年条師古注（後出）や東方朔伝などから、主爵中尉と左右内史は早くから三輔統治に関与していたようで、主爵中尉が景帝中六年に主爵都尉と改称したときにはすでに三輔官（治民官）として認識されていた。（本来行政区域を持つ治民官ではない）主爵都尉が三輔官の一つとなったのは、長安に居住する多くの列侯を管掌していたことによるものであり、武帝太初元年に三輔治地が形成されるに至って名実ともに三輔が成立した——といった見解が示されたのであった。(9)

ここまでに見てきたように、従来の内史の左右分置の時期の問題に関わる議論は、もっぱら地理志と百官表の記載のいずれが正しいか、という観点から展開されてきており、こうした記載の矛盾がどうして生じているのか、といった両者の性格の問題について意識されることはあまりなかったわけであるが、これに対して「官制」の上での分化と「行政区分」の上での分化とを区別し、地理志と百官表双方の記載を活かす形で内史分置の年代について解釈する崔氏のこのような見解は、まさに卓見というべきものであり、それによってこの問題以外にも、たとえば本章冒頭で指摘したような（一）百官表では、「内史」と「主爵都尉」という、もともと別個の系統が合体して「三輔」が形成されたとしているのに対して、地理志では、「三輔」はいずれも「内史」の系統をひくものとして説明されていること、（二）地理志では、項羽の分封になる塞国や雍国時代の沿革をも含めてこの行政区分の変動について伝えているのに、それら「他国」（の時代）の事情については百官表には見えていないこと、などの多くの事例について――あるいは序章でも紹介したような、漢初に至る内史のあり方についても――整合的に理解することができるのである。本章での以下の考察においても、こうした視点は基本的に継承すべきものであろう。なお、以上の崔氏の議論のうち、三輔制度成立に関わる（三）の問題については次章でふれることとしたい。

これとは別に、前漢時代における各郡国の沿革を詳細に検討した周振鶴氏の研究では、左右内史の分置の時期を文帝の後元年間（前一六三～五七年）のこととする。すなわち先にも見たように百官表の景帝元年の欄に「中大夫鼂錯爲左内史」とあることに加えて、『漢書』巻五一枚乗伝には、（呉楚七国の乱に際して）枚乗が呉王に説いた

夫漢幷二十四郡、十七諸侯。（漢は二十四の〔直轄〕郡と十七の諸侯王国を〔版図として〕あわせ〔領有し〕ており ます）

という語の中に「二十四郡、十七諸侯」と見えているが、『史記』巻十七漢興以来諸侯王年表によれば、十七の諸侯

王国が並存していた時期は文帝十六年（前一六四年、翌年後元元年に改元）から文帝の崩じた後元七（前一五七）年までの間であり、この時期の二十四郡は左右内史を数えてはじめて数が足りることから、内史が分かれたのは大凡この文帝後元年間にあったと推測するのである。(10)

周氏のこのような議論は、前漢時代における郡国全体の展開との関連においてなされているという点で傾聴すべきものなのであるが、先に紹介した崔氏の研究についてはそこで参照されていないようである。また枚乗伝の「二十四郡、十七諸侯」の語については、従来から議論のあるところであるが、これについては本章第四節であらためて取りあげることとしたい。

これらの研究をうけて筆者は「旧稿」において、鎌田氏の景帝二年説批判には実証面において問題があり、建元六年に内史の分置があったとするその見解は成り立ちがたいものであるとした。また周振鶴氏の所説について、枚乗伝の「二十四郡、十七諸侯」とは、呉楚七国の乱時点での「二十四の中央直属の郡、（反乱に加わらず）中央政府の下に留まった十七の諸侯王国」のことと解すべきであり、そこでの「二十四郡」には左右二つの内史どころか、内史そのものさえも含まれていなかったことを指摘している。その上でさらに、三輔制度の形成について「官制」と「行政区分」双方の側面を区別して考える崔在容氏の研究を継承しつつも、東方朔伝の記事などから、この制度の実質的な形成過程についてはもっぱら「官制」の面から考えるべきであり、「左右内史の分離」については景帝二年、「三輔の成立」の正確な時期は明らかではないものの、少なくとも景帝中六年まではさかのぼりうるものであるとした。そしてもう一方の「行政区分」の上での三輔制度成立のもつ意義については、三輔が成立する以前には――それ以降の状況とは対照的に――当該地域を指す名称として行政区分上のそれである「内史」ではなく、もっぱら「関中」の語が用いられており、またそれが一般の「郡」とは区別して扱われ、「郡」の総数に含まれないこともあるなどの点から、

「(秦の)初期領域」、「内史地区」がともすれば当時の郡県・郡国体制の枠外に位置するものとして意識されていたのが、三輔の成立によってこの地域をも含めた全領域が基本的に郡国制のもとに編成されるような一元的な体制へと移行し、そこに統一国家体制の成熟、「真なる統一国家」出現の画期が見出されることを論じたのであった。[11]

このように三輔制度形成の過程を統一国家体制のあり方との関連において問題とする「旧稿」での議論は、もとより本章での考察の基礎である。ただしそこで鎌田説を批判する中で鄭當時の右内史就任の時期について論じた部分は、先にも紹介した山田氏の研究においてすでに言及がなされていることに気づかないままに同様な議論を展開してしまっており、[12]また周振鶴氏の「二十四郡、十七諸侯」の解釈の批判においては、淮陽国が魯国へと国替えとなったのをそれぞれ別個のものとして扱ってしまうという実に初歩的な誤りを犯しているなどの問題がある。とりわけ三輔の成立をめぐる理解については、先にも述べたように見直しが必要であると思われる。

一方、臧知非氏は、元鼎四年に更置された「三輔都尉」をめぐる議論(後述)の中で、太初元年以前の京師地区にはただ左内史と右内史の二つの行政区画があるのみで、三つ目は存在しなかった——あるいはただ「二輔」があるのみで、「三輔」はなかった——ことを論じている。その上で武帝の君権強化により列侯が弱小化し、かつ酎金での奪侯(前一一二年)などでその数も大幅に減少したために、主爵都尉の職掌が大幅に縮小したこと、あるいは右内史地区が広すぎる(左内史二十四県に対して三十二県)こと——などの事情を背景として、太初元年に主爵都尉を改めて地方行政長官である右扶風とし、京兆尹と右内史地区を分治し、左馮翊を加えて三輔を構成した(列侯の事宜は大鴻臚に帰した)という。[13]

ついで孔祥軍氏は、「官名系統」と「地名系統」とを区別する「官地両重性」の立場から三輔の沿革について論じ、景帝二年に「官名系統」の、建元六年に「地名系統」の内史分置がなされ、太初元年には主爵都尉が「内史」地区の管理者の一員となって三輔が成立したとする。そこではまた、景帝二年は本格的に諸侯王対策に乗り出す前夜で、核心地区の権力掌握を分散することはできずに官名系統の分置のみであったが、武帝建元六年には国内外が安定し、（この年五月には竇太后も亡くなるなど）武帝の親政への度合いも高まりつつあった中で地名系統の分置がなされた、という。

孔氏はこうした観点からさらに、内史の左右分置は文帝后元年間のこととする周振鶴氏の見解に対して、そこでは「官名系統」と「地名系統」との区別がなされていないままに前者の「景帝元年に鼂錯が左内史となった」という記事と、後者に属する「二十四郡十七諸侯」とを合わせて論じてしまっていること、またその場合、「内史卒」[14]（文帝崩御時）や景帝二年の前出「内史殺祤爲縣」、景帝後二（前一四二）年の「内史郡」[15]などの（内史が左右に分かれたとされる文帝後元年間以降にも「内史」とある）記事を説明することができない――官地二重性の理解によればこれらは「二十四郡十七諸侯」とともに「地名系統」の記事なので、景帝二年の「官名系統」の分置とは抵触しない――ことなどを指摘して、批判を加えている[16]。そこではこのほかにも多岐にわたる批判が展開されているのであるが、それについては第四節で詳しく取り上げることとしたい。

見られるように、孔氏のこのような「官地両重性」の議論は、「官制」の上での分化と「行政区分」の上での分化とを区別する崔在容氏の先述の研究と同様な視点に立つものであるが、ただし景帝二年に分置された左右内史官の性格について、崔氏のようになお未分化で曖昧な過渡的性格を想定してはいないこと、また三輔成立の時期を太初元年としている点などでは、見解を異にしている。なお、そこで秦から景帝二年以前に至るまでの間は基本的に「内史の官」が「内史地区」を管轄していたとする点は、前章でも述べた内史についての理解からすれば、なお問題が残るものといえるであろう。

以上、三輔制度形成をめぐる主要な先行研究について整理・紹介してきた。そこでは主として内史の左右分置の時期（景帝二年／建元六年／文帝後元年間）と、三輔の成立の時期（太初元年／太初元年以前）の問題が主要な論点とされてきたのであるが、こうした中で「官制」と「行政区分」とを区別して論ずる崔在容氏（や孔祥軍氏）の理解は、内史の左右分置についての（景帝二年説の）百官表と（建元六年説の）地理志との記載の違いを整合的に解釈できるなどという点で、従うべき見解であるといえよう。しかしながらその場合でも、内史の左右分置の時期を文帝後元年間とする見方や、三輔の成立の時期をめぐる理解などについての問題はなお残されている。そこで次章以下ではこの二つの問題について考察を加えてゆくが、まずは後者の三輔成立の時期の問題から取り上げ、検討してゆくこととしたい。

第三節　三輔成立の時期をめぐって

前節でも見てきたように、三輔の一つである右扶風は主爵都尉の系統を引くものであり、その主爵都尉は百官表の記載によるならば、列侯を管轄する秦代以来の官（主爵中尉）であったが、景帝中六年に（主爵）都尉と改名され、さらに武帝太初元年には右扶風となって内史右地を治め、京兆尹・左馮翊とともに三輔を構成するようになった——とされている。ただしこの主爵都尉（あるいは主爵中尉）がいつの段階から「内史地区」を治める地方官的存在に転化したのかが明記されていないために、三輔の成立の時期をめぐっては、京兆尹・左馮翊・右扶風三者の出現した太初元年をそれとする見方のほかに、それより以前から左右内史と主爵中尉（あるいは主爵都尉）との三者がそれぞれこの「内史地区」を管轄するような「三輔」の体制がすでに成立していたとする見方もなされてきたのであった。筆者「旧稿」なども後者の立場をとっている。

しかし結論から言うと、三輔制度の成立は太初元年のこととすべきであり、それより以前に実質的な三輔制度の成立を想定する「旧稿」などでの議論には問題があるものと思われる。以下に（京兆尹・左馮翊・右扶風が出現する）太初元年より以前に「内史地区」を管轄するのは（左右）内史のみであったこと、またその時期に地方官的性格をもつ主爵中尉（あるいは主爵都尉）を含めた「三輔」が存在していたことを示すとされる史料には疑点が指摘されること、をそれぞれ論じてゆくこととしたい。

まず最初に取り上げるのは、『史記』巻一二一儒林列伝所載の公孫弘による武帝への上奏文中の記事である。この上奏は公孫弘の丞相在任中の元朔五（前一二四）年になされたもので、博士弟子制度設置に際しての同制度に関する規定と、博士弟子出身の文学掌故をも利用した属吏任用規定とからなるという。[17]そのうち本章での議論と関わるのは、後者の次のようなくだりである。

請選擇其秩比二百石以上、及吏百石通一蓺以上、補左右内史・大行卒史。比百石已下、補郡太守卒史、皆各二人、邊郡一人。[18]（どうか〔治礼・掌故の官の〕秩比二百石以上および吏の百石で一芸以上に通じる者については左右内史・大行の卒史に、比百石以下の者については各郡の太守の卒史に二名ずつ、ただし辺郡では一名ずつ、をそれぞれ選抜して補任することとされますように）

見られるように、そこでは卒史として補任される先が――「諸帰義蠻夷を掌る」（百官表）ところの大行を別にして――その官秩によって「左右内史／（内）郡／辺郡」と、差等がつけられている。ここで左右内史が一般の郡とは別格の扱いを受けているのは、それが京師周辺の「首都圏」を管轄していることによるものであろう。そしてもし主爵都尉がこれと同様な存在であったとすれば、当然これらと並んでその名が見えるはずであるが、そうはなっていないことから逆に、この時点で「内史地区」を管轄していたのは左右内史のみであったと考えられるのである。この上奏文の記事は、一定の編集を経ながらも、実際の制詔や覆奏の原型を比較的よくとどめている史料であると見られているのであり、[19]ここに示されている状況も当時の実態をかなり正確に反映しているものと考えてよいであろう。

つぎに『漢書』巻二九溝洫志には、元鼎六（前一一一）年に左内史の兒寛が「六輔渠を開鑿して鄭国渠近辺の高台の田地にも灌漑するよう」奏請したのをうけて出された、武帝の次のような詔令を伝えている。

農、天下之本也。泉流灌寖、所以育五穀也。左・右内史地、名山川原甚衆、細民未知其利。故爲通溝瀆、畜陂澤、所以備旱也。今内史稻田租挈重、不與郡同、其議減。令吏民勉農、盡地利、平繇行水、勿使失時。（農業は天下の大本である。水を導き田畑を潤すのは、五穀を育むゆえんである。左・右内史の地には名山の水源がはなはだ多いにもかかわらず、細民たちはそれを活かしきれてはいない。そこで灌漑用水を通し、貯水池を設けるのは、旱害に備えてのことである。現在、内史の稲田の田租（租挈）は重く、一般の郡と比べて不公平であるので、減免を検討せよ。吏民が農業にはげみ、地力を尽くして、負担が偏ることなく灌漑を行い、時宜を失することのないようにはからえ）

文中で左内史のみがその開鑿を奏請していることからもうかがわれるように、涇水左岸を流れる六輔渠は左内史の管内で完結する水路なのであるが、ここで「左・右内史の地」に言及されているのは、六輔渠に限らず「内史の地」全体の水利について述べたものと見るべきであろう。それに続けて一般の郡と対比される「内史」の租挈が問題とされているのも、こうした見方を裏づける。とすれば、ここで「左・右内史の地」とのみあり、あるいは「内史」が一般の郡と対比して言及されている中に、それらとは別に「内史地区」を管轄する地方官としての主爵都尉の存在を想定することは、かなり難しいのではなかろうか。先の公孫弘の上奏文での場合と同様に、この記事からも、当時「内史地区」を治めていたのは左右内史のみであったと考えられるのである。

最後にとりあげるのは、『漢書』巻六五東方朔伝に見える逸話の一つである。そこでは東方朔が武帝の問いに答えて「（当今の朝廷は）たとえばかの周公や召公を丞相にし、孔子を御史大夫にしたようなもので」というように、それぞれの官職について、それにふさわしい「歴史上」の人物を当てはめて例えてゆく形で、武帝の朝廷がいかに天下の賢士を収攬し、その人を得ているかを述べているのであるが、それが上は宰相から下は行列の先払いに至るまでの三十二の官職について怒濤のごとく展開されている点で、彼の「滑稽」の本領が発揮された逸話となっている。

筆者はかつて当時における主要な官職がここにまとまった形で列挙されていることに注目して、これらの官名群について検討を加え、それはおよそ武帝元鼎二（前一一五）年から太初元（前一〇四）年に至る時期の官制のあり方を反映したものであり、漢代官制史研究の一資料として一定の価値を有するものであることを論じた。このうち年代の下限設定の議論にも関わって問題となったのが、三輔を構成する京兆尹・左馮翊・右扶風についての「伯夷は京兆たり」（十六番目）、「管仲は馮翊たり」（十七番目）、「益は右扶風たり」（十二番目）という記事であり、筆者はこのことについて、王先謙の説なども引きながら、右扶風のみが京兆尹や左馮翊とは離れて挙げられていることから、ここに反映されているのは、三者が「三輔」として並立する存在となる以前の状況であり、これらは本来は「右内史」、「左内史」、「主爵都尉」とされていたはずであると推測したのである。[20]そしてこのことを本章での議論に即して解釈するならば、少なくとも（この記事に見られる状況の年代の上限とされる）元鼎二年以前においては、主爵都尉は左右内史とは区別される性格の存在であったということになるであろう。

以上、太初元年より以前（元朔五年、元鼎二年以前、元鼎六年）の段階で、「内史地区」を管轄するのは（左右）内史のみであり、そこには主爵都尉は含まれていなかったことを論じてきた。そこで次に、「旧稿」などにおいて、この時期に（地方官的性格をもつ主爵中尉あるいは主爵都尉を含む）「三輔」が存在していたことの論拠とされてきた史料について、再検証してみることとしよう。

まず『漢書』巻五景帝紀の中六（前一四四）年五月詔では、「車騎衣服等の規定を守らず、あるいは軽々しく閭巷《みんかん》に出入りするなど官吏としての威儀を失する者」について、

二千石上其官屬、三輔擧不如法令者、皆上丞相御史請之。（二千石はその官属《ぶか》〔の該当者〕を、三輔は違反者をそれぞれ丞相御史に報告して、処断を仰ぐように）

と「三輔」の語が見えている。これについて師古注では「主爵中尉及び左右内史」のこととするが、[21]劉攽は当時はまだ三輔は存在せず、この記事には誤りがあるとしており、また全祖望は後出の東方朔伝などから中尉と左右内史とをそれに当て、さらに王先謙は全説に賛意を表しつつも、ここでの「三輔」が後世の追改である可能性も指摘する。[22]譚其驤氏は、ここでの「三輔」とは左右内史と主爵都尉のことで、主爵都尉が管轄地を有して民を治めるようになったのはここに始まった、としている。[23]

「旧稿」においては、「郡」などの長官を指す場合も多い「二千石」と対比並列されていることから、ここでの「三輔」を「郡」と同質なものであると考えたのであるが、「二千石」の語は必ずしも郡太守ばかりを指すわけではなく、また両者で取り締まる対象も異なっており、さらにこうした取り締まりの主体であることの意味についても問われなければならない。加えて以上に見たようにここでの「三輔」の内訳についての理解も定まってはおらず、さらに「三輔」の語そのものにも誤りや追改の可能性が指摘されているのであれば、この史料からただちに「内史地区」を管轄するような「三輔」の体制がこの時点ですでに成立していたとするのには、なお解決すべき課題は多いといわざるをえないであろう。ちなみに陳蘇鎮氏は、百官表の就任者の状況や張家山漢簡「二年律令」秩律などから、漢初には主爵中尉は存在しておらず、景帝中五年になってようやく秦制にならってこの職を置き、翌年に主爵都尉と改称したと

想定しているが、(24)もしそうであるならば、設置されたばかりのこの官の職掌は本来の「列侯の管轄」であったはずであり、この時点での主爵都尉はいまだ地方官的存在に転化してはいなかったということになるものと思われる。

つぎに『漢書』東方朔伝には、建元三年あるいはその少し後の時期と思われる「三輔」の事例が見えている。それによると、このころから武帝は長安西南郊、終南山麓への微行を繰り返すようになっていたが、次第にそれが公然化し大がかりなものとなって、「右輔都尉をして長楊以東を徼循し、右内史をして小民を發して會所に共待せしむ」など一帯の民衆の負担となり、往来にも不便であることから、この鄠・杜一帯の地域を買収して上林苑を拡張することとし、それに伴って

又詔中尉・左右内史表屬縣草田、欲以償鄠・杜之民。〔また中尉・左右内史に詔を下して、属県の未墾田のリストを提出させ、それを〔立ち退かせる〕鄠県・杜県の民に代替地として与えようとした〕

のであるが、こうした苑囿の拡張を諫めた東方朔の語の中に

如天不爲變、則三輔之地盡可以爲苑、何必盩厔・鄠・杜乎。〔もし天が〔このことへの懲戒として〕変異を下さないのであれば、三輔の地をすべて苑囿となさっても差し支えないのでございまして、どうして盩厔・鄠・杜だけに限ることがございましょう〕

と「三輔」の語が見えているのである。

このようにここには太初元年以前における「三輔」の用例が見えており、かつ〔主爵〕中尉・左内史・右内史がそれぞれ管下の属県を有し、その未墾田の状況について掌握していたことがうかがわれるのであり、これらのことから崔氏の研究や「旧稿」においては、〔京兆尹・左馮翊・右扶風と同様に「郡」に相当する〕主爵中尉・左内史・右内史の三者から成る「三輔」の制度が、この時期にはすでに成立していたと考えたのであった。しかしこの記事において、左

右内史とともに属県の未墾田のリストを提出することとなっているのは「中尉」なのであって、「旧稿」ではこれを「主爵中尉」を略したと考えたものの、この時点ではそれは「主爵都尉」と改名されており本記事とは合致しない。また武帝のたび重なる「微行」に際して右内史が対応していたのは、その管轄内のことであったためと考えられるのであるが、盩厔・鄠県、あるいは長楊、五柞、倍陽宮など、そこに見られる地名には後の右扶風に属するものが多く含まれている。(25) もしこの時点で主爵都尉（なり中尉なり）がすでに「郡」に相当する存在として「内史の右地」、すなわち右扶風に当たる地域を治めていたのであれば、これらの地への「微行」に際しては、右内史同様に対応に当たっていなければならなかったはずであろう。にもかかわらずそこに主爵都尉について見られないことから逆に、そこではこれら（後の右扶風）の地域も右内史の管轄下にあった――すなわちこの時点においても「内史地区」を治めるのは左右内史のみであって、主爵都尉はそこには含まれていなかった――と考えることができるのである。

この東方朔伝の記事において、左右内史と並んで中尉が「属県」の未墾田の報告に関わっていること、あるいは先の景帝中六年詔とともに「三輔」の語が見られることについては、たとえば山田勝芳氏が、二千石の大官である中尉は左右内史の上位に位置し、内史地区の諸県は左右内史に所属するのみならず、実質的にも中尉に従属していたため「中尉の属県」と表現されたこともあったとし、不法者の摘発が中尉の役割であったこととあわせて、この三官を「三輔」とも称したのではないかとの傾聴すべき見解を提示されているが、(26) 一方で、これらの「三輔」の語は誤記あるいは後世の追改であるとする可能性も否定することはできない。(27) ここでこの問題についてこれ以上立ち入って論ずることはできないが、(28) 少なくともここまでに述べてきたことからは、これらの記事が必ずしも「すでにこの時点で、地方官としての主爵都尉（あるいは主爵中尉）が三輔の一翼を担っていた」ことを示すものではない、という点は確認することができるであろう。

なおこのことに関連して、「三輔都尉」の問題についても簡単にふれておくこととしたい。京兆尹・左馮翊・右扶風からなる三輔には、郡における都尉の如き存在として、それぞれ京輔都尉・左輔都尉・右輔都尉からなる三輔都尉が設置されていたのであるが、(29)「百官表」主爵中尉条に「元鼎四（前一一三）年、二輔都尉を更置す」とある記事の「二輔」を「三輔」に作る版本の見られることから、太初元年より以前のこの時期にすでに「三輔（都尉）」が存在していた、との見方もなされている。しかしこの問題については次章において論じるように、「元鼎四年に左・右輔都尉が中尉から左右内史に移管され、その後の三輔分立に伴って京輔都尉が設置された」とする説を採るべきであり、もしこのように考えることができるのであれば、それはむしろここまでに展開してきた議論を裏づけるものといえるであろう。(30)

以上、本節では三輔成立の時期をめぐって、（内史が左右に分置されて以降）太初元年より以前に「内史地区」を管轄するのは左右内史のみであり、太初元年に主爵都尉が右扶風として「内史の右地」を治めるようになってはじめて（左右内史の後身である）京兆尹・左馮翊とともに三輔を構成するに至ったことを論じてきた。なお主爵都尉が右扶風として三輔を構成するようになった背景については、すでに紹介した先行の諸説において、中央集権の進展による京師人口の激増（鎌田、なおこのとき諸陵県は太常の管轄ではあったが）、右内史の負担の大きさ（山田、臧）、主爵都尉の職掌との関連（山田、崔、臧）、政治状況（孔）などの諸点が指摘されており、それぞれ従うべきであろう。(31)そこで次節では最後に残された問題として、内史の左右分置の時期を文帝後元年間であるとする周振鶴氏の見解について検討を加えることとしたい。

第四節　内史分置の文帝後元年間説をめぐって

第二節でも紹介したように、周振鶴氏が内史の左右分置の時期を文帝の後元年間のこととする見解の論拠となるのは、百官表の景帝元年の欄に「中大夫鼂錯爲左内史」とあり、内史分置の年とされる景帝二年より以前に「左内史」の存在が確認されること、ならびに『漢書』枚乘伝での「二十四郡、十七諸侯」という記事について、「十七諸侯」が存在していた時点での「二十四郡」の条件を充たすには内史を左右二つとしてカウントせざるをえないこと、の二点であった。これに対して孔祥軍氏は、「官名系統」と「地名系統」とを区別する観点から、周氏が前者に属する鼂錯の左内史就任の記事と、後者の「二十四郡、十七諸侯」とをそのまま並べて論じてしまっていることを指摘し、それに関連して（文帝崩御時の）「内史卒」や（景帝二年の）「内史殺祤爲縣」、（景帝後二年の）「内史郡」など、内史が左右に分かれたとされる文帝後元年間以降にも「内史」とある記事なども挙げて批判を展開していること、これまた第二節で紹介した通りである。

これに加えて孔氏はさらに、以上に挙げた周氏の論拠に対しても、まず百官表で景帝元年に鼂錯が「左内史」に就任したとある記事については、鼂錯が元年に内史として就任し、翌二年に内史の分置にともなって左内史となった（さらに御史大夫に遷任）のが、さかのぼって記載されたものである可能性を指摘する。また枚乘伝での「二十四郡、十七諸侯」という記事についても、（周氏が「二十四郡」のうちに数えていない）魏郡をここに含めるべきであり、とすればそこでは周氏のように内史を左右二つに勘定することはできない――このように論じたのであった[32]。

以上の論点のうち前者の鼂錯の左内史就任の記事については、鎌田氏も指摘しているように、他の史料ではいずれもそれが「内史」と表記されている。[33]もとよりこのことをもって百官表に「左内史」とあるのを単純に誤りであると決めつけることはできないが、このような孔氏の議論とも合わせて考えてみるならば、少なくともこの百官表の記事から、ただちに「景帝二年以前にすでに左内史が存在していた」と断定することが難しいものとはいえるであろう。

一方、枚乗伝の「二十四郡、十七諸侯」の「二十四郡」の解釈をめぐる孔氏の議論については、その前提となる魏郡の存在をめぐって、たとえば晏昌貴氏が張家山漢墓出土「二年律令」秩律中に見える県の記事から、呂后二年の段階では魏郡は存在していなかったとして周氏の見解を支持していることなどからすれば、[34]なお検討の余地がありそうである。とはいえこの魏郡のほかにも、辛徳勇氏が九原郡をここに含めて考えるべきであると論じているなど、[35]この「二十四郡」の内訳それ自体は必ずしも確定していないのであり、この点はやはり問題とされねばならないであろう。[36]

そもそも枚乗伝に見える「二十四郡、十七諸侯」の「二十四郡」の内訳をめぐっては、これまでにも周振鶴氏のほかに王国維、譚其驤氏などによっても論じられてきたのであるが、[37]そこではおおむね「二十四郡」中に内史を左右含めて二つとしてカウントしてはいるものの、そこに含まれる他の郡の内訳については必ずしも見解は一致していない。[38]この点については筆者も今のところ確たる判断を下すことはできないが、郡の置廃やその範囲といった問題については、それぞれの時期においてかなり複雑な変動を見せているのであり、（里耶秦簡における洞庭郡の存在の例など）新史料の出現などにより、今後さらに詳細な事実が明らかにされてゆく中で、今後の議論の展開によっては——たとえば魏郡や九原郡などをそこに加えることになるなどして——内史の数え方について影響を及ぼす可能性も充分に想定されるなど、そこにはなお未確定な要素が残されているのである。

さらにこの「二十四郡、十七諸侯」の語が見える枚乗の呉王への説辞についても、そこに見られる官職名や地名、事件などについての疑点は多く、それが後人の手になるものであるとの見方もなされているのであり、[39]このこともまたその史料としての信頼性に一定の制約を課すものといえるであろう。先にも挙げた辛氏は、枚乗の呉王へのこの説辞全編が「強烈な戦国策士の遊説特徴」を帯びているとするほか、これが景帝三年のことであるのにもかかわらず、その中の「二十四郡、十七諸侯」が文帝後元年間の状況であるなどそこにはかなりの「随意性」が見られること、さらにそれらは孤証にすぎず、かつその数値も伝承の間の錯訛が生じやすいこと、などの点を述べて、これらの数字に過分に拘泥すべきではないとする(40)。以上からするならば、「二十四郡、十七諸侯」の語に何らかの実体はあったであろうにせよ、これがどの時期のことをどの程度の現実性をもって示しているのかなどについてはいくつもの点で疑義があり、そこから内史が左右二つ存在していたと断ずるには、現在のところあまりにも不確定な要素が多すぎるものと思われるのである。

「内史の左右分置の時期が文帝の後元年間にあった」とする説のいま一つの大きな問題点は、分置の時期を明記している百官表や地理志の記事についての言及がないことである。互いに矛盾するかに見えるなどの問題点もあるとはいえ、制度の沿革の上から分置の年代について明確に記載のあるこれらの史料がありながら、それをとらないのであれば、そのことについての何らかの説明なり解釈はやはり必要とされるであろう。しかもこれらの記事に対してそこで論拠とされている諸史料は、内史分置の年代について直接述べることのない、個別で断片的ないわば「状況証拠」にすぎず、ましてや以上のように多くの問題点が指摘されていることからするならば、これらをもって「通説」をくつがえすには、なお克服すべき課題は多いといわざるをえないのである。

以上、二節にわたり三輔成立の時期、および内史分置の文帝後元年間説について検討を加えてきた。その結果として、三輔制度形成の過程については、景帝二年に「官制」の上での、そして建元六年には「行政区分」上での左右分置が行われ、太初元年に至って右内史が京兆尹に、左内史が左馮翊になるとともに、それまでは治民官でなかった主爵都尉が右扶風として内史の右地を治めるようになったのと合わせて三輔が成立した――という大まかな流れが確認できたものと思われる。

なお、そこでの景帝二年における「官制」の上での分置と、建元六年の「行政区分」の上での分置との関係をどのように理解するかという点について、「旧稿」では前掲東方朔伝の記事から「すでにそれぞれが明確な管轄地区を定めて統治している」と理解し、「官制」の上での分置こそが実質的な意味をもつものであったと論じた。そこでは同時に、主爵中尉・左内史・右内史の「三輔」による管轄地の統治も早くから出現していたと想定していたのであるが、本章のここまでの議論からするならば、これは左内史・右内史のそれのみに限定して理解されるべきであろう。一方で、前述したような景帝二年から建元六年の間における内史（あるいは左右内史）就任者の記載のあり方などからすると、この期間には「右内史が主官で左内史は補佐官監督官の役割をしていた」（左内史は常置ではなかったかもしれない）として、そこに過渡的な状況を想定する崔氏の理解にも一定の整合性、説得力が認められるのであり、こうした点も含めて、景帝二年以降ただちに左右内史による「内史地区」の分割統治が行われたかどうかは定かではないものの、少なくとも「行政区分」上の分置が行われる直前の建元三年（あるいはその少し後）ごろには、左内史、右内史によって、それぞれ管轄地域を定めての実質的な分割統治がなされるようになっていた――と見るのが、現在のところ比較的穏当な理解なのではないかと思われる。

第五節　終節

本章での考察は以上の通りであるが、最後にここまでに明らかにしてきた三輔制度形成のあり方から、秦漢統一国家体制の展開の問題に関わって簡単に言及しておくこととしたい。

まず冒頭にも述べたように、前章では内史（官）をめぐる諸研究について整理し検討を加え、内史が本来有していた「秦全土の財政（や文書行政）などを統轄する朝廷の中央官」である一方で「『（秦の）初期領域』を治める地方官」でもあるという「二重性」がしだいに解消して後者へと収斂してゆく過程のうちに、「中央諸官府が分担してこの地域（の属県）を統轄する」という体制が「郡」と実質的に同等な存在へと転化してゆく――すなわち（「本土」と「被征服地」とでもいうべき露骨な地域間対立の関係が相対化して）この地域を含む全領域が基本的に郡県（郡国）制の枠組みの中に包摂されるような「統一国家体制の成熟」が見出されることを論じてきた。こうした過程は長い時間をかけてゆっくりと進行していったものと思われるのであるが、そのような中でも一つの画期と目されるのが、「治粟内史の分離・設置」（による「二重性」の解消）である。ただしその時期については、（一）漢初の「二年律令」の段階よりは以降であること、（二）『史記』巻五六陳丞相世家には文帝即位当初の「治粟内史」の事例が見られるものの、必ずしも全幅の信頼は置きがたいこと、（三）少なくとも景帝後元（前一四三）年に大農令と改称されるまでには治粟内史の官名が存在していたはずであること、などの諸点から「『二年律令』から景帝後元年までの間」とのかなり漠然とした期間を設定するにとどめざるをえなかった。

そこで注目されるのが、景帝二年における「官制」の上での内史の分置である。もとよりそれが直接に治粟内史の分離なり内史の「二重性」の解消なりを示しているというわけではないものの、内史が左右に分置されて「それぞれに明確な管轄地区を定めて統治している」のであれば、その段階ですでにそれらは相当な程度「二重性」を解消して、「郡」と同等な地方官としての性格を帯びるようになっていたと見なすことができるのではなかろうか。もっとも先にも述べたように、景帝二年以降ただちに左右内史による「内史地区」の分割統治が行われたわけではないと考えられることからすれば、その年代についてはなお繰り下げて想定する必要があるかもしれない。ただしその場合でも、こうした分置がなされるということ自体が、内史もしくはそれを取り巻く状況に何らかの変化が生じつつあったことを示すものであるとはいえるであろう。

そしてここまでに見てきたように、東方朔伝の記事によれば建元三年（あるいはその少し後の時期）までには左右内史によるこうした分割統治の行われるようになっていたことがうかがわれるのであり、さらに建元六年に至ってそれが制度的にも確定する。これ以降の左右内史は、前述の公孫弘の上奏では別格ながらも一般の郡と並んで挙げられており、また左内史兒寛の「治民」の内容が「農業を勧め、刑罰を緩め、獄訟を理む」[41]とされているなど、太初元年以前の段階ですでに一般の「郡」と実質的にはほぼ同様な存在となっていたものと考えられるのである。

もっとも「旧稿」にて指摘したように、三輔が成立する以前には——それ以降の状況とは対照的に——当該地域を指す名称としてはもっぱら「関中」の語が用いられ[42]、「（左右）内史」の語例はほとんど見られず、そのわずかな用例の場合も（第三節で引いた溝洫志の記事のように）「左・右内史の地」といった形で表わされていたのであり[43]、さらに「（左右）内史」が一般の「郡」とは区別して扱われ、「郡」の総数に含まれないこともあるなど、この地域の行政区分はともすれば当時の郡県・郡国体制の枠外に位置するものとして意識されていたのであった[44]。その点では、この段階での左右内史はなお過渡的な性格を残していたといえるであろう。それはまた同時に——これも「旧稿」でも述べたように——太初元年の三輔の成立によってこの地域をも含めた全領域が基本的に郡国制のもとに編成されるような一元的な体制へと移行したことを示すものであり、さらにはそこに統一国家体制の成熟、「真なる統一国家」出現の画期を見出すことができるのである。

ただしこの点についていささか付け加えておくならば、三輔成立以前の時期においても、「内史」の語が「郡」のそれと同様に用いられているとも思しき例が近年の出土文字資料などに見えており、[45] また「内史」が一般の「郡」の総数に含まれるなど、「郡」と区別することなく扱われる事例も確認されている。[46] 次章でも述べるように、この地域の行政区分の位置づけをめぐる状況は必ずしも三輔成立を境として判然と分かたれていたわけでもないようであり、その意味でこれはあくまでも大まかな傾向としてとらえるべきであろう。太初元年における三輔制度成立は、統一国家体制形成の過程の上でそれなりの画期ではあったにせよ、一方ではそれをあまりに過大に評価すべきでもないのである。

以上のように見てくるならば、内史の「二重性」が解消され、実質的に一般の「郡」と同様な存在として郡国体制へと包摂されてゆく歩みは、（治粟内史の分離のほかにも）景帝二年における「官制」の上での分置、その後のそれぞれに管轄地を定めて実質的に統治してゆく体制の成立、建元六年の「行政区分」上での分置、さらには中尉から左右内史への二輔都尉の移管など、いくつもの段階をふみながらゆっくりと進んでいったものと見た方がよいであろう。そしてそれらの延長線上にある太初元年における三輔制度の成立は、その一応の完成であり、終着点なのであった。

さて本章では、三輔制度形成の過程から、「（秦の）初期領域」、「内史地区」とそれ以外の地域との間の、いわば「地域間支配の構図」の展開のあり方について検討を加えてきたわけであるが、こうした地域間対立の関係としてはこのほかにも、（「初期領域」に加えて比較的早くに戦国秦の版図に入った北地・上郡や隴西・漢中、あるいは巴、蜀などその周囲の諸「郡」とによって構成される）「広域関中」と、それ以外の「東方諸地域」という、枠組みが並行して重層的に存在していた。[47] 両者を比較するならば、戦国秦と東方諸国との対立、楚漢戦争、漢朝中央と諸侯王国の関係など、現実の統一国家形成の展開において主要な枠組みとなっていたのはもっぱら後者の方であるが、ここまでに見てきたように「地域間支配の構図」、さらには統一国家体制の展開のあり方を制度的に示しているという点で、前者は国制上重要な意義を有していたのである。武帝期のとくに元狩から元鼎年間にかけての時期を中心に、漢王朝による東方諸地域の取り込みが本格化し、それによる混乱した状況のうちに「広域関中」と「東方諸地域」との地域間対立の枠組みの方も次第に相対化して、実質的な領域全体の統合が大きく動き出してゆくのであるが(48)、こうした中で前者の枠組みについては、内史の「二重性」が解消され、実質的に一般の「郡」と同様な存在として郡国体制へと包摂されてゆくような「統一国家体制の成熟」が、これらの動きに一歩先んじる形で、その制度的な完成に向けてゆっくりと最後の歩みを進めていたのである。

注

（1）厳耕望一九六一、第二章・郡府組織（一）・(丙)・(1) 畿輔特制、安作璋・熊鉄基一九八五、第二編第二章第一節、賈俊俠・剛紹輝・姚徳元・馮瑞強二〇一九など参照。
（2）大櫛敦弘一九九二a。
（3）「旧稿」でも指摘したところであるが、主爵中尉から（主爵）都尉への名称変更については、それが、全体として「職分の上ではあまり大幅な改革はなかった」とされている「前一四四年の官名改称」の一環であったことを考慮に入れるならば、実質的にはそれほど重要な改変ではなかった可能性が高い。大庭脩一九七〇参照。
（4）『史記』巻百一、『漢書』巻四九の本伝、『史記』巻九六、『漢書』巻四二の申屠嘉列伝。
（5）この記事を百官表の記載と関連づける見解は、裴駰以来多く見られるが、梁玉縄『史記志疑』巻七の「此有欽誤、當云置左右内史及殺𦔳爲縣」などは、その典型的なものであろう。
（6）鎌田重雄一九三九参照。

(7) 李成珪「前漢列侯の性格――郡県支配下における封建制の一変貌――」(『東亜文化』一四輯、一九七七年、未見)。以下に李氏の研究に言及している部分は、山田一九八四での引用によるものである。
(8) 山田勝芳一九八四参照。
(9) 崔在容一九八五参照。
(10) 周振鶴一九八七、下篇第一章第一節および結語参照。なお譚其驤一九四二でもほぼ同様な議論が展開されているが、内史の分置の時期については「文帝末年にはすでに分置していた」とするにとどまる。
(11) 以上、大櫛敦弘一九九二a。ただし、この点は次章において述べるように、秦と漢初とではそれぞれ「(秦の)初期領域」、「内史地区」の位置づけに相違が見られる。
(12) 大櫛敦弘一九九二a補注参照。
(13) 臧知非一九九二参照。
(14) 『史記』巻十孝文本紀後七年条に「發近縣見卒萬六千人、發内史卒萬五千人、藏郭穿復土屬將軍武」。
(15) 『史記』巻十一孝景本紀後二年正月条に「令内史郡不得食馬粟、沒入縣官」。
(16) 孔祥軍二〇〇六参照。
(17) 西川利文一九九〇参照。
(18) 『漢書』巻八八儒林伝でも、これと同文が見えている。
(19) 大庭脩一九六三では、その法制史料としての形式について検討している。
(20) 大櫛敦弘二〇〇五参照。
(21) 原文は「時未有京兆、馮翊、扶風之名。此三輔者、謂主爵中尉及左右内史也」。
(22) 以上の諸説は王先謙『漢書補注』による。このほかに施之勉一九六一では、「三輔」の名称が「中尉・左右京輔都尉」から起こったとの議論があるが、これについては次章に批判がある。
(23) 譚其驤一九四二・三参照。

(24) 陳蘇鎮二〇〇五参照。
(25) 原文は「乃使右輔都尉徼循長楊以東、右内史發小民共待會所。後乃私置更衣、從宣曲以南十二所、中休更衣、投宿諸宮、長楊・五柞・倍陽、宣曲尤幸」。
(26) 山田勝芳一九八四参照。
(27) たとえば先に引いた劉攽や王先謙のほかに、前注（13）掲、臧知非一九九二や呉恂一九八三、二二八頁など。
(28) 『史記』巻一二二酷吏・義縱伝では「乃以縱爲右内史、王温舒爲中尉。温舒至惡、其所爲不先言縱、縱必以氣凌之、敗壞其功」とあり、また同・王温舒伝にはこの中尉であった王温舒について「徙爲右内史、治如其故、姦邪少禁」とあって、治安面を主として中尉と（左）右内史とでは、職責上重なり合う部分が多かったようである。
(29) 三輔都尉については、鎌田重雄一九三九などに簡単な言及がある。
(30) このほかに『三輔黄図』巻之一、三輔治所には「三輔者、謂主爵中尉及左・右内史。漢武帝改曰京兆尹・左馮翊・右扶風、共治長安城中、是爲三輔。」とあり、また『通典』巻三二職官・州牧刺史條には「至恵帝三年、又遣御史監三輔郡」ともあるが、これらは後世の史料であるとして、ここでは取り上げることはしない。
(31) この点については本書第二部第三章参照。
(32) 孔祥軍二〇〇六参照。
(33) 鎌田重雄一九三九および前注（4）・（14）掲の史料参照。あるいは前注（14）の史料など。
(34) 晏昌貴二〇〇六参照。
(35) 辛徳勇二〇〇六参照。
(36) 枚乗伝の「二十四郡、十七諸侯」の解釈をめぐる近年の研究は、王勇二〇一三や程鐘書二〇一五があるが、いずれも先述の「旧稿」同様、淮陽国と魯国とを重複してカウントしてしまうという問題点を有している。これについて程鐘書氏は、就国と任命時期の時間差をもって、両国は名義上併存しうると論ずるが、この点についてはなお検討を要するのではないかと思われる。

(37)　王国維「漢郡考」(『観堂集林』巻十二)、譚其驤一九四二参照。
(38)　晏昌貴二〇〇六に諸説を整理してある。
(39)　そこでは「制於十里之内」、「兵不得下壁」など、呉楚の反乱軍が梁の睢陽城を攻撃中との設定となっているが、その時点では存在しないはずの羽林やこれ以降の出来事であるはずの斉王の自殺、羌筰(邛莋)との接触などへの言及がそこには見えており、師古注をはじめとして『漢書補注』に引く劉攽、劉奉世、何焯などは、この記事を「後人の假託」(劉攽)などとする。これに対しては施之勉一九六一で反論もなされているが、この史料については慎重な取扱いがなされるべきであろう。
(40)　辛徳勇二〇〇六参照。
(41)　『漢書』巻五八兒寛伝に「寛既治民、勸農業、緩刑罰、理獄訟……寛表奏開六輔渠、定水令以廣溉田。收租税、時裁闊狭、與民相假貸、以故租多不入。後有軍發、左内史以負租課殿……課更以最」とある。なお百官表によれば、彼の左内史在任の期間は元鼎四(前一一三)年から六(前一一一)年にかけての間である。
(42)　たとえば「關中大索二十日」(『史記』巻六秦始皇本紀三十一年条)、「諸侯子在關中者、復之十二歳」(同書巻八高祖本紀五年五月条)、「徙貴族楚昭・屈・景・懐、齊田氏關中」(同、九年条)、「天子爲伐胡、盛養馬、馬之来食長安者數萬匹、卒牽掌者關中不足、乃調旁近郡」(同書巻三〇平準書)など。なお、これとは対照的に三輔制度成立以降は、「詔發三輔近縣兵」(『漢書』巻六六劉屈氂伝)、「三輔・太常郡得以叔粟當賦」(同書巻七昭帝紀元鳳二年六月詔)、「三輔長無共張傜役之勞」(同書巻一〇成帝紀建始二年正月詔)のように、一般の「郡」と同様、当該地域を指すのに行政区分上の呼称である「三輔」がそのまま用いられるようになっている。大櫛敦弘一九九二a参照。
(43)　このほか『史記』巻一二〇汲黯列伝にも「右内史界部中」とある。
(44)　『史記』巻一七漢興以来諸侯王年表では漢初の状況を述べて「漢獨有三河・東郡・潁川・南陽、自江陵以西至蜀、北自雲中至隴西、與内史凡十五郡」とあり、ここでの「内史」は明らかに「十五郡」に含まれているが、しかし他の郡と区別した書き方をされてもいる。本章補論参照。また『史記』巻一一孝景本紀後二年条に「令内史郡不得食馬粟、没入縣官」とあり、この「内史郡」が「内史および郡」であれば、「内史」は「郡」と区別される存在となり、「内史の郡」であれば、「内史」「郡」の一つではあるものの、やや区別される存在であるということになる。これらの問題については趙志強二〇一六に詳しい。

（45）たとえば「廿七年二月丙午朔庚寅……今洞庭兵輸内史及巴・南郡・蒼梧」（九―二二八三、校釈二、四四七―八頁）や、「☐亥朔辛丑、琅邪叚（假）【守】☐敢告内史・屬邦・郡守主（後略）」（八―六五七、校釈一、一九三頁）など。

（46）本書第一部第二章補論。また前注（41）所引兒寛伝の記事からは、左内史が租税徴収の成績において他郡とともに順位付けの対象となっている。

（47）本書第二部第三章参照。

（48）同右。

補論　『漢書』地理志における内史の設置時期をめぐって

第一節　問題のありか

秦および前漢帝国では、全国を数十から百余の郡（・国）に区分していたが、王朝の基盤となる渭水盆地一帯の「（秦の）初期領域」、「内史の地」には、「内史」が管轄する特殊地域（のちに京兆尹・左馮翊・右扶風からなる「三輔」）が設定されていた。本書ではここまでにこの地域の位置づけを中心に秦漢統一国家のあり方について検討を加え、かつてそこが領域全体《そのもの》であった段階での「中央諸官府が分担してこの地域（の属県）を統轄する」という体制を引き継ぐ「（秦の）初期領域」、「内史の地」が（秦の領域拡大にともなって獲得した新たな領域に設けられた）「郡」と実質的に同等な存在へと転化してゆく過程のうちに、「本土」であるこの地域と、「被征服地」とでもいうべきその他の「郡」との間の露骨な地域間対立の関係がしだいに相対化して、前者を含む領域全体が基本的に郡県・郡国体制の枠組みの中に包摂されるような「統一国家体制の成熟」が見出されることを論じてきたのである。

このうち、内史の「郡」としての位置づけ（の有無）の問題については、ここまでの考察においても繰り返し論じてきており、また趙志強氏の研究においても文集、札記の類に至るまで関連史料を博捜して、詳細な検討が加えられている(1)。これらの議論や史料を通じて、時代とともに内史がしだいに「郡」として位置づけられてゆくという大まかな傾向がうかがわれるのではあるが、一方で個別の事例で示される内容はさまざまであり、後述するように互いに矛盾するような事例も少なくない。そのためこうした特殊地域の「郡国化」の動きについても、明確な画期を設定することは困難な状況となっているのである。

そこで本章では、『漢書』巻二十八地理志の各郡の沿革を記した記事に注目することとしたい。すなわちそこには多くの場合、各郡国の設置時期についても述べられているのであり、「内史地区の郡国化」の時期を知ることができるという点で、この問題に関わる興味深い一資料であるといえるであろう。この史料をめぐる従来の諸説の多くは、『史記』や（地理志以外の）『漢書』など他の史料を比較・参照しつつ、場合によっては地理志の記載を否定しながら、郡国設置の正確な時期の確定につとめてきた。(2) しかし本論ではあくまでも「地理志において、本来どのような郡国の振り分けが考えられていたのか」という点に問題を限定して、地理志そのものに即した検討を進めてゆく。その意味でここで問題とするのは、『漢書』地理志という史料の中での認識のあり方にすぎないわけではあるが、郡国全体について体系的に述べた中で、しかも直接的にその（郡としての）設置時期を述べたこの史料は「内史地区の郡国化」の時期を考える上で、一つの貴重な手かがりを提供するものといえるであろう。もっともその分析に際しては、それぞれの要素が相互に連関してくるために、内史もしくは三輔を直接の対象とするにしても、まずは各郡国全体にわたる検討がなされなくてはならない。

そこで本章では以下に、『漢書』地理志に見える各郡国の設置時期について、従来の諸説とあわせて検討を加える。その上で、そこでの分析の結果から「内史地区の郡国化」、さらには当時の統一国家体制形成についての前章での議論を補うこととしたい。

第二節　『漢書』地理志に見える各郡国の設置時期

『漢書』地理志では、前漢末期の時点において存在した百三の郡国について、たとえば南郡の場合、

秦置、高帝元年更爲臨江郡、五年復故。景帝二年復爲臨江、中二年復故。（秦が設置。高帝元年に臨江郡と改められるが、五年には南郡に戻る。景帝二年にまた臨江国となるが、中二年に旧に復した）

とあるように、設置時期をはじめとする簡単な沿革がそれぞれの条の原注に付されている。もとより、すべての郡国について設置時期が明記されているわけではないが、同じく地理志に、秦および前漢期における郡国の設置状況について

本秦京師爲内史、分天下作三十六郡。漢興、以其郡（大）［太］大、稍復開置、又立諸侯王國。武帝開廣三邊。故自高祖増二十六、文・景各六、武帝二十八、昭帝一、訖於孝平、凡郡國一百三。（かつて秦は「首都圏」を内史とし、天下を分けて三十六の郡とした。漢の御代となると、郡の境域が広大すぎるということで、いささか分割し、また諸侯王国も立て、武帝の時代にはさらに辺境の郡を増置した。こうした次第で、高祖の時に二十六、文帝・景帝は六ずつ、武帝は二十八、昭帝期には一つ、郡を増置した結果、平帝の時代には、およそ郡・国は百三を数えるに至ったのである）

と、各時期ごとの状況が概括されていることから、そこでの「秦代の三十六、高帝期の二十六、文・景期各六、武帝期二十八、昭帝期の一」という全体の状況との連関において、個々の郡国の設置時期を推測することができるであろう。そこで以下、各郡国の沿革を記した記事のうちから、まず設置の時期が比較的明らかな部分を順次確定していっ

た上で、問題のある残る郡国について振り分けを考えてゆく――という手順で検討を進めてゆくこととしたい。

そこでまず、秦代の設置にかかることが明らかなものについて見てみると、たとえば河東郡のように「秦置」とあったり、河南郡のように「故秦三川郡」とあるなど、「秦置」、「（故）秦某郡」といった語の存在が一定の目安となるものと思われるのであり、それらに該当するものを列挙するならば、

河東郡、太原郡、上黨郡、河南郡（三川郡）、東郡、潁川郡、南陽郡、南郡、九江郡、沛郡（泗水郡）、鉅鹿郡、齊郡、琅邪郡、會稽郡、漢中郡、蜀郡、巴郡、隴西郡、北地郡、上郡、五原郡（九原郡）、雲中郡、雁門郡、代郡、上谷郡、漁陽郡、右北平郡、遼西郡、遼東郡、南海郡、鬱林郡（桂林郡）、日南郡（象郡）、趙国（邯鄲郡）、梁国（碭郡）、魯国（薛郡）、長沙国（長沙郡）

の三十六郡国を得ることができる（カッコ内は、設置時の名称）。ちなみにここに内史が含まれていないことは、注目されるであろう。つぎに高帝期の設置にかかることが明らかな、たとえば汝南郡のように「高帝置」とあったり、中山国の「高帝郡」、廣陽国の「高帝燕國」、膠東国の「故齊、高帝元年別爲國」とあるような例を求めるならば、

河内郡、汝南郡、江夏郡、魏郡、常山郡、清河郡、涿郡、勃海郡、平原郡、千乘郡、泰山郡、東萊郡、東海郡、豫章郡、桂陽郡、武陵郡、廣漢郡、定襄郡、中山国、廣陽国（燕国）、膠東国、淮陽国、楚国、六安国（衡山国）

の二十四郡国が挙げられよう。また、文帝の時の設置にかかることが明らかなものとしては、廬江郡条に「故淮南、文帝十六年別爲國」とあるような

廬江郡、濟南郡（濟南国）、河間国、甾川国、高密国（膠西国）、城陽国

の六郡国があり、同様に、景帝の時の設置にかかることが明らかなものとしては、

山陽郡（山陽国）、濟陰郡（濟陰国）、北海郡、信都国（廣川国）、東平国（濟東国）

の五郡国がある。さらに武帝の時の設置にかかることが明らかなものとしては、たとえば弘農郡のように「武帝元鼎四年置」とあったり、犍爲郡の「武帝建元六年開」、敦煌郡の「武帝後元年分酒泉置」、泗水国の「故東海郡、武帝元鼎四年別爲泗水國」とあるなど、

弘農郡、陳留郡、臨淮郡、零陵郡、犍爲郡、越嶲郡、益州郡、牂柯郡、武都郡、天水郡、武威郡、張掖郡、酒泉郡、敦煌郡、安定郡、西河郡、朔方郡、玄菟郡、楽浪郡、蒼梧郡、交趾郡、合浦郡、九真郡、廣平国（平干国）、真定国、泗水国

の二十六郡国が確認される。そして昭帝の時の設置にかかるものであることが明らかなものとしては、金城郡の「昭帝始元六年置」との一例が見られるのである。

以上、前漢末の百三郡国中、その設置時期が比較的明らかな九十八郡国について見てきた。ここでの「秦代の三十六、高帝期の二十四、文帝期の六、景帝期の五、武帝期の二十六、昭帝期の一」を先の「秦代の三十六、高帝期の二十六、文・景期各六、武帝期二十八、昭帝期の一」という全体の状況から差し引くならば、残る五郡国の設置年代は、「高帝期の二、景帝期一、武帝期二」のそれぞれいずれかに振り分けられることとなる。そこで問題となる五郡国についてその沿革を述べた記事を見てみると、

［京兆尹］故秦内史、高帝元年屬塞國、二年更爲渭南郡、九年罷、復爲内史。武帝建元六年分爲右内史、太初元年更爲京兆尹。

［左馮翊］故秦内史、高帝元年屬塞國、二年更名河上郡、九年罷、復爲内史。武帝建元六年分爲左内史、太初元年更名左馮翊。

［右扶風］故秦内史、高帝元年屬雍國、二年更爲中地郡、九年罷、復爲内史。武帝建元六年分爲右内史、太初元年

更名主爵都尉爲右扶風。
［丹揚郡］故鄣郡。屬江都。武帝元封二年更名丹揚。屬揚州。
［廣陵國］高帝六年屬荊州、十一年更屬呉、景帝四年更名江都、武帝元狩三年更名廣陵。（以上、和訳は省略）

とあるが、ここでまずもって注目されるのは、これらの中で景帝期について言及した記事が、唯一、広陵国条の「景帝四年更名江都」しか見られないという点である。「更名」とは直接には改名のことであるにすぎず、また設置時期が明記されていないなど広陵国条の記事全体にも問題はあるものの、(3)現行の地理志の記載におけるこうした状況を尊重する限り、「景帝期一」に該当するのはまずは広陵国ということになるであろう。(4)

残る四郡のうち、三郡は京兆尹・左馮翊・右扶風のいわゆる「三輔」である。これらにはいずれも「故秦内史」とあるが、先の振り分けにおいて、「秦の三十六郡」についてはすべて埋まってしまっていることから、地理志においては、内史地区は秦の三十六郡には含まれないものと考えられていたことになる。前出の「本京師爲内史、分天下作三十六郡」という記事についても、内史と三十六郡とが区別して記されていると見るべきであろう。(5)これまでの振り分けの結果からすれば、ここで三輔各郡の設置時期として残されているのは、「高帝二、武帝二」のうちの三つ、すなわち「高帝一、武帝二」もしくは「高帝二、武帝一」のいずれかということになる。

ところで三輔各郡の記事に見られるように、高帝期におけるこの地域は、塞・雍二国にそれぞれ分属した後、渭南・河上・中地の三郡が置かれた時期を経て、最終的には内史に一本化されるのであるが、これらのうち、いずれが三輔各郡の設置に関わるものとして地理志においてカウントされているのか――この点について見てみると、まず渭南以下の三郡は、「高帝期の一もしくは二」というワクを超過してしまうことから、ここでは除外される。このように地理志において、これら三郡が三輔各郡につながる存在として意識されていないのは、一つにはこれらが結局は内史に統合されてしまうためと思われるのであるが、とすれば、それに先立つ塞・雍二国についても事情は同じであろう。(6)したがって、高帝期においてカウントされるのは、残る内史のみということになり、それゆえ三輔各郡の設置時期についても、「高帝一、武帝二」ということとなる。そしてそこでの「武帝二」とは、その沿革から見て、この時期に分置されている左馮翊と右扶風とがこれに当たるものであろう。(7)

このように見てくるならば、残る丹揚郡については、自動的に高帝期の設置にかかるものということになる。そこには「故鄣郡」とあるが、「地理志で『故』と称するものは、いずれも漢初について述べたものである」という銭大昕の議論(8)は、このことを裏付けるものといえるであろう。

以上、問題となる五郡国の設置時期について検討を加えてきたが、これらから、京兆尹（内史）、丹揚（鄣郡）が高帝期、広陵国（江都国）が景帝期、そして左馮翊と右扶風とが武帝期に、それぞれ振り分けられるものと考えられるのであった。したがって地理志においては、「内史地区の郡国化」すなわち「内史が郡と見なされるようになる」時期が高帝期にあると認識されていたことになるわけであるが、これについて論ずる前に、地理志に見える各郡国の設置時期をめぐる諸説のうち、とくに黄彰健氏の研究について検討を加えておくこととしたい。

第三節　黄彰健説の検討

ここまで、地理志に見える各郡国の設置時期について検討を加えてきたわけであるが、この問題については、これまでにも多くの言及がなされてきた。(9)それらの中でもとくに、銭大昕による振り分けは、(10)結果として本論でのそれと同じものとなっている。しかし、銭説ではその結論に至る考証の過程は示されておらず、また、後述する黄彰健説など、後続の諸説には異論もある。

こうした中で黄彰健氏の研究[11]は、これら諸説をほぼ網羅して詳細かつ厳密な検討を加えたものであり、さらにそこでは地理志の記述そのものに即した各郡国の設置時期の振り分けも試みられている。そこで本節では以下に、この黄説について取り上げ検討を加えてゆくことを通じて、前章での議論を確認しておくこととしたい。

黄氏の研究では、各郡国の設置時期の振り分けに際し、「置」、「開」、「別」など、地理志の記事における語の用法を確定することによって基準を立て、まずそれぞれその振り分けにまったく問題がない九十一郡国を押さえた上で、残る十二郡国の振り分けを考えてゆく――という、前章で試みたのと同様な手続きがとられている。そこでの結論は、その大部分において本論でのそれと一致するものであるが、ただし、（一）本論で武帝期の設置とした広平国を、黄説では景帝期に、（二）景帝期とした信都国を高帝期に、（三）高帝期とした六安国を武帝期にそれぞれ振り分ける、という三点において異なる結果となっており、この点についての検討が必要とされる。

そこでまず、（一）の広平国と（二）の信都国の場合について、黄氏の議論を見てみよう。両国についての地理志原注での関連記事は、広平国条では

武帝征和二年置爲平干國、宣帝五鳳二年復故。（武帝の征和二（前九一）年に平干国として設置され、宣帝の五鳳二（前五六）年に旧に復した）

そして信都国条では

景帝二年爲廣川國、宣帝甘露三年復故。（景帝二（前一五五）年に広川国となり、宣帝の甘露三（前五一）年に旧に復した）

となっており、一見したところそこにある通り、広川国は武帝期、信都国は景帝期の設置と見て何ら問題はないよう

に思われる。しかし双方の記事に見える「復故」の語に注目するならば、平干、広川両国がそれぞれ「元の名称に戻った」結果、広平（国）、信都（国）となっているわけであるから、当然、この平干、広川両国のさらに前の段階において、「広平」、「信都」という国か郡の存在していたことが、そこでは前提とされていたはずである。現行の地理志にその記述が見られないのは、地理志の誤りではなく、伝鈔の過程での脱誤によるものであろう。したがって、地理志の記述そのものに即した配当を考えるのであれば、この両国については、現行の記事冒頭の（平干国が置かれた）「武帝征和二年」、（信都国が置かれた）「景帝二年」によるのではなく、それらの前段に本来置かれていたであろう「広平」、「信都」設置に関わる記述の存在を想定した上で、それによらなければならない——このような理由から、黄氏は『水経注』の記載などに基づいて、広平国（郡）の設置時期を景帝期に、そして信都国（郡）については高帝期にそれぞれ振り分けたのであった。

しかし、このうち（一）の広平国については、近年の研究によると、確かに武帝征和二年の平干国設置に先立つ広平郡の存在が認められてはいるものの、そこで問題となる広平郡の設置の時期は、景帝期ではなくして、武帝の元朔・元狩の間（前一二八—一一七年）の可能性が大きいとされているのであり[12]、とすれば、かりに黄説にいう通り「地理志には広平郡設置に関わる記述が本来存在していた」としても、それはやはり武帝期の設置にかかるものということになるであろう。また、信都国についても、『史記』巻一七漢興以来諸侯王年表などによると、実は景帝二年の広川国設置以後、同五（前一五二）年に広川王の趙への転封に伴って信都郡が置かれ、それは景帝の中二（前一四八）年の広川国復置まで続いていたことが知られるのであり[13]、したがって、地理志の記述に脱誤を想定するにしても、むしろこの景帝五年から中元年にかけての信都郡設置の記事が落ちていたと考えるべきであろう[14]。この場合でも、問題の「復故」の語が無理なく解釈できることはいうまでもない。

以上のことからすれば、「復故」の語から地理志の記事における脱誤の存在を想定する黄氏の説は首肯しうるものではあるものの、広平・信都両国の設置時期をそれぞれ景帝期、高帝期に当てる議論には問題があり、これらは地理志の記述通り、それぞれ武帝期、景帝期の設置と見るべきであると思われる。とすればさらに、設置時期の全体的な振り分けからして、（三）の六安国の議論についても、自ずと成り立ちがたいものであるということになるわけではあるが、次にこの六安国の記事について見てみよう。

さて、問題となる記事は以下の通りである。

故楚、高帝元年別爲衡山國、五年屬淮南、文帝十六年復爲衡山、武帝元狩二年別爲六安國。（もとの楚国で、高帝元年に衡山国を別置した。五年には淮南国に属すが、文帝十六年にはまた衡山となり、武帝元狩二年に六安国を別置した）

ここには「別爲」（別置）の語が二カ所見えているが、黄氏は後者に従ってこれを武帝期の設置としている。ところで、これと同様に「別爲」の語が二つ見える例として、山陽郡の

故梁。景帝中六年別爲山陽國。武帝建元五年別爲郡。（もとの梁国で、景帝中六年に山陽国を別置し、武帝建元五年に郡を別置した）

があるが、ここでは黄氏は前者に従い、これを景帝期の設置としているのである。これについて黄氏は、「（武帝期の分置に際しても）景帝期に定められた山陽という名称をそのまま用いており、六安・衡山と名称が異なっている場合とは事情が別である[15]」としているが、これは「名称の異同には必ずしもこだわらない[16]」という、氏自身が定置した原則に抵触するものなのではなかろうか。一般論としては、前後二カ所に分置の記事が見られる場合、その郡国の直接の設置時期に関わるものとしては、後者の方が重要であろう。にもかかわらず、山陽郡の場合、前者に設置時期をか

けているのは、後者には「別爲」とあっても、実態としてはあまり変化がなかったことによるもの[17]と考えられるのであるが、もしそうであるならば、事情は六安国の場合も同様なのであり[18]、その設置時期を（前者の「別爲」に従って）高帝期とすることに問題はないであろう。

以上、本節では、黄彰健氏の研究に関連して、広平、信都、六安三国の設置時期について検討してきたわけであるが、その結果として、それぞれを武帝期、景帝期、高帝期に当てる前節での議論――ひいては「内史地区の郡国化」の時期が高帝期にあったという点も含めて――が確認されたものと思われる。そこで最後に、ここでの考察の結果を踏まえて、当時の統一国家体制についての前章での議論を補うこととしたい。

第四節　終節

以上、本章では『漢書』地理志に見える各郡国の設置時期の検討より、そこでは「内史地区の郡国化」の時期が高帝期にあり、あわせて秦代には内史が「郡」には含まれていなかったと認識されていたこと、などを見てきた。これを冒頭でも述べた統一国家体制との関係に即して見てみるならば、『漢書』地理志においては「秦では内史は郡とは区別される別枠の存在であったのが、漢代には郡の一つとして郡国体制のもとに包含されるようになっていた」との理解がなされていた――と考えることができるであろう。

繰り返しになるが、もとよりそれは、『漢書』地理志という史料の中での認識のあり方を示したものにすぎないわけであって、そこでの記述が他の史料に対して無条件に優越するわけではもちろんない。そもそも「中央諸官府が分担して初期領域を統轄する」という（郡とは異なる）体制は漢初においても継続していたのであり、また内史の「郡」

としての位置づけに関わる他の史料にあっても、秦代の内史が「郡」のように扱われていたり、逆に漢初の内史が一般の「郡」とは区別して扱われている事例も見られること、前章までの考察において見てきた通りである。この点を『漢書』地理志ほど詳細ではないものの、漢初の直轄郡についての概要を記した『史記』巻十七漢興以来諸侯王年表の記事から見てみるならば、

漢獨有三河・東郡・潁川・南陽、自江陵以西至蜀、北自雲中至隴西、與内史凡十五郡。〔漢の直轄領としては、三河〔河南・河東・河内〕・東郡・潁川・南陽、江陵から西は蜀まで、北は雲中から隴西までの、内史とあわせて都合十五郡である〕

とあるように、内史はそこでは明らかに十五の「郡」の中に含まれていると考えられるのであり、(19)この点では高帝期に「内史地区の郡国化」があったとする地理志での認識と合致するものといえよう。しかし一方ここで主立った郡を列挙した後に「内史と凡そ十五郡」とする書き方からは、内史と他の郡との間でのいささかの区別も認められるのであって、あるいはこのあたりに当時における内史の位置づけにおける過渡的な性格が示されているのではないかと思われるのである。そしてこれまた前章にて指摘したように、内史が実質的に一般の「郡」と同様な存在として郡国体制へと包摂されてゆく歩みは、治粟内史の分離のほかにも景帝二年における「官制」の上での分置と、それぞれに管轄地を定めて実質的に統治してゆく体制の成立、建元六年の「行政区分」上での分置、さらには中尉から左右内史への二輔都尉の移管などと、三輔制度の成立にいたるまでいくつもの段階をふみながらゆっくりと進んでいったのであって、ここでの「高帝期の郡国化」という検討の結果も、そうした節目の一つをさらに提示したものと位置づけておくのが穏当なところであるのかもしれない。

それではこうした「内史地区の郡国化」の過程において、高帝期——換言するならば秦から漢への交替——はいか

なる意義を有していたのであろうか[20]。ここまでに論じてきたように、戦国秦は渭水盆地の「初期領域」をそもそもの本拠地として、統一の過程で獲得していった新領土に郡を設置していったのであるが、このような関係は統一後にも継続し、「本土」である内史地区が「被征服地」である「郡」とは明確に区別されるような体制がとられたのであった。これに対して前漢帝国では、基本的に秦の支配体制を受け継ぎながらも、周知の通りその支配層の大多数が他地域出身者で占められていたために、内史地区の「本土」としての位置づけは、秦の場合に比べると、相対的に希薄なものとなったと思われる。成立当初、一時洛陽に都を置いたことなどからもうかがわれるように、当時の漢王朝にとって内史地区は、必ずしも秦ほどにこだわりをもつ地域ではなかったのである。それゆえにこそ、高帝二年から九年にかけて、この地域には渭南郡以下の「郡」が設置されていたのであり、その後に復置された内史も「郡」として扱われるような側面を強めていったのではなかろうか。

かくして内史地区は「郡国化」へとさらに一歩を踏み出したのであるが、とはいえ、前漢帝国においても「中央諸官府が分担して内史地区を統轄する」という体制、あるいはその内史地区を基盤として他の地域をおさえつける――という地域間支配の構図に本質的に変化があるわけではなかった。このような漢初の「統一」支配体制のあり方が、先に見たようなこの時期における内史の「郡」としての位置づけにも反映されていたのであろう。

しかし「統一」の持続とともに、そこでの地域間支配の構図は次第に相対化され、内史地区は名実ともに次第に郡国体制の中に包摂されてゆく。武帝期における（行政区分の上での）三輔制度の成立は、こうした「郡国化」への歩みの一つの到達点であったのであり、そこに統一国家体制の成熟、ひいては「真なる統一国家の出現」を見出すことができるのである。

注

（1）趙志強二〇一六参照。

（2）これら諸説については、『二十五史補編』や譚其譲一九八六などに多く所収されており便利である。なお、後掲の黄彰健一九五四の論文にもまとまった言及がある。

（3）ここに「荊州」とあるのは、『漢書補注』などにも指摘するように「荊」の誤りであろう。

（4）広陵国の沿革をめぐる近年の研究としては、周振鶴一九八七年、上篇第二章呉国沿革、などが詳しい。これらからすると、地理志の広陵国条の記載は、東陽郡についての言及が見られないなど、実際の沿革とはかなり異なっているもののようであり、そこで広陵国の設置時期についてどのように考えられているのか必ずしも明らかではないが、そこで広陵国が「属した」とされる荊・呉国に当たる会稽郡条の記事において、景帝四年には逆に「江都に属す」とあることなどからすれば、地理志においてもこの年は、広陵国の沿革の上で何らかの画期とされていたのではないかと思われる。なお、『続漢書』巻二一郡国志三の広陵郡条の本注には「景帝置爲江都」とする。また、黄彰健一九五四では、「『景帝更名』とあるのみで、それ以前の記載がない」という理由から、やはり広陵国を景帝期の設置としている。

（5）この点について、師古注でも「京師、天子所都畿内也。秦幷天下、改立郡縣、而京畿所統、特號内史、言其在内、以別於諸郡守也。」とする。

（6）後述の黄彰健一九五四の振り分けにおいても、「始置卒省」の例はカウントされない。

（7）塞・雍二国についてカウントしてしまった場合、このほかにも、左右内史分置との「ねじれ」関係などの問題が生じてくる。

（8）「秦四十郡辨」（『潜研堂文集』巻十六）参照。

（9）前注（2）参照。

（10）「秦三十六郡攷」（『潜研堂文集』巻十六）、「漢百三郡国攷」（同上）参照。

（11）黄彰健一九五四参照。

(12)　周振鶴一九八七、上篇第八章第三節巨鹿郡沿革を参照。
(13)　同表、景帝五年の広川国の欄には「徙趙、國除爲信都郡」とあり、中元年の同欄には「復置廣川國」とある。
(14)　黄氏は、『続漢書』郡国志や『水経注』の記事から信都郡の設置を高帝期とするが、いずれも比較的後世の史料であり、一方、『史記』や『漢書』などにはこうした記載は見られない。ちなみに周振鶴一九八七、上篇第八章第六節広川国沿革では、景帝二年の広川国設置に先立って広川郡が置かれていたとするが、その設置時期は、文帝十五（前一六五）年以降であろうとしている。なお、全祖望『漢書地理志稽疑』巻二の信都国条についての「當云故屬秦邯鄲郡、景帝二年別爲廣川國、四年更爲廣川郡、中二年復爲廣川國、宣帝本始四年復故」という復原案は、基本的に本論での考え方と同じものである。
(15)　黄彰健一九五四、三〇一頁。
(16)　黄彰健一九五四、二九六頁。
(17)　『史記』巻五八梁孝王世家に「(山陽王定) 九年卒、無子、國除、地入于漢、爲山陽郡」とある。
(18)　『史記』巻五九五宗世家に「封 (劉) 慶於故衡山地、爲六安王」とある。なお六安国の実際の沿革については、周振鶴一九八七、上篇第四章第四節劉安之淮南国を参照。
(19)　本書第一部第二章注（44）参照。
(20)　前注（10）掲、銭大昕「漢百三郡國攷」では、高帝期に内史地区が郡国化した理由として、秦では中央に内史が置かれているのみであったのに対して、漢では諸侯王国にも内史が設けられたために、その地位が相対化したこと、また諸侯王国の内史は国都の郡を治めていたが、その権限は支郡の郡守と異ならなかったこと、などを挙げている。しかし、その後ふたたび中央権力が強化されて中央と諸侯王国との差別化が進み、(支郡の没収や王国の内史の職掌の変化、廃止など) このような状態が変化しても、内史（もしくは三輔）の郡国化という趨勢に影響がないばかりか、むしろそれが加速していることからすれば、こうした見方には、なお問題があるものと思われる。
(21)　『史記』巻八高祖本紀五年条など。

第三章　前漢三輔制度の展開

第一節　問題のありか

中国史上最初の本格的な統一国家である秦および前漢帝国では、その支配の基盤となる地域に対して、制度上特殊な位置づけを与えていた。こうした制度に注目し検討を加えることによって、「地域間での支配、対立の関係の構図とその相対化」という側面より、秦漢国家の統一支配体制の形成や展開のあり方について見てゆくことができるのではないか――このような見通しのもと、前章までに戦国秦および秦漢帝国の基盤である渭水盆地一帯の「(秦の)初期領域」、「内史の地」などこうした特殊地域の国制上の位置づけについて考察を加え、前漢武帝期の「三輔」制度の成立にいたる過程の中で、それがしだいに一般の「郡」と同様な存在として郡国体制の中へと包摂されていったことを指摘し、その背景には、「本土」としての「(秦の)初期領域」や「内史の地」と、「被征服地」としてのその他の一般郡国とが明確に区別されていた体制から、前者をも含めた全領域が郡国制のもとに編成されるような一元的な体制への移行があったこと、そしてそこに秦漢統一国家の成熟、さらには「真なる統一国家」の出現が認められること、などを論じてきた。もとよりこうした統一体制の変化によっても、かの広大な領域に対する均質均等な支配が出現したわけではなく、そこでは新たな「地域的層位性」に基づく統一国家体制が展開していったものと考えられるのであり、この点の解明がさらに必要とされるであろう。

以上より本章では、前漢後半期を対象に、制度の上に反映された統一支配の「地域間の関係」に注目して検討を加えてゆく。とくにこの時期には、「関中の拡大」や「司隷校尉部の出現」など注目すべき動きが見られるのであるが、まずはそれらとも関連する「三輔都尉」の問題について取り上げ、その上でこの時期における統一国家体制のあり方を明らかにしてゆくこととしたい。

第二節　三輔都尉

周知のように秦および前漢時代、一般の郡には、一郡の軍事を管理する官として「都尉」（または郡尉）が設置されていた[1]。これに対してこの特殊地域（三輔設置以降の時期も含む）では「中尉」が軍事の管理にあたっていたのであるが、その管轄はこの地域全域——そこには左右内史分置以降、複数の「郡」が置かれていた——に及び、しかも中央軍の一つで長安城防衛を担当する「北軍」をも同時に統率するなど[2]、明らかに一般の郡とは異なる特殊な体制をとっていたことが知られる。しかし一方、京輔都尉・左輔都尉・右輔都尉からなる「三輔都尉」は、それぞれ京兆尹、左馮翊、右扶風の「三輔」各郡に対応する形で設置されていたのであり[3]、そこではむしろ一般の郡に置かれていた都尉との共通性がうかがわれるのである。とすればこの両者の関係はどのように考えることができるのか——本章ではこの点を考察の糸口として、三輔都尉の問題について見てゆくこととしたい。

さて、この問題について見てゆく場合、主要な関連史料として注目されるのは次の四つの記事である。まず『漢書』

巻十九百官公卿表（以下、「百官表」）上の中尉条には

　左・右・京輔都尉・尉丞兵卒皆属焉。

とあり、左・右・京輔の三輔都尉が中尉の属官であったことが知られる。ところが同じ百官表の主爵中尉（三輔の一である右扶風の前身）条では、三輔について記した部分に

　元鼎四年、更置二輔都尉・都尉丞各一人。

とされているのである。ここには「二輔都尉」と見えるが――そしてこれを「三輔都尉」の誤記なりとする説[4]もあるが、そのことも含めて――後述するように、それが実質的に三輔都尉に相当する官職であったことは疑いない。したがってこの記事による限り、三輔都尉の所属は、中尉ではなくして三輔各郡であったということになるであろう。なお、これが元鼎四（前一一三）年に「更置」されたものであるとされている点は、次の記事との関わりにおいて注目される。

　その第三の史料とは、すなわち『史記』巻三〇平準書の記事で、「武帝期、塩鉄専売や告緡令などによって財政に余裕ができた」との文脈の中に

　益廣關、置左右輔。

とある。前半に見える「廣關」は、次章で述べるように、元鼎三（前一一四）年の出来事であり、その余波は翌元鼎四年に及んでいる。問題となるのは後半の「左右輔」であるが、右輔都尉である王温舒を「右輔」とも記している事例[5]から、「左右輔都尉」の略であると見てよいであろう。すなわちここでは、元鼎三年の「廣關」に関連して左輔都尉・右輔都尉の「設置」が記されているのである。

最後は、『漢書』巻六五東方朔伝の記事である。武帝は即位当初しばしば微行《おしのび》を繰り返していたが、それが次第に

公然化していった結果、

使右輔都尉徼循長楊以東。（右輔都尉に長楊以東の地区をパトロールさせた）

ことが記されている。この年代については――微行の開始が「建元三年」とあるのみで――明らかではないが、遅くとも建元年間（前一三五年まで）を出るものではないであろう。すなわちこの時期には確実に右輔都尉――そしておそらくは左輔都尉も――の存在が確認されるのである。

以上、三輔都尉に関する主要な史料について見て来たわけであるが、これらを比較した場合、

一、三輔都尉の所属は、中尉であるのか三輔であるのか。

二、三輔都尉設置の年代は、元鼎四年なのか、それ以前であるのか。

三、百官表主爵中尉条の記事では、「二輔都尉」と「三輔都尉」とではいずれが正しいのか。また、平準書の記事では、どうして「左右輔」のみで「京輔都尉」が挙げられていないのか。

四、「広関」と左右輔「設置」との間には、どのような因果関係があるのか。

といった問題点が指摘されるであろう。そしてこの問題については、これまでにいくつかの解釈が試みられてきたのであるが、それらを整理すると

A　元鼎四年に、中尉の下に左・右・京輔の三輔都尉を設置した。(6)

B　三輔都尉はもともと中尉に属していたのが、元鼎四年に左・右輔都尉が、太初元（前一〇四）年に京輔都尉が、それぞれ三輔の下に移管された。(7)

C　三（二）輔都尉はもともと中尉に属していたのが、元鼎四年に左・右輔都尉が（三輔の前身である）左右内史に移管され、太初元年の三輔分立に伴って京輔都尉が新設された。(8)

D　百官表中尉条の「左右京輔都尉」とは「左京輔都尉」と「右京輔都尉」のことと解すべきであって、これこそが主爵中尉条の「二輔都尉」、平準書の「左右輔」であり、関中の拡大に応じて元鼎四年に増設されたものである(9)。

の四説にまとめることができる。

そこでこれら諸説についてそれぞれ検討してゆくと、まず百官表・中尉条の「左右京輔都尉」を「左右の京輔都尉」と読むDの説は——確かにそれによって、この記事と主爵中尉条の「二輔都尉」、平準書の「左右輔」とを整合的に解釈することができるのではあるが——前述したように平準書の「左右輔」は「左輔都尉と右輔都尉」の略であると考えられること、そして何よりも実際の用例において左輔都尉・右輔都尉・京輔都尉の事例はいくつも見られるのに対して、左京輔都尉・右京輔都尉のいずれも他の史料ではその存在が確認できないこと、などから見て、それが成り立つ可能性はきわめて低いものと考えざるをえない(10)。問題の「左右京輔都尉」は、従来通り「左・右・京輔都尉」と読むべきであろう。

次に、「元鼎四年」に中尉の下に「左・右・京輔」の三輔都尉を「新設」した、とするAの説についてであるが、『漢書』東方朔伝の記事から、元鼎四年以前の段階ですでに（左・）右輔都尉が存在していたことは明らかである。さらに百官表・主爵中尉条と平準書の記事からは、元鼎四年に「更置」されたのは左輔都尉と右輔都尉のみで京輔都尉は含まれなかったと考えられるのであり、この説には二重の意味で問題があるといえる。なお、このように考えることによって、三輔都尉に関する元鼎四年のそれは、平準書にあるような「置」（設置）ではなくして、百官表・主爵中尉条にあるような「更置」（改変）——ただし「置」とも表現されうるような重大な改変——であったということになるであろう。

さて、残るB・Cの二説はいずれも、元鼎四年における三（この段階では「二」ではあるが）輔都尉の「更置」を「中尉から三輔（この段階では左右内史）への移管」と解することによって、百官表・中尉条と主爵中尉条との矛盾を解決しようとするものである。ここで両説が主張するような「移管」については、それを直接に裏づけるような明証を欠くものの、たとえば内史地区の取締りに当たる主体が、およそ武帝期を境として中尉から三輔各郡に移っていることなどは、このことを間接的に示すものとして注目されよう。[11]また三輪都尉が、中尉や三輔各郡の長官を兼任しているケースとして次の四例があり、

元封六（前一〇五）年　右輔都尉王温舒　→　行中尉事（『史記』巻一二二ほか）
天漢二（前九九）年頃　右輔都尉王訢　→　守右扶風（『漢書』巻六六ほか）
昭帝末　京輔都尉趙廣漢　→　守京兆尹（『漢書』巻七六）
成帝末　守京輔都尉王尊　→　行京兆尹事（『漢書』巻七六）

やはり同様な傾向が看取される。もとよりこうした兼任の例が必ずしもその所属関係を反映したものとは限らないが、[12]一般郡において都尉が太守を兼任する事例が見られることからすれば、[13]前漢後半期には三輔各郡の長官と三輔都尉との関係が、一般郡における太守と都尉のそれと同様なものとなっていたことがうかがわれるであろう。

このように、およそ前漢武帝のある時期――その時期については、王温舒の例などの問題があるものの[14]――には、「中尉から三輔各郡へ」という三輔都尉の移管が実際に行われたものと思われる。その上で、平準書の記事に「置左右輔」としか見えていないことなどから、この時期に京輔都尉が存在したと考えるかどうかがB・C両説の「分かれ目」となっているわけであるが、平準書で「置左右輔」と関連して述べられている「廣闕」は、次節にて論ずるように、関中全域に影響を及ぼす出来事であったのであり、もしこの時点で京輔都尉が存在していたのであれば、このこ

と無関係であったはずがない。それゆえ平準書の記事に記載の見られないことから逆に――そしてそれ以前における事例が確認されないこととも合わせて――京輔都尉は元鼎四年のこの時点では存在していなかったものと考えられるのであり、(15)それ以前より京輔都尉が存在していたとするBの説には問題があるということになる。

以上、三輪都尉の問題をめぐる諸説について検討を加えてきたわけであるが、その中では「元鼎四年に左・右輔都尉が中尉から左右内史に移管され、その後の三輔分立に伴って京輔都尉が設置された」とするCの説が、最も整合的で矛盾のない解釈であると思われる。ちなみに百官表・主爵都尉条の「二輔都尉」と「三輔都尉」の問題については、いずれに作る説が正しいのであるか明らかではないが、ここまでに見てきたことからすれば、それが「二輔都尉」であれば問題はなく、また、かりに「三輔都尉」が正しいものであったとしても、それが京輔都尉が設置されて「三輔都尉」が出揃い、その状態が以後ながく続いて定着した時点から遡っての表現であると考えれば説明はつくであろう。

しかしながら、このCの解釈によっても、すべての問題点が氷解したわけではない。すなわち前述の如く、平準書の記事においては、「廣關」と「置左右輔」との間に何らかの因果関係が想定されるのであるが、「置左右輔」を「三輔都尉の移管」とする解釈からは、「廣關」との関係を直接に説明することはできないのである。その意味で、この元鼎四年の「改変」については――武帝のある時期、中尉から三輔への移管が行われたことは事実であるにしても――異なる解釈が必要とされるのではなかろうか。

ここで注目されるのが、やや後世の史料ではあるが、『続漢書』巻二八百官志・州郡条での記事である。そこでは前漢時代の都尉について説明した中で、

武帝又置三輔都尉各一人、譏出入。

とあり、三輔都尉が一般郡の都尉ととくに区別される点として、「譏出入（出入者をチェックする）」という職掌を有し

ていたことが指摘されている。そしてこの「譏（出入）」とは、『孟子』梁恵王章句下や『荀子』王制篇の「關市譏而不征」、『禮記』王制の「關執禁以譏、禁異服、識異言」などの例からも明らかなように、関所の重要な機能なのであり、まさにこの点において三輔都尉の問題と「広関」との接点を見出すことができるのである。そこで以下、節をあらためて「広関」の問題について見てゆくこととしたい。

第三節　関中の拡大

そもそも「関中」とは、文字通り「関所の内側の地」といった意味であり、その「関所」が具体的に各々いずれに比定されるかについては諸説があるものの、しかし『新書』壹通に「武關・函谷・臨晉關を建てし所謂《ゆえん》は、大抵《およそ》山東の諸侯に備えんがため也」とあり、またそれが「秦時の六国に備えしが若し」とあることなどからすれば、少なくとも戦国秦から（『新書』で言及のある）前漢文帝期にかけては、諸関の中でもとくに東方に備えるための武関・函谷・臨晋の三関が重要な役割を果たすものであったことが知られる。とりわけ、渭水盆地と東方平野部とを結ぶ交通路として当時最も重要であったのは黄河南岸を通るルートであり、[16] 当然のことながら、そこに置かれた函谷関が最も重要視されていたことは、ここであらためて指摘するまでもないであろう。[17] ちなみに張家山漢簡「二年律令」中の津関令によって、先述の函谷関・臨晋関・武関のほかに扞関・鄖関が前漢初期に存在していたことが知られるようになった。[18] また、「関中」の語が指す範囲は、渭水盆地一帯の「（秦の）初期領域」や「内史の地」に相当する狭義の場合のほかに、巴蜀や天水・安定郡などを含めたいわゆる「広域関中」、「大関中」を示す場合もあるので注意が必要である。[19] このような関所のあり方は、統一国家の支配体制と密接な関わりをもつものであり、本書でもこの後に幾度となく言及することとなるであろうが、本章ではまずもって前出の「広関」の問題を糸口として検討を加えてゆくこととしたい。

さて、「廣關」の語は、先の『史記』平準書のほか、同書巻五八梁孝王世家にも見出だす事ができる。

（代王義）十九年、漢廣關、以常山爲限、而徙代王王清河。清河王徙以元鼎三年也。

（代王義の十九年、漢が「関を広め」て常山を境界とすることとしたために、代王を清河に国替えとした。代王の国替えは元鼎三年のことである）

ここでの用例から、「広関」によって（一）常山があらたに境界となったこと、（二）代国（常山の西南）が清河に国替えとされたこと、さらに（三）それが元鼎三年の出来事であったこと、などが確認されるであろう。そしてこの元鼎三年には、『漢書』巻六武帝紀同年冬条に

徙函谷關於新安。以故關爲弘農縣。（函谷関を新安に移転し、旧関は弘農県とした）

とあるように、函谷関の新安への、すなわち東方への移転が記されており、これも「広関」に関連する動きと見ることができる。そこでは最も重要な函谷関の移転のみが記されているに過ぎないが、次の『漢書』巻一〇成帝紀陽朔二（前二三）年秋条の記事には、「広関」後の関所の分布が示されており、「広関」の実態について知る手がかりとなるものといえよう。

關東大水、流民欲入函谷・天井・壺口・五阮關者、勿苛留。（関東での大水害による被災者で函谷・天井・壺口・五阮の各関所に入ろうとする者たちについては、その通行を阻んではならない）

ここから函谷関とともに天井・壺口・五阮の三関の存在を知ることができる。そしてこの三関は、常山（関）と同様、およそ太行山脈と東方平野部との境界線上にそれぞれ位置しているのであるが、函谷新関も崤山など黄土高原の丘陵山地帯の東辺にあたっており、さらに――この記事には出てこないものの――武関も山地帯から南陽の平野部へとつ

ながるあたりに位置していた。このように、当時の主要な内地の諸関が、山地帯と東方平野部との境界線に沿って設置されていることは注目すべきであろう（図１）。

さて、この「広関」については、すでに紙屋正和[20]、邢義田[21]、辛徳勇氏[22]らの研究があり、以上に挙げた史料などから、「広関」が、それまで函谷旧関や臨晋関によって形成されていた「関中」と東方諸地域との境界を、一気に太行山脈などのラインにまで移して「関中」を大きく拡大させるものであったことが明らかにされている。これを地形的な条件に則して言いかえるならば、「広関」とは、渭水盆地と東方の平野部とをへだてる山地帯について、従来は西側の盆地との境界がすなわち東方との「境界」であったのを、それによって東の平野部との境に——これを渭水盆地の中央政府の側から言えば「山のこちら側から向こう側に」——移動させ、従来の渭水盆地

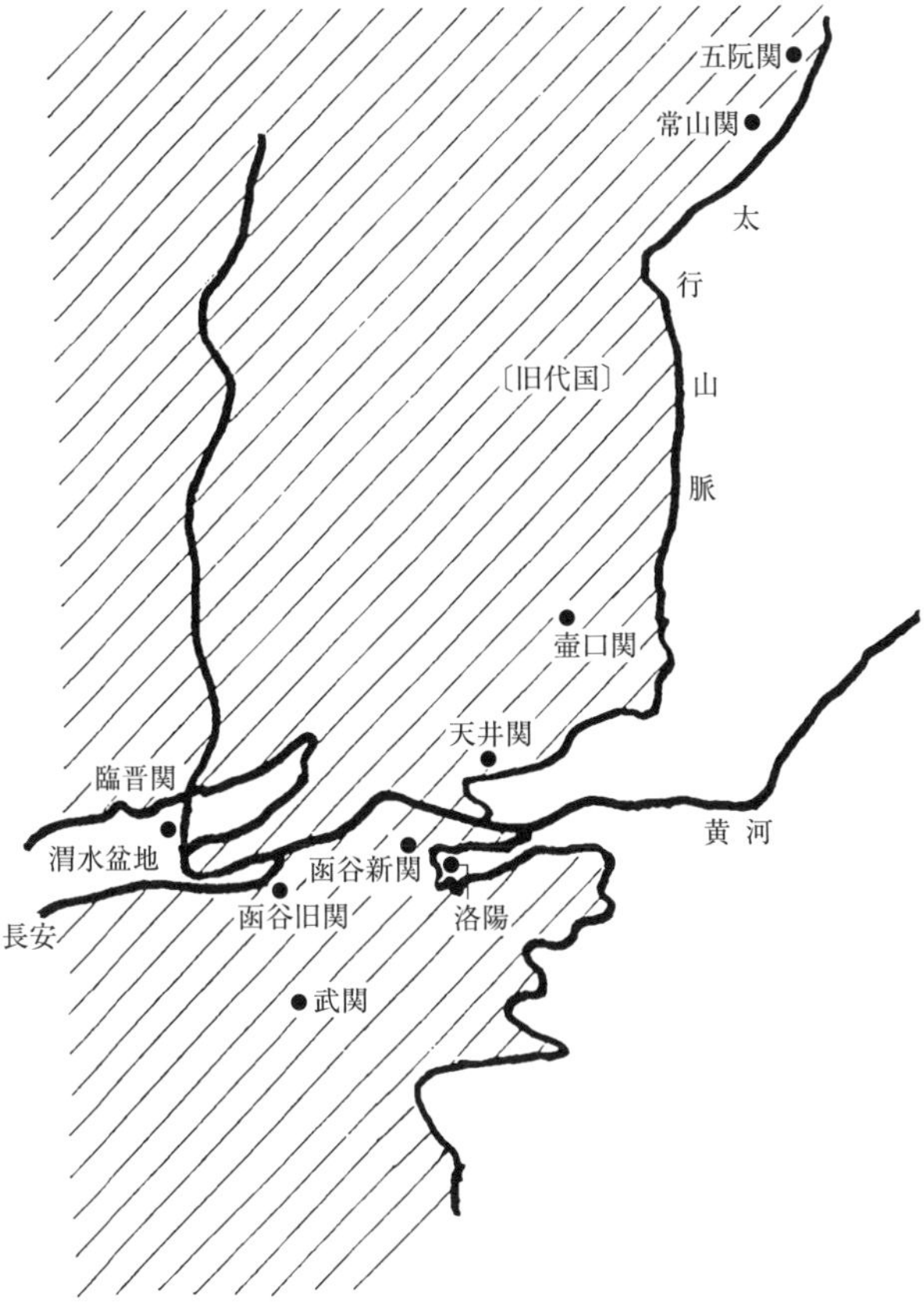

図１　関中の拡大

に加えて、これら山地帯をも「関中」に含めたもの、と理解することができるであろう。[23]

それではこれら諸関によって構成される「境界」、関中を画する「境界」とは、そもそもどのような意味をもつものなのであろうか。それは先に引いた『新書』の記事、あるいは函谷関について「京師の固」（『漢書』巻七四魏相伝）、「山東を距ぐの険」（同書巻二七、五行志中之上）とする例などからも明らかなように、東方に対しての防備を主目的とするものであった。事実、東方からの侵入に対して、函谷関や武関など個々の関所が防衛の重要拠点になっている事例は枚挙に遑がないが、たとえば『漢書』巻九九王莽伝上居摂二（後七）年九月条に、東郡太守翟義が起こした反乱に際しての中央政府の対応として、直接翟義を攻撃すると同時に、軍を「諸関に分屯せしめ、阨塞を守らしむ」とある――これについて巻八四翟義伝では函谷関・武関の名を挙げている――ことからすれば、有事の際には、これら関所のラインがそのまま防衛線として機能していたことが知られる。一方、平時においては、これら諸関によって、出入者のチェック[24]や馬匹・強弩など武器の搬出監視[25]がなされていたが、それがいずれも東方に対する警備のためであったことは言うまでもない。

さて、このような「境界」を形成する諸関の中でも、最も重要な函谷関については史料も比較的多く残されており、そこでの具体例よりこの「境界」のあり方の一端をうかがうことができる。例えば『史記』巻一八高祖功臣侯者年表によると、元封四（前一〇七）年、陽平侯であった杜相夫は、「みだりに函谷関（新関）を出」たかどで列侯を免ぜられており[26]、この「境界」のもつ意味の重大さがうかがわれよう。また前漢初の呂后執政期、長安を離れて就国する琅邪王劉澤を呼び返すべく使者が後を追ったが、王がすでに関所を出てしまっていたため――その先の河南郡も漢帝国の直轄地であることには変わりはないにもかかわらず――使者は都に引き返している。[27]さらに景帝の最愛の弟である梁の孝王には何かと破格の優遇が与えられていたが、その場合でも入朝してきた王を皇帝の使者が出迎えるのは函谷関からであった。[28]「広関」後においても、難治で有名な梁国に相として赴任する弟を心配した張敞が部下に函谷関まで送らせている例[29]が見えており、これなども、そこがぎりぎりの「境界」であったことを示すものであるといえよう。

逆に「関所の外側」での事例としては、昭帝期、河南太守魏相が罪に問われて都に召喚された際、「河南老若萬餘人、関に守《とどま》りて、入りて上書せんと欲」した例[30]、あるいは前漢末、潁川太守の何並が「驅使して函谷関に入れ、民間を汚せしむるなかれ。關に入らざれば、乃ち之を収《とら》えよ」とした犯罪者が結局関外に留まり、河南郡の洛陽で捕り手に殺された例[31]なども注目されるが、何といっても多く事例が見られるのは、災害などにより大量の流民が発生した場合である。

元狩四（前一一九）年　山東の水害で貧民たちを「関以西」に徙す。[32]
元帝初年　関東は連年の災害で、流民が関に入る。[33]
河平元（前二八）年　流民が函谷関に入る。[34]
陽朔二（前二三）年　関東の大水害により、函谷・天井・壷口・五阮関に流民の入関を妨げないよう指示。[35]
鴻嘉四（前一七）年　災害による関東の流民で入関希望者については、登録した上で入関させるよう指示。[36]
元延元（前一二）年　飢饉と水害で大量の流民が関所に群がる。[37]
新末　飢饉と国内の混乱で流民の関に入る者数十万人。[38]

このように、東方で発生した大量の流民が西進して首都圏へとなだれ込んでくるのを食い止めていたのが、関所によって形成されるこのラインなのであって、まさにこうした「非常時」においてこそ、その「境界」としての性格が明確に現われているといえるであろう。

以上、諸関によって構成される「境界」のあり方について見てきたわけであるが、前漢統一国家の領域の内部には、このような「境界」が厳然として存在していたのである。そしてこうした「境界」によって画される「関中」が、外界とは区別される特殊な空間――端的に言って、国家の統制が格段に強力に及ぶような空間――を形成していたことは、ここまでに見てきたいくつかの事例――とくに「広関」の結果「境界の内側になってしまった」代国がはるか東方へと国替えとなっている例[39]や琅邪王劉澤の例など――からも明らかであろう。これに対して関所の外について見るならば、例えば「広関」以前の呉楚七国の乱の際に、鎮圧軍の司令官大尉周亜父を狙って反乱側が放った伏兵が潜伏していたのは、実に函谷関のすぐ外の「殺黽」の地（河南郡の境内）なのであった[40]。同じ漢帝国の領域、同じ直轄地ではありながら、「関所」の内と外とでは、国家の統制においてこれだけの落差が存していたのである。

そして武帝の元鼎三年に行われた「広関」は、かつては統制の及ぶことが比較的弱かったこれら「関所の外」の地域の一部――具体的には先述のような、渭水盆地と東方平野部とを隔てる山地帯――を、新たに「境界」の内側に編入するものであった。それは国家の統制力が渭水盆地を越えて、しだいにこれらの地域に浸透しつつあったことを反映したものであると同時に、それによって統一国家の支配体制をより強固にするものともなったであろう。ここに前漢国家は、例の「殺黽」の地をも含めて、東方平野部への通路に当たる地域を確実に掌握したのである。

ちなみに、「広関」で代国が「境界」の外へはじき出された跡地には太原郡が置かれている[41]。さらに翌元鼎四年には、問題の「三輔都尉の更置」のほかに、新旧函谷関の間――すなわち黄河南岸の、渭水盆地と東方平野部とを隔てる崤山など丘陵山地帯――をまとめて、新たに弘農郡が設けられているのであり[42]、これらから、「広関」による変動をうけて、元鼎三年から翌年にかけて行政区分の上で若干の調整のあったことがうかがわれるであろう[43]。その意味で、以後頻繁に行われる武帝の東方巡幸が、この新しい体制が整備され、東方平野部への道が確実な掌握のもとに入ったと考えられる元鼎四年に始まっているのも決して偶然ではないのである[44]。そして――すでに邢氏によっても指摘されていることではあるが――『漢書』巻二四食貨志上に見える、宣帝五鳳年間（前五七―五四年）の、三輔・弘農・河東・上党・太原郡からの穀物買い上げ計画を「近く關内之穀を糴漕す」と表現している事例から、[45]「広関」以後は渭水盆地の三輔のみならず、新たに「境界」の内側に入った弘農・河東・上党・太原郡などの地域も「関内（関中）」に含まれるようになっていることが知られる。これを「河東からの穀物輸送なら、関中からのそれと同様である」――つまり実際には「河東」は「関中」ではない――という「広関」以前の事例[46]と比較してみるならば、両者の相違は明らかであろう。まさに「広関」とは「関中の拡大」であったのである。[47]

しかしながら、このようにして成立した新「関中」が、かつての旧「関中」の如き地位や重要性をもつ存在でなかったことは、ここで強調しておかなければならない。「広関」以後の、地域を限定しての政策や制度について通観してみても、この新「関中」が特別扱いされている事例はほとんど確認されないのに対して、[48]旧「関中」（狭義の）＝「三輔」を対象としたそれは、租税や徭役、[49]官吏の登用・人事、[50]儀礼[51]などの、いずれにおいても依然として圧倒的に大きな比重を占めているのである。「強幹弱枝」を目的に、「東方」・「関東」の富人・有力者を強制的に「関中」に移住させる「帝陵徙民」政策において、太原・上党・河東など新「関中」に編入された地域からも徙遷者が見られることは、[52]これら「新規加入」の地域が結局は「支配する側の地域」には加われていないことを端的に示したものであるといえよう。かつての「本土」が相対化して郡国体制の中に包含されるようになったとはいえ、統一国家体制の中で旧「関中」地域が依然として特殊で重要な地位を占め続けていることに変わりはなかったのであり、その意味でこの「新関中の成立」も、その機能や権限のごく一部が分与されたものに過ぎなかったのである。

そしてこのように考えてくるならば、前節にて検討を保留しておいた平準書の記事における「広関」と「置左右輔」との関係も、自ずと明らかとなるであろう。すなわち「広関」によって旧「関中」と他の地域とを隔てていた関所の

「境界」が無くなってしまったわけであるが、（狭義の）旧「関中」＝「三輔」の地域が依然としてかくの如き重要性を持つ地域であり続けたとするならば、現実問題として、この地域が周囲に対して一気に開放されたとは考えにくいのであり、その意味で「関所の機能をもつ」三輔都尉の「出現」——正確には左・右輔都尉への関所機能の付与——は、その周囲を固めていた「境界」の消滅に伴う代替え措置であったと理解されるのである(53)。

ここで、あらためて「三輔都尉」の問題についてふり返ってみるならば、そもそも中尉が中央軍の一部を統率すると同時に、三輔都尉を統率して関中全域の防衛にも当たるという体制は、軍事面でのこの地域の特殊な位置づけを示すものであり、おそらくは「（秦の）初期領域」、「内史の地」が戦国秦以来の「本土」としての性格を濃厚に残しつつ他の地域に対峙するような、統一国家体制に照応するものであったと思われる。あるいはそれは、ここまでにも見てきたような「中央諸官府が分担してこの地域（の属県）を統轄する体制」とも対応するものであるかもしれない。それが武帝期には、この三輔都尉が三輔各郡の下に「移管」され、中央軍とは一応分化して一般郡における都尉の如き存在となっているのであり、こうした「移管」の点より見るならば、「（秦の）初期領域」、「内史の地」の国制上の位置づけがこの時期「本土から一般の郡へ」と変化している——とする前章までの論点がここでも確認されるであろう。一方、「関所の機能」という点からすれば、以上に見てきたように、それはむしろこの地域と他の地域との「差異」を強調するものであったといえる。このように、「移管」と「関所の機能」とでは、互いに相反するかのような側面がそれぞれ強調されているわけではあるが、「三輔都尉」の問題がもつこうした「二面性」それ自体が、実は本節で見てきた「広関」以後の統一国家体制——すなわち「相対化しつつも、なお三輔の地域が特殊な地位を占めている」ような統一国家体制——のあり方をそのまま反映しているのである。そこで以下次節では、これに関連してさらに「司隷校尉部」の問題について取りあげることとしたい。

第四節　司隷校尉部の出現

『漢書』巻十九百官公卿表上・監御史条には、

秦官、掌監郡。漢省、丞相遣史分剌州、不常置。武帝元封五年初置部剌史、掌奉詔條察州。秩六百石、員十三人。成帝綏和元年更名牧、秩二千石。哀帝建平二年復爲剌史、元壽二年復爲牧。（秦代以来の官職で、郡の監察を担当する。漢代には廃止され、丞相が史を派遣してそれぞれ州を督察させたが、常制ではなかった。武帝の元封五（前一〇六）年に初めて「部剌史」を設置し、詔書に規定する箇条に従って州を監察することを担当させた。秩は六百石で定員は十三人である。成帝の綏和元（前八）年に「牧」と改称し、秩も二千石とした。哀帝の建平二（前五）年に「剌史」に戻ったが、元壽二（前一）年にはまた「牧」とされている）

とあり、武帝期以来、部剌史が「州」すなわち複数の郡からなる監察地域を管轄するような体制のとられていたことが知られる。それでは旧「関中」（狭義）の三輔などの地域は、そこではどのように区分されていたのであろうか。

この点については、同・司隷校尉条の

周官、武帝征和四年初置。持節、從中都官徒千二百人、捕巫蠱、督大姦猾。後罷其兵、察三輔・三河・弘農。元帝初元四年去節。成帝元延四年省。綏和二年、哀帝復置、但爲司隷。冠進賢冠、屬大司空、比司直。（周代以来の官職で、〔漢代では？〕武帝の征和四（前八九）年に初めて設置されている。節を持ち、中都官の徒千二百人を従えて、巫蠱を捕らえ、巨悪を取り締まった。後にその配下の兵を廃止し、三輔・三河・弘農の各郡を督察するようになっている。元帝初元四（前四五）年に節を取り上げられ、成帝の元延四（前九）年には官そのものが廃止

された。綏和二（前七）年、哀帝により復活したが、名称は「司隷」となる。進賢冠をかぶり、大司空に属し、
司直に準じる）

という記事よりすれば、「部刺史」の州とは別に、河南・河東・河内郡の「三河」および弘農郡とともに「司隷校尉」の管轄下にあったということになるであろう。このような「三輔・三河・弘農」の諸郡より成り、他と区別されるような特殊な監察地域の存在は、本章での考察においてきわめて興味深い問題なのではあるが、しかし百官表の記事からも明らかな通り、司隷校尉の設置は部刺史のそれより十七年も遅く、しかもそれがこの地域を管轄するようになるのは更にそれより後とされていることから、「司隷校尉によるこの地域の管轄」が前漢時代から存在したかどうか、それを疑問視する見方も出されている。

ここで、この問題に関連する史料について確認しておくと、まず『漢書』巻七昭帝紀始元元（前八六）年条に、

有司請河内屬冀州、河東屬幷州。（有司が河内郡を冀州に、河東郡を幷州にそれぞれ所属させるよう言上した）

とある。ちなみにこの後も、河内・河東の二郡は引き続き「この地域」に留まっており、この上言は裁可されなかったか、あるいは一時的な措置に過ぎなかったものと見てよいであろう。(54) 次に、同・巻一〇成帝紀鴻嘉元（前二〇）年春二月詔では、

方春生長時、臨遣諫大夫理等擧三輔・三河・弘農冤獄。公卿大夫・部刺史明申敕守・相、稱朕意焉。（春、万物が生育するこの時にあたって、親しく諫大夫の理などに命じて三輔・三河・弘農郡の冤罪の再審理に当たらせた。公卿大夫・部刺史は、太守・相をしかと戒めて、朕の意に副うようにせよ）

とあり、一般の郡（・国）には部刺史を経由して通達されているのに対して、この「三輔・三河・弘農」の地域には、部刺史に相当する司隷校尉を通すことなく、直接それぞれの郡に使者が派遣されているのである。最後に、同・巻二

九溝洫志に、哀帝初期（前六、五年ごろ）のこととして、水利技術者を求めるべく

部刺史、三輔・三河・弘農太守擧吏民能者。（部刺史と三輔・三河・弘農郡の太守に、役人や人民の中から能力のある者を推挙させた）

ことを伝えているが、ここでも同様のことを指摘することができるであろう。

これらの記事について顧頡剛氏は、（一）もし当時、司隷校尉が河内・河東郡を管轄していたとしたら、「昭帝紀」に見られるような奏請がなされたはずはないこと、（二）「成帝紀」の記事において、三輔・三河・弘農各郡の冤罪の再審理が、司隷校尉ではなく、使者を派遣して行われていること、そして（三）「溝洫志」の記事でも、三輔・三河・弘農にはそれを一括する名称も官員もなく、ただこの「七太守」が各州の部刺史と対置されているのみであること──などから、前漢時代、これらの地域は未だ司隷校尉の管轄下には置かれていなかった、としたのであった。(55)これに対して厳耕望氏は、（一）の「昭帝紀」始元元年条の記事は、司隷校尉の設置からわずか三年後の時点でのものであり、百官表・司隷校尉条にいう「後にその配下の兵を廃止し、三輔・三河・弘農の各郡を督察するようになった」のよりは以前のことであった可能性が高いこと、（三）の「溝洫志」での記事は、そこに関連して出てくる「丞相孔光」と「大司空何武」の任期から、綏和二年三月から九月の間のことであったと考えられ、これはまさに司隷校尉が一時廃止されていた時期にあたること、そして（二）の成帝紀の記事は、少なくともこの時点までは司隷校尉がこの地域を管轄していなかったことをあるいは示すものであるかもしれないが、前漢のそれ以後の時期に管轄するようになった可能性も考えられ、また中央官の派遣による冤罪の再審理は必ずしも刺史や太守の存在とは矛盾しないこと──などの点を指摘して顧氏の説に反論を加え、前漢末年には司隷校尉が三輔・三河・弘農を管轄していたと主張している。(56)

このように、前漢期における司隷校尉の「三輔・三河・弘農」管轄については見解が分かれているわけであるが、百官表にもあるように、（一）司隷校尉が「三輔・三河・弘農を察す」るようになるのは、部刺史の設置、さらには司隷校尉自身の設置よりもずっと後であること、（二）司隷校尉が、途中で廃止されたり復活したりしているような存在であること、また、（三）「溝洫志」のみならず「成帝紀」においても、各州の「部刺史」に対置されているのは、「三輔・三河・弘農」の各郡であって「司隷校尉」ではないこと、（四）司隷校尉の活動の大部分が中央官に対する弾劾であること[57]——などの諸点よりすれば、前漢時代、かりに司隷校尉が管轄地を有していたとしても、郡刺史とは異なり、そこでの役割・重要性はさほど大きなものではなかったと考えられる。しかも前漢時代、司隷校尉による管轄が行われなかったのであれば勿論のこと、かりにある一時期——前掲の諸記事から見て、それが長い期間であったとは考えがたい——管轄が行われていたとしても、それ以外の期間においては、この地域は監察区分上、部刺史が設置されている他の諸地域に囲まれた「特殊な空白地域」であったわけであり、むしろこうした状態での監察体制こそが問題とされねばならぬであろう。そしてここまでに見てきたいくつかの事例や、『史記』巻一〇四田仁列伝での「三河刺擧」の例[58]などから、それは中央から直接それぞれの郡に使者を派遣して、監察に当たらせるような体制であったものと思われる。こうした体制にある「三輔・三河・弘農」地域（以下、「司隷校尉部」[59]）が、これら地方監察制度の面において、刺史が介在するような他の地域に比べてより強力な中央の統制下にあることは、ここにあらためて指摘するまでもないであろう。

ここで注目されるのは、部刺史による監察体制が成立する以前の、前漢前半期における地方監察制度である。紙屋氏の研究によれば、それは中央から御史（や丞相史）を派遣するものであり、一般にそれは緊急時か数年に一回の割合で行われていたが、内史郡（本章でいう「内史の地」）への監察は毎年行われていたのであった[60]。すなわち当時の地

図2　司隷校尉部

方監察制度においては、「内史地区」が中央の強い統制下にある特殊な地域であったといえるのであり、その意味で、ここまでに見てきた「司隷校尉部の出現」とは、「内史の地」に限られていたこのような「特殊な地域」が――そのあり方はいささか異なるものの――三河・弘農を加えた地域へと拡大したものであると理解することができるのである。

図2は、このような司隷校尉部を構成する諸郡の配置について示したものであるが、前掲**図1**に見られるような地形を参照すれば、それは「渭水盆地から東の丘陵山地帯を越えて東方平野部の一部にまで及ぶ地域」に相当するといえるであろう。当然のことながらそれは、前節にて見てきた「太行山脈を境とする新関中」とは明らかに異なった地域なのであり、ここにおいてわれわれは、「関中の拡大」とはまた別の、前漢後半期における統一国家体制の新たな展開を見出だすことができるのである。

ちなみにこの司隷校尉部を構成する地域のうち、旧「関中」（狭義）の三輔以外の諸郡についても、たとえば

「河東は吾が股肱の郡」[61]、「河南は天下の喉咽」[62]などその重要性を強調する例が見えており、とくに三河については、前漢末の哀帝期、一旦は河内太守に任命された劉歆が「宗室は宜しく三河を典《つかさど》るべからず」という理由で五原太守に移されている例[63]、あるいは『漢書』巻九元帝紀建昭二（前三七）年三月条の

益三河〔大〕郡太守秩。戸十二萬爲大郡。（三河・大郡の太守の秩を増やす。十二万戸以上の郡を大郡とする）

と三河がそのままで「大郡」と並列されるような事例などからも明らかなように、当時（とくに前漢後半期）の統一国家体制の中で特別な扱いを受けることがある地域であったのであり、その意味で、これまでに見てきた三輔とともに、これらの地域が加わって構成される「司隷校尉部」とは、単なる「監察区分」という以上の意味をもつ地域であったことがうかがわれるであろう。

さて、新旧「関中」などの地域と比較した場合、この司隷校尉部の中でもとくに注目されるのは、何といってもその東方平野部に突出した部分である。そして先にも述べたように、渭水盆地と東方平野部とを結ぶ交通路として当時最も重要であったのは黄河南岸を通るルートの方であったわけであり、また実際に「昭帝紀」の記事において、このうち黄河北岸の河内・河東の二郡を他の州に移管するような奏請のなされていたことからすれば、その部分の中でもとくに重要な意味をもっていたのは、黄河南岸、河南郡の洛陽周辺の地域であったと考えられる。そこで以下、この洛陽周辺の地域に注目し、そこから当時の統一国家体制における司隷校尉部の位置づけについて見てゆくこととしたい。

図3は、洛陽周辺の地形を簡単に示したものである。そこに見られるように、東方平野部は黄河南岸において西の丘陵山地帯に深く入り込んでいるのであり、その部分に位置する洛陽が、渭水盆地と東方平野部とを結ぶ交通線上の要地としていかに重要な意味を有していたかは想像に難くない。洛陽から本格的に東の平野部へ進出するためには、

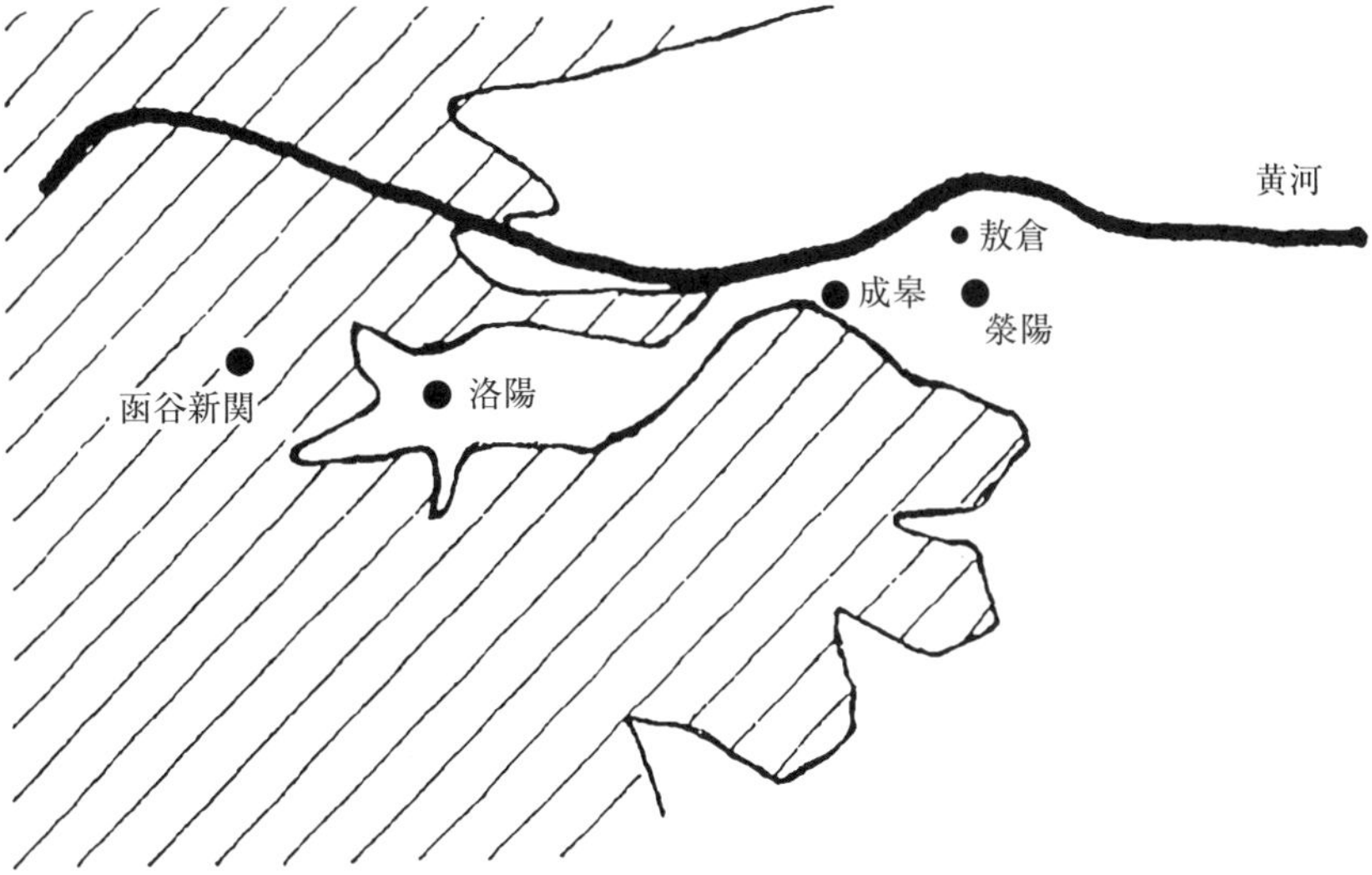

図３　洛陽周辺

さらに成皐の陸路を通らねばならず、そこを抜け出た先、すなわち平野の本体部分の出入に当たる所にあるのが滎陽である。当時、洛陽には国家の武器貯蔵庫である武庫が、そしてこの滎陽の近くには大穀物倉庫である敖倉がそれぞれ設置されていた。別稿にてふれたように、東方諸地域からの穀物を集中して貯蔵していたのがこの敖倉であったのである。(64)『史記』巻六〇三王世家の褚少孫補の部分には、武帝の皇子である斉王閎の封建をめぐる事情について、

> 王夫人日「願置之雒陽」武帝曰「雒陽有武庫・敖倉、天下衝阸、漢國之大都也。先帝以来、無子王於雒陽者。去雒陽、餘盡可。」〔閎の生母の〕王夫人「あの子を洛陽に王としてやっていただけませんでしょうか」武帝「洛陽は武庫や敖倉などがあって、天下の要衝、国家の重要な都市であるので、代々、皇子で洛陽の王に封じられた例はない。この洛陽以外の地であれば、どこの王にしても構わないから〔これだけは諦めるように〕。」）

という挿話(65)を伝えているが、これなどは、こうした洛陽周辺地域のもつ重要性を端的に物語るものであると同時に、それ

が——そこには決して諸侯王国を置かない慣例であったことなど——当時の国家体制において特別な重要地域として扱われていたことを示すものでもあるといえよう。

このような洛陽一帯は、当然のことながら、軍事的にも大きな重要性をもつ地域であった。楚漢戦争期に滎陽周辺が両軍の激しい争奪の場となったことはあまりにも有名であるが、前漢統一国家においても、済北王の反乱(66)や呉楚七国の乱(67)、あるいは淮南王の反乱計画(68)など東方からの反乱軍にとっては、いずれもこの地域の奪取・制圧が重要な戦略目標とされていたのであり、一方、漢の中央政府の側も

高祖死去	灌嬰が滎陽に駐屯	『史記』巻八高祖本紀ほか
呂后没時の斉王の挙兵	灌嬰が滎陽に駐屯	『史記』巻九呂太后本紀
済北王の反乱	繒賀が滎陽に駐屯	『史記』巻一〇孝文本紀ほか
呉楚七国の乱	竇嬰が滎陽に駐屯	『史記』巻一〇六呉王濞列伝ほか
新末の東方の反乱	陽浚が敖倉、王尋が洛陽に駐屯	『漢書』巻九九王莽伝下

の如く、有事の際にはこの地域、とくに滎陽を反乱鎮圧のための拠点としていたのである。そして黥布の反乱に際しての「反乱軍が敖倉をおさえ、成皋の交通を杜絶するなどしてしまうならば、戦局の帰趨は予断を許さなくなる」(69)、あるいは呉楚七国の反乱についての「漢の鎮圧軍に成皋を易々と通らせてしまったのが敗因である」(70)といった分析、また「成皋の交通を杜絶するなどしてしまえば、漢の側は洛陽に押し込められてしまうであろう」という淮南王の反乱計画(71)、などの諸例からも明らかなように、そこでは西方からの反乱鎮圧軍が成皋の隘路を通過することができるかどうか——言い換えれば、その東に広がる平野部に進入・展開することができるかどうか——が戦局を左右する重大な分かれ目であるとされていたことがうかがわれよう。それゆえにこそ、呉楚七国の反乱を鎮圧するにあたって周亜

父が「滎陽に拠りさえすれば、それより東《さき》は心配無用(72)」と豪語したように、そして前掲の実際例にも見られるように、成皋の東に位置する滎陽が、東方の反乱鎮圧の重要な拠点となっていたのである。渭水盆地一帯の「内史地区」や三輔を基盤とする前漢統一国家にしてみれば、それはまさに東方平野部の諸地域を制圧する上での「橋頭堡」の役割を果たす存在なのであった。

以上のように見てくるならば、前漢統一国家にとって東方平野部への出入り口にあたる洛陽周辺は、東方の諸地域を制圧し支配してゆく上での重要な足がかりとなる地域であったと考えられる。したがって、ここまでに見てきた「司隷校尉部」の出現も――監察などの面に限られるが――それまで「内史の地」や三輔に限られていた「特殊な地域」を拡大して、この洛陽周辺の地域を直接掌握することにより、東方諸地域に対する前漢統一国家の支配・統制をより強化するものであったと理解することができるであろう。それは東方諸地域を制圧するためのものであるという点で、「東方に対する防衛線」としての性格をもつ新「関中」とは対照的な存在ではあったが、この「関中の拡大」、「司隷校尉部の出現」のいずれも、(一)〔「監察」や「防衛」など特定の分野に限定はされるものの〕統一国家の基盤となる「特殊な地域」が〔「内史の地」や〕三輔の枠を越えて拡大したものであること、(二)統一支配の浸透・成熟を背景としながら、同時にそれをさらに強化・促進するものであること、などの点で共通する事柄なのであり、そこに前漢後半期における統一国家体制の新たな展開のあり方を見出だすことができるのである。

第五節　終節

以上、本章では、前漢後半期を対象に、制度の上に反映された統一支配の「地域性」に注目して検討を加えてきた。

まず、当時の統一国家の基盤となる（「内史の地」や）三輔の軍事責任者である「三輔都尉」の問題を通じて、この地域の制度的な位置づけ・性格が「本土から一般の郡へ」転化する、という前章での論点を再確認した。さらに、関所によって構成される対東方防衛ラインが（従来の、渭水盆地との境から）東方平野部との境にまで移動した武帝期の「広関」の検討より、（一）これによって渭水盆地の範囲を大きく越えて拡大した新「関中」が出現したが、それは統一支配の強化・展開を意味するものであったこと、（二）しかしその反面——関所の機能を有する三輔尉の（狭義の旧「関中」に相当する）三輔への設置、あるいは実際の政策運営のあり方などから——この三輔の地域は国制上、依然として一定の特殊な位置を占める存在であったこと、を指摘した。一方、三輔に加えて弘農・三河を管轄地域とする、これもやはり武帝期に出現した監察単位である「司隷校尉部」の問題については、渭水盆地から見て東方平野部への出入り口にあたる洛陽周辺地域の国制上の位置づけをめぐる検討から、それは前漢統一国家にとって、東方平野部の諸地域を制圧する上で重要な意味をもつ存在であったと考えられる。ちなみに、これら新「関中」や「司隷校尉部」に相当するものは、軍事・戦略面に限っていえば、すでに楚漢戦争期にその存在が認められるのではあるが、(73) 統一国家体制において、（狭義の）旧「関中」の基盤を越えるそれが制度の上にまで反映されるようになるには、これだけの時間が必要とされたのである。

さて、冒頭に述べたように、前漢後半期には全領域が郡国制のもとに一元的に編成される体制が成立したわけであるが、それによっても、かの広大な領域に対する均質均等な支配が出現したわけではなかった。以上に見てきた如く、そこでは相対化しつつもなお統一国家の基盤として特殊な地位を占める三輔地域を中心に、その東方への外延に（その機能の一部をそれぞれ分与された）新「関中」や「司隷校尉部」、さらにその外に一般郡国が位置するような「地域的層位性」が形成されており、この三輔を基盤としつつ、新「関中」を防衛ラインとしてのいわば「盾」、「司隷校尉部」

を東方制圧のための「矛」として、東方平野部を中心とする他の諸地域を牽制・統御する形で、より強力にその統一支配が推持・展開されていったのである。これこそが前漢後半期における統一国家体制なのであり、そして戦国時代以来進行してきた領域形成の流れの、一つの到達点なのであった[74]。

注

（1）鎌田重雄一九四七参照。
（2）濱口重国一九四〇、一九三九参照。
（3）三輔都尉については、前注（1）掲、鎌田氏論文などに簡単な言及がある。
（4）銭大昭『漢書辨疑』巻九参照。王先謙『漢書補注』同条に反論がなされている。
（5）『漢書』巻一九百官公卿表下に「(元封六年）右輔都尉王温舒行中尉事」とあるが、同じことを『史記』巻一二二酷吏・王温舒列伝では「復爲右輔、行中尉事」としている。
（6）鎌田重雄一九三九参照。
（7）施思勉一九六一、二二頁参照。
（8）山田勝芳一九八四参照。なお山田氏は、左右輔都尉の移管と京輔部尉の新設後も、三輔都尉所管の兵卒は執金吾（中尉を改名）に属していた、とされる。
（9）安作璋・熊鉄基一九八四、二二一—三頁。
（10）なお同書では、『封泥攷略』巻一で「廣左都尉」をもって「広関」後の「左輔都尉」に当てる説を紹介しているが、これはむしろ長安の「廣部尉」二員のうちの一方を指したものではないかと思われる。「廣部尉」については濱口重國一九三五に言及がある。
（11）『史記』、『漢書』の酷吏列伝をはじめとする関中地域取締まりの事例を通観してみるならば、武帝以前には郅都、寧成、尹斉、王温舒など中尉が活躍している。ところが武帝期の王温舒を最後に、以後は主として趙廣漢、尹翁帰、張敞、王尊（以上、いずれも『漢書』巻七六）など三輔の長官が担当するようになっており、それに対して中尉の後身である執金吾の活動は、尹賞（同前）を唯一の例外とするほか、ほとんど確認されなくなっている。

(12) この時代の他官兼任のあり方については大庭脩一九五七年参照。

(13) 前注（1）掲、鎌田氏論文参照。

(14) 右輔都尉王温舒が中尉を兼任していた時期は、『史記』巻一二二酷吏・王温舒列伝や『漢書』百官表などから、元封六（前一〇五）年から翌太初元年にかけてであったと考えられ、元鼎四年以後のことに属する。このことが、右輔郁尉の移管が実は元鼎四年以後であったことを示すものであるのか、あるいはかつて中尉を二度経験し、「中尉になると不思議に能力を発揮」（本伝）したとされる王温舒の個人的な特例にすぎなかったのかは明らかではない。

(15) このように考えた場合、百官表・中尉条に京輔都尉がその属官として挙げられていることは問題となるであろう。これが山田氏の指摘されるような兵卒の所属の問題によるものであるのか、あるいは他に何か理由が考えられるのかについては現在のところ明らかではなく、これまた問題を保留しておくこととしたい。

(16) 渭水盆地と東方平野部との間の交通ルートについては、譚宗義一九六七、第三章の四、胡徳経一九八六など参照。

(17) 函谷関の歴史地理的な役割や現地調査については史念海一九八四、秋元悦子一九九〇、あるいは関治中一九九八、洛陽市第二文物工作隊二〇〇〇、塩沢裕仁二〇一六など参照。

(18) 「其令扜關・鄖關・武關・函谷・臨晉關、及諸其塞之河津、禁毋出黄金。」（第四九二簡）。津関令をめぐっては楊建二〇一〇、扜関などについては、荘卓燐二〇一九など参照。

(19) 第一章注（3）参照。

(20) 紙屋正和一九七八 a 参照。

(21) 邢義田一九八三参照。

(22) 辛徳勇二〇〇八参照。

(23) このうち渭水盆地と東南の南陽平野部とを結ぶ武関は、すでにそれ以前より東方平野部側との境に立地するものであった。臨晋・函谷関と異なり、武関のみが早くから「山の向こう側」に置かれていた背景には、戦国秦が東方に進出してゆく過程における、それぞれの個別具体的な諸条件があったものと思われるが、しかし、このことによって武関は「広関」後も新たな「境界」を形成する関所として機能し続けていく。武関については、王昌富一九八九などがある。

(24) 『漢書』巻六武帝紀天漢二（前九九）年冬十一月条に「詔關都尉曰、今豪傑多遠交、依東方羣盜。其謹察出入者」とある。

(25) 紙屋正和一九七八a参照。

(26) 同表・長脩侯の欄に「元封四年、侯相夫坐爲太常與楽令無可當鄭舞人擅繇不如令、闌出函谷關、國除」とある。なお『漢書』巻十六ではこれを「元封三年」のこととする。

(27) 『史記』巻五一荊燕世家に「琅邪王乃與田生之國。田生勸（琅邪王）澤急行、毋留。出關、太后果使人追止之、已出、即還」とある。

(28) 『史記』巻五八梁孝王世家に「梁孝王入朝。景帝使使持節乘輿駟馬、迎梁王於關下」とある。

(29) 『漢書』巻七六張敞伝に「敞弟武拜爲梁相。是時梁王驕貴、民多豪彊、號爲難治。敞問武『欲何以治梁。』武敬憚兄、謙不肯言。敞使吏送至關、戒吏自問武……」とある。

(30) 『漢書』巻七四魏相伝に「後人有告相賊殺不辜、事下有司。……河南老弱萬餘人守關欲入上書」とある。

(31) 『漢書』巻七七何並伝に「（並）勅曰『……鐘威所犯多在赦前、驅使入函谷關、勿令汙民間、不入關、乃收之……』鐘威負其兄、止雒陽、吏格殺之」とある。

(32) 『史記』巻三〇平準書、『漢書』巻六武帝紀元狩四年条。

(33) 『漢書』巻七一于定国伝。

(34) 『漢書』巻二六天文志。

(35) 前出『漢書』巻一〇成帝紀陽朔二年条。

(36) 『漢書』成帝紀、鴻嘉四年詔。

（37）『漢書』巻八五谷永伝。

（38）『漢書』巻二四食貨志上。

（39）紙屋正和一九七八ａでは、これをもって前漢時代、「畿内」には諸侯王国を置かない原則であった、とされる。

（40）『漢書』巻四〇周亜父伝に「（趙）渉曰『呉王素富、懐輯死士久矣。此知将軍且行、必置間人於殽黽阨陿之間。……』太尉如其計。至雒陽、使吏捜殽黽間、果得呉伏兵」とある。

（41）『史記』巻一七漢興以来諸侯王年表の代国・元鼎三年の欄に「徙清河、爲太原郡」とある。

（42）弘農郡の成立については周振鶴一九八七、一三二頁参照。なお、服部克彦一九六八に概観がなされている。

（43）なお、このほかに元鼎三年には、「関中」西隣の北地・隴西郡を割いてそれぞれ安定・天水郡が設置されているが、これが「広関」に伴う措置であるかは明らかではない。

（44）『史記』巻三〇平準書に「其明年（元鼎四年）、天子始巡郡國」、巻二八封禅書に「是歳（元鼎四年）、天子始巡郡縣、侵尋於泰山矣」とある。後者にもあるように、この巡幸はさらに泰山封禅へとつながってゆくのである。本書第三部第三章参照。

（45）原文は「（大司農中丞耿壽昌）五鳳中奏言『故事、歳漕關東穀四百萬斛以給京師、用卒六萬人。宜糴三輔・弘農・河東・上黨・太原郡穀足供京師、可以省関東漕卒過半』……御史大夫蕭望之奏言『……今壽昌欲近糴漕關内之穀……』」。

（46）『史記』巻二九河渠書に武帝期、河東太守番係が河東郡で灌漑を行い、その穀物を都に漕運すべきことを上言した中に「穀従渭上、與關中無異」とある。

（47）「広関」以後の「関所の内側の地域」を示す語としては、前注（45）掲、『漢書』食貨志の例のほか、『鹽鐵論』での「請且罷郡国榷沽、關内鐵官」（取下）、「關内暴徒、保人阻險」（大論）などの例から、公的にはもっぱら「關内」の語が多く用いられていたようであるが、この語はそれ以前には「関中」の同義語（たとえば『史記』巻八高祖本紀二年条に「關内卒」の語が見えるが、これはこの時期頻出している「関中卒」の同義語とみてよいであろう）としても使われており、この点での用語の混乱を避ける意味で、ここでは以後、新「関中」の語でもって旧「関中」と区別することとする。

（48）こうした数少ない例としては、前注（47）掲の『鹽鐵論』取下の例など。

(49) たとえば『漢書』巻七昭帝紀元鳳二（前七九）年六月詔に「三輔・太常郡得以叔粟當賦」、巻一〇成帝紀建始二（前三一）年春正月辛巳詔に「三輔長無共張繇役之勞」など。なお、太常郡の問題については、前注（42）掲、周振鶴一九八七、一三二―四頁参照。

(50) たとえば『漢書』巻八九循吏・黄覇伝如淳注「三輔郡得仕用它郡人、而卒史獨二百石」、巻七六張敞伝「吏追捕有功效者、願得壹切比三輔尤異」など。

(51) たとえば『続漢書』巻四禮義志上・耕所引漢舊儀「春始東耕於藉田……大賜三輔二百里孝悌・力田・三老帛」など。このほかにも、三輔が郡国とは区別されて対比されている例は、『漢書』巻七二鮑宣伝「龔勝爲司直、郡國皆愼選擧、三輔委輸官不敢爲姦、可大委任也」などが見られる。

(52) 鶴間和幸一九八〇参照。

(53) 平準書の「廣関」と「置左右輔」との関係について、加藤繁訳注『史記平準書・漢書食貨志』（岩波文庫、一九四二年）同条では、「関内の地が広くなったため、二輔都尉などを置いて、左馮翊・右扶風の事務を助けた」とする。しかし、三輔の範囲自体は、弘農郡の成立によってむしろ――少しではあるが――狭くなっている。

(54) 『漢書補注』同条に引く沈欽韓も「是年改屬冀・幷、權制也」としている。

(55) 顧頡剛一九三五参照。

(56) 厳耕望一九六一、第九章・監察（四）司隷特制、参照。なお、藤岡喜久男一九五七では、前四五年の司隷校尉の「去節」をもって、それが三輔・三河・弘農を部するようになった契機である、とする。

(57) 司隷校尉の活動の具体例については、前掲の諸研究のほかに、安作璋・熊鉄基一九八五、第二編第一章第一節、および楊鴻年一九八五年などが参考になる。また、司隷校尉に関する研究としては、ほかに冨田健之一九八四、許樹安一九八〇などがある。

(58) 同列伝に「爲二千石丞相長史、失官。其後使刺擧三河」とあり、同列伝中の褚少孫補にはやや詳細な記述もある。なお、田仁の「三河刺擧」の年代については、紙屋正和一九七四aに、関係者の在任期間から、それを天漢三（前九八）年から太始三（前九四）年の間のこととしている。すなわち、部刺史はすでに設置されているが、まだ司隷校尉は置かれていない時期にあたる。

(59) 以上に見てきたように、前漢時代、司隷校尉によるこの地域の管轄の有無については問題があるわけではあるが、他に適当な名称のないことから、以下本章では、この地域を一括して示す呼称として「司隷校尉部」の語を便宜的に用いることとする。

(60) 紙屋正和一九七四 a参照。

(61) 『史記』巻一〇〇季布列伝。

(62) 『漢書』巻九〇酷吏・嚴延年伝。

(63) 『漢書』巻三六劉歆伝。

(64) 大櫛敦弘一九九〇参照。

(65) 『史記』巻一二六滑稽列伝褚少孫補にも、若干の異同はあるものの、ほぼ同じ記事が見えている。

(66) 『史記』巻一〇孝文本紀三（前一七七）年六月条に「(濟北王興居) 乃反、發兵欲襲滎陽」とある。

(67) 『史記』巻一〇六呉王濞列伝には、呉王の計画として「略函谷關、守滎陽敖倉之粟、距漢兵」などとあり、また部下の桓将軍の献策として「疾西據雒陽武庫、食敖倉粟、阻山河之險以令諸侯、雖毋入關、天下固已定矣」とある。

(68) 『史記』巻一一八淮南王列伝に「今我令樓緩先要成皋之口、周被下潁川兵塞轘轅・伊闕之道、陳定發南陽兵守武關。河南太守獨有雒陽耳、何足憂。然此北尚有臨晉關・河東・上黨與河内・趙國。人言曰『絶成皋之口、天下不通』。據三川之險、招山東之兵、舉事如此」とある。

(69) 『史記』巻九一黥布列伝に、薛公の言として「東取呉、西取楚、幷韓取魏、據敖庾之粟、塞成皋之口、勝敗之數未可知也」とある。

(70) 『史記』淮南王列伝に、淮南王の言として「呉何知反、漢將一日過成皋者四十餘人」とある。

(71) 前注（68）掲、『史記』淮南王列伝参照。

（72）『史記』呉王濞列伝に「吾據滎陽、以東無足憂者」とある。

（73）『史記』巻九七酈生列伝には、劉邦が楚軍に滎陽を奪われたため、成皋以東を放棄して、鞏・洛に防衛線を置こうとしたのに対して、酈食其が、滎陽の敖倉を奪回し、成皋・大行・蜚狐・白馬津をおさえて防衛線とすることを進言、それが実行に移されたことを伝えているが、ここで示されている範囲は、およそ新「関中」と「司隷校尉部」とを合わせた地域に相当する。『漢書』巻一〇〇敍伝下では、「塞隘杜津、王基以張」と酈食其の功績として特にこの点を挙げているのであり、東方と対峙する上でこの体制が有効なものであったことを物語っている。なお、『史記』巻八高祖本紀二年三月条の項羽討伐を呼び掛けた一節に「悉發關内兵、收三河士、南浮江漢以下、願從諸侯王撃楚之殺義帝者」とあり、直接の軍事基盤として「關内」と「三河」が挙げられているが、これはおよそ「司隷校尉部」に相当する地域である。

ちなみに出土の遺物の面からは、鉄器の銘文の中で（監督官庁などの）地名を記したもののうち、「県名」を冠したものと「郡国名」を冠したものとがあり、前者は「関中もしくは中原西部の関中寄りの郡県と楚国」にみられ、後者はそれ以外の地域を中心としていることが指摘されており（潮見浩一九八二、一九五頁）、本章での考察にとって興味深い指摘であるといえる。

（74）前漢後半期には「内郡と辺郡」、「大郡と一般の郡」といった、本章で見てきたような地域区分とは別な次元からのそれも頻見するようになるが、このこと――とくに後者――は統一性の増大を反映したものと見なすことができるであろう。「内郡と辺郡」については、本章のもととなった旧稿発表後に高村武幸二〇〇〇、二〇一七、飯田祥子二〇〇四、渡邊信一郎二〇一〇、第五章漢代の財政と帝国編成、などの研究がある。

なお、新代には、四関将軍（『漢書』巻九九王莽伝中始建国元（後九）年冬条）や六尉・六隊郡（同、天鳳元（後一四）年四月条）の制度が設けられている。後者は、三輔地区の六尉郡と河東・河内・弘農・河南・潁川・南陽郡の六隊郡から成るものであるが、かつての司隷校尉部を構成する諸郡に加えて、潁川・南陽の二郡が見られることは――それが「六」という数字にあわせるためのものであるとしても――当時におけるこの地域の発展に対応したものとして注目される。

補記

崔在容一九九六（中文）では広関、弘農郡の設置、三河・弘農郡などの「准京畿地区」の特殊な地位について論ずるほかに、三輔の「京畿地区」への優待政策や王侯封建との関連についても説き及ぶ。

胡方二〇一五では武帝期の広関について、対匈奴戦での馬匹の損耗を受けて、馬産地である太原、河東などを関内に組み込もうとしたとの側面を指摘する。またとくに函谷関の移動について、関東の諸侯王対策から対匈奴戦に政策の重心が移ったことによる洛陽の戦略的地位の変化に対応して、弘農郡の設置と合わせて洛陽の控制と関中の防衛を目的としたものであるとしており、旧関の地への郡治の設置、武関への弘農都尉の設置、華陰への京補都尉の設置などの一連の措置と配合して行われたことを論じている。

また馬孟龍二〇二四では、諸侯王国の弱体化により関外の郡が増加したことで、関中郡の比重が相対的に減少したことが「広関」につながったとする。

第四章　中国「畿内制度」の形成に関する一考察

第一節　問題のありか

中国では古くより、「王畿」や「邦畿」あるいは「封畿」などとして、首都圏一帯の政治的中心地に対して特殊な位置づけがなされてきた。こうした「畿内制度」の考え方が、中国歴代王朝はもちろんのこと、日本や朝鮮など周辺諸国にも受容され、大きな影響を及ぼすものであったことは、ここにあらためて強調するまでもないであろう。(1)

中国史上最初の本格的な統一国家である秦および前漢帝国の場合、こうした「畿内」に相当するものとしては、本書のここまでの考察においてもとりあげてきた渭水盆地一帯の（狭義の）「関中」や「内史の地」・「三輔」、あるいはその東側に同心状に展開する「新関中」や「司隷校尉部」などがあり、実際、それらを「畿内」とする史料も見えている。(2)それゆえこの時代における「畿内」の存在については自明のことであるかのようにも思われるのであるが、しかし、（一）そこで「畿内」とされているのが、あるいは渭水盆地一帯の（狭義の）「関中」や「内史」であったり、あるいは「新関中」、さらには「司隷校尉部」であったりと、その対象となる地域が史料によって一定しておらず、さらに奇妙なことには、（二）このことについて言及する史料のほとんどは、後漢の班固「両都賦」、三国の劉劭「爵制」、唐の顔師古「漢書注」など後漢期以降の、すなわち後の時代からさかのぼって説明したものばかりなのであり、肝心の同時代史料の中には、後述のいささか特殊な一例を別にして、そのような事例がほとんど認められないのである。このことは当時において、首都圏一帯の王朝の政治的中心地を「畿内」とするような考え方が、実はまだ存在していなかったことを意味するものなのではなかろうか。

これに関連して注目されるのが、『国語』や『尚書』、『周礼』などの諸文献中に見られる伝統的な畿内制度の考え方である。(3) すなわちそこでは、およそ「方千里」つまり千里四方の「王畿」なり「邦畿」を中心として、その周囲を王朝への従属や親疎の度合いに応じ、「侯服」、「賓服」、「要服」、「荒服」などの地域が同心方状に取り巻いてゆく体制が想定されているのであるが、それは基本的に、「王の国（畿内）とは区別される諸侯や異民族の国々が存在する」ことを前提とした上で相互の関係を規定するような、いわば「国際」秩序としての性格を多分に有するものなのであり、その点においてそれは、直轄領の中のさらに首都圏一帯の政治的中心地を「畿内」とするような後世の畿内制度の考え方とはいささか異質なものなのである。そしてこのような「畿内制度」の考え方が、統一以前の諸国並立の状況を反映したものであるとするならば、それは統一国家出現以後の現実には、そのままでは適合しえないものとなってしまうであろう。最初の本格的な統一国家である秦および前漢帝国における「畿内」の存在が、ここまでに見てきたようにいま一つ曖昧なものであるのは、このような事情によるものなのではなかろうか。

以上より本章では、秦および前漢期において、こうした「国際」秩序としての性格をもつ畿内制度の考え方が、どのように統一国家体制の現実に合わせて読み替えられ組み込まれていったのか、その過程なり背景について見てゆくこととする。それは取りも直さず、中国における畿内制度の形成について考えることにもつながるものであるが、同時にここまでに論じてきた統一国家体制の形成、成熟の流れのあり方とも深く関連する問題であるといえよう。そしてさらには、日本の畿内制度との関わりについてもいささか言及することとしたい。

第二節　秦・漢初における「畿内」

周知のように、中国史上最初の本格的な統一は秦によって果たされたのであるが、ここで畿内制度との関わりにおいて注目されるのが、『史記』巻六秦始皇本紀二十六年条に見える、統一直後になされた臣僚たちの上言中の次のような一節である。(4)

昔者五帝地方千里、其外侯服・夷服、諸侯或朝或否、天子不能制。今陛下興義兵、誅殘賊、平定天下。海内爲郡縣、法令由一統、自上古以来未嘗有、五帝所不及。（古は五帝の領土は千里四方でしかなく、その外側はすなわち侯服・夷服の地で、諸侯たちは入朝する者もあれば、しない者もいるという有り様で、天子はこれをどうすることもできませんでした。いま陛下は正義の兵を起こして悪人ばらをば討ち滅ぼし、天下を平定されました。天下はあまねく〔直轄領である〕郡県となり、法令も一つ所より出されております。これは上古以来いまだかつてなかったことで、五帝も及ばぬものでございましょう）

このように、ここでは畿内制度について、（一）かつては「方千里」の畿内の外側に、王の直接的な統制の及ばない諸侯国が存在していたこと、（二）しかし全領域が直轄領となった秦の統一国家体制のもとでは、このような「畿内制度」は過去の存在となったこと――といった理解が示されている。ここで（一）に言及されている「畿内制度」についての理解が、基本的に、前述したような「国際」秩序としてのそれと共通するものであることは明らかであろう。未曾有の統一を成し遂げたばかりのこの段階においては、これこそが一般的な「畿内制度」の考え方なのであった。

しかし同時にそれが、（二）にもある通り、他の諸国がことごとく滅ぼされ併呑されてしまった状況のもとでは「過去の遺制」としてとらえられていた点には、注意しておく必要があるであろう。(5)

その秦の後を継いだ前漢帝国でも、事情は基本的に同様であった。もっとも漢初にはかなり自立的傾向の強い諸侯王国も存在してはいたが、それを除外して考えてみても、漢朝中央の直轄領は「方千里」をはるかにこえる広大なものであった。(6)こうした事情を反映していると思われるのが、『史記』巻一〇孝文本紀後二年条の、匈奴との和親について述べた詔に見える次のような例である。

朕既不明、不能遠徳、是以使方外之國或不寧息。夫四荒之外不安其生、封畿之内勤勞不處、二者之咎、皆自於朕之徳薄而不能遠達也。（朕は不明にして徳を遠方にまでおし及ぼすことができず、このため「方外の国」には自得しないものもある。一体、「四荒の外」が安住できず、「封畿の内」が対応に追いまくられているのも、ひとえに朕の徳が薄くて遠くに及ぼすことのできないがためである）

ここには「封畿」の語が用いられているのであるが、それは「四荒之外」と対置されるような文脈から見て、「首都圏一帯の地域」というよりはむしろ、漢の版図全体――そこに諸侯王国が含まれるかどうかは問題であるものの――を指したものと解される。これは「畿内」の用例としては特異なものであるが、おそらくは「（諸侯や）異民族の国々と対置される直轄地としての畿内」という考え方を、前述のような当時の統一国家体制下の現実にそのまま当てはめた結果として、このような形になってしまったものであろう。したがってこのことからも、漢初における「畿内制度」の考え方もやはり、従来の「国際」秩序としてのそれに他ならないものであったことがうかがわれるのである。もっともここで「封畿」の語が用いられているのはあくまで特異な例なのであって、『新書』属遠での「いにしえは天子の領土は千里四方のみであったので、輸送や徭役の往来による負担も軽微なものであったが、秦になると貪欲にも全土を直轄領としてしまったために、広範囲での使役に民衆が苦しむこととなった。現在、漢王朝は諸侯領の向こうに飛び地として廬江を直轄領としているが、これは秦よりもさらに酷いのではないか」という議論にもうかがわれるように、当時においても「畿内制度」は、概して過去の制度として意識されていたのである。[7]

以上、秦および漢初の段階における「畿内」とは、首都圏一帯の王朝の政治的中心地のことではなく、他の諸侯や異民族の国々と対置される「直轄領」のことであったこと、しかし諸国並立の状況を前提とするこの「畿内制度」の考え方は、この時期の統一国家体制とは本質的に異なる、それゆえ「そのままではそこに位置づけようのないもの」であったために、当時においては、過去の遺制として意識される存在であったことなどを論じてきた。また、はじめにも指摘したように、この時期、後世から見れば（首都圏一帯の政治的中心地としての）「畿内」に相当するような地域（たとえば「内史地区」や狭義の「関中」など）は確かに存在しているのではあるが、しかし、それを「畿内」に当てはめて述べた用例を確認することはできなかった。かつての「国際」秩序としての「畿内制度」の考え方がすでに現実にはなじまない時代遅れのものとなっている一方で、それに代わる新たな「畿内制度」の考え方が出てくるにはまだ条件が熟してはいなかったのである。このように見てくるならば、統一国家の出現という新たな状況をうけたこの時期は、「畿内制度」の考え方の上においても、諸侯や異民族と対置される直轄領としての「畿内」が、首都圏一帯の政治的中心地としての「畿内」へと、統一国家体制の現実に合わせて読み替えられてゆく過渡期であったと位置づけることができるであろう。そこで次節以下では、この——意識が現実に追いついてゆく——過程について、具体的に見てゆくこととしたい。

第三節　翼奉の洛陽遷都論

前漢元帝のおそらくは初元三〔前四六〕年、[8]儒者で中郎の官にあった翼奉は一通の上疏を提出した。その中で彼は礼制改革の必要性を訴えた上で、「過去のいきがかりのある長安では思い切った改革は難しい」との認識のもと、次のような洛陽への遷都論を提議するのである。

臣願陛下徙都於成周、左據成皋、(左)〔右〕阻黽池、前鄉崧高、後介大河、建滎陽、扶河東、南北千里以爲關、而入敖倉。地方百里者八九、足以自娯。東厭諸侯之權、西遠羌・胡之難、陛下共己亡爲、按成周之居、兼盤庚之徳、萬歳之後、長爲高宗。[9]（臣《わたくしめ》といたしましては、陛下が成周《らくよう》に遷都あそばすことを願うものでございます。左《ひがし》は成皋、右《にし》は黽池、前《みなみ》は嵩山、後《きた》は大河を険阻と頼み、〔東の〕滎陽、〔西の〕河東を固めとし、南北は千里を限って関〔中〕として、そこでの穀物を敖倉に入れることといたします。百里四方の地《けん》が八九[10]もあれば、自ら楽しむに充分でありましょうし、東は諸侯をおさえつけ、西は羌・胡の脅威を受けずにすみましょう。〔さすれば〕陛下はただ手をこまねいておられるのみで、成周に居を定め、〔遷都を断行して殷を中興した〕盤庚と等しい功績を建てられ、後の世までも「高宗」として末永く陛下の御盛名が残ることでありましょう）

翼奉のこの遷都の建議に対しては、元帝との間に、「遷都した場合に長安に残すことになる歴代皇帝の園廟はどうするのか」という、いささか副次的ともいえる問題についての簡単なやりとりが伝えられているのみで、それ以上に具体的な取り組みのなされた形跡はない。主眼はあくまでも礼制改革なのであり、[11]さらに儒家にとって理想の聖人である周公の建設したとされる「聖地」洛陽への遷都論自体が多分に理念的なものなのであって、それが当時において有していた現実的な意義はあまり大きくなかったと見ることができるであろう。しかし一方で、こうした遷都論が当時の現実からまったく遊離して存在していたとも考えられないのであり、それゆえそこに「方千里」の地域を設定するこの遷都論は、ここでの考察において重要な意味をもつものといえるのである。

そこでこの翼奉の構想について見てみると、まず洛陽の四方を固める成皐以下の要害があり、さらにその外側を千里四方――東西の滎陽・河東間はやや短いが――の「関」のエリア、すなわち「関中」が取りまくような「回」字状の二層構造の体制が想定されている。このうち、洛陽周辺の地勢についての言及は従来の伝統的な論法を踏襲したものであり[12]、また二層構造の体制自体は、首都圏である三輔（狭義の旧「関中」）の東側に防衛ラインである「新関中」が展開するという、前章にも述べたような当時における現実の統一国家体制が反映されたものであることからするならば、ここでの独自な要素として注目されるのは、外側の「千里四方」の関中ということになるであろう。現実の統一国家体制における「新関中」は、太行山脈をその東の境界とするなど実際の地形的条件に基づくものであったが、これに対して翼奉の遷都論でのそれは、「南北千里」と具体的な地名を挙げないそこでの書き方にもうかがわれるように、かなり機械的に「方千里の地」として設定されたものである（図4参照）。そこに伝統的な「畿内」のあり方が意識されていることは、明らかであろう。すなわちここでは、「畿内」が（直轄領の中でさらに区別される地域として[13]）統一国家体制の中に位置づけて考えられているのである。

ここで前章までの議論をふまえて当時の統一国家体制について今一度確認しておくと、秦および漢初の段階では、統一の基盤となった渭水盆地一帯の

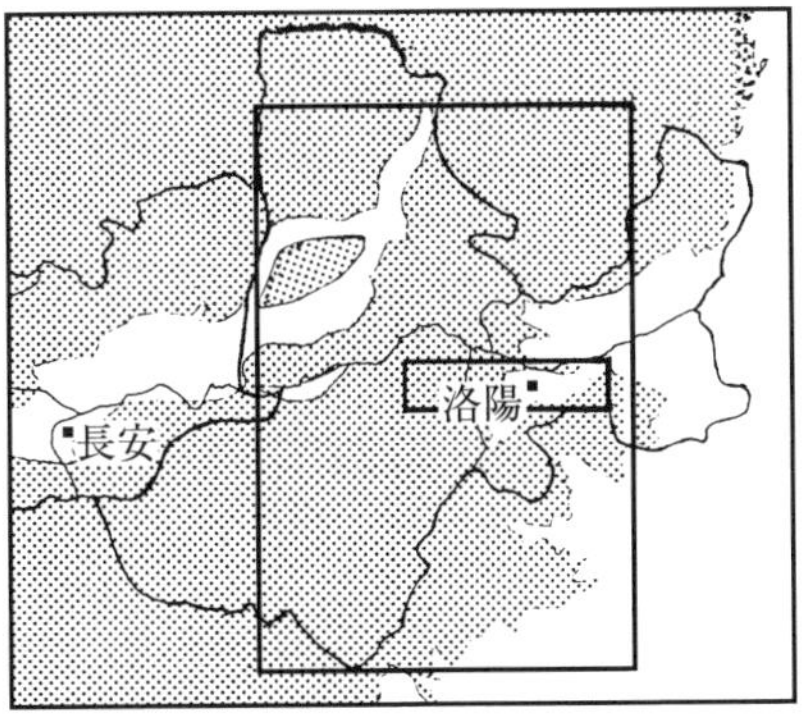

図4　翼奉の畿内制構想

「秦の故地」、「内史の地」がいわば「本土」として、「被征服地」であるその他の一般郡国とは明確に区別されるような体制がとられていた。統一の成熟とともに、こうした地域間格差は相対化してゆくものの、そこにはなお――前者を受け継いだ三輔を中心として、その外側に「新関中」や「司隷校尉部」など中間的な性格を帯びた地域が出現し、さらにその外側には一般の郡国が展開するような――新たな「地域的層位性」が形成されつつあったのである。その一方で、漢初にかなり強い自立的傾向を有していた諸侯王国は、呉楚七国の乱の鎮圧や「強幹弱枝」の諸政策の展開によって、次第にその独立性を喪失し、ほとんど直轄領と変わらぬ存在となっていた。こうした中で「諸侯の国々と対置される直轄領としての畿内」という考え方が、さらにその現実味を薄れさせていったであろうことは想像に難くない。と同時に、従来はそれとして意識されることのなかった「三輔」や「新関中」、「司隷校尉部」などの「首都圏一帯の政治的中心地」を「畿内」として読み替えてゆくような条件が次第に整っていったのであり、翼奉の畿内制構想も、このような統一国家体制の成熟を背景として出てきたものと考えられるのである。

以上のように、翼奉の洛陽遷都論は、実施こそされなかったものの、「畿内制度」の考え方をともかくも統一国家体制の現実に当てはめて位置づけようとしたおそらく最初のものとして、注目すべき存在であるといえるであろう。そしてこうした流れは、次節に取り上げる王莽の畿内制度へとつながってゆくのである。

第四節　王莽の畿内制度

王莽は新王朝を創始すると、様々な制度改革を実行していったのであるが、ここでの考察において注目されるのは、『漢書』巻九九中王莽伝始建国四年条に引く次のような詔である。

其以洛陽爲新室東都、常安爲新室西都。邦畿連體、各有采・任。〔洛陽を新王朝の東都とし、常安〔長安〕を西都とする。「邦畿」は連結・合体する形で、そこには「采」や「任」などの食邑を設けることとする〕

ここでは明確に、「首都圏一帯の政治的中心地」としての「邦畿」すなわち「畿内」の用例を見ることができる。すなわち、ここに至ってはじめて、畿内制度の考え方が統一国家体制の中で制度的に、そして現実に位置づけられたのである。ここに言うところの洛陽と常安とを含む「邦畿」とは、この段階では、おそらくは「三輔」〔京兆尹・左馮翊・右扶風〕と「三河」〔河南・河東・河内〕、そして弘農の七郡よりなる「司隷校尉部」のことではないかと思われるのであるが、この点については必ずしも明らかではない。しかし、その二年後に定められた新たな体制については、同列伝の天鳳元年条に、比較的詳細な記事が見えている。

分長安城旁六鄕、置帥各一人。分三輔爲六尉郡、河東・河内・弘農・河南・潁川・南陽爲六隊郡、置大夫、職如太守。屬正、職如都尉。更名河南大尹曰保忠信卿。益河南屬縣滿三十。六郊州長各一人、人主五縣。……莽下書曰「常安西都曰六鄕、衆縣曰六尉。義陽東都曰六州、衆縣曰六隊。粟米之内曰内郡、其外曰近郡、有鄣徼者曰邊郡。合百二十有五郡。九州之内、縣二千二百有三。公作甸服、是爲惟城。諸在侯服、是爲惟寧。在采・任諸侯、是爲惟翰。在賓服、是爲惟屛。在揆文教・奮武衛、是爲惟垣。在九州之外、是爲惟藩。各以其方爲稱、總爲萬國焉。」〔長安の近辺を「六鄕」に分けて、それぞれに帥は一人ずつ。三輔は「六尉郡」に分割して、河東・河内・弘農・河南・潁川・南陽を「六隊郡」とし、太守として「大夫」を、都尉として「屬正」を設置。河南大尹を「保忠信卿」に改め、河南郡の属県の数を三十に満たし、その周辺の「六〔郊〕州」には長を一人ずつ置き、各自五県を担当させることとした。……莽は詔を下して「常安すなわち西都を『六鄕』、その周辺地域を『六尉』とし、義陽〔洛陽〕すなわち東都を『六州』、周辺地域を『六隊』とする。粟米を納める地域を『内郡』、その外を『近郡』、国境地域を『辺郡』とする。都合百二十五郡で、全国二千二百三県。甸服内の公は『惟城』、侯服内では『惟寧』、采・任内の諸侯は『惟翰』、賓服内では『惟屏』、揆文教・奮武衛内では『惟垣』、九州の外では『惟藩』とし、それぞれその方位で呼称することとし、これらをもって『万国』とする」とした）

これによると、長安・洛陽のそれぞれについて、「六尉」（「六郷」を含む）・「六隊」（「六州」を含む）といった、周辺諸郡よりなる特殊地域がおのおの設定されている。先の「邦畿連體」の語から見て、この両者を接続合体した地域が、ここで「畿内」とされていたものと考えてよいであろう。ちなみに新帝国全体の体制としては、この「畿内」、「内郡」の外側に「近郡」、さらにその外側の国境地帯には「辺郡」が同心状に展開するような重層構造となっていたのである。なお、「惟城」以下の「万国」の諸侯についての規定は、一見したところ、かつての諸国並立の状況を前提とする「畿内制度」を再現したもののようでもあるが、これらが（国外の「惟藩」を除いて）いずれも「九州」の内部にある――すなわち百二十五郡二千二百三県と併存する――ものであることからすれば、そこにかつてのような独立した諸侯国のごとき存在が想定されているわけではないことが知られるであろう。このように、王莽の制度においては、『周礼』などの経書に依拠しながらも、基本的には統一国家の体制内に「畿内制度」が巧みに読み替えられ、かつ位置づけられていたのである。(15)

以上、王莽の畿内制度について見てきた。先にも述べたように、それは「畿内制度」を現実の統一国家体制の中に制度的に位置づけた最初のものなのであるが、同時に、その範囲がおよそ「司隷校尉部」に相当するものであること、(16)あるいは長安や洛陽周辺の地域が接続合体した形をとること、などの点で、唐代など後世の畿内制度の祖型でもあったのである。(17)その意味で、王莽の時代は――礼制の面でも同様な指摘がなされているが(18)――畿内制度の展開を見てゆくうえでも、一つの大きな画期であったといえるであろう。

そしてこれより以降は、たとえば『後漢書』伝九耿弇列伝の

今更始失政、君臣淫亂、諸將擅命於畿内、貴戚縦横於都内。（今や更始帝は政道を誤り、君臣ともに淫乱で、将軍たちは「畿内」で独断専行、貴顕や外戚は都で好き放題、の有様でございます）

という例(19)などのように、「首都圏一帯の政治的中心地」としての——そして同時代における現実の存在としての——「畿内」の語の用例が一般に見られるようになるのである。なお、この耿弇列伝での「畿内」の語については、「これは『畿外』の誤りである」とする傾聴すべき見解も存する(20)のではあるが、かりにその場合でも、そこでは「畿内」の存在が前提とされていることに変わりはない。そしてこのような畿内制度の考え方が定着してゆくにつれて、それを（まだこうした考え方がなされていない）過去の時代に遡って当てはめてゆくような理解の仕方も出現してくる(21)。冒頭でもふれた、「秦や前漢は関中を畿内としていた」式の言及が、後漢期以降の史料にのみ見られる——という一見奇妙な現象の背景には、以上のような事情があったものと考えられるのである。

第五節　終節

以上、本章では、「畿内制度」を

（一）〔「諸侯や異民族の国々と対置される直轄領」を「畿内」とするような〕諸国並立の状況を前提とする、いわば「国際」秩序としての「畿内制度」

（二）〔「直轄領の中のさらに首都圏一帯の政治的中心地」を「畿内」とするような〕統一国家体制下での「畿内制度」

の二種に区別して理解した上で、前者が統一国家体制の成熟に応じて、次第に後者へと読み替えられてゆく過程につ

いて見てきた。

そしてここまでに述べてきたように、およそ新代より以降は、「首都圏一帯の政治的中心地」としての「畿内」の用例が一般的なものとなってゆくのであるが、それがいわば統一国家体制成熟の産物であっただけに、そこでの「畿内」とそれ以外の地域との実質的な格差はあまり大きなものではなかった——という点には注意しておく必要がある。[22] かつて北魏以前における畿内制度の存否が問題とされたことがあったが、[23] このこと自体、この制度が——時代によってその度合いに濃淡はあるものの[24]——「意外と前面には現れてこない」ような存在であったことを示すものといえるであろう。

また、このように見てくるならば、日本の畿内制度がその基盤において、中国のそれとはかなり異なるものであったことがあらためて確認されるであろう。すなわち（この制度を受容した）律令制下の日本の場合、その統一国家体制は、同時代の中国と比べてはるかに未成熟な段階にあったのである。それゆえに、そこでは「(直轄領の中のさらに)首都圏一帯の政治的中心地」を「畿内」とする、成熟した統一国家体制下の畿内制度を受容しながらも、それを当時の現実に合わせて——「直轄領」的な地域を「畿内」とし、「畿外」との間に明確な区別が存するような——かなり露骨な地域性を体現する制度として換骨奪胎していったのであった。そしてこのような背景のもと、日本においては畿内制度が実質的な「重み」をもって展開してゆくのであり、[25] ここに中国とは異なる独自性が見られるのである。

注

（1）中国の畿内制度についての最初の専論は曽我部静雄一九六四であるが、そこでは秦および前漢期における「内史」や「三輔」、あるいは「司隷校尉部」の存在に言及はしながらも、その実施は北朝の北魏に始まるとした。これに対して西本昌弘一九八四は、史料の博捜から秦および前漢期においても「王畿」や「邦畿」などの用例が見られることを明らかにしてこの時代における畿内制度の存在を主張しており、鬼頭清明一九九二でも、この点については西本説を継承している。なお、畿内制度の問題は、首都圏一帯の特殊地域のみならず、異民族との関係などにも関わってくるものと思われるが、ここでは考察の対象をとりあえず前者に限定している。

（2）たとえば『続漢書』巻二八百官志関内侯注引劉劭（三国）・爵制の「秦都山西、以關内爲王畿」は関中を、『漢書』巻二八地理志下「本秦京師爲内史」の顔師古（唐）注の「秦幷天下改立郡縣、而京畿所統特號内史」は内史を、『文選』巻一〇潘岳（西晋）・西征賦の「漢六葉而拓畿、縣弘農而遠關」は新旧関中を、それぞれ畿内に当てたものと解される。なお、司隷校尉部のそれについては、後述するような「方千里」という点から、同・巻一班固（後漢）・両都賦の「三成帝畿……封畿之内、厥土千里」などが、それに該当するものである可能性が考えられる。なお、当時における「畿内」の用例については、西本昌弘一九八四に表示されている。

（3）経書などの文献中に見える畿内制度については、顧頡剛一九六三、王樹民一九九八、渡邊信一郎一九九九などに詳しい。

（4）これと同様な記述が、同・二十八年条所引の琅邪台石刻中にも見える。

（5）『後漢紀』巻二九孝献皇帝紀建安九年九月条での孔融の王畿制定の上書でも「秦兼天下、政不遵舊、革剗五等、埽滅侯甸」とある。

（6）『史記』巻十七漢興以来諸侯王年表には、このことについて、「漢獨有三河・東郡・潁川・南陽、自江陵以西至蜀、北自雲中至隴西、與内史凡十五郡」とある。なお、具体的な郡国の変遷については、周振鶴一九八七に詳しい。

（7）原文は「古者、天子地方千里、中之而爲都。輸將繇使、其遠者不在五百里而至。……此天下之所以長久也。及秦而不然、秦不能分尺寸之地、欲盡自有之耳。輸將起海上。……今漢越両諸侯之中分、而乃以廬江〔之〕爲奉地。雖秦之遠邊、過此不遠矣。」。

（8）上疏の直接の契機となった茂陵白鶴館の火災の時期から、このように推測した。なお、以下の翼奉の上疏についての記事は、いずれも『漢書』巻七五の本伝による。

（9）王先謙『漢書補注』では、文中の「而入敖倉」は原文にあるような位置ではなく、「建滎陽」の後に置かれるべきであるとするが、本章では、文章構造などから考えて、原文の通りに解釈している。

（10）この「八九」を「八ないし九」と読めば、その数からして洛陽周辺の県数を指したものと解されるが、これを乗数表現ととって「七十二」とすると、大体ここで設定された千里四方のワク内の県数に近い数値となり、文脈の上では通りがよくなる。なお、この上疏には、敖倉と関中との関係、羌族の脅威など、他にも興味深い問題が見られるのではあるが、ここでは特にふれることはしない。

（11）たとえば本伝における、彼の一連の建議に対する「廟の迭毀や南北郊祀の移転など、（礼制改革について）翼奉の首唱した議論がその後実現した」といった総括の仕方などからも、このことは明らかであろう。

（12）たとえば『史記』巻五五留侯世家には「雒陽東有成皐、西有殽・黽、倍河、向伊・雒、其固亦足恃」とあり、また『初学記』巻八河南道所引洛陽記や巻二四都邑所引傅毅・洛都賦などにも同様な言及が見られる。なお、後漢末の黄巾の反乱に際しては、およそこのラインに沿って八関都尉が置かれている。『後漢書』巻八霊帝紀中平元年三月戊申条および李賢注参照。また洛陽八関については塩沢裕仁二〇〇三参照。

（13）翼奉伝には直接言及されてはいないが、「三輔に残ることになる」歴代皇帝の園廟の問題や、当時の状況などからして、そこでは「畿内」の外にも直轄領の存在は想定されていた――すなわちここでの「畿内」は、「諸侯と対置される直轄領としての畿内」ではなくして、「直轄領の中でさらに区別される地域としての畿内」として考えられていた――と見てよいであろう。

（14）「河南」は、『漢書補注』に引く劉奉世の説では、「滎陽」に作るべきであるとする。

（15）この記事については、顧頡剛一九六三、一三頁にも言及がある。

（16）第一部第三章注（74）参照。

（17）西本昌弘一九八四では、「唐の京畿と都畿は漢の三輔と三河・弘農とを合わせた地域にほぼ等しいのであり、この地域が伝統的に中国の畿内と考えられていた」（四二頁）とする。

(18) 金子修一一九八二参照。なお、渡邊信一郎二〇〇二では、前漢末から王莽期にかけての畿内制度やこれら礼制改革を含む一連の国政改革を主要な内容として、中国における古典的国制が形成された（後漢初期に再定位、渡邊信一郎二〇一五）とする。

(19) 劉秀の蕭王任命などの前後の状況から、これは更始二（二四）年のことと推定される。

(20) 王先謙『後漢書集解』に引く王會汾の説。

(21) 前注（2）参照。なお『漢書』巻二八地理志下では、「初雒邑與宗周通封畿、東西長而南北短、短長相覆爲千里」と、これを周代にまで及ぼしている。ただ『逸周書』作雒解にも「制郊甸方六百里、國（因）西土方千里」と同様な記述が見えているのであり、このような理解の仕方がいつごろから存在していたかについては、『逸周書』の成立時期の問題ともからんで、なお検討の余地があるものと思われる。王樹民一九九八参照。

(22) たとえば後漢時代の「畿内制度」についてはなお検討の必要があるが、それに関係すると考えられる「河南尹」は、ほとんど一般の郡と異なる扱いはされていない。厳耕望一九六一、第二章（一）（丙）（1）畿輔特制、九九頁参照。

(23) 前注（1）参照。

(24) 曽我部静雄一九六四では、畿内に「平城型」と「鄴型」とがあったとする。また鬼頭清明一九九二では、「魏晋南北朝を経過した隋唐帝国では律令制の完成とともに王畿は皇帝の本拠地であると同時に、王京のヒンターランドとしての特定の意味をもつようになっている」（二二九頁）とする。

(25) たとえば大津透一九八五では、律令負担体系の面などから、畿内と畿外の二重構造を指摘している。また吉田歓二〇一八では、王畿の本質は礼制的な理想の世界観を現実世界に再現する上で必要とされたところにあるが、一方で首都圏一帯であることから、自ずから特殊な性格を持つことになった、とする。

第五章　関中・三輔・関西——関所と秦漢統一国家——

第一節　問題のありか

　ここまでの第一部諸章では、秦および前漢国家の基盤となる渭水盆地一帯の中核地域（「（秦の）初期領域」、「内史の地」、「三輔」）の国制上の位置づけに注目して検討を加え、秦漢統一国家体制のあり方について考察してきた。そしてそこでは「本土」であるこの地域と「被征服地」とでもいうべきその他「郡（・国）」の地域との間での、露骨な地域間対立の関係がしだいに相対化してゆく過程のうちに、前者を含む全領域が基本的に郡県・郡国体制の枠組みの中に包摂されるような「統一国家体制の成熟」が見出されること、ただしそれによっても、かの広大な領域に対する均質均等な支配が出現したわけではなく、そこでは「新関中」や「司隷校尉部」、あるいは（「首都圏一帯の政治的中心地」としての）「畿内」が出現するなど、相対化はしつつも新たな「地域的層位性」に基づく統一国家体制が展開したこと、などを論じてきたのである。

　もっともこのような「地域間での支配、対立関係の構図とその相対化」という現象は、こうした「中核地域」とその他の地域との関係にのみ限定して見られるわけではない。たとえば先の第三章でもふれた、函谷関や武関などによって構成される「国内の関所のライン」で区分される地域の間においてもまた、同様の傾向を見出すことができるのである。

秦漢時代の関所をめぐる研究は比較的豊富であり[1]、とくに紙屋正和氏によって前漢時代のそれが「国境地帯に設置された関」と「畿内をとりかこむ関」（ここでいう「国内の境界線」）の二種類にのみ限定して設置されていたこと、またその境界が移動すると、新たな境界に新たな関が設けられ、旧来の関はたとえそれまで重要な関であったとしても廃止されたこと、などの重要な指摘がなされている[2]。とくに後者の「国内の境界線」については――ここまでにも述べてきたように、統一国家において「とりかこむ」形が実際に出現するのは新代になってからであり、それ以前は後述するように南北に連なる関所のラインがその役割を果たしていたことが明らかになってきているものの――それが（これまた前述のように）「東方への備え」という性格を有している点で、秦および前漢前期の統一国家体制において東西の地域間の対立、緊張関係を端的に示す存在であったこと、あるいは武帝期になって東方へ大きく移動（広関）したことは、こうした関係が相対化した一つのあらわれでもあったと考えられること、さらには後漢期に至って「首都圏」がこの境界線の反対側に移動してしまうこと――などからするならば、その重要性は明らかであろう。地域間の関係からこの時代の統一国家体制のあり方を考えてゆくためには、ここまでに見てきた渭水盆地一帯の「中核地域」のみならず、こうした「国内の境界線」によって区分される地域間の関係についても視野に入れて考察を加えてゆく必要がある。なお、この関所のラインのさらに外側にも、もう一本重要な境界線が存在するのであるが、これについては後続の諸章において取り上げることとしたい。

そこで本章では考察の手がかりとして、秦から後漢期にかけての「中核地域」と関所のラインの「内側の地域」、それぞれの地域の呼称に注目して検討を加える。前者についてはここまでにも折にふれて言及してきたところであり、また後者については「関中」をはじめとして「関西」・「関内」など、関所（主として函谷関）との関わりにおいて区分、表現される用例が多く見えている。後述するように「関中」の語義には両者にまたがる曖昧な事例も多くあることなど、厳密に数値化して論ずることは困難であるものの、それでもそこからは大まかな傾向なり変化なりをうかがうことはできるであろう。

以上よりまずはこの国内の関所のラインについて、従来の研究を踏まえながら概括的な整理をおこなう。その上で、秦から後漢期にかけての「中核地域」と「関所の内側」の地域それぞれの呼称の用例について検討を加え、そこから——この「国内の境界線」のあり方をも含めて——ここまでに見てきた統一国家体制の展開についてあらためて確認するとともに、後漢時代のそれについても展望してみることとしたい。

第二節　国内の関所のライン

本節では、次節以下での検討のための予備的な作業として、この「国内の境界線」をめぐる基礎的な事柄について簡単な整理をおこなう。以下、叙述の便宜上、㈠秦代、㈡前漢前期、㈢前漢後期、㈣後漢、の四つの時期に分けて見てゆくこととしたい。

㈠　秦代

ここまでにも述べてきたように、当時の関所は単に出入の管理のみならず、重要な防衛拠点としても機能する存在であった。函谷関など「国内の境界線」を構成することとなるそれら諸関の地は、戦国秦の領域が拡大してゆく過程で順次その版図に加えられていったのであるが、秦の勢力がさらに東に伸びていった後も、それらはなお重要な境界線たり続けていたのであった。もとよりそれは（南北に連なる）これら諸関の立地が東方平野部からの侵攻を防ぐのに適した天然の要害に当たるという軍事的、地理的な理由によるものであるが、ここでいま一つ注目されるのが、戦国秦の領域支配の問題との関連において述べられた、藤田勝久氏の研究である。(3)

すなわちそこでは、当時「都市国家から領土国家へ」の移行期の段階にあり、戦国国家はその内部において領域支配の確立された中核部分と、まだそれが充分には及んでいない周辺地域とに分かれていたこと、そして国境の関所群以外に、この両者の境界にも関所が設けられていたこと、などが指摘されているのである。このように、戦国国家の段階においてすでに重層的な関所のラインが存在していたのであり、先に述べたような統一体制下での関所のラインのあり方の原型を、ここに見出すことができるであろう。

そして戦国秦はこうした体制を保持しながら膨張を続けて統一にまで至ったわけであるが、しかし本章で問題とする統一国家段階での国内の関所のラインのあり方は、領域支配の進展、定着にともない、先に見たような要素にかわって、より「地域性」の側面にウェイトを置いたものとなっていた。ここまでに論じてきたように、秦の「統一」支配体制はその実態において、旧秦の特別地域が「本土」として旧六国の東方地域を支配するという露骨な地域間の支配や対立の構図に基づくものであったが、こうした体制のもと、この関所のラインは両者を東西に区分する「国内の境界線」として重要な役割を果たすようになっていたのである。それが――その内と外とでは支配の安定の度合いにおいて格段の落差が存しており、また「東方への備え」として、反乱など非常時には防衛線としても機能するなど――「国境線」さながらに、秦の本拠地である渭水盆地一帯を含む「広域関中」の東辺に（南北に連なり）展開していたこと、第三部第一章でも論ずる通りである。その意味でこの「国内の境界線」は、当時の「統一」国家体制における地域間の支配や対立の構図のあり方を端的に反映したものであった。そしてそれは、続く漢代にもそのまま受け継がれてゆくのである。(4)

（二）前漢前期

前漢時代も、状況は基本的に秦代と同様であった。この時期における国内の関所のラインのあり方については、賈誼『新書』壹通に次のような言及がなされている。

所謂建武關・函谷・臨晉關者、大抵爲備山東諸侯也。天下之制在陛下。今大諸侯多其力、因建關而備之、若秦時之備六國也。豈若定地勢使無可備之患、因行兼愛無私之道、罷關一通天下、無以區區獨有關中者。所謂禁游宦諸侯及無得出馬關者、豈不曰諸侯得衆則權益重、其國衆車騎則力益多、故明爲之法、無資諸侯。於臣之計、疏山東孽諸侯不令似一家者、其精於此矣。豈若一定地制、令諸侯之民人騎二馬不足以爲患、益以萬夫不足以爲害。今不定大理、數起禁、不服人心、害兼覆之義、不便。（そもそも武関・函谷関・臨晋関を設けているのは、およそ山東の諸侯に備えんがためであります。天下のあり方は陛下の手に握られているわけですが、いま諸侯の勢力が強大になるにまかせていながら、関所を設けてこれに備えているのは、さながら戦国時代、秦が東方六国に対峙していたのと変わるところがありません。これではどうして地勢をしっかり押さえて反乱など起きる心配がないような態勢にもっていった上で、兼愛無私の道を実行し、関所を廃止して天下を渾然一体化し、せせこましく関中だけに拠ることなどない——という〔理想的な〕状態に及びましょうや。また、諸侯への仕官を禁じ、馬の通関を許可しないでいるのは、諸侯が配下を増やせばその勢威が増し、車騎を増やせばその力が強大となるから、法を設けてそれを防ごう、というものでありましょうが、私の見るところ、親藩である山東の諸侯を疎んじ、帝室との一体感をそこねること、これ以上のものはございません。これではどうして地の利をしっかり押さえた上で、たとえ諸侯の民が二頭ずつ馬を所有しようと憂うに足らず、万人が加わったところで心配ない――という〔理想的な〕状態におよびましょうや。現在、こうした根本的な対策を立てずに禁令のみをしばしば発しておりますのは、人心を服させるものではなく、天下人としての度量にもさわるものでありまして、よろしくございません〕

見られるように、そこには「區區として獨り關中を有つ」漢の中央政府が諸侯王国など東方の勢力と対峙する形勢が、批判すべき現状として描かれているのであり、それは戦国時代の秦と東方六国との対立の構図にも比定されるものであった。こうした「統一」国家体制の実態のもと、武関・函谷関・臨晋関によって構成される関所のラインは東方への備えとして、あるいは人や馬の流出をチェックするなど、まさに「国内の境界線」として機能していたのである。(5)ちなみに当時のこうした「国内の関所のライン」は、張家山漢簡「二年律令」津関令の規定にも見られるように、(6)東西を画する南北の直線として存在しており、ここでの「關中」も渭水盆地一帯の「内史地区」のみならず、巴蜀や天水・安定郡などを含めたいわゆる「広域関中」、「大関中」を指した語であったと思われる。(7)それはまさに〔東方六国と対峙していた〕「旧秦」に相当する地域として意識されていたのであった。

なお、『漢書』巻四文帝紀十二年〔前一六八年〕三月条には、「關を除き、傳を用うること無からしむ」とあるが、それがこの「境界線」に実際にどのように関わってくるものであったかは、明らかではない。(8)もっともこの状態は、呉楚七国の乱終息後の景帝四年〔前一五三年〕には「復た諸關を置き、傳を用いて出入せしむ」と旧に復しており、(9)以後それが武帝期の「広関」まで持続するのである。

（三）前漢後期

これまで述べてきたように、秦および前漢前期における「国内の境界線」は、基本的に渭水盆地一帯の「（秦の）初期領域」や「内史の地」の東辺を含むラインに展開していたわけであるが、この状況に大きな変改が加えられたのが、武帝の元鼎三年（前一一四年）におこなわれた関所のラインの移動、すなわち「広関」である。

これについてはすでに先行研究があり[10]、かつ本書第一部第三章でも論じたところであるので、ここでは重複を避けて要点のみを紹介しておくと、この「広関」とは、それまで（「（秦の）初期領域」や）「内史地区」の東辺などに展開していた関所群のうち函谷旧関や臨晋関を廃止して、代わりに函谷新関や天井・壷口・常山・五阮などの諸関を新設するものであり、従来の「国内の関所のライン」を渭水盆地東端などから太行山脈と東方平野部との境にまで、大きく東に拡大・移動させたものなのであった。そしてこれ以後は、この新しい関所のラインが、東方からの反乱軍や大量の流民たちの西進をくい止める「国内の境界線」として機能してゆくこととなる。まさに「広関」とは、「関中の拡大」なのであった。なお、このことや弘農郡が新たに設けられたことによって、以後この新しい関所のラインは（中核地域として「（秦の）初期領域」や「内史の地」の後継となる）三輔地域とは直に接することなく、空間的に乖離することとなる。

ここで、それまで渭水盆地一帯の特殊地域と他とを区分していた関所のラインが（移動により）解消していることは、一面では、これまでに述べてきたような統一国家体制における地域間の支配や対立の構図が、「統一」後百年あまりを経てようやく相対化してきたことを意味するものである。しかし一方では「広関」と同時に、旧「関中」（狭義の）地域に「関所の役割を果たす」三輔都尉が設置されているのであり、その点で他の地域との区別はなお続いていた。また前漢後期の政策や制度において、重要な位置づけがなされているのはやはりこの旧「関中」内の三輔地域なのであって、あらたに関所の内側に繰り込まれた地域には、その機能や権限のごく一部が与えられているにすぎなかった。このように見てくるならば、「広関」以後の関所のライン のあり方は、「相対化しつつも、なお渭水盆地一帯の三輔地域が特殊な地位を占めている」――当時の統一国家体制におけるこうした地域的層位性を如実に反映したものといえるであろう。

なお新代になると、始建国元年（九年）に南の前関、北の後関（壷口）、東の左関（函谷）、西の右関からなる四関が設けられている。これはわずか五年後の天鳳元年（一四年）には廃止されているものの、ここではじめて「国内の関所のライン」が首都圏を「囲繞」するかたちであらわれてきたことは注目すべきであろう。[11] 新の滅亡、更始政権をへて後漢期になると、渭水盆地は首都圏としての地位を喪失するに至るのであるが、こうした「国内の関所のライン」は後漢、さらには後世へと受け継がれてゆくこととなる。

（四）後漢

周知のようにこの時期には、都が渭水盆地の長安から東方平野部西端、伊洛盆地の洛陽に移動している。当然、国内の関所のラインについても、それに応じて根本的な改廃がなされたものと考えられるのであるが、先述の如く史料が限定されているために、その実態は不明な点が多い。

こうした中で比較的詳細な史料の残されているのが、霊帝・中平元年（一八四年）、黄巾反乱から首都・洛陽を防衛すべく設けられた八関都尉の事例である。『後漢書』伝六一皇甫嵩伝などによれば、この「八関」とは函谷・大谷・広城・伊闕・轘轅・旋門・孟津・小平津の諸関であり、またそのうちの轘轅関については、中平六年（一八九年）の時点でなお、出入の際の「境界線」として機能していた例が確認される。(12) したがってここに見られる配置の状況などから――あくまでも末期の、それも特殊な状況下でのものではあるが――およそ伊洛盆地を囲繞する形で関所のラインが構成されていたことが知られるであろう。(13)

それではそれ以前の、後漢期の一般的な状況はどのようなものであったのか、この点で注目されるのが、洛陽四関の存在である。これについては、すでに紙屋氏の指摘があるが、(14) 西晋の人・陸機の『洛陽記』に、東の成皋関、南の伊闕関、西の函谷関、そして北の孟津関の四関が、(後) 漢代、洛陽を取り巻く関所として挙げられている。(15) 見られるように、このうちの三関は先の「八関」と重複するものであり、その範囲はこれとほぼ同様なものであったと見てよいであろう。(16) もっともこの関所のラインについては、その実態を示す具体例がほとんど見えておらず、(17) また黄巾反乱のような有事の際に、八関都尉の体制があらためて編成されていることなどからもうかがわれるように、平時のその「国内の境界線」としての性格がどの程度のものであったか、いささか疑問の余地があるものと思われるのである。

以上、秦漢時代における「国内の境界線」をめぐる基礎的な事柄について、従来の研究を踏まえながら概括的な整理をおこなってきた。ここから明らかなように、秦から後漢期にかけてのその展開の過程は、(一) 渭水盆地一帯の東辺などに展開していた秦および前漢前期、(二)「広関」以降の前漢後期、(三) 洛陽に都が置かれた後漢期、の三つの時期に大別することができるであろう。そこで次節以下では、そのそれぞれにおける「関所の内側」全域――すなわち「広域関中」と「新関中」――と、渭水盆地一帯の特殊地域――すなわち秦および前漢前期における「(秦の) 初期領域」、「内史の地」、前漢後期および後漢期では「三輔」地域――の呼称の用例について、順次見てゆくこととしたい。

第三節　秦および前漢前期における「広域関中」と「初期領域」、「内史の地」の呼称の用例

本節以下での考察に関わる先行研究に邢義田氏の研究があり、そこでは漢代の用例の検討から、「山西」・「関西」・「関内」・「関中」・「関右」がそれぞれ互用されうる、すなわち同じ意味の語として用いられていたこと、その境界とされる「関」・「山」とはそれぞれ函谷関（をはじめとする関所群）・崤山を指すものであること――などが指摘されている。[18] ここではそれを踏まえてさらに、これらの用例の消長を時期別に区切って追ってゆくこととしたい。

さて本節では、秦から前漢武帝期の「広関」までの時期を対象とするが、この時期における「関所の内側の地域」ならびに「（秦の）初期領域」、「内史の地」に関わる呼称の用例について見てみると、何といっても「関中」のそれが圧倒的に多いことが注目されるのであり、そのほかには「関内」・「秦中」・「山西」、あるいは「内史」・「中」などの語も用いられている。以下、それぞれについて見てゆくこととしよう。まずは「関中」から。

「関中」については、藤田勝久氏も指摘されるように、秦代からその用例が確認されている。[19] その範囲については、後世の史料は「東は函谷、南は武關、西は散關、北は蕭關」[20] などと一見明確な定義がなされており、またこの場合のそれは「（秦の）初期領域」たる（狭義の）「関中」におおむね相当するかのようではあるものの、この時代における実際の「関中」のあり方は――まず関所のラインが「取り囲む」のではなく「東西に区分」するものであることをはじめとして――それとはかなり異なっているのであり、まずはこの点についての確認が必要であろう。

そもそも「関中」の語義からすれば、それは函谷関をはじめとする関所のラインの内側（西側）の地域全域、すな

わち広域関中のことを示す呼称なのであり、[21]実際にこうした用例は少なくない。注目されるのは湖北省雲夢県より出土の龍崗秦簡中、法律文書と思しき簡に「禁苑在關外□□」（五二）や「（前略）關外及縣道官爲□」（五三）[22]、さらには里耶秦簡に「關外郡縣吏」（九―二四七七、校釈二、四九六頁）、岳麓秦簡にも「其有事關外」（肆、一九九）など「關外」の語が見えている点であり、これが同じく始皇帝期の宮殿について述べた「關中は計るに宮三百、關外は四百餘」という記事[23]のそれと同様な用例であるとするならば、当時、これら「関外」と対比されるところの「関中」とは、関所のライン内側全体の地域を示す呼称ということになるであろう。

岳麓書院蔵秦簡でも皇帝出遊の際の随員数の規定において「關内」の場合と「關外」の場合とで区別がなされているなど[24]「関中（関内）」、「関外」の事例が見られるのであるが、とくに興味深いのは、第一部第一章でも㉑として言及した

●郡及關外黔首有欲入見親・市中縣【道】、【毋】禁錮者殹（也）、許之（後略）（郡および関外の黔首《たみ》が親族訪問や商用で中の県・道に入境しようとした場合には、禁錮の身でない限りは、これを許可せよ）

という規定であり、[25]そこでは見られるように（「（秦の）初期領域」に当たる）「中縣道」が「郡」や「関外」と対置されているのである。とすれば、文中に直接の言及こそなされてはいないものの、「関外」に対するここでの「関中」とは、「中縣道」と（おそらくは「関外の郡」とは区別されるところの巴蜀や天水・安定郡など関所のラインの内側の）「郡」とからなる「広域関中」のことであったのではなかろうか。岳麓書院蔵秦簡には、「扜關」や「漢陽關」の存在も見えており、[26]これらを含む（南北に連なる）「関所のライン」の西側の地域である「広域関中」こそが――これら史料の性格からすれば――当時における法律、行政上、「関中」とされていた地域であったと考えられるのである。漢初の例ではあるが、『漢書』巻一高帝下五年（前二〇二年）夏五月条に見える

諸侯子在關中者、復之十二歲、其歸者半之。（諸侯子で関中に居住する者は十二年間の（徭役ヵ）免除とし、帰郷する者についてはその半分の六年の免除とする）

とある詔[27]、あるいは同・十一年夏四月条の

令豐人徙關中者皆復終身。（豊の住民で関中に移住した者は、終身免除とする）

なども、こうしたことを示すものであろう。

ただし、こうした公的な地域区分から離れたところでは、それとは異なる用例が少なからず確認されている。たとえば秦滅亡後、（「関中に王たる」ことを約束された）劉邦を巴や蜀、漢中の王に左遷した際に「巴・蜀も関中（のうち）である[28]」と強弁したとされる項羽サイドの口吻からは、建前としてはともかく、「関中が巴・蜀をも含む関所の内側の地全域を指す呼称である」という先に見てきたような理解が、当時の一般的な通念において必ずしも一律なものではなかったことをうかがわせるものなのではなかろうか。その劉邦のかわりに章邯ら秦の降将を「關中を三分[29]」して封じた例や、やがて項羽に反旗を翻して北上した劉邦がそれらを併呑したことを「關中を幷す[30]」とする例などでの「関中」の用例は、劉邦の封じられた巴・蜀を除く（「（秦の）初期領域」や巴・蜀以外の郡からなる）より限定された地域の呼称であると見るべきであろう。さらに『史記』巻一二九貨殖列伝では、各地の物産について述べるなかで、やはり「關中」を「巴・蜀」と区別するのみならず、「天水・隴西・北地・上郡は關中と俗を同じくす[31]」とあり、ここでの「関中」はさらに範囲を狭めてほぼ「内史の地」たる（狭義の）「関中」に相当するものであると思われるのである。

これら様々な「関中」の語例より王子今氏は

一、渭河平原

二、（巴・蜀を除く）秦嶺以北の秦地

三、（巴・蜀を含む）西部地区全域

をそれぞれ範囲とする用例があったと整理している。[32] これを本論での議論に即して言うならば、関所の内側の地全域（「広域関中」）のみならず「（秦の）初期領域」や「内史の地」（「狭義の」「関中」）、さらにはそれ以外の範囲の地域も「関中」と呼称されることがあった――ということになるであろう。このような「関中」の呼称の多様性は、王氏も指摘されるように、秦がその領域を拡大していった各段階での状況をそれぞれ反映したものであったと考えられるのであるが、おそらくはこうしたことにもよるのであろう、「関中」の事例の中には、そのいずれに属するのか判然としない用例も少なからず見られるのである。

たとえば漢初の例であるが、高帝期の「關中に都す」[33] や旧六国の名族を「關中に徙す」[34]、呂氏執権末期の「（呂氏が）關中に乱を作さんと欲す」[35] とあるなどの「関中」は、いずれも長安もしくはその近辺についてのことであり、「内史の地」の（狭義の）「関中」を指す例であると見ることができるのであるが、一方ではこれを関所の内側の地全域たる「広域関中」であると解釈することも同様に可能であろう。そもそも「（秦の）初期領域」あるいは「内史の地」たる（狭義の）「関中」は、秦の領域拡大の起点ともなる地域であることに加えて、（「広関」以前の時期にあっては）関所の内側の地域の中でも函谷関、臨晋関、武関等の主要な関所を直接に境界とする上に、政治的にも経済的にも圧倒的な存在感をもつ地域であったことは言うまでもない。それゆえこうした状況のもとでは、実質的に（狭義の）「関中」のことを指す場合であっても、それが関所のライン内側全域の「広域関中」を代表するものとして、両者の区別はとくに明確に意識されることのないままに「関中」の語でもって示される場合は多かったのではないかと思われるのである。

このように、この時期における「関中」の語は、法律、行政など公的な区分の上では関所のライン内側全域の「広域関中」をその内容とするものであった一方で、当時の一般的な通念としては「（秦の）初期領域」、あるいは「内史の地」たる（狭義の）「関中」を指す場合もあった。ただしそれが多分に慣習的、曖昧な用例であったことには注意する必要があるであろう。

次に「関内」については――先に挙げた岳麓書院蔵秦簡の例のほかにも――楚漢戦争期の例として、『史記』に「關内兵」、「關内卒」の語が一例ずつ見えている。[36] 用例が少ないため断定はできないが、これらは同時期にいくつか見られる「關中兵」、「關中卒」とほぼ同様な意味において用いられていたようであり、[37] ここでの「関内」は「関中」と同義の語であると考えてよいであろう。

また「秦中」の語は、秦から楚漢戦争期にかけて見えている。たとえば秦末のこととして「諸侯の吏卒、異時故と繇使屯戍もて秦中を過ぎるに、秦中の吏卒これを遇すること多く無状」[38]、あるいは高帝期に婁敬が関中徙民を建議した語の中の「（匈奴の）輕騎、一日一夜にして以て秦中に至るべし。秦中は新たに破れ、民は少なく地は肥饒にして益實すべし」[39] などがその例であるが、いずれも後文中に「關中」の語が見えてこれと互用されていることから、これも「関中」の同義語として用いられていたのであろう。もっとも「秦中」という語からもうかがわれるように、これはいささか古い用例のようで、『史記』巻八高祖本紀六年十二月条の「陛下、韓信を得《とら》え、また秦中に治す」との田肯の語を最後に、以後この用例は見られなくなっている。[40]

「山西」については、『史記』巻一三〇太史公自序に蕭何の事績を要約した中に「山西を填撫す」とある一例が見られるのみである。

なお、この時期においては「関西」の用例を確認することはできなかった。ただ、『史記』巻五三蕭相国世家に、高帝十二年（前一九五年）のこととして、王衛尉が相国である蕭何のそれまでの功績を述べた且陛下距楚數歳、陳豨・黥布反、陛下自將而往、當是時、相國守關中、揺足則關以西非陛下有也。（それに陛下は項羽と対峙すること数年、陳豨や黥布の反乱にも自ら鎮定に赴かれておりますが、この時にあたって相国は関中を守護していたのであり、その動きいかんによっては、関所より西は陛下のものではなくなっていたかもしれないのでございますよ）

という記事の「關以西」とある部分を、『漢書』巻三九本伝の対応部分で「關西」としている例が見られるが、これについては第五節で論じることとしたい。

ちなみに、これらの地域に対する東方地域の呼称としては、前述の「関外」以外に「山東」、「関東」などがあるが、この時期には「山東」の用例が多く見られるようである。

以上、この当時における関所のライン内側全域の「広域関中」を指す呼称として、「関中」、「関内」、「秦中」、「山西」があり、またこれら――とくに「関中」――には「（秦の）初期領域」や「内史の地」の（狭義の）「関中」地域を指す用例もあったことを見てきた。

そこでこうした「（秦の）初期領域」あるいは「内史の地」のみをもっぱら示す呼称の用例についても最後に確認しておこう。まず「内史」（のちに左・右内史）であるが、第一章第四節でも見てきたように、（張家山漢簡「二年律令」、さらには里耶秦簡や岳麓秦簡の出現によって）この時期それがすでに「郡」と並ぶような行政区画として見えている事例が多く知られてきている一方で、「郡」とは一定の区別をされるような存在でもあった。さらに文献史料での事例となると、「南陵および内史の殺祤を置きて縣となす」(41)などの例も見られはするものの、「関中」と比べるとその用例ははるかに少ない上に、「右内史の界部中」や「左右内史の地」など、(42)「（官職としての右内史や左右）内史の管轄する地域」といった、いささか曖昧なかたちで示されることが多かったのである。

またこれも第一章第四節にて見てきたように、張家山漢簡「二年律令」や岳麓書院蔵秦簡の出現により、秦や漢初において「中」（中県、中県道）が「郡」と並列、対置されるような――すなわちこの地域を示す呼称としての――用例が多く知られるようになってきている。[44]もっともこのような「中」の用例は文献史料では基本的に確認されていない。孫聞博氏は岳麓書院蔵秦簡において内史が郡と相対するときは「中」と称することを指摘されているが、[45]あるいはこのへんの事情が関わっているのかもしれない。

このように当時における「（秦の）初期領域」あるいは「内史の地」を示す呼称は、（狭義の）「関中」のみならず、「内史」にせよ「中」（中県、中県道）にせよ、いずれも多分に曖昧であったり、相対的な性格の用例が多く見られるものなのであった。これについてはすでに第一部第二章などで述べてきたように、「本土」であるこれらの地域と「被征服地」の一般郡国――という構図のもと、前者の「郡」としての位置づけが明確さを欠くような、当時における統一国家体制のあり方、さらには第一章で述べたような「中央諸官府による内史地区の分担統治」の体制などがその背景にあったのではないかと考えられる。とくに文献史料にあっては、この時期には「内史」や「左右内史」など正式な行政区分上の呼称があるにもかかわらず、当該地域を指す名称としてはもっぱら（狭義の）「関中」の語が用いられていたのであり、このことは（後述するように）「内史」の後身で京兆尹・左馮翊・右扶風の三つの郡よりなる「三輔」の語例が前漢後期において頻見するのとは、きわめて対照的なものといえるであろう。[46]

以上、秦および前漢前期におけるこの地域の呼称の用例について見てきたわけであるが、そこでは「関中」の語が――広狭とりまぜて――圧倒的に多く用いられているのであった。このことは当時、この地域を画している関所のラインが「国内の境界線」として実質的な重みをもって機能していたことを端的に反映したものといえるであろう。そこで次に、この関所のラインが大きく移動した「広関」以後の用例について見てゆくこととしたい。

第四節　前漢後期における「新関中」と三輔地域の呼称の用例

ここでは前漢武帝期の「広関」以降、新代に至るまでの時期を対象とするが、この時期の状況は、それ以前とは大きく様変わりしている。すなわち、前期にあれほど多く見られた「関中」の用例が激減する一方で、中核地域に対する呼称として「三輔」の用例が圧倒的な割合を占めるようになってきているのである。このほかには「関内」の語も用いられており、また末期には「関西」の例もあらわれてくる点も注目されるが、「内史」、「秦中」の語はもはや見られなくなっている。以上のようなこの時期の変化の背景について、ここでも二つの方向から見てゆくこととしたい。まずは前節での順番とは逆に、中核地域である（かつての「（秦の）初期領域」あるいは「内史の地」である）三輔地域に対する「三輔」の用例から。

この時期における「三輔」の語は、武帝・征和二年（前九一年）の巫蠱の乱に際して「詔して三輔近縣の兵を發す[47]」とある例や、昭帝・始元四年（前八三年）の「三輔の富人を雲陵に徙す[48]」という例、あるいは若き日の宣帝が「三輔を周徧[49]」していた例や、平帝期の酷吏・尹賞について「三輔の吏民、甚だ之を畏る[50]」とある例など、当時、この地域の呼称としてほとんどの場合、この語が用いられるようになっている。このことは、同じ行政区分でありながら先に見た「内史」の語の場合とはあまりに対照的なものであるが、その理由の一つとしては、これまでに見てきたような「本土」としての「内史の地」と「被征服地」の一般郡国、といった地域間の支配と対立の構図がこのころまでにはようやく相対化してきて、前者を継承する「三輔」が（「首都圏」としてなお特別な位置を占めはするものの）基本的に郡国体制の中に包含され、明確に位置づけられるようになった――という事情があったものと思われる。『漢書』巻二

六天文志に見える

（昭帝・元鳳）五年六月、發三輔・郡國少年詣北軍。（三輔と郡国の「少年」を徴発して北軍に配属させた）

という記事や、『漢書』巻九元帝紀初元元年（前四八年）三月条の[51]

以三輔・太常・郡國公田及苑可省者振業貧民。（三輔・太常・郡国の公田および御苑の削減可能なものを貧民に仮与した）

あるいは『漢書』巻十成帝紀建始二年（前三一年）二月条の

詔三輔・内郡擧賢良方正各一人。（三輔・内地の郡に詔して賢良・方正各一名を推挙させた）

といった記事などでの「三輔・郡国」という形は、まさにこうしたことを反映したものといえよう。そしてこのような位置づけの明確化こそが、多義的にして多分に曖昧な（狭義の）「関中」の用例が見られなくなった一つの要因——後述するような「固有名詞化」の動きも同時に進行してはいたであろうものの——であったと考えられるのである。

次に「関所の内側」全域の呼称について見てみると、前述のようにこの時期には「広関」によって「関所のライン」が東に移動し、その内側に含まれる地域が大きく広がる（「新関中」）と同時に中核地域たる三輔地域とは空間的に乖離するようになっていたのであるが、この地域を示す「関中」の呼称の用例は——あるいはそれ以外の広狭さまざまな範囲のそれを含めても——「広関」直後の二例[52]のほかに、元帝・初元五年（前四四年）の「關中卒五百人を減らす[53]」、および永光四年（前四〇年）の「帝陵徙民」を廃止した詔の中の「東垂は虚耗の害を被り、關中には無聊の民あり[54]」、そして新末、昆陽の戦いでの新軍の敗戦で関中が恐慌を来したという記事[55]などが見られるにすぎず、前期と比べて明らかに状況は一変しているのである。

このように「広関」によって拡大した関所のラインの内側の地域をあらたに「関中」の語で示した用例がほとんど

見られない中、あるいはそれに相当するものとして注目されるのが「関内」の語である。宣帝の五鳳年間（前五七―五四年）における穀物買い上げ計画をめぐる議論の中で、三輔・弘農・河東・上党・太原郡、つまり「広関」後の関所のラインの内側の地域（の一部）を「関内」と言い換えている例(56)などは、こうしたことを示すものであろう。なお、前章にてふれたように、楚漢戦争期には「関中」と「関内」とはほぼ同じものとして用いられていたのであるが、『漢書』ではその該当部分がすべて「関中」に統一して書き直されているのであり(57)、これなどもあるいは、「関中」と「関内」とが乖離したこの時期の状況を踏まえたものであるかもしれない。とはいえ、その「関内」の用例にしても決して多くは見られないのであり、この点はやはり前漢後期に入って「関所の内側」の地域のあり方に何らかの変化のあったことを示唆するものであろう。

また「関西」の語については、王莽の居摂二年（七年）に至って、翟義の反乱に際しての「自ら關西の人を擇除して校尉軍吏と為し、關東の甲卒を將い、奔命を發して以て義を撃たしむ(58)」との用例が出現している。なお、「関西」の語はこのほかに揚雄『方言』にも何例か見えている。そこでの区分はいささか特殊なものであり一般化はできないかもしれないが、少なくともこれらから、「関西」の用例がおよそこの時期の後半ごろより現れるものであることがうかがわれるであろう(59)。

また、この時期における東方地域の呼称については、「関外」の例が消え、「山東」と「関東」の語が引き続き用いられているが、前期とは逆に「関東」の用例の方が多くなっている。

このように前漢後期「関所の内側」の地域を示す呼称の用例においては、「関中」の語が（それ以外の範囲の用例も含めて）大きく減少しているのであった。このことは、「広関」以降の「関所の内側の地域」の呼称であったと思われる「関内」の用例が少ないこととあわせて、当時におけるこうした関所のラインの「境界線」としての重要性が低下してきたことを示唆するものといえるであろう。実際、第二節でも述べたように、「広関」以後におけるこの関所のラインのもつ意義は、それまでほどには大きなものではなかったのである。しかしながら、この時期における「国内の境界線」の存在がまったく形骸化していたわけではないことも、ここで強調しておかなければならない。たとえば元帝の初元三年（前四六年）、中郎の翼奉によって建議された洛陽遷都論の中で、洛陽を中心とするおよそ千里四方の関所のラインが設定されていることは、(60) 当時の現実においてこの関所のラインが依然として重要な存在であったことの反映であるといえよう。また、この後に述べるように、この時期には「関中」の語が渭水盆地一帯の三輔地域を指す固有名詞になりつつあったと想定されるのであるが、にもかかわらずそうした用例がほとんど見られないのも、当時において、本来の意味での「関所の内側の地域」を形成する関所のラインがそれとは別個に厳然と存在していればこその現象だったのではなかろうか。これを要するに、この時期の関所のラインは、統一国家体制における「地域間での支配と対立の構図」の相対化を反映してその重要性を低下させつつはあったものの、なお「国内の境界線」として一定の意義を有していた――このように考えられるのである。(61)

なお、「関西」の語がこの時期よりあらわれてきていることは、次節での考察との関連において注目されるものであろう。

ちなみにここまでにも述べてきたように、そもそも「関中」とは「関所の中の地域」といった意味の普通名詞なのであり、したがってその関所のラインが移動してしまえば、「関中」の内実もそれにつれて従来の「関中」とは異なったものとならざるをえないわけであるが、しかしその一方では、旧来の関所のラインも長年にわたり実質的な重みをもって機能してきたわけであるから、それがそのまま消え去ってしまうわけではなく、慣用的な用例として重層的に残存していったであろうことは、先述したような「関中」の語の多義性からも充分にうかがわれるところであろう。

そして後漢期の状況からさかのぼって想定するならば、「広関」によりさらに「関中」の範囲が多様化し、しかも現行のそれの重要性が相対的に低下してゆく中で、それらのうちの一つ――たとえば渭水盆地一帯の中核地域――が本来の語義から離れて、「関中」の語の内容として次第に固定化し定着してゆく、言いかえれば「関中」の語がこの地域を指す語として固有名詞と化しつつあるような動きが、当時進行していたのではないかと考えられるのである。

以上、本節では「広関」以降のこの時期、中核地域の呼称としては「三輔」の語が頻見する一方で、「関所の内側」の地域の呼称たる「関中」の用例が激減した状況について、「関内」などの用例をも含めて見てきた。これらはもっぱら『漢書』での用例によるものではあったが、これ以外の『塩鉄論』のような史料においても、そこに見えているのはやはり「三輔」と「関内」とであり、[62] 同様な傾向が看取されるであろう。同時にそこでは、関所のラインの「境界線」としての重要性が相対的に低下しつつあった。それではこうした状況は、首都圏がそれまでの関所の外に移ってしまった後漢期にはどのように変化していったのか、次にこの点について見てゆくこととしたい。

第五節　後漢期における「関所の内側」と三輔地域の呼称の用例

後漢期になると三輔地域は中核地域の地位を喪失し、洛陽近辺の「新たな首都圏」からすれば「関所のライン」の外側に位置する地域となってしまった。本節では、この時期におけるこうした（かつての中核地域たる）三輔地域、さらには「関所のライン」に関わる地域呼称の用例について検討を加え、さらには「新たな首都圏」である洛陽近辺の地域の呼称や「関所のライン」の位置づけなどについても説き及んでゆくこととしたい。

この時期には、前漢後期に引き続き「三輔」の用例がその大部分を占めるが、「関中」や「関西」の例も多く見えている。そのほかに「関内」・「山西」の語も用いられており、また「関右」の用例があらわれている。

まず「三輔」については、新末から後漢草創期にかけての「三輔の豪桀、共に王莽を誅す(63)」、あるいは「赤眉關に入り、三輔擾亂す(64)」などの例をはじめとして、末期の「三輔、李傕の亂に遭い(65)」の例に至るまで、後漢期全般にわたってその用例は多い。そこでは「三輔に遊ぶ(66)」、「業を三輔に受く(67)」、あるいは「三輔に螟あり(68)」などの例も見られるが、とくに中期以降の羌族の反乱に関連した用例は「三輔に寇す(69)」など、数十例にものぼっている。もっとも、前漢後期に頻見していた「三輔・郡國」といった形での――「三輔」が首都圏の特殊な郡として一般の郡国とは区別されているような――用例は、ごく初期の数例を除いてこの時期には見られなくなっており(70)、これなどは「三輔」が首都圏としての地位を喪失したことに対応したものといえるであろう。

次に「関中」の語については、草創期に大司徒・鄧禹の「西のかた關中を征す(71)」、順帝の永和六年（一四一年）、羌族が「關中を掠す(72)」、あるいは末期の献帝・初平元年（一九〇年）、董卓が「都を關中に遷す(73)」とあるなど多くの例が見られ、「三輔」には遠く及ばないものの、ほとんどこの語が見られなかった前漢後期に比べると、格段にその用例は増加している。ところで、羌族の反乱での双方の用例からも明らかなように、ここでの「関中」とは、「三輔」と同様に渭水盆地一帯の地域を指す語として用いられているものと考えられるのであるが、この点については後段にてふれることとしたい。なお、侍御史・杜林の上疏中に、前漢王朝のこととして「關内の遠都に就く(74)」とある「関内」の語は、「関中」と同様な意味において用いられているものと思われる。

また、前漢の末ごろにあらわれた「関西」の用例は、更始帝時の「更始關西に都するといえども、今山東いまだ安んぜず」という鄧禹の言(75)や、「關西孔子楊伯起」といわれた（弘農郡出身の）楊震の例(76)、「關西は將を出だし、關東は相を出だす」という諺(77)、あるいは桓帝・延熹四年（一六一年）、中郎将の皇甫規が「節を持して關西の兵を監し、零吾などを討つ」とある例[78]など、後漢期には「三輔」・「関中」に次いで多く見られるようになっている。第三節で述べたように、『史記』蕭相国世家に「關以西」とある部分を『漢書』では「關西」としているのであるが、これなども、この時期「関西」の語が普及・定着するようになっていたことと無関係ではないであろう。同じく関所を境として地域を区分する呼称でありながら、「関中」が——「うち」と「そと」というように——渭水盆地一帯の地域から見ての呼称であるのに対して、この「関西」は相対的な表現となっているのであり、こうした用例がこのように、前漢末からこの時期にかけて次第に増えてきていることは、渭水盆地一帯のこの地域の特殊性、ひいては統一国家体制における地域間での支配、対立の構図がさらに相対化してゆく過程を反映したものと思われるのである。

ところでそもそも「関西」とは、いかなる範囲の地域を示す呼称なのであろうか。たとえば『後漢書』伝二十下郎顗列伝において「趙・魏」とともに「三輔」を挙げた後に、これを「趙・魏・關西」と言い換えている例[79]からすれば、それは「三輔」と同じく渭水盆地一帯の地域であったと考えられる。「關西諸陵[80]」とある例での「關西」も、前漢の帝陵が存在する「三輔」と同義語と見てよいであろう。しかしその一方で、隴西郡での事績について「關西咸なこれを稱傳す[81]」とあり、あるいは安定郡の出身である皇甫規が「臣、關西にありて、竊かに風聲を聽く[82]」とある、さらには前出の『史記』蕭相国世家の記事に対応する『漢書』巻三九本伝での「相國關中を守るに、關中に足を揺《うご》かさば、則ち關西は陛下の有に非ざる也」とあるなどの例によれば、渭水盆地一帯の関中地域をこえてその周囲の隴西や安定（あるいは巴蜀など）をも含む、より広い地域を指すものと考えられるのである。その点でこの「関西」の語についても、先述したような「関中」におけるのと同様な広狭両義の用例を想定することができるであろう。もっとも「広域関中」の場合には、実際には渭水盆地一帯の特殊地域が主たる対象である例が多かったのに対して、「広域関西」の語においては、ここに挙げた記事にも見られるように、隴西や安定などそれ以外の地域の事例も少なからず見えているのであり、こうした変化のうちに、渭水盆地一帯の旧「関中」（狭義の）地域の存在感がその周囲にいわば「埋没」するかたちで（旧「広域関中」、「広域関西」の中でも）相対化していることが見てとれるのではないかと思われる。

なお、「関西」と同様な意味の語として「関右」の用例がこの時期には見えており、「（安帝初）遂に西河四郡の人を徙して、關右の縣に雜寓せしむ[83]」などの例がある。

最後に「山西」については、その用例はあまり多くはないものの[84]、「山西の雄桀、争いて王莽を誅す」とある例[85]については、前引の「三輔の豪桀、共に王莽を誅す」という記事との比較から、「三輔」と同様な意味において用いられていたものといえよう。しかし一方で、鄧禹が「山西を平定す[86]」とあるのは、前後の文脈から見て、直接には河東郡のことを指しているものと思われるのであり、この語も必ずしも渭水盆地一帯の地域の呼称として用いられていたわけではなかったようである。

ちなみに、この時期における東方地域の呼称については、やはり「山東」と「関東」の語が用いられているが、前者の用例の方がやや多くなっている。

以上、後漢期における三輔地域の呼称の用例について見てきた[87]。そこでは引き続き「三輔」の語が多く用いられていたわけであるが、それに特殊な位置づけがなされなくなっていることは、この時期「関西」の用例が増加していることとあわせて、かつての特殊地域であり、また「首都圏」であったこの地域の位置づけの相対化を物語るものといえよう。しかしそれ以上に、「国内の境界線」との関連において注目されるのが、「関中」の用例である。前節にて見てきたように、前漢後期に「関中」の語が渭水盆地一帯の三輔の地域を指す固有名詞となりつつあったにもかかわらず、その用例がほとんど見られなかったのは、当時、本来の意味での「関所の中の地域」を形成する関所のラインがそれとは別個に厳然と存在していたためであった。ところがこの後漢期においては、首都圏が洛陽周辺に移ってしまっているのにもかかわらず、前述のごとくこうした「関中」の語が多用されるようになっているのである。このことは――先述した新代の「四関」の存在の影響なども考えられるものの、何よりも――この時期における国内の関所のラインの重要性が、前代に比べてさらに低下していることを示唆するものなのではなかろうか。

こうした推測を裏づけるのが、当時の「入関」・「出関」の用例である。ここで問題とする「入関」・「出関」とは、国内の関所のライン、とくに函谷関についてのものであり、渭水盆地に都が置かれていた秦および前漢期においては、都に向かって東から西に関所を通過するのが「入関」、その逆が「出関」であった(88)。そこで後漢期の用例を見てみると、まず「入関」の例としては、建武十年（三四年）に光武帝が安定郡の高峻を親征すべく出撃した時の「帝、關に入り(89)」、あるいは陳留郡外黄県の人である范丹についての「西のかた關に入りて學ぶ(90)」、さらには鄭玄の「山東に問うに足る者なきを以て、乃ち西のかた關に入る(91)」などがあり、いずれも東から西に向かってのものである。また「出関」の例としては、覇陵山中を出た梁鴻が「東のかた關を出で、京師を過ぎる(92)」があり、それが西から東に向かうものであったことは明らかであろう。このように、当時、都が関所の反対側へと移ってしまっているにもかかわらず、「入関」・「出関」の内容は前代と同様なままとなっているのであり(93)、したがってこのことからも、後漢期にあっては、「関所に囲まれた地域」の呼称としての「関中」の用例が、渭水盆地一帯の地域を指す固有名詞としての「関中」の用例に完全に取って代わられていること、ひいては洛陽周辺の首都圏を取り巻く関所のラインの「国内の境界線」としての実体が希薄化してしまっていることが、端的にうかがわれるのである。序節で述べたように、この時期に関連する史料がほとんど見られないのも、こうしたことによるものであろう。

このように、後漢期における関所のラインに「国内の境界線」としての性格が希薄なものであったことは、当時の統一国家体制における「地域間の関係」の問題を考えるうえでも興味深い事実である。秦および前漢前期においては

「本土」である「(秦の)初期領域」、「内史の地」と他の郡国との地位は隔絶したものであり、そうした関係がある程度相対化した前漢後期にあっても、たとえば前述のごとき「三輔・郡国」といった形の、「三輔」が「首都圏」としてなお特別な位置を占めるような地域的層位性が比較的明確に残っていた。しかし後漢期になると、こうした関係は見られず、かわって『後漢書』巻二顯宗孝明帝紀永平三年(六〇年)条の

京師及郡國七大水。(京師および郡国七で大水が出た)

という記事[94]や、同書巻五孝安帝紀建光元年(一二一年)十一月丙午条の

詔京師及郡國被水雨傷稼者、随頃畝減田租。(詔を下して、京師および郡国で雨による農作物への被害があった者については、その面積に応じて田租を減額させた)

あるいは同書伝五一左雄列伝に順帝の陽嘉元年(一三二年)のこととして

除京師及郡國耆儒年六十以上爲郎・舍人・諸王國郎者百三十八人。(京師および郡国の耆儒の六十歳以上の者を郎・舎人・諸王国の郎に任ずること百三十八人にのぼった)

とある例など、「京師・郡国」といった形の記載が多く見られるようになるのである。当時において、前漢後期の「三輔」に相当する存在は「河南尹」であったが、たとえば河南尹の属県である中牟について「縣は京師に近く、権豪多し」[95]とある例などからすれば、ここでの「京師」が河南尹全域を指すものとは考えがたく、[96]その範囲は明らかにはしがたいものの、おそらくは文字通り「みやこ」として洛陽もしくはその近辺を含めた範囲のことであると解するべきであろう。[97]すなわちここに見られるのは「みやこと地方」とでもいうべき区分なのであり、かつてのような「本土」と「被征服地」という地域間の支配、対立関係ではなくなっているのである。こうした後漢統一国家のあり方が、これまでに見てきたような統一国家体制における「地域間の支配、対立関係の構図」の相対化という大きな流れの延

長線上にあったものであることは想像に難くない。(98) その意味でそれは、戦国以来の領域形成、さらには統一国家形成の動きが行き着いた一つの到達点であったといえるのである。

第六節　終節

以上、本章では、秦から後漢期にかけての「中核地域」と「関所の内側」の地域それぞれの呼称の用例の検討から、この間の統一国家体制の展開のあり方を考察してきた。

まず秦および前漢前期には、函谷関や武関、臨晋関などからなる関所のラインが中核地域（たる「（秦の）初期領域」、「内史の地」）を含む範囲の東辺を南北に走っていた。旧秦の境域にも当たるその内側の地域全体（すなわち「広域関中」）は、当時、法律、行政などの上で「関中」とされており、「関内」、「秦中」などの呼称も見えている。こうした「関所の内側」の地域のうちの「（秦の）初期領域」、あるいは「内史の地」が当時の中核地域であった。この地域を示す呼称としては、「内史」や「中」（中県、中県道）などの語が（主として「郡」と並列、対置されるような場合に）見られるものの、文献史料などでは「関中」の語で示される例が多くの場合を占めていた（〔狭義の〕「関中」）。これは「関中」の語自身の重層的な多義性、曖昧さによるものなのであるが、このような語で多く呼称されるということ自体から、中央直轄のいわば「本土」としてのこの地域が、「被征服地」の一般郡（国）とは異質な存在として「郡」としての位置づけに明確さを欠くような、当時の統一国家体制における地域間での支配と対立の構図をその背景として読み取ることができるものと思われるのである。また「関中」の語が――広狭とりまぜて――圧倒的に多く用いられていることは、当時における関所のラインが「国内の境界線」として実質的な重みをもって機能していたことを端的に反映したものといえるであろう。

前漢後期になると、武帝期の「広関」によって関所のラインが東方に大きく移動し、それにともなって「関所の内側の地域」が拡大（「新関中」）するとともに、中核地域である三輔地域とは空間的に乖離することとなった。この時期は、（「（秦の）初期領域」、あるいは「内史の地」を引き継ぐ）中核地域たる三輔地域に対する呼称として「三輔」の用例が圧倒的な割合を占めるようになってきているが、これはそれまでの地域間の支配と対立の構図がこのころまでにはようやく相対化してきて、この中核地域が基本的に郡国体制の中に包含され、明確に位置づけられるようになったという状況を反映したものであったと思われる。一方、「関所の内側の地域」全域たる「新関中」に対する呼称の用例は――「関内」の例も含めて――あまり見られなくなっており、このことは当時におけるこうした関所のラインの「境界線」としての重要性が相対的に低下しつつあったことを示唆している。これらの理由から前漢後期には「関中」の用例が激減しているのであり、そのいずれにも統一国家体制における地域間での支配と対立の構図の緩和、相対化、あるいは統一の成熟といった流れが伏在していたと見ることができるであろう。この時期にはまた「関西」の用例があらわれてくるのであり、また「関中」の語の固有名詞化の進みつつあったことが推測される。

「関所のラインの向こう側」に首都圏が移った後漢期には、かつての中核地域であった三輔地域の呼称としては、引き続き「三輔」の用例がその大部分を占めるが、「関中」や「関西」の例も多く見えるようになっている。もはや「関所の内側」の地域ではなくなったにもかかわらず「関中」で呼称されるようになったのは、この語が三輔地区（あるいはかつての「広域関中」）を示す語として固有名詞化したためであると考えられるのであり、それは取りも直さず、当時における「国内の境界線」としての関所のラインの存在感が希薄化しつつあったことを示すものであろう。

また「関西」（あるいは「関右」など）という呼称における「西」と「東」という区分が、「関中」のような「中」と

「外」という区分に比較して、相対的な表現であることに注目するならば、そこに地域間の関係の相対化という流れを見てとることができるものと思われる。なお後漢期にあっては、新たな首都圏には特別な中核地域としての性格はさのみ顕著ではなく、京師たる洛陽とそれ以外の「みやこと地方」とでもいうべき関係が全面に出ているのであり、そこに統一国家体制における「地域間での支配、対立関係の構図」の相対化という大きな流れの行き着いた一つの終着点を見出だすことができるのであった。

以上のような用例の変遷からは、渭水盆地一帯の中核地域が時とともにその「本土」としての特殊な地位を次第に相対化させてゆき、やがては統一国家としての枠組みの中に包摂されてゆくような、ここまでに見てきた議論があらためて確認されるであろう。さらにはその外部に展開する「準中核地域」ともいうべき範囲とそれ以外の東方地域とを画する関所のラインが、「国内の境界線」として実質的な重みをもって機能していた状態から、「広関」によりその重要性が低下した段階を経て、やがては形骸化してゆくに至る過程——言い換えるならば、統一国家の領域の中に最初はくっきりと描かれていた「国内の境界線」が時とともに薄れてゆく過程——を通時的に理解することができたものと思われる。そしてこれら双方の底流には、当時の統一国家体制における「地域間での支配、対立の構図」の相対化という大きな流れがあったのである。見られるように、ここでの議論はおよそ四百年の間の大まかな動きの概観にすぎないものではあるが、少なくともこれによって、秦および前漢期の統一国家体制をめぐる前章までの議論が大筋で確認されると同時に、史料の制約から不明な点の多かった後漢期をも含めた統一国家体制の展開についての、ある程度一貫した見通しが得られたものといえるであろう。

もとより、後漢期においても統一国家体制における「地域間の関係」そのものが解消しきってしまったわけではない。前述のごとく、この時期は確かに統一国家形成の流れの一つの到達点であったわけではあるが、同時にそこには新たな「地域間の関係」の要素も胚胎していたものと思われるのである。後漢国家の統一体制においてこうした側面が希薄なように見えるのも、一つには、当時の段階ではこうした関係が相対化する一方で複雑に錯綜してきたために[99]、前代のようにはそれが単純な形ではあらわれてこない――という事情もあったのではなかろうか。後漢期以降の国家支配の展開においても、こうした「地域間の関係」の要素を無視することはできないのであり、またそれが「国内の境界線」という形であらわれている事例も少なからず見出されるのである[100]。

ところで「広関」以前の狭義の「関中」が渭水盆地一帯の特殊地域である「(秦の)初期領域」、「内史の地」であったのに対して、「広域関中」が(それ以後のある時期における)戦国秦の領域(「旧秦」)に相当するものであったことは先述した通りである。そしてこの「広域関中」も同様に「国内の境界線」としての関所ラインをはさんで――しかもその全体にわたって――「関東」の地域と対峙していたのであるが、それが「旧秦」と「旧東方諸国」という枠組みのもとでの地域間の支配、対立の構図を体現するものでもあったこと、これまた前章までの考察においてくりかえし述べてきたところである。それゆえ本章で以上に見てきたような「国内の境界線」の展開のあり方はまた同時に、こうした枠組みでの構図が時とともに相対化し変質してゆく過程を示すものでもあったといえるであろう。この第一部では渭水盆地一帯の「(秦の)初期領域」、「内史の地」、あるいは「三輔」といった特殊地域が「本土」から「首都圏」へと変質してゆく過程のうちに秦漢統一国家体制の形成や展開を見てきたのであるが、続く第二部では、こうした「旧秦」と「旧東方諸国」という地域間の枠組みから、主として後者に焦点を当てて考察を進めてゆくこととしたい。

注

(1) 当時の関所についての基本的な研究としては、大庭脩一九五四、佐藤武敏一九六四、曲守約一九五八、杜正勝一九八三などがある。また国内の関所について、たとえば諸関によって構成される境界線、あるいはその重要な役割の一つである馬や弩の搬出制限などの問題については紙屋正和一九七八ａ、また関税徴収などの問題については山田勝芳一九九三、第五章第五節・関税、がある。

(2) 紙屋正和一九七八ａ参照。

(3) 藤田勝久一九九二参照。

(4) なお、秦代にはこうした関所のラインのほかに、「故徼」など重要な「国内の境界線」が別に存在していたことが近年知られるようになっているが、これについては終章にてふれることとしたい。

(5) その「境界」としてのあり方については、本書第一部第三章でも言及しているほか、張家山漢簡「二年律令」津關令なども具体的な事例を提供する。楊建二〇一〇など参照。

(6) 本書第一部第三章注(18)参照。

(7) 邢義田一九八三ａ、ｂ、肥後政紀一九九五、辛徳勇二〇〇六、王子今二〇〇四など参照。

(8) この点については、紙屋正和一九七八ａにも言及がなされている。

(9) 『漢書』巻五景帝紀四年四月春条。

(10) 紙屋正和一九七八ａ、邢義田一九八三ａ、ｂ、辛徳勇二〇〇八参照。

(11) 『漢書』巻九九王莽伝中。新の四関とその意義については、本書第三部第二章第三節参照。

(12) 実力者の董卓と対立した尚書・盧植が下野した時のこととして、『後漢書』伝五四の本伝に「轘轅より出ず」、『後漢紀』巻二五中平六年条には「近關より出ず」とある。

(13) 洛陽八関については塩沢裕仁二〇〇三参照。

(14) 紙屋正和一九七八ａ参照。

(15) 『文選』巻二八鮑昭「結客少年場行」李善注所引、および『初学記』巻七・関所引。ちなみに両者では、若干の異同がある。

(16)　残る成皋関についても、『文選』巻九班昭「東征賦」に「看成皋之旋門」とあることからすれば、「八関」中の旋門に当たるものである可能性がある。

(17)　このうち函谷関については、たとえば皇帝が狩猟をして「遂に函谷關に至る」（『後漢書』巻七孝桓帝紀永興二年冬十一月甲辰条など）という記事が何例か見られ、あるいは明帝の永平五年（六二年）、皇帝の勘気を受けて都を追われた竇氏一族が、函谷関に至ったところで召還を許された（『後漢書』伝一三）など、それが一応、境界としての意味をもっていたらしき例も見られる。なお、浅野哲弘一九九七では、後漢初期の「関都尉の廃止」、「函谷関都尉の復活」から考察を加えている。

(18)　邢義田一九八三a、b、濱川栄二〇〇八参照。

(19)　藤田勝久一九九二参照。

(20)　『史記』巻七項羽本紀「關中阻山河四塞」の裴駰集解所引徐廣。

(21)　史念海一九六三では「本来の関中の名称は函谷関以西の地方を表示するものにすぎない」とする。

(22)　中国文物研究所・湖北省文物考古研究所編『龍崗秦簡』（中華書局、二〇〇一年、北京）参照。

(23)　『史記』巻六秦始皇本紀三十五年条。

(24)　「●皇帝節游（遊）過縣、縣令與一尉共」、行反（返）、丞亦與一尉共、毋竝（並）去官。・關内縣吏共者、乘車以下毋過五十人。・關外縣行所宿、吏共者乘車以下毋過八十人（後略）」（陸、一三八—九）。

(25)　肆、三六六。第一部第一章注（67）参照。

(26)　「●諸取有皋罨（遷）輪〈輸〉及處蜀巴及取不當出關為葆庸、及私載出扜關・漢陽關及送道之出蜀巴畍（界）者、其葆庸及所私載、送道者亡及雖不亡、皆以送道亡故徼外律論之。（後略）」（伍、四五—六）。

(27)　なお、この詔については李開元一九九〇に詳しい。

(28)　『史記』巻七項羽本紀などに「巴・蜀亦關中地也」。

(29)　『史記』巻七項羽本紀、高祖本紀など。なお、同書巻十六秦楚之際月表・義帝元年では、三秦と同様に劉邦についても「分關中爲漢」としている。

(30)『史記』巻七項羽本紀、『漢書』巻一高帝紀元年秋八月条など。
(31)「關中……南則巴・蜀……天水・隴西・北地・上郡與關中同俗」。ただしこの後には「故關中之地、於天下三分之一」とあり、これは「広域関中」のことを指したものと思われる。王子今二〇〇四など参照。
(32)王子今二〇〇四参照。
(33)『史記』高祖本紀五年条、十二年条、巻二二漢興以来将相名臣年表五年条、巻五五年留侯世家、巻九九劉敬列伝など。
(34)『史記』高祖本紀九年条、漢興以来将相名臣年表、劉敬列伝など。
(35)『史記』巻九呂太后本紀、巻五二齊悼惠王世家など。
(36)『史記』高祖本紀二年三月条と二年条。
(37)「關中兵」の例としては、『史記』高祖本紀元年十月条、四年条、「關中卒」は『史記』巻六秦始皇本紀二世二年条、高祖本紀二年条にそれぞれ見える。なお、次節でもふれるように、『漢書』の該当部分はすべて「關中」で統一されている。
(38)『史記』巻七項羽本紀。
(39)『史記』巻九九劉敬列伝。
(40)なお高祖本紀のこの記事の集解に引く如淳の注では、「時山東人謂關中爲秦中」とあり、それが秦以外での呼称であったことが知られる。
(41)『史記』巻十一孝景本紀二年条。
(42)『史記』巻一二〇汲黯列伝および『漢書』巻二九溝洫志。
(43)「中県道」については、その範囲や関所との関係の問題とも関わって「郡及襄武」上雒・商」・函谷關外人及䙴（遷）郡・襄武・上雒・商・函谷關外」（肆、五三）との規定が注目されてきたが、ただちに両者を結びつけて理解することはできない。本書終章補論参照。
(44)第一章第四節での挙例参照。このほかにもたとえば「●尉議。中縣有罪罰當戍者及陽平吏卒當戍者、皆署琅邪郡。屬邦・道當戍東故徼者、署衡山郡。……它如令。綰請、許。而令中縣署東晦（海）郡、泰原署四川郡、東郡・叄（参）川・穎（潁）

川署江都郡」、南陽・河内署九江郡、南郡・上黨・屬邦・道當戍東故徼者、署衡山郡。……（柒、一—三）のように、各郡の犯罪者のそれぞれの罰戍先を定めた規定において、（本来居住していた）太原、東郡、三川、潁川、南陽、河内、南郡、上党などの諸郡の筆頭に「中縣」が見えている。また「●綰請、令内史及郡各得爲其畍（界）中人解爵、毋得爵」。中縣・它郡人爲吏它郡者、得令所爲吏【郡黔】首解爵。屬邦與内史通相爲解爵。它如令」（柒、三三—三四）は、爵による贖罪の規定のようであるが、内史と中県とが見えている点で注目される。両者の関係や性格などについては今後の検討の課題であるが、内史が郡と同様の行政区画（界）を有していること、それに対して中県は人事の関係であらわれていること、そしていずれも郡とあわせて言及されていることなどは注目されるであろう。

(45) 孫聞博二〇一七参照。

(46) ちなみに「三輔」の語は、この時期にも武帝建元年間のこととして「三輔之地」（『漢書』巻六五東方朔伝）、元封二年のこととして「三輔罪人」（『史記』巻一二三大宛列伝）などの例も見られるが、第一部第二章でも論じたように、それが行政区分として確立するのは太初元年（前一〇四年）ごろのことと思われる。

(47) 『漢書』巻六六劉屈氂伝。

(48) 『漢書』巻七昭帝紀同年条。

(49) 『漢書』巻八宣帝紀。

(50) 『漢書』巻九十酷吏伝。

(51) 太常郡の問題については、周振鶴一九八七、一三二—四頁参照。

(52) 『史記』巻一二二酷吏・王温舒列伝の「素習關中俗」と、同・巻二九河渠書の「關中輔渠・霊軹引堵水」。

(53) 『漢書』巻二四食貨志上。なおその年代については元帝紀を参考にした。

(54) 『漢書』元帝紀同年条。

(55) 『漢書』巻九九王莽伝下地皇四年条。

(56) 『漢書』食貨志上。なお、これについては邢義田一九八三a、bでも指摘されている。

(57)『漢書』巻一高帝紀二年三月条では『史記』での「關内兵」を「關中兵」に、同年六月条では「關内卒」を「關中卒」にそれぞれ改めている。
(58)『漢書』巻八四翟方進伝。また新代ごろの例としては、『後漢書』伝一七王丹列伝に「時河南太守同郡陳遵、關西之大俠也」とある。
(59) なお「山西」については、『史記』巻一二九貨殖列伝に「夫山西饒材・竹・穀・纑・旄・玉石」、「山東食海鹽、山西食鹽鹵」の二例があるが、それが示す地域の範囲やこれらが本章で対象とする時期のものであるかなど、明らかではない。
(60)「建滎陽、扶河東、南北千里以爲關、而入敖倉」（『漢書』巻七五翼奉伝）。なおこの上言については、本書第一部第四章参照。
(61)『漢書』巻九四匈奴伝下に、元帝・竟寧元年（前三三年）のこととして、郎中侯應の「自中國尚建關梁以制諸侯、所以絶臣下之覬欲也」との言を伝える。
(62)「関内」の例としては大論篇の「山東・關内暴徒、保人阻險」、取下篇の「請且罷郡國榷沽、關内鐵官」、「三輔」の例は園池篇の「三輔迫近於山河」と疾貧篇の「郡國繇役遠至三輔」がある。
(63)『後漢書』巻一光武帝紀更始元年九月庚戌条。
(64)『後漢書』伝三隗囂列伝。
(65)『後漢書』伝六三陶謙列伝。
(66)『後漢書』伝四九張衡列伝、伝五五張奐列伝、伝七一范冉列伝。
(67)『後漢書』伝七二上樊英列伝。
(68)『後漢書』巻八孝霊帝紀中平二年秋七月条。このほか『続漢書』五行志四には「三輔螟蟲爲害」とある。
(69)『後漢書』巻五孝安帝紀永初二年十一月条、巻六孝順帝紀永和五年五月条、巻七孝桓帝紀延熹四年六月条、永康元年春正月条、夏四月条、冬十月条、伝三七梁慬列伝、伝五五皇甫規列伝、伝七七西羌伝など。
(70)『後漢書』光武帝紀建武五年五月丙子詔には「其令中都官・三輔・郡國出繫囚、罪非犯殊死一切勿案、見徒免爲庶人。」と

あり、同・七年正月丙申条にも同様な記事がみえる。しかし、巻二明帝紀永平八年十月丙子条以降、十数例に及ぶ同様な記事においてはいずれも「郡國・中都官」という形式になっており、「三輔」は「郡國」に吸収された形となっている。

(71)『後漢書』伝一六伏湛列伝、伝一七王丹列伝。

(72)『後漢書』西羌伝。羌族が「関中」に侵攻した記事は、このほかにも梁慬列伝、皇甫規列伝、張奐列伝などにも見える。

(73)『後漢書』伝五六王允列伝。

(74)『續漢書』祭祀志上の劉昭注引東観書。

(75)『後漢書』伝六鄧禹列伝。

(76)『後漢書』伝四四楊震列伝。

(77)『後漢書』伝四八虞詡列伝。

(78)『後漢書』皇甫規列伝。

(79)順帝・陽嘉二年（一三三年）、皇帝への対として「罰者白虎、其宿主兵、其國趙・魏、變見西方、亦應三輔。凡金氣爲變、發在秋節。臣恐立秋以後、趙・魏・關西將有羌寇畔戻之患」とある。

(80)『續漢書』祭祀志下。

(81)『後漢書』伝七一獨行・繆肜列伝。

(82)『後漢書』皇甫規列伝。

(83)『後漢書』西羌伝。ほかに後漢末の「関右」の例が『三国志』魏志巻十荀彧伝などに見える。

(84)その多くは『後漢書』の論・賛に見えている。伝六鄧寇列伝、伝八呉蓋陳臧列伝、西羌列伝の論、伝五五皇甫張段列伝の賛など。

(85)『後漢書』伝二六鄭興列伝。なお同伝では、「關西」と「朔方・涼・益三州」が並列される例も見えている。

(86)『後漢書』鄧禹列伝。

(87)ここでは主として『後漢書』での用例によっているが、これ以外の『後漢紀』などの史料においても、大体同様な傾向は確認することができる。

(88) 一例を挙げれば、『漢書』巻六四下終軍伝に「軍從濟南當詣博士、歩入關」とある例など。

(89) 『後漢書』伝六寇恂列伝。

(90) 『太平御覧』巻四二五所引袁山松後漢書。

(91) 『後漢書』伝二五鄭玄列伝。

(92) 『後漢書』伝七三逸民・梁鴻列伝。

(93) ただし、『後漢書』伝六二董卓列伝では、後漢末の初平二年（一九一年）、董卓を討つべく洛陽から進撃した孫堅について「分兵出函谷關、至新安・黽池間」とする。ちなみに当時は長安に都が置かれていた。

(94) 本紀ではこのほかにもこうした記事が頻見する。

(95) 『後漢書』伝七一獨行・繆肜列伝。

(96) 後漢時代の「河南尹」は、ほとんど一般の郡と異なる扱いはされていない。厳耕望一九六一、第二章（一）（丙）（1）畿輔特制、九九頁参照。

(97) ここで、洛陽四関など関所のラインで囲繞されていた地域が「京師」であったと想定することも可能ではあろう。しかしその場合でも、ここまでに見てきたことからすれば、それは前代における「関中」ほどの実質的な意味をもつものではなかったと思われる。

(98) たとえば長安から洛陽への遷都なども、前漢や新の段階ですでに論じられていた。これについては、本書第一部第四章参照。

(99) たとえば『後漢書』伝二一郭伋列伝の「伋因言選補衆職、當簡天下賢俊、不宜專用南陽人」や伝一三竇憲列伝注引漢官儀に「光武中興、以幽・冀・幷州兵騎克定天下」とあるなど。

(100) 後代におけるこうした関所ないしは境界線についての研究として、北魏については勝畑冬実一九九五が、唐代については青山定雄一九五〇、張隣・周殿傑一九八五、礪波護一九九二などがある。とくに唐代の長安や洛陽周囲の関所のラインのあり方は、秦漢期のそれとの比較の上でも興味深い問題である。

第二部　東方諸地域編——「他国」から「地域」へ

第一部での考察をうけてここでは、統一国家形成の過程において「支配される側」となった東方地域に目を転じ、それらが対立する「諸国」から「占領地」、さらには「地域」へと転化してゆく具体的なあり方を通じて、それが秦漢統一国家体制と対立しつつも、次第にそこに組み込まれてゆく過程を論じてゆくこととしたい。

第一章　統一前夜——戦国後期の「国際」秩序——

第一節　問題のありか

第一部で論じてきたように、秦および前漢前半期の統一国家体制は、その内実において、「本土」としての「秦の初期領域」や「内史の地」、あるいは「広域関中」の地域が「被征服地」としての東方地域を支配し収奪するような、かなり露骨な地域間格差をともなうものであった。(1) ここに見られる関係は、言うまでもなく、戦国時代の「旧秦」と「旧六国」との関係に根ざすものであるが、このように、秦漢国家の統一支配体制の中に戦国以来の枠組みが色濃く残っていることは、「統一」をはさんで、ともすれば断絶する側面に目の向けられがちな「戦国」と「秦漢」という二つの時代が、意外に通底するものであった可能性を示唆するものといえるであろう。(2) この第二部では、こうした「旧秦」と「旧東方諸国」という地域間の枠組みから、主として後者に焦点を当てて考察を進めてゆくこととしたい。そこでまずは、こうした流れの中で、「統一前夜としての戦国後期」はどのようにとらえることができるのか——これが本章での課題である。(3)

さて、その戦国後期は、事実上、秦による統一が進行してゆく時期にあたるのであるが、統一との関連においてこの時期の状況について直接言及した史料は必ずしも多くはない。そこで本章では、この時期におけるいくつかの政治的な言説に注目して、そこに考察の手がかりを求めることとしたい。すなわち、当時、秦の優位が日々確立してゆく中で、「秦が天下を取ってしまった場合の憂うべき事態」に注意を喚起したものや、「秦の帝業を実現すべき戦略」を論じたものなど、様々な立場からの言説がなされているわけであるが、それらの言説の中には、「来るべき秦の天下のあり方」に言及した例がいくつか見出されるのであり、こうした広い意味でのいわば「統一国家像《ヴィジョン》」をそれぞれ検討してゆくことで、統一前夜において志向されていた体制、さらにはその背景にある当時の状況が浮かび上がってくるのではないかと思われるのである。もとより、この時代の文献史料の利用にあたっては、その年代が必ずしも明確ではなく、場合によってはそれが後世の仮託である可能性さえも考慮に入れなければならない、といった制約は免れないのではあるが、ただしこの場合、「秦が他の諸国をことごとく滅ぼして、全国を直轄支配する形で統一を実現する」という実際の展開、それとは異なる内容のものが多く見られることからするならば、これらの史料は一定程度、当時の実状を反映したものと見てよいであろう。

以上より本章では、まず戦国後期の「統一国家像」に注目して検討を加える。その上で「統一前夜」としての当時の状況について考察し、さらにはその秦漢時代への展開についても見てゆくこととしたい。

第二節　戦国後期の「統一国家像」

前述したように、この時期の「統一国家像」には、「秦による全国の直轄支配」とは異なる形のものが多く見られるのであるが、本節では、それらのうちから（一）『史記』巻八三魯仲連列伝、（二）『荀子』彊国篇、（三）『史記』

巻七八春申君列伝、（四）『韓非子』初見秦篇での事例を取り上げ、検討を加える。なお、それぞれの成立の年代については必ずしも明らかではないため、ここでは仮に、内容の比較的単純なものから複雑なものへと順次見てゆくこととしたい。

（一）魯仲連の議論

『史記』魯仲連列伝には、長平大戦後、趙都・邯鄲が秦軍に包囲される（前二五七年）中、「趙は秦の帝号を承認することによって危機を脱するべきである」と主張する魏の使者・新垣衍に対して、斉人・魯仲連が、「帝号を認めた場合の弊害」を論じてこれを撤回させる話が見えている。(4) そこでの記述には、歴史的に矛盾する点がいくつか指摘されているなど、(5) 説話的性格も多分に認められることから、それらすべてをそのまま事実と見なしてしまうことには問題もあるが、そこに、批判的な立場からの「予想される秦の帝業」への言及が見られる点、本章での考察において興味深い事例であるといえよう。すなわちそこには

且秦無已而帝、則且變易諸侯之大臣。彼將奪其所不肖而與其所賢、奪其所憎而與其所愛。彼又將使其子女讒妾爲諸侯妃姬、處梁之宮。梁王安得晏然而已乎。而將軍又何以得故寵乎。（それに秦がついに帝業を成し遂げてしまった日には、諸侯の大臣を取り替えにかかるでしょう。秦が不肖とする者に代えて賢いとする者に、そして意にそまぬ者に代えて息のかかった者に。またその娘や口さがない侍女達を諸侯に妃姫として押し付け、魏の宮廷にも入り込ませることでしょう。さすれば、魏王とてどうして安穏としておれましょうや。また、あなたにしてもどうして従来のような信任を受け続けることがかないましょうや）

とあって、秦の帝号を認めてしまった場合、他の諸国は、大臣の人事で強い干渉を受けるなど、秦への服属を余儀な

くされるであろうことが論じられており、(6)このことから、魯仲連のこの議論において想定されている「秦の天下」とは、秦が他の諸国の上に「帝」として臨み、影響力を行使するような体制として――言い換えるならば、「帝」である秦とそれに服属する他の諸国との関係によって構成される、いわば秦を中心とする「国際」秩序のようなものとして――理解されていたのではないかと考えられるのである。とすれば、当然のことながら、そこでは秦以外の他の諸国の存在が前提とされているわけであって、その意味で、ここで魯仲連が警告している「帝号を認めた場合の弊害」とは、「秦が他の諸国をことごとく滅ぼして全国を直轄支配する」といったものではなかったことになる。ここでの彼の議論が、ともすれば「秦の脅威」を強調しがちな立場からのものであることを考慮するならば、このことは注目すべきものといえるであろう。

このように、魯仲連列伝の記事からは、戦国後期の段階において、秦が他の諸国をことごとく滅ぼして全国を直轄支配するという実際のその後の展開、それとは異なる形での「秦の天下」の想定されていたことがうかがわれるのであった。それでは、当時の史料において、こうした事例は他にも確認することができるのか、この点について今度は「秦の天下」を推進する立場からの言説を見てゆくこととしてみたい。

(二)『荀子』彊国篇

『荀子』彊国篇には、「力術は止み、義術は行はる」という儒家的立場から、秦の外交戦略を批判し、その取るべき方策を示した一節がある。その年代については明示されていないが、ただ、文中に「今、楚は父死し、國擧げられ、三王の廟を負ひて、陳・蔡の間に辟く」とあって、「父死し」とは秦に抑留されて死んだ懐王のこと、「國擧げられ」云々とは前二七八年の郢陥落および陳遷都のことであるとすれば、それはおよそ「懐王の子である頃襄王の治世（前二九八―六三年）、それも前二七八年以降」という設定のもとに書かれたものであると見なすことができるであろう。

そこではまず、秦が「勢威の強さ」ならびに「版図の広大さ」において空前の大国でありながら、常に他の諸国の反攻の影におびえている現状を指摘する。その上で、こうした状況を打開するためには、「威を節して文に反」り、「端誠信全の君子を用いて天下を治め」ることが必要であり、そのようにしてこそ、

兵不復出於塞外、而令行於天下矣。若是則雖爲之築明堂〔於塞外〕而朝諸侯殆可矣。（軍隊が国境を越えることなく、秦の威令は天下に行き渡るであろう。さすれば、明堂を築いて諸侯を入朝させても、まず差し支えないであろう）

といった理想的な状態が実現すると主張するのである。秦の国境の外側にあって、秦の威令に服し、入朝してくる諸侯――ここで想定されている「秦の天下」が、こうした他の諸国の存在を前提として、その上に秦が臨むような「国際」秩序としてのものであることは、言うまでもなく明らかであろう。

このように、先の魯仲連列伝での事例と同様な「統一国家像」の存在が、この彊国篇の記事においても確認されるのであった。そこで以下に、さらに同様な例について見てゆくこととしたい。

（三）「春申君」の上書

『史記』巻七八春申君列伝には、「楚の黄歇（春申君）が秦の昭王に奉った」とされる上書が収録されている。同様の記事は『戦国策』秦策四、『新序』善謀にも見られ、とくに『戦国策』ではその年代を楚の頃襄王二十（前二七九）年のこととしている。もっとも、この年代については、文中に「先帝文王・荘王」、あるいは「抜燕・酸棗・虚」など、それより後の時代の事柄を示す語句を含むことからすればはなはだ疑わしく、むしろ春申君没後の、およそ前二

三〇年代に比定すべきである――との説得力ある指摘もなされており、(7) その意味で、この史料も、作成の年代や作者については必ずしも明らかではないのであるが、しかしそこに「秦の目指すべき体制」への言及が見られる点、本章での考察において注目すべきものといえるであろう。

さて、上書の内容は、秦王に対して楚への攻撃をやめさせ、むしろ楚と結ぶべきことを説いたものである。すなわち、秦は現在、韓・魏両国を屈服させ、押さえつけてはいるが、秦への怨み重なる両国に対して決して気を許すべきではないこと、にもかかわらず、秦が楚を攻撃した場合、かえって楚に隣接するこれら二国や斉を太らせることとなってしまい、その結果、これらの国々が「一年の後、(自らが)帝たること未だ能はざるも、それ(秦)王の帝たるを禁ずるに餘あ」るほどの脅威となるであろうことを警告し、その上で、大約

秦・楚両国が一体となれば、韓は何もできず、そこへ地の利を活かしてこれに圧力を加えるならば、韓は秦の「関内之侯」、すなわち衛星国に成り下がるであろう。そこでさらに韓都・新鄭に十万の軍を進駐させれば、東隣の魏国は怖じ気づいて恐慌をきたし、これまた衛星国と成り下がる。楚との友好関係を維持しつつ、二つの衛星国を駆り立てれば、斉の西部は手もなく奪えよう。かくして秦の勢力圏は東西に貫通し、燕・趙と斉・楚との連絡は途絶する。このように孤立させたところで揺さぶりをかければ、これら諸国は簡単に秦に屈服することとなるであろう。(8)

といった内容の、秦が取るべき方策を示し、その前提として、楚との和親を説くのである。

ここに示された方策は、秦による楚への攻撃を回避させることを究極の目的としたものではあるが、同時に――少なくとも表面的には――「秦による帝業成就のための一つの道すじ」を示したものであることもまた、事実であろう。そしてそこでの「まず韓・魏両国をおさえ、ついで他の諸国を服属させよ」という主張からすれば、この上書におい

て志向されている「秦の天下」とは、決して秦が他の諸国を滅ぼして全国を直轄支配するようなものではなくして、むしろ他の諸国の存在を自明の前提としつつ、その上に秦が「帝」として臨むような体制であったと考えられるのである。その意味では、この「春申君の上書」に見える「統一国家像」も、先の魯仲連列伝でのそれなどと一脈通ずるものといえよう。なお、ここでは、秦に近接し「關内の侯」とされる韓・魏両国と、単に「服」とされる燕・趙・斉・楚の諸国とでは、秦に対する従属の度合いに違いが認められる点に注目されるが、これは次の『韓非子』初見秦篇において、より明確な形で示されている。また、ここに見られる「關内の侯」の問題については、後段にてさらにふれることとしたい。

(四)「韓非」の上書

『韓非子』冒頭の初見秦篇は、秦の外交戦略の問題点について論じたものであり、そこでの具体的な議論からは、「秦の目指すべき体制」についてのさらなる実例を見ることができる。ところでそれは、「韓非が当時まだ秦王であった始皇帝に上った書」であるとされているが、一方で、ほぼ同様な記事が『戦国策』秦策一・張儀説秦王章では「張儀が秦王に説いたもの」となっており、両者の活動する年代が一世紀近くも隔たっていることから、この記事の作者や年代をめぐっては、実に多くの議論がなされてきた。(9) その決着は今なおついているとは言えないものの、本文中に挙げられている事件の年代の下限、あるいは「大王」の語、その他いくつかの点からすれば、作者が誰であるかはともかくとして（少なくとも韓非や張儀ではない）、その年代については、およそ秦の昭王末年（前二五六年ごろ）のものと見てよいであろう。

そこでこの上書の内容であるが、まず、秦はその実力において「天下を兼有することはたやすい」はずであるにもかかわらず、実際には国内は疲弊し、対外的にも決定的な優位を確立できていない状況にある（「四鄰諸侯不服、覇王之名不成」）ことを指摘する。その上でその原因を「これまでの外交戦略の誤り」に求め、いくつかの実例に即して、「秦はそこでいかなる方策を取るべきであったか」が具体的に論じられるのである。そこに自ずから「秦の目指すべき体制」が示されていることはいうまでもない。そこでこの部分について少しくわしく見てみると、まず第一点として、秦が楚都・郢を攻略し、洞庭・五湖・江南の地を取るなどの大勝を博し（前二七八年）ながら、その息の根を止めずに講和してしまったことについて、

Ａ　當此時也、随荊以兵、則荊可擧。荊可擧、則民足貪也、地足利也、東以弱齊・燕、中以凌三晋。然則是一擧而覇王之名可成也、四鄰諸侯可朝也。（この時にあたって追撃してとどめをさしていたならば、楚は攻め落とせていたでしょう。楚を攻め落とせていたら、その民も領土もわが物とすることができており、東方では斉や燕の力を弱め、中原では韓・魏・趙の三晋諸国を凌いでいたことでありましょう。とすれば、この一挙にして覇王の名をなし、四隣の諸侯を入朝させることが可能であったのです）

としており、また第二点として、秦が華陽で大勝し、魏都・大梁を包囲（前二七三年）しながら、同様に和議を結んでしまったことについても、

Ｂ　圍梁數旬則梁可拔、拔梁則魏可擧。擧魏則荊・趙之意絶。荊・趙之意絶則趙危、趙危而荊狐疑。東以弱齊・燕、中以凌三晋。然則是一擧而覇王之名可成也、四鄰諸侯可朝也。（そのまま数十日も包囲を続けていたならば、大梁は陥とすことができたでしょうし、大梁を陥としていれば、魏も攻め落とすことができたでしょう。魏が攻め落とされたなら、楚と趙との連絡は途絶します。そうなると、趙は危機に陥り、楚の外交戦略にも支障を来すこととなり、〔それによって秦は〕東方では斉や燕の力を弱め、中原では三晋諸国を凌いでいたことでありましょう。

とすれば、この一挙にして覇王の名をなし、四隣の諸侯を入朝させることが可能であったのです）

との指摘がなされているのである。なお、これに続いて、秦の宰相であった穣侯の政策への批判もなされているが、そこではとくに具体的な言及はなされていない。そして第三点としては、秦が長平で趙に大勝（前二六〇年）しながら、斉や燕とともに趙を三分して亡ぼしてしまわなかったことについて、

C　趙擧則韓亡、韓亡則荊・魏不能獨立。荊・魏不能獨立、則是一擧而壞韓、蠹魏、拔荊、東以強齊・燕。決白馬之口以沃魏氏、是一擧而三晋亡、従者敗也。大王垂拱以須之、天下編随而服矣、覇王之名可成。（趙が攻め落とされれば韓も亡び、韓が亡びれば、楚も魏も立ち行かなくなるでしょう。そうなれば、この一挙によって韓を粉砕し、魏を破り、楚を陥落させ、東方の〔協調国である〕斉・燕を強化するという成果をあげることができたのです。そこでさらに白馬の渡しを決壊して魏を水攻めにしたならば、三晋諸国は滅亡し、対秦連合などは消え失せていたことでしょう。王様は手をこまねいたままで、天下は次々と帰服し、秦は覇王の名をなすことが可能であったのです）

とかなり詳細な批判と分析が展開される。そして、このように秦の外交戦略の問題点について論評を加えた上で、最後に、

D　望見大王、言所以破天下之從、擧趙亡韓、臣荊・魏、親齊・燕、以成覇王之名、朝四鄰諸侯之道。（願わくば、大王の御前にて、天下の対秦連合の動きを分断し、趙を攻め落として韓を亡ぼし、楚も魏も臣従させ、斉・燕と友好関係を結び、もって覇王の名をなし、四隣の諸侯を入朝させる方法を申し上げとうございます）

との希望を述べて、この上書は締めくくられるのである。

このように見てくると、この上書において目指されている体制が、文中に幾度となく出てくる「成覇王之名、朝四

鄰諸侯」であることは、言をまたないであろう。もっとも、その具体的なあり方については、個々のケースによって微妙に異なっており、それを簡単に表示すると次のようになる。

	韓	趙	魏	楚	斉	燕	
A	凌	凌	凌	挙	弱	弱	覇王之名可成也、四鄰諸侯可朝也
B	凌	凌	挙	疑	弱	弱	覇王之名可成也、四鄰諸侯可朝也
C	亡	亡	亡	抜	強	強	天下編随而服矣、覇王之名可成
D	亡	挙	臣	臣	親	親	覇王之名可成也、四鄰諸侯可朝也

ここからも明らかなように、これらもやはり、今までに見てきたような、他国の存在（秦に対して従属的なものではあるが）を前提とする「国際」秩序としての体制であって、「直轄化」を志向したものではない。そもそも「四隣の諸侯を入朝させる」という語自体が、こうしたことを示すものといえよう。ただし、文中にもあるように、従来の政策を批判して、一部、「他国を亡ぼすまで攻めよ」という主張がなされている点は、これまでに見てきた他の例とは異なるものである。なお、前節の「春申君の上書」にも見られた「秦に対する諸国の従属の度合いの違い」に関連して、ここではそれぞれの国に対する秦の対応について知ることができる。これも個々のケースによって微妙に異なったものとなってはいるが、CやDなどの例から見ると、およそ

秦に近接する地域（三晋など）　　併合・直轄化
やや距離のある地域（三晋の一部や楚）　　保護国化
遠方の地域（斉・燕）　　協調国

といった、おおむね地域の遠近による対応の違いが具体的に示されている点、注目されよう。

以上、本節では、戦国後期の段階において、秦が他の諸国をことごとく滅ぼして全国を直轄支配するという現実の展開、それとは異なる形での「秦の天下」が想定されている事例について取り上げ、検討を加えてきた。そこでは基本的に、秦以外の他の諸国の存在を前提として、その上に秦が（「帝」として）臨むような体制が想定されていたのであり、さらには、秦がこれら諸国に対して大臣の人事権などを通して強い影響力を行使し、一方、諸国は秦の威令に服し、また入朝する、あるいは、諸国の秦に対する従属の度合には地域の遠近などによって差等がある――などの具体的な事柄が、それぞれの史料からうかがわれるのであった。このように、これらの言説からうかがわれる「統一国家像」とは、秦とそれに服属する他の諸国との関係、すなわち、秦を中心とする「国際」秩序として理解されるものであったと考えられるのである。なお、ここまでに見てきた事例以外にも、たとえば商鞅が秦の孝公に説いた言葉として

秦據河山之固、東郷以制諸侯、此帝王之業也。（秦が要害の地形に拠りながら、東のかた諸侯を制するならば、これこそ帝業を成就するものです）

とあり、[10] また、楚都・郢を陥とし、蜀・漢を併せ、韓・魏を破り、趙を長平の戦いで破るなどの功績を挙げた秦将・白起に対する評価として

使秦有帝業。（秦の帝業を成就させたのです）

とある[11]（いうまでもなくこの段階では、まだ他の諸国が存在していた）例なども、他の諸国の存在を前提として、その上に秦が帝として臨むような体制を想定するものであり、やはり同様な「統一国家像」の事例に含まれるものと見てよいであろう。

もっともこの時期には、このような「国際」秩序としての「統一国家像」が見られる一方で、「秦が他の諸国をことごとく滅ぼして全国を直轄支配する」ような体制を想定する「統一国家像」も、当然のことながら存在していた。秦王政即位当初の状況として、宰相の呂不韋が「賓客游士を招致して、以て天下を并さんと欲」するとあり、また尉繚が「諸侯盡くす可き」策を述べる、[12]あるいは李斯の言葉として、「今、秦王天下を呑み、帝と稱して治めんと欲す」、「諸侯を滅ぼし、帝業を成し、天下一統を爲」す、などとあるのがその例である。[13][14]

ここで、当時どちらの系統の「統一国家像」が主流であったのか、あるいは両者に時間的な先後関係が想定されるのか、といった問題については明らかにすることはできない。しかし、ここまでに見てきたことからすれば、少なくとも、戦国後期の段階において、「国際」秩序としての「統一国家像」がかなり根強く存在していたことは、まず間違いないものと見てよいであろう。とすれば、こうした状況の背景として、当時、それなりの実態が存していたのではないかと思われるのであるが、この点について、次節で見てゆくこととしたい。

第三節　戦国後期の「国際」秩序

ここまでに見てきたように、戦国後期には、秦に他の諸国が服属するような形での「秦の天下」も想定されていたわけであるが、こうした考え方は、ある程度、当時の実態を反映したものではないかと思われる。事実、戦国時代について述べた史料には、後述するように、「秦への服属」の具体例が比較的多く見出されるのである。そこで本節では、これらの事例を手がかりとして、この時期における「国際」秩序のあり方について検討を加えてゆくこととしたい。なお、ここでの史料の年代は、必ずしもすべてが戦国後期に限定されるものではないが、そこに示された「服属」

の諸相は、秦の優位が確立してゆくにつれて、より強く現れてくるものと思われ、その限りにおいて参照に値するものといえるであろう。

（二）服属の諸相

『史記』や『戦国策』などの史料には、戦国諸国が秦などの強国に服属する事例が多く見えているが、とくに蘇秦・張儀の遊説故事は、その具体的なあり方を知る上で好便な例であろう。すなわち蘇秦の場合、その合縦策を説くに当たって、「秦への服属がいかに屈辱的なものであるか」を指摘して説得にかかっているのであるが、そこに典型的な服属のあり方が示されているのである。たとえば「魏の襄王に合縦を説いた際の言葉」として

今乃有意西面而事秦、稱東藩、築帝宮、受冠帶、祠春秋、臣竊爲大王恥之……夫事秦必割地以效實。（いま、王様は西面して秦につかえ、「東藩」と称し、秦のための帝宮を築き、その冠帯を受け、春と秋の祭祀にも奉仕しようとされておりますが、臣はひそかに王様のためにこれを恥じるものであります……そもそも秦につかえるのであれば、必ずや土地を割譲して誠意を示さねばなりません）

とあり、[15] また「韓王に合縦を説いた際の言葉」としては

乃欲西面事秦、稱東藩、築帝宮、受冠帶、祠春秋、交臂而服焉。（現代語訳省略。以下同じ）

などとあるのがそれである。[16] 一方、張儀の場合は、「連衡策を受け入れた各国の王が口にする服属の内容」が、同様な意味において注目される。すなわち、「魏王が張儀の連衡策を受け入れた際の言葉」として

請稱東藩、築帝宮、受冠帶、祠春秋、效河外。

とあり、[17] また「韓王が張儀の連衡策を受け入れた際の言葉」として

請比郡縣、築帝宮、祠春秋、稱東藩、效宜陽。

とされているのである。[18] これらの例から、当時、服属の具体的なあり方としては、「稱藩」、「築帝宮」、「受冠帯」、「祠春秋」、「割地」、さらに「比郡縣」といった内容が考えられていたことが知られるであろう。この他、魏の臣である唐睢の言として

（魏）西面而事秦、稱東藩、受冠帯、祠春秋。

とあるのも、[19] 同様な例であると思われる。

また、張儀が趙王に

（今）韓・梁稱爲東藩之臣。（今や韓・魏両国は「東藩の臣」と称しております）

と述べる、[20] あるいは『燕丹子』に、秦に服属してきた燕の使者・荊軻を取り次いだ言葉として

（燕）願爲北蕃臣妾。（燕は「北蕃の臣妾」たらんことを願い出ております）

とある例は、「稱藩」が同時に「稱臣」でもあったことを示唆するものといえるであろう。さらに、『韓非子』五蠹篇には一般論として

事大未必有實、則擧圖而委、效璽而請兵矣。獻圖則地削、效璽則名卑。（大国に服属したからといって、かならずしも実際に助けてくれるとは限らず、となると、地図を献じて国を委ね、璽印を差し出して救援を泣きつくこととなる。地図を献ずるとなると領土は削られ、璽印を差し出すとなると権威が低下する）

とあって、「擧圖」や「效璽」などの事例を知ることができる。

なおここで、いささか注意を要する事例についても言及しておかなければならない。すなわち、前出の例と同様、燕使・荊軻を取り次いだ言葉が『史記』巻八六刺客列伝や『戦国策』燕策三・燕太子丹質於秦亡歸章にも見えている

が、そこでは

（燕）願擧國爲内臣、比諸侯之列、給貢職如郡縣、而得奉守先王之宗廟。（燕は、国を挙げて「内臣」となり、諸侯並みの待遇を受け、郡県同様に貢職を納めることで、代々の宗廟を存続できるよう願い出ております）

となっており、さらに『韓非子』存韓篇には、「内臣之韓」という語とともに

夫韓入貢職、與郡縣無異也。（一体、韓が秦に貢職を納めてお仕えすること、郡県と異なるところがありません）

と述べられている。これらから、当時、服属の一つの形態として「内臣」があり、それは「秦の直轄領である郡県同然に貢職を納め」、あるいは「諸侯（この場合は、秦の国内の列侯のことか）並みの待遇」に甘んじるものであったことがうかがわれよう。これを今までに見てきたような服属のあり方と比較するならば——燕策の例は『燕丹子』の場合と同じ事柄について述べたものではあるものの——両者はややニュアンスを異にするものであり、「内臣」の方が、より従属の度合いが強いのではないかと思われる(21)が、この点については、後段にてさらにふれることとしたい。

以上、本節では、戦国の遊説故事などを中心に、当時における「服属」の諸相について見てきた。ここでの史料の性格からして、これらすべてをそのまま事実として扱うことには問題もあるが、しかし少なくとも、当時における実態を考えてゆく上で、これらが重要な手がかりであることは疑いないであろう。ところで、ここでは、前節の『荀子』彊国篇や『韓非子』初見秦篇にも見られた「入朝」などについては、ふれられていなかった。そこで以下の二節では、この「入朝」および春申君列伝に見える「関内侯」の問題について、それぞれ取り上げてゆくこととする。

（二）入朝

戦国時代、記録に残されている入朝の事例は必ずしも多くはない(22)。しかし、当時の言説・故事には入朝に関わる事

例が頻見しており、この時期における服属のあり方を見てゆく上で、それは無視することのできない一要素であったと思われる。

そこで、これら入朝に関わる事例について見てみると、そこでは

・韓・魏、秦を支ぐ能はざれば、必ず入りて秦に臣たらん(23)

・韓、必ず入りて臣たらん(24)

・趙、秦を支ぐ能はざれば、必ず入りて臣たらん(25)

・天下、西鄉して秦に馳せて入朝し、臣と爲るは久からず(26)

などとあるように、それが「臣従」することと多く関連して述べられていることに注目される。これらの他に、魏王が斉に「臣畜もて朝さんことを願う」という例(27)も、同様であろう。また、秦が楚の懐王を捕らえてその都・咸陽に連行した際のこととして、

朝章臺、如蕃臣、不與亢禮（章台に入朝させ、藩臣同様に扱い、対等の礼をもって遇さなかった）

とあるの(28)は、その具体的な例として注目されるが、ここからも「入朝」することと「臣従」することとの間には、密接な関係が想定されるのである。そもそも「彊國は服さんことを請い、弱國は入朝す」ともあるように(29)、この入朝という服属の形式は、比較的従属の度合いの強いものだったのであり、それゆえにこそ、「入朝之辱」という表現もなされ(30)、また、「秦に入朝しようとする魏王を諌める」との設定のもとでの、

今王之事秦、尚有可以易入朝者乎。願王之有以易之、而以入朝爲後。（いま王様が秦にお仕えになるのに、入朝に代わる手だてはないでしょうか。もし、あるのでしたら、それに代えることとして、入朝は後回しになさいますよう）

といった言説も伝えられているのである[31]。

このように、当時における「入朝」とは、かなり明確な服属関係を示す重い意味を持つものなのであった。前出の『荀子』や『韓非子』での議論において、それが服属の端的な表現として用いられていたことも、こうした文脈から理解することができるであろう。

（三）関内侯

前節で取り上げた「春申君の上書」には、「韓・魏は（秦の）『関内之侯』」などとあるように、「関内之侯」あるいは「関内侯」という語が見えている。この「関内侯」の問題については、兪正燮[32]、牧野巽氏[33]らの研究があり、それによって、戦国時代の「関内侯」とは、（一）『管子』、『墨子』、『呂氏春秋』、『韓非子』、『戦国策』などの諸書にも見えていること、（二）秦漢時代の二十等爵中の関内侯とは異なるものであること[34]、そして（三）「自己の関内すなわち勢力下にある侯」の意味であること、などの諸点が明らかとされてきた。これによれば、この「関内侯」も、戦国諸国間の服属の一つのあり方を示すものといえるであろう[35]。

ところで、以上のような「関内侯」についての解釈は基本的に首肯されるものではあるが、そこで「関内すなわち勢力下」とされている「関内」あるいは「関」とされるものの実態については、これまで必ずしも明確な説明はなされてこなかった。しかし戦国時代の関所と領域形成の問題について論じた藤田勝久氏の研究[36]は、この問題を考える上で重要な手がかりを提供するものと思われる。すなわちそこでは、戦国諸国の領域支配は、

①首都を中心とする領域支配（本拠地、支配が安定・定着）と地域的にそれを取りまく

②交通路による分散地域支配（他国との争奪地、支配が不安定）

との二種に大別され、それぞれの外延には、可動性をもつ「二重の国境」ともいうべき関所のラインが存在していたことが指摘されているのである。とすれば、秦国の場合、当時、内側のラインにあたるのは函谷関や臨晋関のラインであった[37]から、先の「春申君の上書」の例に見られるような、韓・魏両国との関わりにおいて問題となる関所（のライン）とは、外側のそれということになるであろう。すなわち「関内侯」の「関内」とは、「外側の関所のラインから見て内側の地域」といった意味なのであり、韓や魏が秦の関内侯になるというのは、秦のこの外側のラインが前進して、韓・魏両国がその内側——すなわち②の地域——に包摂されるようになるということなのである。この場合、両国が有していたであろう自国のラインは、それにともなって解消したものと思われるのであり、その意味でそれが国としての自立性を多分に喪失した、まさに「衛星国」としての形態であったことはいうまでもない。前節においては、「入朝」という服属の形式が比較的従属の度合いの高いものであることを見てきたが、『韓非子』顕学篇に

敵國之君王、雖説吾義、吾弗入貢而臣。關内之侯、雖非吾行、吾必使執禽而朝。是故力多則人朝、力寡則朝於人。故明君務力。（対等の国同士であれば、そこの君主が当方に好意をもっていたところで、これを入朝に来させるわけにはいかない。しかし、関内の侯であれば、当方に好意をもってなかろうと、必ずや礼物を携えて入朝させることができる。このように、力があれば人を入朝させ、力がなければ人に入朝しなければならないのであり、それゆえにこそ、明君は力をつけることに励むのである）

とあるように、関内侯は否応なくこの「入朝」（および貢納）を強制される存在だったのである。ちなみに、以上に見てきた「関内侯」の性格が、本節の（一）でふれた「諸侯の列に比せられ、貢職を給」し、また比較的従属の度合いの高い「内臣」のそれと一致するものであることは注目されよう。

このような形での服属の形式が、当時、実態として存在していたか否かについては確証がない。しかし、こうした考え方の存在は、後述するように、秦漢時代の統一国家体制を見てゆく上で重要な手がかりとなるものなのである。

（四）戦国後期の「国際」秩序

以上の考察の結果をうけて、ここでは当時における「国際」秩序の実態について見てゆくこととしたい。

この点に関連してまずもって注目されるのは、戦国中期の事例ではあるが、前二八八年、当時、東西の両大国として対峙していた斉・秦両国がそれぞれ「東帝」・「西帝」を称した「称帝」の問題である。(38) この「称帝」については、それが短期間で取り止めになったこともあって、関連史料に乏しく、詳細は必ずしも明らかではないのであるが、「東帝」・斉の場合、「泗上の諸侯、鄒・魯の君、皆な臣と稱す」、「湣王出亡し、衛に之く。衛の君、宮を辟けて之を舍め、臣と稱して共具す」(39)など、他の諸侯が「称臣」して服属する例が見られ、また、斉の「帝政」を前提とする制度を立案したとされる『王度記』において、「諸侯五等爵」や天子と諸侯間の儀礼に関する記述が見られることなど(40)からするならば、その「帝政」が、他の諸侯の存在を前提とするものであったことは明らかであろう。すなわちそこでは、「他の諸国を服属させて、その上に『帝』として臨む」という、前節で見たような「統一国家像」とほぼ同様な体制が、ごく短期間ながらも実現していたのである。(41)

それでは戦国後期はどうか。事実上、秦による統一が進むこの時期には、「韓王入朝し、魏は國を委ねて令を聴く」(42)などの例も指摘されるが、当時の状況をうかがう上で何よりも注目されるのは、『史記』秦始皇本紀二十六（前二二一）年条に見える、天下統一に際して秦王政（始皇帝）が下した令（詔）の一節であろう。そこには、六国討滅を正当化する立場から、「秦が他の諸国を滅ぼさざるをえなかった、やむをえぬ事情」についての言及がなされており、たと

えば韓の場合について見てみると、

異日韓王納地效璽、請爲藩臣、〔寡人以爲善、庶幾息兵革。〕(43) 已而倍約、與趙・魏合從畔秦、故興兵誅之、虜其王。

（以前、韓王は地を献じ、璽印を奉り、藩臣とならんことを請うてきた〔ので、寡人はそれを嘉して、兵乱のおさまることを願ったのである〕。しかるに韓は「約」を破り、趙・魏と連合してわが国に畔いたため、兵を出してこれを撃破し、その王をば虜としたのである）

と、①韓が秦に対して服属を約していたこと、にもかかわらず、②韓の方からそれに違背したため、やむをえず討滅したことが述べられている。他の諸国についても、これとおおむね同様であり、①と②の部分に分けてそれを簡単に表示すると、次のようになる。(44)

	①	②
韓	納地效璽、請爲藩臣	倍約、與趙・魏合從畔秦
趙	使其相李牧來約盟	倍盟、反我太原
魏	約服入秦	與韓・趙謀襲秦
楚	獻青陽以西	畔約、撃我南郡
燕		其太子丹乃陰令荊軻爲賊
齊		絶秦使、欲爲亂

これが勝利者である秦の側からの一方的な言い分にすぎぬものであることは言うまでもないが、しかし、少なくとも建て前としてそこに掲げられているのが、「秦以外の、他のいかなる国の併存も認めない」という絶対的な「統一の

論理」ではなく、「秦に対する違約行為の結果として、やむをえず他の諸国を滅ぼした」――裏を返していえば、「約を遵守して秦に服属する限りは、他の諸国の存在を認める」――という、まさに前節で見てきたような、「国際」秩序としての「統一国家像」と同様な考え方のものであることは注目されよう。そして何よりも、そこに統一直前の段階での、秦と他の諸国との関係が示されている点において、この史料は、当時における「国際」秩序の実態を示す貴重な実例といえるのである。

そこで前掲の表を見てみると、諸国のうち韓・趙・魏・楚の四国が、秦との間に「約」ないしは「盟」を結んでいたことが知られる。その具体的な内容としては、「納地」、「効璽」、「（称）藩臣」、そして「入朝」が挙げられているが、それらがいずれも本節において見てきた服属の事例と等しいものであることは、ここにあらためて指摘するまでもないであろう。したがってこのことから、統一直前の段階において、「約」や「盟」を通じてこれらの諸国が秦に服属していた事実が知られるのであり[45]、ひいては、これまでに見てきたような、秦を中心とする「国際」秩序が、ほぼ実態として存していたであろうことが確認されるのである。

もとより、こうした「国際」秩序のあり方は、その時々における諸国の力関係によって規定されるものであり、その範囲、服属の度合いや形式、さらには中心となる国さえも、必ずしも不変のものではありえない[46]。しかし、秦の優位が確立してゆく中で、それが次第に秦を中心とする「国際」秩序へと収斂・固定化してゆくのであれば、こうした「国際」秩序の存在は、さらに統一国家の秩序・体制にもつながってゆくものとして理解することができるであろう。前節において見てきたような、「国際」秩序としての「統一国家像」の背景には、このような戦国後期の状況があったのである。

もっとも現実の展開としては、先の始皇二十六年条の記事にも見られるように、結局、秦の六国併合によって統一が実現されるのであり、その意味では、ここに見てきたような「国際」秩序の存在は、「秦の統一に至るまでの過渡的な形態」にすぎないともいえるであろう。しかしこの問題は、次節において見てゆくように、実は短期間の秦の統一を超えて漢初にも連なってゆくのである。

第四節　「国際」秩序から統一国家体制へ

『史記』秦始皇本紀二十六年条には、秦による統一直後のこととして、

諸侯初破、燕・齊・荊地遠、不爲置王、毋以塡之。請立諸子、唯上幸許。（諸侯は滅びたばかりであり、もとの斉・燕・楚など遠隔の地は、王を置いておかないと、これを鎮めることはできません。どうか皇子をこれらの地域の王に立てられますよう）

という、丞相・王綰らの言を載せている。見られるように、そこでは斉・燕・楚などの遠隔の地域に皇子たちを封建し、それらの諸国が秦に服属――当然、その度合いは従前よりもはるかに大きなものであろうが――するような体制が想定されており、ここから、諸国がことごとく併合されて統一が実現したこの段階にあっても、「国際」秩序としての「統一国家像」的な考え方がなお根強く存在していた――この提議に対しては、「羣臣、皆もって便となす」とかなりの支持があった――ことがうかがわれるのである。さらにそこで、諸侯領となる斉・燕・楚など遠隔の地域と、直轄領とされるその他の地域とが区別されていることは、先の「春申君の上書」や『韓非子』初見秦篇などにも見られた「地域による従属の度合いの違い」と共通するものとして、注目されよう。このような王綰らの提議は、結局は廷尉・李斯の「全国直轄化」の主張によって退けられ、実現こそしなかったものの、「皇子の斉・燕・楚などへの封

建」という点も含めて、それは後述の漢初の体制へとつながってゆくのである。

さて、結局のところ、秦の統一支配は全国を直轄化する形で展開したわけであるが、それが短期間で崩壊し、かつての戦国諸国が次々と復活の動きを見せる中で、ふたたび「国際」秩序としての「統一国家像」的な考え方が前面に出てくるようになる。たとえば、秦末、反乱を起こした陳渉が、陳に至り自立して楚王を称さんとしたのに対して、当時その幕下にあった張耳・陳餘がこれを諫めた言が『史記』巻八九張耳陳餘列伝に見えているが、そこには次のような「帝業成就」への道筋が述べられている。すなわちそこでは

夫秦爲無道、破人國家、滅人社稷、絶人後世。（それ秦は無道にも、他の諸国を破り、社稷を滅ぼし、王統を絶やさせました）

と、秦が他の諸国を滅ぼして全国を直轄化したことを非難した上で

願將軍毋王、急引兵而西、遣人立六國後……誅暴秦、據咸陽以令諸侯。諸侯亡而得立、以徳服之、如此則帝業成矣。（どうか将軍におかれましては王位に即かれることなく、まずは急ぎ兵を率いて西に向かい、使者を派遣して旧六国の後裔をそれぞれ王に立てられますよう。……暴秦を滅ぼした後、その都であった咸陽に本拠を据えて諸侯に号令いたします。諸侯にしてみれば、一度は亡びたものを復興させてもらったわけですから、そのことを恩に着て服属して来ることでしょう。かくしてこそ、帝業が成就するのです）

という「統一戦略」が提示されているのである。この進言は結局陳渉には聞き入れられなかったものの、そこで志向されている体制が、復活した戦国諸国の上に、旧秦に拠る陳渉が「帝」として臨むという、まさに秦（の地域）を中心とする「国際」秩序としてのものであったことは明らかであろう。

さらに秦末の混乱を一旦収拾し、自ら「西楚の覇王」として諸将を封建した項羽の分封制についても、その詳細は

不明ながら、九江王黥布が「北郷してこれに臣事す」(47)とあり、あるいは「項王、天下に覇たりて諸侯を臣とす」とあるなどの例からすれば、そこでは諸王が項羽に「臣」事し服属するような体制がとられていたものと思われるのであり(48)、その意味でそれは、「楚を中心とする『国際』秩序」のようなものとして理解することができるであろう。

そして、その項羽との激しい戦いの末に成立した前漢帝国の「統一」体制も、劉邦の皇帝即位が諸侯王による推戴の形をとったことに象徴的に示されるように、彼ら諸侯王の存在を前提として、その上に「(秦の)初期領域」を引き継いだ形の漢が臨むような、秦を中心とする「国際」秩序としての性格を濃厚に有するものであった(49)。もとより、功臣を封建した異姓諸侯王、さらにはそれを排除した後に一族を封じた同姓諸侯王と、戦国諸国との場合を単純に同一視することはできないが、しかし、王国の宰相の人事権(50)や入朝義務(51)、中央からの妃(52)、あるいは貢献(53)などの諸点において、漢初の郡国体制における漢朝中央と諸侯王国との関係が、これまでに見てきた戦国後期の「国際」秩序と、多く類似していることもまた事実であろう。実際、漢初においては、漢朝中央と諸侯王国との関係が、戦国期の秦と東方六国との関係になぞらえて理解されていたのであり(54)、

夫前日呉・楚・齊・趙七國反時、自關以東皆合從西鄉。(かつての呉楚七国の乱に際しては、関東諸国はみな「合従」して西に向かって進撃しました)

とあるように(55)、この時期になお「合従」という語も用いられていたのである。その意味では、漢初の「統一」体制を、戦国時代の「国際」秩序の延長線上にあるものとして理解することもできるであろう(56)。

ところで、漢初における直轄領と諸侯領との関係は、地域的に見て、およそ

直轄領(郡)：旧秦に旧楚・三晋の一部を加えた地域

諸侯領(国)：旧斉・燕に旧楚・三晋の一部を加えた地域

というものであった。[57] これは、戦国以来の「地域の遠近による従属の度合いの違い」の流れを引くものといえるが、そもそもこのような「地域差」のあり方は、「直轄化」を推進する側の一方的な選択によるのではなく、それに抵抗する側との現実の力関係によって規定されるものである。[58] したがって漢初におけるこうした状況からは、この段階においても、「統一」国家の実質的な支配はなお遠隔の地域にまでは充分に及んではいなかったことがうかがわれるのであり、さらにこうした点からすれば、全国を一気に直轄化しようとした秦の統一支配は、あまりにも早発的なものであったといえるであろう。渭水盆地を本拠とする秦や漢の実質的な支配が、近接する地域から遠隔の地域へと浸透し、安定してゆく――この過程こそが、とりもなおさず統一への大きな流れであるといえる――には、なお長い時間が必要とされたのである。

そして、呉楚七国の乱をへて武帝期になると、ようやく中央の権力が浸透し、実質的に全国を直轄支配するような「真なる統一国家」の体制が確立する。[59] それにともない、「国際」秩序的な要素はその存立の基盤を喪失していった。[60] 主父偃の上言[61]を最後に、「合従」の用例が以後基本的に見られなくなることなどは、こうした事情を物語るものといえるであろう。ここに至って、戦国時代からの統一国家形成への動きは、一応の完成を見たのである。[62]

第五節　終節

本章では、「統一前夜としての戦国後期」の状況について、当時における「統一国家像」を手がかりに、考察を加えてきた。そしてその結果として、戦国後期には、秦が一段優位に立って他の諸国がそれに服属するような、秦を中心とする「国際」秩序が存在していたこと、さらに「統一」国家出現後も、こうした「国際」秩序がそこでの支配のあり方に一定の影響を与えていたことなどを指摘した。言い換えるならば、諸国分立の状態から、秦による統一が突如出現したわけではなく、それに先立つような体制が戦国後期には存在していたものと考えられるのであり、さらにこのように考えることによって、戦国から前漢武帝期にかけての統一国家形成の過程を、より一貫した形でとらえることができるものと思われるのである[63]。以上が本章での考察のささやかな結論であるが、最後に、これに関連して、「内（臣）」と「外（臣）」の問題について簡単にふれておくこととしたい。

周知のように、この問題については栗原朋信氏の研究があり[64]、漢帝国などでは、その臣属者を内（臣）と外（臣）とに大きく区別していたこと、その「内」とは、王国制と郡県制とがしかれている地域であり、そこでは一般庶民に至るまで漢の礼・法が奉じられていたこと、これに対して「外」とは、漢と直接関係をもった君主たちだけが漢の礼・法を奉じ、その支配下では民族独自の礼・法が行われるような地域であったこと、などが指摘されている。このような内（臣）と外（臣）との区別は、中国国内の体制のみならず、周辺諸民族との関係のあり方にも関わってくる問題なのであるが、これを本章での議論に即して見てみるならば、先の始皇帝二十六年の令に見られた、統一直前の秦と他の諸国との間での「国際」秩序のあり方は、「約」の存在などから、秦と「外臣」との関係に比定されるものといえるであろう[65]。また、第三節でもふれたように、戦国諸国間の服属の形態として「内臣」があったが、これは従属の度合いがより強いものと考えられるのであった。

ところで、前漢武帝期の南越や西南地域の「内属」の事例からは、漢代において、先述の「二重の国境」のうちの外側の関所のラインが「内」と「外」との境界線となっていたことがうかがわれるのであるが[66]、第三節でも述べたように、戦国時代の「関内侯」が、やはり外側の「関所のラインの内側」に包摂されるものであり、かつ「内臣」と性格が一致するものと考えられていたことからすれば、これら「関内侯」、「内諸侯」、「内臣」あるいは「内属」など、戦国秦漢期における「内」と「外」との区別は、いずれもこの「外側の関所のライン」を境界としてのものであったと理解することができるであろう。そして別稿で述べた通り、秦の統一とは、このラインがそれより外側の地域を内に包摂しながら、どんどん拡大していったものなのであり[67]、この点からも、それはまさに「外臣」が「内臣」に化せられてゆく過程であったといえる[68]。続く漢の郡国制のもとでは、諸侯王すなわち「内諸侯」は、戦国期の「関内侯」に相当するような存在であったが、さらに中央権力の浸透とともに、実質的な直轄化が進んでゆく。こうした中で、かつて秦と関外の外臣諸国との間で形成されていたような「国際」秩序は、中国内地での存在基盤を失うこととなり、以後は、漢と周辺諸民族との間での文字通りの「国際秩序」に、その役割を限定してゆくのである。

注

（1）第一部の諸章のほかに大櫛敦弘一九九〇参照。
（2）この点については、たとえば柴田昇一九九四などにも言及がある。
（3）ここでは、戦国後期を前二八四年から前二二一年までとする説に従っている。藤田勝久一九九三a参照。なお、戦国時代の全般的な流れについては、楊寛一九九八など参照。
（4）同様の記事は、『戦国策』趙策三・秦圍趙之邯鄲章にも見える。
（5）この点については、繆文遠一九八四などに詳しい。
（6）『戦国策』韓策三・或謂韓公仲曰章にも「秦已善韓、必将欲置其所愛信者、令用事於韓、以完之。」といった例が見える。
（7）たとえば、繆文遠一九八四では、本条を秦王政十二（前二三五）年のものとする。
（8）原文は「秦・楚合而爲一以臨韓、韓必斂手。王施以東山之険、帯以曲河之利、韓必爲關内之侯。若是而王以十萬戍鄭、梁氏寒心、許・鄢陵嬰城、而上蔡・召陵不往来也、如此而魏亦關内侯矣。王壹善楚、而關内兩萬乘之主注地於齊、齊右壤可拱

手而取也。王之地一經兩海、要約天下、是燕・趙無齊・楚、齊・楚無燕・趙也。然後危動燕・趙、直揺齊・楚、此四國者不待痛而服矣。」なお、文中の「關内之侯」と「關内侯」について、『戦国策』では、それぞれ「關中之候」、「關内候」に作る。「候」には「斥候、ものみ」の意味があり、実際、高注では「爲秦察諸侯動靜也」、鮑注でも「比之候吏」としている。ただし、それにしても「関所の中の斥候」ではいささか文意が通じにくく、また『新序』ではこの部分を『史記』と同様に作っていることなどからしても、ここは「侯」字に従って解釈すべきものと思われる。

（9）容肇祖一九二八年、繆文遠一九八四などに諸説を紹介し、また近年の研究としては鄒旭光一九九〇などがある。なお、本篇の作者については、今日に至るまで、韓非・張儀・范雎・蔡澤・呂不韋・李斯・荀子など、実に様々な説が挙げられているのであるが、これらにおいては、容肇祖氏が「或是一位不大著名的人所作」としたような視点に、充分注意が払われていないように思われる。

（10）『史記』巻六八商君列伝。

（11）『史記』巻七九蔡澤列伝、『戦国策』秦策三・蔡澤見逐章。

（12）以上、『史記』巻六秦始皇本紀。

（13）以上、『史記』巻八七李斯列伝。

（14）このほかにもたとえば、『戦国策』韓策三・或謂韓王曰秦王欲章に「秦之欲幷天下而王之也、不與古同。事之雖如子之事父、猶將亡之也。行雖如伯夷、猶將亡之也。行雖如桀紂、猶將亡之也。雖善事之無益也。不可以爲存。適足以自令亟亡也。」などの例がある。なお、当時の資料には、「諸侯を臣とする」といった表現も多く見られる（『戦国策』秦策一・蘇秦始將連横章など）が、ただ、後述の「称臣」の問題からすると、必ずしもこうした表現をもって「直轄」型の例と判断することはできないようである。

（15）『史記』巻六九蘇秦列伝。なお『戦国策』魏策一・蘇子爲趙合從説魏王章では「實」を「質」に作る。

（16）『戦国策』韓策一・蘇秦爲楚合從説韓章。

（17）『戦国策』魏策一・張儀爲秦連横説魏王章。

(18)『戦国策』韓策一・張儀爲秦連横説韓章。
(19)『史記』巻四四魏世家、『戦国策』魏策四・秦魏爲與國章、『新序』巻三・雑事。
(20)『史記』巻七〇張儀列伝、『戦国策』趙策二・張儀爲秦連横説趙章。
(21)栗原朋信一九六〇、二六八―九頁では、前出の魏策と燕策の事例を引いて、それぞれ「外臣（藩臣）」、「内臣」について述べたもの、として区別している。
(22)工藤元男一九九四、表一参照。なお、戦国時代における会盟の事例が、前四世紀後半をピークとして、前三世紀、とくに戦国後半に著しく減少していることは注目される。
(23)『史記』蘇秦列伝。
(24)『史記』張儀列伝。
(25)『史記』刺客列伝。
(26)『史記』巻四四魏世家。
(27)『戦国策』魏策二・斉魏戦於馬陵章。
(28)『史記』巻四〇楚世家。
(29)『史記』秦始皇本紀付賈誼過秦論。
(30)『戦国策』趙策四・斉欲攻宋章。
(31)『戦国策』魏策三・秦敗魏於華魏王且入朝於秦章。なお、『呂氏春秋』審應覧應言篇では、長平戦後のこととして、同様な話を載せた後に、「当時の状況での入朝は時期尚早である」とのコメントを加えている。
(32)「關内侯説」（『癸巳類稿』巻十一）。
(33)牧野巽一九三二参照。
(34)漢代の関内侯については、柳春藩一九八四、第三章第一節の二に詳しい。
(35)戦国時代の関内侯は、本文中に挙げた諸書から見て、それ以外の形態のものも存していたようであるが、ここでは、戦国諸国間の服属の一形態としてのそれに限定して論ずることとする。
(36) 藤田勝久一九九二参照。
(37) 本書第三部第一章参照。
(38) 秦斉称帝については、工藤元男一九九四、表三に関連史料が集成されている。
(39) ともに『史記』巻四六田敬仲完世家。その他、魯仲連列伝にも具体的な言及が見られる。
(40) 顧頡剛一九七九参照。
(41) この他、秦・燕・趙による三国称帝の構想も、実現こそしなかったものの、こうした状況を背景としたものといえるであろう。「三国称帝」については、工藤元男一九九四に詳しい。
(42) 『史記』巻五秦本紀昭王五十三年条。
(43) 『史記會注考證』の説に従ってここに移す。
(44) 原文は、「趙王使其相李牧來約盟、故歸其質子。已而倍盟、反我太原、故興兵誅之、得其王。趙公子嘉乃自立爲代王、故舉兵撃滅之。魏王始約服入秦、已而與韓・趙謀襲秦、秦兵吏誅、遂破之。荊王獻青陽以西、已而畔約、撃我南郡、故發兵誅、得其王、遂定其荊地。燕王昏亂、其太子丹乃陰令荊軻爲賊、兵吏誅、滅其國。齊王用后勝計、絶秦使、欲爲亂、兵吏誅、虜其王、平齊地」。
(45) 工藤元男一九九四では、会盟にともなう同盟の誓約は対等者間のものではなく、主盟者が同盟国に与えた宣言・命令の性格をもつものであったことを指摘している。
(46) たとえば前出の斉の例など。また、工藤元男一九九四の表一からは、戦国時代の入朝の事例について、その対象が当初は必ずしも秦に限定されていなかったこと、しかし時代がくだるにつれて、次第にそれが秦に収斂していったことなどがうかがわれる。
(47) 『史記』巻九一黥布列伝。
(48) 『史記』巻九二淮陰侯列伝。

(49) 西嶋定生一九七〇では、劉邦の皇帝即位の経過から、前漢の皇帝号が「王」に優越する天下の君主としてのものであったことを指摘する。なお、これに関連して、町田三郎一九八五、九一—二頁では、「王の王としての帝」と「絶対者としての帝」との区別について言及があり、本章での「統一国家像」の問題とも関わるものとして注目される。

(50) この問題については、鎌田重雄一九五四、紙屋正和一九七四b、明間信行一九八九年、柳春藩一九八四、第二章第一節・諸侯王的分封、など参照。

(51) 漢代における諸侯王の「入朝」の記録については、『史記』巻一七漢興以来諸侯王年表に詳しい。

(52) たとえば『史記』巻九呂后本紀に見える趙王・友の事例など。

(53) 加藤繁一九一八、第二・八、献物及び酎金、など参照。なお、漢初のことを述べたものではないが、『史記』漢興以来諸侯王年表には、漢朝中央への諸侯王の義務として「貢職」の語も見える。

(54) 孫家洲・楊賢軍一九九三参照。なお、『史記』巻五五留侯世家の「(漢)阻三面而守、獨以一面東制諸侯」などは、その典型的な例である。

(55) 『史記』巻一〇八韓長孺列伝。

(56) ただし、後述の「内臣」と「外臣」という点からするならば、ここで見てきたような「国際」秩序のもとでの戦国諸国が秦の「外臣」的な存在であったのに対して、漢の諸侯王は「内臣」であったと考えられ、両者の間には質的な差異が存在していた。

(57) 漢初の諸侯王国をめぐる状況については、本書第二部第二章注(4)など参照。
また漢初のいわゆる「群国制」については、阿部幸信二〇〇八aをはじめとして活発な議論が展開しており、楯身智志二〇一〇、松島隆真二〇一三、杉村伸二二〇一八などに整理がなされている。これに関連して杉村伸二二〇〇四a、b、二〇〇五、二〇〇六、二〇〇八などの一連の研究では、統一国家による一元的統治体制の成熟度に対応する体制として、漢初の郡国制の意義を積極的に評価する。統一国家による中央集権体制への流れは大筋として認めつつ、その当時の視点から漢初の郡国制の意義をより具体的に明らかにしてゆこうとするスタンスは、本論での考え方と基本的に相応じるものであろう。

(58)　たとえば秦末の反乱に際して、旧楚や斉などの遠隔地域では反乱が続発・拡大していったのに対して、旧韓などの近接地域は秦に押さえ込まれている。

(59)　本書第一部第二章、第三章では、異なる観点から、真なる統一国家体制の成立の画期を武帝期に求めている。

(60)　孫家洲・楊賢軍一九九三では、漢初においても、郡国制の存在を一因として、縦横家の活動が盛んであったこと、しかし、呉楚七国の乱鎮圧以後衰退をはじめ、武帝期には廃絶してしまったことを指摘する。

(61)　『史記』巻一一二主父偃列伝に「今諸侯或連城數十、地方千里、緩則驕奢易爲淫亂、急則阻其彊而合從以逆京師」とある。また同、巻一一孝景本紀の太史公曰にも「七国倶起、合從而西鄉」と「合從」の例が見えてはいる。

(62)　巴新生一九九二では、秦の統一から項羽の分封制を経て漢初に至るまでの過程を論じているが、本章での考察からすれば、さらに戦国後期からの動きも視野に入れるべきであろう。

(63)　序章でも述べたように、ここでは「秦と東方諸国との関係」という視角にしぼって論じているが、田余慶一九八九では「秦と楚の関係」を軸として、秦の統一から秦末の動乱、楚漢抗争期を経て漢初の郡国制に至る「国際秩序」の展開について論じており、また李開元二〇〇〇では、それを承けてより詳細な考察を加えている。さらに平勢隆郎一九九六、一九九八、二〇〇〇などにおいては、「正統観」の視点より、戦国から漢代にかけての展開が、南越や東越なども含めて論じられている。

　また本論では、秦の「統一」をはさんで、ともすれば断絶する側面に目の向けられがちな「戦国」と「秦漢」という二つの時代が、意外に通底するものであることを論じてきたわけであるが、このうち前漢初期については、藤田勝久一九九九、二〇〇三a、b、二〇〇六などが、李氏の研究などをふまえながら、楚の地域との関連などから論じている。

(64)　栗原朋信一九六〇、および一九七〇、一九七八年参照。こうした内外観の問題については、高津純也二〇〇二、阿部幸信二〇〇四、二〇〇八b、渡邉英幸二〇一三、佐々木仁志二〇二〇などに議論がある。なお、後述の「内属」については小林聰一九九一がある。

(65)　『史記』巻一一三南越列伝には、南越王尉佗が、「願長爲藩臣、奉貢職」とあり、第三節で見てきた戦国諸国間における服属の諸相と共通するものである点、注目される。

(66)『史記』南越列伝に「請比内諸侯、三歳一朝、除邊關」とあり、また『史記』巻一一七司馬相如列伝に「請爲内臣。除邊關、關益斥」とあって、内属する以前には漢との境界に関所が置かれていたこと、また、「内」と「外」との境界に変動があると、従来の境界に置かれた関所は廃止され、代わりに新たな境界上に関所が設置される原則であったことがうかがわれる。そしてこれら辺境の関所によって形成されるのが、外側の関所のラインであった。紙屋正和一九七八a参照。なお、外臣と境を接している場合は関所があったことについては栗原朋信一九七〇、四七〇頁にも言及がある。

(67)本書第三部第一章参照。

(68)栗原朋信一九六〇でも、「春秋・戦国の混乱は、要するに周の外臣が秦・漢の内臣に化せられていった過渡的な時代」(二六四頁)とする。

補記

二〇二一年に湖北省雲夢県鄭家湖二七四号墓より出土した「賤臣筡西問秦王」木觚には、遊説者が秦王に対して、秦の領域が「東南囊楚而北半趙」である(前二七八年の郢都陥落や前二六〇年の長平大戦の結果か)一方で、魏をはじめとする「五邦」が結束して対抗する構えを見せる(あるいは前二四七年の五国合従などと関係か)ほか、秦の国内が疲弊し厭戦気分も見られるなどの状況を指摘した上で、「兵を寝め」、「足るを智」り、「五邦」と和議を結ぶよう説く故事が記されている(湖北省文物考古研究院・雲夢県博物館二〇二二、李天虹・熊佳暉・蔡丹・羅運兵二〇二二)。これが史実であるかどうかはさておき、ここにも本章でも見てきたような「国際」秩序としての「統一国家像」と通じる考え方の存在をうかがうことはできるであろう。

第二章　燕・齊・荊は地遠し——秦漢統一国家と東方地域——

第一節　問題のありか——統一国家体制の形成と展開——

『史記』巻六秦始皇本紀二十六（前二二一）年条には、統一直後のこととして、秦廷での以下のような議論の様子を伝えている。

丞相綰等言「諸侯初破、燕・齊・荊地遠、不爲置王、毋以塡之。請立諸子、唯上幸許。」始皇下其議於羣臣、羣臣皆以爲便。（丞相〔王〕綰らが「諸侯は滅びたばかりであり、もとの燕・斉・楚などは遠隔の地なので、王を置いておかないと、これを鎮めることはできません。どうか皇子をこれらの地域の王に立てられますよう」と申し上げげた。始皇帝が群臣に下して議論させたところ、群臣はみなこの意見をよしとした）

これによれば、統一直後の秦において「燕・斉・楚（荊）など遠方の地に皇子を封建する」ことが提起されており、しかもそれは廷臣の大方の支持を得ていたことが知られるのである。

もっともこれに対しては廷尉の李斯より「諸侯を置くのは戦乱のもとである」との反論がなされ、それを可とする始皇帝の裁定によって、結局のところ全土直轄の郡県制がとられることとなっている。さらに三十四年にも「子弟封建」の議論が蒸し返されるが、これまた李斯の反駁によって却下されており、秦の統一支配のもとでの郡県制は維持され続けたのであった。[1]しかしながらこの体制はわずか十数年にして崩壊し、秦末の諸反乱の中で、滅ぼされたはずの東方諸国が次々と復活する。さらに項羽の十八王分封を経て前漢が成立すると、そこでは郡国制が採用され、異姓諸侯王の排除をうけて同姓諸侯王の封建へと落ち着くこととなるのであるが、漢初のこの体制は見方によっては、先にふれた秦の朝廷での「遠方への皇子封建」という議論が、ほぼそれに近いかたちで実現したものととらえることもできるであろう。

本書では、ここまでに「地域間での支配、対立の関係の構図とその相対化」という視点から、戦国から秦漢時代にかけての統一国家体制の形成と展開のありかたについて考察を加えてきており、それによるならば、（秦の統一、あるいは漢初の郡国制など）地域間の区別や対立を色濃く残したままの未熟な「統一」は、やがて（一）「内史の地」や「関中」など支配する側の地域の特殊性が相対化してゆくと同時に、（二）諸侯王国を中心とする東方地域が直轄地として取り込まれてゆく——という二つの動きが併行して進んでゆくことによって、ゆっくりと「真なる統一国家」の体制へと成熟していったと見ることができるであろう。このうち（一）については第一部諸章において論じてきたところであるので、本章では主として（二）の動きについて、簡単な考察を加えることとしたい。

漢初の諸侯王国については、たとえば王国の官制や「高祖に始まり呂后の削弱策、文帝の分国策、景帝の割削策、武帝の推恩の令へと至る」漢朝の諸侯抑損策などについて論じた鎌田重雄氏の諸研究、[2]あるいは（直轄地のそれと並んで）諸侯王国の領域の前漢時代を通じての変遷を考察した周振鶴氏の研究[3]をはじめとして、数多くの研究が蓄積されており、さらに近年は張家山出土の二年律令など関連する史料も新たに出土している。[4]こうした諸侯王国に関わる問題、とくに諸侯王国をめぐる状況の変化を、ここまでに述べてきたような「地域間の関係」という視点から見てみることで、「統一国家体制が東方地域へと次第に波及、浸透してゆく過程」の一端をうかがうことができるのではなかろうか。ちなみに冒頭にも挙げた秦の統一直後の「皇子封建」の議論において、その対象となっていたのは秦にとって遠方の燕・斉・楚の地域であり、同じく東方地域ではあっても、より近い旧三晋諸国の地域との間には差異のあったことがうかがわれるのであるが、こうした東方での「地域差」の存在を漢初においても想定することは充分に可能であり、その変化のうちにまた「統一への流れ」を読み取ることもできるであろう。

以上より本章では、漢初における諸侯王国の動向を「統一」と「地域間の関係」という側面から論じることとする。それに先立って、まずはその前提となる秦末から楚漢戦争期にかけての状況（前漢の異姓諸侯王も含めて）について簡単に見ておくこととしたい。

第二節　秦末、楚漢戦争期の東方地域

『史記』巻十六秦楚之際月表は、秦二世元（前二〇九）年七月から漢の高帝五（前二〇二）年後九月にかけての八年間の月ごとの記事を「秦・楚・項・趙・斉・漢・燕・魏・韓」の九カ国の欄に分けて表示したものであるが、そこでは秦末の諸反乱の中で復活した諸国はもとより、項羽の十八分封国や漢初の異姓諸侯王国なども含めて、それぞれの欄に対応する形で記載されている。(5)この九カ国のうち「漢」を「秦」に、「項」を「楚」に含めて考えてよいとするならば、そこに示される諸国の推移消長はいずれも旧戦国諸国の系譜を引くものである——との理解のもとに本表は構成されているということになるであろう。本章では、秦楚之際月表のこうした枠組みに従って、以下にこの時期における旧東方六国の地域ごとの動向を簡単に確認してゆくこととしたい。

ちなみに「東方地域」の範囲については、戦国諸国の領域が時代によって大きく変動していることもあって、[6]明確には定めがたいが、『史記』巻六秦始皇本紀には秦王政即位時の秦の版図の状況について特に

當是之時、秦地已幷巴・蜀・漢中、越宛有郢、置南郡矣。北收上郡以東、有河東・太原・上黨郡。東至滎陽、滅二周。置三川郡。（この当時、秦の版図はすでに巴・蜀・漢中を併せ、宛をこえて郢を領有し、南郡を設置していた。さらに北は上郡以東を収めて河東・太原・上党郡を領し、東は滎陽に達して二周を滅ぼし、三川郡を置いていたのである）

と述べられており、漢初の諸侯王国との領域との関係などからも、[7]秦末、楚漢戦争期における「旧六国の東方地域」の範囲を考える上で、この記事は一つの目安となるのではないかと思われる。ここに示された当時の秦の領域以外が他の六国の領域であるとするならば、たとえば楚の領域の場合については、南郡など長江中流域の地はすでにそこには含まれておらず、もっぱら下流の江淮地域を中心として考えることとなるであろう。実際、秦末の楚勢力は、春秋・戦国と江漢地区に栄えた楚とはむしろ一線を画した存在であったことが、太田麻衣子氏によっても指摘されている。[8]同様に魏の領域も（河東などの西方の故地は含めない）大梁を中心とする東方の地域が、韓についても宛や上党を含まない地域がそれぞれ想定されるであろう。

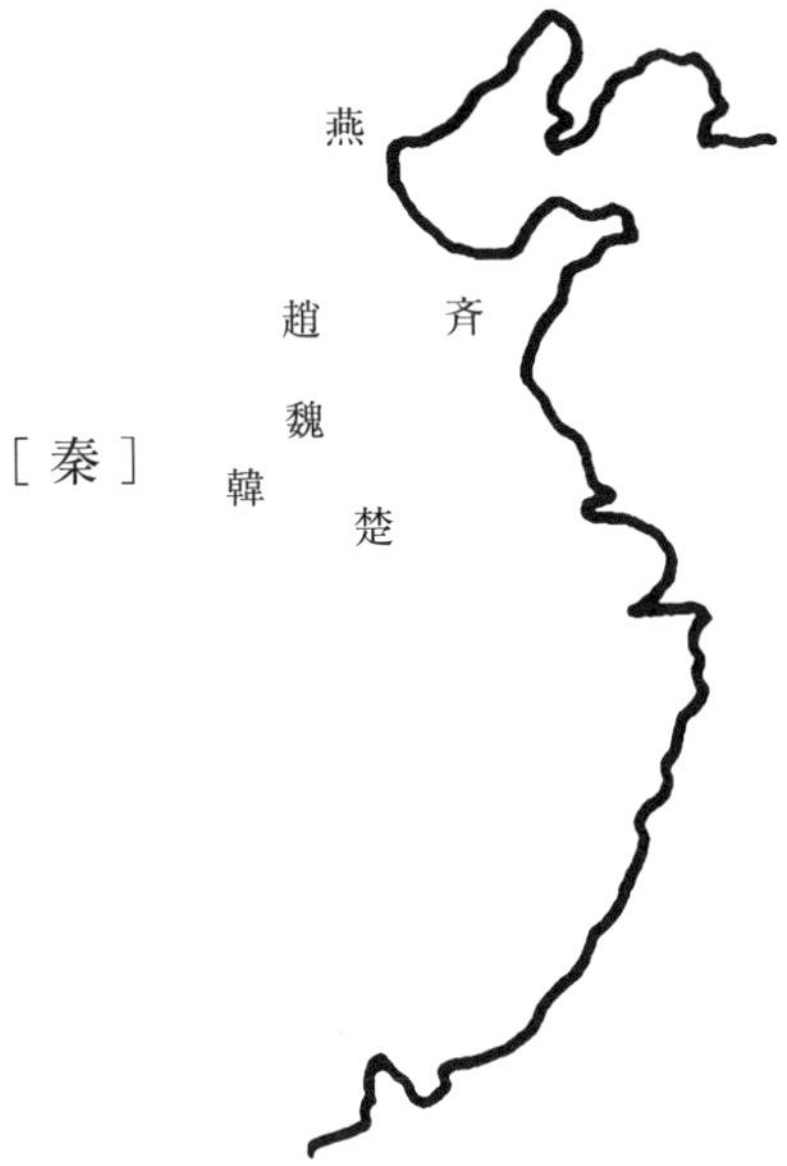

図5　秦末、楚漢戦争期の東方地域
譚其驤『中国歴史地図集』第一冊（地図出版社、1982年、上海）などをもとに作成

なお紙数の関係から、以下の紹介では詳細な展

開や史料については、必要最小限の言及、挙例にとどめておくこととする。(9)

①楚の地域

周知のように、秦に対する反乱の動きはこの地域から始まった。陳勝は楚の復興をとなえて張楚を建国し、その敗亡後も旧楚国の名族出身の景駒や項梁をはじめとして、呂臣、黥布、陳嬰などさまざまな勢力が相次いで挙兵する。やがて楚王室の血を引く懐王心が擁立されるが、そのもとで派遣された項羽が秦を滅ぼすと、懐王を義帝として祭り上げ、自らは「西楚の覇王」として諸王を分封する。そこでは楚の地域は、西楚のほか衡山、臨江、九江の四カ国に分けられた。このうち臨江国は漢に滅ぼされ、衡山国は漢によって長沙に移封される。九江国は漢に帰順して淮南国となるが、高帝十一（前一九六）年に王の黥布が反乱を起こして翌年敗死すると、淮南国は漢の同姓諸侯王国となる。また項羽の死後、斉王韓信が「楚の風俗に習う」（『史記』巻八高祖本紀五年条）としてその遺領に封じられて楚王となるものの、その翌年には廃されて、楚国はいずれも同姓諸侯王国の荊と楚とに分かたれる。さらにこのうち前者は黥布の乱によって王が敗死したため、あらためて同姓諸侯王国の呉が立てられることとなった。

以上のように、この時期における楚の地域は秦末の反乱の一大中心地であるとともに、楚漢戦争期の一方の当事者たる地域でもあった。「楚は三戸と雖も秦を亡ぼすは必ず楚なり」（『史記』巻七項羽本紀）の語にも示されるようなその反秦感情の強さとも相まって、さらに「懐王」の号が「民の望む所に従う」（同前）ものであったことや、（高帝に関中徙民を説いた劉敬の言葉の中に）この時期のこととして「夫れ諸侯の初めて起ちし時、齊の諸田、楚の昭・屈・景に非ざれば能く興るなし」（『史記』巻九九劉敬列伝）とあることなどからは、この地域における旧楚の枠組みがいかに強固なものであったかをうかがうことができるであろう。漢の体制下に入ってもなお、韓信を楚王に封ずる際に「楚の風俗に習う」ことがその理由とされていることや、呉王濞を封ずる際に高帝が「漢の後五十年にして東南に亂有りとは豈なんじならん邪」(『史記』巻一〇六本伝)と述べたとされる逸話なども、それが地域としての一体性をそれなりに保っており、かつ統一国家体制からの自立的傾向を有していたことを示すものであるかもしれない。

ただし一方では、秦末の反乱において、もとは楚人ではなかった人々が少なからず「楚」の旗印のもとに集っていたことや、楚漢戦争期の楚域諸国が必ずしも一枚岩で結集していなかったことなど、その多様性あるいは分権的性格が指摘されている点にも注意しなければならない。項羽の分封体制下において長江流域の三人の王による体制を「大きな楚国」とする見方も、楚の地域の以上のような一面を逆からとらえたものといえるであろう。(10)(11)(12)

②趙の地域

陳勝は張楚を建国すると、武臣や張耳、陳餘を趙の経略に派遣した。当初、趙の諸城は城守して抵抗の構えを見せるも、結局は相次いで降伏し、かくして趙を平定した武臣は自立して趙王となる。やがて部将の反乱により武臣が殺害されると、張耳と陳餘は趙王室の後裔である趙歇を趙王に擁立した。その後章邯の秦軍が侵攻して鉅鹿に包囲されるが、項羽の楚軍によって救出され、さらに項羽が覇権を握ると趙王歇は代王に徙され、張耳が常山王となり趙は二分される。これを不満とした陳餘は張耳を追って趙歇を趙王に復すと、自らは代王となりながら趙王を補佐した。この趙(・代)の勢力は楚漢戦争の中にあって、はじめは漢につくも後に楚の側に転じ、最後は漢の派遣した韓信によって滅ぼされる。かわって張耳が趙王に封じられるが、子の張敖の代に廃されて同姓諸侯王国となっており、また代は漢の直轄地の時期を経て、やはり同姓諸侯王国とされている。

以上のようなこの地域の状況は、たとえば武臣による趙地平定の経緯など、秦に対する反乱が沸騰した楚の地域のそれとは大きく様相を異にしているといえるであろう。たしかに趙においても秦の支配に対する反乱の機運は高まっていたようであり、あるいは武臣殺害後、旧王室の子孫が擁立された背景には旧趙の枠組みが根強く存していたこと(13)

もうかがわれるのであるが、とはいえ結局は主体的な蜂起にまでは至っておらず、かつ武臣、張耳、陳餘、あるいは漢など相次いで外部からの支配を受け入れていることなど、先の楚の地域の場合に見られたほどの強烈な一体性や自立的傾向は、ここではあらわれてきてはいないのである。

③斉の地域

各地で秦への反乱が拡大する中、この地域では王室の一族である田儋が挙兵して斉王として立っている。田儋が章邯の秦軍に敗死すると、斉では王族直系の田假を王とするが、田儋の弟の田栄がこれを逐って田市（儋の子）を斉王に擁立した。しかし田栄と確執のある項羽が覇王となると、田市を膠東王へと徙し、田栄より離反した田都を斉王に、王室直系の田安を済北王に封じて斉を三分する。これに反発した田栄は挙兵し（就国しようとした田市も含めて）王たちを殺害あるいは放逐して三斉を併せて自らがその王となるものの、項羽の侵攻を受けて殺されてしまう。項羽はその後も斉地で掠奪を続けたため、各所で反抗の動きが噴出する中、田栄の弟の田横は楚の勢力を撃ち田廣（栄の子）を斉王として立て、自らは相としてこれを補佐した。続く楚漢戦争に斉が積極的に関与した形跡は見えないが、最後には漢との服属交渉の最中に韓信軍の急襲を受けて制圧されてしまう。韓信は新たな斉王となるものの、項羽滅亡後は楚に移封され、斉は漢の直轄地の時期を経て、やがて同姓諸侯王国とされたのであった。

ここに見てきたように、この時期における斉をめぐる状況は田氏一族同士での争いを軸に展開していた。まさに先にも引いた「諸田に非ざれば能く興るなし」とある通りであり、旧斉の枠組みが強固なものであったことがうかがわれる。さらに漢の版図に入り同姓諸侯王国が置かれた際にも「民の斉言を能くする者は皆な齊に屬す」（『史記』巻八高祖本紀六年条）とされていることなどは、この地の一体性の強さを示すものであり、この点では先に見た楚よりもまさっているといえるであろう。なお楚漢戦争末期における斉の漢に対する服属の問題については、後段にて言及することとしたい。

④燕の地域

②でもふれた武臣が趙王となると、もと上谷の卒史であった韓広を燕の攻略に派遣した。しかし韓広はそこで「燕の故の貴人豪傑」（『史記』巻四八陳渉世家）らの推戴を受け燕王として自立する。その後項羽が覇権を握ると、燕を二分して韓広を遼東王に徙し、自らとともに入関した燕将の臧荼を燕王とするが、これを拒否した韓広は臧荼によって攻殺され、燕はそのもとで統一される。この臧荼の燕国は楚漢戦争期にあっては、漢と連携をとりつつ比較的局外の立場をとっていたものの、項羽が滅びると漢の攻撃を受けて併合されてしまう。ついで盧綰が異姓諸侯王として燕王に封じられるが、それが謀反のかどで廃されると、燕は同姓諸侯王国とされたのであった。

以上に見られるように、燕では基本的に一体性が維持されており、かつ「燕の故の貴人豪傑」など旧来の枠組みも一定の影響力を有していたようである。しかしそこには先に見た「齊の諸田、楚の昭・屈・景」と併称されるほどの存在は見られず、またそれらが主体的に蜂起することなく相次いで外来の勢力を受け入れていることなどからするならば、それはむしろ②で見た趙の状況に近いものであったとすることができるであろう。

⑤魏（梁）の地域

陳勝は王位につくと、魏人の周市を派遣してこの地域を攻略させた。魏地では「相ともに周市を立てて魏王と爲すことを欲」（『史記』巻九〇魏豹彭越列伝）し、斉・趙も魏王即位を慫慂してきたが、周市はこれを固辞して旧魏王家の魏咎を王として擁立する。しかし間もなく章邯率いる秦軍がこれを臨済に包囲し、周市は敗死、魏咎は自殺してしまう。章邯軍が去った後、魏咎の弟の魏豹が楚の援助のもと魏地を従えて王となるものの、項羽が覇権を握ると「梁地を有せんと欲し」（同前）て魏豹は西魏王に徙される。その後の西魏は楚漢戦争の中で向背を繰り返した挙げ句に漢に併呑され河東郡とされるが、これについては東方地域を対象とする本章での考察の範囲からはずれた問題となるであろう。ちなみに秦楚之際月表では西魏とともに魏の系譜を引く扱いとなっている殷国（王はもと趙将の司馬卬）も、漢に滅ぼされて河内郡とされている。ここで問題とする梁の地域は、先述したように項羽の支配下に置かれたのであるが、楚漢戦争期には彭越がこの地域で遊撃戦を展開してしばしば項羽軍を攪乱した。その結果、項羽滅亡後は彭越を梁王とする異姓諸侯王国がこの「魏の故地」（『漢書』巻一高帝紀五年春正月条）を治めることとなるが、やがて彭越は謀反のかどで国を除かれ、梁は同姓諸侯王国に置き換えられたのであった。

このように魏（梁）の地域では、旧王家の活動や魏地での輿論など旧魏の枠組みの存在がうかがわれる一方で、やはり主体的、本格的な蜂起には至らず、外部からの勢力を相次いで受け入れていることなど、基本的に先に見た趙や燕と同様な状況であったと見ることができるであろう。さらにこの地域の場合、旧都大梁が秦によって徹底的に破壊されており、[14]あるいは（秦の城壁堕壊の影響をもろに受けて）地域としての防衛能力がこの時期いちじるしく低下していた、[15]などといった条件がその一体性の保持をより困難にさせていたのではないかと考えられる。

⑥韓の地域

韓の復活は他国よりも遅く、「大父、父の五世韓に相」（『史記』巻五五留侯世家）であった張良が項梁に説いて「韓の諸公子」（同前）である韓成を韓王としたのに始まる。しかも韓地の略定は遅々として進まず、沛公であった劉邦の軍と合流するに及び、ようやく「韓の十餘城を下し」（同前）、韓王は陽翟を本拠としたのであった。しかし項羽の分封では韓は楚の将であった申陽の河南国とに二分され、さらに韓王成は就国することなく項羽により殺害、かわってもとの呉県令であった鄭昌が韓王とされる。これに対して漢は「韓の襄王の孽孫」（『史記』巻九三韓信盧綰列伝）の韓信（斉王となる韓信とは別人）を派遣して鄭昌を降し、ついで韓信を韓王に立てる。ちなみに河南国も漢に併合されて郡となった。楚漢戦争に際しては、韓王信も一時は楚の捕虜となるなど、韓地は激しい戦いの場となるが、それが終結するや、戦略上の要地に近接する韓王信は警戒されて太原に国替えとなり[16]、その故地は潁川郡とされたのであった。その後、韓王信は匈奴に降って国は除かれるが、これについては東方地域を問題とする本章での考察の対象外のこととなる。

この時期における以上のような韓の地域の状況は、楚や斉はもとより、趙や燕、魏などのそれとも様相を異にしているといえるであろう。そこでは旧王家や王族、名族の活動は認められるものの、かれらとこの地域との密接な関係は必ずしも認められず、この地域の主体的な動きもほとんど見出すことができない。柴田昇氏も指摘するように、この地域には「秦の力が他地域に比べて強く浸透しており、王を立てるに至らず民間抵抗勢力の成長も生じにくかった[17]」のである。この時期しばしば激戦の舞台となったこととも相まって、この地域における旧来の枠組みや一体性、自立性は他の地域に比べて格段に弱体であったと考えられる。

以上に、秦末から楚漢戦争期にかけての旧東方六国の地域ごとの動向を簡単に見てきた。最終的にはいずれも旧王室の系統は没落し淘汰されて漢の同姓諸侯王（あるいは直轄地）が置かれているわけであるが、それでもその過程のうちには地域によって大まかな傾向性を見てとることができるであろう。すなわちその「地域としての一体性」、「旧来の枠組み」、「自立的傾向」などの強弱からするならば、それぞれ

これらの要素が顕著　―　斉・楚
これらの要素が希薄　―　韓
その中間的な存在　―　魏・趙・燕

のおよそ三つのグループに分類することができるのではないかと思われるのである。見られるように、これらはおおむね秦との地理的な遠近関係に対応しており、統一国家の支配が地域的層位性を伴って近くから遠くへ、西方から東方へと及んでゆく状況を反映したものでもあるといえるであろう。

もっとも秦の「統一」直後に提起された皇子封建の議論において「齊・荊」とともに「遠方の間接支配」の対象としてあげられていた「燕」は、ここでの基準からすれば、「斉・楚」ではなく、むしろ「魏・趙」と共通する性格の地域に分類されることとなる。燕の地域は北方に偏しているために他の地域の干渉を受けることが比較的少なく、そのため大規模な争乱においても局外にあって独立や一体性を維持しやすいものの、一方でしばしば「弱燕」とも称されるその国力の低さや、北方民族との抗争を抱えているなどの事情が、あるいは統一国家支配との関係に影響を及ぼしているのかもしれない(18)。

ちなみにこの時期における諸地域の分類については、すでにいくつかの言及がなされており、たとえば佐竹靖彦氏は項羽の封建において、東北から西南にかけて分界線を引き、東南の斉・楚（九江・衡山・臨江を含む）を土着の王が支配した「土王地域」、西北の三晋・燕・秦をその土地以外の豪傑や、その土地以外の勢力によって王が立てられた「客王地域」に分類しており(19)、また柴田昇氏は、陳勝反乱当時の旧六国地域には、①自立的勢力の見出しにくい地域（三晋および燕）、②旧王権関連勢力がある程度の力を維持し続ける地域（斉）、③旧王権との直接的な関係が希薄な多数の民間武装勢力が勃興する地域（楚）、の三種の類型を想定している(20)。基準によってその分け方に違いはあるものの、大まかな方向性は一致しているといえるであろう。

なお、ここでは旧戦国諸国の枠組みからそれぞれの地域の動向を見てきたわけであるが、一方でこの時期にはこうした「既存の枠組み」には収まりきらない存在も出現しつつあったことが指摘されている(21)。このように旧戦国諸国の枠組みは当時すでに絶対的なものではなくなりつつあったのであり、以後もゆっくりと解消への道をたどってゆく。それはまさに統一国家体制が成熟し確立してゆく流れの一つの側面を示すものであるが、こうした中で、以上に見てきた地域ごとの傾向性が漢初の諸侯王国の動向の上にどのようにあらわれ、また変化していったのか——この点について次章で見てゆくこととしよう。

第三節　漢初における各諸侯王国の地域的傾向

ここまでに見て来たように、秦末の反乱や楚漢戦争の後をうけて最終的には東方地域の多くに同姓諸侯王国が置かれる（漢の直轄地や例外的な異姓諸侯王国である長沙国を除く）こととなったわけであるが、それらの内には統一国家の支配の及び方を反映したともいえる「地域差」がさらに存在していたのであった。漢初の同姓諸侯王国については、『史記』巻十七漢興以来諸侯王年表に年表形式でその簡単な動向、変遷がまとめて示されており、また周振鶴氏の研究ではそれぞれの領域の変遷が考察、復原されている[22]。本節ではおよそ武帝期に至るまでのこれら諸侯王国の動向から、こうした「地域差」の変化、ひいては「統

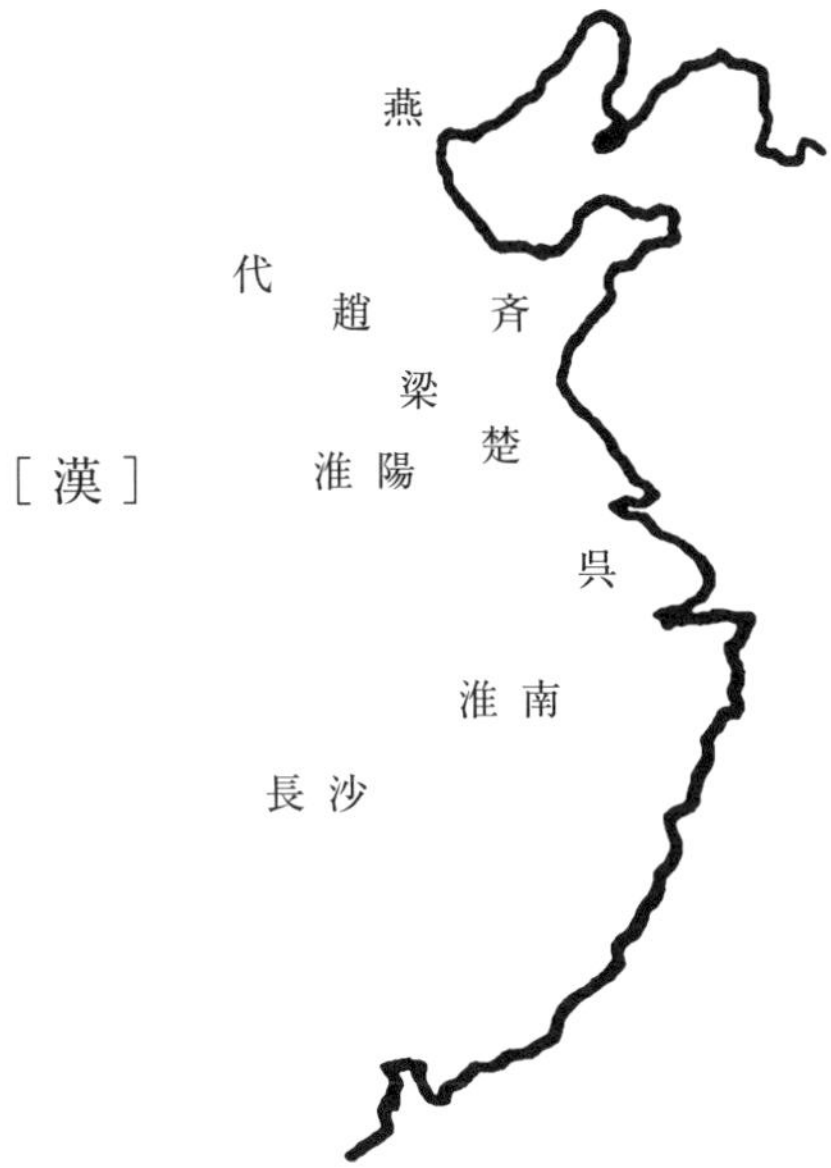

図6　漢初の諸侯王国
周振鶴『西漢政区地理』などをもとに作成

一への流れ」のあり方の一端を読み取ることとしたい。以下、前章と同様の「自立的傾向」や「一体性」、あるいは「王統の継続性」といった観点から、（一）〔Aの「（秦の）初期領域」あるいは「内史の地」から見てより遠く、比較的自立的傾向の強かった〕旧斉・楚の地域、（二）〔中間的な〕旧魏・趙・燕の地域、そして（三）〔自立的傾向が希薄な〕旧韓の地域――に分けて、各諸侯王国の状況を簡単に確認してゆくこととする。

（一）旧斉・楚の地域

①斉

同姓諸侯王国としての斉は、斉王韓信の移封後、漢の直轄地の時期をはさんで、高帝六（前二〇一）年に劉邦の庶長子の悼恵王劉肥が封じられたことにはじまる。ちなみにその直前のこととして、『史記』高祖本紀同年条には、田肯なる人物が斉は大国であるから「親子弟に非ざれば齊に王たらしむるべきこと莫かれ」と建言したことが伝えられている。高帝の死後、呂太后執権のもとで斉は城陽、済南、琅邪の三郡を相次ぎ削られる。呂太后が没すると、二代目哀王は挙兵して呂氏誅滅のさきがけとなるが、最終的には文帝が即位して斉王の帝位継承の望みは絶たれた。以後、斉は漢朝中央の警戒対象となり、かつて奪われた三郡は返還されるものの、かわって城陽と済北郡が呂氏誅滅に功績のあった王弟の劉章、劉興居の封国として斉から分離され、うち済北国は後に反乱を起こして廃絶されてしまう。さらに文帝十五（前一六五）年に三代目文王が後嗣なく死去して一旦国が除かれた後、間もなく悼恵王の子どもたちを封じて斉は斉、城陽、済北、済南、菑川、膠西、膠東の七国に分割される（琅邪は漢直轄の郡に）。ついで景帝三（前一五四）年に起きた呉楚七国の乱では斉系諸国の対応は分かれ、反乱側に加わった済南、菑川、膠西、膠東の四国は乱鎮圧後廃絶、領地は漢に没入された（菑川には済北王が転封）。のち済北には衡山王劉勃、膠西・膠東には皇子の劉端・

劉徹が封じられるが、見られるようにいずれも悼恵王の系統ではなくなっている。以後、武帝の時代にかけて諸侯王に対する統制は強化され、諸侯王の権限の制限、支郡の没収などにより、斉の地域でもしだいに諸王国の領域、存在感は縮小減退し、実質的に直轄化が進行する。こうした中、元朔二（前一二七）年に斉相主父偃の摘発により厲王が自殺、後嗣なく国は廃絶されたのであった。

前章でも見てきたように、秦末、楚漢戦争期のこの地域は旧斉の枠組みが強固で、地域としての一体性、自立的傾向も顕著であったわけであるが、同姓諸侯王国が置かれるようになっても、こうした性格は依然として強く残存していたことが、以上からもうかがうことができるであろう。漢成立直後の段階での田肯の建言において、この地域に対しては直轄支配ではなく、王を置いて間接的に統治すべきことがそもそもの大前提とされていることや、呂氏誅滅の際には実際に反乱に踏み切っていることなどは、この地域が統一国家の支配が容易には及びがたい、自立的傾向の強い地域であったことを物語っている。さらに呉楚七国の乱までは一時的に地を削られたり、廃絶による直轄化や分割をこうむることはあっても、基本的には悼恵王の王統のもとでの統治が維持されていることなどは、この地域の一体性の強固さを示すものといえるであろう。

しかしながらその一方で、たとえば呉楚七国の乱の直前に、呉王と結ぼうとする膠西王を群臣たちが諫めて「一帝を承くるは至樂也」（『史記』巻一〇六呉王濞列伝）と述べたとされる例などからは、すでにこの段階において漢王朝の統一支配が一定程度この地域にも浸透し定着しつつあったと見ることもできるかもしれない。さらに呉楚七国の乱での斉系諸国の足並みの乱れや、それ以降の直轄化の進展については、ここに見てきた通りである。また主父偃が武帝に対して述べた中に「此れ天子の親弟愛子に非ざれば此（＝斉）に王とするを得ず」と、かつての田肯と同様な内容の語が見られるのではあるが、その理由は斉が大国だからということではもはやなく、「臨淄は十萬戸、市租千金、人衆く殷富にして長安より巨」（『史記』巻五二斉悼恵王世家）ということに変質していた。この時点での斉は、国力も領域もすでにかつての強大さとは比すべくもない存在となっていたのである。ただし一点のみ付け加えておくならば、この主父偃は後に罪を得て刑死することとなるのであるが、その決め手となったのは公孫弘の「齊王憂を以て死して後毋く、國は漢に入る。偃を誅するに非ざれば以て天下の望《うら》みを塞ぐ無し」（同前）という言なのであった。すでに実質的な重みは失っていたとはいえ、かつて東方の大国であった斉が廃絶、直轄化されたことのもつ象徴的な意味合いはなお小さくはなかったことが、そこからはうかがわれるのである。

②呉

楚王韓信が廃されると、その故地はおよそ淮東の荊と淮西の楚とに分割される。荊は漢の一族の劉賈が王となるが、黥布の乱で敗死して国は除かれ、かわって劉邦の甥の劉濞を王として呉国が置かれた。呉王濞はこの地に王たること四十余年、漢朝中央との間で緊張をはらみつつ着々と力を蓄えていたが、景帝の諸侯王抑圧策に反発して呉楚七国の乱を起こして敗亡に至る。その地は漢の直轄地ならびに江都国とされるが、後者は景帝の皇子が移封されてきたものであり、呉の王統は以後は途絶えたのであった。

先に紹介した呉王濞封建の際の挿話に象徴されるように、この地は当初から反中央的な存在と目されていたのであるが、その一体性や自立的傾向は基本的に四十余年にわたって維持され続けたと見てよいであろう。少なくとも呉楚七国の乱が鎮圧されるに至るまでは、統一国家の支配が充分にこの地域に及ぶのは困難であったと思われる。

③楚

韓信の故地のもう一方には、劉邦の弟の劉交を王とする楚国が置かれた。楚国は呂太后執政期に一時的に郡を削られたりしながらも、四十余年にわたってその封域を維持してゆく。しかし景帝期の諸侯王抑圧策で東海郡を削られたことから呉とともに挙兵し、破れて国は一旦は廃絶される。ほどなく劉禮によって楚国は再興され元王劉交の王統は維持されるものの、その版図は東海郡や薛郡などを含まない、はるかに狭小なものとなっていたのであった。

ちなみに実現こそしなかったものの、反乱鎮圧当初、景帝は呉についても劉濞の甥を封じて国を存続させる意向であったとされている。(23)反乱の主力でありながら、呉、楚両国の王統に対してこのような配慮がなされていることは、これらの地域における一体性の強さを示すものでもあろう。

④淮南

黥布の反乱、敗死をうけて、淮南国には皇子の劉長が王として封じられた。『史記』巻一一八淮南衡山列伝によれば、この淮南厲王は呂氏政権との関係は比較的良好であったが、文帝期になるとしだいに僭上のふるまいが問題視されるようになり、六（前一七四）年に謀反のかどで廃されて、配所への移送中に絶食して自殺する。その地は漢の直轄となるが、やがて城陽王の一時的な転封の期間（前一六八～六四年）を経て十六（前一六四）年には、厲王の三子のうち劉安を淮南、劉勃を衡山、劉賜を廬江にそれぞれ王として封じ、もとの淮南国は三分されることとなった。呉楚七国の乱に際しては淮南王はこれに呼応しようとするも国相に阻止されて果たさず、廬江王はそれに応じない一方で越と連携するなど独自路線をとり、これに対して衡山王は二心なく漢の側につくなど、その対応は分かれた。乱の鎮圧後、衡山王は済北に、廬江王は衡山に国替えとなり、越と接する廬江は漢の直轄とされる。その後も淮南、衡山両王はひそかに反乱を企てていたが、武帝の元狩元（前一二二）年、相次いで疑惑が発覚し、王は自殺して国も除かれている。

このように淮南の地は、先に見た呉と同様、反中央的な性格を強く帯びており、淮南、衡山両国が廃絶する武帝期まではその自立的傾向が保持されていたと見てよいであろう。とくに一旦廃絶させられた後に、輿論の動向を顧慮したためとはいえ、[24] 厲王の三子を立てていることは、その王統の継続性の強さという点で注目される。ただし、三分された後の旧淮南国総体として見てみるならば、呉楚七国の乱での対応の違いや、その後に残った淮南、衡山両国も必ずしも一枚岩ではなかったことなど、[25] 一体性には欠けていたようである。

以上に、漢初における旧斉・楚の地域での諸侯王国の動向を簡単に見てきた。このうち旧斉の地域では、同姓諸侯王国が置かれるようになっても、それ以前と同様に地域としての一体性や自立的傾向が強く残存していたが、呉楚七国の乱の前後あたりから統一国家の支配が本格的に及びだしたと考えられる。また旧楚の地域では、斉以上に強力な自立的傾向が呉楚七国の乱、あるいは武帝期ごろまで持続するのであるが、一方で地域としての一体性は、旧楚の地総体としてはもとより、旧淮南王国系同士でさえもそれほど強固ではなかったようであり、その点も含めて秦末、楚漢戦争期以来の地域的な特質が受け継がれているといえよう。

なお、文帝期まで異姓諸侯王国として存続し、のちに景帝の皇子が封じられた長沙国については、その立地の点からここでの考察の対象とはしないこととする。

（二）旧魏・趙・燕の地域

①梁

異姓諸侯王である彭越が廃された後、この地には劉邦の皇子である劉恢が封じられた。高后七（前一八一）年、劉恢が趙に移封されると、呂氏一族の呂産が新たに王となるが翌年には殺害され（かわって梁王とされた済川王劉太も間もなく在京のまま殺害）、この地は漢の直轄となる。文帝が即位すると二（前一七八）年に皇子揖を梁王とし、それが十一

（前一六九）年に後嗣なく死去すると、同じく皇子である淮陽王武を梁に転封した（孝王）。景帝期の呉楚七国の乱では、梁は呉楚の主力軍を食い止めて反乱鎮圧の功労者となるが、袁盎暗殺事件を機に中央との関係は冷え込み、中六（前一四四）年、孝王の死去をうけて梁はその五子を王とする梁、済川、済東、山陽、済陰の諸国に五分されてしまう。このうち済川、済東、山陽、済陰の四国は景帝から武帝期にかけてそれぞれ国が除かれて漢の郡となり、はるかに境域の小さくなった梁のみが存続してゆくこととなる。

このような梁国の動向をめぐる状況は、先の（一）で見てきた諸国の場合とはかなり様相を異にしているといえるであろう。そこではまず、呂氏一族の王や直轄地の時期も含めて、その王統が頻繁に交替している。さらに（一）で見てきた諸国のような反中央的な動きはそこでは見られず、呉楚七国の乱では反対にそれを鎮圧する側に回っている。文帝期から景帝期にかけての時期の梁は、血縁のより近い皇子や皇弟を王として、中央とは疎遠な諸国に対抗するための藩屏として想定され[26]、また実際にそのように機能したのであった。このようにこの地域は、漢朝中央の都合によって、比較的容易に王を置いたり置き換えたりすることが可能な、すなわち中央の支配・統制が相対的に及びやすい地域であったと考えられるのである。

いま一つ注目すべきは、領域の問題である。周振鶴氏の研究によれば、彭越の梁国はおよそ碭郡をその領域としていたが、劉恢が王となるとさらに東郡が加えられる。呂産、劉太が殺害されて一旦は東郡、碭郡となった後に梁王に封じられた劉揖の封地は碭郡のみであったが、しかし淮陽王武が転封してくると、反中央的な諸侯への対抗策として淮陽の一部を足して梁を強化したという[27]。このように梁の版図は直轄化の時期も含みながら時によって大きく変化しているのであり、このことはその地域としての一体性、まとまりが強くはなかったことを示すものであろう。

②淮陽

彭越が廃された後に、梁国と同時に立てられたのが皇子劉友を王とする淮陽国であった。しかし間もなく恵帝元（前一九四）年、淮陽王友は趙に転封となり国は郡となる。その後恵帝の子である劉強、劉武が相次いで淮陽王とされるが、劉強は後嗣なく死去し、劉武は呂氏誅滅の際に殺害されてしまう。以後も文帝の皇子の劉武（前一七六年に代王から転封、前一六八年梁王に転封）、景帝の皇子の劉餘（前一五五〜五四年、魯王に転封）と断続的に王が置かれるも、結局はこの地は漢の郡とされたのであった。(28)

以上のような淮陽国の状況は、先に見た梁国と同様に王統が不安定であり、かつ直轄地の期間が（より）長いという点で、中央の支配・統制が比較的強く及んでいたと見ることができるであろう。この淮北の地域は、戦国後期には故宋の地として諸国の争奪の的であり、わけても魏と楚の影響が強いなど、旧戦国の枠組みが比較的希薄な地域であったが、こうしたことも以上のような淮陽国をめぐる状況に関係していた可能性が考えられる。(29)

③趙

趙では異姓諸侯王の張敖が廃されると、劉邦の皇子である如意が王として封じられた。恵帝元（前一九四）年、趙王如意が呂太后によって殺害されると、淮陽王友が趙に徙封されて王となるが、呂后七（前一八一）年に幽死させられる。さらに梁から転封してきた劉恢も同年自殺して国は除かれ、かわって呂氏一族の呂禄が趙王となったが、その呂禄も翌年の呂氏誅滅のクーデターによって排除され、文帝が即位すると二（前一七八）年、幽王劉友の子の劉遂が趙王に封じられた。なおその際に、趙の河間郡を割いて弟の辟彊を封じて河間王としているが、文帝十五（前一六五）年に王統が絶えて国は除かれ、直轄の郡とされている。景帝の諸侯王抑圧策によって常山郡を削られた趙は、呉楚七国の乱では反乱に加わり、国は除かれ幽王の王統は途絶えてしまう。翌四（前一五三）年には景帝の皇子で広川王の彭祖が新たに趙王とされるが、その段階での版図はかなり縮小しており、旧趙の領域は『史記』漢興以来諸侯王年表に「趙は分かたれて六と爲る」ともされるように、複数の諸侯王国そして郡などに細分化されていたのであった。

以上のように趙国の場合も、王統がめまぐるしく交替しており、その点では先に見た梁や淮陽と同様であったといえよう。ただし、ここでは領域全体が直轄化されることはほとんどなく、趙王遂を立てる際に幽王の王統が尊重されているような事例も見えている。これらからすると、漢朝中央にとって趙は比較的容易に王を置廃することはできるものの、基本的には王を置いて間接支配すべき地域と認識されていたのではないかと考えられる。呉楚七国の乱にも加わっているなど、この地域には一体性や自立的傾向という点で（一）の地域に近い側面も見られるのであった。

なお太原郡を主要部とする代国については、その立地などの点から、ここでの考察の対象からは外すこととする。(30)

④燕

臧荼、盧綰など異姓諸侯王の後をうけて、高帝十二（前一九五）年、皇子の劉建が燕王となるが、呂后七（前一八一）年に死去すると、かわって呂氏一族の呂通が王位につく。しかしこれも呂氏誅滅のクーデターで間もなく殺害され、文帝元（前一七九）年、琅邪王劉澤が燕王に徙された。その後、呉楚七国の乱の前後に北辺の諸郡が削られ燕の版図は大きく縮小し、(31)最後は武帝元朔元（前一二八）年に、三代定国が罪により自殺して国が除かれている。

このように燕国の場合においても王統が何度も交替しており、先に見た梁や淮陽、趙などと共通している。またここでは際だった反中央的な傾向は見られない一方で、呉楚七国の乱の前後に支郡が中央に回収されるまでは領域の一体性は基本的に継続していたようでもあり、これらの点については、前節でも指摘したような地政学的な条件が同様に影響を及ぼしている可能性が考えられるであろう。(32)

以上に、漢初における旧魏・趙・燕の地域での諸侯王国の動向を簡単に見てきた。これら諸国のいずれにおいても王統がしばしば断絶、交替している点は、（一）の諸国の場合と対照的であるといえよう。このうち旧魏の地域にあたる梁は、それに加えて皇室と血縁関係の近い親中央的な藩屏として機能しており、その領域もしばしば変動して一定でないなど、自立的傾向や一体性などの要素も旧斉や楚の諸国に比べて希薄であったと見られるのであり、また楚などとの交界地域に位置する淮陽ではこの傾向がさらに顕著にあらわれている。一方で、趙の場合は自立的傾向や一体性が比較的強く、また燕では北辺の地としての特殊な事情が前代同様に影響を及ぼしていると考えられるのであった。

このように旧魏・趙・燕の地域の諸侯王国同士では、それぞれに差異も認められるのではあるが、たとえば呂氏政権下にあって絶国の憂き目を見たこれら「梁・趙・燕（・淮陽）」諸国と、領域の一部が削られるにとどまった「齊（・楚）」の諸国とでは、明らかに中央政府の側の対応において差がつけられていたこと、[33]あるいは呂氏誅滅後の論功行賞において、斉の王弟たる朱虚侯劉章、東牟侯劉興居への封地として当初予定されていたのが趙、梁二国であったことなど、[34]ここで取り上げた旧魏・趙・燕の地域の諸侯王国は、王の置廃が比較的容易な——すなわち中央の支配・統制が相対的に及びやすい地域であったのであり、この点で基本的に（一）の旧斉・楚の地域とは区別されるような、共通の性格をもつまとまりをなす存在であったと見ることができるのである。

前章では、秦末、楚漢戦争期の東方地域の中で斉・楚と魏・趙・燕、さらには韓といった地域ごとに大まかな傾向性の存することを見てきたわけであるが、以上のような本章での検討の結果からは、こうした地域ごとの傾向性が、漢初の諸侯王国の動向の上にも引き続きあらわれているとすることができるであろう。それはとりも直さず、統一国家形成の動きが（前代とは形を変えながらも）同様に地域差を伴いつつ進行していたことを示すものであるが、この点についてふれる前に、旧韓地域の動向についても最後に簡単に確認しておくこととしたい。

（三）旧韓の地域

先にも紹介したように、異姓諸侯王である韓王信が太原に転封となると、その故地は潁川郡とされる。それ以降、一時的に淮陽国に属していた時期があった（前一九六―九四年）ともされるものの[35]、この地は基本的に漢の直轄地でありつづけたのであった。

秦末、楚漢戦争期において、旧来の枠組みや一体性、自立性が東方地域中の他の地域に比べて格段に弱体であったこの地域ではあるが、以上のように漢代には、その傾向がさらに進んでほぼ直轄化されるに至っているのである。旧韓の地域におけるこのような傾向性が、統一国家の本拠地に相対的に近く、その圧力を持続的かつ正面から受け続けていたという地政学的な事情によるものであることは、ここであらためて指摘するまでもないであろう。ちなみにこの地域を北と西から包み込むようにして隣接する三川郡は、統一秦において東方支配のための「橋頭堡」あるいは「防波堤」として特別な位置づけがなされ、その統制が格段に強く及んでいた地なのであり[36]、漢代においてもその後身である河南郡（治の洛陽）は、「国家の要衝として諸侯王を置かない」緊要の地であった[37]。こうした河南郡（の洛陽）をはじめとする戦略上の要衝と近接することが警戒されて韓王信が徙封されたという事情も[38]、この地域が置かれた以上のような状況をあるいは物語るものといえるであろう。

第四節　終節

本章では、秦末、楚漢戦争期の旧六国などの諸勢力や漢初の諸侯王国の動向に見られる「地域間の関係」（あるいは「地域差」、「地域的傾向」）という側面に注目して検討を加え、そこから統一国家の支配が東方地域に及んでゆく過程について大まかに論じてきた。そしてその結果として、まず秦末、楚漢戦争期にかけて旧六国の東方地域は、（一）「地域としての一体性」、「旧来の枠組み」、「自立的傾向」などの要素が顕著である旧斉・楚の地域、（二）相対的にそれが弱い旧魏・趙・燕の地域、さらに（三）ほぼ希薄である旧韓の地域――とおおむね秦（の故地）との地理的な遠近関係とも対応して、地域による大まかな傾向性が認められること、こうした地域的傾向性は漢初においても、（一）自立的傾向（や一体性）が強く残存し、ともすれば反中央的な傾向も見られる旧斉、楚の地域、それに対して（二）中央の支配・統制が及びやすい旧魏、趙、燕の地域、さらに（三）ほぼ直轄化されるに至っている旧韓の地域――と形を変えながらも引き続き存在していたこと、そしてそれはとりも直さず、統一国家形成の動きが地域的層位性を伴いながら進行していたことを示すものであること、などの諸点を指摘したのであった。

もとより統一国家形成の問題は政治、軍事、制度、経済、社会、あるいは理念等々、多岐の分野にわたる複雑なものであり、その意味では以上のような本章での議論も、あくまでもそのごくごく大まかな傾向をとらえたものであるにすぎない。また諸侯王国（と漢朝中央との関係）の問題についても、漢朝中央と諸侯王国の血縁関係の親疎をはじめとして、政治的な過程や官制、礼制などの諸制度、あるいは「内」と「外」といった理念的な側面など、すでに様々な問題が論じられてきているのであり、(39) ここでは単にその上に「地域差」あるいは「地域的傾向性」というもう一つの要素を付け加えてみただけのことであるかもしれない。とはいえ、秦末、楚漢戦争期を含めて東方地域に「地域差」なり「地域的傾向性」が継続して存在していたことを指摘し、その変遷、展開のあり方から「統一国家体制が東方地域へと次第に波及、浸透してゆく過程」の一端を大まかながらも提示して見せた点は、ここでの考察のささやかな成果であるといえよう。

ここでの議論を統一国家体制の展開の上にどのように位置づけて考えることができるのかについては、終章であらためて論ずることとするが、最後に楚漢戦争末期における斉の服属の問題について簡単に言及して、本章での考察を締めくくることとしたい。

第二節でもふれたように、秦末、楚漢戦争期の斉は旧王家の田氏が基本的に君臨していたのであるが、最終的には漢との服属交渉の最中に韓信軍の急襲を受けて制圧されてしまう。『史記』巻九四田儋列伝では、その直前の状況について次のように伝えている。

漢王使酈生往説下齊王廣及其相國横、横以爲然、解其歴下軍。漢將韓信引兵且東擊齊。齊初使華無傷・田解軍於歴下以距漢、漢使至、迺罷守戰備、縱酒、且遣使與漢平。（漢王は酈食其を使者として派遣し、斉王田廣とその相国田横に漢に降るよう説得させたところ、田横はそれを受け入れて歴下の軍の防備を解いた。一方、漢の将である韓信は兵を率いて東のかた斉を攻撃しようとしていた。斉はもともと華無傷・田解の軍を歴下に配置して漢への備えとしていたのであるが、漢の使者が派遣されてきた結果、防御態勢を解除し、宴会を開き、さらに使者を派遣して漢と和議を結んでいた）

これによれば、韓信の侵攻直前に漢と斉との間には和約が成立しており、「下る」、「平ぐ」といった文言から見て、それは斉が漢に服属するようなタイプの関係であったと考えられるのである。

しかしこうした関係は韓信の斉への侵攻、平定によって消滅し、かわって韓信が斉王として立つが、それは必ずしも劉邦の本意ではなく、[40]項羽が滅びると韓信は楚に移封され、斉は暫時漢の直轄地とされたのであった。注目されるのはその間に、田横を再び王として封じようとする動きが見られることである。すなわち田王は韓信の侵攻後に斉王を称していたが、敗れて「徒属五百人」とともに海中の島に拠っていた。劉邦は「田横兄弟本と齊を定め、齊人賢者多くこれに附す。今海中に在りて收めざれば、後に亂を海中に爲さんことを恐れ」て田横を召喚するが、田横はかつて殺害した酈食其の弟の酈商が漢に仕えていることを挙げてこれを拒否する。これをうけて劉邦は酈商に対しては「齊王田横即し至りて、人馬從者の敢えて動揺せば族夷に致さん」と命じる一方、田横には「田横來たらば、大は王とし、小なるも迺ち侯とせん。來たらざれば、まさに兵を擧げて誅を加えん」と伝えさせたという。[41]田横は結局これに屈して召喚に応じるものの会見を前に自殺し、劉邦は「卒二千人を發して、王者の禮を以て田横を葬」（同前）ったのであった。

ここでは「齊王田横」とある一方で、「田横來たらば、大は王とし、小なるも迺ち侯とせん」とあるように記述の揺れが見られはするが、以上のように見てくるならば、少なくともこの時点においては、先の和約の存在とも相まって、劉邦もしくは漢王朝の側では田氏を齊の王とする――あるいは「せざるをえない」――との認識が実際に存在していたのではないかと思われるのである。もとより当時の田横はわずかばかりの「徒属」とともに海中の島に逼塞する存在にすぎなかったのではあるが、劉邦はその斉における輿望、影響力の強さから、「今海中に在りて收めざれば、後に亂を海中に爲さんことを恐れ」たとされているのであり、本章でここまでに見てきたような旧斉の地域的特質からするならば、こうした危惧は必ずしも現実離れした大げさなものではなかったことが理解されるであろう。あるいは戦国時代、燕によって莒と即墨を除くほぼ全土を制圧されながらも、見事に復活を果たした斉国のかつての歴史の記憶もそこで影響を及ぼしたかもしれない。漢は旧斉の地域を一時的に直轄化したものの、そのまま一気に直轄支配を強行する方針であったわけでは決してなく、漢に服属する異姓諸侯王国として田氏の斉国を復活させる、という可能性をも含めた振り幅のなかで、現実的な方途を模索していたのではなかろうか[42]。田横の自殺によって田斉復活の可能性が消えた後の段階でなされた田肯の建言において、先述したように、この地域に対しては直轄支配ではなく、王を置いて間接的に統治すべきことがそもそもの大前提とされていたことなどは、こうした見方を裏づけるものであるかもしれない。以上の議論は多分に推測にわたるものではあるが、このように考えることによって、「自立した勢力」から「（韓信の）異姓諸侯王国」となり、さらには直轄化されるも、一転して最終的には同姓諸侯王国とされる、という一見したところ複雑で屈折した旧斉の地域における動向を、無理なく理解することができるのである。

注

（1）これら秦廷での郡県論と封建論の対立については、薄井俊二一九九七があり、対立の背景として諸公子や功臣などの勢力の存在を指摘している。
（2）鎌田重雄一九六二参照。
（3）周振鶴一九八七参照。
（4）漢初の諸侯王国についての研究は多く、ここでとくに参照したもの、あるいは近年の研究を中心に挙げておく。布目潮渢一九五三、鎌田重雄一九六二、紙屋正和一九七四b、一九七八b、二〇一三、柳春藩一九八四、浅野哲弘一九九二、一九九三、李開元一九九八、秋川光彦二〇〇一、二〇〇三、二〇〇五、二〇〇七、杉村伸二二〇〇四b、二〇〇六、二〇〇八、二〇一一、阿部幸信二〇〇八a、二〇一二、池田敦志二〇〇八、斎藤幸子二〇一一、藤田勝久二〇一〇、佐々木仁志二〇一六、松島隆真二〇一八、など参照。

（5）秦楚之際月表については、伊藤徳男一九九〇、藤田勝久一九九五など参照。
（6）戦国諸国の変化については、藤田勝久一九九七、第二編の各章に言及が見られる。
（7）『史記』巻一七漢興以来諸侯王年表には「内地北距山以東盡諸侯地……漢獨有三河・東郡・潁川・南陽、自江陵以西至蜀、北自雲中至隴西、與内史凡十五郡」とある。
（8）太田麻衣子二〇〇九、二五頁。このほか二〇一五や二〇一九a、bなど。
（9）秦末から楚漢戦争期にかけての状況については、木村正雄一九七一があり、また近年の研究としては、たとえば柴田昇二〇一一、二〇一二、二〇一三a、b、二〇一五、二〇一六、二〇一八などのほか、松島隆真二〇一四があり、また一般書では藤田勝久二〇〇六a、佐竹靖彦二〇〇五、二〇一〇などがある。
（10）太田麻衣子二〇一二、九二頁。
（11）柴田昇二〇一五参照。
（12）藤田勝久二〇一五、四二二頁。
（13）たとえば『史記』巻八九張耳陳餘列伝の范陽令に対する蒯通の言には「今天下大亂、秦法不施、然則慈父孝子且倳刃公之腹中以成其名」、「今諸侯畔秦矣、武信君兵且至、而君堅守范陽、少年皆争殺君、下武信君」などと見える。
（14）大櫛敦弘二〇一六参照。
（15）本書第三部第一章参照。
（16）『史記』巻九三韓信列伝に「明年（漢六年）春、上以韓信材武、所王北近鞏・洛、南迫宛・葉、東有淮陽、皆天下勁兵處、迺詔徙韓王信王太原以北、備禦胡、都晉陽」とある。
（17）柴田昇二〇一一、一〇四頁。
（18）漢初の事例ではあるが、矢沢忠之二〇一〇では、燕・代などの北方王国は、匈奴に対抗するという共通の利益のために、親中央の藩屏として相互の依存度が高かったことを指摘している。
（19）佐竹靖彦二〇〇五、三四九―五二頁。

(20) 柴田昇二〇一一、一〇七頁。
(21) 太田麻衣子二〇一二、九一―二頁。
(22) 周振鶴一九八七。
(23) 『史記』巻五十楚元王世家に「漢已平呉・楚、孝景帝欲以徳侯子續呉、以元王子禮續楚。竇太后曰『呉王、老人也、宜爲宗室順善。今乃首率七國、紛亂天下、柰何續其後』不許呉、許立楚後」とある。
(24) 『史記』巻一一八淮南衡山列伝に「孝文十二年、民有作歌歌淮南厲王曰……上聞之、乃歎曰『……天下豈以我爲貪淮南王地邪』乃徙城陽王王淮南故地、而追尊謚淮南王爲厲王、置園復如諸侯儀。孝文十六年、徙淮南王喜復故城陽。上憐淮南厲王廢法不軌、自使失國蚤死、乃立其三子。阜陵侯安爲淮南王、安陽侯勃爲衡山王、陽周侯賜爲廬江王、皆復得厲王時地、參分之。」とある。
(25) 同右には「衡山王・淮南王兄弟相責望禮節、閒不相能」や、衡山王が淮南王の侵攻を恐れて備えていたこと、のちに和解して反中央で連携をはかったこと、などが述べられている。
(26) 鎌田重雄一九六二や『新書』益壌篇など。
(27) 周振鶴一九八七、五四―六頁。
(28) 周振鶴一九八七、四一―三頁によれば、劉友の淮陽国は陳、潁川二郡をその境域としていたが、劉強以下の淮陽国は陳郡のみであり、さらに劉餘の淮陽国はそこから汝南郡（国）を析出した範囲に縮小しているという。
(29) 太田麻衣子二〇一二なども参照。
(30) 代国をめぐる状況については、矢沢忠之二〇一〇に詳しい。
(31) 『史記』漢興以来諸侯王年表序に「呉楚時、前後諸侯或以適削地、是以燕・代無北邊郡」とある。周振鶴一九八七、六四頁では、景帝三（前一五四）年に燕は広陽一郡のみを残して、他の五辺郡は漢に属したとするが、杉村伸二二〇〇四bでは、燕の支郡収納を王の代替わりのあった景帝五（前一五二）年のこととしている。
(32) 矢沢忠之二〇一〇参照。

（33）『史記』巻九呂太后本紀八年七月条などに、呂氏粛清の際、齊王が諸侯王に書簡を送ってその非を列挙した語の中に「比殺三趙王、滅梁・趙・燕以王諸呂、分齊爲四」とある。

（34）『史記』齊悼恵王世家などに「始大臣誅呂氏時、朱虚侯功尤大、許盡以趙地王朱虚侯、盡以梁地王東牟侯」とある。

（35）周振鶴一九八七、四三―四頁。

（36）本書第三部第一章補論参照。

（37）『史記』巻六〇三王世家の褚少孫補に、武帝の皇子である斉王閎の封建をめぐる事情について「王夫人日『願置之雒陽』武帝曰『雒陽有武庫・敖倉、天下衝阸、漢國之大都也。先帝以来、無子王於雒陽者。去雒陽、餘盡可』」とある。

（38）前注（16）掲、『史記』韓信列伝の記事を参照。

（39）前注（4）の諸論考を参照。「内」と「外」の問題については、平勢隆郎一九九六、阿部幸信二〇〇八bなど参照。

（40）『史記』巻八高祖本紀四年条、巻五五留侯世家、巻五六陳丞相世家、巻九二淮陰侯列伝など。

（41）田儋列伝の原文は「田横懼誅、而與其徒屬五百餘人入海、居島中。高帝聞之、以爲田横兄弟本定齊、齊人賢者多附焉、今在海中不收、後恐爲亂、迺使使赦田横罪而召之。田横因謝曰『臣烹陛下之使酈生、今聞其弟酈商爲漢將而賢、臣恐懼、不敢奉詔、請爲庶人、守海島中。』使還報、高皇帝迺詔衛尉酈商曰『齊王田横即至、人馬從者敢動搖者致族夷。』迺復使使持節具告以詔商狀、曰『田横來、大者王、小者迺侯耳。不來、且擧兵加誅焉。』」。

（42）高帝期において諸侯王国体制が形成されてゆく過程については、藤田勝久二〇一〇などに議論がある。

補論　戦国の残像——秦末、楚漢戦争期における旧魏の領域——

第一節　問題のありか

ここまでに主として「地域間での支配、対立の関係の構図とその相対化」という視角から、戦国より秦漢時代にかけての統一国家体制の形成と展開のあり方について考察を重ねてきたのであるが、そこでの論点の一つとして、「秦の統一後も戦国時代の『国際』的、領域的な枠組みが根強く残存し、その後の歴史的展開にも強い影響を及ぼし続けていた」との理解を提示している(1)。

それをうけて前章ではさらに、秦末、楚漢戦争期の旧六国などの諸勢力や漢初の諸侯王国の動向をこうした「戦国時代の枠組み」のもとに整理して検討を加え、まず秦末、楚漢戦争期にかけて旧六国の東方地域は、(一)「地域としての一体性」、「旧来の枠組み」、「自立的傾向」などの要素が顕著である旧斉・楚の地域、(二) 相対的にそれが弱い旧魏・趙・燕の地域、さらに (三) ほぼ希薄である旧韓の地域——とおおむね秦（の故地）との地理的な遠近関係とも対応して、地域による大まかな傾向性が認められること、こうした地域的傾向性は漢初においても、(一) 自立的傾向（や一体性）が強く残存し、ともすれば反中央的な傾向も見られる旧斉、楚の地域、それに対して (二) 中央の支配・統制が及びやすい旧魏、趙、燕の地域、さらに (三) ほぼ直轄化されるに至っている旧韓の地域——と形を変

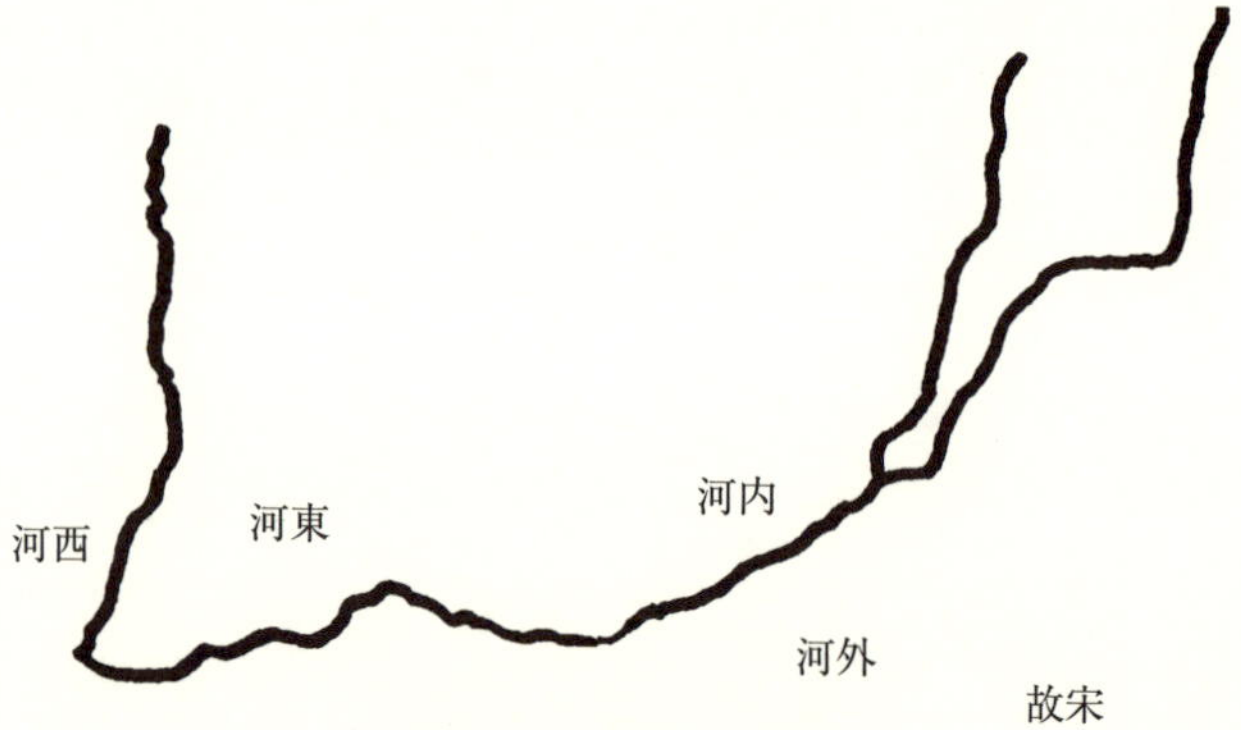

図 7　戦国魏の五地域

えながらも引き続き存在していたこと、そしてそれはとりも直さず、統一国家形成の動きが地域的層位性を伴いながら東方地域に及んでゆく過程を示すものであること、などの諸点を論じたのであった[2]。

ところで周知のように戦国諸国の領域は、長期にわたる間に大きく変化、移動している例が見られ[3]、時期によってその領域をめぐる状況は大きく変動している。とするならば、秦末、楚漢戦争期（さらには漢初）の歴史的展開の中で強い影響力をもっていた「戦国時代の枠組み」とは、そもそも（こうした戦国時代の）どの段階での状況を前提としていたのか、この点についてあらためて検証してみる必要があるであろう。このように「戦国時代の枠組み」のあり方を領域の変動との関連において見直してみることはまた同時に、その背景となる統一国家体制形成の過程について考える上でも重要な問題であるといえる。そこで本章ではこれらの問題について、まずは（旧）魏国の事例を対象として取り上げ、検討を加えてゆくこととしたい。

ここで魏国を検討の対象とするのは、以下に見るように、それが領域の変化、移動という点で格好の事例を提供すると思われるからである。ちなみに程恩澤『国策地名考』巻十に引く清人管同によれば、「魏地は河東・河西・河内・河外を兼有す」と魏の領域を大まかに四つの地域に区分しているが、本章ではそれに加えて、前二五〇年代に遅れて版図に組み込まれた宋の旧領の一部（故宋）を河外とは区別して扱うこととする（**図7**）。

このような魏の領域の変遷をめぐる近年の成果としては、藤田勝久(4)、李暁傑(5)、下田誠(6)各氏の研究がある。まず藤田勝久氏は魏の領域形成の過程を再検討し、文侯期には汾水流域を本拠地として周辺地域に進出拠点を持つ一諸侯国の形態であったのが、武侯・恵王期にはそれを越えて東方へ拠点を築き、大梁への遷都を行うなど積極的な領土国家形成の動きが見られるものの、昭王期には秦の攻勢によって汾水流域の河東さらには河内の一部を失い、安釐王期には大梁を中心とする黄河南北の扇状地を維持するだけとなり、さらに景湣王期には黄河以北を秦に奪われ、王假のときに滅亡に至る、としている。

また李暁傑氏は、魏の領域が韓（・趙）によって河東など西部区域と、河内など東部区域とに隔絶分断されていたとして、それぞれの四方の境界の変化を文献資料から考証する。その上で前四〇六年（河西に版図を展開、趙を越えて中山も領有）、前三七六（中山失陥、東部区域の南方拡大）、前三五七年（河西での縮小と東方区域での拡大、すでに大梁に遷都）、前二九六（秦との国境線は河西から河東に）、前二八三（河東、河内での縮小）、前二五四（西部区域消滅、東部区域西部も縮小）、前二三八年（黄河沿岸部失陥、すでに陶など獲得）、前二二五年（秦により滅亡）と、いくつかの時点における境界の状況、変化をまとめて、その大まかな変遷の様相を提示したのであった。

さらに下田誠氏は、文献史料、出土文字資料からの検討をもとに「魏文侯の時代（前四二二～三九五年）」、「戦国国家の成立（前三五二～二八年）」、「国家連合の時代（前三一八～二九六年）」、「統一前夜（前二六二～前四一年）」の四枚の地図を作成し、魏を含む中原地域における各国の領域の変遷を示している。

以上に見られるように、魏はその歴史を通じて領域を大きく変化、移動させてきた。この間における領域支配の「質」の変化の問題などについてはとりあえず問わないこととして、領域それ自体の変遷のみを図7に即して大まかにまとめるならば、初期は河東の安邑に拠点を置き、秦を圧迫して河西に版図を拡げていたが、前四世紀半ばころから秦の反転攻勢を受けるようになる一方で、河外の大梁に遷都するなど東方地域に軸足を移してゆく。その後も秦の攻勢にさらされて河西、河東を失い、さらに河内、河外西部も蚕食されてゆく中、故宋の地を併せるなど東へと版図を拡げるものの、前二二五年、秦により都の大梁が陥落して滅亡に至る――と、基調としては西から東へ領域がゆっくりと変化し移動していったことが理解されるであろう。

もっともこの時代の領域のあり方について取り上げ検討する場合、史料の面でいささかの困難があることにも留意しなければならない。たとえばそれら史料の多くは個別、断片的なものであって、魏国に限らず戦国諸国それぞれの領域全体の概要をうかがわせるような、ある程度まとまった史料はきわめて限定されている。さらに魏国の場合、前二四〇年前後から滅亡の前二二五年に至る晩期の十数年間は、関連する記事がほとんど残されておらず、空白の期間となっているのである。

これらの点をふまえて本章では、馬王堆帛書中の『戦国縦横家書』第二十六章の記事にまずもって注目することとしたい。すなわちそこでは大まかにではあるが、戦国のある時期における魏国の領域の全体像が垣間見られるのであり、それゆえその時期を特定することによって、この変動する領域について考えてゆく上での一つの拠るべき基準を得ることができるのではないかと思われるのである。そこで次章ではこの記事について、そこに示された領域の状況がどの時点のものであるかを中心に検討を加える。その上で秦末、楚漢戦争期において、旧魏の領域（「魏地」、「梁地」）としてあらわれ、意識されていた範囲の復原を試み、それが戦国時代のどの段階での状況と対応するものであったかを明らかにする。そこから他の諸国の事例も参照しつつ、この時期の「戦国時代の枠組み」のあり方、さらには秦漢統一国家形成の過程について考えてゆくこととしたい。

第二節　『戦国縦横家書』第二十六章に見られる魏の領域とその年代

本章で取り上げる『戦国縦横家書』とは、一九七三年に長沙馬王堆三号漢墓より出土した帛書群のうちの一つで、戦国諸国間の外交場裡で活躍したとされている人々の書簡や故事を集めた書物である(7)。基本的に独立した二十七の章から構成されており、そこには『史記』『戦国策』など従来の文献資料と同内容の記事のほか、これまで知られてこなかった記事も含まれている。

そのうち、ここで取り上げる第二十六章はこれまでの文献資料からは知られてこなかった記事であるが、ある人物が魏の当局者に対して、秦の攻勢により危急存亡の瀬戸際に立たされている現在、魏王を首都・大梁から東方の単父に退去させ、万全の体制で秦に抗するべきである、と説く言辞を対話形式で示す。末尾にかけての部分の残欠がひどいものの、そこでは様々な角度から秦の軍事行動の可能性を想定し、あるいは指揮系統や士気、諸国の動向などの側面から魏王が単父に退去して抗戦する場合の有利な点、それに反して大梁にとどまって戦った場合の不利な点を詳細に分析して列挙するなど、具体的な戦略論が展開されている。

この記事の内容がどこまで事実を伝えたものであるのかについては、関連する資料が見られないこともあって、判断の決め手を欠く。また対話形式で記されていることは、これが一定程度の編集を経たものであることを示すものではあるが、しかしきわめて詳細かつ具体的なその記述からするならば、少なくとも当時の現実がある程度はそこに反映されていると見ることは許されるであろう（第二十六章全体の原文と訳は大西克也・大櫛敦弘二〇一五を参照のこと）。

それではこのような『戦国縦横家書』第二十六章には、魏の領域についてどのような言及がなされているのであろ

うか。まず

梁〔梁、以下同〕之東地、尚方五百餘里、而與梁。千丈之城、萬家之邑、大縣十七、小縣有市者卅有餘。〔梁の東地は、なお五百余里四方もあって梁に付き従っており、〔そこには〕千丈〔四方〕の城壁で一万戸〔規模〕の大県が十七、小県で市を備える〔規模の〕ものが三十余りございます〕

では、なお魏の統制下にある地域として、大梁以東の五百余里四方の地に大県十七、小県三十余があるとしている。そこには大まかな数値しか示されておらず、その内訳については定かではないものの、

若秦抜鄢陵、必不能掊梁・黄・濟陽陰・睢陽而攻單父。〔もし秦が〔現在攻撃中の〕鄢陵を陥落させたところで、必ずや大梁・黄・済陽・済陰・睢陽〔などの梁の諸城を〕背後に捨て置いて単父を攻める〔などといった危険な〕ことはできますまい〕

という記事に挙げられている大梁・黄・済陽・済陰・睢陽そして単父などは、この「梁の東地」の「大県十七」のうちに当然含まれると見てよいであろう（図8）。

このように『戦国縦横家書』第二十六章には、ある時期における魏の領域をめぐる大まかな状況が、いくつかの具体的な地名とともに示されているのであるが、この点についてさらに考察を加えてゆくためには、それがいつの時点での状況であるのかについて、まずは確定しておく必要があるものと思われる。

そこでこの記事の年代をめぐる諸説について確認しておくと、まず馬雍氏は、第二十六章の記事中に「その直前に長社での戦いがあった」との言及のあることから、[8] それはまさに『史記』巻五秦本紀昭王三十三年条に見られる長社攻略戦のことであるとして、[9] この記事の年代をその前二七四年であるとした。[10] これに対して唐蘭氏は、第二十六章の記事の段階では、魏が大梁と大梁以東の五十余県しか領有しておらず、また魏とともに秦に対抗しうるのが楚と斉し

か残っていない[11]など危機的な情勢にあることから、それは秦将王賁によって魏が滅ぼされる前二二五年のことであるとしている[12]。このように第二十六章の年代をめぐっては、その見解に半世紀近くもの隔たりが見られるのであり、他の各章の年代については比較的見方が一致している『戦国縦横家書』にあって、これは例外的な状況であるといえよう。これだけの興味深い内容であるにもかかわらず、この記事が史料としてさほど取り上げられてこなかったのも、このあたりに一因があるのかもしれない。

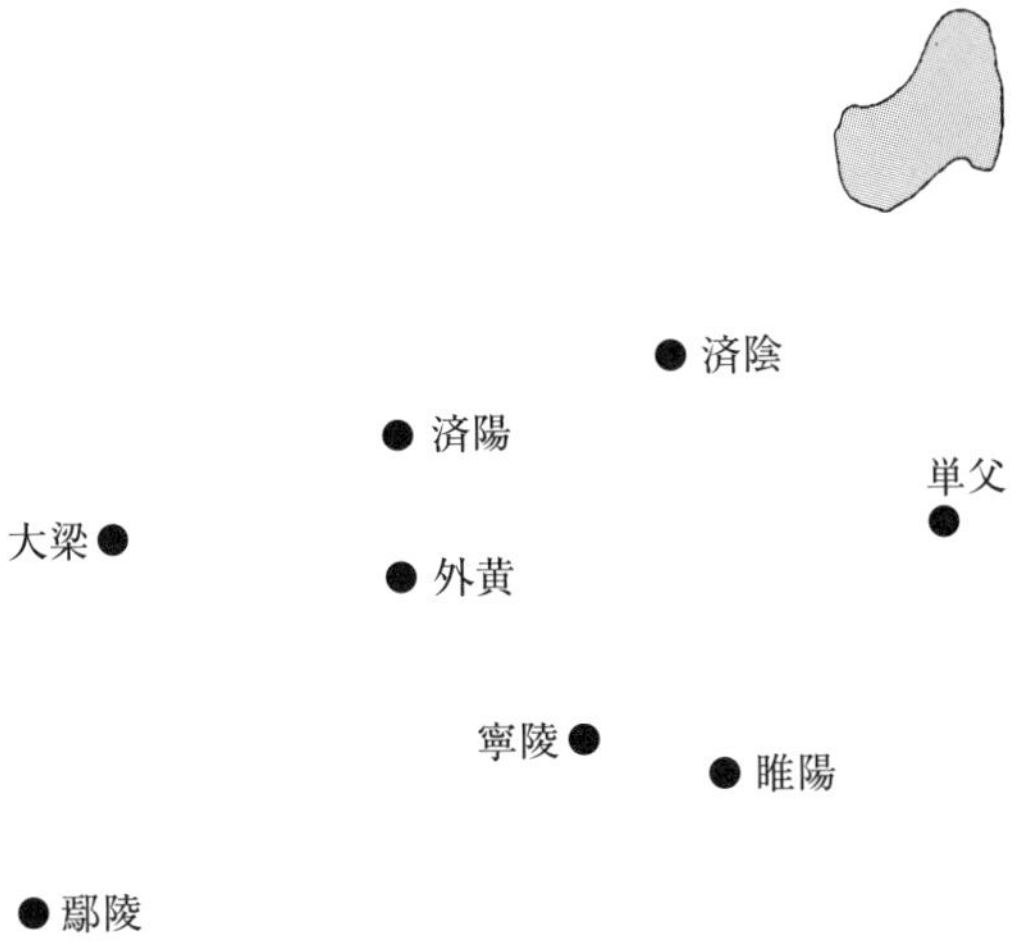

図 8　『戦国縦横家書』第二十六章関連地図
譚其驤『中国歴史地図集』第一冊（地図出版社、1982年、上海）をもとに作成

そこで両氏の説について検討を加えてみると、まず馬氏が主張する前二七四年当時の段階では、「梁の東地」の東部にあたる故宋の地は穰侯魏冄の封邑として秦の飛び地となっており、したがってそこに退避して秦に抵抗するという第二十六章での状況は、この時期にあっては到底ありえないことであることから、この見解は成り立ちがたいものと言わざるをえない。そこに見られる長社の戦いも、前二七四年のそれとは別のものとすべきであろう。このように考えるならば、第二十六章の記事の年代については、少なくとも故宋の地が魏の領域に組み込まれたとされる前二五四年ごろ[13]より以降であるということになる。

つぎにこれを魏滅亡時の前二二五年のことであるとする唐氏の見解については、末尾部分の残欠のため結末が不明であるなどの事情もあって、直接にそのことを裏付ける確証には欠けている。たしかに文中での切迫した様子は滅亡前夜の状況を思わせるものではあるが、かと言ってそれが「より以前の時期の出来事」である可能性を否定することまではできないであろう。

なお唐氏が「魏とともに秦に対抗しうるのが楚と斉しか残っていない」ことを年代比定の根拠として挙げているのは、あるいは「そこに韓と趙への言及がないのは両国ともすでに滅亡している（それぞれ前二三〇、前二二八年のこと）からであろう」との理解を前提としているのかもしれない。もっとも、このうち韓については、秦の影響力をとくに強く受けてきた国であり、ここに韓への言及がないことをもって年代決定の根拠とすることはできない。たとえば前二七三年の大梁包囲の際にも、そこで救援の動きを見せていたのは楚と趙である一方、この時期に存在していたはずの韓については言及されていないのである。(14)

その点でむしろ注目すべきは、この記事における趙の不在であろう。先ほど挙げた前二七三年の例でも、趙は楚とともに大梁救援を期待される存在であった。ましてや「斉・楚両国も〔このままでは自らの〕滅亡が遠くないことを悟れば、梁を救援いたしましょう」(15)とされるこの段階において、そこに趙が含まれていないのであるから、この段階で趙はすでに滅ぼされていたと考えても無理はない。だとすれば、第二十六章のこの記事の年代の上限は前二二八年と大きく絞り込まれることとなるのではあるが、ただしそのように断定する前に、なお一考を要する問題が残されている。

すなわち魏はその北部において趙と領域を接していたのであるが、やがてこのうちの黄河南岸の沿岸部に秦の勢力が伸びてきて、東郡が設置されるにいたる。その詳細については必ずしも明らかではないが、たとえば楊寛氏はそれを前二四二年のこととした上で、「設置当初の東郡は数県（酸棗、虚、燕、桃人）にすぎず、その後も東に進攻を続けてゆき、東郡を次第に拡大させていった」としている。(16)こうした動きが進んでゆくことによって、魏と趙との間にくさびが打ち込まれる形で連絡が次第に遮断されていったとすれば、大梁の危急にも趙は救援に動くことはできなくなっていた可能性が考えられるのであり、したがって趙の救援についての言及が見られない第二十六章の記事の年代についても、必ずしも趙滅亡以降に限定してしまうには及ばないであろう。

この問題については、東郡の設置時期やその拡大の過程とも関連して、第二十六章の前掲の記事においてこの黄河南岸の東郡一帯での地名が見られないこと、あるいはこの方面からの秦の軍事行動が想定されていないことなど、さらに検討を要する事柄が残されてはいるもの[17]の、現時点ではこれ以上の考察の手かがりを見出すことは難しい。したがってこの記事に見られる状況の年代についても、(東郡が設置されたとされる)前二四二年ごろから(魏滅亡の)前二二五年までの間であるとするに留めておかざるをえないのであるが、以上の検討によって、ここに示された魏の領域をめぐる状況がこれまで「空白の期間」となっていた魏の晩期の十数年間のそれであることは少なくとも確認されたのであり、こうした点からあらためてそこに見られる領域のあり方について考察を加えてゆくこととしよう。

まず第二十六章の記事では、鄢陵が陥落目前で大梁にも脅威が迫っている状況であったが、これは『史記』巻五秦本紀荘襄王元年条に「秦界、大梁に至る」とあるように、この前二四九年の段階ですでに大梁一帯が魏の領域のほぼ西限であったことと合致する。また魏王の退避が論じられている単父のさらに東に位置する豊について、『史記』巻八高祖本紀秦二世二年条には秦末の劉邦挙兵当初のこととして、魏の周市がこの地を守っていた雍歯に「豊は故と梁の徙りし也」などと説いて、劉邦からの離反を迫っている例が知られるが、このような回りくどい言い方をしていることから逆に、豊はかつて魏の領域であったことはなかったことがうかがわれるのであり、したがってその西に位置する単父が魏の領域の東限であったと見てよい。さらに第二十六章の記事では、秦軍が魏の領内を突破して直接単父を攻撃することの不可を指摘した記事に続けて若欲出楚地而東攻單父、則可以轉禍爲福矣。（もし〔秦が〕楚の領域を侵犯して〔そこから〕東のかた単父を攻めようとするのであれば、〔楚と秦が戦うことになるわけですから、梁にとっては〕禍を転じて福となすものでございましょう）

とあることから、先に魏領として挙げられた黄・済陽・済陰・睢陽などの地域のすぐ南は楚の領域であったと思われる。最後にこれより北の地域については、先にも見たように不明な点が多いのであるが、秦の東郡との関係もあってすでに魏の領域ではなくなっているか、そうでなくてもその支配の度合いはかなり不安定な地域であったのではなかろうか。

以上の簡単な検討からすれば、『戦国縦横家書』第二十六章に見られる大梁・黄・済陽・済陰・睢陽・単父などの大県十七、小県三十余の「梁の東地」は、状況が不明な北部を別にすれば、前二四二年ごろから前二二五年までの晩期における魏の領域のほぼ全体の姿であった可能性が高い(18)。それはおよそ河外の大梁以東（おそらくは北部の東郡一帯を除く）および故宋の地に相当するものであった。なお魏の滅亡直前まで後出の魏咎が封じられていた寧陵も、そこに含めて考えることができるかもしれない(19)。

そこで次章では、以上に見てきた戦国晩期の魏国の領域との比較の対象として、秦末、楚漢戦争期において「旧魏」の領域とされていた範囲について検討を加えてゆくこととしたい。

第三節　秦末、楚漢戦争期における旧魏（梁）の領域

戦国魏は前二二五年に秦によって滅ぼされ、その故地の一帯には碭郡が置かれるが、前二〇九年に陳渉・呉広の乱

が起きると、陳渉に派遣された魏人の周市が「魏地」を攻略し[20]、旧王族の魏咎を擁立して魏が復活する。以後、史料上にはこのように「魏地」あるいは「梁地」などとその領域を示す語が多く見られるようになってくる。そこでこれらの語例に注目して以下に（一）魏咎・魏豹によって魏国が復活するなどした秦末、（二）項羽と彭越とが梁地の争奪戦を展開した楚漢戦争期、（三）魏豹が河東に徙された西魏、での各事例について検討を加え、さらに（四）漢初の梁国の例とあわせて、当時において旧魏の領域としてあらわれ、意識されていた範囲について考えてゆくこととしたい。

（一）秦末の事例――魏咎・魏豹の魏国など――

まず、ここでの「魏地」の実態については、周市が豊を守っていた雍歯に対して投降を迫る中で「今魏地の已に定まりし者數十城」（『史記』巻八高祖本紀秦二世二年条）と述べている事例から、それが数十城規模の領域であったことが知られるであろう。さらに先述したような位置関係からすれば、それは豊の西側に広がる故宋および河外の一部を中心とした領域であったと考えられる。のちに魏王咎が臨済において秦の鎮圧軍に包囲されて自殺していることからすると、おそらくは臨済がこれら地域の中心となっていたのであろう。ちなみにかつて戦国魏の都であった大梁は、陥落の際の水攻めによって徹底的に破壊されている[21]。

なお、豊はこのとき魏に帰属したのであるが[22]、前章でも述べたようにこの地は戦国晩期の段階でも魏の領域には含まれてはいなかった。またこれとは別に、周市の軍が斉の狄まで至るも結局は撃退されて「魏地」に帰還している事例も見えている[23]。このように戦国魏の旧領域を越えて、東方へ拡大する傾向がそこに見られることは注目すべきであろう。

魏王咎（や周市）の死後、（従）弟の魏豹が楚の支援を受けてその跡を継ぎ、「また魏地を徇」えて「魏の二十餘城を下」している。この魏地の二十余城についての詳細は不明ながら、これまでの経緯からすれば、魏豹の場合とほぼ同様の範囲にあったと見てよいであろう。のちに項羽が秦を滅ぼした際に、「梁地を有たんと欲」して魏豹を河東の西魏王に徙し（以上、『史記』巻九十魏豹列伝）、「梁・楚地九郡に王」（巻八高祖本紀漢元年条）となっているが、このことも如上の推測を裏づけるものといえる。

このほかに彭越が鉅野沢を中心に活動しており、さらに楚の懐王政権に属していた劉邦の軍もこの地で転戦していた。その配下として「魏地」を定めていた周勃は、城武（『漢書』同伝では「成武」）で秦軍を撃破している。(24)

（二）楚漢戦争期の事例——項羽と彭越との争奪戦——

楚漢戦争期になると、前述のように梁地を併せた項羽とこれに遊撃戦を仕掛ける彭越との間で、「魏地」、「梁地」をめぐり激しい争奪が繰り広げられることとなる。そこでは先と同様に「魏地」、「梁地」が城の数とともに示される例がいくつか見えており、それによるならば、まず前二〇五年に漢が諸侯とともに楚に侵攻した際に彭越が「魏地を収め十餘城を得」（巻九十彭越列伝）ており、彭城の敗戦後の前二〇四年には「復た梁地の十餘城を下」（高祖本紀三年条）したとある。さらにそれが項羽に撃破されると、翌前二〇三年に彭越は「睢陽、外黄十七城を攻めて下し」ており（彭越列伝）、それは「梁地の十餘城」（項羽本紀）とも表現されている。そして前二〇二年にも同様の展開により、「彭越復た昌邑旁の二十餘城を下」している（彭越列伝）のであった。

以上の「魏地」、「梁地」は、項羽がこの地を得た経緯からしても、（一）のそれと基本的に同じく故宋および河外の一部を中心とした一帯であると見てよいであろう。そこでの「十餘城」、「十七城」、あるいは「二十餘城」の内容や位置づけについては不明であるとするしかないが、この時期に「魏地」、「梁地」として具体的に確認できる地名には、ここに見た睢陽、外黄、昌邑のほかにも虞[25]、菑[26]、燕[27]、陳留[28]などがある。

なお、前述したように前二〇三年に彭越は（睢陽、外黄など）「梁地の十餘城」を下しているが、彭越列伝によれば、それに対して滎陽の戦線を一時離脱した項羽が

自東收彭越所下城邑、皆復爲楚。越將其兵北走穀城。（自ら彭越の下した城邑を奪回していった結果、すべて楚の支配下に戻った。彭越はその兵を率いて北のかた穀城に逃走した）

とある。これによれば、穀城の位置する一帯はここでは「梁地」とは区別されており、そこには含まれていなかった、と見ることもできそうである。この時期の彭越の活動範囲については、（四）で取り上げるその封国の版図とも密接に関わるのではあるが、このことについて取り上げる前に、この時期におけるもう一つの「魏地」についてふれておくこととしたい。

（三）西魏の事例

項羽に逐われるように河東へと徙された西魏王魏豹は、楚漢戦争の当初こそ漢に与していたものの、彭城での敗戦をうけてこれより離反し、前二〇四年には、漢将の韓信らに撃破されてその地は併合されてしまう。これについて『史記』には「漢三年、韓信已に魏地を定む」（巻八九張耳列伝）、「遂に魏地を定め、三郡（河東・太原・上黨）を置く」（高祖本紀三年条）、「盡く魏地を定むること、凡そ五十二城」（巻五四曹相国世家）、などとあり、ここに見られる「魏地」とは明らかに西魏の領域を指していることから、これまでに見てきたような河外の一部と故宋の地域ではなく、戦国魏の古い領域である河東などの地域を指すような「魏地」の用例も存在することが、ここからは確認されるのである。

もっとも前節までに見てきた「魏地」や「梁地」の用例をはじめとして、この前後の時期の史料で確認される旧魏に関わる動きは圧倒的に河外、故宋の地に集中しているのであり、河東でのこれら数少ない事例をもってそれと同列に論ずることはできない。河東を中心とする魏の古い領域は、「魏地」としての記憶こそ残ってはいるにしても、秦に奪われてより以降長くその支配下にあり続けていたために、（旧）魏領としての実質は当時においてすでに希薄になっていたものと見るべきであろう。[29]

ちなみにこの河東の地の場合においては、旧魏の領域を指すのに「魏地」の語のみが用いられ、「梁地」の用例は見られない。これに対して河外の一部と故宋の地については、当初は「魏地」と「梁地」の用例が互換的に混淆しているものの、しだいに「梁地」の用例が多くを占めるようになってゆく傾向にあるが、次に見るように「魏地」の用例もわずかながら残存している。

（四）漢初の梁国

楚漢戦争の終盤、「魏地初定」を口実に項羽との決戦への参加に消極的であった彭越に対して、劉邦は「睢陽より以北の穀城に至るまで」の地を与えることを約束し、[30]これにより参戦に踏み切った彭越は項羽敗死後、劉邦から正式に梁王に封じられた。『漢書』巻一高帝紀下五（前二〇二）年春正月条には

其以魏故地王之、號曰梁王、都定陶。（魏の故地に王とし、梁王と号して定陶を都とせよ）

とあり、これらからこの異姓諸侯王国が「魏の故地」を領域としていたこと、およびその南限と北限さらに都城について知ることができる。

ちなみに前一九六年に彭越は誅殺されて国も除かれるが、それにかわった同姓諸侯王国の劉恢梁国について、『漢

書』高帝紀十一年三月条には「東郡を罷め、頗る梁に益す」とあることから逆に、彭越梁国では東郡を領してはいなかったとされている。[31]その後呂国の時期を経て、文帝二（前一七八）年に劉揖の梁国が建てられると東郡は分離され、以後さらに両者が統合されることはなかった。

以上、本節では秦末、楚漢戦争期において旧魏の領域として意識されていた範囲について、「魏地」、「梁地」であることが明記されている語例から考察を加えてきたわけであるが、ここでそれらを簡単にまとめておくと、その規模としては「数十城」、「二十餘城」、「十餘城」、「十七城」などとあり、またそこでの具体的な地名には臨済、成武、睢陽、外黄、昌邑、虞、菑、燕、陳留、そして穀城、定陶などが確認されるのであった。これらの地名を地図上に示したのが、**図9**である。見られるように、その範囲は故宋および河外の一部を中心とした領域と基本的に重なっている。また前節でもふれた河東の地の事例が見られないことも、ここであらためて確認されるであろう。

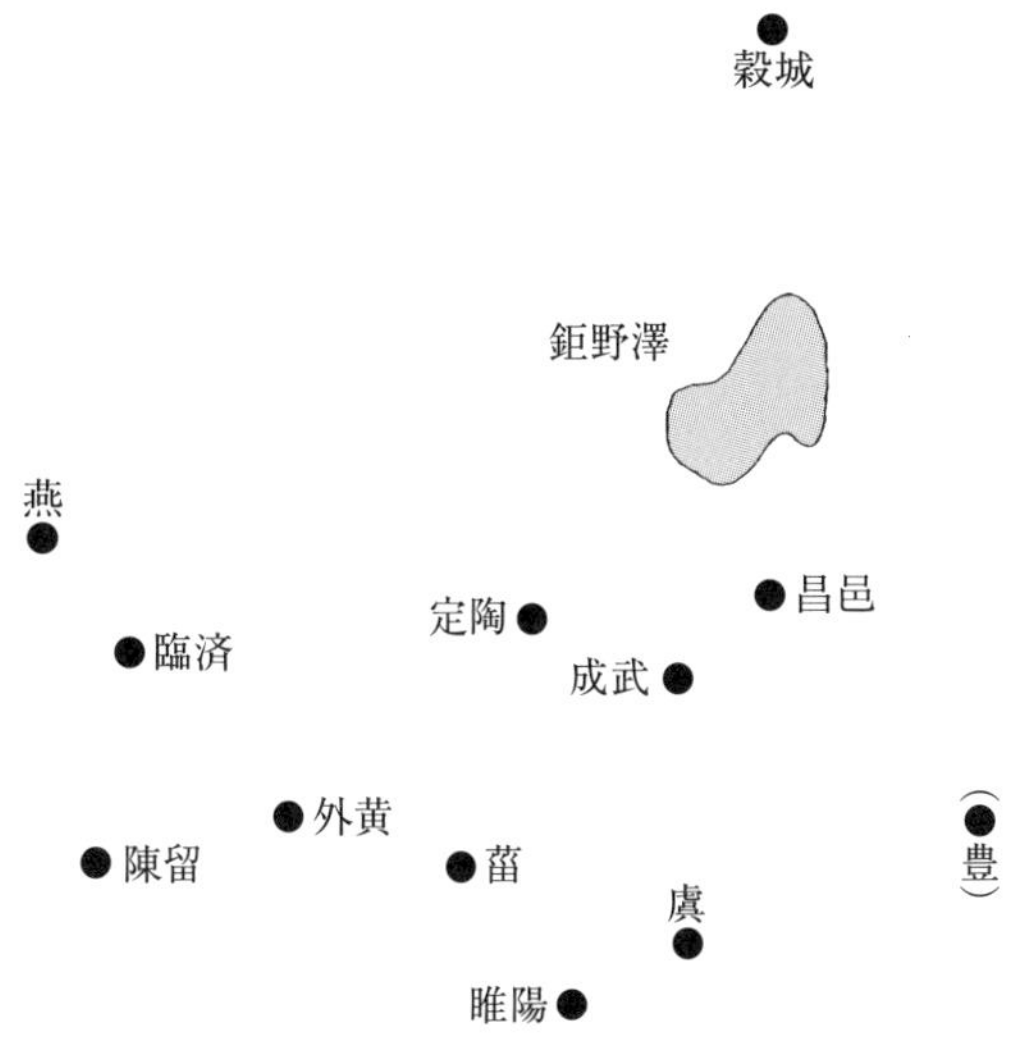

図9　秦末、楚漢戦争期における旧魏（梁）
譚其驤『中国歴史地図集』第一冊（地図出版社、1982年、上海）をもとに作成

その上でまず注目されるのが、彭越梁国の北限となる穀城である。すなわちここが「北限」であることからは、「魏の故地」でもあるその領域は碭郡一帯だけではなく、このあたりにまで大きく北に広がっていたこととなるで

あろう。[32] たしかに秦末、楚漢戦争期における彭越の活動地域は鉅野沢を中心にこれらの地域にも及んでいたのであり、たとえば先にも引いた彭越列伝での前二〇三年の記事からも、穀城がその北方の根拠地の一つであったことがうかがわれる。しかしながら、この記事からはむしろ穀城一帯の地は「梁地」には含まれていなかったとも見られること先述した通りであり、また図9での分布からも明らかなように、穀城はこれらの地域からは突出して北方に位置しており、この一帯を「魏地」、「梁地」とする語例は実際にあまり確認されてはいないのである。もとより「梁地」、「魏地」の範囲は当時かならずしも厳密に規定されていたわけではなく、個々の例において広狭増減はありえたではあろうが、これらの点からするならば、梁国のこの北部領域は、広義の「魏地」、「梁地」には含まれるにしても、それとしての性格は相対的に希薄な地域であったと見るべきであろう。

　ところでここに「魏地」、「梁地」として見えている地域は、秦代郡県の歴史地理学的な研究によるならば、おおむね碭郡（睢陽、外黄、昌邑、虞、菑、陳留）だけではなく、およびその北に隣接する東郡南辺（臨済、成武、燕、定陶）にも当たるという。[33] このように秦代の東郡の領域は、その前後の時代に比べてかなり南にせり出していたようであるが、ただし彭越梁国では定陶を都としていたことからもうかがわれるように、漢代にはこれら東郡南辺の大部分はふたたび東郡から離れて、梁国に含まれるようになっていたのではないかと思われる。漢初の中央直轄の県についての情報を伝えるとされる張家山出土の「二年律令」秩律において、これらのうちでは燕県が挙げられているのみで、それ以外の臨済、成武、定陶などは確認することができないことも、このことを示すものであろう。[34] このように東郡は置郡以来その領域が変動し、また先述のように梁国との離合を繰り返しているわけであるが、大まかに見てその展開の足取りは、曲折を経ながらも次第に「(旧) 魏の領域」から脱却して、中央の直轄地として定着してゆく過程であったとすることができるであろう。その点でそれは、先にふれた梁国の北部領域、あるいは河東の地などの性格と一脈通じるものであるといえるが、この点については次章であらためて取り上げることとしたい。

第四節　終節――戦国の残像――

本章では以上に、秦末、楚漢戦争期における「戦国時代の枠組み」のあり方について、旧魏の領域の事例を対象として取り上げ、検討を加えてきた。

まずは戦国魏の領域が長い期間を通じて西から東へとゆっくり変化し移動していったことを確認した上で、『戦国縦横書』第二十六章に「梁の東地」として見えている魏国の領域が河外の一部および故宋の地に相当するものであり、かつそれは（前二四二年ごろから前二二五年までの）魏国晩期の状況を示すものであることを論じた。そこからさらに秦末、楚漢戦争期において「魏地」「梁地」など旧魏の領域としてあらわれ、意識されていた範囲の復原を試み、それが実質的に河外の一部と故宋を中心とした領域に当たることを見てきたのである。図8と図9との対照から、あるいはその規模の点などからも明らかなように、それは『戦国縦横書』第二十六章に見られる「梁の東地」とほぼ重なる範囲であり、したがって秦末、楚漢戦争期（さらには漢初）における「戦国の（領域的）枠組み」とは、少なくとも旧魏においては戦国晩期のこの領域の状況を前提とするものであったと考えることができるであろう。その一方でより早い時期に魏から離れ、その分長い期間秦の支配下に入っていた河東、あるいは東郡をはじめとする黄河南岸沿岸部――さらには漢代に「魏郡」なども置かれることとなる北岸の河内の地域も――などその他の地域は、旧魏の領域としての性格は相対的に希薄であると考えられるのであった。

このような秦末、楚漢戦争期の旧魏における「戦国時代の枠組み」のあり方からは、当時において魏のアイデンティティーがもっとも発現していたのは実はその領域のうちでも比較的歴史の浅い故宋などの地域であったこと、逆に初期の本拠地であった河東の地などでは魏の旧領としての実質はほぼ失われていたこと、などの状況を見てとることができる。また秦の支配下に入った時期や期間の長さからするならば、東郡など黄河南岸沿岸部の地域はこの両者の中間的な存在であったと考えられるのであるが、東郡や（漢初の）梁国の北部領域の「旧魏の領域」としての先述したような性格も、多分にこうした事情に規定されていたと見ることができるのではなかろうか。旧魏の領域をめぐるこのようなグラデーションは、もとよりその領域の変化、移動――豊の事例などにも見られるように、この傾向は魏国の滅亡後も継続していたようであるが――を反映したものではあるが、一方で秦の側からすれば、それはその支配が広がり、浸透してゆく過程をあらわすものでもあったといえよう。

冒頭でも述べたように、筆者はこれまで「秦の統一後も戦国時代の『国際』的、領域的な枠組みが根強く残存し、その後の歴史的展開にも強い影響を及ぼし続けていた」との見方を示してきたわけであるが、これについて本章ではさらに旧魏の事例の検討から、（一）この「戦国時代の枠組み」が前提としていたのは、前章での考察において目安としていたのよりも少し時代のくだる前二四二年ごろから前二二五年までの状況であったと考えられること、（二）その段階ではすでに秦の領域に組み込まれてしまっていたために、旧魏におけるこの「戦国時代の枠組み」の中にはあらわれてこない（河東など）「かつての領域部分」の存在にも注目することによって、より具体的、動態的な理解が可能であること、などを論じてきたのであった。そこで最後にこれらのことをふまえて他の（旧）戦国諸国の状況についても一瞥を加え、この時期の「戦国時代の枠組み」のあり方、あるいは秦漢統一国家形成の過程について簡単に言及して、本章でのささやかな考察を締めくくることとしたい。

まず、魏国と同様にその領域が変化し移動しているのが戦国楚である。前二七八年には国都の郢が陥落し長江中流域一帯の地を秦に奪われて、本拠地を東方の淮水流域に移しているのであるが、[35] 秦末漢初において旧楚の武装諸勢力が林立し展開したのは、まさにこの新たな本拠地を中心とする東方の地域においてなのであった。一方でかつての本拠地にあたる南郡一帯の地域では、七十年にわたる秦の統治のもとで郡県制支配が浸透し、文化の面でも融合が進んでいたとの側面が指摘されているのであり、[36] これらは先に見た旧魏における河外（の一部）、故宋と河東の地との関係を思わせるような状況といえるであろう。ちなみに旧楚の諸勢力については、必ずしも一枚岩ではなく強い地域的分立傾向が見られるとされているのであるが、[37] これなどもあるいは、楚の領域の中では相対的に歴史の浅いこの地域の性格にもその一因を求めることができるかもしれない。

これに対して、領域がさほど大きく変化、移動していない国々について見てみると、まず韓は秦に領域を蚕食され続け、そのまま縮小の一途をたどっている。[38] その過程で失われた旧領は次々に秦の版図に組み込まれてゆき、とくに三川の地などはその強い統制下に置かれていた。[39] これとは対照的に斉、燕では、戦国晩期に至ってもその領域の一体性は基本的に維持されている。また西部領域を秦の攻勢により失陥していた趙は、こうした韓と斉、燕との中間的な存在であったといえよう。

このように戦国晩期の段階においては、領域を秦によって奪われつつ移動する魏、楚やそのまま縮小してゆく韓（、趙）、あるいはその影響を受けない斉、燕など、東方諸国の領域をめぐる状況はそれぞれに様相を異にしていたのであるが、これらを根底において規定していたのは、基本的に秦との隣接の有無、遠近などといった地理的要因だったのであり、またそこに見られるグラデーションは、それを反転して見るならば、秦の支配が広がり浸透し、さらには定着してゆく過程の一断面であったといえるのである。秦末、楚漢戦争期（さらには漢初）の歴史的展開に強い影響を及ぼしていた「戦国時代の枠組み」も、こうした動きの上にあらわれた歴史的存在なのであった。[40] そして統一支配の進展とは、こうしたグラデーションの構図が東でもその濃度を高めてゆき、中央の強い統制下にある地域の範囲が次第に拡大して全体を覆ってゆく過程であったと見ることができるであろう。(41) このような流れが進む中、「戦国時代の枠組み」は次第にその存在基盤を喪失してゆく。(42) そしてかつての「国」の枠組みも「中央と郡」という両極に分化、解体して統一国家体制の新たな枠組みの中に解消され、ここに至って「戦国の残像」も歴史の表舞台からひっそりと姿を消してゆくのである。(43)

注

(1) 本書第二部第一章参照。
(2) 本書第二部第二章参照。
(3) 藤田勝久一九九四bなど参照。
(4) 藤田勝久一九九四a参照。
(5) 李暁傑二〇〇三参照。
(6) 下田誠二〇〇七参照。
(7) 『戦国縦横家書』の概要や釈文などについては、大西克也・大櫛敦弘二〇一五参照。
(8) 「(秦) 與楚・梁大戰長社、楚・梁不勝、秦攻鄢陵」(秦は楚・魏と長社で大いに戦いましたが、楚・魏は敗れ、秦は鄢陵を攻撃しております)。
(9) 「三十三年、客卿胡 (傷) 〔陽〕 攻魏巻・蔡陽・長社、取之」(三十三年、客卿の胡陽は魏の巻・蔡陽・長社を攻略した)。
(10) 馬雍一九七五参照。
(11) 魏の当局者である田倂が述べる魏の方針に「在楚之救梁」(楚が梁を救ってくれることにかかっている) とあり、また本章の主人公が魏王が単父に退去した後の大梁を秦が攻めた場合を想定して「以梁餌秦、以東地之兵爲齊楚爲前行」(大梁を秦へのおとりとし、東地の兵を斉・楚の先鋒とし）、「齊楚見亡不叚、爲粱賜矣」（斉・楚両国も〔このままでは自らの〕滅亡が遠くないことを悟れば、梁を救援いたしましょう）と想定するなど。

（12）唐蘭一九七六参照。

（13）楊寛一九九八など。

（14）『史記』巻七二穰侯列伝、『戦国策』魏策三、『戦国縦横家書』第十五章など。

（15）前注（11）参照。

（16）楊寛二〇〇一、一〇七四頁。なお孫聞博二〇一七では、東郡設置の状況について検討を加え、それが河北の燕・趙と河南の魏・楚との連携を阻止するという戦略意図に出るものであったことを論じており、ここでの議論との関連において注目される。

（17）そのほかにも、そこで梁の東地が「方五百里」とされていることをどう理解すべきかなどといった問題も挙げられる。

（18）楊寛一九九八では『戦国策』秦策四・頃襄王二十年章の記載から、始皇九年に済陽は秦に奪われたとし（四二七―八頁）、李暁傑氏もそれを支持しているが、該当記事では蒲、衍、首垣が「取」られたとはあるものの、仁、平丘、小黄、そして済陽については「臨」とあるのみであり、その見解については検討の余地がある。

（19）『史記』巻九十魏豹列伝に魏咎は「故魏時封爲寧陵君。秦滅魏、遷咎爲家人」とある。

（20）『史記』巻八高祖本紀、巻四八陳渉世家、巻五六陳丞相世家、巻九十魏豹列伝、巻九四田儋列伝。なお秦末楚漢戦争期の展開についての近年の研究としては、柴田昇二〇一八など参照。

（21）『史記』巻四四魏世家、巻七七魏公子列伝の大史公曰では、当時の大梁が廃墟と化していたことを述べる。このことについては大櫛敦弘二〇一六を参照。

（22）『史記』巻五四曹相国世家に「方與反爲魏、撃之。豊反爲魏、攻之」とある。なお戦国期の方與の帰属については土口史記二〇一一、第四章の注（66）に詳しい。

（23）『史記』巻四八陳渉世家に「周市北徇地至狄……還至魏地」とある。

（24）『史記』巻五七絳侯周勃世家に「以令従沛公定魏地。攻東郡尉於城武、破之」とある。なお同世家には、その少し前に「攻蒙・虞、取之。撃章邯車騎、殿。定魏地。攻爰戚・東緡、以往至栗、取之。攻齧桑、先登。撃秦軍阿下、破之。追至濮陽、下甄城。攻都關・定陶、襲取宛朐、得單父令。夜襲取臨濟、攻張、以前至卷、破之。撃李由軍雍丘下。攻開封、先至城下爲多」とあって、「魏地を定め」の前後に周勃が転戦した具体的な地名を挙げているが、ここでの「魏地」が前後いずれに、さらにどこまでかかるものであるのか判断が困難であり、かつ韓兆琦二〇〇四（編）では、この「定魏地」の三文字を誤衍とする見方もあることから、ここでは参考としてあげておくにとどめる。

（25）彭城の敗戦後のこととして、高祖本紀二年条に「漢王乃西過梁地、至虞」とある。

（26）同じく彭城の敗戦後のこととして、『史記』巻九八靳歙列伝に「略梁地、別將撃邢説軍菑南、破之」とある。

（27）高祖本紀三年条に「（盧綰・劉賈）與彭越復撃破楚軍燕郭西、遂復下梁地十餘城」とある。

（28）項羽本紀に「是時（前二〇三年）、彭越復反、下梁地、絶楚糧。項王……乃東、行撃陳留・外黃」とある。

（29）松島隆真二〇一四、楯身智志二〇一六（初出は二〇一〇年だが該当部分は増補）では、漢の側は楚漢戦争当初、あるいは西魏併合後も魏を河東から本章でいう河外、故宋に戻すことを意図していたとする。なお、松島隆真二〇一四ではさらに西魏封建について「項羽の意図は戦国中期以前の地理的状況への回帰にあった」とする。傾聴すべき見解ではあるが、松島隆真二〇一八でも認めるように韓などこれとは整合しない事例も見られる。

（30）彭越列伝。項羽本紀にも同様な記事が見える。

（31）周振鶴一九八七参照。これに対して秋川光彦二〇〇七では東郡が含まれていた可能性について論じるが、充分な確証には欠ける。前注（30）の記事に従う限り、彭越の梁国には基本的に東郡は含まれなかったと考えるべきであろう。なお、馬非百一九八二では、「漢収項羽梁地東碭二郡、自取東碭河濟之間以通齊、而以碭郡及東郡濟濮以左王彭越」（六一四頁）としている。

（32）この一帯は本来は東郡の領域に属するものと見られるが、この時点では梁国に属していたのであるとも考えられる。後述の東郡の範囲の問題とも関わってくる問題ではあるが、現在のところ、この点についての明確な手がかりには欠けているといわざるをえない。

(33) 碭郡の領域や属県などについては、譚其驤一九八二、馬非百一九八二、后暁栄二〇〇九など参照。また三者の異同については、后暁栄二〇〇九の「秦置県表」に一覧がある。

(34) 冨谷至二〇〇六（編）、周振鶴二〇〇七。なお、そこでは陳留も（おそらくは河南郡の属県として）見えている。

(35) 藤田勝久一九九四bでは、戦国中期を中心とした楚の領域について考察を加えている。

(36) 琴載元二〇一四など参照。一方で楚の習俗はこの地域に根強く残っていた。工藤元男一九九八、終章など参照。

(37) 柴田昇二〇一一など参照。

(38) 韓の領域については藤田勝久一九八八、李暁傑二〇〇一など参照。

(39) 本書第三部第一章補論参照。

(40) もとよりこうした地理的な要因のみがすべてを規定していたわけではなく、たとえば楚における反秦感情などといった、それ以外の地域的、文化的な諸要因も加わって、本章冒頭にも引く前章で指摘したような「地域による傾向性」を形成していったのであると思われる。

(41) ちなみに前漢後半期においても広域関中や司隷校尉部の出現など、こうした動きは継続してゆく。本書第一部第三章参照。

(42) 本書第二部第二章など参照。

(43) 『史記』巻一二九貨殖列伝や『漢書』巻二八地理志下などには旧列国の領域に対応するかたちで各地域についての叙述が見られるが、これらはこうした統一国家の段階において回顧、再構成された「古の領域的枠組み」の姿であったといえよう。

第三章　使者の越えた「境界」——秦漢統一国家体制形成の一こま——

第一節　問題のありか

ここまで秦漢時代における統一国家体制の形成と展開のあり方について、主として「地域間での支配、対立の関係の構図とその相対化」という視点から考察を重ねてきた。すなわちそれは秦および前漢初期の段階では、戦国時代の秦と東方諸国との関係を引き継いで、「関中」[1]など西方の中核地域と東方地域とが対峙し、あるいは前者が後者を支配するような露骨な「地域間支配」の構図をとるものであったが、統一が成熟してゆくにつれてこうした地域間の関係も次第に相対化し、前漢武帝期には基本的に統一国家体制の確立を見ること、そしてそれ以降は「地域的層位性」をともないつつも、この統一国家体制の枠組みがより実質的な重みを持って展開してゆくこと、などといった理解を提示してきたのである[2]。

近年発見の出土文字資料においても、たとえば漢初の張家山漢簡「二年律令」中の秩律では、東方地域に広がる諸侯王国には漢王朝の統制、影響力が十分に及ばない状況が明示されており[3]、また後述するように津関令においても、東方との間に設置された関所での出入における統制が非常に厳格であるなど、そこでは戦国の秦と東方諸国との地域間の対立の構図が継続していることが如実に示されている。一方、これに対して前漢末期の状況を示す尹湾漢簡（4）からは、かつて諸侯王国の版図であった東海郡でさえも、この時期には上計制度や官吏の人事、労役の管理など、完全に中央政府の統制下に組み込まれていたことが知られるのであり、両者の状況は好対照をなしているといえよう。

こうした中で、統一国家体制が確立したとされる武帝期はその転換点として重要な意味をもつのであるが、（地域間の対立の構図が露骨に前面に出ているという点で）未成熟なそれまでの「統一」国家体制から、どのようにして武帝期の統一国家体制が形成されてきたのかという問題については、その具体的なあり方を充分には明らかにすることができなかった。しかし近年、前出の「二年律令」などの新出資料の存在に加えて、この問題に関しても、後述するようないくつかの注目すべき成果があげられている。本章では、これら新たな研究動向の驥尾に付して、武帝期における統一国家体制の形成（・確立）の具体的なあり方について考えてみることとしたい。

まずはこれら近年の研究について簡単に整理したうえで、『漢書』巻六四下終軍伝に見られる「徐偃矯制」事件の事例に注目して取り上げ、検討を加える。これは地方巡視の使者として派遣された博士の徐偃が、そこで皇帝の命令と偽り独断で当時専売制下にあった塩鉄の生産を指示したという事件なのであるが、終軍伝では徐偃本人の弁明ならびに終軍による反駁・詰問の内容を伝えており、その中でもとりわけ「使者は境界を出たならば、独断専行してもかまわない」との「春秋之義」をめぐるやりとりは、当時における国内の境界線、さらには地域間の関係といった側面から統一国家体制のあり方をうかがう上で、興味深い事例を提供するものであるといえるであろう。そこでの検討の結果をふまえてさらに、その背景となる元狩から元鼎年間にかけての時期の状況について考察を加え、どのような時代状況のもとに武帝期の統一国家体制が形成されていったのか、その具体的なあり方について見てゆくこととしたい。

第二節　前漢武帝期における統一国家体制の形成——近年の研究から——

本章では、前漢武帝期における統一国家体制の形成をめぐる近年の研究について、杉村伸二、阿部幸信両氏の研究を中心に見てゆくこととする。

まず、杉村氏の研究では、従来ふれられることのなかった中央集権化進展の「影」の部分に注目する。すなわち呉楚七国の乱後におこなわれた景帝中五年の王国改革によって、諸侯王は王国行政から切り離され、領域面での漢の「天下統一」は達成されるが、一方で二倍以上にも急激に膨れあがった領域を支配するためのシステムは未整備であったために、地方長吏の増加、中央官署における事務量の増加、王国財政の回収による経済的な問題などといった、諸問題が発生することとなった。これに対して武帝期には、孝廉科の創設など人事制度の改革、官名の変更や内朝の形成など官僚機構の組織的機能的強化、そして漕渠建造事業（元光年間）や均輸平準の施行（元封元年）などの国家的な物流の整備といった行政諸改革が行われるが、その帰結として、それまでの漢帝国の国制は新たな専制国家体制へと再編され、漢朝は本当の意味での中央集権化をようやく果たすことになった、とされるのである。(5) このような杉村氏の研究は、単純に「諸侯王勢力の弱体・郡県化によって中央集権が達成された」とする従来の理解に対して、いわば「統一のコスト」という視点から見直しを迫るものであり、かつこうした課題への対応の中で武帝期における統一国家体制の形成が進行していったとする論点は、とくに注目されるであろう。(6)

一方、阿部氏は対外的な契機をも含めた視角から、漢朝は黄河の決壊や未統一なままの国内状況を抱えつつ匈奴などとの対外戦争を遂行してゆく中で、それを利用しながら国内の統一、「天下」の一体化を進めていったとする。すなわち当初、国内は統一とはほど遠い状況であったが、対匈奴戦争によって国内の意識を外にそらすとともに、軍功者の増加や人事制度の整備などを通じて元朔年間（前一二八～一二三年）末年までには漢の人的ネットワークが山東へと拡大してゆく。そして匈奴との戦いは優勢ではあるものの総力戦が必要となってきた元狩年間（前一二二～一一七年）になると、財政が一元化され人事権も最終的に漢朝の手に帰して、（山東の人的物的資源が北辺へ供給されるような）北辺と山東全域とを有機的に結合する政治的・経済的・軍事的な構造が出現し、さらに元鼎から元封年間（前一一六～〇五年）には封禅が行われ、治水をはじめとする国内の危機的状況が以上のプロセスの下で解消してゆく中で「海内一統」が達成された、とされるのである。(7) また印制の検討からは、元狩二（前一二一）年の印制改革によって、諸侯王国の任命権が漢朝の手に帰したほかに、諸侯王が漢の「内」へと取り込まれたことが指摘されている。(8) このように阿部氏の研究によって、これまで理解されてきたように「統一の完成と内政の安定を承けて武帝期の外征が行われた」のではなく、統一国家体制の形成が対匈奴戦争などと相互に関わり合いながら並行して進行していたことが具体的に明らかとされたのであった。

以上のような杉村氏や阿部氏の研究では、（主として対諸侯王政策の検討から）呉楚七国の乱以降に集権化が進んでいったと比較的漠然と考えられてきたのに対して、武帝期――阿部氏の研究によればとくに元朔末年から元狩・元鼎・元封にかけてのあたりか――における改革、諸政策の意義を重視する。さらに関中地域に基盤を置く漢王朝が東方諸地域を組み込んでゆく形でのこうした統一国家形成の過程は決して「すんなりと」進んだわけではなく、「統一のコスト」や対外戦争をも含めたさまざまな問題に対処してゆく中で進行していったことが具体的に明らかとされているのであり、こうした視角は本章での考察においても継承すべき点であると思われる。

また目黒杏子氏は、「当時の皇帝権力のあり方を表現する政治的事業」としての封禅について論ずる中で、それが東方地域の中心である泰山で挙行された背景には、天下には依然「西」（漢の本拠地）と「東」（旧六国・東方諸侯王の領域）の区分がある現実をふまえながら、それを漢王朝と武帝のもとに統合してゆく意図があったとして、封禅とはまさに「漢の皇帝による天下の一元的支配体制確立の可視化」であったとする。このほかにもさらに、そこでは「東」の領域の掌握と並んで匈奴に対する軍事的優勢などの要素も影響を及ぼしていたこと、あるいは元鼎四年の地方巡幸開始、翌年の郊祀体制整備、元封元年の第一回封禅、太初元年の「改暦服色」と、皇帝支配体制形成の一連の諸事業が、元鼎から元封、そして太初元年にかけて推し進められたことなども指摘されており[9]、前出の諸説と相通ずる理解がこうした分野においても示されているといえるであろう。

さらに矢沢忠之氏は、北辺の諸侯王国である代国・燕国の事例の検討から、中央とこれら北方王国とは匈奴に対抗するという共通の利益のためにその負担を分担しあうという関係を有しており、中央による辺郡の収納――それ自体は武帝期の施策ではないものの――は、こうした匈奴防衛の負担を中央が回収して一手に担うことでもあったとする[10]。このような北辺収納による北辺防衛事務の回収は、矢沢氏自身も指摘するように、先に紹介した杉村氏の研究で論じられているようなことがらの具体的な一事例となるものであるが、これを「辺郡総体」の収納の問題にひろげて考えてみるならば、それによって諸侯王国が（領域の上で）漢の「内」に包み込まれるような形が現実に準備されることや、漢王朝が対外政策で主導的に動ける足がかりを得て、これに本格的に向き合う契機となったということなど[11]、以上に見てきた諸研究との関連において、さらに明らかにできる点は多いのではないかと思われる。

なお、匈奴と並んで武帝期における統一国家体制の形成に影響を及ぼしていたとされる黄河の水災については、濱川栄氏の一連の研究がある[12]。その中でもたとえば、「河決」による長年の水災が東方の諸侯王勢力を弱体化させ、中央による諸侯王抑損策を完成させるなど、武帝による中央集権体制の確立に大きく貢献する一方で、それが黄河の治水、被災民の救済など、従来漢朝政府が負わないできた深刻な課題の解決を新たに武帝に突きつけることになった、などの指摘は本章での考察にとっても興味深い。[13]

以上、近年の諸研究について簡単に整理し、そこでは武帝期の改革、諸政策の意義が重視され、かつそれによる統一国家体制形成の過程が具体的に論じられていることなどを指摘してきた。本章ではこれらの研究動向をふまえつつ、こうした過程の一断面、具体的なあり方について見てゆくこととする。そのための糸口としてまずは次章で「徐偃矯制事件」の事例について取り上げ検討することとしたい。

第三節　徐偃矯制事件の周辺

いわゆる「徐偃矯制」事件について、『漢書』巻六四下終軍伝では、以下のように伝えている。[14]

元鼎中、博士徐偃使行風俗。偃矯制、使膠東・魯國鼓鑄鹽鐵。還、奏事、徙爲太常丞。御史大夫張湯劾偃矯制大害、法至死。偃以爲春秋之義、大夫出疆、有可以安社稷、存萬民、顓之可也。湯以致其法、不能詘其義。（元鼎年間、博士の徐偃は使者として地方の風俗の視察に派遣された際に、皇帝の命と偽り独断で、膠東国と魯国とに塩鉄を生産させた。そして帰還すると復命して太常丞に転じたが、御史大夫の張湯は「偃が皇帝の命を偽って大害をあたえたこと、法に照らせば死罪にも相当する」と告発する。〔これに対して〕徐偃が「春秋の義では、大夫たるもの境界を出たからには、社稷を安んじ万民を守ることができるのであれば、独断専行してもよいことになっている」と反論したため、張湯はすでにその法を適用したものの、この点については論破することができなかった）

ここには「元鼎中」とあるが、関係者の没年などから、おそらくは元鼎元（前一一六）年のことである可能性が高い(15)。なお、この事件の発端となった博士による地方循行については、後段にてふれることとする。また文中に見える「春秋の義」の典拠となるのは、『春秋公羊伝』荘公十九年の「大夫受命不受辭、出竟有可以安社稷、利國家者、則專之可也」という伝文であるが、徐偃はこれを大義名分とすることによって専売制違反、さらには「矯制」という重大な不法行為を犯したことを正当化しようとしたのであり、実際、この点に関しては、さしもの御史大夫張湯も論破し罪を認めさせるまでには追い込むことができないでいた。このような状況のもとに登場してきたのが、当時謁者の官にあった終軍なのである。

有詔下軍問狀、軍詰偃曰、古者諸侯國異俗分、百里不通、時有聘會之事、安危之勢、呼吸成變、故有不受辭造命顓己之宜。今天下爲一、萬里同風、故春秋、王者無外。偃巡封域之中、稱以出疆何也。且鹽鐵、郡有餘臧、正二國廢、國家不足以爲利害、而以安社稷存萬民爲辭、何也。（詔によって終軍が罪状の取り調べに当たることとなった。軍は徐偃を詰問する。「いにしえは諸侯ごとに国は異なり風俗も分かれており、百里の先でも連絡が取りにくく、時として聘・会などの通交はあっても、安危の情勢は一瞬の間にも変転した。それゆえにこそ〔使者は〕指示も受けずに勝手に使命を作りあげ、臨機応変に独断専行することも許されたのである。しかるに今や天下は一となり、万里にわたって風俗を同じくしている。『春秋』にも「王者は外無し」とあるところである。偃は封域の中を巡ったにすぎないのに「境界を出た」と称するのはどういうことか。また塩鉄は各郡ごとに余分の備蓄分があり、膠東・魯の二国がその生産をせずとも、国家全体に影響が及ぶわけでもない。にもかかわらず、「社稷を安んじ万民を守る」ことをもって自らを正当化するのはどういうことか）

代わって詰問に当たった終軍は、まず諸侯が分立していた春秋の世と一統が実現した武帝の時代とでは、使者をめぐる状況が異なっている事を指摘する。その上で「王者は外無し」との春秋伝文[16]を引きつつ、徐偃は実際には封域の中を巡っただけにすぎず、したがってそもそも「境界を出て」はいないのであるとした。かくして――膠東・魯国における塩鉄の生産が必ずしも「社稷を安んじ万民を守る」ものではないとの指摘ともあわせて――徐偃の主張する「春秋の義」にもとづく大義名分は、そもそもの前提からして否定されることとなったのである。終軍の詰問はこの後にもさらに、徐偃が命じた塩鉄生産の具体的な問題点の列挙や、その独断専行に対する指弾などが続くが[17]、これらについてはここでは割愛する。そしてこのような厳しい詰問をうけて、徐偃はついに屈服する。

偃窮詘、服罪當死。軍奏、偃矯制顓行、非奉使體、請下御史徴偃即罪。奏可。上善其詰、有詔示御史大夫。（徐偃は弁明に窮して屈服し、自らの罪が死に当たることを認めた。終軍は「偃は命を偽り独断専行すること、使者の体をなしません。御史に下げ渡して偃を徴し、罪につかせますよう」と奏して裁可された。武帝はその詰問をあっぱれとし、詔によって御史大夫に示した）

これをもって、事件は一応の決着を見たのであった。

以上が『漢書』終軍伝の記事による、徐偃矯制事件のあらましである。きわめて簡略な形でまとめられてはいるものの、そこでは「『境界』を越えたから、独断専行することが許される」とする徐偃の主張に対して、「天下が一つとなった今日、徐偃は封域の中を巡ったにすぎない、つまり徐偃は『境界』を越えてなどいない」という終軍による反論のなされていたことが知られるのであり、こうした両者のやりとりは、当時における国内の境界線、さらには地域間の関係といった側面から統一国家体制のあり方をうかがう上で、興味深い事例を提供するものといえるであろう。

これらのうちでも、まずもって注目されるのが、徐偃の主張をめぐる状況についてのある種の「違和感」である。そもそもその主張の前提となる、膠東・魯国などへの出使をもって「境界を出た」とする理屈は、後世のわれわれの感覚からすればいささか奇異な、理解に苦しむ議論ではあろう。そのためにこれに対する終軍の反論にしても、ともすればあまりにまともすぎて、ごくごくありきたりな常識論を述べているに過ぎないようにさえ思えてしまうほどである。とはいえ、「法至死」ともされる重大な問責の場において、徐偃があえて説得力に欠ける詭弁を弄しているとは考えにくい。そもそも終軍伝でのこの記事自体が、それを見事に論破した終軍のいわば「武勇伝」として書かれている――ここに引いた以外の論点や、経義も織りまぜての見事な議論であったこともともとよりその大きな理由の一つではあったろうが――のであり、論破した「強敵」である徐偃の主張を単なる屁理屈であったと片づけてしまっては、事の本質を見誤ってしまうのではなかろうか。何よりその論理に対しては、切れ者として鳴る御史大夫張湯をもってしても歯が立たなかったのである。徐偃のこの主張はけっして荒唐無稽な強弁などではなく、当時においてはむしろ一定の説得力、リアリティーを有する考え方であった、と見るべきであろう。

それでは徐偃が「越えた」と主張する「境界」とは、はたしてどのようなものだったのであろうか。この点について、境界と密接な関係を有する「関所」の問題から考えてみると、たとえば終軍伝中には前引の記事とは別に、「はじめ終軍が故郷の済南から召されて都に赴く際、関所で役人から復路用の通行証（傳）を交付されたが、自分にとってこんなものは必要ないと、それを棄てて入関してしまった。のちに果たして彼は、栄えある皇帝の使者となって関所を出たのであった」という有名な挿話[18]が見えており、済南から長安、長安から東方に向かう際にそれぞれ関所を通っていたことが確認される。このほかにも、漢の領域内の移動に際して、函谷関あるいは臨晋関、武関などの関所を通過している事例は少なくない[19]。このように、当時は国内に関所、ひいては境界の存在していたことが知られるのであるが、紙屋正和氏は前漢時代の関所全体について論ずる中で、それらは「国境地帯に設置された関」と「畿内をとりかこむ関」の二種類のみに限定して設置されていた――すなわち国内の関所による境界線は後者の一種類のみであっ

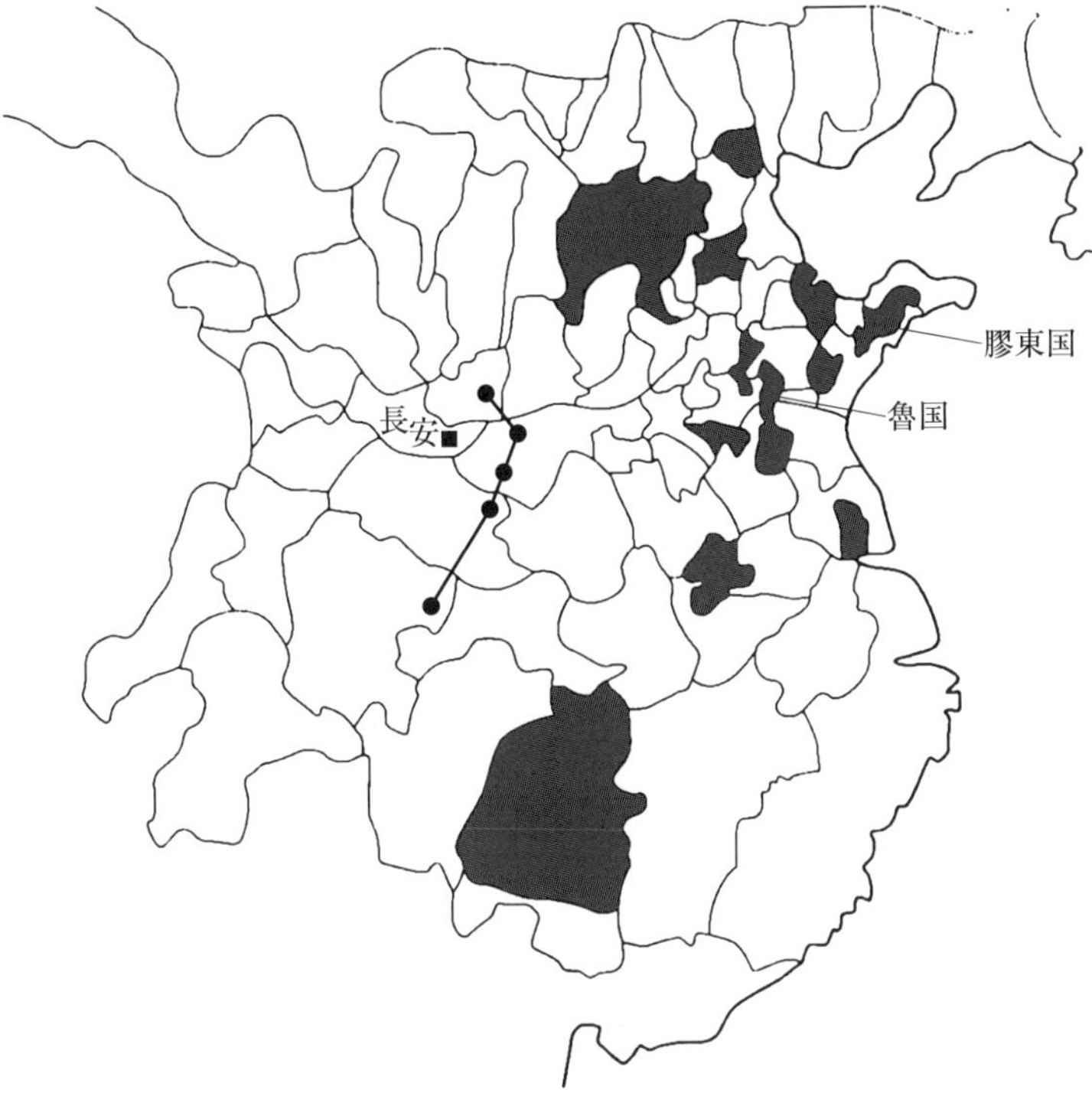

図10　元鼎初年の諸侯王国の分布と関所のライン

黒塗りの部分が諸侯王国の領域で、五つの黒点は津関令中の五関を示す。周振鶴『西漢政区地理』（人民出版社、1987年）などをもとに作成

た――ことを明らかにされており、[20]そうであるならば、徐偃が「越えた」と主張する「境界」とはまさにこれら後者の、文字通り「関中」の地を画する関所群からなる「国内の境界線」であったと考えられるのである。[21]

このような「国内の境界線」の問題については、筆者も主として統一国家体制との関わりから検討を加え、戦国時代の秦と東方諸国との関係を引き継いで、「関中」などの中核地域と東方地域とが対峙し、あるいは前者が後者を支配するような秦および前漢国家の統一支配体制のあり方がそこには反映されていること、しかし統一が成熟し、こうした地域間の関係も次第に相対化してゆくにつれて「国内の境界線」の重要性も徐々に低下していったこと、などを論じてきた。[22]これに加えて近年は、張家山漢簡「二年律令」中の津関令の出現によって、とくに漢初におけるその具体的なあり方が知られるようになってきている。

すなわちそこでは、先述の函谷関・臨晋関・武関のほかに扜関・鄖関の名前が見えており、[23]これら五つの関所によって境界線の構成されていたことが知られる。地図にも示してあるように、この時期それは南北の「直線」という形をとって関中と東方地域とを東西に隔てていたが、そこでの「関中」すなわち関所の西側の範囲は、ほぼ昭襄王後期の秦の版図に相当するという。[24]さらに津関令中の諸規定によると、人員の出入、馬匹・武器・黄金の（関中からの）搬出などに厳重な統制を加えており、その内と外とでは厳重な区別がなされていたのであった。[25]当時、漢の直轄領は全体としては関中のみならず東方地域にも広く展開していたのであるが、にもかかわらず、こうした厳重な境界線がその中を切り分けるように引かれているということは──『新書』壹通にも「武關・函谷・臨晋關を建てし所謂《ゆえん》は、大抵《おおよそ》山東の諸侯に備えんがため也」とあり、またそれが「秦時の六国に備えしが若し」とされているように──戦国以来の秦と東方諸国、関中と東方地域という地域間対立の枠組みが、漢初の統一国家体制においてもいかに根強く残存していたかを示すものといえるであろう。

徐偃矯制事件のあった武帝の元鼎初年においても、こうした境界線の配置自体は基本的に変わらなかったと思われる。ちなみにこのころの史料には、漢の直轄領全体が「天子の郡」という語で示される例が見えている。[26]一方、終軍伝中に見える「封域」の語は諸侯王国をも含めた領域総体を指すものと見てよいであろう。これらから、当時における国内の大まかな地域的な区分について簡単に整理するならば、まず漢王朝の基盤となる地域である「内史の地」（A）に加えてそれをとりまく西方諸郡（B1）からなる「広域関中」の東辺は関所のラインによって区切られており、その境界の先の東方地域にはそれ以外の直轄郡（B2）、さらには諸侯王国（C）が広がっていた。そしてそれらは全体として「内史の地（A）—広域関中（A+B1）— 天子の郡（A+B）— 封域（A+B+C）」という重層的な構造をなしていた（もっともこのうち直轄郡（B）と諸侯王国（C）との区別については、当時進行していた諸侯王抑損策によって徐々に希薄化しつつあった[27]）、と理解できるのである[28]。

以上のように、その背景となるこれらの状況について見てくるならば、先に示した徐偃の主張をめぐる事情についても自ずと了解されるであろう。彼が使者として派遣されたとき、そこには戦国以来の地域間の対立の構造を反映して、漢王朝の基盤となる関中地域と東方の他の地域とを隔てる関所のラインが横たわっていたのであり、当時の人々にとってそれは厳然たる「境界線」として認識されていたのであった。徐偃の主張はまさにこのような状況を背景としていたのであり、その「大夫疆を出づれば……」という「春秋の義」を引いての論理もけっして空疎な観念やこじつけなどではなく、その当時にあってはそれなりのリアリティーを有していたのである。だからこそ張湯なども事この点に関しては完全に否定しきることはできなかったのであり、かつこれを打ち負かした終軍の弁論がいわば「武勇伝」となりえたのである。そしてこのことは逆から見るならば、こうした「国内の境界線」のもつ存在感・重要性が、この時期にあってもなお強く認識されていたことを示すものともいえるであろう。

しかしその一方で、この元鼎初年の段階にあっては、「二年律令」のころと比べるとその間の状況に大きな変化が生じていた。呉楚七国の乱の鎮圧と後述するような一連の集権政策の展開によって、漢王朝の東方地域に対する統制は格段に強化されつつあったのであり、こうした中で領域の一体化、地域間の緊張・対立関係の相対化が進んでいったとするならば、この「境界線」のあり方にも影響が及ばなかったとは考えにくい。「徐偃は封域の中を巡ったにすぎず、『境界』を越えてなどいない」とその主張を真っ向から否定する終軍の議論は、以上に見てきたような当時一般の認識からするならば、おそらくまだ大勢となるには至っていない考え方であったと思われるのであるが、にもかかわらず徐偃がこれに屈服せざるをえなかったという事実は――「いま天下は一と爲り、萬里は風を同じくする」、「王者は外無し」という「建前」には正面から反論しかねるといった事情もさることながら――まさにここに述べたような変化を背景として、「天下は一と為り」、「封域の中」となりつつあるという現実が否定しがたく進行していたことを示すものなのではなかろうか。そもそも徐偃が独断専行ながらも諸侯王国で塩鉄の生産を命じるというその行為自体が、「内史の地」や「広域関中」と東方地域、あるいは諸侯王国といった垣根を越えて、中央の統制が「封域」内全体に強く及ぶようになっていることの表れであろう。(29) これに対して終軍は、さらに使者の専断権さえも認めないという、より徹底した立場をとっているわけではあるが、(30) 中央集権の進展をうけた領域の一体化という流れの上にあるという点では、両者の拠って立つ基盤は意外に共通していたのである。その意味で終軍が徐偃を論破したここでの議論は、国内の境界線とその背景となる状況をめぐって、ともすればこれまでの体制のあり方にとらわれてしまいがちな意識が、統一の進展という現実に追いつく過程を示すものなのでもあった。

以上、本章では徐偃矯制事件の事例から、当時における国内の境界線をめぐる議論を手がかりとして検討を加えてきたわけであるが、その背景にあったのは、戦国時代の秦と東方諸国との関係を引き継いで「関中」など中核地域と東方地域とが対峙し、あるいは前者が後者を支配するような秦および漢初の統一支配のあり方であり、かつその一方で、こうした地域間の緊張関係や差異が相対化し、相互の一体化が進行してゆくという動きが顕著となりつつある当時の状況なのであった。徐偃矯制事件をめぐる一連の経緯は、まさに統一の成熟に向けて時代が動きだしていることを示す一こまであったといえよう。そこで次にその直接の背景をなしていた、元狩から元鼎年間にかけての時期の状況について見てみることとしたい。

第四節　元狩・元鼎の交——博士の郡国循行の事例から——

本章では、ここまでに見てきた徐偃矯制事件の背景となる、元狩年間から元鼎年間にかけての時期の状況について考察を加える。そのための手がかりとして以下に、事件の契機ともなったこの時期における博士の郡国循行の事例に注目して取りあげ、検討することとしたい。

博士を使者（主として国内への）として派遣するという漢代の制度については、葛志毅[31]、石岡浩[32]両氏によってそれぞれ基本的な検討がなされており、そのうち葛氏によれば、使者としての派遣は博士の主要な職務ではなかったが、その義務の一つではあった。その内容は主として（一）存問、（二）挙賢、（三）地方官の監察の三種であり、またこうした博士の派遣が前漢時代にしばしば見られるのとは対照的に、後漢時代には行われなかったという。また石岡氏は前漢時代における博士の郡国視察の事例について検討を加え、それが武帝の元狩六年から元鼎二年と、元帝の建昭四（前三五）年から成帝の陽朔二（前二三）年の二つの期間にのみ集中していること、このうち前者の場合は、塩鉄専売や告緡令など、当時盛んに行われていた新財政政策を支える中央の法術官僚たちに地方の情報を送り、豪族などの兼併の徒と郡守・国相を摘発するものであり、またその職務は元封五年に設置された刺史に継承されたこと、などを指摘している。

このような博士による郡国循行の事例について、ここではとくに徐偃らによる武帝期の博士循行がそもそもどのような理由で実施されたのか、という点に注目して見てゆくこととしたい。葛・石岡両氏ともに指摘するように、元狩六年の博士による郡国循行はその最初の事例であり、それだけにそこでは漢王朝が当時直面していた様々な問題が比較的現実に即したかたちで反映されているのではないかと考えられるのである。そこで以下に、いま一つの例である元鼎二年の場合とあわせて、この時期の博士の郡国循行についてそれぞれ検討を加えてゆく。(33)

（一）元狩六年における博士の郡国循行

これについてのもっとも詳細な記事は、『漢書』巻六武帝紀元狩六年六月条の次のような詔である。

日者有司以幣輕多姦、農傷而末衆、又禁兼幷之塗、故改幣以約之。稽諸往古、制宜於今。廢期有月、而山澤之民未諭。夫仁行而從善、義立則俗易、意奉憲者所以導之未明與。將百姓所安殊路、而撟虔吏因乘勢以侵蒸庶邪。何紛然其擾也。今遣博士大等六人分循行天下、存問鰥寡廢疾、無以自振業者貸與之。諭三老孝弟以爲民師、擧獨行之君子、徵詣行在所。朕嘉賢者、樂知其人。廣宣厥道、士有特招、使者之任也。詳問隱處亡位、及冤失職、姦猾爲害、野荒治苛者、擧奏。郡國有所以爲便者、上丞相・御史以聞。(34)

（さきごろ有司は、貨幣が軽いために〔盗鋳などの〕悪事が多く、農業は荒廃して工・商の末業に従事する者が増加し、また兼併の方途を禁ずる〔べきである〕ことから、貨幣制度を改めて姦邪を取り締まろうとした。過去の経験に鑑み、現今の時宜に適した措置をとったのである。かくして一年と一ヶ月を経たが、山沢〔など僻陬〕の民はいまだその主旨を理解していない。そもそも〔上に立つ者によって〕仁が行われてこそ〔下々が〕善に従うようになるのであり、義が確立してこそ風俗を改めることができるのである。思うに法を奉ずる役人たちの民の導きようがなお行き届かないのであろうか、あるいは民の安んずるところは別にあるのに、あれこれ引っかき回す吏が勢威をかりて民草を侵害するのであろうか。かくも紛然たる混乱のさまはどうしたことか。そこで博士の大ら六人を派遣し手分けして天下を循行させ、鰥・寡・廢疾の人々を慰問し、暮らしが立ちゆかない者には貸与させることとする。〔また〕三老・孝弟を諭して民の師表たらしめ、独行の君子を推挙して、召し出して行在所に至らしめよ。朕は賢者を嘉し、その人となりを知ることを楽しみとしている。そ〔うした賢者登用〕の道筋を広く述べ伝え、〔優秀な〕人材を特別に召致することは使者のつとめである。世を避けており登用されていない、および無実なのに職を失った、〔さらには〕悪賢く害悪を及ぼす、土地が荒れたままで開墾されず統治のありようが苛酷な者たちについて、つぶさに追究して上奏せよ。郡・国は有益と思われることがあれば、丞相・御史に告げて上奏するように）

意をもって補っているところも多いが、およそこのように理解することができるのであれば、ここでは（一）貨幣政策の迷走による（盗鋳など）犯罪行為の横行[35]、を中心として、（二）農業の荒廃や（三）兼併の進行、などの問題が挙げられており、それらが（四）官吏の無能・不正とも相まって「何紛然其擾也」とされるほどの社会的混乱状態にあったことが知られる。そしてこれらの問題に対処すべく実施された博士の郡国循行は、（ア）「鰥寡廢疾」への存問や貧窮者への貸与、（イ）（三老・孝弟を通じての）教化、（ウ）「独行の君子」の推挙、および地方の実情を調査して（エ）（「隱處亡位、及冤失職」などの）報告、あるいは（オ）（「姦猾爲害、野荒治苛者」などの）摘発、などをその使命としていたのであった。また博士たちの派遣と並んで、郡国からの提言も募っている。

つぎに『史記』巻三十平準書の記事では、

自造白金五銖錢後五歲、赦吏民之坐盜鑄金錢死者數十萬人。其不發覺相殺者、不可勝計。赦自出者百餘萬人。然不能半自出、天下大抵無慮皆鑄金錢矣。犯者衆、吏不能盡誅取、於是遣博士褚大、徐偃等分曹循行郡國、擧兼幷之徒・守相爲〔吏〕〔利〕者。而御史大夫張湯方隆貴用事、減宣・杜周等為中丞、義縱・尹齊・王溫舒等用慘急刻深為九卿、而直指夏蘭之屬始出矣。（白金五銖銭を鋳造してより五年、吏民で貨幣盗鋳の罪によって死罪となる者は数十万人にも上り、発覚しないままに殺し合う者は数え切れないほどであった。自首して赦免された者は百余万人、ただし自首した者は半分にも満たず、天下はおおよそほとんどの者が貨幣盗鋳に手を染めるほどであった。禁を犯す者が多すぎて、吏もことごとくは摘発することができず、そこで博士の褚大・徐偃等を遣わし、それぞれに〔査察〕班を率いて郡国を巡行し、兼併の輩や太守・諸侯相で利得追求に走る者を摘発させたのである。しかし〔その一方で苛酷なことで鳴る〕御史大夫の張湯は高位にあって政治を切り回し、減宣・杜周らは御史中丞となり、義縱・尹齊・王溫舒らは無慈悲、苛酷に法を適用することで九卿に上り、直指使者の夏蘭の輩が出てくるようになった(36)

とあるように、もっぱら（一）の貨幣盗鋳の拡大・横行による混乱という点から博士の派遣について述べられている。また、ここで使者の任務として挙げられているのが「兼幷之徒・守相爲利者」の摘発であることからは、（三）兼併の進行や（四）官吏の不正などの問題もここに関わってくること、そしてこれらの問題への直接の対応とされるのは、先の武帝の詔に見られたもののうちでも、主として（オ）の「摘発」であったこと、などを指摘することができるであろう。もっとも、これに続いて張湯以下の酷吏たちの活躍が述べられているのは、現実にはこの問題についてはこうした「強面」の対応に多くを負っていたことを示唆しているのではないかと思われる。

これに対して『漢書』巻二七の五行志中之下の次の記事は、これとは異なる面から博士の郡国循行について伝えている。

武帝元狩六年冬、亡冰。先是、比年遣大將軍衞青・霍去病攻祁連、絶大幕、窮追單于、斬首十餘萬級、還、大行慶賞。乃閔海内勤勞、是歲遣博士褚大等六人持節巡行天下、存賜鰥寡、假與乏困、擧遺逸獨行君子詣行在所。郡國有以為便宜者、上丞相、御史以聞。天下咸喜。〔武帝の元狩六年冬は氷がはらなかった。これより先、連年、大将軍衞青や霍去病を派遣して祁連を攻め、大漠を横断して単于を追い詰め、斬首すること十余万級、凱旋すると、恩賞の大盤振る舞いであった。そこで海内の〔民の〕労苦をあわれみ、この年に博士の褚大等六人を遣わし、節を持して天下を巡行し、鰥・寡の人々を慰問して給付し、窮乏者には貸与してやり、遺逸・独行の君子を推挙して行在所に至らせた。〔また〕郡・国には有益と思われることがあれば、丞相・御史に告げて上奏させたところ、天下〔の人々〕はことごとく喜んだのである）

見られるように、ここで遣使の理由とされているのは、（五）対匈奴戦争による社会の疲弊である。これは元狩六年詔には直接に言及されていない問題ではあるが、あるいは（二）の農業の荒廃と関わるものであるかもしれない。この問題に対処すべき使者の任務は、武帝の元狩六年詔に見られるうちの（ア）「鰥寡廢疾」への存問や貧窮者への貸与と（ウ）「独行の君子」の推挙とであった。なお、末尾に元狩六年詔と同じく郡国からの提言も募っていることは、両者が政策として密接な関係にあったことをうかがわせる。

最後に『塩鉄論』刺復篇では、

博士褚泰・徐偃等、承明詔、建節馳傳、巡省郡國、舉孝廉、勸元元、而流俗不改。（博士褚泰・徐偃等は、明詔を奉じて、節を建て伝車を馳せて、郡国を視察して回り、孝廉を推挙し、民草を教導したが、流俗は改まることはなかった）

とあり、使者の任務のうちでも（イ）教化、（ウ）（独行の君子ではなくて「孝廉」ではあるが）推挙、の二点が取り上げられている。また、ここでは「流俗」が問題とされているが、元狩六年詔にも「俗易」への言及があり、前章で見てきた終軍伝においても、そこでの博士の郡国循行の目的は「行風俗」とあることなどは、彼らの使命のうちでもこうした側面を強調したものといえよう。

以上、元狩六年における博士の郡国循行について検討を加えてきたが、その背景にあったのは（一）貨幣盗鋳の拡大・横行や（二）農業の荒廃、（三）兼併の進行、（四）官吏の無能・不正、（五）対匈奴戦争による社会の疲弊など、複合的な問題による社会の混乱なのであった。そしてこれらの諸問題に対応すべく使者として派遣された博士たちは、主として（一）や（三）・（四）については兼併の徒や不正な地方官などの摘発、また（二）や（五）については生活困窮者への援助や埋もれた人材の推挙——さらにそれ以外にも地方の実情の報告や教化など——をその使命としていたのである。

ちなみに前節で取り上げた徐偃矯制事件の例において塩鉄専売政策に介入しているのも、こうした使者としての活動の一環であった。結局それが不法行為と断ぜられたことは終軍伝に見られる通りであるが、このような事例の存在からは、博士の郡国循行の実際において、右に挙げた以上に多様な活動がなされていたであろうこと、さらにそこでは当時展開していた塩鉄専売をはじめとする新財政政策などが問題とされるような状況があったこと、などがうかがわれるのである。

（二）元鼎二年における博士の郡国循行

これについては、『漢書』武帝紀元鼎二年秋九月詔に次のように見えている。

仁不異遠、義不辭難。今京師雖未爲豊年、山林池澤之饒與民共之。今水潦移於江南、迫隆冬至、朕懼其飢寒不活。江南之地、火耕水耨、方下巴・蜀之粟致之江陵、遣博士中等分循行、諭告所抵、無令重困。吏民有振救飢民免其戹者、具擧以聞。(37)（遠いものも分け隔てしないのが仁であり、困難をも避けないのが義である。いま京師はいまだ豊年ではないとはいえ、山林池沢の〔産物の〕豊かさを民に開放して共に〔することで乗り切ろうと〕している。一方、水災が江南にも移ってきており、真冬を間近にして、朕は〔被災地の人々が〕飢え凍えて暮らしが立たなくなることを憂慮している。江南の地では火耕水耨〔の農業〕を行っており、巴・蜀の粟を水運によって江陵に送ることとし、博士の中などを派遣して手分けして循行させ、各地で諭告を行い、これ以上困苦することがないようにせよ。吏民で飢民を救済し、その窮状から救い出す者があれば、詳しく調べて報告せよ）

ここでは博士が江南地方での水害への救済のため派遣されているが、この直前の同年夏条には「大水あり、關東の餓死せる者千を以て數う」とあり、詔に見える「水潦は江南に移る」とは、それが江南にまで拡大したものであることがわかる。

周知のように、黄河は武帝の元光三（前一三二）年に瓠子で決壊してから元封二（前一〇九）年にそれが塞がれるまでの間、放置され続けていたのであるが、濱川栄氏によるとこの元鼎二年の水災も「河決」によるものであり、また特に元鼎年間にはこの「河決」が武帝を悩ます最大の問題の一つにまでなっていたという[38]。ちなみに「元鼎二年三年ごろのことを一括して叙した[39]」とされる『史記』平準書の次のような記事も、こうした状況において理解することができるであろう。

　是時山東被河菑、及歳不登數年、人或相食、方一二千里。天子憐之、詔曰「江南火耕水耨、令飢民得流就食江淮閒、欲留、留處。」遣使冠蓋相屬於道、護之、下巴蜀粟以振之。（このとき山東は黄河の水害をこうむり、また不作の続くこと数年で、人が互いに食べ合うような地域が一、二千里四方にも及んだ。天子はこれを憐れんで詔を下し「江南では火耕水耨を行っているので、飢民が江淮地方に食糧を求めて移動することができるようにし、そこに留まりたい者は安住させよ」と命じた。使者が互いに望見するほど絶え間なく派遣されて〔飢民の〕保護に当たり、巴・蜀の粟を水運で送って救済した）

このように元鼎二年における江南の水害の背景には、（六）黄河による山東地域の水害という問題がさかのぼって存在していたのであった。[40]それはまた、前節にて見てきた「農業の荒廃」という問題の大きな原因の一つでもあったと思われるのである。

（三）「多事」、「騒動」と「一統」

以上、元狩六年と元鼎二年における博士の郡国循行の事例から、この時期に漢王朝が直面していた諸問題について見てきたわけであるが、そこからは（一）貨幣盗鋳の拡大・横行や（二）農業の荒廃、（三）兼併の進行、（四）官吏の無能・不正、（五）対匈奴戦争による社会の疲弊、そして（六）黄河による山東地域の水害、などといった問題の存在が確認されるのであり、それに加えてさらに酷吏の活動や、塩鉄専売をはじめとする新財政政策などもこれらに関わってくると考えられるのであった。もとよりこれらがすべてを網羅しているわけではないにせよ、前後の時期も含めた大まかな流れにおいて見るならば、当時の主要な問題はおおむね出揃っていると見てよいであろう（別掲「**年表**」では、景帝三年から武帝太初元年にかけての主要な出来事を「国内の事件」、「災害」、「対外関係」に分けて示す）。

これらの諸点から浮かび上がってくるのは、「平穏」とか「安定」とかいうにはほど遠い、混乱した社会のすがたである。匈奴との戦争は優勢のうちに小休止を迎えてはいたものの、それによる疲弊した状況は社会に重くのしかかっていた。黄河の決壊への対応も未解決のままで、元鼎年間にはさらに深刻の度を増しており、これらにより農業の荒廃が拡大する一方で、兼併の動きは加速してゆく。さらに貨幣制度改革は盗鋳や治安悪化など社会的混乱をもたらしていた。こうした事態に対して博士が使者として派遣されたわけであるが、その役割は主として振恤、教化、監察といった事柄が中心であったようであり、不法行為や兼併の動きなどへの実効的な対応としては、平準書の記事などからもうかがわれるように、むしろ酷吏による苛烈な取り締まりに頼る部分が大きかった。しかし、それとてまた社会

年　表

	国内の事件	災　害	対外関係
前 154 三年	呉楚七国の乱		
153 四年			
152 五年			
151 六年			
150 七年			
149 中元元年			
148 二年			
147 三年			
146 四年			
145 五年	官制改革		
144 六年			
143 後元元年			
142 二年			
141 三年	武帝即位		
140 建元元年			
139 二年			
138 三年		黄河氾濫で飢饉	東甌救援
137 四年			
136 五年			
135 六年			閩越攻撃
134 元光元年			
133 二年			馬邑の役。対匈奴戦争へ
132 三年		黄河決壊、16郡に氾濫（〜前109）	
131 四年			
130 五年			
129 六年	漕渠開鑿		対匈奴攻撃
128 元朔元年			対匈奴攻撃
127 二年	推恩の令／茂陵への徙民		対匈奴攻撃、河南奪取
126 三年	朔方に徙民		張騫帰還
125 四年			
124 五年			対匈奴攻撃、大勝
123 六年			対匈奴攻撃（二回）
122 元狩元年	淮南、衡山王謀反事件		
121 二年			河西奪取、渾邪王投降
120 三年		山東大水	
119 四年	塩鉄専売、算緡、貨幣制度改革、汾陰后土祠創設		対匈奴攻撃、匈奴漠北に
118 五年	郡国五銖鋳造、甘泉泰畤創設		
117 六年	博士の郡国巡行　楊可の告緡		
116 元鼎元年			
115 二年	均輸法実施／張湯自殺 博士の郡国巡行	関東で水害	
114 三年	広関	関東で飢饉	
113 四年	本格的な巡幸開始／上林五銖鋳造		
112 五年			
111 六年			南越を滅ぼす。西南経略
110 元封元年	泰山封禅		東越を滅ぼす
109 二年		黄河の決壊口封鎖	
108 三年			衛氏朝鮮を滅ぼす
107 四年			
106 五年	州刺史設置		
105 六年			
104 太初元年	暦法の改正、官制改革		大宛出兵

の混乱に一層の拍車をかける結果となっている。

ちなみに貨幣制度をめぐる混乱は元鼎四（前一一三）年の上林五銖銭の出現まで続くとされており、同様に元鼎二年の均輸法が施行されるまでは、国の物資調達や流通の面でもかなりの混乱が生じていた。[41] また塩鉄専売においても、前章で見た魯国と膠東国のみならず、趙国などでもトラブルが生起している。[42] このように見てくると、元狩から元鼎年間にかけての時期は、これら政策の運用面においても混乱がかなり広く及ぶような状況にあったといえよう。『史記』巻一二二酷吏・張湯列伝には、張湯が御史大夫に就任（元狩二〔前一二一〕年）して以降の事績をまとめて

會渾邪等降、漢大興兵伐匈奴、山東水旱、貧民流徙、皆仰給縣官、縣官空虛。於是丞上指、請造白金及五銖錢、籠天下鹽鐵、排富商大賈、出告緡令、鉏豪彊并兼之家、舞文巧詆以輔法……百姓不安其生。騷動。（このころ渾邪王らが投降し、漢が大規模に軍を動員して匈奴を攻撃し、〔さらには〕山東が水害や旱害の被害を受けて貧民が流浪する、などといった事態を受けて、それにかかる経費はすべて国の支給を仰いだために財政は底をついてしまった。そこで主上の意をうけ、奏請して白金および五銖銭を鋳造し、天下の塩鉄〔の利〕を壟断して大商人たちを排除し、告緡令を出して豪強兼併の家を根絶やしにし、解釈を濫用して巧妙に人を陥れ、法〔の不足〕を埋め合わせた。……ひとびとは安心して暮らすことができずに騒ぎ乱れた）

とあり、ここまでに見てきたような状況が当時の政策責任者の立場から簡潔にまとめられているが、そこでもそれによって「百姓其の生に安んぜず、騒動す」という局面が現出していたことが伝えられているのである。

以上に元狩から元鼎年間にかけての時期の状況について検討を加えてきたが、ここで前後の時期をも含めてもう少し広めに範囲をとって見てみるとき、そこでは「多事」そしてこの「騒動」の語が比較的多く用いられていることに注目される。

すなわち前者については、たとえば武帝初期の人材登用のあらましを述べた記事に、この時に周囲の異民族と戦い領域を広げてしばしば軍を発し、国内では制度を改めるなど「朝廷多事」であったとあり[43]、また元鼎二年から太初元（前一〇四）年の間のことと考えられる記事の前後には「時に方に外は胡越を事とし、内には制度を興し、國家多事」（『漢書』巻六五東方朔伝）であったという[44]。さらに元鼎五（前一一二）年に丞相に就任した石慶の記事には「是の時、漢は方に南は兩越を誅し、東は朝鮮を撃ち、北は匈奴を逐い、西は大宛を伐ち、中國多事。天子は海内を巡狩し、上古の神祠を修め、封禪し、禮樂を興す」（『史記』巻一〇三萬石君列伝）とあり、太初二（前一〇三）年の例にも「時に朝廷多事」（『漢書』巻六六公孫賀伝）と見えている。なお、（当人や張湯の任官時期から）元朔二（前一二七）年から元狩三（前一二〇）年の間のことと思われるが、「少事」に努めた汲黯が匈奴との和親を主張している例なども[45]、逆の側面からこのことを示すものであろう[46]。

つぎに「騒動」については、先に引いた張湯列伝の例のほかに、元狩二年の渾邪王来降（『史記』汲黯列伝）、あるいは太初三（前一〇二）年の大宛出兵（『史記』巻一二三大宛列伝）に際してそれぞれ「天下騒動」と見えている。なお、武帝即位以来の周辺への軍事行動による国内の疲弊を述べた中に「中外騒擾」（『史記』平準書）とある例もこれに含めることができるであろう。

もとよりこうした「多事」、「騒動」の語例はこの時期にのみ限定して見られるわけではない（とくに「騒動」[47]）ものの、以上のことからは、元狩から元鼎の交およびその前後の時期は、対外戦争の展開や国内の体制の変革などをうけ「多事」かつ「騒動」とされるような、基本的に一つの共通した時代状況のもとにあったのではないかと考えられるのである。そうであるならばまた、前節までに見てきた（元狩から元鼎年間にかけての）状況も、ある程度はその前後の時期にも敷衍して理解することができるであろう。

そしてこの「多事」、「騒動」の時期はまた「一統」の進展した時期でもあった。阿部幸信氏によれば、漢の「一統」の初見は元朔六年の詔に見られる「中国一統」の事例であるが、この段階ではそれを現実化するような体制の存在は認められず、いわば「イメージの先走り」にすぎなかった。しかし次第に現実の方がこのイメージに合うかたちで事態は進み、漢は天下の「一統」に向けて踏みだしてゆく。そして元封元年には「海内一統」の語例が見られるに至った、とされている。(48) このような用例のあり方からは、この時期に「多事」、「騒動」という状況と「一統」への動きとが並行して展開していたことが確認されるのであり、それはまさに第二節で紹介したような、阿部氏の議論を裏付けるものでもあろう。

それでは以上に見てきたような状況からは、当時における統一国家体制形成のあり方について、どのようなことが具体的に知られるのであろうか。第二節でも紹介したように、杉村氏は中央集権化進展の「影」の部分として、呉楚七国の乱後に領域面での「天下統一」は達成されるものの、急激に膨れあがった領域を支配するためのシステムは未整備であったために（地方長吏の増加、中央官署における事務量の増加、王国財政の回収による経済的な問題などといった）諸問題が発生したことを指摘しているが、さらに矢沢氏は北方の辺郡収納により、中央が匈奴防衛の負担を自ら担うことになったこと、あるいは濱川氏は中央集権体制の確立が黄河の治水、被災民の救済など深刻な課題を新たに漢朝政府に負わせるようになったことなどを論じているのであり、こうした統一の進展にともなう「負担」や「課題」の出現は、杉村氏の言う中央集権化による「影」の部分の問題が、さらに広い範囲に及ぶものであったことを示しているのではないかと思われる。この時期における統一国家体制の形成を地域間の関係として見るならば、それは西方の関中を基盤とする漢王朝が、東方諸地域を取り込み、その内へと包摂してゆくものであったわけであるが、以上からすれば、そこにはこうした「負担」や「課題」など東方諸地域の様々な問題をも「込み」で抱え込む、という側面も含まれていたのである。

これまで充分な統制の及ぶことのなかった東方の諸地域に対し漢王朝が影響力を強めて本格的に関与、介入してゆくことにより生じてきたこのような「負担」や「課題」は、もとよりこれら「匈奴の防衛」や「黄河の治水」のみにとどまるものではなかったであろう。前節までに見てきた博士による郡国循行の事例においては、黄河による山東地域の水害とならんで、様々な問題の存在が列挙されているのであるが、それは一面では以上のような事情のもと、漢王朝が（多分に東方諸地域のそれを含むであろう）領域全体の問題に対して本格的に向き合い、取り組まざるをえない状況になっていたことを示すものでもあったと考えられるのである。

そしておそらくはこうしたことも一因として、新たな領域支配のシステムが再編、整備されてゆく。この時期に財政・人事権など制度面での整備、一元化が進んだのは杉村氏をはじめとする諸家の指摘する通りであるが、先にも引いた東方朔伝に「内には制度を興し、國家多事」、厳助伝に「内には制度を改め、朝廷多事」と見えるような記述は、このような新たな統一国家体制への再編、整備が、さらなる「多事」をもたらしていたことを示すものであろう。

このように、東方諸地域を本格的に取り込んでゆく中で、漢王朝は様々な問題を抱え込むこととなり、「多事」（・「騒動」あるいは混乱）の状況がもたらされたと考えられるのであるが、その一方で、こうした統一の進展自体が（対外戦争による負担や収奪の強化などとは別に）東方諸地域をはじめとする全領域に混乱をもたらすものでもあった。たとえば元狩年間後半から元鼎年間初年を中心に展開された塩鉄専売、算緡、告緡、均輸法などの新財政政策について、そこではおおむね中央官府とそれに直属する官署とが直接の運営に当たっており、郡・国や県などの地方行政機構は補完的役割をはたしていたにすぎなかったとされている。(49) 漢王朝による東方諸地域の取り込みは、このようにまずは中央が直接に手を突っ込む形で展開していったと思われるのであるが、こうした新しい枠組みの構築が決して整然と進んだわけではないことは、（前述したように）これらの新財政政策が現地でトラブルや混乱を惹起しつつ展開していたことからも明らかであろう。しかも中央の政策がようやく全領域規模で展開されるようになってくると、それが及ぼす影響も格段に大きくなってゆく。前節で見てきたような「官吏の無能・不正」が問題とされている状況とも相まって、東方諸地域への積極的な関与による混乱は、容易に増幅される状況にあったのである。貨幣政策の迷走による盗鋳の拡大・横行などの混乱は、まさにこうした「副作用」の最たるものであろう。これに対処すべく展開された酷吏たちの活動がさらなる混乱の広がり、深刻化を招いたことは、これまた前述の通りである。さきの張湯伝の記事は、こうした一連の政策が「騒動」をもたらしたことを端的に示している。

以上に見てきたように、前漢武帝の元狩より元鼎年間にかけての時期は――その前後の時期も含めて――混乱の時代であったといえる。それは戦争や災害など様々な要因によるものであったが、そこには漢王朝が東方諸地域を本格的に取り込んでゆく中で、領域全体のさまざまな問題を抱え込み、向き合ってゆくことによる混乱や、（こうした点への対応も含めた）東方諸地域への積極的な関与が、枠組みが確立していないままに本格化、大規模化してゆくことによる混乱、といった要素も多分に含まれていたのである。このようにして、この時期には「多事」、「騒動」という状況と「一統」への動きとが並行して展開していたのであった。さらにつけ加えるならば、全領域を巻き込んで広がったこうした混乱は、それ自体に地域間の融合を促進する面もあったのではないかと思われる。かくして「紛然たる混乱」の中、統一国家体制の形成が進んでゆく。ここで前章で取りあげた「国内の境界線」の問題について顧みるならば、そもそもそれは戦国以来の地域間の対立の構造を反映する存在であったわけであるが、以上のように領域の一体化、地域間の緊張・対立関係の相対化が進んでいったとするならば、この「境界線」のあり方にも影響が及ばなかったとは考えにくい。「徐偃矯制」事件をめぐるやり取りの中で、当時の一般的な認識であったと思われる「使者は境界を出たならば、独断専行してもかまわない」という主張が、「徐偃は封域の中を巡ったにすぎず、『境界』を越えてなどいない」とする議論によって論破された背景には、統一国家体制の形成（・確立）に関わる以上のような――すなわち露骨な「地域間支配」の構図にかわって、統一国家体制の枠組みがより実質的な重みを持って展開しはじめることにより、この「国内の境界線」の重要性もしだいに相対化への道をたどりだすという――状況が存在していたのである。

第五節　終節――「境界」を超えて――

以上、本章では武帝期における統一国家体制形成の具体的なあり方について検討を加えてきた。

まずは、支配領域の急激な膨張により生じた諸問題への対応の中で国制の再編が行われたとする杉村伸二氏の研究や、これまでいわれていたような統一の完成と内政の安定を承けて武帝期の外征が行われていたのではなく、対外危機を作り出すことによって国内の問題を解決しながら統一、「天下」の一体化が進んだとする阿部幸信氏の研究などを中心に、この問題に関わる近年の研究動向について確認した。その上で「徐偃矯制」事件の事例について取り上げ検討を加え、そこでの「国内の境界線」をめぐる議論からは、戦国時代の秦と東方諸国との関係を引き継いで「関中」など西方の中核地域と東方地域とが対峙し、あるいは前者が後者を支配するような秦および漢初の統一支配のあり方がなお厳然と存在していた一方で、こうした地域間の緊張関係や差異が相対化し、相互の一体化が進行してゆく動きも顕著になりつつあるような当時の状況がうかがわれることを指摘した。さらにこの徐偃矯制事件の背景となる、元狩年間から元鼎年間にかけての時期の状況について、博士の郡国循行の事例から検討を加え、当時漢王朝が直面していた国内の混乱した状況について具体的に明らかにしたが、それに関連してそこには、漢王朝が東方諸地域を本格的に取り込んでゆく中で、領域全体のさまざまな問題を抱え込み、向き合ってゆく、あるいは（こうした点への対応も含めた）東方諸地域への積極的な関与が、枠組みが確立していないままに本格化、大規模化してゆくような側面も見られたことを指摘し、こうした混乱の中から統一国家体制の形成が進んでいったことを論じたのであった。

以上のような本章での議論は、はじめにも述べたように、近年の諸研究の驥尾に付したものにすぎないが、武帝期における統一国家体制形成のあり方を具体的に明らかにするという本章の目的は、いささかなりとも達せられたのではないかと思われる。ついでながらここで一言付け加えておくと、こうした武帝期の状況からするならば、（さらに先行する）秦の段階での統一がいかに早発的で未熟なものであり、それゆえに脆弱かつ短命なものにならざるをえなかったかが[50]、あらためて了解されるであろう。そこで最後にこれ以降の「国内の境界線」のあり方について、統一国家体制の展開とあわせて見てゆくことで、ここでのささやかな議論を締めくくることとしたい。

徐偃矯制事件から間もない元鼎三（前一一四）年、国内の関所のライン（の少なくとも武関以北について）は、これまでの渭水盆地東端から太行山脈と東方平野部との境へと大きく東に移動する。[51]この「広関」は「関中の拡大」という点で集権支配の強化・展開をあらわすものではあったが、一方で戦国以来の地域間の関係を背景とする境界線がこのような形で移動するということは、（その背景をも含めて）この「境界線」がすでに絶対的なものではなくなりつつあることのあらわれでもあろう。

そして「広関」の翌元鼎四（前一一三）年からはさらに、皇帝である武帝自らがこの新たな境界線を越えて東方地域を巡る大規模な行幸が開始され、しかもそれは頻繁にくり返されることとなる。[52]そもそも（博士の郡国循行をも含めて）使者の郡国への派遣は、元狩年間に始まった新たな政策であるとされているのであるが[53]、さらにこのような大規模な行幸の展開は、漢王朝の東方諸地域への関与のさらなる積極化であるとともに、「境界」のハードルがさらに下がりつつあったことを示すものでもある。

ちなみに石岡氏によれば、使者の監察による不定期な地方監察は、組織的で恒常的な監察官である刺史に継承されるという。[54]また紙屋正和氏は、使者の派遣や皇帝自らによる巡幸を武帝期における郡・国、守・相に対する間接的規制の一つとしているが、直接的規制としてより重要な意味をもつ上計・考課制度が前漢後半期に整備され展開してゆくとしている。[55]このように漢王朝による東方諸地域の取り込みは、より組織的な枠組みによって担われてゆくことになるのであるが、こうした方向性をはらみつつ、この段階ではまずは元封元（前一一〇）年の泰山封禅、太初元（前一〇四）年の「改暦服色」など、統一国家体制形成の総仕上げが行われるのである。

前漢後期の統一国家体制においても、なお中核地域たる「三輔」や（新旧の）「関中」は特殊な地位を占めており、また「国内の境界線」としての関所のラインも存続し、流民の発生などの非常時に際して一定の機能を果たし続けてはいるなど、相対化しつつもこうした「地域的層位性」は存続していたものの、[56]一方では従来の「関中」など中核地域と「東方」といった地域間対立の構図は後景に退き、かわって「内郡」と「辺郡」という区別が重要視されるようになってくる。[57]これに関して渡邊信一郎氏は、内郡の中心領域と辺郡の周辺領域とが、中央政府による財政的物流と軍役・徭役編成のもとに統合され、構造化されたことを論じており、[58]統一国家体制が確立し領域の一体化の深化していることが具体的に知られる。こうした構造のもと、東方諸地域の物資や人力の流れがより集中するようになることで、[59]長安や三輔の繁栄がもたらされた。しかしその一方で、領域の一体化の結果、「その重心（である長安）が西に偏って存在する」という状況を出現させることとなり、負担や労力などの面からもそれは次第に問題となっていったのではないかと思われる。元帝期の翼奉の洛陽遷都論[60]や新代における洛陽遷都計画[61]など、この時期に洛陽への遷都が繰り返し議論されるようになる背景には、このような事情もあったのではなかろうか。政権の中心そのものが「境界」を越えて移動するという議論からは、こうした「国内の境界線」、ひいては関中など西方の中核地域と東方地域との地域間の対立の構図が、統一国家体制の枠組みの中でさらに薄れつつあることがうかがわれるのである。[62] ちなみに翼奉の洛陽遷都論においては、「畿内を取り囲む」形での関所のラインが構想されており、[63] さらに新代には首都圏を関所のラインが囲繞する「四関将軍」の体制が出現するなど、[64] こうした点でも「国内の境界」——という表現ももはや適当であるかどうか——のあり方は変質をとげつつあった。

そして後漢時代に入ると、ついに洛陽遷都が現実のものとなる。そこでは洛陽盆地の周囲を「洛陽四（八）関」の関所のラインが囲繞していたが、その詳細については明らかではなく、「国内の境界線」としての存在感はかつてのそれには及ぶべくもない。[65] こうした中で、かつて徐偃が使者としての自らの行為を正当化する論拠として主張した「大夫疆を出づれば……」という「春秋の義」も、もはや国内の状況において持ち出されることはなくなり、その適用範囲は国外や辺境での事例に限られるようになってゆくのである。[66]

以上、第二部では東方地域に視点を移して検討を加えてきた。そこでの戦国後期における秦と東方諸国との関係、秦末、楚漢戦争から漢初における旧東方諸国あるいは諸侯王国の動向、さらには前漢武帝期における東方諸地域の取り込みのあり方などについての検討からは——中核地域との遠近等による（その内部での）地域的差違をともないつつも——次第にこれらの地域に統一支配が浸透し、こうした体制のもとに組み込まれてゆく過程を具体的に確認することができたものと思われる。もとよりそれは統一を推進する側のみからの一方的な過程ではなく、これに抵抗する東方諸地域の側とのせめぎ合い、相互作用の中での産物なのであった。

なおここでの検討からはまた、戦国後期のある時点における秦と東方諸国との「国際」的、領域的な状況が秦の統一後にも根強く残存するなど、その後の歴史的展開にも強い影響を及ぼし続けていたことを指摘してきた。このことは、第一部で見てきた中核地域（たる秦の初期領域あるいは内史地区）とその他の地域、そして「関所の内側」の地域である「広域関中」と「関外」といった地域の区分に加えて、その外側にこれらと並ぶような地域間の区分がさらに存在していたことを示すものである。本章でも指摘した、武帝期における「内史の地 ― 広域関中 ― 天子の郡 ― 封域」という重層的な構造はこうした地域間の関係を引き継いだものといえるであろう。

そうであるならばこれら（旧）秦と（旧）東方諸国との領域の間にも、両者を区分する重要な境界線が存在していたことが想定される。戦国後期の「ある時点」においては、それは秦の（東方の）国境に設置された境界線として、もう一つの「国内の関所のライン」とともに二重の関所のラインを構成していたと思われるのではあるが、統一に向けてこの外側の国境線がさらに東へと移動していった後にも、それは先述のような地域間の関係を背景に、いわば第二の「国内の境界線」として機能し続けていたのではなかろうか。その「戦国後期のある時点」が具体的にいつのことであり、またこの境界線が具体的にどこを走っていたのかなど具体的な事柄については、関連する史料が乏しいために現時点では明らかにすることは出来ない。ただ里耶秦簡、そして岳麓書院蔵秦簡など近年の新出土資料には「故徼」なる境界線の存在が見えており、あるいはこれこそが――新たな占領地を意味する「新地」の存在とも相まって――この境界線と関連する存在なのではないかとも思われるのであるが、この点については終章であらためてふれることとしたい。

注

（1）「関中」の語が指す範囲は渭水盆地一帯の地域を指す場合や、巴蜀や天水・安定郡などを含めたいわゆる「広域関中」、「大関中」を示す場合など、広狭多様であるが、本章では主として「関所のラインの内側（西側）」、すなわち後者の意味で用いている。なお、秦の故地である前者は三輔制度の問題などと関わってくる。本書序章、第一部第五章参照。

（2）本書第一部の諸章および終章参照。

（3）藤田勝久二〇一〇参照。

（4）連雲港市博物館・東海県博物館・中国社会科学院簡帛研究中心・中国文物研究所一九九七参照。

（5）杉村伸二二〇〇四b参照。

（6）冨田健之二〇〇五では、杉村説をうけて国家運営の面から国家機構改革について論じている。

（7）阿部幸信二〇〇五、二〇〇九など参照。

（8）阿部幸信二〇〇八b参照。

（9）目黒杏子二〇一一a、b。なお、封禅儀礼における「天下統合の象徴」としては、「江淮の茅」や「五色の土」などの要素も見えてはいる。目黒杏子二〇一二参照。また、楊華二〇一一でも、秦始皇帝や漢武帝の封禅や巡遊の目的は東方神祇の「認同」を得て、全国神権の統一を実現することであったとする。

（10）矢沢忠之二〇一〇参照。

（11）武帝初年の東甌救援や閩越攻撃などの対外的な軍事行動は国内の反対を押し切って強行されるが、『史記』巻一一四東越列伝に「至建元三年、閩越發兵圍東甌……乃遣莊助以節發兵會稽……遂發兵浮海救東甌。……至建元六年、閩越擊南越……上遣大行王恢出豫章、大農韓安國出會稽」と見えるように、それを可能にした一つの要因として、呉楚七国の乱後に中央に回収された会稽郡が出兵の際の足がかりとなりえたことが大きかったのではないかと思われる。

（12）濱川栄二〇〇九参照。

（13）濱川（佐藤）栄一九九四参照。

(14) これと同様な記事が荀悦『漢紀』巻十三孝武皇帝紀元鼎元年条にも見えるが、字句には若干の異同もある。

(15) 御史大夫張湯は元鼎二年十一月（当時は十月歳首）に自殺しており、また前注（14）に記したように、荀悦『漢紀』ではこの事件を元鼎元年条に載せている。

(16)『春秋公羊伝』隠公元年の「奔則曷為不言奔。王者無外、言奔則有外之辞也」。

(17) これらについては、大櫛敦弘一九八九参照。

(18)『漢書』終軍伝の「初、軍従濟南當詣博士、步入關、關吏予軍繻。軍問『以此何爲』吏曰『爲復傳、還當以合符。』軍曰『大丈夫西游、終不復傳還。』棄繻而去。軍爲謁者、使行郡國、建節東出關、關吏識之、曰『此使者乃前棄繻生也。』」。

(19) 函谷関の例については、本書第一部第三章参照。

(20) 紙屋正和一九七八a参照。

(21) 徐偃が「越えた」とする「境界」については、こうした函谷関などの関所群からなる「国内の境界線」のほかに、漢の直轄地と諸侯王国との境界線である可能性も考えられないわけではない。ここで問題となっているのが、膠東国、魯国といずれも諸侯王国であることも、こうした可能性を支えるものであろう。しかし、第一部第三章第三節に引く呂后執政期の琅邪王劉澤や景帝期の梁孝王の事例などのように、これらの時期でも漢と王国との関係において圧倒的な存在感を有しているのはもっぱら国内の境界線であって、諸侯王国の境界線についてはほとんどその記述が確認されていない。またおそらくは武帝初年のことと思われるが、『史記』巻一二〇汲黯列伝には、河内郡の失火の視察に派遣された汲黯が、職権を濫用して河南郡の貧民に倉粟を発給するという「矯制」行為が記されており、そこでは「大夫疆を出づれば」という「春秋の義」こそ引かれてはいないものの、「徐偃矯制」の場合とほぼ同様なケースが「国内の境界線」を越えた先の直轄地である河南郡で見えている例であるといえる。現在のところ決め手となる史料には欠けるものの、これらの状況からするならば、やはりここで問題とされているのは「国内の境界線」であると見てよいのではないかと考えられる。

(22) 本書第一部第三章のほかに、第五章、第三部第一章補論、終章など参照。

(23)「其令扜關・鄖關・武關・函谷・臨晉關、及諸其塞之河津、禁毋出黄金。」（第四九二簡）。津関令をめぐっては楊建二〇〇一〇、扞関については、荘卓燐二〇一九など参照。
(24) 王子今二〇〇四参照。
(25) 楊建二〇一〇など参照。
(26) 『史記』巻二八封禅書では、徐偃矯制事件から数年後の元鼎四年のこととして、済北王による泰山およびその周辺の邑の献上、および常山王家の徙封に伴う常山の直轄郡化により「五岳皆在天子之郡」となったことを述べている。
(27) 阿部幸信二〇〇八bでは、元狩二年の印制改革によって諸侯王国の領域が「内」に取り込まれる、とする。
(28) 関所のラインも含めた領域内のこうした区分の歴史的背景や展開については、終章で論ずる。なお、ここではふれなかったが、「関中」の中ではさらに秦の初期領域である渭水盆地一帯の「(狭義の)関中」とその他の地域、という区分も存していた。第一部第五章参照。
(29) 山田勝芳一九七二では、ここから当時、中央が財政的にも王国を強く規制しつつあったことを指摘する。また大櫛敦弘一九八九では、終軍伝での記事中に「二國」とあるべき膠東・魯国のことを「二郡」としている事例や、趙国でのトラブルの事例などから、専売制において王国は郡と同様に扱われていたとしている。
(30) なお徐偃の「専断」にしても、終軍伝の「偃已前三奏、無詔、不惟所爲不許、而直矯作威福」という記事からすれば、それに先だって朝廷に再三上奏した上でのことであった。
(31) 葛志毅一九九六参照。
(32) 石岡浩一九九七参照。
(33) なお、博士の郡国循行に先だち、元狩元年には立太子に際して「遣謁者巡行天下、存問致賜」(『漢書』武帝紀同年丁卯詔)という例が見えている。
(34) 『漢紀』巻十三孝武皇帝紀元狩六年条には、これについて「詔遣博士六人分巡天下、存孤寡、恤廢病、賑窮乏、勸孝悌、擧獨行之君子」とある。
(35) 当時における貨幣や貨幣政策をめぐっては、佐原康夫二〇〇一参照。

(36)　本条の読解に当たっては加藤繁一九四二を参照した。
(37)　『漢紀』巻十三孝武皇帝紀元鼎二年条にも節録した記事が見られる。
(38)　濱川栄一九九三参照。
(39)　加藤繁一九四二参照。
(40)　『史記』平準書や『漢書』武帝紀では、元狩三年の山東の水災に際して、使者を派遣して救済などに当たらせている例も見られる。
(41)　『史記』平準書に均輸法施行の直前の状況として「諸官各自市、相與争、物故騰躍、而天下賦輸或不償其僦費」とある。
(42)　『史記』巻一二二酷吏・張湯列伝に「趙國以冶鑄爲業、王數訟鐵官事、湯常排趙王」とある。
(43)　『漢書』巻六四上厳助伝に「是時征伐四夷、開置邊郡、軍旅數發、内改制度、朝廷多事、婁擧賢良文學之士。」とある。
(44)　大櫛敦弘二〇〇五参照。
(45)　『史記』巻一二〇汲黯列伝に「是時、漢方征匈奴、招懐四夷。黯務少事、乘上閒、常言與胡和親、無起兵。上方向儒術、尊公孫弘。及事益多、吏民巧弄。」とある。
(46)　冨田健之二〇〇三では、武帝期における官僚機構の機能強化の前提として、当時における「朝廷多事」（「中国多事」、「国家多事」）という状況に言及している。
(47)　たとえば『漢書』における「騒動」の語例は時期別に、秦末二、楚漢一、景帝期一、武帝期三、元帝期二、平帝期一、新代六例、である。
(48)　阿部幸信二〇〇八a、および二〇〇九参照。
(49)　紙屋正和一九八九参照。
(50)　秦の統一支配のこうした側面については、たとえば本書第三部第一章など参照。
(51)　この関所のラインの移動（広関）については、本書第一部第三章参照。
(52)　本書第三部第三章、ならびに目黒杏子二〇一一b参照。

(53) 石岡浩一九九七ならびに前注（33）参照。
(54) 石岡浩一九九七参照。
(55) 紙屋正和一九九〇参照。
(56) 本書第一部第三章参照。
(57) 本書第一部第三章注（74）、高村武幸二〇〇〇、飯田祥子二〇〇四、渡邊信一郎二〇一〇、第五章漢代の財政と帝国編成、など参照。
(58) 渡邊信一郎二〇一〇、第五章漢代の財政と帝国編成、参照。
(59) たとえば東方地域から関中（・北辺）への年間漕運量は、漢初の数十万石から武帝期の六百万石、宣帝期の四百万石に大きく増加している。藤田勝久一九八三参照。
(60) 本書第一部第四章参照。
(61) 『漢書』巻九九王莽伝中、始建国五年二月条および天鳳元年正月条。
(62) 先にも述べたように、これ以降もこうした地域間の関係が地を払って消えてしまったわけではなく、統一国家体制の枠内で相対化したかたちで新たな展開を見せることになる。本書序章および第一部第三章、第三部第四章など参照。
(63) 本書第一部第四章参照。
(64) そこでは従来の関所のラインも存続し、反乱軍に対する防衛ラインとして機能していたが、一方では意外な「脆さ」も露呈している。本書第三部第二章参照。
(65) 塩沢裕仁二〇〇三は、「総合環境研究」の立場から洛陽八関とそれが取り巻く都市空間について論じている。
(66) たとえば『漢書』巻七九馮奉世伝では、西域の莎車に対する軍事行動について、また『後漢書』伝三一宋均伝では武陵蛮の反乱に際しての紹降、鎮撫工作について、この論理が持ち出されていることが知られる。

第三部　移動と空間編

――軍事、行幸

第一部、第二部とそれぞれ「西」と「東」の視点から統一国家体制のあり方や展開について論じてきたが、それらをうけてここではこうした「舞台設定」の上に展開される統一国家の諸相について、軍事と行幸という視点から具体的に考察し、確認することとしたい。

第一章　秦代国家の統一支配
——主として軍事的側面から——

第一節　問題のありか

中国史上最初の本格的な統一国家である秦帝国において、戦国以来の固有の領土たる「初期領域」あるいはそれを中核とする（「広域関中」などの）「旧秦」地域は、統一後もその基盤となる重要な地域であった。秦の統一支配について考えてみる場合、こうした「地域性」の問題を無視することはできないであろう。

この問題については、早くに鶴間和幸氏などによる指摘がなされており[1]、これをうける形で筆者も、穀倉制度[2]、あるいは「首都圏」制度[3]の問題を通じて考察を加えてきた。そしてその結果、秦（および前漢前半期）の「統一」体制は、その内実において、「本土」としての「秦の初期領域」、「内史地区」、あるいは「旧秦」の地が「被征服地」としてのその他の地域を支配し収奪するような、かなり露骨な地域間格差をともなうものであったことが明らかとされてきたのである。それでは、こうした体制を支えた、秦の統一支配の実態とはどのようなものであったのか——本章では、この点について検討を加えてゆく。

ところで、秦の統一のあり方について記した史料としては、『史記』の秦始皇本紀などが重要であるが、反面、それらの内容はきわめて限定されたものであり、しかもその正確性にはいくつかの疑点が指摘されているなど(4)、問題も多い。そこで本章では、これらの史料からは一旦離れて、まずは秦末および楚漢戦争期における軍事的な諸事象に注目してみることとしたい。すなわち、陳渉・呉広の反乱から楚漢戦争を経て、前漢帝国の成立に至るまでの軍事的な推移については、比較的多くの史料が残されているのであるが、それらは秦の統一支配の大枠のもと、多かれ少なかれその影響を受けながら展開したものであると思われるのであり、その意味で、そこから逆に、秦の統一支配のあり方をうかがうことができるのではないかと考えられるのである。

以上より本章では、まず秦末・楚漢戦争期の軍事的な状況について、その前後の「統一の過程」および「呉楚七国の乱」とあわせて概観し、その比較・検討を通じて、考察の手がかりとする。その上で、秦代国家の統一支配の実態を、主として軍事的側面から考察し、さらには前漢統一国家との比較についても言及してゆくこととしたい。

第二節　秦末・楚漢戦争期の軍事的状況

（一）統一の過程

そもそも西方の渭水盆地一帯にあった秦国は、前四世紀半ばの「商鞅の改革」を契機として「富国強兵」の実をあげ、百年あまりの年月をかけて東方諸国の領土を蚕食し続け、ついには統一を実現する。その過程は必ずしも一様のものではないが、江村治樹氏の研究は(5)、その大きな流れを知る上で参考となるものといえよう。

すなわち、秦はその領土拡張の過程において、ある程度まとまった広さの占領地の支配が可能になると、そこに郡を設置してゆくのであるが、江村氏はその「置郡」に注目して、秦による天下統一の過程を、以下の四期に分けている。まず第一期は、前三一七年の巴郡設置から、前二七一年の北地郡設置にいたる四七年間であり、秦の東方の韓・魏・趙などの「三晋」地域を避ける形で、南方、東南方に置郡している時期である。次に第二期（前二七一～前二五〇年）の、二一年間は、頻繁に東方の三晋地域に進出しながらも、そこでの支配を維持することができずに、この時期には安定した置郡がなされていない。続く第三期（前二四九～前二二六年）において、ようやく三晋地域での置郡が進行するものの、この二四年間で設置された郡は、八郡のみであった。これに対して、第四期（前二二五～前二二一年）では、わずか五年の間に一六もの郡が置かれて、統一が実現しているのである。

以上によって、秦の統一の大まかな過程をうかがうことができるであろう。それは、終始同じテンポで進んだのではなく、三晋地域とその他の周辺地域とで、その速度にかなりの違いが認められるものであった。ちなみに、これについて江村氏は、三晋地域には堅固な城壁をもつ巨大な都市が多数密集して発達していたために、秦はこれら大都市の抵抗をうけて、占領地を安定的に支配する郡を容易には設置することができなかったのに対して、斉・燕・楚など周辺地域では、都市の発達がそれほどではなかったため、置郡が比較的速やかであった――とされているが、こうした見解は、本章での考察においても、きわめて示唆的なものである。ともあれこのように、秦は、地域によっては手強い抵抗にあいながら、長い時間をかけて統一を進めていったのであった。しかし、統一の完成からわずか十数年後には、これとはまったく異なった軍事状況が展開するのである。

（二）秦末の諸反乱と楚漢戦争

前二〇九年、戍卒であった陳渉・呉広らが大沢郷で蜂起すると、反乱は全国に拡人し、楚・趙・燕・斉・魏の東方諸国も相次いで復活する。陳渉の派遣した遠征軍は、関中奥深く咸陽近郊にまで攻め込み、秦の統一もあっけなく崩壊するかに見えた。ところが章邯率いる秦の鎮圧軍は、これを撃破・壊滅させ、東方平野部に展開する。そして陳渉を敗死させると、魏・斉・楚を破るなど、逆に反乱勢力の側が窮地に追いつめられた。しかし、趙の鉅鹿城を包囲する秦軍が項羽率いる楚軍に大敗すると、情勢は再度逆転する。秦軍は楚軍に降伏し、劉邦そして項羽の軍隊が相次いで関中に攻め込み、秦は滅亡したのであった。

項羽は、秦を滅ぼすと、覇王として諸王を分封するが、論功行賞への不満から反乱が起こり、劉邦も封地の漢中から北進して、一月で関中を制圧する。さらに劉邦率いる漢軍は、東方平野部に進出すると、一月あまりで楚都・彭城を占領したのであった。この時、斉の反乱鎮定に当たっていた項羽は、転戦先より急ぎ帰還して彭城を急襲、漢軍は大敗を喫して退き、以後、楚漢両軍は、東方平野部西端の滎陽・成皐の線で対峙することとなる。一方、漢の部将であった韓信は、別働隊を率いて、魏・趙・斉を記録的なスピードで次々と撃破し平定してゆく。こうした中で楚軍は、軍事的には優位に立ちながらも、後方での韓信や彭越の活動に牽制され、補給線を絶たれて次第に疲弊してゆき、ついには垓下の戦いとそれに続く項羽の自刎をもって、激しい戦乱はようやく終息したのである(6)。

さて、以上の簡単な概観からも明らかなように、この時期においては、それまでとは打って変わって、異常なまでに目まぐるしく、流動的な展開が見られるのであった。これを個別の事例より確認してみよう。楚漢戦争期における梁の地域は、楚都・彭城と、楚漢両軍が対峙していた前線の滎陽・成皐との中間に当たり、しばしば彭越が楚の補給線を攪乱するなどして、項羽との間で激しい争奪戦が演じられたところである(7)。

前二〇五年　彭越、東進してきた漢に従い、梁を制圧。
　彭城の敗戦の結果、梁も項羽の制圧下に。

前二〇四年　彭越、梁の地域に出没して、楚の補給線を攪乱。
前二〇三年　彭越、睢陽・外黄など一七城を陥落させる。
　　　項羽、成皐より急行し、彭越を撃破して、梁の地を奪回。
前二〇二年　項羽が梁を離れると、彭越が昌邑など二十余城を占領。

以上に見られるように、この地域でも、きわめて流動的な展開を見せているのであるが、ここで注目されるのは、項羽なり彭越なりの攻勢に対して、この地域が、実に簡単に屈服し、制圧されている点である。この地を再占領した項羽に対する、「彭越が無理強いしたので、我々としては一旦降伏した上で、大王の救援をお待ちしていたのです」(8)というこの地域の住民の弁明――そこに多少の誇張を含むものであったにせよ――からは、梁の地域がこの時期、外敵に対する抵抗能力をほとんど喪失していたことがうかがわれるであろう。

そしてそれは梁以外の地域においても、多かれ少なかれ、同様な状況であった。この時期、多くの城や地域が、いとも簡単に陥落し、制圧されている。秦末そして楚漢戦争期における目まぐるしく、流動的な展開の背景には、そこに現れてくる様々な勢力が、短期間のうちに広大な地域を制圧することができる一方で、しかしそれを確実に守りきることができない――という、いわば「攻撃側が圧倒的に優位」にあるような軍事状況があったものと思われるのである。

以上より、十数年間の秦の統一をはさみ、この時期には、軍事面で何らかの地殻変動が起きていたのではないかと考えられるのであるが、それではこうした状況は、これ以降の時代にも引き継がれていったのであろうか。この点を次に、前漢時代最大の反乱である呉楚七国の乱より、検討してみたい。

（三）呉楚七国の乱

前一五四年、漢朝中央の集権化政策に不満をもつ「親藩」の諸侯王国が、呉王・劉濞を盟主として、一斉に挙兵した。反乱の主力となったのは、かつて項羽の地盤でもあった東南地域の呉・楚両国であり、この主力軍は西進して、まず景帝の弟・劉武の梁国に攻め込み、早くもその国都・睢陽を包囲する。また東方の斉の地域でも膠西・菑川・膠東・済南の諸国がこれに呼応し、さらに北方でも趙国が匈奴と連絡を取りつつ友軍の北上を待つなど、反乱は拡大化の様相を呈し、当初はその勝敗の帰趨も予断を許さないほどであった。

ところが梁都・睢陽城の守りは意外に堅く、呉楚の主力軍はこの地で思わぬ足止めをくってしまう。一方、斉地の諸国も決起直前に反乱を躊躇し離脱した斉国を攻撃したものの、その頑強な抵抗にあって、呉楚主力軍との合流を果たせぬまま斉都・臨淄に釘付けとなってしまうなど、戦局は次第に膠着化の兆しを見せてきた。

こうした中、漢の中央政府の側でも、ようやく反撃の態勢を整えはじめる。鎮圧に派遣された太尉・周亜父は、東方平野部に出た先の滎陽に鎮圧軍を集結すると、反乱軍の攻囲に苦しむ梁の睢陽城の救援に赴くことなく、昌邑に陣を構える。そして反乱軍の挑発には決して乗ることなく守りを固めながら、淮水・泗水流域に別働隊を派遣して、呉楚主力軍の補給路を絶ち、その疲弊を待つ作戦に出たのであった。果たして反乱軍は、食糧不足から士気が低下し、脱走者も続出するなど、自壊状況を呈してくる。そこを一気に攻勢に出た漢軍の前に、呉楚主力軍は壊滅し、ここに大勢は決した。以後、他の地域の反乱勢力も各個撃破されてゆき、最後まで抵抗した趙都・邯鄲の陥落をもって、この反乱は意外に短期間で鎮圧されてしまったのである。

呉楚七国の乱の概略は以上の如くであるが、ここに見られるのは、先の秦末・楚漢戦争期とは打って変わって、

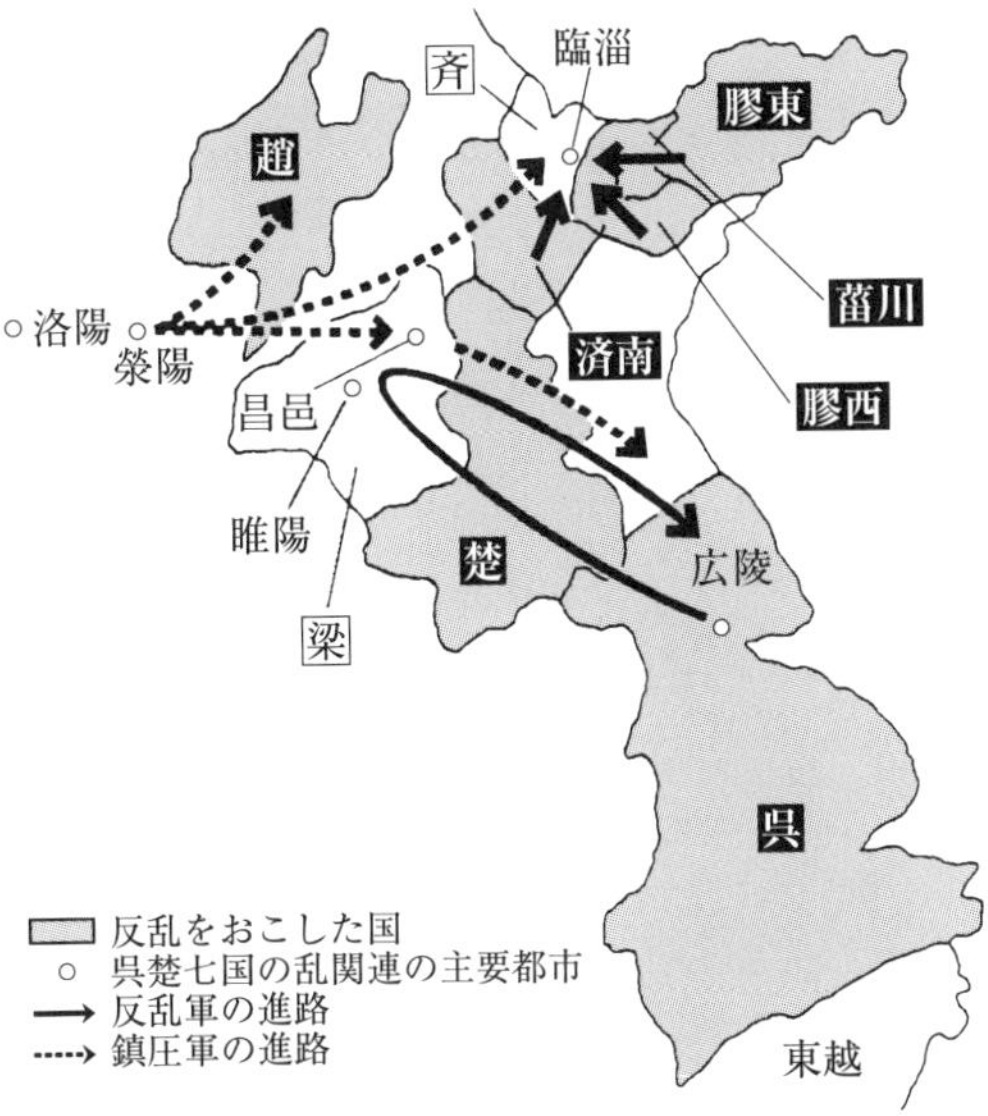

呉楚七国の乱

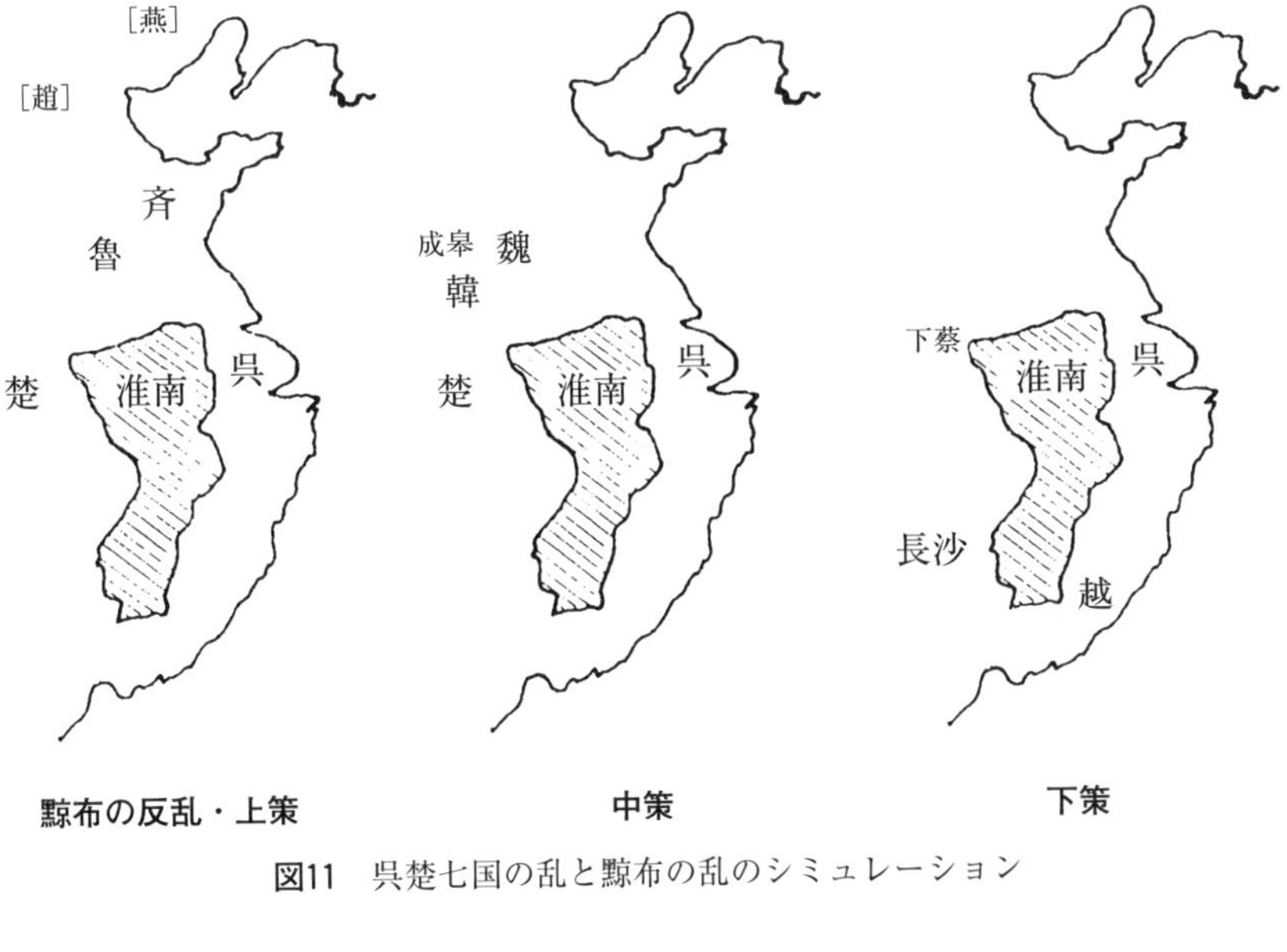

黥布の反乱・上策　**中策**　**下策**

図11　呉楚七国の乱と黥布の乱のシミュレーション

「龍城側が優位」な軍事状況といえるであろう。睢陽、臨淄、昌邑など、ここでの主要な攻城戦において多くの場合、守備側は攻囲軍に降ることなく、最後まで城を守り抜いている。趙都・邯鄲の場合も最終的には陥落したとはいえ、孤立無援の中、七か月も包囲に耐えたという点をむしろ重視すべきであろう。とくにかつて項羽と彭越との間で翻弄されるかのように陥落・降伏を繰り返し、何度もその帰属を変えていた梁の睢陽や昌邑城が、この時には反乱軍の猛攻に最後まで耐え抜いていることは、その間の変化を端的に物語るものと思われるのである。

この点について、いま一つ別な角度から見てみよう。楚漢戦争が終結して間もない前一九六年、淮南王・黥布が反乱を起こすと、高祖・劉邦はもとの楚の令尹・薛公を招き、今後予想される反乱軍の動向について諮問した。それに答えた薛公の情勢予測が『史記』巻九一黥布列伝に採録されているが、その大要は次のようなものである。

もし、黥布が上計、すなわち東の呉、西の楚を併せ、斉・魯を占拠し、燕・趙をも引き込む作戦をとるならば、東方はもはや漢のものではないでしょう。

また、中計、すなわち東の呉、西の楚を併せ、韓・魏を占拠し、敖倉の粟をおさえ、成皋の交通を遮断する挙に出るならば、勝敗の行方は予断を許さぬものとなるでしょう。

しかし、下計、すなわち東の呉、西の下蔡を併せ、越に輜重を帰し、自らは長沙に戻るならば、漢は安泰でありましょう。

さて、黥布は、刑徒から王者にまで成り上がった者ではありますが、自らの一身のみを顧みるばかりで、天下国家を視野に入れるだけの器ではありません。してみると、定めし下計を取るものに相違ありません。(9)

この史料については、実際に反乱がほぼその通りの展開を見せたことなどから、後世の作為が加えられたものである可能性も否定することはできないのであるが、しかしそれにしても、ある程度はそこから当時の情勢をうかがうことができるものと思われる。

さて、ここに想定された三つの軍事行動のパターンについて、退嬰的な最後のそれが下計であるのは当然として、前二者がそれぞれ上計、中計である理由は、必ずしも明らかではない。しかし、一つの解釈として、そこに当時終息して間もない楚漢戦争の影を推測することは、必ずしも不可能なことではないであろう。

すなわち、楚漢戦争末期には、主君である劉邦から微妙に距離を置きはじめていた韓信の斉を加えて、楚・漢・斉の鼎立状態が出現しかかっており、「楚・漢いずれにせよ、斉のついた方が勝つ」[10]とされていたのであるが、先の上計とは、まさにこの場合の「楚と斉が連合した状態」にほぼ相当するのではなかろうか。また、旧楚の地域から、一路滎陽・成皋の線に進出して雌雄を競う中計のパターンは、かつてこの地を舞台として展開した楚・漢接戦の再現であろう。このように見るならば、当時、人々の意識にいまだ生々しく焼きついていた楚漢戦争時の状況が、ここに投影されていたと想定することができるのである。

これに対して、呉楚七国の乱の場合について見てみると、ここではおよそ東南の旧楚の地域と、東方の斉の地域が提携していること、あるいは、反乱軍が滎陽・成皋の線に向かって進撃していることから、先の軍事行動のパターンからすると、大約、上計もしくは中計に近いものといえるであろう。しかしながら、楚漢戦争の段階であればこれだけ有利な態勢であったはずのこの反乱も、前漢のこの時期では、短期間であっけなく敗退し去っているのであり、このことから、楚漢戦争期の軍事的な「常識」が、この頃にはもはや通用しなくなっていることがうかがわれるのである。すなわち前に述べたのと同様、呉楚七国の乱の時点での軍事状況は、楚漢戦争期のそれとは大きく異なるものとなっていたのである。

以上、本節では、秦末・楚漢戦争期の軍事的な状況について、そこでは「攻撃側が圧倒的に優位」にあり、「異常なまでに目まぐるしく、流動的な展開」が見られること、そしてそれは、「統一の過程」や「呉楚七国の乱」など前後の時代と比べると、かなり特異な様相を呈するものであることを見てきた。もとよりこうした状況は、様々な要因が複合的に絡み合って形成されているわけではあるが、この秦末・楚漢戦争期の場合――「統一の過程」との落差などから見ても――その直前の、秦帝国の統一支配の行われていた十数年間がそこに大きな影響を与えるものであったことは、まず疑いないであろう。そこで次節ではこうした視角より、秦の統一支配について見てゆくこととしたい。

第三節　統一支配の軍事的背景

中国では、都市の周囲に防御施設として城壁、すなわち「城」がめぐらされていたが、先にもふれたように、戦国時代には、とくに三晋地域に堅固な城壁をもつ巨大な都市が多数密集して発達しており、秦による統一の過程においても、これらの都市は強い抵抗を示したのであった。ところが秦末・楚漢戦争期になると、こうした状況は一変し、全国的に「攻撃側が優位」となり、多くの都市が容易に陥落するようになっている。とすれば、この二つの時期にはさまれた秦の統一の期間に、この点で何らかの変化があったのではないか――と推測されるのであるが、ここで注目されるのが、始皇帝による「城壁堕壊」の政策である。これについては、

① 壊城郭、決通隄防。（『史記』巻六秦始皇本紀、三二年条）
② 墮壊城郭、決通川防、夷去險阻。（同右、碣石刻文）
③ 墮名城、殺豪俊、收天下之兵聚之咸陽。銷鋒鑄鐻、以爲金人十二、以弱黔首之民。（『史記』秦始皇本紀所引賈誼）

④　秦既稱帝、患兵革不休、以有諸侯也、於是無尺土之封、隳壊名城、銷鋒鏑、鉏豪桀、維萬世之安。（『史記』巻一六秦楚之際月表）

⑤　夷郡縣城、銷其兵刃、示不復用。（『史記』巻八七李斯列伝）

⑥　夫天下合爲一家、毀郡縣城、鑠其兵、示天下不復用。（『史記』巻九九叔孫通列伝）

⑦　削去五等、墮城銷刃、箝語焼書、内鋤雄俊、外攘胡粵、用壹威權、爲萬世安。（『漢書』巻一三異姓諸侯王表）

⑧　墮名城、殺豪桀、銷甲兵、折鋒刃。（『漢書』巻六四上、吾丘壽王伝）

⑨　一海内之政、壊諸侯之城。銷其兵、鑄以爲鍾虡、示不復用。（『漢書』巻六四下、嚴安伝）

⑩　秦始皇帝三十七年、壊諸侯郡縣城。（『越絶書』巻二越絶外伝記呉地伝第三）

などの史料が残されており、この時期に「名城」、「郡縣城」、「諸侯之城」などに対して、「壊」、「墮」、「隳壊」、「夷」、「毀」といった措置の取られたことを知ることができるであろう。

もっともその具体的なあり方については必ずしも明らかではなく、たとえばこの政策が実施された時期についても、①と⑩とでの記載は異なっている上、そもそもこれがある特定の時期に一斉に行われたものであるかどうかさえ、判然としないのである。しかも秦末・楚漢戦争期になっても、依然として「城」は到るところに存在している[11]のであって、この政策によってすべての都市の城壁が地を払って消滅したわけでないことは明白であろう。秦末、東方地域の反乱鎮定に当たっていた章邯率いる秦軍が趙に攻め込み、その都・邯鄲を陥とした時のこととして、「皆その民を河内に徙し、其の城郭を夷」[12]げたことが記されているが、この場合も「名城」であり「諸侯之城」である邯鄲には、当然「城壁堕壊」政策がすでに及んでいたはずであるにもかかわらず、秦末のこの段階でさらにこうした措置がなされているのである。

このように、この「城壁堕壊」政策は、その具体的な内容においてなお検討の余地があるものなのではあるが、だからといって、この政策がほとんど実効を伴うものではなかった、とまで見なすには及ばないであろう。ここに挙げた邯鄲の事例にしても、秦軍の進攻に先立つ内訌によってあっさりと投降しており、そこにこの都市の防衛能力がこの段階ですでに相当程度弱められていたこと、すなわち「城壁堕壊」政策の実効を見出すことも可能であろう。少なくともこの事例からは、秦が制圧した都市の城壁に対して、実際に何らかの措置を加える場合もあったことが確認できるのである。さらに『漢書』巻一下、高帝紀六年（前二〇一年）冬十月条には、楚漢戦争が終結して間もないこの段階で、

令天下縣邑城。（天下の県邑に城壁を築かせた）

ことが記されているが、これなども、その前提として秦の「城壁堕壊」政策がある程度実効をもって行われていたことを示すものといえるであろう(13)。

以上のように、秦の統一支配のもと、主要な都市の城壁に対して――その具体的なあり方については不明であるものの――何らかの形でその防御能力を骨抜きにするような措置がとられたのであった。ちなみにこの「城壁堕壊」政策が実施されていた時期は、その下限となる『漢書』高帝紀の記事からも明らかなように、秦末・楚漢戦争の特異な軍事状況の時期とほぼ一致するのであり、したがって、このことからも、両者が密接な関わりを有していたことがうかがわれるのである。

それではこの「城壁堕壊」政策は、秦の統一政策において、どのような意味をもっていたのであろうか。そこで、先ほどの①から⑩までの関連史料を見てみると、それは「豪傑・豪俊を殺す」（③・④・⑦・⑧）、あるいは「武器を廃棄処分する」（③・④・⑤・⑥・⑦・⑧・⑨）などの措置と多く并挙されており、またその目的としては、「（武器や城

郭を）二度と使用しないことを示す」（⑤・⑥・⑨）、「末永い安定のために」（④・⑦）、「民を弱める」（③）などのことが挙げられている。③の記事を例にとれば、

秦は、主要な都市の城壁を「堕」し、豪俊を殺し、天下の武器を没収して首都の咸陽に集め、それを鋳つぶして銅像十二体を造った。こうした措置を通じて、民衆の抵抗力を弱めようとしたのである。

ということになるが、これらを総合すると、秦は、こうした一連の措置によって、民衆の抵抗力を弱め、支配の安定をはかったものと思われる。そしてこのように考えるならば、一種の「刀狩り」などとともに行われた、「城壁堕壊」政策の意図するところも、ある程度推測が可能となるであろう。⑨には「諸侯之城を壊ち」[14]とあって、これによればその主たる対象が旧六国の東方地域にあったことが知られるが、秦の中央政府としては、「城壁堕壊」によって、これら被征服地の住民たちが城壁に立てこもり、反乱を起こすことを防止しようとしたのである。まさに、③の記事に付せられた『集解』に引く應劭に「堅城を壊つは、人の復た阻みて以て己を害するを恐るれば也」とある通りなのであった。秦帝国にしてみれば、一応その版図に入ったとはいうものの、激しい戦いの末に征服した旧六国の東方地域は、秦に対する怨念や反発が色濃く残っており[15]、それだけに決して気を許すことのできない「潜在的な敵地」である。さらに、秦による統一の過程において、堅固な城壁をもつ巨大都市の密集している地域が強い抵抗を示したことは、前述した通りである。こうした被征服地に対して秦は、「従属してくれるよう期待するのではなく、従属せざるをえなくする」という、まことに「法家的」な姿勢で臨んだのであり[16]、この「城壁堕壊」政策も、つまるところ秦のこうした統一政策の一環なのであった。

ところで、都市の城壁は、そもそもそれなりの必要性があって発展してきたものであり、とくに財貨の集中する大都市や自然の障壁のない平野部にあっては、堅固な城壁は、外敵の侵攻から自らを守るうえで、欠くべからざるもの

であったはずである。それゆえこのような秦の政策によって頼みの城壁を骨抜きにされ、いわば「丸腰」で自己防衛が困難となった各都市・各地域は、秦の支配に対する抵抗力はもちろん、自立性までをも喪失し、中央政府への依存度を高めることとなってしまった。郡県制による直轄支配、占領したての旧六国の東方地域への度重なる行幸(17)、そこからの過酷な収奪(18)等々、秦の実に強力な集権的支配はこのような背景のもとに展開したものといえるであろう。秦にとって、この「城壁堕壊」政策は、各地の反乱を防止するとともに、その自立性を奪って中央権力を貫徹させるという、まさに「一石二鳥」の妙手なのであった。

なお、この「城壁堕壊」と並んで、内地長城の破壊がなされたことも指摘されている(19)が、これなどもある程度同様な意図のもとに行われたものであると思われる。また、統一に伴う交通網の整備(20)なども、秦本土からの軍隊を速やかに全国に展開させる、という点において、やはり秦の集権的統一支配の貫徹を軍事の面から支える措置でもあったといえよう。もとより、「城壁堕壊」をはじめとするこれらの措置は、秦の統一政策の一部にしか過ぎぬものではあるが、しかし、度量衡・文字・貨幣の統一など、統一諸政策の全国への徹底が疑問視されていること(21)からすれば、これら軍事的な面での措置が秦の統一支配の実態に直接占める度合は大きいものであったと思われる。

しかしこれらの措置は、一方で思いがけない副作用をももたらした。すなわち自己防衛の能力を喪失した各都市・各地域は、秦に反抗しなくはなったものの、同時に秦への反乱勢力に対してもまったく無抵抗に屈服してしまうようになったのである。陳渉・呉広をはじめとする、さほど強力ではない反乱が、驚くほど急速に拡大してしまったのも、一つにはこれが原因であった。いざ反乱が起きても、それぞれの都市や地域では、それに対して歯止めをかけることができなくなっていたのである。内地長城の破壊や交通網の整備も、反乱の急速な拡大を促進する(22)。これらの統一政策は、秦にとってまさに「両刃の剣」なのであった。

秦の統一が瓦解し、続く楚漢戦争の段階になっても、こうした状況は継続する。前節で見てきたように、そこでは様々な勢力が短期間のうちに実に容易に広大な地域を占領することはできるのであるが、一方でそれを守りきることはできず、他の勢力にも簡単に占領されてしまうことから安定した支配を実現することができない。楚漢戦争は、こうしたいわば軍事的に「液状化状態」にあるような異常な状況のもとで劇的な展開を見せたのであり、そしてその背景にあるのが、以上に見てきたような秦の統一支配のあり方だったのである。(23)

第四節　統一支配の軍事的体制

前節で見てきたような背景のもと、秦帝国はどのように全国を軍事的に支配していたのであろうか。本節ではこのことについて、（一）反乱鎮圧の体制、（二）関所の防衛ライン、の二点から、前漢統一国家との比較を交えつつ検討することとしたい。

（一）反乱鎮圧の体制

『漢書』巻二三刑法志には、前漢の軍事制度として、

天下既定、踵秦而置材官於郡國、京師有南北軍之屯。（天下が安定すると、秦の制度を引き継いで、材官《ほへい》を郡・国に、首都に南北軍を置いた）

とあるが、ここから同時に、郡県制をしいていた秦においては地方の「郡」、中央の「京師」にそれぞれ軍の置かれていたことがうかがわれる。秦の軍事制度については、近年、研究が進んできているが、(24)ここでは「被征服地」であ

る東方地域の反乱への対処の仕方から、その全国支配の一端を見てゆくこととしたい。そこでまずこの点について端的に示したものとして、『史記』巻九九叔孫通列伝の次のような事例から見てみよう。

前二〇九年、陳渉・呉広の乱が勃発すると、二世皇帝は博士諸生を召して対策を諮問した。彼らはこれを「反」であるとして

願陛下急發兵擊之。（陛下には急ぎ兵を発して、これを撃たれますように）

と答えたが、それを聞いた二世皇帝は色をなして怒る。そこで叔孫通は、これは「反」ではなく、単なる「羣盜・鼠竊・狗盜」に過ぎないとして、

郡守尉今捕論、何足憂。（郡守や尉が、今頃は捕縛して裁いていることでしょう。御懸念には及びません）

と迎合し、二世から賞されたのであった。[25] なお、『史記』秦始皇本紀二世元年七月条の

謁者使東方來、以反者聞二世。二世怒、下吏。後使者至、上問、對曰「羣盜、郡守尉方逐捕、今盡得、不足憂。」上悅。（東方に使いに出ていた謁者が帰ってきて、反乱が勃発したと二世皇帝に報告した。二世は怒って、その謁者を獄吏に下げ渡す。このことがあった後、別の使者がやってきたが、皇帝の質問に対して「群盗は、郡守や郡尉が捕縛に当たっており、今にもことごとく召し取られましょう。御懸念には及びません」と答え、それを聞いて皇帝は喜んだ）

という記事も同様の事を示すものであるが、これらの事例では、「反」に対しては「發兵擊之」、「盜」に対しては「郡守尉捕論」と、それぞれ異なる対処がなされているのである。ここでの「盜」には、地域的な小規模な反乱も含まれるものと見てよいであろう。[26] また、「郡守尉捕論」と区別されている「發兵擊之」とは、中央からの軍隊の派遣のことを指すものと思われる。とすれば以上より、「地方での反乱は、基本的に郡が鎮圧に当たるが、郡の手に余る

大きな反乱は、中央から軍隊を派遣する」という、秦の統一体制における、反乱鎮圧に際しての大まかな原則をうかがうことができるであろう。

そこでこれを実際の具体例より確認してみると、まず「郡による反乱の鎮圧」については、たとえば泗水郡沛県で挙兵した劉邦集団の場合、

前二〇八年一〇月　胡陵・方與で泗水監・平の軍を攻めてこれを破り、さらに泗水監が豊を包囲するとまたこれを撃破。

一一月　薛県の西で泗水守・壮を破り、これを敗死させる。

八月　項羽とともに、雍丘で三川守・李由と戦ってこれを殺す。

二〇七年一〇月　東郡尉の軍を成武で撃破。

六月　南陽郡守・齮の軍を犨で撃破。

など、戦っている――すなわち、この反乱勢力の鎮圧に当たっている――相手は、確かに守・尉・監など郡の官吏が多い(27)。ちなみに郡の下の県については、それ自身が郡のように反乱軍と戦っている例はほとんど見られず(28)、もっぱら籠城して反乱軍に対するといった受動的な形でしか出てきていない。前二〇九年に陳渉の派遣した武臣の勢力の進攻に直面して、趙地の大部分の県のとった対応が「城守」であったこと、そのうちの一つの范陽県において、県令が取るべきものと考えられていた対応もやはり「范陽を堅守」、「その士卒を整頓し以て守戦」であったことなど(29)は、その典型的な例といえよう。もとより史料が限られているため断定はできないが、以上の例などから、一般的にはある程度以上の規模の反乱に対しては、県はもっぱら籠城して抵抗し（ただし、前節で見てきたことからすれば、それは実際には非力なものであった）、郡のもとに結集した軍隊が主として迎撃・鎮圧に当たっていたのではないかと思われるのであ

る。

さて、反乱がさらに拡大して郡の手に負えなくなると、中央からの鎮圧軍が出動する。章邯将軍が率いたこの軍隊は、当初「酈山徒」、「人奴産子生」を免じて構成されたものであったが、[30]これは陳渉の派遣した遠征軍が関中の奥深くまで進攻してきて「(兵を)近縣より發するも及ばず[31]」という事情があったためで、以後、秦が態勢を整えて「悉く兵を起こして章邯に益す[32]」ようになると、その軍隊は秦の本拠地である「関中」の卒で構成されるようになっていた。[33]すなわち、東方地域の反乱に対して最終的には関中の軍隊が鎮圧に出動しているのであり、このことは、「旧秦が東方の旧六国をおさえつける形で支配する」という、秦の統一国家体制における地域間支配の構図を端的に示したものといえるであろう。そしてこの「関中の軍隊」が項羽率いる反乱軍に投降したとき、秦帝国は事実上崩壊したのである。

なお、前漢時代になると、この他に「複数の郡による共同鎮圧」がなされるようになっている。たとえば、成帝の鴻嘉四（前一七）年、広漢郡の鄭躬らの蜂起が拡大すると、広漢郡自身のほかに蜀郡三万の兵をも発して鎮圧にかかっており、[34]また永始三（前一四）年の山陽の鉄官徒・蘇令らの反乱は十九の郡国に及ぶものであったが、これに対して中央は丞相長史・御史中丞に「節を持して特趣逐捕」させた結果、汝南太守の厳訢が蘇令などを捕斬しており、[35]中央派遣の使者のもと複数の郡が共同して出兵し、反乱の鎮圧に当たっていたことが知られよう。このように前漢時代では、前代の「郡による鎮圧」と「中央軍の出動」に加えて、その中問的な形態も出現しているのである。

(二)　関所の防衛ライン

関所の制度は、統一支配における地域性の問題を、軍事の側面より見てゆく上で重要なものといえるであろう。そこで統一期における関所の例を史料から検索してみると、それらはおよそ次の二つのグループに大別される。

Ⅰ類：函谷関[36]、臨晋関[37]、武関[38]、嶢関[39]、旬関[40]

Ⅱ類：横浦関、陽山関、湟谿関[41]

すなわちⅠ類は、戦国秦以来の領土であり首都圏に当たる「初期領域」の中核地域を防御する形で設置された関所群であり、それに対してⅡ類は辺境地帯に設けられた関所群である。ところが、この二種類以外の関所についてはーー戦国時代には、斉の陽関など、かつての旧六国の関所も存在していたにもかかわらず[42]ーー統一期以降、その存在を確認することができないのである。もとよりこのことによって、当時それらの関所が存在しなかった、と断定することはできないが、たとえば、始皇帝の宮殿造営についての「關中計宮三百、關外四百餘」[43]という記事について、もし国内にⅠ類以外に何層もの関所のラインが存在していたならば、「関中」と「関外」とに分けるだけのこうした表現は成り立ちがたいものであること、あるいは秦末における楚の懐王の「先に入りて關中を定めし者は、之に王とす」[44]という有名な約が事実であるとするならば、秦の側からだけではなく、反乱を起こした楚の側からもやはり国内の関所のラインはただⅠ類のみであったと見なされること、さらにこの時期に頻見する「入關」など「關」の用例は、いずれもⅠ類の関所を指してのものと考えられること[45]、等々のことよりすれば、やはり当時の関所の設置は、原則として国内（の中核地帯）と辺境地帯との二種類に限られていた可能性が高いものと見てよいであろう。ところでこのような重層的な関所設置の体制は、前漢時代のそれと基本的に同じものであった。前漢時代の関所については、紙屋正和氏の研究[46]によって、

・国境地帯と「畿内」の境界とにだけ設置されていた

ことが明らかにされているが、ここで注目されるのは、

・その境界が移動すると、新たな境界に新たな関が設けられ、旧来の関は、たとえそれまで重要な関であったとしても、廃止された

という指摘である。すなわち、これが秦の場合でも同様であったとするならば、全国統一の過程において、秦がその本拠地である初期領域のラインを越えて国境線を拡大してゆく中、国境線の内側へと取り込まれてゆく形となった旧六国の関所は次々と廃棄されてゆき、その結果として、以上に見たような統一国家の関所の体制が出現したものと考えられるのである。(47)

しかし、このように国境線とともに関所のラインが移動してゆく中で、それではなぜ、「関中」など中核地域（およびその周辺）に接する関所のラインだけは廃止されることなく、存続し続けたのであろうか。このことを考える上で参考とされるのが、戦国秦の領域形成について述べた藤田勝久氏の研究(48)である。すなわちそこでは、

・戦国時代、秦（韓や魏なども）では、その領域支配において、

①本拠地を中心とする領域支配

②交通路による分散地域支配

の二つの形態があったこと、

・このうち、②の地域はなお支配の安定していない他国との争奪地であるが、支配が安定・定着してゆくにつれて、①の地域に組み込まれてゆくこと

・（戦国中期以降）①・②それぞれの外延に関所を設置する体制が整備され、これらを合わせて領域統治の機構を形成していたこと

等の諸点が明らかとされているのであり、この藤田説を敷延して統一期の体制に当てはめて考えるならば、①は旧秦

の地域、②は旧六国の東方地域に相当し、そして両者の境界となるのがいわば「国内の境界線」ともいうべき（内側の）関所のライン、ということになるであろう。

そこで函谷関をはじめとする、これらの関所のラインについて見てみると、戦国時代、秦の勢力が函谷関を越えて東に伸びるようになってからも、なお他国が函谷関まで攻め込んでくる、すなわち函谷関が依然として防衛線であり続ける場合がしばしばあった。『史記』巻六九蘇秦列伝に、合従政策の成果として「秦兵、敢えて函谷闢を闚はざること十五年」とあることなどは――それが史実であるかどうかは別にして――有名であるが、実際に、

前三一八年　楚を盟約の長とする山東六国が秦を攻め、函谷関に至る。(49)

前二九八年　魏・斉・韓が秦を函谷に撃つ。(50)

前二四七年　魏の信陵君が五国の兵を率いて秦を撃ち、函谷関まで至り、秦軍は敢えて函谷関を出ようとはせず。(51)

前二四一年　楚を盟約の長として、諸侯が合従して函谷関に至るも、敗走。(52)

などの例が見られるのである。さらに『戦国策』斉策六には、すでに韓・魏・趙や楚も滅ぼされた統一直前の時期の話として、斉王に対して「三晋や楚の亡国の大夫たちに兵を与え、それぞれ故地を収復させれは、臨晋関や武関に攻め込むことができる」ことを説いた即墨大夫の言が見えているが、(53)このことからも、秦の領域がはるかに「初期領域」を越えて拡大した段階においてなお、これら臨普関や武関のラインが最終的な防衛線であると見なされていたことがうかがわれるであろう。さらに統一が実現してからも、秦末の反乱に際して「闢より以東、大氏盡く秦吏に畔きて諸侯に應ず」(54)という状況となっているのであり、圧倒的に強力な統一支配を展開しながらも、秦にとってこれら関所の外は、やはり相対的に支配の不安定な地域なのであった。そしてそれとは対照的に、「関所の内側」の地域は「秦王の心、自ら以爲えらく、闢中の固は、金城千里にして、子孫帝王萬世の業也」(55)とあるように、秦にとって「牙城」と

なる特別な地域だったのである。(56)

このように統一以前のみならず、統一以後においても、国内の関所のラインの内と外では、支配の安定の度合に確かに大きな落差があった。それゆえこの二つの地域の境界として、中核地域などを守る関所のラインは必要な存在であったのであり、そこには関都尉が置かれ、(57)「東方への備え」(58)とされたのであった。そしてこのように見てくるならば、秦代統一国家における重層的な関所設置の体制は、その実態においてまさに「二重の国境」ともいうべきものであり、そこにはやはり、前節でも見てきたような地域間支配の構図が明確に反映されているものと考えられるのである（なお、これら以外の境界線として「故徼」があった。終章参照）。

なお、前漢国家も秦のこのような体制を基本的に継承したのではあるが、武帝の元鼎三（前一一四）年に、東方に対する「国内の関所のライン」を、これまでの渭水盆地東辺などから、中間の山地帯を越えて東方平野部との境にまで大きく東に移動し、「関中」を拡大させる「広関」が行われている。これは先の藤田説において指摘された「支配が安定・定着してゆくにつれて、②の地域が①の地域に組み込まれてゆく」という動きが、この時期にもなお継続していたことを示すものといえよう。ただし、その場合でも、統一国家体制の中で中核地帯である渭水盆地の三輔地域が依然として特殊で重要な地位を占め続けていることに変わりはなく、新「関中」には、その機能や権限のごく一部が分与されたに過ぎなかった。(59)その意味ではこれも、（関所の内と外とが明確に区別されるような）秦代の体制を基本的に継承しながらも、統一支配の浸透・成熟を背景として、両者の間に中間的な地域が出現した形態、と考えることができるのである。(60)

第五節　終節

以上、本章では、まず秦末および楚漢戦争期の軍事的な諸事象に注目して検討を加え、それが「統一の過程」および「呉楚七国の乱」など前後の時代と比べて、「攻撃側が圧倒的に優位」にあり「異常なまでに目まぐるしく、流動的な展開」であるなど、かなり特異な様相を呈するものであることを指摘し、次いでその背景には、主要な都市の城壁に対して何らかの形でその防衛能力を骨抜きにする「城壁堕壊」政策などの、秦代国家の統一支配があったことを想定した。秦はこれらの政策によって、東方の広大な被征服地の反乱を封じ込め、支配の安定をはかったのである。そしてこのようにして自立性を奪われた各都市・各地域に対して、秦は実に強力な集権的支配を展開しえたのであるが、その一方でこれらの措置は、反乱の急速な拡大を促進し、加えて不安定で流動的な軍事状況をもたらす危険性をも秘めていた。こうした背景のもと、秦帝国は、戦国以来の領土である旧秦の東辺に厳然たる関所のラインを走らせてその基盤を固める一方、東方地域の大規模な反乱に対しては、その関中より鎮圧軍を出動させるという形で、全国を軍事的に支配していたのである。そしてそれは取りも直さず、「本土」としての「秦の初期領域」あるいは「広域関中」の地域が、「被征服地」としてのその他の地域を支配し収奪するような、秦の統一国家体制における「地域間での支配、対立の関係の構図」を端的に示すものなのであった(61)。

そこで最後に、前漢国家の統一支配との関係について一言しておくと、反乱鎮圧の体制や関所の防衛ラインなど、それらは――統一支配の浸透・成熟を背景として、中間的な形態を出現させるなど新たな展開も見られるが――基本的に秦代の体制を継承するものであった。その限りにおいて両者は同質なものと見なすことができるのであるが、しかし、それぞれの背景となる軍事状況が大きく異なるものであったことは、ここで強調しておかなければならない。すなわち、本論中でも述べたように、前漢は天下を定めると、秦の失敗に鑑みて各地の城壁を復活させているのである。その結果、ふたたび自らを守れるようになった各都市・各地域は自立性を回復し、その分、前漢国家の集権的支配は、当初、秦ほど強力なものとはなりえなかった。始皇帝の場合とは対照的に、前漢の皇帝が東方平野部に行幸できるようになるのには、一世紀近く後の武帝・元鼎四年（前一一三年）まで待たなければならなかったことなどは、その一例である。その支配の方式も、秦のようなむき出しの法家路線から、より微温的なものへと転換せざるをえなかった。(62)しかしこの「城壁復活」政策によって、軍事状況は安定化し、反乱の拡大に一定の歯止めがかかるようになる。はたして前一五四年に起きた呉楚七国の反乱において、この措置は見事に効果を発揮した。「楚漢戦争期であれば必勝」の態勢をとった反乱軍は、しかし籠城する漢軍を攻めあぐね、意外に短期間で鎮圧されてしまう。繰り返しになるが、かつて項羽と彭越との間で翻弄されるかのようにその帰属を変えていた梁の睢陽や昌邑城が、この時には反乱軍の猛攻に最後まで耐え抜いていることは、この間の変化を象徴的に物語るものといえよう。いうなれば漢王朝は、「強力だが脆い」秦の統一支配に代えて、「穏健ながら強靱な」支配の仕方を選んだのであった。(63)

注

（1）本書序章参照。

（2）大櫛敦弘一九九〇参照。

（3）本書第一部参照。

（4）栗原朋信一九六〇、鶴間和幸一九九二a、bなど参照。

（5）江村治樹一九八九参照。
（6）以上は、『史記』や『漢書』の記載をもとにしているが、個々の出典については注記を省略する。なお、秦末の諸反乱の推移については、木村正雄一九七一、柴田昇二〇一八などに詳しい。
（7）以下は、『史記』巻七項羽本紀、巻九〇彭越列伝などによる。
（8）『史記』項羽本紀に「彭越彊劫外黄、外黄恐、故且降、待大王」とある。
（9）原文は「（薛公曰）『使布出於上計、山東非漢之有也。出於中計、勝敗之數未可知也。出於下計、陛下安枕而臥矣。』上曰『何謂上計』令尹對曰『東取呉、西取楚、幷齊取魯、傳檄燕・趙、固守其所、山東非漢之有也。』『何謂中計』『東取呉、西取楚、幷韓取魏、據敖庾之粟、塞成皐之口、勝敗之數未可知也。』『何謂下計』『東取呉、西取下蔡、歸重於越、身歸長沙、陛下安枕而臥、漢無事矣。』上曰『是計將安出』令尹對曰『出下計。』上曰『何謂廢上中計而出下計』令尹曰『布故麗山之徒也、自致萬乘之主、此皆爲身、不顧後爲百姓萬世慮者也、故曰出下計。』上曰『善。』封薛公千戸」。
（10）『史記』巻九二淮陰侯列伝には、「右投則漢王勝、左投則項王勝」、「爲漢則漢勝、與楚則楚勝」とある。
（11）こうした例はこの時期に数多く見られるが、それらのうち、たとえば「籠城している都市の城壁を乗り越える」ところの「踰城」の事例などは、沛や南陽（ともに『史記』巻八高祖本紀）、陳留（同・巻九七酈生列伝）で見られる。
（12）『史記』巻八九張耳陳餘列伝。
（13）『漢書補注』同条に引く王啓原も「秦始皇三十二年、壞城郭、故縣邑皆無城、至是復令城之也」としている。
（14）前掲史料②の『正義』には「言始皇毀坼關東諸侯舊城郭也」とする。
（15）統一の過程においても秦の支配への反発の強かったことは、江村治樹一九八六などに言及がある。
（16）たとえば、『韓非子』姦劫弑臣に「聖人之治國也、固有使人不得不爲（愛）我之道、而不恃人之以愛爲我也。恃人之以愛爲我者危矣、恃吾不可不爲者安矣。」、外儲説左下に「故明主者不恃其不我叛也、恃吾不可叛也。」とある。
（17）始皇帝の行幸についての近年の研究としては、鶴間和幸一九九二a、一九九三などがある。
（18）大櫛敦弘一九九〇参照。また、楊寛一九九八、第九章三節では、統一秦における民力と物力の無制限の使用は、当時の人民の負担限度を超過していたことを、動員人数を推定して論じている。

(19) たとえば、前注（18）掲、楊寛氏著書・同節では、前掲史料②の「決通川防」を、内地の長城を撤去したものと解している。

(20) 鶴間和幸一九九二aにも指摘するように、秦の統一とともに、全国的道路網が一気に整備されたわけではないが、政治的統一の実現が、全国的道路網の整備を大きく促進するものであったことも、また事実であろう。

(21) 鶴間和幸一九八六など参照。

(22) 陳鴻彝一九九二、六四頁では、陳渉・呉広、項羽、劉邦らの進軍ルートが、いずれも始皇帝の馳道の路線と密接な関係にあることを指摘している。

(23) 前節で取り上げた黥布の反乱の情勢分析において、三晋地域の占拠が次要の事とされているのも、この地域では従来巨大な城壁都市が密集しており、その分、「城壁堕壊」政策による軍事的な流動化がより顕著であったために、占拠のメリットが少なかったためではないかと想定される。

(24) 秦の兵制のうち、地方軍については、たとえば重近啓樹一九八六によって、戦国以降、県を単位として基礎的な軍府（軍団）が置かれ、そこにおいて常備軍編成がなされてきたこと、一県の常備兵数は数百名、一郡全体で一万内外であったと考えられること、兵士は傅された成年男子の一定部分が選抜されて地方常備軍（材官騎士等）を構成したこと、そして、材官騎士等の正規の常備軍によって担われる平時編制下の「兵制」と、材官騎士等及び雑多な内容の臨時徴発兵・募兵等によって構成される戦時編成下の「軍制」とは明確に区別して考えるべきこと、等々の諸点が明らかとされており、本章でもここでの知見に多くを負っている。

(25) 原文は「數歳、陳勝起山東、使者以聞、二世召博士諸儒生問曰『楚戍卒攻蘄入陳、於公如何。』博士諸生三十餘人前曰『人臣無將、將即反、罪死無赦。願陛下急發兵擊之。』二世怒、作色。叔孫通前曰『諸生言皆非也。夫天下合爲一家、毀郡縣城、鑠其兵、示天下不復用。且明主在其上、法令具於下、使人人奉職、四方輻輳、安敢有反者。此特羣盜鼠竊狗盜耳、何足置之齒牙間。郡守尉今捕論、何足憂。』二世喜曰『善。』盡問諸生、諸生或言反、或言盜。於是二世令御史案諸生言反者下吏、非所宜言。諸言盜者皆罷之。迺賜叔孫通帛二十匹、衣一襲、拜爲博士」。
(26)「反」と「盜」の語は、史料上、必ずしも厳密な区別がなされずに通用されることが多く、たとえば、『史記』秦始皇本紀二世二年条に「關中卒發東擊盜者毋已」、「關東羣盜並起、秦發兵誅擊」と、「盜」に対して「關中卒が發」している例も見えている。
(27) 以上、『史記』巻八高祖本紀、巻一六秦楚之際月表、巻五四曹相国世家、巻九五樊噲列伝など参照。
(28) 楚漢戦争期の劉邦の三秦平定戦に際してではあるが、樊噲が西県の丞と戦っている例（『史記』樊噲列伝）などがある。
(29)『史記』巻八九張耳陳餘列伝。
(30)『史記』秦始皇本紀二世二年冬条、巻四八陳渉世家。
(31) 同右、秦始皇本紀二世二年冬条。
(32)『史記』巻七項羽本紀。
(33) 前注（26）掲の引用記事参照。また『史記』巻九二淮陰侯列伝にも、章邯らが「將秦子弟數歳矣」とある。
(34)『漢書』巻一〇成帝紀鴻嘉四年条に「廣漢鄭躬等黨與寖廣、犯歴四縣、衆且萬人。拜河東都尉趙護爲廣漢太守、發郡中及蜀郡合三萬人擊之」とある。
(35) 同右、永始三年十二月条に「山陽鐵官徒蘇令等二百二十八人攻殺長吏、盜庫兵、自稱將軍、經歴郡國十九、殺東郡太守、汝南都尉。遣丞相長史、御史中丞持節督趣逐捕。汝南太守嚴訢捕斬令等」とある。
(36)『史記』巻七項羽本紀の「行略定秦地。函谷關有兵守關、不得入」など。
(37) 臨晋関については、統一期には直接の例は見出だせないが、統一直前の記事の中に「即臨晋之關可入矣」（『戦国策』斉策六）と見え、また秦滅亡直後の記事にも「從東出臨晋關」（『史記』巻九五灌嬰列伝）とあることから、統一期にも存在していたと考えてよいであろう。
(38)『史記』巻六秦始皇本紀二八年条の「上自南郡由武關歸」など。
(39)『史記』巻五四曹相国世家の「從西攻武關・嶢關」など。もっともこの嶢関は、『漢書』巻一高帝紀、秦三年条によれば、

「沛公攻武關、入秦」の結果、秦王に即位した子嬰が「遣將將兵距嶢關」としたものであって、当時、常置のものであったかは疑問の余地がある。

(40)『史記』巻九五酈商列伝の「別將攻旬關、定漢中」など。

(41)『史記』巻一一三には、秦末、趙佗が自立する際のこととして、「佗即移檄告横浦・陽山・湟谿關曰『盜兵且至、急絶道聚兵自守』」とある。この記事については若干の問題点もないわけではないが、当時の辺境地域に関が存在していたことは、まず疑いないものと思われる。

(42)戦国時代の各国の関については、董説『七国考』巻三、陳鴻彝一九九二、五六—七頁、楊寛・呉浩坤二〇〇五巻一五五—六など参照。

(43)『史記』秦始皇本紀三五年条。

(44)『史記』巻八高祖本紀。

(45)たとえば、『史記』項羽本紀の十八王分封の際に重要な基準となっている「從入關」の「關」とは、言うまでもなく函谷関のことを指している。

(46)紙屋正和一九七八a参照。

(47)山田勝芳一九九一、横組七一頁および一九九三、四四八頁では、「秦では、まだその領域が関中地区を中心として余り広くなかった時には、これらの『邦関』がそのまま辺関でもあったが、統一の進行によってその領域が拡大した時、この『邦関』の外側の辺関が設置され」、「統一を達成した帝国段階の秦では、関の制度自体は、このような秦の関の設置状況を拡大し、函谷関などの関中周囲の諸関と、いわば国境沿いに置かれた辺関の二種類とした」とする。

(48)藤田勝久一九九二参照。

(49)『史記』巻四〇楚世家。

(50)『史記』巻一五六国年表。

(51)『史記』巻七七魏公子列伝。

(52)『史記』巻七八春申君列伝。ただし、巻四三趙世家によれば、この年、「四国連合軍が秦を攻め、関中の奥深く蕞にまで攻め入った」とする。

(53)原文は、「夫三晋大夫、皆不便秦、而在阿・鄄之間者百數、王收而與之百萬之衆、使收三晋之故地、即臨晋之關可以入矣。鄢・郢大夫不欲爲秦、而在城南下者百數、王收而與之百萬之師、使收楚故地、即武關可以入矣」。

(54)『史記』秦始皇本紀二世三年条。

(55)『史記』秦始皇本紀所引賈誼過秦論。

(56)当時の「関中」については、本書第一部第五章参照。また、ほかに『史記』秦始皇本紀二六年条正義所引三輔舊事に「始皇表河以爲秦東門、表汧以爲秦西門、表中外殿觀百四十五、後宮列女萬餘人、氣上衝于天」とあり、この特別区域の設定は始皇三五年の東海への東門の移動（秦始皇本紀同年条）まで続く。大櫛敦弘二〇一一参照。

(57)『漢書』巻一九百官公卿表上に「關都尉、秦官」とあり、また『漢書』巻六武帝紀天漢二年冬十一月条には「詔關都尉曰、今豪傑多遠交、依東方羣盜。其謹察出入者」とあり、前漢時代中期の例ではあるが、その役割をうかがわせるものといえよう。

(58)『新書』巻三壹通に「所謂建武關・函谷・臨晋關者、大抵爲備山東諸侯也。天下之制在陛下。今大諸侯多其力、因建關而備之、若秦時之備六國也」とある。

(59)本書第一部第三章参照。

(60)なお、前漢時代において、関中より山地帯を越えて東方平野部に出た先の滎陽、成皐一帯は、要衝として非常に重視されていた地域であった（本書第一部第三章参照）が、秦末、陳渉の派遣した呉広や、劉邦の軍もここを陥とすことには失敗しており（『史記』陳渉世家、高祖本紀）、秦の統一体制のもとでも、この地域は要衝として、特に厳重な防備がなされていたのではないかと思われる。

(61)『鹽鐵論』論勇に「秦兼六國之師、據崤・函而御宇内」とあり、また、本文中でも引用した『史記』秦始皇本紀所引賈誼にも、秦の統一支配の体制が、「黔首の民を弱め」た上で「關中の固」に拠るものであったことが指摘されている。なお、

『史記』項羽本紀の「諸侯吏卒異時故繇使屯戍過秦中、秦中吏卒遇之多無状、及秦軍降諸侯、諸侯吏卒乗勝多奴虜使之、軽折辱秦吏卒」などの記事も、こうした地域間支配の構図を示したものといえよう。

(62) 初代の高祖・劉邦は、即位後も、洛陽をはじめとする東方平野部に頻繁に行幸しているが、これらは反乱鎮定や匈奴との戦いなどのためであり、始皇帝や武帝の東巡とは性格の異なるものである。

(63) 都市の城壁をめぐる秦と前漢との対応の違いについては、江村治樹一九八九においても言及がなされており、これらの措置によって秦が都市の独立性を根本から否定したのに対して、前漢では三晋地域の発達した都市を安定的に支配するために、都市の発達を容認するような立場を取った、との指摘がなされている。
なお、五代にも城隍を毀ち、防城具を拆した例がある。易図強一九九四参照。

補論　三川郡のまもり――「秦代国家の統一支配」補論――

第一節　問題のありか

ここで取り上げる「三川郡」とは、戦国秦および統一秦において設置されていた数ある郡のうちの一つであり、洛陽などを含む今日の河南省西よりの一帯を境域としていた。周知のように、秦はそもそも渭水盆地一帯の「初期領域」(1)を本拠地としていたのであるが、そのすぐ東に隣接するこの郡の、秦末の諸反乱に際しての軍事的な状況に注目することで、秦代における統一国家支配のあり方の一端を明らかにすることが本章での課題である。

筆者はここまで「地域間での支配、対立の関係の構図とその相対化」という視角から、秦漢統一国家のあり方について考察を加え、こうした地域間の関係が時とともに相対化してゆく過程のなかに、統一国家体制の確立なり成熟が見出されることを論じてきた。(2)そして本章で取り上げる統一秦のそれについては、「城壁堕壊」政策など主として軍事的側面の検討から、戦国秦の旧領、とくにその中核となる「秦の初期領域」が「本土」として「被征服地」であるその他の地域を支配し収奪するような、かなり露骨な地域間格差にもとづくものであり、統一国家の体制としてはなお未熟かつ不安定な段階のものであることを指摘したのである。(3)こうした理解の枠組みは基本的に有効なものであると考えてはいるが、しかし、たとえばそこで「支配する側の地域」と「支配される側の地域」とをあまりにも単純な二項対立の図式において理解していることについて、実際には戦国秦の旧領内部にも中核となる「初期領域」のほかに――北地・上郡や隴西、漢中さらには巴、蜀など――「後背地」としての地域が存在しており[4]、同様に「支配される側」の旧東方諸国の地域についても多様な状況が想定されることなど、なおいささかの検討を要する点は残っているといえるであろう。

そこで本章では、「支配される側の地域」であり、かつ「秦の初期領域」のすぐ東に隣接する三川郡に注目することとしたい。すなわちこの地は、境内の滎陽や成皐などが楚漢戦争期の主戦場となったことからもうかがわれるように、当時における戦略上の要地であったわけであるが、このような三川の地に対して統一秦は、後述するように滎陽に敖倉を設け、あるいはそこを治める郡守として丞相李斯の長子である李由をあてていたのであった。さらに秦末、各地で東方諸国が次々と復活してゆく中、かつてこの一帯を版図としていた韓のみがひとり実質的に押さえ込まれていることなどからすれば[5]、三川郡は統一秦において特別な位置づけがなされ、その統制が格段に強く及ぶ地域であったと想定することができるであろう。この点において三川郡をめぐる状況は、秦の東方支配、ひいては統一国家体制のあり方にも関わってくる問題であると思われるのである。

近年、雲夢（睡虎地、龍崗）秦簡や里耶秦簡、岳麓秦簡など出土文字史料を中心として、統一秦の時代の知見は飛躍的に増大しつつあるが、それでもなお秦の郡をめぐる状況、とくに秦の側から見たそれは――三川郡に限ったことではないが――いまだ不充分なものである。こうした中、三川郡については、陳渉の派遣した呉広の軍や劉邦軍などの反乱軍が展開した地域として、比較的多くの関連する記事が残っており、とくに最終的な勝者として王朝の始祖となった後者についての記録は詳細であることから、その限りにおいて、相手側たる秦軍の動静もそこから多少はうかがい知ることが可能となる。もとよりそれらは三川郡の軍事的な防備体制を論ずるには、あまりにも断片的で茫漠とした史料でしかないものの、目下の考察においては、数少ない検討の糸口を提供するものではあるといえよう。

以上より本章では、秦末の諸反乱の中での三川郡の軍事的な状況に注目して、統一国家体制におけるこの三川郡という「場」について、いま少し具体的に見てみることとする。まずは三川郡の地理的、歴史的背景について一瞥した上で、呉広や劉邦の反乱軍を迎え撃つ郡守李由の、そしてその敗死後の三川郡における秦側の、軍事的対応について検討をおこなう。そこから秦代における統一国家支配のあり方について考察を加え、あわせてここまでの議論についてもいささかの補訂を試みることとしたい。本章での議論は、『史記』をはじめとする周知の史料によるものであり、とりたてて新たな事実を明らかにするというわけではないが、三川郡という地域に注目することで、そこから秦代、さらには秦漢統一国家体制の一面を照射しようとする、ささやかな試みである。

第二節　三川郡の概観

そもそも「三川」の名は河水・洛水・伊水の三つの河川に由来すると言われているが[6]、冒頭にも述べたように、洛陽などを含む今日の河南省西よりの一帯が三川郡の境域であった。それはおよそ前漢時代の河南郡と弘農郡（武関以西は除く）とを併せたものに相当し[7]、その属県について、たとえば最近の后暁栄氏の研究では

巻県、新安、華陽、宜陽、陝県、盧氏、洛陽、緱氏、河南、焦県、滎陽、平陰、新城、倫氏、京県、成皋、陽武、梁県、中牟、鞏県、穀城、黽池

の二十二県を挙げている[8]。また三川郡の治所についてはいささかの議論があるが、少なくとも本章で問題とする秦末の段階では、滎陽にあったことで見解が一致している[9]。

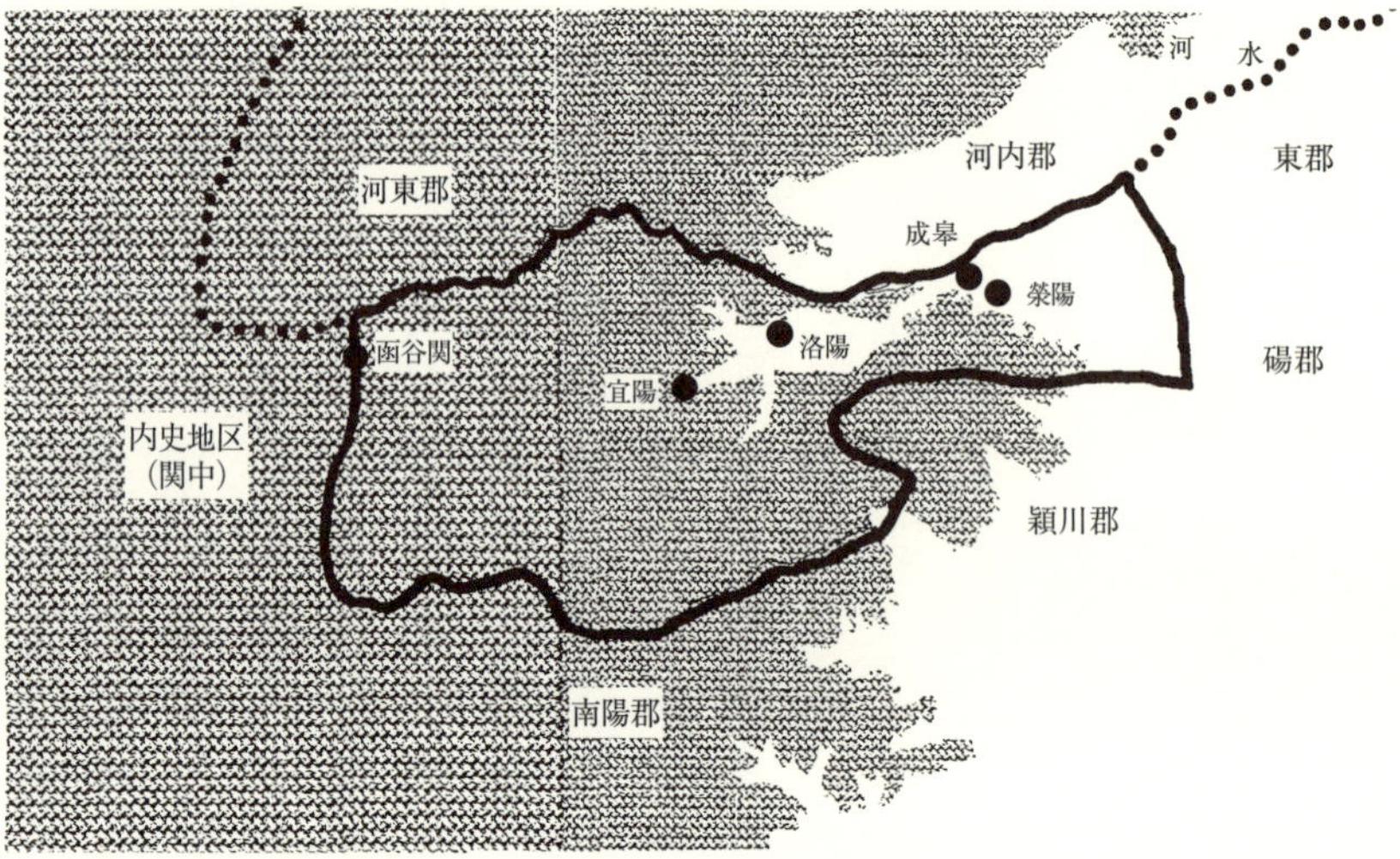

図12　三川郡地図
譚其驤主編『中国歴史地図集』第二冊（地図出版社、1982年、上海）をもとに作成

さて、**図12**からも明らかなように、三川郡の境域は黄土高原の丘陵山地帯と東方平野部との間に両者をまたぐ形で展開していた[10]。そこで東方の平野が山地帯に入り込んで形成されているのが伊洛盆地で、洛陽などはそこに位置している。東方の平野部から成皋や滎陽の狭隘部をぬけてこの盆地に入り、宜陽から山地帯を西へ進むと、函谷関を経て渭水盆地の（狭義の）関中へと至る、あるいはこのルートを逆に進んで、関中から東方平野部に出る――このような東西を結ぶ幹線が走る三川郡は、当時の交通体系において重要な地位を占めていたが[11]、それは同時にこの地を軍事上の要衝とするものでもあった。

そもそも戦国時代、「秦が三川を攻め、趙が上黨を攻め、楚が河外を攻めれば、韓は必ず亡ぶ[12]」などとあるように、三川の地は韓を構成する重要な地域であると同時に、西方の秦の侵攻にさらされる地域でもあった。そして『史記』巻七一甘茂列伝に見える

寡人欲容車通三川、以窺周室、而寡人死不朽矣。（わしは〔戦〕車を三川に送り込んで、周室を窺いたい。さす

れば、死後もわが名は不朽となろう）

という秦の武王の言や、攻略の困難さを指摘する

宜陽、大縣也、上黨・南陽積之久矣。名曰縣、其實郡也。（宜陽は大県で、上黨・南陽からの物資や穀物を蓄積することと久しきにわたります。名目は県ではありますけれども、その実態は郡に等しいのです）

という左丞相・甘茂の言など(13)からは、当時の秦にとって――ここでは周室との関係がその動機として前面にあげられてはいるが――三川への進出が悲願ともいうべきものであったこと、またこれに対して韓は宜陽に防衛の拠点を置いていたこと、などが知られるのである。

そして激しい攻防戦の末に宜陽が陥落（前三〇七年）して以降、秦の勢力は次第に三川の地を浸食してゆく。前二八八年には斉・趙・韓・魏・燕の五国が連合して秦を攻撃するが、連合軍は成皋や滎陽に集結はしたものの、結局はなすところなく撤退している(14)。これなどは、諸国の思惑の違いによる攻撃側の足並みの乱れといった事情はあるにせよ、成皋・滎陽以西に秦の堅牢な防備体制がこの時期すでに存在していたことを、如実に示すものであろう。韓の領域から秦の版図へと入る事によって、三川の防備体制も、宜陽を拠点として西からの侵攻を食い止めようとするものから、成皋・滎陽付近を東方の備えとする体制へと、その重心を大きく転換することとなったのである(15)。

こうした秦の支配が確立し、この地に三川郡が置かれたのは前二四九年のことであった。『史記』巻五秦本紀荘襄王元年条には、これについて

東周君與諸侯謀秦、秦使相國呂不韋誅之、盡入其國。秦不絶其祀、以陽人地賜周君、奉其祭祀。使蒙驁伐韓、韓獻成皋・鞏。秦界至大梁、初置三川郡。（東周君が諸侯とともに秦に対して陰謀をたくらんだため、秦は相國呂不韋にこれを撃たせて、ことごとくその国を接収した。秦はその祭祀を絶えさせることはせず、陽人の地を周君

に賜い、その祭祀を奉じさせた。さらに蒙驁に韓を攻撃させると、韓は成皐・鞏を献じて秦の国境線は大梁にまで至ったので、初めて三川郡を置いた）

とある。[16] ここでは相国である呂不韋が、東周誅滅などで三川郡設置に直接に関わっているが、この年にはまた洛陽に封邑を獲得している。[17] のちに呂不韋は嫪毐の乱で失脚して秦王・政十一（前二三六）年には封地に移ることとなるが、[18] それについての『史記』巻八五呂不韋列伝の

出文信侯就國河南。歳餘、諸侯賓客使者相望於道、請文信侯。秦王恐其爲變。（文信侯〔呂不韋〕を都から追って河南の封邑に移らせた。それから一年あまりの間、諸侯の賓客・使者は道にあい望むありさまで相次いで文信侯のことを取りなしにきた。秦王は〔このような輿望のある〕呂不韋が変事をなす事を恐れた）

という記事からは、洛陽の封地に拠る呂不韋が、秦王・政（のちの始皇帝）が脅威を感じるほどの隠然たる勢力をこの地を中心に扶植していたことがうかがわれるのであり、彼が宰相であった十数年の間——それはこの三川郡が存続していた時期のおよそ三分の一に相当する——少なくとも洛陽一帯を中心とする三川郡が、宰相として秦の実権を握っていた呂不韋の強い影響下にあったことがうかがわれるのである。その意味で秦王・政と呂不韋との権力闘争は、その副次的な部分において、三川郡の争奪という側面をも有していたのではなかろうか。そして翌秦王・政十二（前二三五）年の呂不韋の自裁によって、この郡は最終的に秦王の直接の掌握の下に置かれることとなったのである。

その後の統一期に及ぶ三川郡の詳細については明らかではないが、ここで一点指摘しておかなければならないのは、敖倉の出現であろう。これについてはすでに別稿[19]にて論じたところであるが、秦は統一後、平野部西端に位置し水陸の交通の要衝でもあるここ滎陽の地に敖倉を設置し、新たに版図に加えられたはるか広大な東方の地、山東の穀物を集中して貯蔵し、さらにはその一定部分を漕運路によって渭水盆地一帯の「初期領域」（「狭義」の関中）へと運んで

いったのであった。それは西方の中核地域による東方の被征服地からの収奪、という地域間支配の側面を如実に体現するものであったが、このような敖倉の存在は同時に、秦代統一国家体制における東方支配の要としての三川郡の位置づけを象徴的に示すものであるともいえるであろう。

ところで、現在のところ三川の郡守として唯一名前の知られているのが、李由である。(20) 先述したように、この人物の父は始皇帝の宰相として有名な李斯であるが、その子の李由について述べた記事としては、後述する反乱時のそれを除けば、『史記』巻八七李斯列伝に次のようにあるにすぎない。

斯長男由爲三川守、諸男皆尚秦公主、女悉嫁秦諸公子。三川守李由告歸咸陽、李斯置酒於家、百官長皆前爲壽、門廷車騎以千數。（李斯の長男である李由は三川守となり、子息はみな秦の公主を娶り、息女はことごとく秦の公子たちに嫁いだ。三川守となった李由が休暇で咸陽に戻ってくると、李斯は自邸で宴を開いたが、百官の長はみな進み出て寿《ことほ》ぎ、門廷に集う車騎は千を単位に数えるほどであった）

李斯の栄華の絶頂期の様子を伝えるこの記事において、(21) 一族の中でも特に李由の「三川守」のみが特筆されていることは、この三川郡守という地位が父親の権勢に対して釣り合うような顕職であったことをうかがわせる。と同時に、始皇帝の右腕ともいうべき李斯の長子をその郡守に据えている点からも、三川郡の特別な郡としての位置づけをうかがうことができるであろう。

このように秦の統一体制のもとで、東方への備えとして着々と体制を整えつつあった三川郡ではあったが、始皇帝が没するや、早くも東方からの軍事的挑戦にさらされることとなる。次節ではその過程に注目することで、反乱軍を迎え撃つ秦側の軍事的対応について、できるだけ詳しく見てゆくこととしたい。

第三節　三川郡のまもり

始皇帝の死後、陳渉・呉広の乱を皮切りとして、東方では反乱が続発する。こうした状況に直面して、三川郡はどのような対応を見せたのであろうか。本節ではこの点について、（一）呉広軍の滎陽包囲、（二）李由の敗死、（三）劉邦軍の進攻、の三つの局面に注目して取り上げ、それぞれに見てゆくこととしたい。

（一）呉広軍の滎陽包囲

前二〇九年七月、陳渉・呉広が大澤郷で決起するとその勢力はまたたく間にふくれあがり、張楚国が成立し、陳渉は王となる。さらに各地に軍が送られる中、三川には呉広の軍が進攻してくることとなった。『史記』巻四八陳渉世家によると

以呉叔爲假王、監諸將以西擊滎陽……呉廣圍滎陽。李由爲三川守、守滎陽、呉叔弗能下。（呉広を假王として、諸将を監督して西のかた滎陽を攻撃させた。……呉広は滎陽を包囲するが、李由が三川守となって滎陽を守っており、呉広の軍はこれを下すことができなかった）

とあり、三川郡の滎陽がかなり早い段階で反乱側の攻撃目標となっていたこと、そしてこれに対する三川郡の側も滎陽を重要な防衛拠点として徹底抗戦しており、その守りはかなり堅固なものであったこと、などがうかがわれるであろう。

さて、こうして呉広の軍が李由の籠もる滎陽を攻めあぐねている間に、反乱側では新たに周文を将とする軍を派遣

する。周文の軍は激しい攻防のつづく滎陽を素通りして西進、函谷関を突破して関中に侵入し、一時はみやこ咸陽の間近にまで迫るが、秦将・章邯の軍に大敗して以後は敗走を重ねて壊滅してしまい、逆に章邯ひきいる秦軍がそれを追って三川に進出してきた。この状況に、滎陽を包囲している呉広の軍にも動揺が生じる。そこから呉広の謀殺、包囲軍の壊滅にいたる状況については、陳渉世家に以下のように記されている。

将軍田臧等相與謀曰「周章軍已破矣。秦兵旦暮至、我圍滎陽城弗能下。秦軍至、必大敗。不如少遺兵、足以守滎陽、悉精兵迎秦軍。今假王驕、不知兵權、不可與計、非誅之、事恐敗。」因相與矯王令以誅呉叔、獻其首於陳王。陳王使使賜田臧楚令尹印、使爲上將。田臧乃使諸將李歸等守滎陽城、自以精兵西迎秦軍於敖倉。與戰、田臧死、軍破。章邯進兵擊李歸等滎陽下、破之、李歸等死。

〔攻囲側の〕将軍である田臧らはたがいに相談して言った。「周章の軍はすでに敗れた。秦軍が間もなく迫ってくるというのに、わが軍は滎陽を陥とすことができずにいる。このまま秦軍が到着してしまえば、〔腹背に敵をうけることとなるわが軍は〕かならずや大敗することになるであろう。少し抑えの兵を残しておけば滎陽を包囲し続けることはできるのだから、ここは他の精兵を総ざらえして秦軍を迎え撃つのが最善の策である。なのに假王は驕るばかりで戦いというものを知らず、ともに計るに価しない。これを除いておかなければ、このまま破滅するしかないであろう。」そこで王命であると偽って呉広を殺し、その首を陳王に献じた。陳王は使いをやって田臧に楚の令尹の印を授け、上将とした。田臧は諸将の李帰らを滎陽城への抑えとして残し、みずからは精兵を率い西進して秦軍を敖倉で迎え撃ったが、田臧は戦死し、反乱側は敗れた。章邯はさらに軍を進め、李帰らを滎陽城下に撃ってこれを破り、李帰らも敗死した）

これによれば、「兵権を知る」と自負する田臧らから見ても、滎陽の守りは容易には抜きがたいものであると認識されていたことが知られるのである。

かくして包囲軍は壊滅し、滎陽は三、四ヶ月にわたる籠城戦を守りきった[22]。しかし、包囲解除後に秦の朝廷がまず行ったのは、三川郡（李由）に対する責任の追及であった。李斯列伝には、次のようにある。

李斯子由爲三川守、羣盜呉廣等西略地、過去弗能禁。章邯以破逐廣等兵、使者覆案三川相屬、誚讓斯居三公位、如何令盜如此。（李斯の子の由は三川守となりながら、「群盜」である呉広らが西へと侵攻してきても、〔周文の軍が?〕通過するのを阻止することができなかった。章邯が反乱軍を破って駆逐すると、三川への糾問の使者が相次ぎ、李斯にも三公の位にありながら、どうして「盜」たちをこのようにのさばらせたのか譴責が降された）

見られるように、ここでは三川郡が反乱軍を完全に食い止めることができなかったのが問題とされているようであり、三川郡がいわば関中の「防波堤」として、東方からの軍事的進攻を防ぐ役割を秦の統一国家体制のもとにおいて求められていたことを確認することができるであろう。なお、李斯列伝にはこのほかに

丞相長男李由爲三川守、楚盜陳勝等皆丞相傍縣之子、以故楚盜公行、過三川、城守不肯擊。（丞相の長男である李由は三川守となっているが、楚盜・陳勝等はみな丞相の故郷と近い県の出身で、そうした関係から楚盜どもが横行して三川に侵入しても、籠城したまま積極的に攻撃しようとしないのです）

と、李斯の政敵である趙高が「三川守が盜と通じていた」ことを二世皇帝に讒言した内容も伝えている。そのこと自体はもとより事実無根の誹謗であるにすぎないにしても、それが讒言の内容として有効であった一つの理由としては、三川郡の動向に対して中央が潜在的に強い警戒感を抱いていた、という事情も考えられるのではなかろうか。先の呂不韋の場合も同様であるが、宰相や宰相の身内など親近のものに三川郡を委ねているのは、この戦略上の要地を重視する秦代統一国家の姿勢のあらわれであった。しかしそれは一面において、ここに見たような問題を構造的に抱え込むものでもあったのである。

ちなみに、ここで李由が「楚盜」に対して「城守して、撃つを肯んぜざる」ことが問題視されているのは、二世皇帝のもとではこの反乱は「反」ではなく「盜」であるとの大前提のもと、「盜であるならば郡の守・尉が追捕の責を負うべきものである」という、あの周知の事例に見られる原則[23]によるものであったと考えられる。これがもし、郡レベルでは到底対応しきれない「反」であると認定されていたならば、その時は中央軍が出動することとなっていたのであろう[24]。しかし現実にはそれが「盜」であると規定されたことによって、三川郡は東方からの大軍に独力で立ち向かわざるをえなくなったのであり、滎陽に籠城して呉広の大軍を食い止めるものの、新たに派遣されてきた周文の軍を阻止することはできなかった。ここに至ってようやく中央軍の出動となるが、三川での攻防がいったん終熄した後、「城守」するばかりで追捕することをせず、「盜」を食い止めることができなかった三川郡（李由）の責任が問われることとなったのである――こうした事態の展開のうちに、秦の統一支配のやや具体的なあり方を垣間見ることができるであろう。

呉広軍の滎陽包囲は、かくして終結した。三川郡がふたたび東方からの脅威にさらされることとなるのは、劉邦軍の進攻によってであるが、それについてふれる前に、まずは李由のその後の動向について見てみることとしたい。

（二）李由の敗死

滎陽包囲軍を壊滅させた章邯ひきいる秦軍は、さらに進んで陳渉を滅亡に追い込むと、次には北に転じて魏や斉などの反乱勢力の鎮圧に奔走する。連戦連勝の秦軍ではあったが、東阿などで懐王を擁立した項梁の楚軍に敗れると攻守は逆転した。濮陽に退いて立て直しをはかる秦軍に対して、項梁は定陶を包囲するとともに、項羽や劉邦（沛公）を西方の切り取りへと派遣する。三川守李由の動向がふたたび知られるのは、まさにこの時のことであった。これに

ついて、たとえば『史記』巻八高祖本紀には、

沛公與項羽西略地至雍丘之下、與秦軍戰、大破之、斬李由。（沛公は項羽とともに地を略しつつ西に進み、雍丘の下に至って秦軍と戦い、大いにこれを破って李由を斬った）

とあり、また『史記』巻十六秦楚之際月表には、二世二年八月のこととして「三川守李由を雍丘に斬る」とあるなど、「三川守」である李由が東隣である碭郡境内の雍丘において項羽や劉邦らの楚軍を迎え撃ち、敗死したことが知られるのである。

ここで李由の側の事情について直接に述べた記事は残されていないが、対手である劉邦軍の功臣たちの事蹟には、その戦歴として関連する記載が見えており、そこから断片的な情報を得ることができる。[25] わけても『史記』巻五四曹相國世家には「南して雍丘を救い、李由軍を撃つ[26]」とあり、ここに「救う」とあることから、このとき李由の軍は、反乱側についていたであろう雍丘を攻撃していたことになるであろう。前掲の高祖本紀の記事に「雍丘之下」という書き方をしているのも、あるいはこのことと関わるものであるかもしれない。

一方、雍丘に至る項羽や劉邦ら楚軍の進軍ルートについては、『史記』巻九八靳歙列伝から「宛朐→済陽→雍丘[27]」という進路が知られ、さらに巻九五夏侯嬰列伝の「済陽→戸牖→雍丘[28]」などとも合わせて考えるならば、定陶から済水に沿って宛朐、済陽、さらに戸牖と西に向かって転戦した後に、南下して雍丘に達したものと見ることができる。なお、済陽、戸牖からさらに西の臨済で戦った記事も見えており[29]、とくにそのうちの『史記』巻五七絳侯周勃世家には、

襲取宛朐、得單父令。夜襲取臨濟、攻張、以前至卷、破之。撃李由軍雍丘下。（宛朐を攻め落とし、単父令を捕らえた。臨濟を夜襲して陥落させ、張を攻め、進んで巻にまで至りこれを破った。李由軍を雍丘の下に撃った）

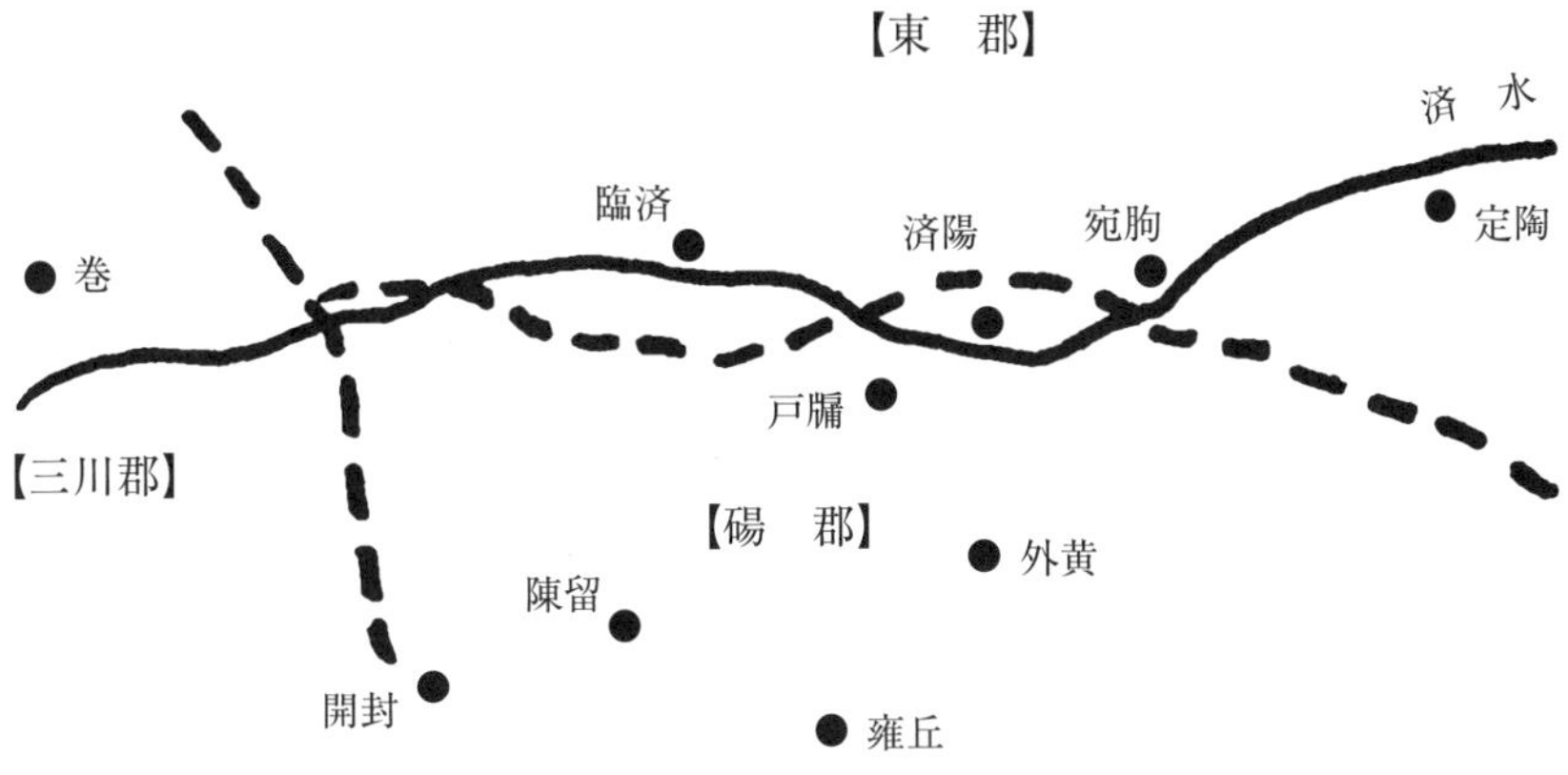

図13　雍丘の戦関連地図

譚其驤主編『中国歴史地図集』第二冊をもとに作成。ただし開封の所属については議論が分かれている

とあり、張（『漢書』巻四〇周勃伝では「壽張」に作る）の所在は明らかではないものの、[30]おそらくは別働隊であろうこの周勃の部隊は、そのまま西進して三川郡境内の巻県にまで達していた。もっとも、この軍もそれ以上は深入りしなかったようであり、見られるように、結局は雍丘での戦闘に参加している。

このあと項羽や劉邦の楚軍は、定陶での項梁の敗死によって最終的に撤退することとなるが、その前後に陳留や開封など雍丘のさらに西方で転戦しており、[31]また先述のように別働隊が巻県に達していることとも合わせて、それが本来は「西に地を略」しつつ三川郡方面へと向かうものであったことが推測される。一方、三川守である李由は隣郡に越境して雍丘を攻撃していたのであり、そこで両者が衝突したのがこの戦いなのであった。

ここで李由が三川の郡守でありながら、他の郡での反乱鎮圧に当たっていた事情については定かではない。しかし前節でも見たように、このとき李由は中央での権力闘争もからんで反乱軍への対応についての責任を強く問われている立場にあり、かつ章邯ひきいる中央軍が各地の反乱勢力鎮圧に奔走し、それに対して「秦兵日に益し」、「秦果たして悉く兵を起こして章邯に益す」[32]といった総力をあげたバックアップがなされていたことなどからすると、それは三川郡単独の動きであるというよりは、章邯の鎮圧軍もしくは中央の強い統制の下での、全体の鎮圧作戦の一翼を担う軍事行動であったと見た方がよいのではなかろうか。そしてもしそうであるならば、郡守不在の三川の地の守りも、中央の強い統制・管理下に置かれていた可能性が考えられるのであるが、この点にも関連して、次節では李由死後の三川郡の状況について見てみることとしたい。

（三）劉邦軍の進攻

前二〇八年八月、章邯ひきいる秦軍は定陶で項梁を敗死させると、北に転じて趙を伐ち、鉅鹿を包囲する。一方、破れた楚軍はいったん彭城に退いた後、宋義や項羽の主力軍を趙の救援に派遣するとともに、別働隊として劉邦の軍を西へと向かわせたのであった。劉邦軍は碭、昌邑、陳留、開封など、曲折を重ねながらも碭郡を中心に転戦しつつ、次第に三川郡へと迫ってゆく[33]。これについて、『史記』巻八高祖本紀には、

> 西與秦將楊熊戰白馬、又戰曲遇東、大破之。楊熊走之滎陽、二世使使者斬以徇。（劉邦軍は〔開封から〕西に進んで秦の将である楊熊と白馬で戦い、また曲遇の東で戦って大いにこれを破った。楊熊は滎陽に敗走したが、二世は使者をつかわしてこれを斬って見せしめとした）

とある。『史記』巻十六秦楚之際月表、『漢書』巻一高帝紀上などによれば、それは前二〇七年三月のことであった[34]。ここに見える白馬については、諸家の注釈はおおむね東郡の白馬県のこととしているが、それでは大きく東方に戻ることとなってしまう上、何より「開封から西に」という記載と矛盾する[35]。その正確な位置については明らかにすることはできないが、おそらく開封と曲遇の間にあったと考えるのが妥当であろう。曲遇は『続漢書』巻十九郡国志河南尹条の中牟県の項に「曲遇聚あり」と見えるのがそれであるとされており、三川郡の境内であった可能性が高い。ま

た、『史記』巻九八傅寛列伝には「楊熊を曲遇・陽武に撃つ」などとあり、陽武は三川郡の属県である。[36] これらから、三川郡に進攻してきた劉邦軍に対して、楊熊を将とする秦軍が迎撃したことが確認されるであろう。

この楊熊については具体的なことは明らかではないが、滎陽に敗走していることから、ここでも滎陽が三川における秦軍の拠点であったことがわかる。また、このとき李由の後任となる三川の郡守が存在していたかどうかについても不明ではあるものの、敗軍の将となった楊熊に対して、二世皇帝が使者をおくり誅殺していることからするならば、この時点における三川郡は、あるいは中央直轄といってもよいほどの、強い統制下に置かれていたであろうことが推測されるのである。

さて、楊熊を破った劉邦であったが、この後はそのまま西進することなく、軍を南に転進させる。これについて『史記』高祖本紀では、

南攻潁陽、屠之。因張良遂略韓地轘轅。當是時、趙別將司馬卬方欲渡河入關、沛公乃北攻平陰、絶河津。南、戰雒陽東、軍不利、還至陽城。（南に潁陽を攻めてこれを陥とし、張良によって韓の地を攻略して轘轅〔に進んだ？〕[37]。この時にあたり、趙の別働隊の将である司馬卬がちょうど河水を渡って〔南下し〕関中に進攻しようとしていたので、沛公は北に進んで平陰を攻め、河水の渡し場を封鎖した。南に進んで洛陽の東で戦うも戦況に利なく、撤退して陽城に至った）

とあり、その大まかな経緯を知ることができる。ちなみに、秦楚之際月表や『漢書』高帝紀上によれば、これらは四月のことであった。

このうち前半の、劉邦軍が洛陽一帯の伊洛盆地に至る行程については、これまた功臣たちの戦歴などから、いま少しくわしい経由地を補うことができる。すなわち、それらには

①「陽武→轘轅→緱氏→平陰→尸北」[38]（巻五四曹相国世家）
②「長社→潁陽→緱氏→平陰→尸北」[39]（巻五七絳侯周勃世家）
③「宛（苑）陵→長社→轘轅→平陰→尸」[40]（巻九五樊噲列伝）
④「長社→緱氏→平陰→洛陽東」[41]（巻九五酈商列伝）

などとあり、ほかに——直接に経路を示したものではないが——「撃陽城」（巻九三韓信列伝）、「留守陽翟」（巻五五留侯世家）とあるのも参照にするならば、それはおおよそ

陽武→宛陵→長社→潁陽→陽翟→陽城→轘轅→緱氏→平陰→尸（北）／洛陽東→轘轅[42]→陽城

というものであったと考えられる。これらの経由地を地形図に示したものが**図14**であるが、一見して明らかなように、劉邦軍が滎陽への直接の攻撃を避けて山地帯を迂回し、伊洛盆地に出るルートを取ったことが知られるであろう。そしてこのことから逆に、難攻不落の拠点としての、滎陽の防備体制はこの時点でも依然として健在であったことがうかがわれるのである[43]。

なお、これに関連して⑤『史記』巻九五灌嬰列伝には、

従攻陽武以西至雒陽、破秦軍尸北、北絶河津。（〔沛公に〕従って陽武を撃って西進して洛陽に至り、秦軍を尸の北で破り、北進して河津を封鎖した）

という記事があり、これによれば、陽武からそのまま西に進んで洛陽に至った部隊もあったようにも思われる。ただしそれは、ここまでに見てきた他の史料や状況とは食い違うものであり、ここではまずは、「以西至雒陽」を「（迂回したことも含めて結果として）西の洛陽に至った」こととして解釈しておく。ちなみにこの⑤の記事では、尸北の戦いと河津封鎖の順序も他とは異なっており、その史料としての性格について、いささかの検討が必要であるかもしれな

い。

さてこのように劉邦軍は、滎陽の難関を避けるかたちで洛陽一帯の地に侵攻した。轘轅を越えて緱氏から伊洛盆地に入り、一時は盆地北端の平陰にまで進出して河津を封鎖し、趙軍の進攻を阻止したりもするのではあるが、結局は秦軍の反撃をうけて南への撤退を余儀なくされてしまったこと、前掲の記事に見る通りである。そこからは、この地域の秦の防備体制が意外に強固なものであったことを見て取ることができるであろう。

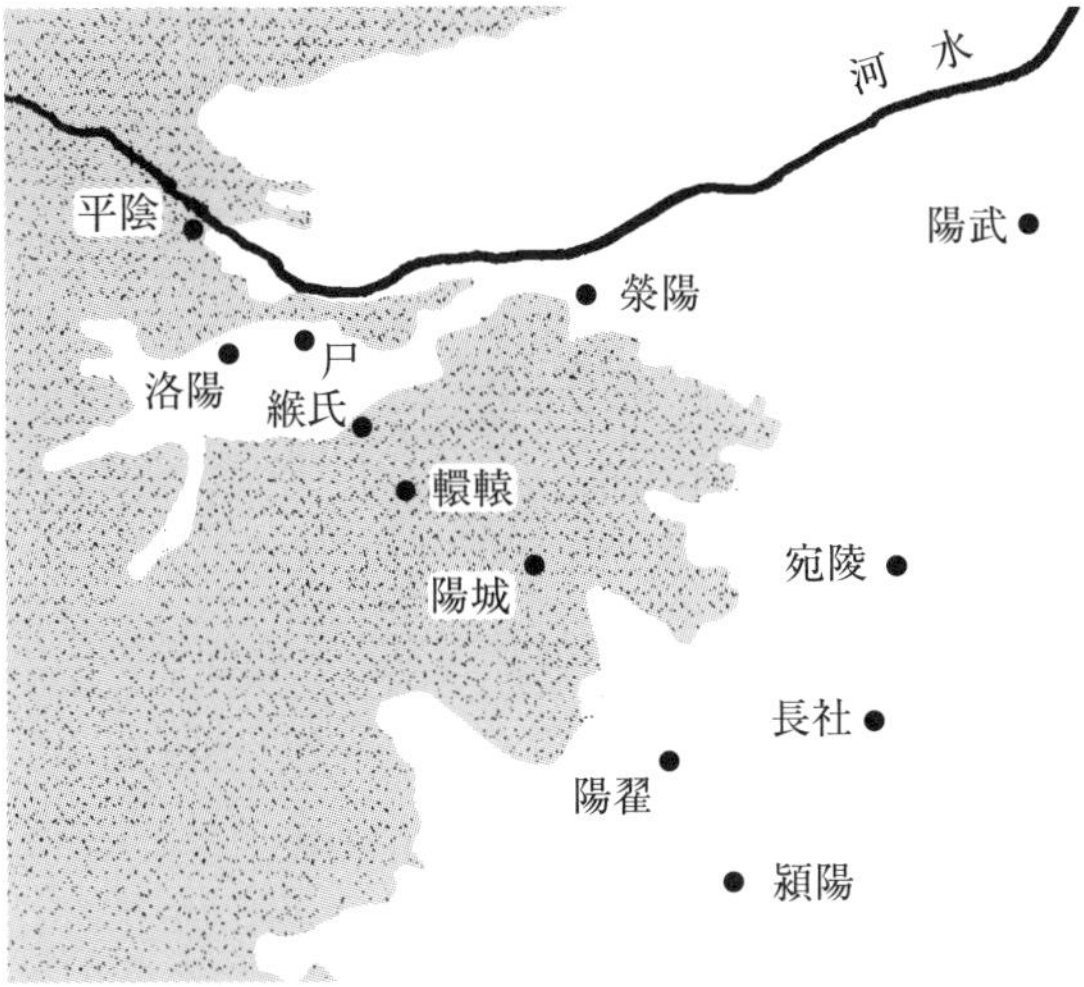

図14　劉邦軍の三川進攻関連地図
譚其驤主編『中国歴史地図集』第二冊をもとに作成

もっとも、その具体的なあり方となると、たとえば劉邦軍は「雒陽東」（前掲高祖本紀、④ほか）[44]や「尸（北）」（①、②、③、⑤）で戦ったとされているが、その先後関係の如何、あるいはそもそも両者は別個の戦いであったか否かについても明らかではなく、またその相手についても、③、④、⑤や夏侯嬰列伝[45]などに「秦軍」とはあるものの、それが中央軍であったのか三川郡の軍なのか、あるいはそれは滎陽から出動してきたのか、洛陽もしくはその一帯の軍が対応しているのか等々、ほとんど手がかりは残されていない。ただ、尸北の戦いにおいて「趙賁の軍を尸北に撃つ」（①、②）とあるが、この趙賁という人物については、曲遇での戦いの前に開封でも劉邦軍と戦っていることが見えており[46]、ここから滎陽以東の平野部で反乱軍と戦っていた秦軍が、このとき洛陽一帯の防衛に回されていたと考えることができる。さらに前節でもふれた「秦兵日に益し」、「秦果たして悉く兵を起こし」という状況からするならば、秦本土からの増援部隊がこの地に展開していた可能性もきわめて高い。これらのことからすれば、それはもはや「三川郡」の枠をこえたレベルでの防備体制であったと見ることができる。

このようにここでは、ほぼ「中央直轄」に近い状況のもと、滎陽のみならずそれ以西の洛陽一帯の地域においても、その防備体制はかなり堅固で充実したものとなっていた。それゆえにこそ劉邦の軍も、滎陽を回避してこの地域に侵攻しながら、結局はこのルートからの関中進攻を断念せざるをえなかったのである。それはかつて呉広が滎陽を包囲している間に、周文の軍がこの地域をやすやすと通過してしまったのとは、明らかに異なる状況なのであった。そこには危機的な状況に直面する中で、三川郡を「防波堤」として東方からの軍事的進攻を阻止する——という秦代統一国家体制の実態が、むき出しの形であらわれているといえるであろう。

劉邦の軍が南に去った後、最終的に三川郡を降したのは趙の配下にあった申陽という人物であった。これについて『史記』巻七項羽本紀には、十八王分封の際の記事として

瑕丘申陽者、張耳嬖臣也。先下河南、迎楚河上。（瑕丘の申陽は、張耳の嬖臣である。先に河南〔三川〕を降して、楚軍を河のほとりに迎えた）

とあり、また秦楚之際月表には、この年の七月条に「申陽は河南を下して、楚に降る」とする。申陽がどのようにしてこの難攻不落の郡を降したかについては、まったく記録が残されてはいないが、秦の主力である章邯の軍がこの月に項羽に降伏したこと（同表）と、おそらくは無関係ではないであろう。秦将として戸北で劉邦軍と戦ったあの趙賁の名が、後に雍王となった章邯の部将として見えることなどからも[47]、三川で反乱鎮圧に当たっていた秦軍は、河北で

の主力軍の降伏をうけて、もはや関中の「防波堤」としての機能を果たすことなく、そのまま反乱側に投降したのではないかと推測されるのである。そしてもしこの推測が正しいのであれば、この時点での三川における秦軍は、やはり中央軍の一部としての性格をより強くもっていたものと見ることができるであろう。

第四節　終節――秦代国家の統一支配・補論――

以上、本章では三川郡という地域に注目して、多分に推測を交えながらも、秦末の諸反乱におけるこの郡の軍事的な対応のあり方について検討を加えてきた。その経緯をいま一度簡単にふりかえっておくと、陳渉・呉広の反乱が起こると早々に呉広の軍がこの地に迫ってきたものの、三川郡の側は滎陽に籠城し、包囲戦を耐え抜いてこれを足止めする。この段階では三川郡が独力で反乱軍に対していたものと思われるが、やがて新手の反乱軍が滎陽を素通りして関中に進攻するに至って章邯ひきいる中央軍が鎮圧に出動し、それによって滎陽の包囲も解除されたのであった。なお、その後に三川守である李由が東隣の碭郡境内にまで進んで反乱鎮圧に当たっているのは、三川郡自身の対応というよりは、中央の強い統制の下での、全体の鎮圧作戦の一翼としての軍事行動であった可能性が高い。李由は劉邦の軍と戦って敗死するが、やがて今度はその劉邦軍が三川郡へと迫ってくる。劉邦の軍は三川郡の東境を侵すも、滎陽を避けて南から迂回して洛陽一帯に侵入した。しかし結局は秦軍の反撃をうけて撤退を余儀なくされたのであり、この段階ではほぼ中央直轄に近い状況のもと、滎陽のみならず以西の洛陽一帯の地域においても、その防備体制はかなり堅固で充実したものとなっていたことが知られるのである。

このように三川郡は、関中の「防波堤」として東方からの軍事的侵攻を阻止する――さらには東方へと軍事力を展開する「橋頭堡」としての——役割を担っていたのであり、(48) 秦代統一国家はこうした三川郡に対して、滎陽にかなり強固な防衛拠点を置き、場合によっては直接的な防備体制を展開するなど、軍事的に中央の強力な統制の下に置いていたのであった。本章の序節において、敖倉の設置や宰相の子息である李由が郡守となっていたこと、あるいは秦末、各地で東方諸国が復活してゆく中で韓のみがひとり押さえ込まれていることなどから、三川郡は統一秦において特別な位置づけがなされ、その統制が格段に強く及ぶ地域であることを想定したのであったが、ここでの以上のような検討の結果も、このことをある程度具体的に裏付けるものといえるであろう。(49) また秦代国家の統一支配体制は、これも前述したように、「本土」である「初期領域」（ならびにその後背地）が「被征服地」であるその他の地域を支配し収奪するようなものであったと考えられるのであったが、以上の検討をふまえるならばさらに、秦は後者のうちの三川郡を強力な統制下に置くことによって、他の「被征服地」への支配を展開していた——と補足して理解することができるものと思われるのである。

さらに前章では、秦が「城壁堕壊」政策を通じて被征服地の主要都市の自衛力を奪い、その支配を貫徹させようとしたことを論じてきた。しかしながら、ここでの議論に関わる劉邦軍の具体的な行程などから見るならば——滎陽は別格としても——定陶や外黄、昌邑、開封、そして洛陽など、攻撃に対して持ちこたえている都市が意外に多いことが目につくのであり、その点で前章での議論の有効性は、いささか制約されたものとならざるをえないであろう。とくに楚漢戦争期にあって陥落・降伏を繰り返し、何度もその帰属を変えていた典型的な例として挙げていた梁地の昌邑の場合などについては、「城壁堕壊」政策以外の要因を考える必要があるものと思われる。

以上、秦末の諸反乱に際しての三川郡の軍事的な状況に注目することで、秦代における統一国家支配のあり方について論じてきたわけであるが、最後にその位置づけやその後の展開を前漢時代との比較から見てゆくことで、ここでのささやかな考察をしめくくることとしたい。

秦の滅亡後、三川郡は項羽の十八王分封体制のもとで、あの申陽を王とする「河南国」となる。しかし間もなくそれは劉邦の漢によって滅ぼされ、あらためて「河南郡」が設置された。以後、楚漢戦争期を通じてこの地が両軍激戦の場となったことは、周知のところであろう。前漢成立当初、一時は洛陽に都が置かれたりもするものの、秦と同様に関中を基盤とする体制が継続する中で、河南郡は基本的には依然として関外の「支配される側の地域」に属していたのであった。(50)

前漢時代のこの地域をめぐる状況については本書でもすでに詳論したところであり、それを簡単に繰り返すならば、この時期には淮南王黥布の反乱（前一九六年）や済北王の反乱（前一七七年）、呉楚七国の乱（前一五四年）、あるいは淮南王の反乱計画などが記録されているが、それらにおいては「滎陽の敖倉をおさえ、成皋の交通を杜絶し、洛陽の武庫を取る」(51)ことがある程度共通の目標とされており、逆に王朝側はこうした事態を危惧していた。一方、これに対して前漢王朝は、

高祖死去	灌嬰が滎陽に駐屯	『史記』巻八高祖本紀ほか
呂后没時の斉王の挙兵	灌嬰が滎陽に駐屯	『史記』巻九呂太后本紀
済北王の反乱	繒賀が滎陽に駐屯	『史記』巻一〇孝文本紀ほか
呉楚七国の乱	竇嬰が滎陽に駐屯	『史記』巻一〇六呉王濞列伝ほか
新末の東方の反乱	陽浚が敖倉、王尋が洛陽に駐屯	『漢書』巻九九王莽伝下

といったように、有事の際には滎陽（あるいは洛陽も）に中央軍を派遣し、直接の統制下に置くという体制をとっていたのである。(52)

このように、前漢時代においてもこの地域（わけても滎陽、成皋や洛陽一帯）は引き続き戦略上の要衝となっており、いったん事あれば中央の強力な統制のもと、関中の「防波堤」として東方からの軍事的侵攻を阻止し――さらには「橋頭堡」として東方へ軍事力を展開する――役割を担っていたであろうこと、やはり秦代の三川郡の場合と同様であったものと思われる。この点において河南郡は、前漢統一国家にとっても特別な地域なのであった。「洛陽には武庫や敖倉があり、天下の要衝、漢の重要な都市である。代々、皇子を洛陽に封じた先例はない(53)」――斉王・閎の封建に際して、洛陽への封建を求めた生母に対し武帝が発したこの言葉は、このあたりの事情をよく物語っている。

しかし一方ではこの武帝期あたりから中央集権が進み統一が成熟してゆく中で、この地域の役割や位置づけもまた微妙に変化してゆく。そのあらわれが、元鼎三（前一一四）年の「広関」であり、また「司隷校尉部」の出現であった(54)。「広関」とは、函谷関などによって形成される国内の関所のラインを、黄土高原の丘陵山地帯と東方平野部との境にまで大きく東に移動して、「関中」を拡大したものである。河南郡においては、函谷関が伊洛盆地西端の新安に移ってきたのであるが、その結果、翌元鼎四（前一一三）年には函谷新関以西の、すなわち新安以西の丘陵山地帯の部分が「弘農郡」としてあらたに河南郡より分置された。三川郡の後身である河南郡は、このときより東半部の（新）河南郡と西半部の弘農郡とで、関所の内外に分かれることとなったのである。一方、武帝期以来、部刺史が「州」すなわち複数の郡からなる監察地域を管轄するような体制がとられるが、首都圏周辺にはいわば「特別な州」として「司隷校尉部」が置かれ、河南郡と弘農郡は、京兆尹・左馮翊・右扶風の「三輔」（およそ旧内史地区に相当）および河東、河内とともに、この首都圏の特別区域に属することとなったのである。

防衛線としての性格を有する国内の関所のラインを大きく東に移動して、旧河南郡西半部の丘陵山地帯を「新関中」に取り込み、また監察などの面では、首都圏の三輔とともに中央の直接の統制下に置く――それは前漢統一国家によるこの地域への統制、支配の新たなあり方を示すものであった。いささか図式的な理解ながら、戦国秦が成皋や滎陽などで他の東方諸国と対峙しつつ三川一帯の制圧を進めていった段階でのこの地域に対する支配のあり方としては、戦略上の拠点を中心とする軍事的側面が突出したものであったことは想像に難くない。「三川郡」の設置は、その支配がある程度まで確立、安定化したことを示しているが、「被征服地」でありながら軍事上の要衝でもあるこの郡に対しては、ここまでに見てきたように、有事の際には滎陽などの拠点に中央軍を派遣し直接の統制下に置くなど、そこにはなお、前代からのむき出しの軍事的支配のあり方が色濃く残っていたのである。呂不韋や李由の例のように、宰相あるいは宰相の身内といった親近のものに三川郡を委ねる一方で、その動向に対して強い警戒感を抱かなくてはならなかったことなども、このことの一つのあらわれといえよう。三川郡のこのようなあり方は、当時における統一国家の体制がなお未熟かつ不安定なものであったことと無関係ではないと思われる。

このように見てくるならば、「広関」による「新関中」や、「司隷校尉部」の出現した前漢武帝期以降においては、この地域に対して、よりきめ細かい統制、支配が及ぼされるようになっていたということができるであろう。昭帝期のことであるが、『漢書』巻七四魏相伝には

後遷河南太守……會丞相車千秋死、先是千秋子爲雒陽武庫令……大將軍霍光果以責過相曰「幼主新立、以爲函谷京師之固、武庫精兵所聚、故以丞相弟爲關都尉、子爲武庫令」。（のちに河南太守に遷った……たまたま丞相の車千秋が亡くなったが、これより先にその子を洛陽の武庫令にしていた……大将軍霍光が魏相を問責して言うには「幼帝がお立ちになったばかりでもあり、函谷関は京師の固め、武庫は選りすぐりの兵器が集中して貯蔵されているところであることを考慮して、それゆえに丞相の弟を関都尉に、子を武庫令としたのである」）

とあって、この時期にも丞相の身内をこの地域の要職に配していることが知られるが、しかし秦代の三川郡における

呂不韋や李由などの場合とは異なり、ここでの彼らの地位は要職とはいえどもかなり制約されたものにすぎず[55]、この地域を統制、支配するに当たって人的なつながりに依存する割合は小さくなっていたこと、言い換えるならば、それだけ制度的な側面が整備されてきているであろうことが、ここからもうかがわれるのである。

ところで、武帝期における「広関」や「司隷校尉部」の出現は、こうした制度面での整備とは別に、統一国家体制におけるこの地域の位置づけという、いま一つの重要な問題にも関わるものでもあった。すなわち、これまたかつて論じたように、それまでの「本土」と「被征服地」といった「地域間での支配、対立の関係」が、統一が持続する中でしだいに相対化してゆき、その結果出現したのが、「新関中」や「司隷校尉部」など両者の中間的な性格をもつ特別地域であったと考えられるのである[56]。これを河南（・弘農）郡について見るならば、「被征服地」でありながら東方支配の要でもある――というこの郡の特別な地域としてのあり方が、こうした中間地域に取り込まれることにより、統一国家体制下において制度的にはじめて位置づけられたものといえるであろう。これ以降、中央集権体制の確立、強化にともなって、この郡の関中の「防波堤」としての役割は次第に後退してゆくものの、翼奉や王莽の洛陽への遷都論、あるいはそれを前提とした畿内制度構想に見られるように[57]、その政治的な地位はますます上昇してゆく。かつて「支配される側の地域」に属していた三川あるいは河南郡のこのような変遷のあり方は、そのまま秦漢統一国家体制の展開を体現したものであるといえよう。そして後漢時代には、ついに洛陽に都が置かれるに至る[58]。その要因は多岐にわたるであろうが、ここまでに見てきたような一連の流れは、その重要な背景の一つをなしていたものと思われるのである。

注

（1）「初期領域」の語については、序章参照。
（2）本書第一部第二章、第三章など。
（3）本書第三部第一章参照。
（4）大櫛敦弘一九九九では、戦国後期におけるこうした状況について言及している。
（5）『史記』巻十六秦楚之際月表、巻五五留侯世家、巻九三韓信列伝など参照。
（6）『史記』巻五秦本紀荘襄王元年条集解などに引く韋昭に「有河・洛・伊、故曰三川。」とある。
（7）前漢時代にわたる（属県を含めての）沿革については、周振鶴一九八七参照。
（8）后暁栄二〇〇九。このほかに三川郡の境域や属県について示したものとしては、譚其驤一九四四、一九八二、馬非百一九八二、郡縣志上などがあるが、個々の点については相違も見られる。後注（31）参照。
（9）三川郡の治所の問題については、馬非百一九八二、郡縣志上・三川郡の条に諸説の整理がなされているほか、施之勉一九六一、地理志河南郡条、薛瑞澤二〇〇八などにも言及があり、洛陽が三川郡治となっていたことの有無がそこでの争点となっている。
（10）三川郡の簡単な地理的背景については、服部克彦一九六九に、前漢時代の河南郡や弘農郡についての言及がある。また三川郡の沿革や位置づけについて論じたものとして薛瑞澤二〇〇八がある。
（11）王子今一九九四、第九章、秦漢主要文化区的交通結構、など参照。
（12）「昭睢曰……秦攻三川、趙攻上黨、楚攻河外、韓必亡。」（『史記』巻四十楚世家懐王二十年条）
（13）同様の記事が『史記』巻五秦本紀武王三年条、『戦国策』秦策二・秦武王謂甘茂条にも見えている。
（14）『戦国策』趙策四・斉欲攻宋秦令起賈章、同・五国伐秦無功罷於成皐章、魏策二・五国伐秦無功而還章、韓策一・五国約而攻秦楚王為章、『戦国縦横家書』第十二章など。
（15）なお、『戦国策』趙策一・秦王謂公子他条には秦が韓を攻撃して滎陽を攻撃するという例や、趙策二・蘇秦従燕之趙条には韓が秦に対して成皐を守るという言及も見えてはいる。

(16) 三川郡の設置については、『史記』巻六秦始皇本紀、巻十五六國年表、巻三四燕召公世家、巻八八蒙恬列伝などにも見えている。

(17) 『史記』巻八五呂不韋列伝に「莊襄王元年、以呂不韋爲丞相、封爲文信侯、食河南雒陽十萬戸」とある。

(18) 呂不韋の河南（三川）への移動の年代は『史記』六国年表による。

(19) 大櫛敦弘一九九〇参照。なお、敖倉の遺址については、荊三林・宋秀蘭・張量・秦文生一九八四がある。また敖倉についての研究として、宋傑一九八九、張新斌二〇〇三などがある。
　敖倉の管轄については、厳耕望一九六一、第四章、郡国特殊官署では、『続漢書』百官志三・大司農条の「滎陽敖倉官、中興皆屬河南尹」から、それは前漢時代には中央の大司農に属していたのが、後漢には河南尹に改属したとしており、秦代も中央の直轄であったと考えてよいであろう。

(20) 馬非百一九八二、守令・郡守表参照。

(21) 李斯列伝の構成や性格については、宮崎市定一九七七参照。

(22) 滎陽攻防戦の時期や期間などについては明記されていないが、『史記』秦楚之際月表では、周文の兵が咸陽近郊にまで迫ったのが二世元年九月、周文の敗死が二世二年十一月とされており、これについて考える上で一つの目安にはなるものと思われる。

(23) 『史記』秦始皇本紀二世皇帝元年七月条の「謁者使東方來、以反者聞二世。二世怒、下吏。後使者至、上問、對曰、『羣盜、郡守尉方逐捕、今盡得、不足憂。』上悦」や、巻九九叔孫通列伝の「安敢有反者。此特羣盜鼠竊狗盜耳、何足置之齒牙間。郡守尉今捕論、何足憂」など。

(24) 前注（23）掲、叔孫通列伝の記事の少し前には、陳渉らの反乱を「反」とする博士諸生三十余人の「願陛下急發兵撃之」という言を引く。

(25) たとえば『史記』巻五四曹相國世家に「虜秦候一人」とあり、巻九五樊噲列伝に「斬首十六級」、同、夏侯嬰列伝に「以兵車趣攻戰疾」とあるなど。
(26) 同世家に「攻定陶、取臨濟。南救雍丘。擊李由軍、破之、殺李由、虜秦候一人」とある。
(27) 同列伝に「起宛朐。攻濟陽。破李由軍」とある。
(28) 同列伝に「從擊秦軍碭東、攻濟陽、下戸牖、破李由軍雍丘下」とある。
(29) 『史記』巻五四曹相國世家、巻五七絳侯周勃世家。
(30) 同条の索隠や王先謙『漢書補注』などは、この「(壽)張」を後漢の壽張県(前漢は壽良)に比定するが、かなり東方に位置しており従いがたい。
(31) 『史記』項羽本紀の「項梁死。沛公、項羽去外黄攻陳留、陳留堅守不能下」や、絳侯周勃世家の「擊李由軍雍丘下。攻開封」など。ちなみに開封については、譚其驤一九四四、后暁栄二〇〇九は碭郡の所属とする一方で、馬非百一九八二は三川郡の属県とする。
(32) ともに項羽本紀。
(33) この時期の劉邦軍をはじめとする諸勢力の軍事的な動向については、たとえば武国卿・慕中岳一九九二、第二巻第四・五章などにおいて、概括的にまとめられている。なお、佐竹靖彦二〇〇五では、ここでの劉邦の任務は首都彭城の防衛戦形成であったことや、そこでの軍事活動を第一次前線、さらには第二次前線の展開として理解するなど、示唆に富む見解が種々見えている。
(34) この戦いについては、『史記』での功臣たちの記録から、張良、曹参、樊噲、夏侯嬰、郭蒙、傅寛らの参加が確認できる。また巻五四曹相国世家では、この時のこととして「虜秦司馬及御史各一人」と伝えている。
(35) 銭穆一九六二もこの点を指摘して、後出の「平陰津」と「白馬津」、「白馬」との混同の可能性に言及するが、これも時系列的には考えにくい。
(36) このほか『史記』巻五四曹相国世家や巻九五灌嬰列伝にも「從攻陽武」の語が見え、また巻九六張蒼列伝には「沛公略地過陽武」とある。

(37)『漢書』高帝紀には「轘轅」の二字はない。
(38)同世家に「従攻陽武、下轘轅・緱氏、絶河津、還撃趙賁軍尸北、破之」とある。
(39)同世家に「攻長社、先登。攻潁陽・緱氏、絶河津。撃趙賁軍尸北」とある。
(40)同列伝に「攻宛陵、先登、斬首八級、捕虜四十四人、賜爵封號賢成君。従攻長社・轘轅、絶河津、東攻秦軍於尸、南攻秦軍於犨」とある。
(41)同列伝に「従攻長社、先登、賜爵封信成君。従沛公攻緱氏、絶河津、破秦軍洛陽東」とある。
(42)『史記』巻五五留侯世家に「沛公之従雒陽南出轘轅、良引兵従沛公、下韓十餘城、撃破楊熊軍。沛公乃令韓王成留守陽翟、與良倶南、攻下宛、西入武關」とあり、劉邦軍が洛陽から轘轅を経て南進したことが知られるが、その後に楊熊を撃つ記事が置かれているなど、この記事には若干の混乱が見られるようである。
(43)宋傑一九八九では、緑林軍の例とともに、劉邦軍が正面から滎陽、敖倉を攻めていないことを指摘してはいるが、そこでは迂回して洛陽一帯に進攻したこと自体を含めて、具体的な詳しい行程への言及はなされていない。
(44)『史記』巻九五夏侯嬰列伝には「因復常奉車従撃秦軍雒陽東、以兵車趣攻戰疾、賜爵封轉爲滕公」とある。
(45)同前。
(46)『史記』曹相国世家や樊噲、夏侯嬰、傅寛などの列伝参照。
(47)『史記』曹相国世家や絳侯周勃世家、樊噲列伝など参照。
(48)薛瑞澤二〇〇八では、主として戦国時代の状況の検討から三川郡の戦略的な位置づけについて、韓にあっては秦の東進を阻む障壁であり、秦の支配下に入ってからは秦の東進のための橋頭堡、そして統一後は東方を威圧する戦略要地であったとする。また琴載元二〇一八では、統一期における防御体系のあり方にも関連して、三川郡は関外の河津に沿った横向拠点の一環として、黄河南岸の交通拠点を確保する存在であったことを論ずる。
(49)三川郡以外の旧韓地の状況については、たとえば『史記』巻五五留侯世家に「與韓王將千餘人西略韓地、得數城、秦輒復取之、往來爲游兵潁川」とある状況などは、あるいは潁川郡などでの事例が中心となるものかとも思われる。ここでの張良らの韓軍に対する、秦の防備体制はそれなりに機能していたことがうかがわれるが、そこでの秦軍の性格は明らかではなく、何より第三節（三）で検討した劉邦軍の動きから見る限りでは、かの地の防備体制は三川郡のそれほどには堅固かつ特別なものではなかったと考えられる。

(50) 湖北省江陵県張家山より近年出土した「二年律令」中の津関令によって、漢初において函谷関や武関などによって形成される国内の関所のラインについての、より具体的な様相が明らかとなってきており、たとえば津関令の諸規定などからは、当時の漢朝中央が、関所の西側の「(広域) 関中」から「関外」すなわち東方地域への馬匹や黄金の流出に対して、厳しい制約を加えているなど、その内と外とで厳重な区別のあったことを知ることができる。陳偉二〇〇三など参照。

(51) 武庫については、杉本憲司二〇〇三参照。

(52) 本書第一部第三章参照。

(53) 『史記』巻六十、三王世家の褚少孫補に「王夫人曰『願置之雒陽』武帝曰『雒陽有武庫・敖倉、天下衝阸、漢國之大都也。先帝以来、無子王於雒陽者。去雒陽、餘盡可』」。なお、『漢書』巻三六劉歆伝によれば、「宗室不宜典三河」という規律も存したようである。

(54) 本書第一部第三章参照。

(55) 厳耕望一九六一、第四章、郡国特殊官署では、洛陽の武庫令は河南太守に属するとしている。

(56) 本書第一部第三章参照。

(57) 本書第一部第四章参照。

(58) 洛陽が都になるとともに、河南郡は河南尹と改称される。河南尹についての研究としては、張鶴泉二〇〇七参照。

第二章　新朝の統一支配——主として軍事的側面から——

第一節　問題のありか

中国を最初に統一した秦、およびそれを受け継いだ前漢王朝は、渭水盆地一帯の「秦の初期領域」、あるいは「内史地区」（ならびにその後背地を含めた「広域関中」）を中核地域として、東方平野部など他の地域に臨むかたちでその統一支配を展開していた。本書ではこうした「地域間での支配、対立の関係の構図とその相対化」という視点から、この時代の統一国家体制のあり方について、中核地域である「首都圏」（および「広域関中」）の地域の国制上の位置づけ(1)や戦国時代の「国際」秩序との関係(2)、そして軍事などの諸点から考察を重ねてきたのであるが(3)、このうち軍事的側面についてはここまでの諸章において以下のようなことを指摘してきた。

すなわち秦は、函谷関や武関、臨晋関など、防衛拠点としての性格をもつ関所群を「初期領域」などの東辺に展開して旧戦国六国の東方諸地域に備えるとともに、これら東方での大規模な反乱に対しては鎮圧軍を出動させるという形で、全国を軍事的に支配していた。さらに主要な都市に対する「城壁堕壊」政策などを通じて、その軍事的な自立性を奪って強力な統一支配を貫徹していったが、それは戦国秦の旧領——とくにその中核となる「初期領域」——が、

「本土」として「被征服地」である東方諸地域を支配し収奪するといった、かなり露骨な地域間の関係にもとづくものなのであった。ちなみにこの「城壁堕壊」政策はその「副作用」として反乱の拡大をもたらしたことから前漢では受け継がれず、この点で秦の「強力だが脆い」統一支配と、前漢の「穏健ながら強靱」な支配の仕方とは対照的であったといえる。(4)

また「初期領域」に隣接し、東方諸地域との出入り口となる戦略上の要衝でもある三川郡について、秦末の諸反乱におけるその軍事的な状況の検討から、関中地域から見て「関所の外側」に位置するこの郡は、「防波堤」として東方からの軍事的侵攻を阻止する——さらには東方へと軍事力を展開する「橋頭堡」としての——役割を担っていたのであり、秦代統一国家はこうした三川郡に対して、滎陽にかなり強固な防衛拠点を置き、場合によっては（洛陽一帯などにも）中央軍を派遣して直接的な防備体制を展開するなど、軍事的に中央の強力な統制の下に置いていたことを指摘した。秦は「被征服地」のうちでもとくに三川郡をこうした強力な統制下に置く事によって、他の「被征服地」への支配を展開していたのである。また、それは前漢においても基本的に継承されていったが、一方で武帝期の「広関」やそれによる弘農郡の分置、「新関中」や司隷校尉部の出現など、統一の成熟にともなう制度の整備とともに、こうしたむき出しの軍事的支配のあり方は次第に後景へと退いていったのであった。(5)

さて、秦漢統一国家体制のあり方全般についてはすでに、先にもふれた「首都圏」制度をはじめとするこれまでの検討から、秦ではかなり露骨な地域間格差をともなう支配を展開しており、それは統一国家のあり方としてはなお未熟かつ不安定なものであったこと、また前漢はそれを基本的に受け継いだものの、統一が持続する中でしだいにこうした「地域間での支配、対立の関係の構図」は相対化してゆき、そこに統一国家体制の確立なり成熟が見出されること——等を指摘してきたわけであるが、以上に紹介してきたような議論は、こうした見方を軍事的な側面からもある程度具体的に確認するものといえるであろう。ただし、そこでの検討は主として秦末、楚漢戦争期の状況からのものであり、いきおい考察の重心は秦の統一支配のあり方に置かれることとなってくる。これに対して前漢は――「広関」などの重要な動きもあるものの――秦末のような大規模な内乱の事例があまり見られないこともあり、そこでの軍事的な状況を具体的に示す材料は必ずしも多くはないが、わずか十数年に過ぎなかった秦のそれに対して、前漢では二百年の長きにわたって統一国家体制が継続して展開したという点からも、それを支えた諸要因の重要性を看過することはできないであろう。

そこで本章では、新代すなわち王莽期の事例に注目してみることとしたい。すなわち、新は王莽による制度改変が多方面に展開されたとはいえ、依然として三輔地域（や「新関中」）を本拠地としているなど、基本的には前漢の統一支配の枠組みを継承しているものと考えられるのであり、もしそうであるならば、そこでの様々な事例は、前漢統一国家体制のあり方、とくにその展開についてうかがう上でも重要な手がかりを提供してくれるであろう。実際、軍事的にもこの時期には、関所の防衛体制に関連して「四関将軍」の設置が注目されるのであり、また新末の諸反乱に対する王朝側の対応などからは――あたかも地震によって、それまでは目にふれないでいた地層が断層として露出してくるように――前漢以来展開してきた統一支配のあり方の一端を、具体的に見てとることができるのではなかろうか。

以上より本章では、新朝の統一支配について主として軍事的側面から検討を加える。まずはそれに先行する前漢時代の統一支配における軍事的側面について、本書のここまでの議論を中心に簡単に整理する。その上で四関将軍や新朝崩壊時の事例それぞれの検討から、秦漢統一国家体制の展開のあり方について具体的に見てゆき、さらには後漢期への展望にも関連して、更始政権崩壊時の事例にも言及することとしたい。

第二節　前漢の統一支配と翟義の乱

本節では、ここまでの前漢統一支配をめぐる議論のうち、その軍事的側面に関わる（一）関所による「関中」の防衛体制、（二）反乱鎮圧の事例、について簡単に整理する。なお（二）においては、前漢末期すなわち新朝成立の直前に起きた翟義の乱の事例に、とくに注目して取りあげることとしたい。

（一）関所による「関中」の防衛体制

関所は、出入者のチェックや禁制品の搬出の監視、関税の徴収といった以外に、戦国秦の函谷関の例などからもうかがわれるように、防衛の重要な一拠点としての軍事的な役割をも担っていた。前漢時代の関所については紙屋正和氏によって、「畿内をとりかこむ関」と「国境地帯に設置された関」との二種類に限定されていたこと、その境界が移動すると、新たな境界に新たな関が設けられ、旧来の関は、たとえそれまで重要な関であったとしても廃止されたこと——などが明らかにされている[6]。これをうけて筆者はかつて、（「畿内をとりかこむ関」に当たる）「首都圏」周辺の関所によって形成される防衛ラインについて論じてきたわけであるが[7]、その後に江陵張家山漢簡「津関令」などの新出史料や訂正すべき点も出てきたので——このこと自体はここまでの諸章においても述べてきたことではあるが——以下にあらためて簡単にまとめ直して確認しておくこととしたい。

まず、漢初の賈誼『新書』壹通では、「区々としてひとり関中をたもつ」漢の中央政府が「山東の諸侯に備え」るべく「武関・函谷・臨晋関を設け」ている現状について、「戦国時代、秦が東方六国に対峙していたのと同様」であ

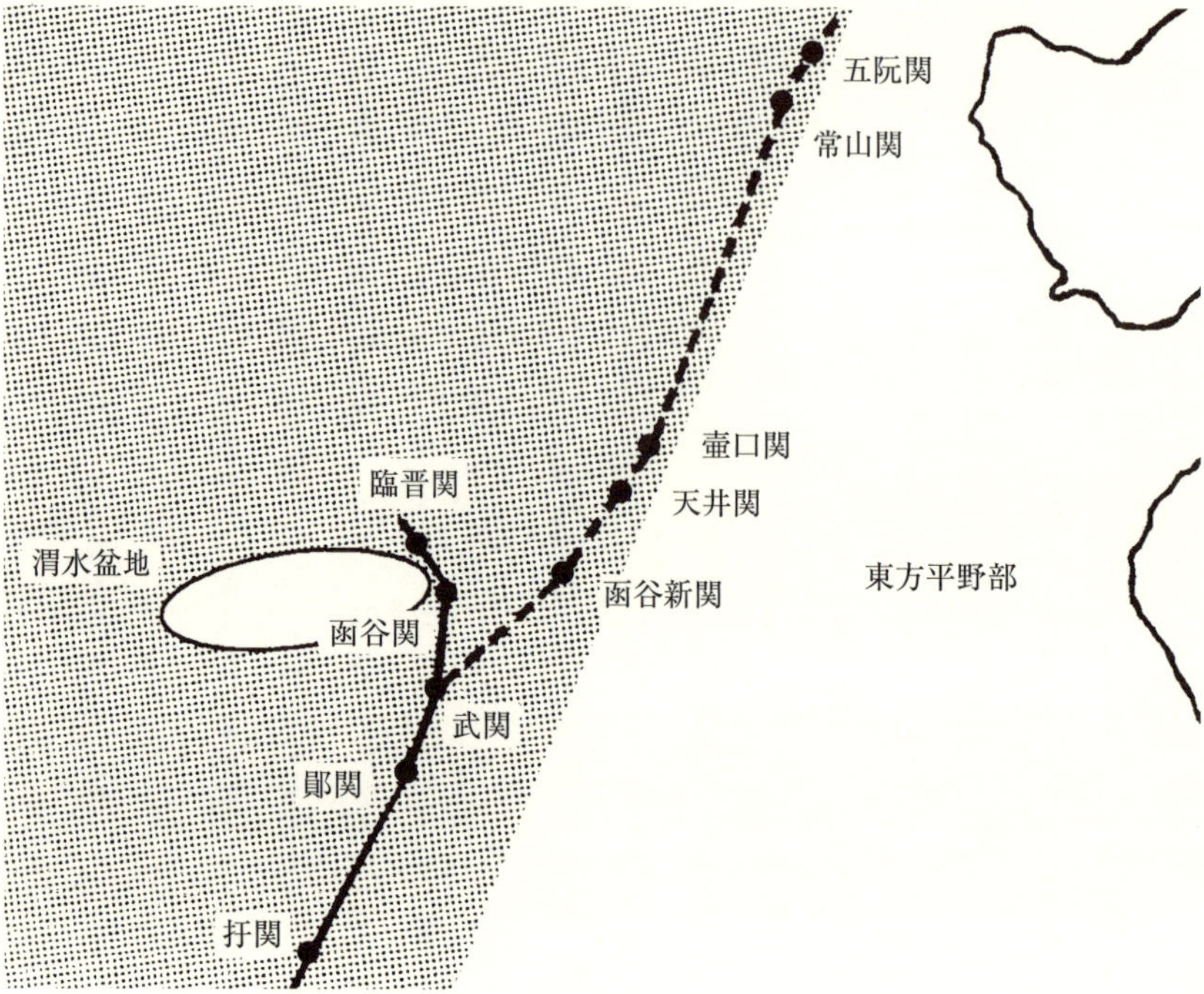

図15　新旧関所のライン

ると批判的に述べており、[8] 秦と東方諸国とが対峙する戦国時代の地域的枠組みが前漢にも受け継がれる中、これらの関所が東方地域（山東）に対する防衛ラインとして機能していたことがうかがわれる。そこでは「武関・函谷・臨晋関」の三つの関所があげられているが、新出の江陵張家山漢簡「津関令」によって、さらに扞関・鄖関を付け加えることができるであろう。[9] これらの関所の位置関係を簡単に示したものが**図15**であり、見られるように、これらの関所は南北に連なる直線状のラインを形成していた。[10] すなわち当時における関所の防衛ラインは、「首都圏」から見て東方に対してのみ置かれていたのであって、それにより国内は、「支配する側の地域」である渭水盆地一帯の関中地域ならびにその後背地（＝「広域関中」）[11] と、「支配される側の地域」とに東西で二分されていたのである。

こうした状況をうけて、武帝の元鼎三（前一一四）年に実施されたのが「広関」であった。そこではまず、渭水盆地のすぐ東（霊宝）に置かれていた函谷関が廃されて、百数十キロ東の、東方平野部にほど近い新安に移設されている。(12)さらに「広関」によって常山が境界となり、（その内側に包摂されてしまうこととなる）代国が清河に国替えになっていることからは、(13)この「関を広める」という措置が、函谷関のみにとどまるものではなく、関所のライン全体に関わるものであったことがうかがわれるのである。そこでの具体的な関所名については必ずしも明らかではないものの、たとえば成帝陽朔二（前二三）年のこととして、「関東」の流民に対峙する関として「函谷・天井・壷口・五阮關」の名前が見えており、(14)これなどは「広関」後の状況を示す例であるといえよう。また、後出の例にも見られるように、武関については「広関」以後も存続し機能していたことが確認できる。

図15の破線はこれら諸関によって形成される「広関」後の関所のラインを示したものであるが、ここにも示したように「広関」とは、それまでの函谷旧関や臨晋関によって形成されていた関所のラインを、（その南段については不明であるが、少なくとも武関以北については）黄土高原の丘陵山地帯と東方平野部との境にまで大きく東に移動させるものなのであった。それは「（広域）関中の拡大」であるという点において統一支配の強化・展開をあらわしているが、同時にそこでは、（渭水盆地一帯のかつての）「関中」地域と関所の外側の地域との間に、新たに関所のラインの内側に繰り込まれた中間的な地域が加わる、といった「地域的層位性」も出現していた。(15)その意味では、統一が成熟し、「地域間での支配、対立の関係の構図」が相対化してゆくのにつれて、その境界をなす関所の防衛ラインの重要性もまた――「国内の境界線」として実質的な重みをもって機能していたそれまでと比べて――この時期にはそれなりに減退していたといえるであろう。(16)こうした関所のラインのあり方は、新朝の成立まで続いていったと思われるのであるが、やがて新たな動きも見られることとなる。これについては第三節で取り上げる。

(二) 反乱鎮圧の事例

筆者がかつて論じたところでは、秦の統一体制においては、「地方での反乱は基本的に郡が鎮圧に当たるが、郡の手に余る大規模な反乱は中央から軍隊を派遣する」のが反乱鎮圧に際しての大まかな原則であった。そして前漢でも基本的にそれを継承していたが、そこでは「中央派遣の使者のもと、複数の郡が共同して出兵し、反乱の鎮圧に当たる」という中間的な形態も出現している――ということであった[17]。ここでは前漢時代のとくに大規模な反乱鎮圧の事例について――そして中央軍が出動する先は場合により様々であることから、(関所以外の)防衛体制を中心として――整理することとしたい。

本章の冒頭でも紹介したように、秦は「関所の外側」に位置する三川郡に対して、滎陽にかなり強固な防衛拠点を置き、場合によっては(洛陽一帯などにも)中央軍を派遣して直接的な防備体制を展開するなど、軍事的に中央の強力な統制の下に置いていたのであるが、前漢時代においても(三川郡の後身である)河南郡、わけても滎陽、成皋や洛陽一帯は引き続き戦略上の要衝となっていた[18]。たとえば『史記』巻六十、三王世家の褚少孫補の記事からは、洛陽に武庫、滎陽には敖倉が置かれ、「天下の要衝」としてそこには諸侯王国を置かないことが不文律とされていたことが知られる[19]。また、この地域をおさえることができるか否かが勝敗の帰趨を決定づけるものと目され、また実際にそこはしばしば反乱側の重要な攻略目標とされていたのであった[20]。

同様に中央政府の側でも、滎陽をはじめとするこの地域の確保を重要視し、反乱鎮圧のための拠点としていた。高帝劉邦は長安定都後も、反乱鎮圧のために洛陽にあることが多かったが、燕王盧綰への追討軍が派遣される中、十二(前一九五)年に長安で死去した際には、滎陽に灌嬰が十万の軍とともに駐屯している[21]。また呂后死後に斉王が挙兵する（前一八〇年）と、鎮圧に派遣されながらも水面下で斉と連携していた灌嬰は、滎陽に駐屯したままそれ以上は進撃することなく、中央での政局の変化を待ったのであった。[22] 文帝三（前一七七）年、済北王興居が兵を発して滎陽を襲撃しようとした際には、棘蒲侯陳（柴）武を大将軍として十万の軍で鎮圧に向かわせる一方で、祁侯繒賀を将軍として滎陽に駐屯させている。[23] さらに呉楚七国の乱（前一五四年）では、太尉周亜夫が滎陽に集結した兵を率いて呉・楚の反乱主力軍に、そして曲周侯酈寄が趙、将軍欒布が斉へとそれぞれ出撃するとともに、大将軍竇嬰は滎陽に駐屯して斉・趙の兵に備えていた。[24] ちなみに周亜夫が「吾れ滎陽に據らば、以東は憂うに足るもの無し」と大見得を切ったのは、まさにこの時のことである。[25] このように、渭水盆地一帯の（狭義の）関中地域を基盤とする（秦および）前漢統一国家にとって、東方平野部への出入り口に当たるこの地をまずは確保して反乱軍の侵攻を食い止め、さらにはそこを足がかりとして打って出る――というのが反乱鎮圧に際しての大まかな基本原則なのであった。

ところで以上に挙げた事例はいずれも前漢前期のものであり、前漢も後半となると統一支配が安定し、こうした大規模な反乱の事例はほとんど見られなくなってゆく。こうした中、前漢最末期に起きた翟義の乱の事例は、この段階における反乱鎮圧の具体例を提供するのみならず、新代に直近の出来事であるという点でも、注目すべきものであるといえよう。

居摂二（後七）年九月、簒奪への動きが日増しに加速してゆく中、東郡太守である翟義は都試の機会を利用して反王莽の挙兵に踏み切った。王莽討伐の檄が飛び、山陽に進出したその軍は十余万にもふくれあがる。これに対する中央政府の対応は、『漢書』巻九九王莽伝によれば、

遣王邑・孫建等八将軍撃義、分屯諸關、守阨塞。（王邑・孫建など八将軍を派遣して翟義を撃たせ、諸関にそれぞれ駐屯させ、要害を固めさせた）

1	輕車將軍成武侯孫建	奮武將軍		自擇除關西人爲校尉軍吏、將關東甲卒、發奔命以擊義焉
2	光祿勳成都侯王邑	虎牙將軍		
3	明義侯王駿	強弩將軍		
4	春王城門校尉王況	震威將軍		
5	宗伯忠孝侯劉宏	奮衝將軍		
6	中少府建威侯王昌	中堅將軍		
7	中郎將震羌侯竇兄	奮威將軍		
8	太僕武讓	積弩將軍	屯函谷關	皆勒兵自備
9	將作大匠蒙鄉侯逯並	橫壄將軍	屯武關	
10	羲和紅休侯劉歆	揚武將軍	屯宛	
11	太保後丞丞陽侯甄邯	大將軍	屯霸上	
12	常鄉侯王惲	車騎將軍	屯平樂館	
13	騎都尉王晏	建威將軍	屯城北	
14	城門校尉趙恢	城門將軍		

とあるように、直接に反乱軍を討伐するとともに、諸関に軍を駐屯させて防備体制をしく、というものであった。これについて同書巻八四翟義伝にはさらに詳しい記事があり、それをまとめると上表のようになる。

表では左から「現職と名前」、「任命された将軍号」、「任務」を記している。見られるようにそれらは、（イ）反乱軍討伐に向かう1～7と、「勒兵自備」すなわち防衛に当たる8～14とに大別され、後者はさらに（ロ）「諸関」など要害を守る8～10と、（ハ）首都長安近辺の11～14とに区分される。

このうちまず、（イ）の反乱討伐軍については、王莽伝に「八将軍」とあるのと異なっているが、[26]七将軍それぞれについての情報が知られ、かつ「関東の甲卒を関西の校尉軍吏がひきいる」という構成になっていたことは注目されるであろう。なお、結局はこの軍隊が陳留郡の菑や圉（淮陽国）で反乱軍を撃破して、これを鎮圧することとなる。

つぎに要害を守る（ロ）については、8と9に函谷（新）関と武関とに軍隊が駐屯していることが見えており、（イ）で指摘した「関東の甲卒」と「関西の校尉軍吏」という討伐軍の構成ともあわせて、この二関に代表される関所の防衛ラインが、この時期においてもなお重要な境界とされていたことがうかがわれるであろう。また、この二関の他には10

で南陽郡の郡治である宛が駐屯先として挙げられているが、その一方で、滎陽をはじめとする洛陽一帯の地域への言及が見られないのは、これまでに見てきた状況とは大きく異なっている点である。第四節でも論じるように、この地域の軍事的な重要性は決して低減しているわけではないものの、滎陽に限って見てみるならば、前漢後期以降、それが軍事的要衝として史籍にあらわれてくる頻度は確かに目立って少なくなってきてはおり、あるいは何らかの状況の変化がここにあらわれているのかもしれない。これに対して宛は、新末の動乱期において王朝側、反乱側双方にとっての軍事的拠点となっており、また新代には長安、洛陽、邯鄲、臨淄、成都と並んでここに「五均市師」が置かれており[27]、あるいは南陽郡も「六隊郡」として「首都圏の特別地域」に繰り入れられるようになっているなど[28]、この時期その地位、重要性はとみに上昇している。宛ではその前年に安衆侯劉崇の挙兵も起こっており[29]、その影響も否定できないのではあるが、この地がとくに防衛拠点とされている背景には、こうした新しい動向の存在を想定することができるのではなかろうか。

首都近辺（ならびに城門）の防衛である（ハ）については、先の王莽伝の記事には見えていないことからもうかがわれるように、それらは必ずしも重要な存在ではなかったようである。翟義に呼応して「関中」[30]西部で趙明、霍鴻らが挙兵した際に、「諸将精兵悉東、京師空、可攻長安」[31]、すなわち（イ）・（ロ）の軍隊が出払った後の守りがきわめて手薄であったとされていることなどは、このことを雄弁に物語るものであろう。ちなみにこの蜂起に対して中央政府は王級らを将軍として防がせ、あるいは大将軍甄邯に「天下の兵を領」して城外に駐屯させるなどの対応をとるものの、十万にもふくれあがった蜂起勢力には必ずしも充分ではなかったようであり、翟義らを撃破して戻ってきた主力軍が加わることによって、ようやくこれを鎮定することができたのであった[32]。反乱鎮圧に際して足もとの「関中」の防備が手薄となる――こうした問題点は、後述する新末の事例においてもそのまま引き継がれて再現することとなるわけであるが、そもそも対東方一辺倒ではなく、自らの基盤であるはずの「関所の内側」の地域の反乱に対する防備が問題となるということ自体が、「地域間での支配、対立の関係の構図」の変質を示すものでもある、という点でこれまたこの時期の新たな動向を反映したものといえるであろう。

以上、本節では前漢の統一支配のうちでも、関所による「関中」の防衛体制と反乱鎮圧の事例について簡単に整理し、関所の防衛ラインの存在やその変遷、反乱鎮圧に際しての大まかな基本原則――滎陽など東方平野部への出入り口に当たる地域をまずは確保して反乱軍の侵攻を食い止め、さらにはそこを足がかりとして打って出る――などについて確認した。そして前漢末期の翟義の乱の事例においてもそれらが基本的に受け継がれていること、その一方で駐屯先として滎陽（をはじめとする洛陽一帯の地域）ではなく宛が挙げられており、また「関所の内側」の防衛も問題とされるようになっているなど独自の要素も見えており、あるいはそこに前漢後期における統一支配体制の変化が反映されている可能性が想定されること――などを見てきたのであった。それではこうした状況を前提として、新朝はいかにその統一支配を展開していったのかを、以下に四関将軍、（反乱時の）防衛体制の二点について、順次見てゆくこととしたい。

第三節　四関将軍

ここで取り上げる「四関将軍」については、まず『漢書』王莽伝の始建国元年条に

置五威司命、中城・四關將軍。（五威司命・中城、四関将軍を置く）

とあり、新朝成立のこの年（九年）に、「五威司命」、「五威中城将軍」とともに設置されたことが知られる。このうち「五威司命」とは、同伝によれば「上公以下を司る」官であり、また「五威中城将軍」は「十二城門を主る」ものであるという。これに対して「五威前関将軍」、「五威後関将軍」、「五威左関将軍」、「五威右関将軍」からなる「四関将軍」は、後述するように首都圏防備に当たる存在であったと思われるのであり、もしそうであるとするならば、これら一連の措置は、新王朝創建に当たって、宮中から都城、首都圏に及ぶ防備・監察体制がセットとして整えられたものであり、四関将軍の設置もその一環であったと見ることができるであろう。

この四関将軍については、王莽伝の記事にさらに続けて、それぞれの任命に際して与えられた訓辞が伝えられており、そこからある程度まとまった知見を得ることができる。それらは「五威前関将軍→五威後関将軍→五威左関将軍→五威右関将軍」の順で記されており、そこに彼らの序列などが示されているとも思われるのではあるが、ここでは叙述の都合から、（1）五威左関将軍、（2）五威後関将軍、（3）五威前関将軍、（4）五威右関将軍の順で、それぞれについて見てゆくこととしたい。

（1）五威左関将軍

命（堂）［掌］威侯王奇曰「肴黽之險、東當鄭衛。女作五威左關將軍、函谷批難、掌威于左」（掌威侯王奇に命じて言った。「肴山・黽池の険によって、東のかた鄭・衛に備えよ。なんじを五威左関将軍とする。函谷関で外敵を撃退し、東方に威を揮え」）

見られるように、ここでの訓辞の内容は、

「拠るべき要害」＋「備えるべき方位と地域」＋「任命の辞」＋「職掌」

といった内容から構成されているが、それは他の四関将軍のいずれの場合においても共通している。これによると、まず左関将軍の場合は「肴黽之險」、すなわち関中と東方平野部とを隔てる黄土高原の丘陵山地帯に置かれた函谷関に拠って、東方への備えに当たっていたことが知られる。先掲の『新書』や江陵張家山漢簡「津関令」にも見られるように、函谷関は武関や臨晋関とともに戦国秦から前漢前期の主要な関所として挙げられているが、とくに東方への主要交通路に位置するそれは、関中の「表玄関」ともいうべき最重要の関所であった[33]。武帝の元鼎三（前一一四）年に、「広関」によって渭水盆地側の霊宝から東方平野部寄りの新安に移された後も、その重要性が減ずることのなかったことは前節での例からも明らかであるが[34]、さらに新代のこの時期においても、函谷関は「四関」の一角を担うような存在であったのである。

また、この左関将軍に任じられた王奇は大司馬王商の子で、王莽にとって従兄弟に当たる。兄の王邑は大司空、大司馬として新朝滅亡の最後まで王莽を支えた人物であるが、王奇自身も揚武将軍として（翟義の挙兵に呼応して関中で蜂起した）趙明らの鎮圧に当たり[35]、あるいは新王朝成立に際して「符命四十二篇を天下に班つ」五威将十二人の代表として挙げられているなど[36]、王朝にとって信頼すべき王氏一族の一員であった。しかし王奇は翌始建国二年に起きた甄尋の事件に連座して、おそらくはその翌年（一一年）には死亡している[37]。その後の左関将軍の就任者については、記録が残されていない。

（2）五威後関将軍

命尉睦侯王嘉曰「羊頭之阸、北當燕趙。女作五威後關將軍、壺口捶扼、尉睦于後」（尉睦侯王嘉に命じて言った。「羊頭山の難所によって、北のかた燕・趙に備えよ。なんじを五威後関将軍とする。壺口関の要害に拠って外敵を撃ち破り、北方を慰撫せよ」）

このように後関将軍は、「羊頭之阸」なる壺口関に拠って北方への備えに当たっていた。壺口関は「広関」によって太行山脈にまで展開した関所のラインを構成するうちの一つであるが、ここでの記事から、当時それが北の備えの要となる関所として位置づけられていたことが知られる。なお、このときに後関将軍に任ぜられている尉睦侯王嘉については、同名の人物が複数存在しているが、沈展如氏の研究に従うならば、彼もまた王氏の一員であり、かつ二年後の始建国三年十二月条の匈奴攻撃の記事に見える「振武将軍王嘉」がそれであるという。[38]もしそうであるならば、少なくともその時点では後関将軍は交代していたものと思われるが、後任者等の状況については、この場合もやはり不明である。

（3）五威前関将軍

命明威侯王級曰「繞霤之固、南當荊楚。女作五威前關將軍、振武奮衛、明威于前」（明威侯王級に命じて言った。「繞霤の堅固な地形によって、南のかた荊楚に備えよ。なんじを五威前関将軍とする。武威をふるって防御につとめ、南方に威を示せ」）

ここに見える「繞霤」について、師古注では「其處即今商州界七盤十二繞是也」と比定している。この難所を通るのが長安から東南東に藍田、商を経て南陽に出る丹水沿いのルートであり、そこでの主要な関所といえば「広関」の前後を通じて武関であった。[39]この訓辞中で職掌の部分に見える「振武奮衛」の「武」は、先の二例からすれば関所名、すなわちこの「武関」を指すものとも考えられるが、次に述べる右関将軍の場合から見るとこれを関所名や地名とすることには疑点もあり、ここでは解釈を保留した。ただし、戦国以来のこのルートにおける武関の重要性、あるいは後述する新朝滅亡時の事例においてもこの関所が重要な関門であったことなどからするならば、このとき前関将軍が置かれたのは武関であったと見て、まず間違いはないであろう。

また、ここで前関将軍に任ぜられている明威侯王級はこれも王氏一族の人物と見られ、[40]居攝二年の翟義の挙兵の際には、衛尉であったのが虎賁将軍として（先の王奇などとともに）趙明らの鎮圧に当たっている。[41] ただし、その後の彼や前関将軍の状況についてはやはり不明である。

（4）五威右関将軍

命懐羌子王福曰「汧隴之阻、西當戎狄。女作五威右關將軍、成固據守、懷羌于右」（懐羌子王福に命じて言った。「汧水・隴山の険阻によって、西のかた戎狄に備えよ。なんじを五威右関将軍とする。しっかりと守りを固め、西方に羌を手懐けよ」）

「汧隴」すなわち汧水・隴山は、渭水盆地西方の天険であり、羌族への備えとしてここに右関将軍の置かれたことがこの訓辞より知られる。その位置については、職掌の部分に「成固」と見えていることから、漢中郡に属する成固県（陝西省城固県東北）とする見方も少なくないが、[42] それでは汧水・隴山とかなり隔たってしまう上に、長安のほぼ真南に当たる成固を「右関」すなわち西の主要な関所とし、あるいは羌族への備えとするのはふさわしくない、さらにそこには函谷関や武関、壺口関などと並ぶ重要な関所の存在が知られていない、などの諸点からするならば、これを具体的な関所の位置を示したものとするのは難しいであろう。隴西付近の主要な関所としては、たとえば蕭関などが著名であるが、「汧隴之阻」を厳密に適用するならばなおいささか距離があるかもしれず、[43] その場合、隴関など隴山諸関中のいずれかである可能性も考えられる。[44] なお後述するように、後世の史料では散関が「関中」の西の関所ともされているが、この時点ではその存在を確認することはできない。このように、現在のところ「右関」の比定についてはこれ以上明らかにすることはできないが、いずれの関所に比定されるものであったとしても、それは西方の国境地帯に設置されていた関所であったこと――すなわち函谷関や武関、壺口関などのような、首都圏の東方に展開していた「国内の境界線」には含まれない関所がここで「四関」の一角を占めていたことはとくに注目される点であり、これについては後段にてあらためて論じることとしたい。

なお、右関将軍に任命された懐羌子王福についての詳細は不明であるが、『漢書』王莽伝始建国元年条に「封王氏齊縗之屬爲侯、大功爲伯、小功爲子、緦麻爲男」とあることからすれば、やはり王氏一族の、しかし他の四関将軍に比べればいささか血縁の遠い存在であったと考えられる。これ以外の右関将軍の状況については不明である。

以上が四関将軍任命の記事であり、そこから新朝は首都圏の前後左右（南北東西）の四方に特別な関所を設定し、そこにそれぞれ将軍を置くという「四関（将軍）」の制度を設けたが、ただしその実態は北、東、南については従来の関所のラインを構成している壺口関、函谷関、武関をそれに当てた上に、西の関所を新たに加えたものであったことが知られるであろう。これについての他の具体的な記事がほとんど見られないことなどからも、[45]この制度がどこまで軍事上の実質的な意義を有していたかは疑問であり、実際には前漢以来の関所のラインが防衛線として引き続き機能していたのではないかと思われる。四関の外に位置する洛陽への遷都の予定も、[46]その実効性に影響を与えるものであったかもしれない。そもそもそれが宮中から都城、首都圏に及ぶ防備・監察体制のセットとして整えられたものであることにも示されているように、四関（将軍）の制度は、この時期に進行しつつあった国制整備の動きの一環[47]として、「制度的潤色」の側面により重点を置いたものであったと見たほうがよいであろう。

とはいえ、この四関将軍設置の意義が必ずしも小さいものではなかったことは、ここで一言しておかなければならない。すなわちここまでに述べてきたように、従来の関所の防衛ラインは南北に連なる「直線」を形成していたわけであるが、それがここに至ってはじめて関所群が首都圏を「囲繞」するような体制が出現したのである。こうした体制はそれに先立つ翼奉の畿内制度構想にもすでに観念として提示されてはいたが、[48]それが現実の制度としてはじめてあらわれたという点で、この四関将軍の設置は画期的な出来事であった。その背景としては、方形の区画を重層的に拡大してゆく「畿服」の観念の影響のほか、（五威右関将軍任命の訓辞にも見られるように）羌族に対する西方防備の重要性がこの時期増加してきていたであろうこと、さらには従来の「地域間での支配、対立の関係の構図」の変質なども考えられるであろう。そしてこのような首都圏を「囲繞」する関所の防衛ラインの体制は、後漢の洛陽八関[49]や唐代の京城四面関[50]など、後世へ引き継がれてゆく。同時に本来は「直線」のラインで区切られていたはずの秦および前漢の「関中」についても、こうした後代の体制をそのままさかのぼらせて解釈し、「東は函谷、南は武関、西は散関、北は蕭関[51]」、あるいは「西は散關を以て界となし、東は函谷を以て界となす。二關の中をこれ關中と謂う[52]」など、関所のラインが「囲繞」する地域として説明するような理解も出現するに至るのである。

第四節　新朝の防衛体制——崩壊時の事例から——

新末、各地の反乱は時とともにその勢いを増し、さらには山東の赤眉や荊州の緑林の兵など、まとまった大勢力へと成長しつつあった。それとともにこれらを鎮圧する主体も、「郡国」あるいは「州郡」レベルであったのが、中央派遣の軍隊が出撃することが次第に多くなってゆく[53]。『漢書』王莽伝下によれば、たとえば山東に対しては、地皇二（二一）年に太師犧仲景尚、更始将軍護軍王黨らに兵を率いて撃たせるが、翌三年二月に景尚らが敗死し、四月にはあらためて太師王匡、更始将軍廉丹を「鋭士十餘萬人」とともに派遣している。しかしその年の冬十月、この鎮圧軍が成昌で赤眉と戦って王匡が敗走、廉丹が戦死する大敗を喫すると、王莽はさらに国将哀章を追派するが、それと同時に次のような防衛体制を整えている点には注目される。

遣大將軍陽浚守敖倉、司徒王尋將十餘萬屯雒陽塡南宮。（大将軍陽浚を派遣して敖倉を守らせ、司徒王尋には十

余万の軍を率いて洛陽に駐屯し、南宮に詰めさせた）

すなわち滎陽敖倉に守備隊を置くとともに、洛陽に大軍を駐屯させているのである。赤眉軍が西進してきた場合の備えであると考えられるが、前漢末の翟義の乱に際しては見られなかったこの地域への防備がここでなされていることから、新末のこの時期においてもやはり洛陽一帯は引き続き戦略上の要衝であったことが確認されるであろう。

翌地皇四（二三）年三月には、太師王匡、国将哀章、司命孔仁、兗州牧壽良、卒正王閎、揚州牧李聖らに「州郡兵」三十万で赤眉など「青、徐の盗賊」を、また納言将軍厳尤、秩宗将軍陳茂、車騎将軍王巡、左隊大夫王呉などにやはり「州郡兵」十万で緑林の系統を引く下江、新市、そして平林らの農民反乱軍と南陽劉氏の勢力が合体して更始帝を立てた「前隊（南陽）醜虜」を、それぞれ討伐するよう詔が出されているが、四月に更始帝側の劉秀や王常の軍が潁川にまで進出してくるようになると、これに脅威を感じた王莽は、未曾有の大軍をこの方面の鎮圧に投入することを決意する。それは

遣大司空王邑馳傳之雒陽、與司徒王尋發衆郡兵百萬……邑至雒陽、州郡各選精兵、牧守自將、定會者四十二萬人、餘在道不絕。（大司空王邑を傳で洛陽に急派し、司徒王尋とともに衆郡の兵百万を徴発させた……邑は洛陽に到着すると、州郡はおのおの精兵を選抜し、長官自ら率いてきて、期限までに参集したもの四十二万、残りの途次にある者も絶えぬ有様であった）(54)

というものであり、（滎陽と洛陽との相違はあるものの）東方平野部への出入り口にあたる地に鎮圧軍を集結させている(55)という点で、それは前漢時代と基本的に共通する反乱鎮圧の体制をとっていたといえるであろう。ちなみに翟義の乱の際に函谷関や武関と並ぶ駐屯先としてあげられていた南陽の宛は、当時反乱側の包囲下にあり（六月に陥落）、その救出こそがまずもってこの鎮圧軍の目標とされていたのであった。六隊郡としてあらたに特別地域に組み入れられて

いた前隊（南陽）や左隊（潁川）での反乱勢力の伸張は、新朝にとって赤眉以上に由々しき事態であったといえよう。

六月、その鎮圧軍が昆陽で壊滅的な敗北を喫すると攻守は逆転した。『後漢書』伝一劉玄列伝更始元（＝地皇四、二三）年八月条に

王莽使太師王匡・國將哀章守洛陽。更始遣定國上公王匡攻洛陽、西屛大將軍申屠建・丞相司直李松攻武關、三輔震動。（王莽は太師王匡・国将哀章に洛陽を守らせた。更始帝は定国上公王匡に洛陽を攻撃させ、西屛大将軍申屠建、丞相司直李松に武関を攻めさせたので、三輔は恐慌を来した）

とあるように、王莽は赤眉の鎮圧に当たっていた王匡・哀章を撤退させて洛陽の守りを固める。それに対して、宛を本拠とした更始政権の側はこの洛陽を攻撃すると同時に、武関にも申屠建、李松らの攻略軍を向かわせたのであった。ただしそのうち武関方面については、これに先だって大きく事態が動いていた。『漢書』王莽伝同年秋条にはこうある。

是月、析人鄧曄・于匡起兵南鄉百餘人。時析宰將兵數千人屯鄡亭、備武關。曄・匡謂宰曰「劉帝已立、君何不知命也」宰請降、盡得其衆。曄自稱輔漢左將軍、匡右將軍、拔析・丹水、攻武關、都尉朱萌降。進攻右隊大夫宋綱、殺之、西拔湖。（この月、析県の鄧曄・于匡が南郷で百余人とともに挙兵した。時に析県の宰（県令）は兵数千人をひきいて鄡亭に駐屯し、武関の防備に当たっていたが、曄・匡は宰に対して「劉氏の帝がすでに立たれたというのに、あなたはどうして天命がわからないのですか」と説得したところ、宰は降伏を申し出て、ことごとくその兵を手に入れることができた。曄は「輔漢左將軍」、匡は「輔漢右將軍」を自称し、析県や丹水県を陥れ、武関を攻めたところ、都尉の朱萌は降伏した。さらに進んで右隊大夫（弘農太守に相当）宋綱を攻めてこれを殺し、西のかた湖県を陥れた）

ここに「是月」とあるのは、直前の隗囂の挙兵の記事をうけたものであり、『後漢書』本伝によれば挙兵は七月の出来事であるから、これも同じくその月のこととしてよいであろう。この記事からはまず、東南方面から丹水沿いに関中へ向かうルートにおいては、新末のこの時点でもやはり武関が重要な防衛拠点となっていたこと、そこには都尉が鎮しており、さらに析県など周辺の県も要地に兵を置いてその防備に当たっていたこと――などが知られるであろう。また、周知のように秦末、武関を突破した劉邦ひきいる反乱軍は、そのまま丹水沿いに西北行して関中（狭義の）に入ったわけであるが、鄧曄・于匡らのこの軍は、それとは異なり黄河南岸の湖県に出ている。彼らが右隊大夫を撃破した地点は明らかではないが、弘農郡の治所は（旧函谷関の置かれていた）弘農県であったことからすれば、その近辺であった可能性は高い。このように考えた場合、「さらに西進して湖県を抜いた」とする記述にも合致するであろう。これらの位置関係を示したものが**図16**であるが、以上からすると、武関を突破した鄧曄・于匡らの軍は、そこから北進して弘農のあたりにまで達し、そこから黄河南岸ルートを西進して湖県を抜いたものと考えられるのである。おそらくこれは、後述する赤眉軍のルートと同様のものであろう。

以下、『漢書』王莽伝によってその後の展開を簡単にまとめると、反乱軍が渭水盆地一帯の三輔地域（すなわち〔狭義の〕関中）にまで迫ってきたこの事態に対して王莽は、九虎将軍に北軍の精鋭数万人を率いてこれを迎撃させる。華陰県の回谿まで至ったこの軍はしかし鄧曄・于匡らの反乱軍に撃破されて敗走し、一部がわずかに京師倉に拠って抵抗するのみであった。(56)鄧曄らは武関を開いて李松率いる更始帝軍二千余を湖まで迎え、ともに京師倉を攻めるがこれを下すことができないまま、一方で別働隊を派遣して「関中」各地を攻略させたところ、これに応じて諸所で蜂起が相次ぐ状況となった。李松・鄧曄らは更始帝からの援軍を待って本格的な攻勢に出るべく諸軍を華陰まで撤退させるものの、長安近辺に集結したこれら蜂起軍は、「隗囂の軍がまもなく到着する」という流言に背を押されるように、

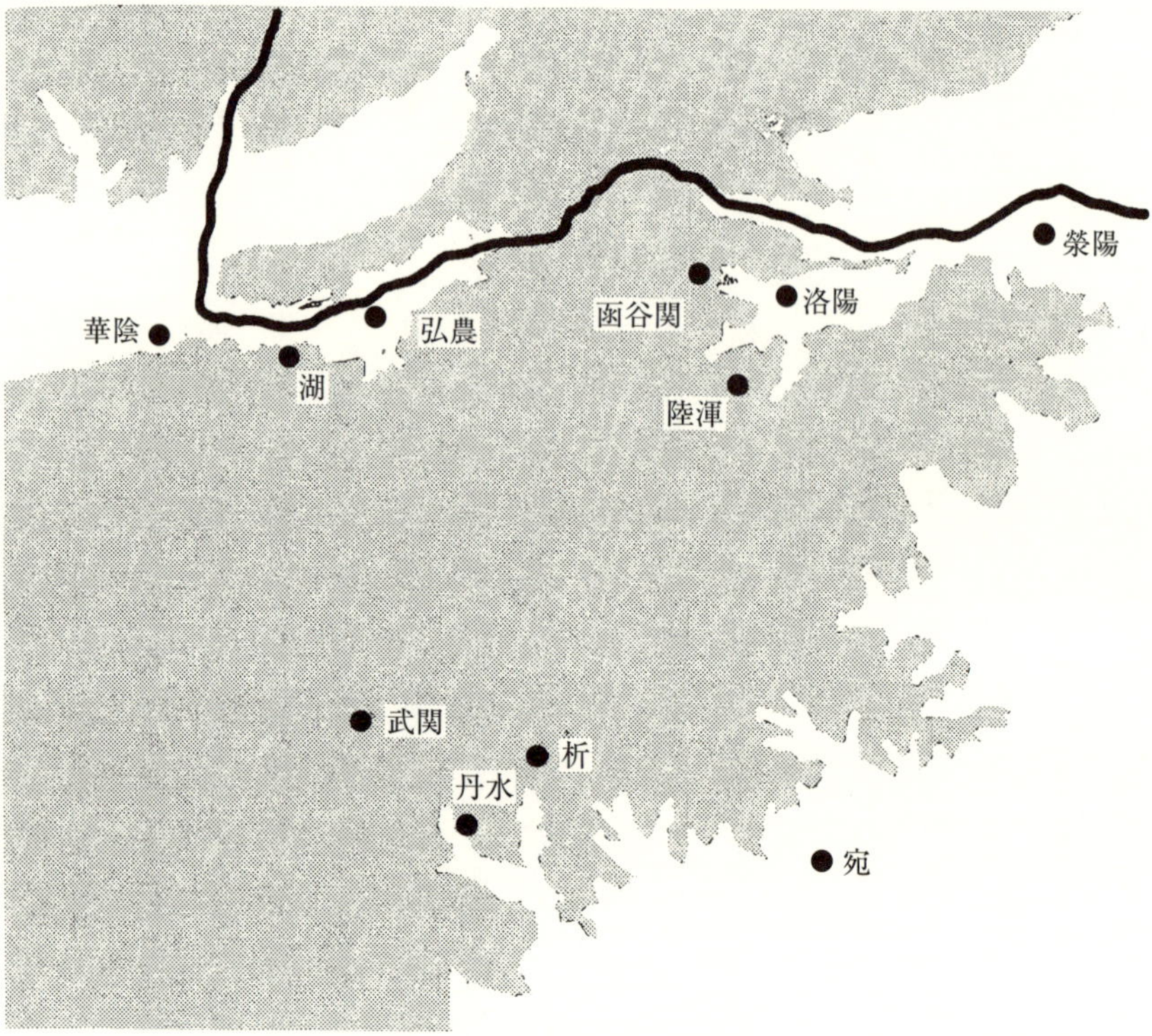

図16　新末の防衛体制関連地図

略奪や功名を立てる好機とばかりに長安城になだれこみ、九（王莽伝に「十」とあるのは誤り）月三日、ついに王莽は乱戦の中で殺害されて新朝は崩壊したのであった。

以上、新朝崩壊時の事例を王朝側の対応を中心に見てきたわけであるが、ここから新代の防衛体制について考えてみるならば、まずもって指摘されるのは、依然として洛陽一帯の地が戦略上の要衝として重要な地位を占めている、という点であろう。地皇三年に赤眉に対する備えとして敖倉や洛陽に十余万の大軍を駐屯させ、あるいは翌地皇四年に未曾有の大軍を出動させるに際しても、洛陽に四十二万（以上）の軍事力を集結させている。とくにこの鎮圧軍が昆陽で壊滅的な敗北を喫した直後の対応として、赤眉鎮圧に当たっていた王匡や哀章の軍を撤収させてまで洛陽の守りを固めていることなどは、この辺の事情を雄弁に物語るものであろう。しかもこの守備隊は間もなく来襲した更始帝軍の攻囲に対して、新朝が崩壊するまでの間、見事に洛陽を守り抜いているのであり、(57)これらから（背後に控える函谷新関も含めて）この洛陽一帯の地が、この時期においても東方からの脅威を正面から防ぎ止めるまさに「防波堤」（および「橋頭堡」）としての役割を果たしていたことが知られるのである。

次に関所による防衛については、（突破されてはいるものの）ここに武関が重要な防衛拠点となっている事例が見えており、このことからおそらくは函谷関をはじめとする他の関所をも含めた防衛ラインが、この時期にも機能していたのではないかと思われる。また武関の事例で指摘したような（これは関所にもよるであろうが）都尉が鎮し、周辺の県が要地に兵を置いてその防備に当たる、といった状況もある程度ほかの関所について当てはめて想定することが可能であろう。

ところで先述したように、秦末の劉邦軍が武関を突破した後にそのまま丹水沿いに関中（狭義の）へと進んでいったのに対して、ここに見てきた鄧曄・于匡らの反乱軍の場合は、そこから北進して弘農のあたりにまで達してからあらためて西行し、渭水盆地一帯の三輔地域へと向かっている。これについては様々な理由が考えられるであろうが、(58)ここで一つ劉邦の時代とは確実に異なっているのは、この当時、函谷関はすでに弘農近辺ではなく、はるか東方の新安へと移動していたという点であり、そのために彼らはその行軍において大きな難関に妨げられる事なく、主要交通路である黄河南岸ルートから比較的速やかに三輔地域へと迫ることが可能となったのであった。この点に、新末の反乱軍がこうしたルートを選択した大きな理由の一つを見出すことができるのではなかろうか。これを視点を変えて言い換えるならば、「広関」によって国内の関所のラインと渭水盆地一帯の三輔地域との間に新たに繰り込まれてきた地域が介在することとなった結果として、いったん関所の防衛ラインのいずれか一カ所でも突破されると、三輔地域は、侵入してきた軍事力によって、あらゆるルートからの攻撃の脅威に――それもかなり無防備な状態で――さらされる危険性を負うこととなってしまったのである。先にも述べたように、新朝は東方諸地域との出入り口となる函谷関や洛陽一帯の地の守りを強固にしたわけではあるが、実際には武関を突破した反乱軍がその背後に回り込むかたちで湖県、華陰方面から三輔地域に迫るという結果を招いてしまったのであり、こうした展開はまさに「広関」にともなう思いがけない「副作用」として、前漢後期における防衛体制の構造的な弱点を露呈させたものといえるであろう。

さて、新朝の防衛体制については以上のように考えることができるのであるが、これを秦や前漢時代のそれと比較した場合、どのように位置づけることができるのであろうか。この点についてはまず、東方地域に対する関所の防衛ラインの存在や、東方平野部への出入り口に当たる滎陽や洛陽一帯の地をまずは確保して反乱軍の侵攻を食い止め、さらにはそこを足がかりとして打って出る――といった反乱鎮圧に際しての大まかな原則など、その基本的な枠組みにおいて、新朝の防衛体制は前代と共通するものであると見てよいであろう。ただしその上で、たとえば関所の防衛ラインは「広関」以降の状況を受け継いだものであること、反乱に際して大軍を駐屯させ、あるいは鎮圧軍を集結させる拠点が滎陽から洛陽へと移っていることなど、いくつかの点において前漢（前期）との違いも認められる。また前漢末期の翟義の乱においては「関所の内側」の地域の反乱に対する防備が問題とされていたが、新朝崩壊時の事例においても――防備体制についての具体的な記事こそ残されていないものの――やはりこうした「関所の内側」の各地で蜂起が続発し、さらに天水には隗囂らの勢力も出現している。そして最後にはこれら蜂起軍が新朝を倒壊させるに至っているのであり、（そこでは王莽の失政などの要因も当然見逃すことはできないが）これらのことからするならば、防衛（体制）の対象となる脅威が東方だけのものではなくなってきているという点に、前漢末や新代に共通する新たな傾向を見てとることができるであろう。以上のように、新朝の防衛体制のうちでも、（一）関所の防衛ライン、（二）反乱鎮圧の拠点、あるいは（三）「関所の内側」での脅威といった諸点は前漢前期とは異なる要素であるといえるが、このうち（一）は武帝期の「広関」以来のものであり、また（三）が少なくとも前漢末期より見られる事柄であることは、最前指摘した通りである。さらに（二）に見える洛陽の重要性が増加してゆく傾向も、洛陽遷都論などに見られるように、前漢時代からの流れを承けたものである可能性が高い。このように考えるならば、新朝の防衛体制は——先の四関将軍などは別にして——その独創にかかる部分よりは、前漢時代のそれを、後期における変化をも含めて継承した側面の方が強いものと見てよいであろう。逆に言えば、そこには（あまり表面にあらわれてくることのない）前漢後期における防衛体制の展開のあり方が、比較的ストレートに反映されていると考えることができるのである。

ちなみに前漢後期のこうした防衛体制の展開・変化の背景には統一国家体制における「地域間での支配、対立の関係の構図」のさらなる相対化といった流れが想定されるのではあるが、その一方で王莽伝には、反乱軍がいよいよ長安城下に迫ってきた際に「城門卒は東方の人なれば、信ずるべからず」という進言をうけて王莽が越騎士を城門の防衛に当てたり、王莽滅亡後、長安に進駐してきた更始政権の将軍の申屠建の言動に関中の人心の不安・動揺が広がる(59)などの例も見えており、翟義の乱の事例において指摘した「関東の甲卒」と「関西の校尉軍吏」という討伐軍の構成ともあわせて、「東方（関東）」、「関中（関西）」といった地域性の枠組みの要素がなお根強く残っていることも、ここで付け加えておくこととしたい。

第五節　終節

以上、本章では新朝の統一支配について主として軍事的側面から検討を加え、そこからさらに秦漢統一国家体制の──とくに関連する史料が必ずしも多くはない前漢後期における──展開のあり方を具体的に見てきた。まずは本書におけるここまでの議論から、関所による中核地域の防衛体制、反乱鎮圧の事例についてそれぞれ簡単に整理し、かつ翟義の乱の事例に見られる前漢末期の状況を確認した上で、四関将軍や新朝崩壊時の事例についてそれぞれ検討を加えた。

四関将軍の制度は、新朝の創建に際して設置されたもので、首都圏の四方に特別な関所を設定し、そこにそれぞれ「五威前関将軍」、「五威後関将軍」、「五威左関将軍」、「五威右関将軍」を置くものである。この任にはいずれも新室の王氏一族の人物が当てられていたが、その設置をめぐる記事のほかには、以降の具体的な活動の記録を確認することはできない。むしろその実態は北（後関）、東（左関）、南（前関）については従来の関所の防衛ラインを構成していた壺口関、函谷関、武関をそれに当てた上に、西の関所（右関、具体的には未詳）を新たに加えて制度上の体裁を整えたものにすぎなかったのであり、その軍事上の実質的な意義はあまり大きくはなかったのではないかと考えられる。とはいえ、従来の関所の防衛ラインが南北に連なる「直線」を形成して版図を東西に二分していたのが、ここに至ってはじめて関所群が首都圏を「囲繞」するような体制が出現したという点で、この四関将軍の設置は画期的な出来事であった。こうした首都圏を「囲繞」する関所の防衛ラインの体制は、以後「スタンダード」として歴代の制度のうちに引き継がれてゆくのである。

また、新朝崩壊時の事例からうかがわれるその防衛体制については、東方平野部の出入り口にあたる一帯に大軍を駐屯させて守りを固め、あるいはそこに鎮圧軍を集結して出撃させるほか、国内の関所のラインも防衛線として引き続き機能していたようであり、その基本的な枠組みにおいて、前漢（前期）の防衛体制と共通するものであった。ただ、東方平野部の出入り口における戦略上の要衝は滎陽から洛陽へと交替しており、また関所の防衛ラインも武帝の「広関」以後の、東方へ大きく移動したものとなっている。ちなみに「広関」後の関所の防衛ラインは、この時期における統一支配の展開・強化を示すものではあるが、いったん関所の防衛ラインのいずれかが一カ所でも突破されると、渭水盆地一帯の三輔地域はかなり危険な状況に陥ってしまうという意外な「脆さ」をも持ち合わせていた。さらに新朝は最終的には三輔地域における蜂起によって滅亡しているが、これは前漢末の翟義の乱の事例において三輔で蜂起が続発し、しかもそれに対して効果的な対応をとれなかったことと重なり合うものであろう。以上のような諸点は、前漢後期における防衛体制の展開、変化を承けたものであり、そこから逆に、あまり表面にあらわれてくることのない前漢後期における防衛体制の展開のあり方、さらには統一国家体制における「地域間での支配、対立の関係の構図」の変化をうかがうことができるものと思われるのである。

本章での考察は以上の通りであるが、最後に「秦漢期最後の関中政権」である更始政権崩壊の事例に一瞥を加えて、この小論を締めくくることとしたい。

王莽滅亡後、洛陽ついで長安を都とした更始政権ではあったが、その統治は必ずしも順調には推移せず、更始二（二四）年には一時服属していた赤眉が公然と反旗をひるがえして西進をはじめ、また河北で自立しつつあった劉秀の勢力も、黄河北岸の河内・河東郡方面に進出する構えを見せるようになる。こうした状況をうけて更始帝は、大司馬朱鮪・舞陰王李軼らを洛陽に駐屯させていたが(60)、『後漢書』伝一劉盆子列伝によると、

　更始二年冬、崇・安自武關、宣等從陸渾關、兩道俱入。三年正月、俱至弘農。（更始二年冬、樊崇・逢安は武関、徐宣等は陸渾関の二方面より同時に攻め入った。三年正月、ともに弘農に至った）

とあるように、赤眉軍は洛陽を避けるかたちで二方面から「入関」[61]し弘農で合流する（前掲図16参照）。これに対して更始政権側は定国上公王匡・襄邑王成丹・抗威将軍劉均ほか諸将を河東・弘農に展開させて防戦するものの、赤眉の勢いを止めることはできない。さらに建武元（二五）年になると劉秀の前将軍鄧禹の軍が、黄河北岸で箕関から河東郡に進攻してこれを平定し、三輔地域に迫ってくる。そして弘農で更始軍に大勝した赤眉はその後も連戦連勝して西進を続け、更始政権が内部分裂により自壊する中、九月には長安に入城したのであった[62]。

　以上のような更始政権崩壊の過程は、第四節で見てきた新末の事例といくつかの点で基本的に共通している。まず、赤眉軍のうち樊崇・逢安ひきいる武関経由の軍は、そこから北進して弘農に出て黄河南岸ルートを西進し三輔地域に入っているが、これは新末の鄧曄・于匡らの軍のルートと同じである。もう一方の陸渾関経由の軍についても、洛陽（や函谷関？）を避けるかたちで回り込んでいるという点では、これと同様であると見てよいであろう。そしてこれら武関、陸渾関、あるいは箕関などの関所のラインを突破されてしまうと、渭水盆地一帯の三輔地域が比較的簡単に危殆に瀕する仕儀となってしまうという点も――更始政権の体制がいまだ定着していない、あるいは黄河北岸での劉秀の勢力（後漢）の脅威、などといった条件も考えられるにせよ――新末の場合と類似している。さらに新末には東方の脅威に対する備えとして洛陽に大軍を駐屯させ、しかもそれは新朝が崩壊するまでの間、洛陽を守り抜いたわけであるが、更始政権の場合も、赤眉や劉秀の勢力に対して朱鮪や李軼らが洛陽の守りを固めており、しかもそれは後漢軍の数ヶ月にわたる猛攻にも耐え抜き、光武帝自らが守備側の安全を保証するなどして、ようやく更始政権崩壊後に降伏、開城しているのである[63]。このように、洛陽の守りがいよいよ強化されてゆく一方で、関所の防衛ラインをかいくぐって侵入してきた軍事力（や新末などの場合、「首都圏」での蜂起も）に対する渭水盆地一帯の三輔地域の防衛力は低下している——という点において、両者の軍事的背景は基本的に共通するものといえるであろう。

渭水盆地一帯の中核地域を本拠地として、東方平野部など他の地域に臨むかたちでその統一支配を展開していた秦および前漢の統一国家体制が、その東方平野部の一部である洛陽一帯の地域を拠点とする後漢のそれへと移行してゆく背景については、本章で指摘するような「地域間での支配、対立の関係の構図」の変質、相対化といった以外にも様々な側面から検討されるべき問題ではあろうが、ここまでに見てきたことからするならば、少なくとも軍事的に関中の東方支配を支えるシステムには「ほころび」が生じてきており、その一方で洛陽一帯の地域に重心が移りつつあるといった傾向が、前漢後期からの流れとして見て取ることができるのではなかろうか。そして以後、およそ一世紀半にわたる後漢王朝の統一支配は新たな——しかし前漢以来の展開の延長線上でもある——枠組みのもとで展開されることとなるのである。

注

（1）本書第一部。
（2）本書第二部。
（3）このほかにも行幸について本書第三部第三章、第四章で論ずる。
（4）本書第三部第一章参照。
（5）本書第三部第一章補論参照。
（6）紙屋正和一九七八ａ参照。
（7）本書第一部第三章、第五章、終章など参照。

(8) 原文は「所謂建武關・函谷・臨晋關者、大抵爲備山東諸侯也。天下之制在陛下。今大諸侯多其力、因建關而備之、若秦時之備六國也。豈若定地勢使無可備之患、因行兼愛無私之道、罷關一通天下、無以區區獨有關中者」。
(9) 本書第一部第三章注（18）参照。
(10) 王子今・劉華祝二〇〇三など参照。
(11) 本章では、肥後政紀一九九五に従い、渭水盆地一帯の関中地域に対して、巴蜀や天水・安定郡などを含めた地域を区別して「広域関中」の語を用いることとする。なお、王子今・劉華祝二〇〇三など中国の研究では、「大関中」の語を用いることが多い。また、この問題についての最近の研究に蔡坤倫二〇〇八がある。
(12)『漢書』巻六武帝紀元鼎三年冬条「徙函谷關於新安。以故關爲弘農縣」
(13)『史記』巻五八梁孝王世家「(代王義) 十九年、漢廣關、以常山爲限、而徙代王王清河。清河王徙以元鼎三年也」
(14)『漢書』巻一〇成帝紀陽朔二年秋条「關東大水、流民欲入函谷・天井・壷口・五阮關者、勿苛留」
(15) 本書第一部第三章参照。
(16) 本書第一部第五章参照。
(17) 本書第三部第一章参照。
(18) 本書第三部第一章補論参照。
(19) 原文は「武帝曰『雒陽有武庫・敖倉、天下衝阸、漢國之大都也。先帝以来、無子王於雒陽者』」。
(20) 本書第一部第三章参照。
(21)『史記』巻八高祖本紀、巻五六陳丞相世家など。
(22)『史記』巻九呂太后本紀、巻五二齊悼恵王世家、巻九五灌嬰列伝など。
(23)『史記』巻十孝文本紀。
(24)『史記』巻一〇六呉王濞列伝、巻一〇七魏其侯列伝、巻五七絳侯周勃世家など。
(25)『史記』呉王濞列伝。

(26) このほか、荀悦『漢紀』巻三十孝平皇帝紀同年条では、「遣王邑・孫建等十八人將兵擊義、又置腹心七將軍屯關中以自備」とある。
(27) 『漢書』巻二四食貨志下。
(28) 『漢書』王莽伝中天鳳元年条。
(29) 同列伝上居攝元年四月条。
(30) ここでの「関中」の語は当時にあっては公的には「大関中」を指すものであり、それでも意味は通じるものの、この時期、渭水盆地一帯のかつての「狭義の関中」地域を指す呼称として固有名詞化が進行しつつあったことが想定されるのであり、あるいはここでの用例もそのような意味で解することができるかもしれない。本書第一部第五章参照。さらには本章第三節でふれる「四関」に対応する呼称である可能性も考えられる。
(31) 同列伝居攝二年条。
(32) 以上の「関中」での蜂起鎮定の経緯は『漢書』王莽伝および翟義伝による。なお、たとえば蜂起直後の対応について前者では王奇、王級にこれを「拒」がせた、とあるのに対して、後者では王級、閻遷に甄邯、王晏とともに「西のかた趙明等を撃」たせた、とあり、また王奇が鎮圧に加わったのは帰還してきた王邑の主力軍とともになっているなど、両者の記事にはいくつか相違点も見られる。
(33) 函谷関の歴史地理的な役割や現地調査については史念海一九八四、秋元悦子一九九〇、あるいは関治中一九九八、洛陽市第二文物工作隊二〇〇〇、塩沢裕仁二〇一六など参照。
(34) 広関以降の函谷関については、たとえば『漢書』巻二七五行志中之上に「函谷關、距山東之險」とあり、あるいは後漢草創期のこととして、『後漢書』伝三隗囂列伝に「請以一丸泥爲大王東封函谷關」と函谷関を閉じて自立を勧める例などが見えており、それが要衝として機能し続けていることが知られる。
(35) 前注（32）参照。
(36) 王莽伝始建国元年秋条。

(37) 王莽伝始建国二年条「尋随方士入華山、歳餘捕得、辭連……大司空邑弟左〔闕〕〔關〕将軍〔堂〕〔掌〕威侯奇……牽引公卿黨親列侯以下、死者數百人」

(38) 沈展如一九七七、副編伍、人物志（二）王氏家族、参照。

(39) 武関については、劉樹友二〇〇二b参照。

(40) 沈展如一九七七では、『後漢書』耿弇列伝に見える「王莽從弟（王）級」が、この王級である可能性を指摘している。

(41) 前注（32）参照。

(42) 「成固」の解釈について、たとえば中華書局の点校本では固有名詞として傍線を付すほか、施丁一九九四なども地名として解釈しているが、一方で小竹武夫一九七九などでは、「固めを成し」と読む。

(43) 牛達生・許成一九八三や劉樹友二〇〇五では、蕭関故址を現在の寧夏回族自治区固原県東南に比定する。なお、『史記』巻二二漢興以来将相名臣年表高皇帝五年条の司馬貞索隠では「東函谷、南嶢武、西散關、北蕭關」を「四関」としている。

(44) 隴関など隴山諸関の概要、位置などについては、劉樹友二〇〇二a参照。なお『太平寰宇記』巻三二隴州汧源県条には、「漢置隴関、西當戎翟」とある。

(45) このほか『漢書』王莽伝天鳳元（一四）年条には、「又罷四關塡都尉諸屯兵」と「四関」の語が見えているものの、それは匈奴との和親により国境地帯の将軍たちを召還することを述べた後に続く記事であり、はたしてこの「四つの関」が本章で問題としている「四関」のことであるかは疑問の余地がある。さらに巻九四匈奴伝下のおそらくは同様なことを述べた記事に「罷諸將率屯兵、但置游擊都尉」と「四関」の語が確認できないこともあわせて考えれば、これをただちに四関将軍に関連する記事として論じるのには慎重であるべきであろう。

(46) 王莽伝始建国五年条、天鳳元年正月条。

(47) 渡邊信一郎二〇〇二参照。

(48) 本書第一部第四章参照。

(49) 塩沢裕仁二〇〇三、二〇一〇参照。

(50) 礪波護一九九二参照。
(51) 『史記』巻七項羽本紀、「關中阻山河四塞」の集解所引徐廣。
(52) 『史記』巻八高祖本紀秦二世三年条、「先入定關中者王之」の索隠所引三輔舊事。
(53) 新末の軍事的な動向について述べたものとして、武国卿・慕中岳一九九二、第五巻、陳梧桐・李徳龍・劉曙光一九九八、史念海一九九一所収の諸論文、など参照。また飯田祥子二〇一四では、王莽の戦争について、将軍を多く起用したこと、成立期と末期に大規模化したことなどを指摘する。
(54) 『後漢書』巻一光武帝紀上では「兵百萬、其甲士四十二萬人」とする。
(55) これについて『後漢書』伝十六趙憙列伝では「會王莽遣王尋、王邑將兵出關」とあるが、『漢書』王莽伝では昆陽の敗戦後のこととして、「(王) 邑獨與所將長安勇敢數千人還雒陽」とあり、直接に関中から帯同してきた兵力も確かに存在はしたようであるが、それが鎮圧軍の中で大きな割合を占めていたと見るまでには及ばないであろう。
(56) 京師倉についての発掘報告書として、陝西省考古研究所一九九〇がある。
(57) 『漢書』王莽伝下には王莽滅亡後の記事として、「太師王匡・國將哀章降雒陽、傳詣宛、斬之」とあり、また『後漢書』伝一劉玄列伝更始元年九月条に「是月、拔洛陽、生得王匡・哀章。至、皆斬之」とある。
(58) 劉邦の場合、武関を突破した先にさらに嶢関が立ちはだかっていた。蔡坤倫二〇〇八などでは、新末も含めてこの嶢関が存在し続けていたとするが、この時期における嶢関の存在は、「二年律令」をはじめとして、確認することはできない。
(59) 「申屠建既斬王憲、又揚言三輔黠共殺其主。吏民惶恐、屬縣屯聚、建等不能下、馳白更始。」
(60) 『後漢書』巻一光武帝紀上更始二年条など。
(61) 同右、更始二年条には「青犢・赤眉賊入函谷關、攻更始」と、赤眉軍が函谷関を通過したとしているが、劉盆子列伝などにあるように陸渾関を突破して弘農に至ったとすれば、新安の函谷関を経由するのは地理的にも軍事的にも不自然である。現在のところ、この記事については解釈を保留しておくこととしたい。
(62) 以上、『後漢書』光武帝紀、伝一劉玄劉盆子列伝、および伝六鄧禹列伝など参照。これらの動向については、前注 (53)

掲、武国卿・慕中岳一九九二、陳梧桐・李徳龍・劉曙光一九九八、および木村正雄一九六七などに詳しい。

(63) 洛陽の攻防、降伏の状況については、『後漢書』伝六寇恂列伝、伝七岑彭列伝などに詳しい。

第三章　前漢武帝期の行幸——その基礎的考察——

第一節　問題のありか

　本章と次章では漢代における統一国家支配の具体的な一面を明らかにするべく、行幸の事例について考察を加える。皇帝が都を離れて各地を巡行するという行幸は、統一国家支配の体制を地域間の関係から見てゆこうとする本書での考察において、興味深い事例を提供するものであることは、いうまでもないであろう。(1)そこでまず本章では、前漢武帝期の行幸について取り上げ論じることとするが、この前漢武帝期の行幸については、専論として顧頡剛氏の研究(2)などがあるほか、巡狩制度全般、(3)郊祀や封禅などの祭祀、(4)あるいは司馬遷の旅行等々、(5)様々な問題に関連してそれへの言及は少なくない。わけても先行する秦始皇帝の巡狩の事例は、その性格や経路などが多くの点で共通していることから、前漢武帝期の行幸の事例もしばしばこれと併せるかたちで論じられてきた。周知のように、この始皇帝の巡狩の問題については、巡幸ルートの推測・復原、(6)統一政策としての側面や中国古代の習俗との関連、(7)(8)巡狩空間の幾何学的プラン、(9)馳道に代表される道路網の役割、(10)あるいは巡狩経路の実地調査等々、(11)実に多岐にわたる研究の蓄積がなされているのであり、前漢武帝期の行幸について検討を加える上でも、これらはまずもって参照すべき成果であるといえよう。

もっともその一方で、両者を隔てる一世紀近くの間には、ここまでに見てきたような統一国家体制の成熟[12]をはじめとして、その背景となる状況に少なからぬ変化を来しているのであり、これらを完全に同一視するわけにはいかないこともまた、事実である。たとえば始皇帝が全土を直轄支配する「郡県制」をしいていたのに対して、武帝の行幸は形の上では諸侯王国も存在する「郡国制」のもとで展開していたことからも容易に理解されるように、そこには一定の差異も存在していたのであった。ちなみに前漢時代全体を通じて、大規模な行幸はほぼこの武帝期に限定されていたのであるが[13]、こうした点などからも武帝期の行幸の事例は、独自の考察を必要とする問題であるといえるであろう。

このような前漢武帝期の行幸は、当然の事ながら政治や祭祀、制度、あるいは交通、地理や対外関係等々、この時代における様々な、かつ重要な問題に関わってくるものではあるが、本章ではまずは基礎的な作業として、そこでの前提となる関連資料を集成し、分析を加えることを主な目的とする。その上でさらに前章での議論を踏まえながら、秦始皇帝と後漢時代の行幸との中間点にもあたるこの前漢武帝期の行幸について、その歴史位置づけを中心にいささかの考察を試みることとしたい。

第二節　行幸資料の集成

前漢武帝期の行幸の事例は、『漢書』巻六武帝紀のうちにほぼ網羅されており、次いで『史記』巻二八封禅書、巻十二孝武本紀、『漢書』巻二五郊祀志、あるいは荀悦『漢紀』巻十一～十五などにまとまった記事が見られる[14]ほか、それ以外の個々の史料にも断片的な記載が見えている。これらの事例については、すでにいくつかの簡単な集成がなされているが[15]、ここではあらためて以上の史料を中心にさらなる検索・集成を試みた。それらを整理して簡単にまとめたものが、後掲の表である。

そこでは、武帝の在位期間六十五年をそれぞれ西暦（紀元前）で「年代」の欄に配列した上で、『漢書』武帝紀中に見られる行幸の事例について、年代順に番号を付し、その「主要な経由地」および「（『漢書』武帝紀以外の）関連資料・その他」をそれぞれ示したものである。なお、（6）と（7）の事例は、『漢書』武帝紀には見えておらず、『史記』封禅書などから補っている。また、これまでの集成では、行幸の事例を各年ごとにまとめているが、一年のうちに複数の異なる行幸が実施されていたり、（35）や（36）のように年をまたぐ事例も見られたりすることから、この表ではそれぞれの事例ごとに分けてカウントすることとした。ただしこの場合、たとえば（9）の事例について、『漢書』武帝紀元鼎五年冬十月条には「雍に行幸し、五時を祠る。遂に隴を踰え、空同に登り、西のかた祖厲河に臨みて還る」とあり、その後に「十一月辛巳朔旦、冬至。泰時を甘泉に立つ。天子親ら郊見し、日に朝し月に夕す」と（10）の記事が続いていて、こうした記載のあり方や当時の交通ルートなどからすると[16]、両者は別個の事例であるように思われるものの、一方で『史記』封禅書などでは「上遂に雍に郊し、隴西に至り、西して崆峒に登り、甘泉に幸す」となっており、これによれば（9）と（10）とはむしろ行程の連続した、同一の事例と見なすべきものであると考えることもできるなど[17]、個々の事例の確定については、なお若干の検討の余地も残ってはいる[18]。

また「主要な経由地」の欄では、見られるように、おおむね西から安定・回中[19]・雍・甘泉・河東（郡）・北辺・河南（郡）・長江・泰山・沿海（諸郡）の十カ所を挙げて、それぞれの事例での目的地や経由地に「○」を、そのうち祭祀が行われているものには「◎」を付した[20]。事例によっては当然通過しているであろうはずの経由地の記載が省略されている場合も想定されるのではあるが[21]、まずはこの表からその大要をうかがうことは可能であろう。

年代	番号	安定	回中	雍	甘泉	河東	北辺	河南	長江	泰山	沿海	（『漢書』本紀以外の）関連資料・その他
109	14			◎								封・武、郊、紀
	15							○		◎	○	封・武、郊、紀、史29、漢28上、29
108												
107	16	○	○	◎		◎	○					封・武、郊、紀、『水経注』聖水
106	17								◎	◎	◎	封・武、郊、紀
	18				◎							郊
105	19		○									紀
	20					◎						郊、紀
104	21									◎	◎	封・武、郊、紀
	22				○							封・武、郊、紀
	23	○										紀
103	24					◎						紀
102	25									◎	◎	封・武、郊、紀
101	26		○									紀
100	27				◎							紀
	28					◎						紀
99	29										◎	紀
	30		○									紀
98	31									◎		封・武、郊、紀　／　常山を祠る
97	32				○							紀
96												
95	33		○									紀
94	34				○							紀
94 / 93	35									◎	◎	郊、紀、史104、漢22
93 / 92	36	○		◎								紀
91	37				○							紀、漢45、66
90	38	○		◎								紀
89	39									◎	○	郊、紀、『資治通鑑』巻22
	40				○							紀
88	41	○			◎							紀、漢68
87	42				○							紀
	43											紀

※表中、「封」は『史記』封禅書、「武」は同・孝武本紀、「郊」は『漢書』郊祀志、「紀」は『漢紀』、また「史」は『史記』、「漢」は『漢書』で数字は巻数を示す。

前漢武帝行幸表

年代	番号	安定	回中	雍	甘泉	河東	北辺	河南	長江	泰山	沿海	(『漢書』本紀以外の）関連資料・その他
141												
140												
139												
138												
137												
136												
135												
134												
133	1			◎								封・武、郊、紀
132												
131												
130												
129	2			○								紀
128												
127												
126												
125	3				○							紀
124												
123												
122	4			◎								封・武、郊、紀、『漢書』巻64下終軍伝
121	5			◎								紀
120												
119												
118	6				○							封・武、郊、紀、史109・122、漢54・90
117												
116												
115												
114												
113	7				○							封・武、郊
	8			◎		◎		○				封・武、郊、紀、史30・110、漢24下・94
112	9	○		◎			○					封・武、郊、紀、史30、漢24下
	10				◎							封・武、郊、紀
111	11					○		○				封・武、郊、紀、漢28上
110	12				○		◎					封・武、郊、紀、史110、漢94上
	13				○		○	◎		◎	○	封・武、郊、紀、史30、漢24下、『風俗通義』巻二　／　華山・崇山でも祭祀

なお、上林苑や長楊宮など首都近傍の苑囿や離宮への行幸の事例は――（43）の事例のように、『漢書』本紀にとくに記載がある場合でない限り――原則としてここでは挙げていない。さらにその年代を確定できない[22]、あるいは全体や複数の事例にわたる記事などについても、本表には採録せず、必要に応じて以下の議論の中で言及することとする。

以上のような前漢武帝期の行幸資料は、後漢時代のそれに比べて必ずしも充分なものではなく、またそれぞれの事例の確定においてもいささかの検討の余地を残してはいるものの、まずはここに挙げた四十三の事例をもとに、以下に検討を加えてゆくこととしよう。

第三節　行幸の概要

前節での表を一見して明らかなように、前漢武帝期の行幸の諸事例は、およそ元鼎四（前一一三）年を画期として前後に大別することができる。すなわちそれより以前においては、数年おきに雍や甘泉への比較的短い行幸の事例が散見するだけであったのが、この年の（8）の事例を契機として、それ以降はかなり大規模な行幸の事例が、それもほぼ毎年のように確認されるようになっているのである。このことは、（8）の事例についての「天子始めて郡縣を巡る」（『史記』巻二八封禅書、巻三十平準書ほか）、「漢の天子始めて出でて郡縣を巡る」（『史記』巻一一〇匈奴列伝）、「漢武帝始めて出でて郡縣を巡狩す」（『漢書』巻九四匈奴伝上）といった記事からも確認することができるであろう。ちなみにこれらの記事に見える「郡國」もしくは「郡縣」の語は、状況から見て当然、「首都圏」である渭水盆地の内史地区（この段階では左右内史、前一〇四年以降は京兆尹・左馮翊・右扶風の「三輔」）以外の地域を指しているものと見なされるのであるが、この点についてはすでにここまでに論じたように、戦国以来の秦の「本土」である内史地区が「被征服地」である他の郡（・国）とは明確に区別され、ともすれば「郡県（国）」のうちには含まれないものとして扱われることもあるような、秦および漢初における「統一」国家体制のあり方に関わるものであると思われる。(23)

しかしその一方で、この武帝期にはある程度「統一の成熟」が進み、国家体制の上でもこれに相応した動きが見られたこと、これまたかつて指摘した通りである。(24) すなわちその一環として、元鼎三年には渭水盆地と東方平野部との間に介在する丘陵山地帯を取り込むかたちで東方諸地域に対する関所の防衛ラインを大きく東へと移動する「広関」が実施され、さらに問題の翌元鼎四年には内史地区で「三（二）輔都尉」が「更置」されたほか、さらにこの丘陵山地帯をまとめて弘農郡が設置されているのであるが、このように新しい体制が整備され、都から東方平野部へのルートが王朝の確実な掌握の下に入ったことが――漢初以来の国力の充実や集権政策の進展などの条件ともあいまって――この年を画期として、渭水盆地をこえてその版図全体へひろがる大規模な行幸が展開する一つの重要な契機であったと考えることができるであろう。先の（8）の事例の『史記』平準書での記事には続けて「東して河を度るも、河東守、行の至るを意はざれば、辯ぜずして、自殺す」とあり、あるいはその翌年の（9）の事例の同じく平準書での記事には「隴西守、行往の卒《にわか》なるをもって、天子の従官食を得ず。隴西守自殺す」とあるように、その当初は行幸を受け入れる「郡國」の側での態勢は必ずしも整っていなかったのであるが、一方で平準書にはこれらの記事に続けて、封禅への機運が高まるとともに「天下の郡國、皆な豫め道橋を治め、故宮を繕い、及び馳道に當たるの縣は、縣ごとに官儲を治め、供具を設け、望みて以て幸を待つ」、あるいは元鼎六年の（11）の事例についての『史記』巻二八封禅書の記事では、「是に於いて郡國は各の除道し、宮館名山神祠所を繕治し、以て幸を望む矣」ようになっていたことを、それぞれ伝えているのである。

もっとも、このように大規模な行幸が展開するようになっても、従来からの雍や甘泉への行幸も依然として引き続き行われていた。このうち雍には天上の五帝を祀る五畤が文帝期より設けられていたのであるが、それはさらに地神を祀る汾陰后土祀（元鼎四年に設置）、太一を祀る甘泉泰畤（元鼎五年設置）とともに、前漢末まで行幸・祭祀が受け継がれてゆくのである。[25]その意味で首都長安にほど近いこれらの地への行幸・祭祀の事例は、武帝期にそのかたちを整えたものではあるものの、（武帝期以外の）他の時期のそれとも共通する前漢時代に通有の部分であり、これに対して元鼎四年以降に展開する大規模な行幸の諸事例こそが武帝期に特有な部分である――このように理解することができるであろう。

ところで後漢時代の事例（とくに『後漢書』）においては、次章にて論ずるように、行幸を表わす語として、「幸」、「行幸」、「巡狩」（「西巡」、「南巡」などの例も含む）の三者が用いられており、このうち最後の「巡狩」の語の場合は、特定の地名を目的語として取ることなく、「幸」や「行幸」――これらは目的語を取る――によって示される個々の行程を全体としてまとめた総称であること、また『尚書』舜典などにも見られるように、それは一般の行幸とは区別される、特別なものとされていたようであること、などが指摘されるのであった。[26]これに対して前漢武帝期の行幸の事例においても、この三者が用いられていることは同様なのであるが、『漢書』武帝紀の記事を例にとると、「行南巡狩」（17）とあるのを除いて、「東して海上を巡る」（13・25）や「北邊を巡る」（41）のように、「巡（狩）」の語は「幸」や「行幸」の場合と同じく目的語を取っており、とくに（13）の事例の場合は全体の行程を総称したものでもない。また先の（17）の事例についても、『史記』封禅書では「上、南郡を巡る」と見えている。このように武帝期の行幸の事例においては、とくに「巡（狩）」の語の用例は後漢時代のそれと異なっているのであった。ちなみに始皇帝の行幸の場合について確認しておくと、『史記』巻六秦始皇本紀での行幸記事では、「二十七年、始皇隴西・北地を巡り、鶏頭山に出で、回中を過る」のような武帝期のそれと同様な例も見られるものの、「東して郡縣を行る」（二十八年条）や、「東游」（二十九年条）、「出游」（三十七年条）など、そこでの用例はまた独自のものとなっているようである。なお、『漢書』武帝紀には「巡（狩）」と記されていない場合でも、前出の（8）の事例のように匈奴伝では「郡縣を巡狩す」とある例のほか、（12）では「北のかた朔方を巡る」（封禅書）、（16）では「之を巡る」（同）、（35）では「東巡」（『史記』巻一〇四田叔列伝）などとあるのであり、このことからすれば、おおむね「元鼎四年以降に展開する大規模な行幸の諸事例」を「巡狩」に含まれるものと見なしてよいであろう。

以上、前漢武帝期の行幸の諸事例は、時期的には元鼎四年を画期として大別されること、すなわち、渭水盆地周辺の雍・汾陰・甘泉などへの行幸・祭祀という前漢時代に通有の諸事例に加えて、この年からは武帝期に特有の大規模な行幸の諸事例――すなわち「巡狩」が展開されることを指摘してきた。とくにこの後者の「巡狩」は、たとえば『漢書』巻六三武五子・燕刺王旦伝に

孝武皇帝躬聖道、孝宗廟、慈愛骨肉、和集兆民、徳配天地、明並日月、威武洋溢、遠方執寶而朝。増郡數十、斥地且倍、封泰山、禪梁父、巡狩天下、遠方珍物陳于太廟、徳甚休盛。（孝武皇帝は聖道を実践され、宗廟には孝、骨肉を慈愛し、兆民を和集して、徳は天地に配し、明は日月に並び、威武は洋溢し、遠方からも宝を奉じて入朝してまいりました。郡を増すこと数十、地を斥くことほぼ倍増、泰山に封じ、梁父に禅し、天下を巡狩して、遠方の珍物は太廟に陳列されるなど、その徳は甚だ休盛でございます）

ともあるように、武帝の事績のうちでも特筆される事柄の一つとされていたのである。そこで以下に、こうした巡狩の事例を中心として、武帝期の行幸の諸側面について、さらに考察を加えてゆくこととしたい。(27)

第四節　行幸と地域

武帝期の行幸の諸事例におけるそれぞれの行程は、後漢時代のそれのようには明確に類型化することができないのであるが、まずは以下に（一）渭水盆地周辺、（二）西巡、（三）南巡、（四）東巡、（五）北巡、にそれぞれ分類して、そのあらましを見てゆくこととしよう。

（一）渭水盆地周辺

雍（右内史、のち右扶風）、甘泉（左内史、のち左馮翊）、河東への行幸がこれに当たる。前節でも述べたように、これらの地にはそれぞれ五時、泰時、汾陰后土祀が設けられており、武帝期に確立したこれらへの行幸・祭祀は、以後も前漢時代を通じて受け継がれてゆくのであった。その中でもとくに甘泉への武帝期の行幸は十五回と、雍の十回、河東の六回に比べて頻繁に実施されている。甘泉は直道の起点であるとともに、避暑の離宮の所在地でもあり、またここで「計を受け」（22）、あるいは「諸侯（王）を朝せしむ」（22・32・42）る例も見られるなど、武帝期（とくに後期）におけるこの地の重要性をうかがうことができるであろう。(28)

（二）西巡

その方位からして、安定・北地方面（9・16・23・36・38・41）と、回中への行幸の諸事例（16・19・26・30・33）がこれに当たる。(29)なお、（9）と（16）の事例は、北巡と複合した事例である。また、安定・北地方面への行幸は雍

（36・38）や甘泉（41）での祭祀とともに記されている例が多いが、一方、回中へのそれは単独の往還として記されていること（19・26・30・33）が多い。このうち（9）の事例は

長安→雍（右内史）→隴西→崆峒山、蕭關、祖厲河（安定郡）→新秦（朔方）→北地→長安

という行程を取っているが、これは秦始皇帝の第一回巡行（前二二〇年）ルートとほぼ同じであること、そしてそれは黄帝の巡行を意識したものであること、などの点が指摘されている。[30]

（三）南巡

「行南巡狩」（『漢書』武帝紀）、「南巡」（『漢紀』）とある（17）の事例がその唯一のものである。その行程は

長安→江陵（南郡）→盛唐（？）→灊→天柱山→尋陽→樅陽→彭蠡（以上、盧江郡）→琅邪郡→海→泰山郡→長安

と東巡と複合したものであり、また始皇帝の第二回巡行（前二一九年）ルートを逆から行ったものにほぼ近いものと思われる。武帝紀や『史記』封禅書などによれば、そこでは「虞舜を九嶷に望祀」し、「灊之天柱山を登禮し、號して南嶽と曰う」ほか、「過ぐる所、其の名山大川を禮祠」したという。

（四）東巡

武帝期の行幸全体のうちでも、とくに重要な位置を占める東方へのそれは、以下の十一例を数える（南巡の17、北巡の13の事例を含む）。

8　長安→雍（右内史）→夏陽（左内史）→汾陰（河東郡）→滎陽→洛陽（以上、河南郡）→長安

11　長安→聞喜（河東郡）→汲（河内郡）→緱氏（河南郡）→長安

13　長安→華山（右内史）→緱氏（河南郡）→崇高（潁川郡）→緱氏（河南郡）→泰山郡→海→博・奉高・蛇丘・梁父（以上、泰山郡）・歴城（済南郡）→海→碣石（遼西郡）→九原（五原郡）→甘泉（左内史）→長安
15　長安→緱氏（河南郡）→萬里沙（東萊郡）→泰山郡→瓠子（東郡）→長安
17　【前掲】
21　長安→泰山郡→海→泰山郡→長安
25　長安→海→東泰山（琅邪郡）→泰山郡→長安
29　長安→東海郡→長安
31　長安→泰山郡→恆山（常山郡）→長安
35　長安→東海郡→琅邪郡→成山→之罘（以上、東萊郡）→海→泰山郡→不其（琅邪郡）→長安
39　長安→東萊郡→海→鉅定（斉郡）→泰山郡→長安

それぞれの事例の目的地・経由地の記載においては、たとえば（13）と（29）の事例のように、たがいに精粗があるものと思われるが、それにしても「泰山」と「海」とが突出して多く見られることは明らかであろう。(31) また始皇帝の巡狩と比べてみた場合、これらの多くは東方への往還という点で、第三回（前二一八年）のそれ——ただし帰路は上党経由——と基本的に類似しているようである（前出の17、後出の13の事例を除く）。

（五）北巡

先述のように「北巡」の語は、（12）の事例の封禅書の記事に「北巡朔方」と見えており、そこでの行程は
長安→雲陽（左内史）→上郡→西河郡→五原郡→長城→［單于臺］→北河（朔方郡）→橋山（上郡）→甘泉（左内史）

↓長安

となるが、これを目安とするならば、以下の三例もここに含めて考えることができるものと思われる。

9　長安↓雍（右内史）↓隴西↓崆峒山、蕭關、祖厲河（以上、安定郡）↓新秦（朔方郡）↓北地↓長安

13　【前掲】

16　長安↓雍（右内史）↓回中道↓蕭關（安定郡）↓獨鹿・鳴澤（涿郡？）↓代郡↓中都（太原郡）↓西河郡↓汾陰（河東郡）[32]↓夏陽（左内史）↓長安

このうち（9）の事例の『史記』平準書の記事などには「數萬騎を從へ、新秦中に獵し、以て邊兵を勒して歸る。新秦中或いは千里に亭徼無く、是に於いて北地太守以下を誅す」とあり、また（12）の事例では十八万騎を率い長城を出て匈奴を威嚇しているなど[33]、ここでは北方の匈奴に対する防備や軍事行動などの問題が色濃く反映している。なお、東巡と複合している（13）の事例は始皇帝の第二回巡狩（前二一九年）と行程が類似しており、またこの北巡と直道との関係についても指摘がなされている[34]。

第五節　行幸の諸相

武帝期の行幸の内容はきわめて多様であり、これについてたとえば顧頡剛氏のように、『尚書』堯典との類似を指摘する見解もあるが[35]、本節では主として関連諸資料の状況から、（一）祭祀、（二）求仙、（三）政治・軍事、（四）その他、の四点に分類して見てゆくこととしたい。

（一）祭祀

武帝期の行幸において祭祀が重要な位置を占めていたことは、第二節の表からも明らかであろう。それらはまず、渭水盆地周辺の雍・汾陰・甘泉などへの郊祀といった前漢時代に通有の行幸・祭祀の諸事例と、武帝期に特有の大規模な行幸である「巡狩」における祭祀の諸事例とに大別され、さらに後者は「天子は海内を巡狩して、上古の神祠を修め、封禪し、禮樂を興す(36)」、「天地の諸神、名山川を巡祭して封禅す(37)」などとあるように、泰山での封禅を頂点として、各地域での様々な祭祀を含んでいた。ちなみに『史記』封禅書では「今天子興す所の祠」について総括的に述べた中に

太一・后土、三年親郊祠、建漢家封禅、五年一脩封……至如八神諸神、明年・凡山他名祠、行過則祠、行去則已。（太一・后土は三年ごとに親ら郊祠し、また漢家の封禅については、五年に一たび封を脩めることとし……八神の諸神、明年・凡山ほかの名祠の如きについては、天子が経由した時にのみ祠り、そうでなければ祠らない）

あるいは

今上封禪、其後十二歳而還、徧於五岳・四瀆矣（今上陛下は封禅なされてから、その後の十二年間で、五岳・四瀆をあまねく巡られた）

とある。これらのうちでも、武帝期の行幸と祭祀について見てゆくうえで重要なのは——雍・汾陰・甘泉などへの郊祀もさることながら——やはりこの時期に特有の巡狩での祭祀、わけても封禅であったことは言うまでもない(38)。「巡狩・封禅」と両者を並列して挙げる例がしばしば見えており(39)、さらに十八万騎を率い長城を出て匈奴を威嚇している前出（12）の事例のような、一見祭祀とは関わりのなさそうな場合においても、その動機の一つが「古は先に振兵澤

旅して、然る後に封禪」していたことであるなど、(40)それは当時の巡狩の事例全般にわたって広く影響を及ぼしていたのである。

このような武帝期の行幸における祭祀のあり方が、始皇帝のそれと類似する点が多いことは、周知の通りであろう。泰山封禅はもとより、たとえば（13）の事例に見える斉の八神（天主、地主、兵主、陰主、陽主、月主、日主、四時主）への祭祀などについても、このことが指摘されている。(41)これに対して後漢時代の行幸の諸事例においては、武帝のそれと同様に泰山封禅や五岳をはじめとする名山などへの祭祀も行われている一方で、長安での前漢諸帝の祭祀、南陽での劉氏一族の祖先祭祀、魯での孔子顕彰などの儒教的祭祀がそこでの主要な内容となっていた。(42)このうち長安での前漢諸帝の祭祀はともかくとして、南陽での祖先祭祀に相当する帝室発祥の地である沛での祭祀――後漢時代には行われていた――や、魯での儒教的祭祀などが武帝期の行幸の諸事例において確認されないことは、その性格を考えるうえで一つ注目すべき点であるといえるであろう。

（二）求仙

武帝期の行幸において、「僊人の跡」を見る（11）、あるいは「東して海上に至」り「蓬萊」や「神僊」を求める（13・21・25。以上、『史記』封禅書）等々、不死登僊を目的として神仙を求める事例は数多く見えている。とくに（15）の事例の封禅書の記事では、「神人」や「神怪」を求めて緱氏や東萊などを経巡《へめぐ》った挙げ句、「是において天子、既に出づるに名無」ければ、「萬里沙に禱」り、「泰山を祠」り、瓠子の黄河の決壊現場での修復作業に臨んだことが述べられているのであり、(43)これなどは、これら行幸の実際の動機が那辺にあったかを端的に物語る好例であるといえよう。

こうした武帝期における行幸の性格が、やはり不死登僊を追い求めた始皇帝のそれと共通するものであることは、これまた周知のところである。一方、これらに対して後漢時代の行幸の事例では、このような性格についてはほとんど確認することができない。その行程において、沿海部への行幸の事例がまったく見られないという事実は、このことをまさに象徴的に示している[44]。

(三) 政治・軍事

そもそも封禅や祭祀などをはじめとして、行幸はそれ自体なにがしかの政治的性格を帯びているものであるが、たとえば（8）の事例に見られる「周の末裔の封建」[45]なども、そうした一つの具体例であるといえよう。また前出の瓠子の決壊現場での修復作業への臨幸、あるいは北巡の際の（9）の事例での「新秦中或いは千里に亭徼無く、是に於いて北地太守以下を誅す」などの例は――後漢時代の場合[46]ほど詳細な記録が残っているわけではないものの――武帝期の行幸においても「地方の巡視」という側面が確かに存在していたであろうことをうかがわせるものである。さらに軍事的な側面としては、十八万騎を率い長城を出て匈奴を威嚇した（12）の事例が挙げられるが[47]、後漢時代の行幸においては、草創期の特殊な時期を除いて、基本的にこうした事例は確認できない。

ところで次章でも指摘するように、後漢時代の行幸の事例では、行幸先での諸王との「会見」や諸王による行幸への「随従」など、諸王（国）関連の記事が多く見えているのであるが、武帝期の行幸の場合、このような記事としては、まず泰山（17）あるいは甘泉（32・42）において「諸侯王（・列侯）を朝せしめ」た例などが挙げられる。さらに『漢書』巻七五夏侯勝伝には「武帝の巡狩して幸する所の郡國は凡四十九」とあることから、武帝の行幸においてもいくつかの諸侯王「国」を経由していたことは明らかであり――それが具体的にどこであるのか、あるいは何か国であったのかを具体的に確定することは困難ではあるものの――その際に後漢時代の場合のように、諸王との会見など

が行われたであろうことは充分想定できるであろう。(48)

ちなみに夏侯勝伝のこの記事は、武帝の行幸で経由した四十九郡国にいわゆる「郡国廟」が置かれた事を述べたものであるが、(49)このことについては『漢書』巻七三韋玄成伝に「將に以て海内之心を繋がんとす」るものであること、あるいは「往者天下初めて定まり、遠方未だ賓せず。因りて嘗て親らする所に以て宗廟を立てるは、蓋し威を建て萌を銷し、民を一にする之至權也」であることが指摘されており、当時、それが前漢王朝の統一支配をいわば補強するものとして理解されていたことがうかがわれる。おそらくは、武帝の巡狩そのものにもこうした側面は存していたことであろう。ちなみに始皇帝の巡狩についても、『史記』巻六秦始皇本紀二世元年条に「先帝は郡縣を巡行して、以て彊きを示し、海内を威服せしむ」と見えている。

（四）その他

武帝期の行幸の具体的なあり方について伝える史料は少ないのであるが、たとえば甘泉での郊祀に際して「甘泉鹵簿」なる儀注が存在していたことから、(50)当時、行幸全般についても、おそらくはある程度まとまった制度の定められていたであろうことが想定される。また行幸の途次で報告を受けたり、(51)あるいは泰山（17・31・35）や甘泉（22）で郡国からの計簿を受け取る重要な国家の儀式である「受計」が行われていることなどからすれば、それが行政機能を果たしうる人員や資料を伴って行われていたこともうかがわれるであろう。(52)さらに『史記』巻一二三大宛列伝の、おそらくは元封初年（前一一〇～一〇九年）のことと考えてよい次の記事に

是時、上方數巡狩海上、乃悉從外國客、大都多人則過之、散財帛以賞賜、厚具以饒給之、以覽示漢富厚焉。（是時、上はしばしば海のほとりを巡狩し、外国からの客をことごとく従えて、人口の多い大きなまちがあればそこ

を経由し、財帛を支出して賞賜し、十分に準備をして手厚く待遇し、それによって漢の富厚であることを見せつけた）

とあるような、示威的な目的からの「外國客」など、さまざまな人々がそこに含まれていたことが知られるのである。

このような、おそらくは大規模な行幸は、経由地の各郡国の負担によっても支えられていた。「辯ぜずして、自殺」した（8）の河東太守、あるいは「天子の従官食を得」なかったためにやはり自殺した（9）の隴西太守の事例は前述したところであるが[53]、その一方で、「宮館馳道は脩治し、供張は辦」であったことが武帝の意にかなって昇進した王訢のような事例も見られる[54]。しかしながら、いずれの場合にあっても、それが経由地の人々にとっての負担であったことには変わりはなく、それゆえに経由地に対しては、「田租逋賦貸」（13）・「今年算」（13）・「今年租賦」（17）・「田租」（31）を免除する租税減免、「年七十以上の孤寡に帛二匹ずつ」（13）・「孤・獨・高年に米四石ずつ」（15）・「鰥・寡・孤・獨に帛、貧窮者に粟」（17）・「鰥・寡・孤・獨に帛を一匹ずつ」（35）をそれぞれ賜う恤民、「徒」（15）や「汾陰の殊死以下」（20）を免ずる赦免、さらには「戸ごとに五千錢を賜う」（35）などの優遇措置がしばしば取られたこと、後漢時代の行幸の場合と同様である。このほかに全国を対象として、「民に爵一級、女子百戸ごとに牛・酒を賜う」（8・13）・「天下に赦す」（35・41）・「貧民に布帛を一匹ずつ賜う」（20）などの例が見えている[55]。当然、このことも含めて、行幸の莫大な費用は国家財政にも重くのしかかっていた。『史記』平準書にはこの点について

於是天子北至朔方、東到太山、巡海上、並北邊以歸。所過賞賜、用帛百餘萬匹、錢金以巨萬計、皆取足大農。

（そこで天子は、北は朔方、東は太山に到り、海上を巡り、北辺の地に沿って帰った。経由地での賞賜として絹百余万匹を使い、金銭も巨万をもって数えるほどであったが、いずれも大農から支出した）

と述べている[56]。このことが、武帝期以降の民力休養策のもとで、大規模な行幸が途絶した一因――後述するような要

因とは別に――であることは容易に想像されるところであろう。

なお、後漢時代の行幸に際しては、名だたる文人たちが行幸を題材とした「賦頌」を献上している例が見られるが、(57)それは武帝期の行幸においても同様であった。(58)

第六節　終節――歴史的位置づけ――

以上、本章では前漢武帝期の行幸についてまずは関連資料を集成して、簡単な分析を加えてきた。すなわち、武帝一代の行幸の回数は四十数次にものぼるが、それらは渭水盆地周辺の雍・汾陰・甘泉などへの行幸・祭祀という前漢時代に通有の諸事例と、元鼎四年以降、連年のように繰り返される武帝期に特有の大規模な巡狩の諸事例とに大別されるのであった。ちなみに本文中でも指摘したように、武帝期になってこのように大規模な行幸を可能とした背景としては、統一国家体制の整備などの事情が想定されるであろう。そしてこれら行幸の諸事例について、地域別には(一)渭水盆地周辺、(二)西巡、(三)南巡、(四)東巡、(五)北巡、あるいはその内容からは(一)祭祀、(二)求仙、(三)政治・軍事、(四)その他、に分類して、それぞれに考察を加えてきたのであった。これらの多くは資料の状況もあって、ともすれば表面的な紹介にとどまるものではあるかもしれないが、それでもここから武帝期の行幸について、その基本的なあり方をうかがうことはできるであろう。そこで最後にこのような武帝期の行幸の歴史的位置づけについて、秦始皇帝と後漢時代のそれとの比較から簡単に言及して、本章でのささやかな考察を締めくくることとしたい。

まず始皇帝の行幸との関係であるが、巡幸ルートや各地での祭祀のあり方、あるいは求仙の事例等々、両者が多くの面できわめて共通した性格をもつものであることは、ここまでに見てきたことからもあらためて確認されるであろう。もとより武帝期の行幸の場合には、諸侯王との関係をはじめとして、経由地に対する優遇措置、地方の視察、行幸を題材とした「賦頌」など、始皇帝の行幸には見られない事例も数多く見えているのではあるが、これらのうちには――諸侯王との関係など明らかに背景となる事情が異なるものは別として――始皇帝の行幸についての知見を補うようなものも含まれていると思われる。

これに対して後漢時代の行幸は、泰山での封禅や名山への祭祀など共通する側面も見られはするものの、それ以上に武帝期の行幸とは大きく性格が異なるものであること、ここまでに見てきたことからも明らかであろう。すなわちそこでは求仙、あるいは軍事的な側面はきわめて稀薄なのであり、さらにその範囲も東は沿海部に達していないことは前述したが、加えて北は長城を出ず、西はほぼ長安をこえることがないなど(59)、始皇帝や武帝期の行幸のそれに比べると、かなり縮小したものとなっている。武帝期にあれだけ重視された甘泉への行幸が、後漢時代にはなされなくなっていることも興味深い。とくに祭祀については、これまた前述したように、後漢時代の行幸においては長安での前漢諸帝の祭祀、南陽での劉氏一族の祖先祭祀、魯での孔子顕彰などの儒教的祭祀、などが重要な内容となっていたわけであるが、武帝期の行幸の事例においては、長安での前漢諸帝の祭祀はともかくとして、「帝室発祥の地である南陽での祖先祭祀」に相当する豊・沛での祭祀も、魯での儒教的祭祀もなされていないのであり、このあたりに前漢・後漢両王朝の正統性のあり方の違いを見ることもできるであろう。

このように、秦始皇帝と後漢時代の行幸との中間に位置する前漢武帝期の行幸は、その性格において、より前者に近いものであった。始皇帝以来の全土の直轄支配を事実上実現した武帝の時代に、このように大規模な行幸が再現されたのもけっして偶然のことではない。しかしながらこの武帝期以降、雍・汾陰・甘泉などへの行幸・祭祀は継続してゆくものの、渭水盆地一帯をこえての大規模な行幸が行われることは二度となかった。かわって宣帝の本始二（前七二）年には「武帝の巡狩して幸する所之郡國には、皆な廟を立[60]」てることとなるが、これも元帝の永光四（前四〇）年には、前述したような「威を建て萌を銷し、民を一にする之至權」としての役割は終えたとして廃止される[61]。この時期における大規模な行幸の途絶と、こうした郡国廟の廃止をはじめとする国制構造の変質——すなわち古典的国制の成立[62]——とは、けっして無関係なものではないであろう。そして新代には、王莽によって儒教的な巡狩の実施が宣言されるに至る[63]。悪化の一途をたどる内外の諸情勢の中、これが実現することはついになかったが、それを引き継いだ後漢王朝によって、「多くは舊典に非ざる」始皇帝や武帝期のそれとは異質な、「頗る古禮あり[64]」とされる行幸が展開されてゆくのであり、こうした展開の中における武帝期の行幸の歴史的位置づけは同時にまた、「前漢武帝期」という時代そのもののあり方をもある程度反映しているものと思われるのである。

注

（1）たとえば、仁藤敦史一九九〇では、「行幸は王として支配の正統性を主張する場」であったことを指摘する。また、佐藤智水一九八四は、表記の問題から、北魏王朝下における胡族の「漢化」などについて論じたものであり、本章においてもここから多くの示唆を得た。さらに、その詳細な検討から殷王の基盤となる邑の領域の大きさを想定し、あわせて殷代の国家構造について論じた松丸道雄一九六三のような研究もある。
（2）顧頡剛「漢武巡狩及其祠祀等事」。
（3）近年の研究としては、何平立二〇〇三参照。
（4）金子修一一九八二、目黒杏子二〇〇三、二〇一一a・b参照。
（5）佐藤武敏一九七七、鶴間和幸一九九五、藤田勝久二〇〇三dなど参照。

(6) 王京陽一九八〇。
(7) 稲葉一郎一九八九。
(8) 桐本東太一九八九。
(9) 中野美代子一九九一。
(10) 鶴間和幸一九九二a。
(11) 鶴間和幸一九九三。
(12) 本書第一部および第二部の諸章参照。
(13) 前漢時代における大規模な行幸の事例は、多分に軍事行動としての性格が強い高帝期の諸例と文帝期の太原、代行幸などを除けば、武帝期それも元鼎四（前一一三）年以降の三十年弱の間に集中し、それ以外のほとんどの時期の行幸地は雍や甘泉、河東などに限定されている。文帝期の行幸については薄井俊二二〇一一があり、文帝期の「出遊」が武帝期のそれに先駆的存在として影響を与えていたことを指摘する。
(14) 『漢紀』については張烈点校『両漢紀』（中華書局、二〇〇二年）をテクストとして参照した。
(15) 『冊府元亀』巻一一二帝王部・巡幸一や『西漢会要』巻十六・禮十の「行幸」の項、および顧頡剛「漢武巡狩及其祠祀等事」など。ただしそれぞれには若干の遺漏が見られるようである。
(16) 当時の交通ルートについては、譚宗義一九六七など参照。
(17) なお、これについて、『資治通鑑』巻二十では「上又幸甘泉」としており、また『冊府元亀』巻一一二では、「西臨祖厲河而還」で終わり、甘泉行幸は取っていない。
(18) 各事例中、(18)は(17)の事例に続けて「還幸甘泉」とあり、同様に(22)は(21)に続けて「春還、受計于甘泉」、(30)は(29)に続けて「還幸回中」、(40)は(39)に続けて「夏六月、還幸甘泉」とある。この「還（幸）」の語は、行幸の記事において「行幸泰山……還幸北地、祠常山」（31の事例の『漢書』武帝紀天漢三年三月条）とあるように、一連の行程の中での移動を示す語として用いられている場合があり、その点を重視すれば、あるいはここに挙げた各組の諸事例も、それぞれ連続した一つの事例と見なすべきものであるかもしれない。
(19) 回中（宮）の位置比定については諸説ある。王京陽一九八〇、注②など参照。なお、王氏は、始皇帝の巡狩経路について述べた中で、鶏頭山以西の、長城に囲まれた一帯を指すとしている。
(20) (38) の事例に見られる雍での祭祀については、『漢紀』巻十五の「行幸雍、祠五時」から補った。
(21) たとえば (29) の事例の天漢二年春条の記事では、「行幸東海」とあるのみであるが、少なくともその往還で河南あるいは河東郡を経由したものと思われる。
(22) たとえば『漢書』巻九七上外戚・鉤弋趙倢伃伝の河間巡狩および甘泉行幸の例など。
(23) 本書第一部第二章および補論、第三章、第四章参照。
(24) 本書第一部第三章参照。
(25) 金子修一一九八二、目黒杏子二〇〇三参照。
(26) 次章参照。
(27) なお前漢時代の行幸の事例は、後漢時代のそれと異なり、出発と帰還の日付が記録されていないため、それぞれの所要日数などについての詳細を知ることができないが、(35) の東海・泰山などへの行幸の事例は太始三年二月から翌四年五月にまで及んでおり、また (36) の安定・北地への事例は太始四年十二月から翌征和元年正月まで、(39) の東萊・泰山などへの事例は征和四年正月から六月に及んでいる。『漢書』本紀や『漢紀』などによる。
さらに、各行幸記事の出発の月は、太初元（前一〇四）年を境として、それぞれ「十月」と「正月」とが多く、この年の太初改暦によって歳首が十月から正月へと変わっていることを考えるならば、年初に出発する行幸の事例が半数以上を占めていることとなる。
(28) 甘泉宮については、姚生民二〇〇三に、甘泉宮や直道の遺址、出土遺物、文献資料などが詳細に紹介されている。
(29) ただし、(41) の事例の『漢書』武帝紀の詔ではこれを「巡于北邊」としてはいる。
(30) 前注（5）掲の諸論考参照。なお、鶴間和幸二〇〇一では、これらの地について実地調査に基づく紹介がなされている。

(31) これらのうち、嶧山、碣石、之罘、萊山、成山、琅邪台については、鶴間和幸一九九三参照。

(32) この部分について、封禅書では「至鳴澤、從西河歸」で記事が終わっており、郊祀志ではこれが「歷獨鹿・鳴澤、自西河歸、幸河東祠后土」となっていることなどからすると、一度都に戻ってから河東、さらに太原に行幸した可能性も考えられる。

(33) たとえば『漢書』武帝紀元封元年条に「勒兵十八萬騎、旌旗徑千餘里、威震匈奴。遣使者告單于曰『南越王頭已縣於漢北闕矣。單于能戰、天子自將待邊。不能、亟來臣服。何但亡匿幕北寒苦之地爲』匈奴讋焉。」とある。また、(13)の事例についても、藤田勝久二〇〇三d、一四四頁では、「封禅をしたあと、海上から碣石を回って、ふたたび北辺にもどったのは、匈奴の前線とも関係していた」ことを指摘する。

(34) 佐藤武敏一九七七、鶴間和幸一九九五参照。

(35) 顧頡剛「漢武巡狩及其祠祀等事」参照。

(36) 『史記』巻一〇三萬石君列伝。

(37) 『史記』封禅書太史公曰。

(38) 武帝期の封禅については、金子修一一九八二参照。

(39) たとえば「草巡狩封禪改曆服色事未就」(『史記』巻二八封禅書)や「及議欲放古巡狩封禪之事、諸儒對者五十餘人、未能有所定」(『漢書』巻五八兒寬伝)など。

(40) 『史記』封禅書。

(41) 鶴間和幸一九九五参照。なお、本論文では、始皇帝と武帝の封禅について、刻石文からその相違点も指摘している。

(42) 次章参照。

(43) 「其春、公孫卿言見神人東萊山、若云「欲見天子」。天子於是幸緱氏城、拜卿爲中大夫。遂至東萊、宿留之數日、毋所見、見大人跡云。復遣方士求神怪采芝藥以千數。是歲旱。於是天子既出無名、乃禱萬里沙、過祠泰山。還至瓠子、自臨塞決河、留二日、沈祠而去」

(44) 次章参照。
(45) 『漢書』武帝紀元鼎四年条の「還至洛陽。詔曰「祭地冀州、瞻望河洛、巡省豫州、觀于周室、邈而無祀。詢問耆老、乃得孽子嘉。其封嘉爲周子南君、以奉周祀」など。
(46) たとえば次章にも見るように、後漢時代には行幸先やその途次の各地において、官吏や父老たちと面会し、賞賜・慰労のなされる例が多く見えている。なお、『漢書』巻四六萬石君伝中の、武帝の丞相石慶へのメッセージには、水害のために「方州を巡り」、「百年の民の疾苦せる所を問う」と見えている。
(47) 前注(33)参照。
(48) 高帝期の例として、「僞りて雲夢に遊び、諸侯を陳に會す。楚王(韓)信迎えれば、即因りて之を執う」(『史記』巻八高祖本紀六年条ほか)とある。
(49) 武帝の行幸経由地への郡国廟設置は宣帝の本始二(前七二)年のことであった。『漢書』巻八宣帝紀の同年六月庚午条に「武帝巡狩所幸之郡國、皆立廟」とある。
(50) 『続漢志』巻二九輿服上・乘輿大駕に「西都行祠天郊、甘泉備之。官有其注、名曰甘泉鹵簿。」とあり、劉昭注引蔡邕表志に「國家舊章、而幽僻藏蔽、莫之得見。」とある。
(51) おそらく(35)の事例に含まれる記事かと思われるが、『史記』巻一〇四田叔列伝に「(田仁)其後使刺擧三河。上東巡、仁奏事有辭、上説、拜爲京輔都尉」とある。
(52) 『漢書』巻五九張安世伝に「上行幸河東、嘗亡書三篋、詔問莫能知、唯安世識之、具作其事。後購求得書、以相校無所遺失。上奇其材、擢爲尚書令、遷光祿大夫。」とある。
(53) このほかに「太始四年、坐爲太常行幸離宮道橋苦悪、大僕敬聲繫以謁聞、赦免」(『漢書』巻十六高恵高后文功臣表・汾陽・江鄒侯靳石条)や「上幸鼎湖、病久、已而卒起幸甘泉、道多不治。上怒曰『縱以我爲不復行此道乎。』嗛之」(『史記』巻一二二酷吏・義縱伝)などの例も見られる。
(54) 「稍遷至右輔都尉。武帝數幸扶風郡、訢共置辦、拜爲右扶風」(『史記』巻二十建元以来侯者年表)、「徴爲右輔都尉、守右

扶風。上數出幸安定・北地、過扶風、宮館馳道脩治、供張辦。武帝嘉之、駐車、拜訢爲真」（『漢書』巻六六王訢伝）。なお、前漢末期の事例ではあるが、杉本憲司二〇〇三では、尹湾漢簡車簿に「乘輿」の語が多く見られることについて、この東海郡の地にも禁苑が存在していた関係で、皇帝の巡幸に備えて乗輿の兵車器が常時置かれていたことを指摘する。ちなみに『宋書』巻二七符瑞志・光武帝誕生の段からは、済陽に武帝の行宮のあったことが知られる。

(55) 以上、いずれも『漢書』武帝紀。

(56) このほか『史記』萬石君列伝にも「是時漢方南誅兩越、東擊朝鮮、北逐匈奴、西伐大宛、中國多事。天子巡狩海内、修上古神祠、封禪、興禮樂。公家用少、桑弘羊等致利、王溫舒之屬峻法、兒寛等推文學至九卿、更進用事」とある。

(57) 次章参照。

(58) 『漢書』巻五一枚皐伝に「從行至甘泉・雍・河東、東巡狩、封泰山、塞決河宣房、游觀三輔離宮館、臨山澤、弋獵射馭狗馬蹵鞠刻鏤、上有所感、輒使賦之。爲文疾、受詔輒成、故所賦者多」とあるなど。また『漢書』巻三十芸文志・詩賦・歌詩には「出行巡狩及游歌詩十篇」が挙げられている。

(59) 次章参照。

(60) 『漢書』巻八宣帝紀本始二年六月庚午条。

(61) 『漢書』巻七三韋玄成伝。

(62) 渡邊信一郎二〇〇二では、前漢末期から後漢にかけての古典的国制成立の具体相を論ずる。

(63) 『漢書』巻九九中王莽伝天鳳元年正月条。これについては次章でも言及する。

(64) 『宋書』巻十五禮志二。

第四章　後漢時代の行幸

第一節　問題のありか

前章でも見てきたように、皇帝や王などの君主が宮中を出て領内各地を往還、巡行する「行幸」の事例には、当該期における国家支配のあり方をうかがう上で興味深い手がかりが、様々な形で含まれているといえるであろう。(1)中国史においても歴代多くの行幸が記録されているが、このうち秦漢時代の場合には、秦始皇帝の巡狩についてすぐれた研究が蓄積されており、(2)前漢武帝期の行幸もまた有名である。ところがそれに続く後漢時代の行幸については、管見の限り、これまで充分な関心が払われてはこなかった。(3)

しかしながら後述するように、後漢時代の行幸はそのほぼ全期間の長期にわたって五十回近くも継続・実施されてきたのであり、秦や前漢時代の行幸と比較しても、(4)その重要性を無視することはできない。また、筆者はこれまで主として「地域性」の側面から秦漢統一国家の構造について考察を重ねてきたわけであるが、(5)行幸の事例はこうした資料が比較的乏しい後漢時代のそれについて見てゆく上でも、貴重な手がかりとなるであろう。

以上より本章では、後漢時代の行幸について取り上げ、そこに示された国家支配の具体的なあり方の一端を見てゆくこととする。まずは当時の行幸資料を集成してその概要を確認した上で、「地域」をはじめとするそこでの様々な内容について検討を加え、あわせてその歴史的位置づけについても言及することとしたい。

第二節　行幸の概要

後漢時代における行幸の事例については、『後漢書』本紀をはじめとして比較的多くの関連記事が残されているが、(6)それらを整理して簡単にまとめたものが後掲の表である。

原則として『後漢書』本紀中の記事から、それぞれの行幸の事例について「皇帝」、「年代」、「種別」の各欄にまとめ、あわせて『後漢書』本紀以外の関連記事の出典を示す欄を付して、それらを年代順に配列した。なお、ここでの考察の対象とする事例の選別に際しては、史料の上では「行幸」や「幸」などとあっても、実際にはそれが遠征などの軍事行動であるような王朝草創期の事例や、(7)王朝が実質的に崩壊して以後の、実力者による強制的な移動や逃避行であるような献帝期（一八九～二二〇年）の事例などは除外している。もっとも、たとえば（4）や（8）の事例などは、董憲・張歩や隗純ら敵対勢力への軍事行動ではあるものの、その一方で沛での「祠高原廟」や魯での「祠孔子」、あるいは長安での「祠高廟、遂有事十一陵」など、明らかに平常時の行幸と共通する要素も認められることから、ここに加えることとした。また、上林苑や広成苑での「校猟」の事例については割愛している。(8)このように、その細部での線引きには多分に微妙な部分も排除しきれないが、少なくともここに挙げた四十五の事例から、後漢時代における行幸のおおよそをうかがうことは充分に可能であろう。そこでまずは以下に、この表から行幸の「名称」ならびに「年代」の二点について検討してみることとしたい。

まず第一の点であるが、**表1**の「種別」の欄にも見られるように、そこでは行幸を表わす語として、「幸」、「行幸」、「巡狩」（「西巡」、「南巡」などの例も含む）の三者が用いられている。このうち「幸」と「行幸」の語はいずれも「幸南陽」や「行幸長安」など、その後に必ず目的地をともなって示されるものであり、また両者が互用されている例も多い(9)。これに対して、「巡狩」の語の場合は、たとえば（36）の事例での『後漢書』巻三孝章帝紀章和元年八月癸酉条に

南巡狩。……戊子、幸梁。……乙未、幸沛。……九月庚子、幸彭城。……辛亥、幸壽春。……己未、幸汝陰。

とあるように、直接には目的語をとることなく、これら「幸」や「行幸」によって示される個々の行程を全体としてまとめた総称として用いられているのであり、その性格は基本的に異なっている。周知のように、この「巡狩」については経書などにいくつかの記事が見えており、たとえばそのうちの代表的な例である『尚書』舜典では

歳二月、東巡守、至于岱宗、柴、望秩于山川。肆覲東后。協時月、正日、同律度量衡、修五禮五玉三帛二生一死贄。如五器、卒乃復。五月、南巡守、至于南岳、如岱禮。八月、西巡守、至于西岳、如初。十有一月、朔巡守、至于北岳、如西禮。歸、格于藝祖、用特。五載一巡守、羣后四朝。（歳の二月に東に巡狩して泰山に至り、柴のまつりを行い、山川を望祀する。そして東の諸侯の朝覲をうける。季節や月をあわせ、日を正し、律や度量衡を一致させ、五礼・五玉・三帛・二生・一死・贄を修め、五器などは用がすめば戻す。五月には南に巡狩して南岳に至り、泰山での礼と同様にする。八月には西に巡狩して西岳に至り、同様にする。十一月には北方に巡狩して北岳に至り、西方と同様にする。還御したら祖廟に至り、雄牛を捧げる。五年に一度巡狩を行い、諸侯は四年ごとに朝見する）

と、帝王が東・南・西・北の四方を定期的に巡狩して山川を祭り、諸侯と会見することなどが記されている。これは

29	章　帝	建初七年(82)	幸	『後漢紀』巻11
30		建初七年(82)	西巡狩	伝16韋豹列伝、『後漢紀』巻11、(薛瑩後漢記)
31		建初八年(83)	東巡狩	『後漢紀』巻11
32		元和元年(84)	南巡狩	伝33朱暉列伝、『後漢紀』巻12、『芸文類聚』巻39所引班固南巡頌、『太平御覧』巻537所引崔駰南巡頌、巻639所引会稽典録
33		元和二年(85)	東巡狩	伝16韋豹、18桓譚、32東平王蒼、35張酺、38楊終、69孔僖列伝、志８祭祀中、『東観漢記』巻２、７東平憲王蒼、14桓譚、15丁鴻、16張酺列伝、『後漢紀』巻12、『芸文類聚』巻39所引班固・崔駰東巡頌
34		元和三年(86)	北巡狩	(郭皇后紀にも)、伝15魯丕列伝、『東観漢記』巻２、『太平御覧』巻537所引崔駰北巡頌
35		元和三年(86)	幸	『太平御覧』巻537所引崔駰西巡頌
36		章和元年(87)	南巡狩	伝31寒朗、32阜陵王延列伝、『後漢紀』巻12
37	和　帝	永元三年(91)	行幸	伝35韓棱列伝、『東観漢記』巻15桓郁列伝、『後漢紀』巻13
38		永元十五年(103)	南巡狩	伝15魯恭、22樊準、34張禹、45清河王慶、66王渙列伝、『東観漢記』巻16、『後漢紀』巻14
39		永元十六年(104)	行幸	『東観漢記』巻２
40	安　帝	延光三年(124)	東巡狩	伝44楊震、50馬融列伝、志８祭祀中、『後漢紀』巻17、『芸文類聚』巻39所引張衡東巡誥、馬融東巡頌
41		延光三年(124)	行幸(西巡)	伝16韋豹、伝21王堂列伝、『後漢紀』巻17
42		延光四年(125)	南巡狩	(閻皇后紀にも)、『東観漢記』巻３、『後漢紀』巻17
43	順　帝	永和二年(137)	行幸	『後漢紀』巻18
44	桓　帝	延熹二年(159)	行幸	『後漢紀』巻21
45		延熹七年(164)	南巡狩	伝44楊秉列伝、73逸民列伝・漢陰老父、『東観漢記』巻３、『後漢紀』巻22

※「(『後漢書』本紀以外の) 関連資料」の欄では、『後漢書』列伝および (『続漢書』) 志については書名を省略し、また『東観漢記』の本紀および『後漢紀』は巻数のみの表記とした。『東観漢記』の記事を示すのには、便宜上、通行本の巻数を用いている(10)。

表1　後漢時代行幸表

番号	皇帝	年(西暦)	種　別	(『後漢書』本紀以外の) 関連資料
1	光武帝	建武二年(26)	幸	伝8呉漢列伝
2		建武三年(27)	幸	伝5鄧晨列伝、『東観漢記』巻1
3		建武四年(28)	幸	
4		建武五年(29)	幸	
5		建武六年(30)	幸	『後漢紀』巻5
6		建武八年(32)	幸	
7		建武九年(33)	幸	
8		建武十年(34)	幸	『後漢紀』巻6
9		建武十一年(35)	幸	『後漢紀』巻6
10		建武十七年(41)	南巡狩	『東観漢記』巻1、『後漢紀』巻7
11		建武十七年(41)	幸	
12		建武十八年(42)	西巡狩	伝70杜篤列伝、『後漢紀』巻7
13		建武十八年(42)	幸	『後漢紀』巻7
14		建武十八年(42)	幸	伝5鄧晨、22樊宏列伝、『後漢紀』巻7
15		建武十九年(43)〜二十年(44)	南巡狩	伝17杜林、29劉般列伝、『東観漢記』巻1、『後漢紀』巻7 (巻6の九年三月条にも)
16		建武二十年(44)	東巡狩	伝17王良、23虞延列伝、『後漢紀』巻7
17		建武二十二年(46)	幸	『後漢紀』巻8
18		建武三十年(54)	東巡狩	志7祭祀上、『後漢紀』巻8
19		建武三十年(54)	幸	『後漢紀』巻8
20		中元元年(56)	東巡狩	伝23馮魴、25張純・曹褒、32東海王彊列伝、志7祭祀上、『東観漢記』巻1、『後漢紀』巻8
21		中元元年(56)	行幸	『東観漢記』巻1、巻13馮勤伝、『後漢紀』巻8
22	明　帝	永平二年(59)	西巡狩	伝33朱暉列伝、『東観漢記』巻2、『後漢紀』巻9
23		永平三年(60)	幸(従皇太后)	(陰皇后紀にも)、伝16蔡茂列伝、『東観漢記』巻2、『後漢紀』巻9
24		永平五年(62)	行幸	『東観漢記』巻2、『後漢紀』巻9
25		永平六年(63)	行幸	伝23馮魴、32東平王蒼列伝、『後漢紀』巻9
26		永平十年(67)	南巡狩	『東観漢記』巻2、『後漢紀』巻10
27		永平十三年(70)	行幸	伝66王景列伝、『後漢紀』巻10
28		永平十五年(72)	東巡狩	伝10祭肜、23馮魴、32楚王英・東平王蒼・廣陵王荊、66王景列伝、『東観漢記』巻2、15馮魴伝、『後漢紀』巻10

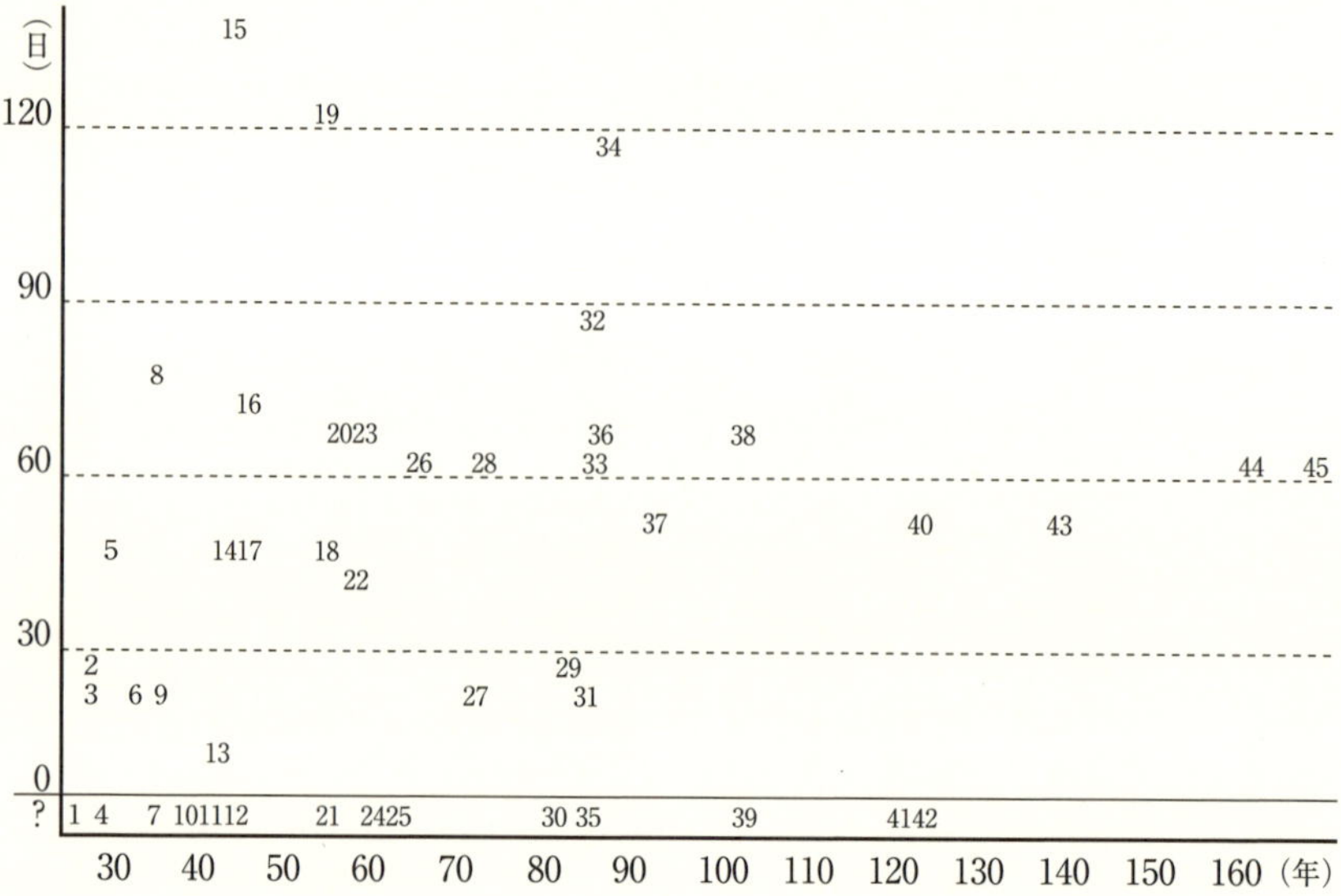

多分に理念的に整序された形のものではあるが、ここからも巡狩が一般の行幸とは区別される、特別なものとされていたことはうかがわれるであろう。(11) ただし後漢時代における「巡狩」の内容は必ずしも舜典などに示されるそれと一致するわけではなく、また「巡狩」の語も、『後漢書』以外の『東観漢記』や『後漢紀』などの資料ではほとんど用いられていないなど、(12) その実態についてはなお検討を要する。この問題については、以下の行論においても何度かふれることとなろう。なお、「幸」、「行幸」、「巡狩」三者全体の汎称としては、以下でも引き続き「行幸」の語を用いてゆくこととする。

つぎに、行幸の「年代」について、その時期的分布を各事例の期間（所要日数）とあわせてまとめたものが、上掲の図である。横軸には行幸の実施された年代（西暦）、縦軸には行幸の所要日数をとり、それぞれの事例を番号で示した。所要日数は各行幸記事に見える出発と帰還の日付の干支を換算することによって求められる（次節の各表「期間」の欄参照）(13) が、それらの記事のうち、干支に明らかな誤りのある例（1、10、12、30）や、出発や帰還の日付を欠く例（4、7、11、21、24、25、35、39、41）、さらには皇帝が行幸中に崩御した例（42）など、所要日数を明らかにできないものについては、表の最下段にまとめて、年代にのみ対応する形で表示してある。

ここに見られるように、後漢時代の行幸の事例は、王朝草創期より桓帝の延熹七（一六四）年に至るまでの約百四十年間にわたって広範に分布している。続く霊帝期（一六八～一八九年）には行幸の事例は確認されないものの、一八四年の黄巾の乱を契機に事実上、統一体制が崩壊に向かっていったことからするならば[14]、それは実質的にほぼ後漢時代の全期間にわたって実施されているということができるであろう。もっとも、その時期的分布は必ずしも均一なものではなく、初期には行幸の事例が比較的密であるのに対して、時代が下るほどその間隔は次第に大きくなっている。この間、行幸の不可能な幼帝がまま存在したことを考慮に入れても、全体としてゆるやかに間隔があいてゆく傾向にあることは確かであろう。ちなみに、経書などに見られるような「巡狩」の「五年ごと」、「十二年ごと」といった規則性は[15]、ここではとくに確認されないようである。一方、それぞれの事例における行幸の期間（所要日数）については、（15）の事例の百三十七日間を最高に、ごく短期間のものまで様々ではあるが、本図での大まかな傾向として、光武帝期（二五～五七年）には比較的短期間の事例が多く、また全体としては二ヶ月前後の事例が多い、などの点を指摘することができるであろう。

なお、ここで一つ指摘しておきたいのは、章帝期（七五～八八年）の行幸についてである。この時期の行幸の事例は、総数こそ光武帝期ほど多くはないものの、建初七（八二）年から崩御の前年である章和元（八七）年までの六年間には（29）から（36）の事例の八回にものぼっており、かなり頻繁に実施されているといえる。しかもそれらについての記事は際だって詳細かつ豊富であり、たとえば（33）の「東巡狩」の事例では、

定陶‥親耕、三老・孝悌・力田への賞賜、使者による唐尭の祭祀

泰山　：　諸々の祭祀と大赦、博など近隣の県の田租などの免除
魯国　：　東海恭王陵と孔子および七十二弟子の祭祀、孔氏一族への賞賜
東平国　：　憲王陵の祭祀と、使者による定陶太后・恭王陵の祭祀
沛国　：　使者による桓譚の墓の祭祀
東郡　：　師傅でもある太守・張酺の引見

等々、実に様々な事柄が記されているのである。(16)『後漢書』伝四二崔駰列伝にも「元和中、粛宗始修古禮、巡狩方岳」とあり、章帝期に行幸の制度的な整備・充実のはかられたことがうかがわれるであろう。ついでながらその背景としては、建初四（七九）年の白虎観会議の開催に象徴される、支配理念としての儒教の権威の増大・確立という流れがあったものと思われる。(17)白虎観会議での議論を整理してまとめたとされる『白虎通義』では「巡狩」の項を設けて詳細な解釈を加えているが、これをうけた章帝期の一連の行幸において「巡狩」の割合が高いことも、あながち偶然ではないであろう。

以上、本節では後漢時代の行幸の事例を集成し、あわせて「名称」ならびに「年代」の二点からその概要について見てきたわけであるが、とくに後者については、それがほぼ後漢時代全般にわたって実施され、期間としては二ヶ月前後の事例が多く見られること、初期の光武帝期には比較的短期間の行幸が頻繁に行われていたのが、章帝期の整備・充実を経て、以後しだいにその回数を減じてゆくこと、などの点が確認できたものと思われる。そこでこうした「時間的」側面に対して、次節では「空間的」な面よりこの問題について検討を加えてゆくこととしたい。

第三節　行幸と地域

後漢時代の行幸四十五例のうち、**表1**の「種別」の欄にも見られるように、「巡狩」については必ず東・西・南・北いずれかの方位が冠せられているのであるが、それ以外の「幸」、「行幸」の事例についても、そのほぼすべてを「巡狩」の例を基準として四方位に分類することが可能である。その内訳は多い順に、南方十三例、西方十二例、東方十例、北方八例、そして洛陽近郊の河南尹内二例であるが、ここでは叙述の都合上、もっともシンプルな西方への行幸の事例についてまずは取り上げ、その上でさらに南、東、北、そして河南尹、の時計の逆回りの順で、それぞれの方位ごとに分けて見てゆくこととしたい。

（一）西方への行幸

表2は、後漢時代の行幸のうち「西巡狩」、およびそれに準ずる「幸」、「行幸」の事例について、「皇帝」、「期間」、「種別」、「番号」、「行程」の各欄にまとめて年代順に配列したものである。「行程」欄の経由地・目的地の表記は、原則として郡・国名で統一し、都市や県名などそれ以下のレベルの地名については括弧内に表示した。(18)

まず、「皇帝」、「期間」の欄を見てみると、西方への行幸は、後漢時代のほぼ全期間にわたって実施されていることがわかる。さらに**表1**「後漢時代行幸表」との対照からも明らかなように、行幸を挙行している歴代諸帝――それが一、二回のみの順帝や桓帝なども含めて――は「必ず」、しかも多くの場合まず「最初に」(19)、西方への行幸に出ているのであり、後漢時代の行幸全体の中でもそれが特に重要な意義を有していたことがうかがわれるであろう。なお、

表2　西方行幸表

皇帝	期　　間	種　別	番号	行　　　　程
光武帝	30/4/8～5/21	幸	5	洛陽→京兆尹（長安）→洛陽
	34/8/2～10/17	幸	8	洛陽→京兆尹（長安）→右扶風（汧）→洛陽
	42/2/？～4/14	西巡狩	12	洛陽→（函谷）→京兆尹（長安）→左馮翊→河東郡（蒲坂）→洛陽
	46/閏1/19～2/？	幸	17	洛陽→京兆尹（長安）→洛陽
	56/4/11？～5/28	行幸	21	洛陽→京兆尹（長安）→洛陽
明　帝	59/10/17～11/26	西巡狩	22	洛陽→京兆尹（長安）→河東郡→洛陽
章　帝	82/10/19～12/？	西巡狩	30	洛陽→京兆尹（長安）→右扶風（槐里）→左馮翊（長平、高陵）→洛陽
	86/8/24～9/？	幸	35	洛陽→河東郡（安邑）→洛陽
和　帝	91/10/12～12/10	行幸	37	洛陽→京兆尹（長安）→洛陽
安　帝	124/10/？～11/6	行幸（西巡）	41	洛陽→京兆尹（長安）→洛陽
順　帝	137/10/10～12/2	行幸	43	洛陽→京兆尹（長安）→洛陽
桓　帝	159/10/5～12/3	行幸	44	洛陽→京兆尹（長安）→洛陽

行幸の期間については二ヶ月前後の事例が多い。また、とくに後半期においては十月に出発して十二月頃に帰還している例が多いようであるが、これは「八月、西巡守」とする前掲『尚書』舜典などの記載とは相違する。

つぎに「行程」の欄については一目して瞭然であるように、(35)の事例の「安邑に幸し、河東の鹽池を観る」を除いて[20]、他の十一例はいずれも長安への行幸であり、長安往還が西方への行幸におけるいわば「基本型」であったことがうかがわれる。言うまでもなく長安は前漢王朝の都であるが、前漢の後継者を標榜する後漢王朝にとってこの地への行幸が、自らの正統性を宣揚する上で特別な意義を持っていたであろうことは想像に難くない。長安行幸の十一例中、「祀長陵」とのみある(21)の事例を除き、他の十例では必ず「祠高廟」（ただし最初の5の事例のみは「始謁高廟」）、「遂有事十一陵」と、高廟（高祖廟）ならびに前漢の歴代諸帝陵への祭祀が執り行われていることも、このことを裏づけるものといえる。蕭何・曹参・霍光など前漢の諸功臣に対する祭祀・顕彰（22、30、37、41）についても同様であろう。

ところで周知のように、長安のこの「高廟」は、前漢時代の皇帝即位儀礼において重要な役割を果たす場でもあった。すなわち前漢初期には宗廟（すなわち高廟）は即位儀礼が行われる空間とされていたのであり、中期に入りそれが宮中での柩前即位及び宗廟への親謁（謁廟）という形に変化し、さらに後漢時代には先帝崩御当日の宮中での柩前即位が定制化されるようになっても、その後の高廟・光武廟への親謁によって即位儀礼が完結するものであったことが指摘されているのである。[21]もっとも、後漢時代の謁廟については、即位儀礼から切り離されることでその重要性が低下したとの指摘もなされており、[22]また、そもそもそこでの「高廟」とは、当然長安ではなく洛陽の高廟（建武二年に設置[23]）のことなのではあるが、しかし、建武六年の（5）の事例において「始謁高廟」（始めて高廟に謁す）と、「長安」の高廟についてことさらに「始」、さらには「謁（廟）」の語が用いられていることからすれば、当時においてもそれがなお特別な権威をもつ存在であったことがうかがわれるであろう。多分に推測にわたるが、先述したように、行幸を挙行している後漢の歴代諸帝が「必ず」、しかも多くの場合まず「最初に」、西方への行幸に出ているのも、あるいは長安におけるこの高廟（もしくは前漢諸帝陵）祭祀が皇帝即位儀礼の延長線上に位置するものとして——必須の条件ではないが、皇帝としての資質をより完全に満たす要素の一つとして——当時、意識されていたからなのではなかろうか。

以上、（長安を中心とする）西方への行幸は——資料に表われた限りでは——後漢王朝にとって、前漢の後継者としての自らの正統性を宣揚することを主な目的として挙行されるものであったと考えられる。なお、洛陽以西の交通が地理的条件による制約をかなり受けるものであったことは、[24]西方への行幸がほぼ長安往還の「基本型」に収斂している大きな要因の一つであったと思われるのであるが、この点、基本的にそうした制約の少ない平野部に属する他の方位の行幸ではどのようであったのか、つぎに南方への行幸について見てゆくこととしよう。

（二）南方への行幸

表3は、**表2**と同様にして南方への行幸の事例についてまとめたものである。先にも述べたように、各方位の中でも十三例ともっとも多く見られるここでの事例は、西方への行幸の場合と同様、ほぼ全期間にわたって実施されており、その所要日数も二ヶ月前後が多い。また実施時期については、十月から十二月の農閑期に集中する傾向が西方への場合に比べてより顕著である。

つぎに「行程」であるが、(36)の事例を除いて、いずれも南陽とくに章陵（春陵から改名）への行幸であり[25]、南陽（章陵）往還（2、9、10、11、23、42）がここでのいわば「基本型」であったことがうかがわれる。これまた周知のように、章陵は後漢帝室発祥の地であり、また南陽豪族社会は後漢王朝の重要な基盤であったわけであるが[26]、ここでの行幸事例に頻見する「祠（脩）園廟（陵）」（2、9、10、32、38、42、45）、「祠舊宅」（10、26、32、38、45）、「祠章陵」（14、26）などの祖先に対する祭祀、さらに「宗室」（10、32、38）、「故人」（2、32）、「父老」（2）、あるいは「陰・鄧故人諸家子孫」（23）や（新野県での）鄧氏（14）、あるいは「諸李」[27]らとの「置酒作楽」、「賞賜」などの記事は、こうした事情を反映したものといえるであろう。光武帝の「吾理天下、亦欲以柔道行之」という語で有名な「宗室諸母」との歓談が行われたのも、このような場においてのことであった（10）。なお、『東観漢記』の記事からその時の経路が比較的詳しくわかる（10）の事例などを参照すれば、章陵へのルートは、洛陽から東方の滎陽へ出たのち南下して潁川郡を経由、葉県から南陽郡に入り郡治の宛県を経て章陵に至る、というものであったと推測される。

こうした南陽往還の「基本型」に加えて、さらにそれ以外の地にまで足を伸ばす事例は、なおも南に向かう場合（14、32、38、45）と、そこから東に転じる場合（15、26）とに大別される。そこでは長沙定王・春陵節侯・鬱林府君

表3　南方行幸表

皇帝	期　間	種　別	番号	行　　程
光武帝	27/10/19〜11/21	幸	2	洛陽→南陽郡（舂陵）→洛陽
	35/3/9〜3/30	幸	9	洛陽→南陽郡（章陵）→洛陽
	41/4/？〜5/？	南巡狩	10	洛陽→河南尹（偃師、滎陽）→潁川郡→南陽郡（葉、章陵）→洛陽
	41/10/22〜12/？	幸	11	洛陽→南陽郡（章陵）→洛陽
	42/10/24〜12/10	幸	14	洛陽→南郡（宜城）→南陽郡（章陵、湖陽、新野）→洛陽
	43/9/21〜44/2/10	南巡狩	15	洛陽→南陽郡→汝南郡（南頓）→淮陽国→梁郡→沛郡→洛陽
明　帝	60/10/17〜12/7	幸	23	洛陽→南陽郡（章陵）→洛陽
	67/閏10/3〜12/4	南巡狩	26	洛陽→南陽郡（章陵）→汝南郡（南頓、平輿）→梁郡（睢陽）→洛陽
章　帝	84/8/？〜11/7	南巡狩	32	洛陽→南陽郡（章陵）→江陵国→南陽郡（宛）→洛陽　／　南陽郡（魯陽）
	87/8/8〜10/12	南巡狩	36	洛陽→陳留郡（済陽）→梁国（睢陽）→沛国→楚郡（彭城）→九江郡（寿春）→沛国（相）→汝南郡（汝陰）→洛陽
和　帝	103/9/20〜11/23	南巡狩	38	洛陽→南陽郡（章陵）→江夏郡（雲夢、漢水）→洛陽
安　帝	125/2/17〜【崩御】	南巡狩	42	洛陽→南陽郡（宛、章陵、葉）→【崩御】
桓　帝	164/10/5〜12/4	南巡狩	45	洛陽→南陽郡（章陵）→江夏郡（雲夢、漢水）→南陽郡（新野）→洛陽

（32）、湖陽・新野公主・魯哀王・壽張敬公〔光武帝の外祖父である樊重〕（45）など南陽劉氏一族関連の祭祀、あるいは光武帝の父の劉欽が県令であった汝南郡南頓県への行幸（15、26）が行われているほかに、江陵での「詔廬江太守祠南嶽」という山川祭祀の記事（32）が見られることも注目されよう。（38）の事例では、和帝の詔に「祠謁既訖、當南禮大江」(28)とあり、長江に対する祭祀も企図されていたことが知られるが、同時にここでは行幸の主目的があくまでも「祠謁」、すなわち章陵での祭祀であったことも示されているのである。なお、南陽を経由しない（36）の事例では、陳留郡、梁国、沛国、楚郡など、東方への行幸の場合と一部経由地が重なるが、『後漢書』章帝紀ではこれを「南巡狩」としている。そこでは前漢帝室発祥の地である沛などにおい

て、昭靈后（高祖の母）や沛高原廟・豊枌楡社への祭祀が行われた。

以上、（南陽を中心とする）南方への行幸は、主として南陽劉氏一族の祖先を祀り、また南陽豪族社会との絆を確認するものであったと考えられる。これを「前漢王朝の後継者としての自らの正統性を宣揚」する西方への行幸の場合と対比するならば、それは前漢王朝との血縁的な系譜関係を明らかにし、あるいは孝道を率先垂範することによって、自らの支配の正統性を宣揚するものでもあったといえるかもしれない。

なお、ここでは西方への行幸には見られなかった要素として、淮陽、江陵、梁、沛などの諸王国の通過、諸王との会見（26、36）や諸王の随従（10、36、38）など、諸王（国）関連の事例を指摘することができる。こうした事例は次に見る東方への行幸の場合において、より顕著なのであるが、これについては第四節で論じることとしたい。

（三）東方への行幸

表4は、東方への行幸の事例についてまとめたものである。年代的な分布は西方や南方へのそれに比べて、やや後期の事例が少なくなっており、また期間については二ヶ月前後の例が多い。一方、実施時期が——とくに「東巡狩」とある場合——一月から三月の春季に多く見えていることは、『尚書』舜典の「歳二月、東巡守、至于岱宗」などの記事との関連において注目されよう。(29)

「行程」について見てみると、西方への行幸の場合とは対照的に、ここでの経路は多様である。これは平野部の多い東方地域の地理的条件にもよるものと思われるが、こうした中で、（31）の事例を除き、十例中九例に魯国が経由地として見えていることは、東方への行幸においてそれが重要な地域であったことを示すものといえるであろう。実際、これらの事例においては、魯の北方にある「岱宗」すなわち泰山、そして孔子の故国である魯での記事が多くを

表 4　東方行幸表

皇帝	期　間	種　別	番号	行　　程
光武帝	29/7/4～10/？	幸	4	【劉紆、董憲、張歩などへの遠征】沛、彭城、魯、臨淄などを経由
	44/10/20～12/28	東巡狩	16	洛陽→魯国→東海国（蘭陵）→楚国→沛国→洛陽　（陳留郡［小黄、封丘］も経由）
	54/2/13～閏3/3	東巡狩	18	洛陽→魯国→済南国→洛陽（泰山郡も経由）
	54/10？/？～11/？	幸	19	洛陽→魯国→洛陽
	56/1/28～4/5	東巡狩	20	洛陽→魯国→泰山郡（奉高、太山、梁父）→洛陽
明　帝	63/10/？～12/29	行幸	25	洛陽→魯国→潁川郡（陽城）→洛陽
	72/2/4～4/5	東巡狩	28	洛陽→河南尹（偃師）→梁郡（睢陽）→楚郡（彭城）→東海郡（下邳、良成）→琅邪国（陽都）→魯国→東平国（無鹽）→大梁？→済陰郡（定陶）→洛陽
章　帝	83/12/7～12/21	東巡狩	31	洛陽→陳留郡→梁国→淮陽国→潁川郡（潁陽）→洛陽
	85/2/6～4/6	東巡狩	33	洛陽→済陰郡（定陶）→泰山郡（泰山、奉高）→済南国→魯国（闕里）→東平国→東郡（東阿）→魏郡→河内郡（太行山）→上党郡（天井関）→洛陽（沛も経由か）
安　帝	124/2/13～4/2	東巡狩	40	洛陽→陳留郡→泰山郡（泰山）→魯国（闕里）→東平国→東郡→魏郡→河内郡→洛陽

占めているのである。泰山では光武帝による（20）の泰山封禅が有名であるが、それ以外にも祭祀が挙行されており（18、33、40）、その中でも（33）の事例によれば、それは「二王之後、先聖之胤、東后藩衛、伯父伯兄、仲叔季弟、幼子童孫、百僚従臣、宗室衆子、要荒四裔」[30]などが参集する、まさに一大イベントなのであった。また魯国では、「祠孔子（及七十二弟子）」（4、28、33、40）や孔氏一族への謁見、賞賜（33、40）の記事のほか、明帝の時には「親御講堂、命皇太子・諸王説經」[31]といった例も見えている。[32]これらのうち泰山の封禅や祭祀については言うまでもなく、魯国での一連の孔子顕彰の行事もまた、国家による儒教的祭祀の一環として後漢王朝の支配の正統性を宣

揚するものであったといえるであろう。(33)なお、これら二者と並んで東方への行幸の事例中に多く見られるのが、この地域に多く分布している諸王（国）関連の記事なのであるが、これについては先述のとおり、次節でまとめてふれることとしたい。

（四）北方への行幸

北方への行幸については、後述するように、唯一の「北巡狩」とある事例と他の事例とではかなり大きく異なるのではあるが、まずは洛陽のある河南尹より河内、魏郡と北に向かう事例をまとめて示したものが**表5**である。その年代がほぼ前期に集中していること、また「巡狩」とされているのが（34）の事例のみで他は「幸」、「行幸」であること、同じく（34）の事例以外はいずれも一ヶ月未満の短期間の行幸であることなど、それらがこれまでに見てきた他の方位の事例とはいささか傾向を異にしていることが見てとれるであろう。

「行程」については、河南尹を出てすぐ北の河内郡（1、3、6、13）、さらにその北の魏郡（24、29）との往還の事例が大部分を占めている。このうち初期四例の目的地である河内郡は、河北の地を基盤として成立したばかりの後漢王朝にとっては、「戸口殷實」・「完富」の、「楚漢戦争期における関中」にもなぞらえられるような枢要の地であった。(34)その河内郡の首邑が懐県であり、河北より南下してきた光武帝は、建武元年の七月から八月までここにとどまって洛陽攻撃の本拠地としている。その間、八月壬子にはここで社稷を、また翌癸丑には高祖・太宗（文帝）・世宗（武帝）の前漢諸帝を祀っており、さらに十月に洛陽に入城して都と定めた直後にも、十一月から十二月にかけて懐に戻っているなど、(35)この地が洛陽定都前後の時期において有していた重要性がうかがわれるであろう。（3）、（6）、（13）など、初期における懐あるいは河内への一連の行幸は、こうした文脈の上で行われたものと考えられるのである。なお、

表5　北方行幸表

皇帝	期　間	種　別	番号	行　　程
光武帝	26/2/16～2/？	幸	1	洛陽→河内郡（修武）→洛陽
	28/2/1～2/21	幸	3	洛陽→河内郡（懐）→洛陽
	32/10/22～11/12	幸	6	洛陽→河内郡（懐）→洛陽
	42/4/25～4/29	幸	13	洛陽→河内郡→洛陽
明帝	62/10/？～10/？	行幸	24	洛陽→魏郡（鄴）→洛陽
	70/4/4～4/25	行幸	27	洛陽→河南尹（滎陽）→河内郡（太行山）→上党郡→洛陽
章帝	82/9/10～9/27	幸	29	洛陽→河南尹（偃師）→（巻津）→河内郡（淇園）→魏郡（鄴）→洛陽
	86/1/22～3/18	北巡狩	34	洛陽→河内郡（懐）→魏郡→東平国（？）→平原郡→清河国（？）→鋸鹿郡（？）→中山国→（長城）→常山郡（真定、元氏）→趙国→洛陽

（1）の修武への行幸は、「西山賊黎伯卿」などを破った呉漢を「撫労」したものであり(36)、直接的な軍事行動ではないにせよ、そのような性格を強く帯びる行幸であったといえるであろう。ところが統一が進み、社会も安定してゆく中、こうした行幸の事例は次第に影をひそめ、北方への行幸それ自体も――他のそれに比べると――さほど頻繁には実施されないようになってゆく。唯一の「巡狩」である（34）の事例においても、明帝生誕の地である常山郡の元氏県で光武帝・明帝を祀ったり、高邑令に光武帝の即位壇を祀るよう指示した詔を出す、あるいは真定を経由した際に光武帝の外戚の郭氏と交歓するなど、この地域に特有の内容もそこに見られはするものの、「前祠園陵、遂望祀華・霍、東柴岱宗、爲人祈福。今將禮常山、遂徂北土(37)」という章帝の言にも明らかなように、それはあくまでも巡狩の制度が整備された章帝期という時代背景のもと、「王者は四方を巡狩して五嶽を祀るべきである」という理念に基づき(38)、長安の園陵、西嶽華山、南嶽霍山、そして東嶽泰山に続いて北嶽常山をも祀るべく実施された「四方」巡狩の一環――という性格のものなのであり、北方への行幸そのものに対するモティベーションは必ずしも高くはなかったと思われるのである。

このように北方への行幸は、ごく初期の一時期を除いては、他の方

表6　河南尹行幸表

皇帝	期　　間	種　別	番号	行　　　　程
光武帝	33/6/6～？	幸	7	洛陽→河南尹（緱氏、轘轅）→洛陽
和　帝	104/11/？～？	行幸	39	洛陽→河南尹（緱氏、百岯山）→洛陽

位のそれに比べていささか遜色のある存在なのであった。後漢王朝は当初、河北の地を基盤として、また河北の軍事力によって統一を実現していったわけであるが、(39) こうした事情はこれら行幸の事例の上には、直接には表われてきていないようである。

（五）河南尹の中での行幸

ここまでに見てきた四方への行幸のほかにも、河南尹の中での短期間の行幸の事例がいくつか見られるのであるが、そのうち洛陽城外に出た二例について参考までに挙げておく（表6）。なお、第二節で言及した上林苑や広成苑での「校猟」の事例も、これに準じるものといえるであろう。

以上、後漢時代の行幸の事例について、それぞれの方位ごとに検討を加えてきたわけであるが、ここまでに見てきたように、西方への行幸は長安での前漢諸帝の祭祀、南方は南陽での劉氏一族の祖先祭祀や豪族社会との親睦、東方は魯での泰山封禅や孔子顕彰などの儒教的祭祀、そして北方では初期における河内への往還、などを各々その主たる内容とするものであった。これをいささか図式的に整理するならば、西方への行幸は前漢王朝の後継者として、また南方では劉氏一族の「孝子」として、そして東方では儒教尊崇の護持者としての、自らの正統性を宣揚するべく、さらに北方では草創期における戦略的重要性から、それぞれ実施されるものであったとまとめることができるであろう。もとより行幸が支配の正統性を宣揚し、戦略的重要性に基づいて行われるものであること自体は、なにも後漢時代に限ったわけではないのであるが、このように地域を分けて検討してゆくことによって、そこでの特有なあり方がある程度具体的に見えてきたのではないかと思われる。

なお、その空間的拡がりについて一瞥しておくと、西は右扶風（8、30）、南は長江沿いの江陵（32）や雲夢・漢水（38、45）、東は琅邪国の陽都（28）、そして北は長城（34）と、かなり広い範囲にわたっている。もっとも江南や蜀、あるいは沿海部などへは足跡が及んではおらず、また北方については（34）以外には魏郡以北への行幸がなされていないなど、そこには一定の限定性や傾向性のようなものが認められるようである。章陵を発して「まさに南して大江を禮せん」とした和帝が、張禹の「よろしく険遠を冒すべからず」との諫言を容れて「漢（水）に臨んで輿を回《めぐ》ら」した（38）の事例[40]などは、その意味で象徴的なものであるといえよう。こうした行幸の（頻繁に行われる）範囲は、ある程度、後漢王朝の領域支配における「内地」的な部分に重なると見てよいのではなかろうか。

そこで次に、こうした「地域」の側面からはとらえきれない問題について、節をあらためて見てゆくこととしたい。

第四節　行幸の諸相

後漢時代の行幸の事例には、前節で見た「地域」の側面を超えて共通する要素も多く認められる。そこで本節では以下に、（一）行幸の目的、（二）祭祀、（三）諸王との会見、（四）地方視察、（五）その他、の五点よりこれらについて見てゆくこととしたい。

（一）行幸の目的

後漢時代において行幸の目的や意義について直接に言及した史料は、『尚書』や『礼記』など経書の記事を多く引用する前掲『白虎通義』巡狩や、『後漢書』章帝紀に見える（29）や（34）の事例での詔・告など、必ずしも多くはない。このうち『白虎通義』巡狩では、第二節でも示した『尚書』舜典とほぼ同文の「東巡狩、至于岱宗、柴」（A）や「遂覲東后」（B）という記事を引くほか、「道徳太平、恐遠近不同化、幽隠不得所者」（C）などと見えており、それぞれ（A）祭祀、（B）諸王との会見、（C）地方視察、の三点が行幸（巡狩）の目的として挙げられている。（29）の事例での「車駕行秋稼、觀收穫、因渉郡界」という詔も、（C）の「地方視察」に含めて考えることができるであろう。また（34）の事例で常山以下経由する各郡国に下された告には、行幸（巡狩）の制度について比較的詳細な言及が見えているが、そこでも

朕惟巡狩之制、以宣聲教、考同遐迩、解釋怨結也。今「四國無政、不用其良」、駕言出游、欲親知其劇易（C）。前祠園陵、遂望祀華・霍、東柴岱宗、爲人祈福。今將禮常山、遂徂北土、歴魏郡、經平原、升踐隄防（A）……
（朕が思うに、そもそも巡狩の制度とは、声教をあまねく伝え、遠きも近きもひとしなみに扱い、怨結を解かんとするものである。いま「四國政なし、其の良を用いず」（『詩経』小雅・十月之交）（であってはならない）ので出遊して、自らその実情を知りたいと思う。先には園陵を祭祀し、華山・霍山を望祀して、東のかた泰山にて柴のまつりを行い、民の福を祈願した。このたびは常山を祀るべく北土をゆき、魏郡を経て、平原郡を過ぎり、堤防にのぼったが……）

と、（C）の「地方視察」および（A）の「祭祀」の二点が確認されるのである。これらの史料はいずれも章帝期という、行幸が理念的に整備された時期のものであり、また桓帝の行幸に対して指摘された「勞人自縱、逸遊無忌」[41]という側面も無視することはできないが、まずはこれら三点について、以下に順次見てゆくこととしたい。

（二）祭祀

ここまでに見てきたことからも明らかなように、後漢時代の行幸において祭祀はその重要な要素の一つであった。そこで以下に、いささか重複はするが、これらの事例を分類して列挙しておく。なお、使者や大臣、地方官などに祠らせることが明記されている例については、傍線を引いて区別した。

まず、山川については、東嶽泰山（18、20、33、40）をはじめとする南嶽霍山（32）、西嶽華山（34）、北嶽常山（34）、中嶽崇山（25）の「五嶽」の祭祀が――『尚書』舜典や『白虎通義』などにも見られるように――重要なものであった。このほかにも「房山」（34）を祀り、また河東では「后土」（12）を祀った例が見られ、さらに祠令では、天子が行幸の際に河川に沈める璧などについても規定してある。[42] ちなみに、たとえば順帝の陽嘉元（一三二）年に望都・蒲陰で狼が女子九十七人を殺害した事件では、その原因を「北岳を祠っていない」ことに帰するような議論もなされたのであった。[43]

つぎに前漢諸帝（およびその一族）について、長安行幸のたびごとに祭祀を行っていたことは前節第一項でも述べた通りであるが、[44] そのほかの事例としては、

沛高原廟（・豊枌楡社）（4、36）、二祖四（・六）宗（33、40）、太上皇（41）、昭霊后（36）、定陶恭王（・太后）陵（28、33）

への祭祀などが挙げられる。また後漢帝室（南陽劉氏）については、前節第二項で言及した南陽章陵での祭祀のほかに、

元氏での光武・明帝（34）、即位壇での光武帝（34）、二祖・六宗、南頓君・光武皇帝（40）、長沙定王・舂陵節侯・

鬱林府君（32、42）、湖陽・新都公主、魯哀王、壽張敬公廟（45）

諸王では

東海恭王陵（25、28、33）、東平憲王陵（33）、沛獻王陵（36）

また姻戚としては

樊重墓（廟）（14）、李通父冢[45]、郭主冢（34）

などの事例が見られるのである。

これらのほか、前節第一項でふれた蕭何、曹參、霍光など前漢王朝の功臣や、第三項での孔子（・七十二弟子）に対する祭祀、さらに汶上明堂での「五帝」（33、40）、成陽霊台での「唐堯」（33、40）、あるいは沛での「桓譚冢」（33）なども、行幸に際しての祭祀の対象とされた。なお、以上の事例とは異なるが、行幸において皇帝の「親耕」の事例（28、33、34）が見られることもつけ加えておく。

以上のように、後漢時代の行幸においては多種多様な祭祀がとり行われていたのであった。もとよりそれは、後漢王朝の膨大な祭祀体系全体から見るならば、そのごく一部にしかすぎないものではあるものの、皇帝が各地に赴いて自ら――あるいは使者に命じて――祭祀を行うということのもつ意義は、けっして小さくはなかったであろう。こうした祭祀をともなう後漢時代の行幸はしかし、第二節でも見たように、章帝期以降しだいに実施されなくなってゆく。それがこの方面での国家の役割の衰退を意味するものであるのか[46]、あるいはこうした努力を必要とはしなくなるような何らかの状況の変化が想定されるのか――この点についてはなお、さらなる検討が必要であろう。

（三）諸王との会見

表7　諸王会見・随従表

皇帝	番号	会見	随従
光武帝	10		（皇太子・）右翊公輔・楚公英・東海公陽・濟南公康・東平公蒼
	20	北海王興・齊王石・東海王彊	
明帝	24	趙王栩	
	25	沛王輔・楚王英・濟南王康・東平王蒼・淮陽王延・琅邪王京・東海王政	東平王蒼・琅邪王京
	26	淮陽王延、沛王輔	
	28	沛王輔、琅邪王京、東平王蒼	
章帝	34		濟南王康・中山王焉・西平王羨・六安王恭・樂成王黨・淮陽王昞・任城王尚・沛王定
	36	任城王尚、東海王政	東海王政・沛王定・任城王尚
和帝	38		清河王慶・濟北王壽・河間王開
安帝	40	齊王無忌・北海王普・樂安王延	

後漢時代の行幸の事例には諸王（国）関連の記事が多く見られるのであるが、それらは主として「徴淮陽王延會平輿、徴沛王輔會睢陽[47]」とあるような「会見」と、「幸彭城、東海王政・沛王定・任城王尚皆從[48]」とあるような「随従」のケースとに大別される。そこでそれらを簡単にまとめたものが、上の**表7**である。

このうち「会見」については、実際にはここに挙げたほかに、皇帝が諸王国を経由した際にも当然なされたであろう事例の存在が多数想定されるのではあるが、行幸で経由した王国をすべて正確に復原することが困難な現段階においては、王との会見（および随従）の事実が特に明記されているこれらの事例からその大体の傾向をうかがうのも、ある程度有効な方法ではあるといえるであろう。

そしてこの表においてとくに顕著であるのは、明帝期におけるその割合の高さである。周知のようにこの時期には、広陵王荊（六七年）、楚王英（七〇年）、淮陽王延（七三年）、そして済南王康（不詳）の諸王謀反の事案があいついで生起しているわけであるが、それに加えてこのような諸王との会見も比較的頻繁に行われていたという事実は、明帝期において諸王との関係が政治上の大きな焦点となっていたことを、あらためて確認させるものといえるであろう。[49]ちなみに（28）の事例では、彭城において楚王英の、また東平において広陵王荊の遺族たちの引見も行われている。[50]

また、表に挙げた以外にも、たとえば（16）の建武二十（四四）年十月の行幸の事例について見てみると、『後漢書』光武帝紀に「幸魯、進幸東海・楚・沛國」と、諸王国を行幸したことが記されているが、このうち東海国は皇太子の位を退いた皇子彊が前年六月に就封、また沛国は中山王輔がこの年六月に徙封したものであり――さらに『後漢紀』巻七での「幸東海・沛國」というこの部分についてのより簡略な記載の仕方からも――ここでの行幸の主目的が、成立したての両国に対する視察にあったことは明らかであろう。行幸が支配の正統性を宣揚する役割を帯びるものであったことは、ここまでにも見てきたところであるが、一方でこうした諸王との会見の事例のような、より現実的、政治的な色合いの濃い側面についても看過することはできないのである。

（四）地方の巡視

皇帝が領内各地に足を運んでその実状を把握することは、もとより行幸の重要な要素の一つであり、（34）の事例での「隄防を升踐し、耆老に詢訪す」[51]などは、その典型的なものであるといえる。このほかにも完成なった汴渠（27）や河東の塩池（35）への視察などの具体例も見られるが、しかしこの種の記事において頻見するのはむしろ、たとえば（29）の事例の「勞饗魏郡守令已下、至于三老・門闌・走卒、賜錢各有差」[52]などのような、郡県の官吏や父老たちに対する賞賜・慰労の事例である。

すなわちそれらによれば、行幸先の各地、[53]あるいはその途次[54]において「郡縣吏」や「吏人」、「三老」に対し「勞饗」、「勞賜作樂」など賞賜・慰労がなされているのであった。そこでの具体的なあり方については、蔡邕『獨断』上に

「先帝故事」として「所至見長吏三老官屬、親臨軒、作樂、賜食皁帛越巾刀珮帯」(55)などと見えている。ここでの「先帝」が具体的にどの皇帝（の時期）を指すのか――ここまでに見てきた限りでは章帝期の可能性が充分に考えられはするものの――不明ではあるが、こうした光景は基本的に後漢時代の行幸においてある程度共通して見られたものなのではなかろうか。次項でも取り上げる租税優免の事例において、南頓の父老・吏人と常山の三老がそれぞれ租税の「優復」を請願している（15、24）のも、おそらくはこうした場においてのことであったと思われる。後漢王朝にとってそれが、地方の実状を把握すると同時に、父老(56)や郡県の吏人など在地社会（を代表する存在）との結びつきを強めるものでもあったであろうことは、想像に難くない。『後漢紀』巻五建武六年条の「（光武帝）毎幸郡國、見父老掾吏、問數十年事、吏民皆驚喜、令自以見識、各盡力命焉」という例(57)などは、行幸を行う側の意図からすれば、もっとも理想的なものであったといえるであろう。

なお、『後漢書』各列伝中には、地方官在任中に行幸に際会して顕彰、殊遇を受けるような事例(58)と並んで、（在野の士や吏人が）とくに召見をこうむり官に補されるというケースも見えており(59)、行幸が地方の人材発掘の――あるいは国家のそうした姿勢のアピールの――場でもあったことをうかがわせる。ちなみに『後漢書』伝二九劉般列伝の例では、皇帝が行幸先の太守に郡内の「諸侯の行能」について下問している。

（五）その他

以上、後漢時代の行幸全体に関わる要素として、「祭祀」、「諸王」、「地方視察」の三点について見てきたわけであるが、ここではそれ以外の事例についてまとめて取り上げることとしたい。

まず、行幸の具体的なあり方については、たとえば（42）の事例で安帝が行幸の途上で没した際に、その死を秘して「御車所止、飲食・百官・鼓漏・起居・車騎・鹵簿如故[60]」であったことが記されており、ここから飲食以下鹵簿に至るまで定まった制度の存していたことがうかがわれるのではあるが、その内容については明らかではない。もっとも、明帝の「歩行觀部署、不用輦[61]」という事例から、（部署の視察などでは）むしろ輦の用いられることが一般的であったことがうかがわれる——といったように、特例的な記載から逆に、（断片的ながら）一般の状況を推測することも可能ではある。とくに章帝期には、たとえば（29）の事例の

皆精騎輕行、無它輜重。不得輒修道橋、遠離城郭、遣吏逢迎、刺探起居、出入前後、以爲煩擾。（みな精騎とともに軽装備で行くこととし、輜重は帯同しない。むやみに道や橋を補修したり、遠く城郭より離れたところまで吏を派遣しての出迎えや起居を探りに前後に出入りするなどの過度な対応をしてはならない）

という詔、あるいは（32）の事例の

所經道上郡縣、無得設儲跱。命司空自將徒支柱橋梁。有遣使奉迎、探知起居、二千石當坐。（経路の郡県ではこのための備蓄などしてはならない。司空に命じて徒を率いて橋梁を修理させる。使いを出して出迎えたり、起居を探るなどしたら、長官は罪に当てる）

という詔、さらに（34）の事例の

方春、所過無得有所伐殺。車可以引避、引避之。騑馬可輟解、輟解之。（春の季節にあたり、経路では（拡幅などでの）伐採をしてはならない。車が迂回してすむなら迂回し、副馬をはずせるようならば、はずして通るようにせよ）

という侍御史・司空への勅など[62]、行幸のあるべき姿についての言及が多くなされており、その反転像において他の時期の一般的な行幸のあり方をうかがうことができるであろう。

つぎに、『後漢書』列伝中の行幸関連記事において多く見られるのが、官僚として行幸に随従[63]、あるいは留守[64]をつとめる事例である。これらの多くは単に随従、留守の事実のみを記すものではあるが、(20)の事例での泰山封禅の際に、太僕であった馮魴が「行衛尉事」、大司空の張純が「視御史大夫」として、あるいは韋彪が(30)の事例では奉車都尉であったのが「行太常」、(33)の事例では大鴻臚で「行司徒事」として随行するなど[65]、そこで他官兼摂の形をとる例が多く見られることは注目されよう。

このほか行幸には、第三項でもふれた諸王(や皇太子)、あるいは皇后など皇族が随従するケース[66]も見られた。また「黎陽兵[67]」や「羽林騎[68]」など、軍隊の存在も確認される。さらに(37)の事例には、長安行幸からの帰還に際して「減<ruby>施</ruby>刑徒従駕者刑五月[69]」との記事が見えており、刑徒もそこに随従していたことが知られる。前掲(32)の事例での「命司空自將徒支柱橋梁」や(34)の事例の「方春、所過無得有所伐殺」などは、まさにこうした随従の刑徒の役割を示すものといえるであろう[70]。これも先に引いた(29)の事例での章帝の詔には「精騎輕行、無它輜重」と見えるが、おそらくこれは当時の行幸の一般的な形態ではなかったのではあるまいか。桓帝期の(45)の事例では、その行列は「百姓莫不觀者[71]」というほどの壮観であったらしい。

ところで、「幸」の語義について「車駕所至、民臣被其德澤。以僥倖、故曰幸也」(『獨断』上)とも説明されるように、行幸においては、その目的地や経由地に対して賑恤などの恩恵を施すことも行われていた。その具体的な対象と内容は以下の通りである。

(所經道上郡縣)鰥・寡・孤・獨・不能自存者　粟、人五斛(32)
鰥・寡・孤・獨・篤癃・貧不能自存者　粟、人三斛(37)
所過二千石長吏以下三老・官屬及民百年者　錢布(38)

所過鰥・寡・孤・獨、貧不能自存者　　粟、人五斛（43）
長安、園陵、行所過縣　　各々粟人十斛、五斛、三斛（44）

また、帝室にゆかりの地などに対して、行幸の際に租税を優免する例も見えている。[72]

南頓（光武帝の父の任地）　　復田租二歳（15）
濟陽（光武帝の出生地）　　復今年田租・芻稾（40）
元氏（明帝の出生地）　　復田租更賦六歳（24）、復租賦三歳（29）、復七年傜役（34）
博・奉高・嬴（泰山近傍の県）　　無出今年田租・芻稾（33）
所過縣邑　　聽半入今年田租（34）

先述のように、このうち（15）、（24）の事例では父老や三老がその優免を願い出ているのであるが[73]、この点、漢初の豊・沛の事例[74]との関連においても興味深い。

（33）、（40）の事例では、行幸を終えた皇帝が「假于祖禰」、すなわち祖・父の廟に帰還を報告している。これは『白虎通義』での議論にも見られるように、『尚書』をはじめとする経書の記載に沿ったものであった。行幸よりの帰還に際しては、さらに随従（・留守）の諸臣に銭や布を賜与することもあった（32、34、38、39）。また、『後漢書』列伝中には、班固、馬融、あるいは崔駰といった文人たちが、行幸を題材とした「賦頌」を献上している例もいくつか見られる。[75]

第五節　終節

以上、本章では、これまで必ずしも充分な関心が払われてはこなかった後漢時代の行幸について取り上げ、考察を加えてきたわけであるが、それらを要約するならば次の如くである。

後漢時代の行幸の事例は五十例近くにものぼり、それぞれ「幸」、「行幸」、「巡狩」などの語で示されているが、前二者と後者とでは区別があった。また、それらはほぼ後漢時代全般にわたって実施されており、期間の上では二ヶ月前後の事例が多い。このうち初期の光武帝期には比較的短期間の行幸が頻繁に行われていたが、章帝期の整備・充実を経て、以後しだいにその回数を減じていったのであった。

つぎに、これを地域別に見てみると、西方への行幸は長安での前漢諸帝の祭祀、南方は南陽での劉氏一族の祖先祭祀や豪族社会との親睦、東方は魯での孔子顕彰や泰山封禅などの儒教的祭祀、そして北方では初期における河内への往還、などを各々その主たる内容とするものであった。言うなれば後漢王朝はこうした行幸を通じて、西方では前漢王朝の後継者として、また南方では劉氏一族の「孝子」として、そして東方においては儒教尊崇の護持者としての、自らの支配の正統性を宣揚していたのであり、他方、北方への行幸は、草創期における戦略的重要性によるものであったと思われるのである。

また、史料より見る限りでは、当時における行幸の主要な内容として、「祭祀」、「諸王との会見」、「地方視察」の三点が挙げられる。このうち「祭祀」については先述のように、支配の正統性を宣揚する役割を帯びるものであったが、一方で「諸王との会見」や「地方視察」の事例のような、より現実的、政治的な色合いの濃い側面についても看過することはできない。また行幸のその他の具体的なあり方についても、いくつかの史料からうかがうことが可能である。

以上が本章での考察の大まかな内容であるが、もとよりこれによって後漢時代における行幸のすべてが明らかになったわけではない。たとえばこれら行幸の各事例における政治的背景を通観するならば、そこに後漢政治史の一貫した流れを見出だすこともあるいは可能であったかもしれないが、ここではその一端にふれることしかできなかった。しかしながら以上の考察によって、少なくともその基本的なあり方については明らかにすることができたものと思われる。

なお、ここで序節でもふれた統一国家支配における「地域性」の問題についてふれておくと、筆者はこれまで「地域間での支配、対立の関係の構図とその相対化」という側面から秦漢時代の統一国家体制について考察を加え、秦のいわゆる「統一」体制が、その内実において、「本土」である戦国秦の地域（「初期領域」、あるいは「広域関中」）と「被征服地」であるその他の東方諸地域とが截然と区別されるような露骨な「地域間支配」の構図をとるものであったこと、(76)こうした関係は漢初にも基本的に引き継がれるが、前漢武帝期に至ってようやく統一国家体制の成熟が見られるようになること、(77)またこれをうけた前漢後半期には両者の間に「新関中」や「司隷校尉部」など中間的な性格をもった地域も出現するなど、このような「地域間での支配、対立の関係の構図とその相対化」がさらに進むことを論じ、(78)あわせて首都が洛陽に移った後漢期については、従来のこうした地域性がより希薄化すると同時に、さらに他の要素も加わって複雑化してゆくとの見通しを提示したのであった。(79)こうした見通しについては、以上に見てきた後漢時代の行幸の事例において、明確な形での「地域性」の存在がとくに確認されなかったことからも、基本的に首肯されるであろう。むしろこうした「地域間での支配、対立の関係の構図」が露骨な形で現われてはこないという点に、後漢国家の統一支配体制の特徴が見出だされるのではなかろうか。もっともその一方で、長安、南陽、魯国、河内など比較的頻繁に行幸が行われる拠点を結んだエリアが、後漢王朝にとって支配の相対的に安定した範囲であったこともまた、事実であろう。(80)

最後に、後漢時代の行幸の歴史的位置づけについて、主として秦・前漢期との関係から言及して本章を締めくくることとしたい。

『宋書』巻十五禮志二では、

古者天子巡狩之禮、布在方策。至秦・漢巡幸、或以厭望氣之祥、或以希神仙之應、煩擾之役、多非舊典。唯後漢諸帝、頗有古禮焉。（いにしえの天子の巡狩の礼は、方策《きろく》に残されている。秦や前漢時代の巡幸となると、あるいは望気によって感知された祥気を鎮めようとしたり、あるいは神仙の効験を希求したりするもので、民をわずらわしく役使すること、多く舊典の規定からはずれたものであった。ただ後漢の諸帝によるそれは、すこぶる古礼にかなったものであった）

と、「望氣之祥を厭ずる」、あるいは「神仙之應を希う」ことを目的として「多くは舊典に非ざる」秦や前漢の行幸（巡狩）に対し、後漢時代のそれは「頗る古禮あり」として、両者を対照的なものとしてとらえている。確かにここに指摘されるように、秦始皇帝や前漢武帝の巡狩については不老不死の探求という側面が強調されており、またたとえば始皇帝の行幸について、そこで執行された諸儀礼の大半が中国古代の習俗に解消して理解しうる性質のものであった(81)、あるいは領界の確認、領地の検分を象徴する宗教的儀式であった(82)との側面も指摘されている。また、行幸のうちでも前漢武帝の封禅の儀式と光武帝とのそれを比較してみた場合、前者が不老登僊を目的とする極秘の呪術を中心としていたのに対して、後者では群臣侍列の場での「報天告代」という政治的目的が重視されていたという(83)。さらに、始皇帝や武帝が不老登僊を目的として繰り返し実施した沿海部への行幸が(84)、前述のように、後漢時代にはまったく行われていないことなども象徴的な例であるといえる。このような秦や前漢時代の行幸と、ここまでに見てきたように儒教的色彩が比較的濃厚な後漢時代のそれとの性格の違いは明らかであろう。その意味で、両者を対比的にとらえた

『宋書』禮志の理解は、正鵠を射たものといえるのである。(85)

ただし、後漢時代の行幸が前代との断絶において突如として出現したものではないことも、ここで一言しておかなければならない。『漢書』巻九九中王莽伝天鳳元年正月条には

莽曰「予以二月建寅之節行巡狩之禮、太官齎糒乾肉、内者行張坐臥、所過毋得有所給。予之東巡、必躬載耒、毎縣則耕、以勸東作。予之南巡、必躬載耨、毎縣則薅、以勸南僞。予之西巡、必躬載銍、毎縣則穫、以勸西成。予之北巡、必躬載拂、毎縣則粟、以勸蓋藏。畢北巡狩之禮、即于土中居雒陽之都焉……」。羣公奏言「……今一歳四巡、道路萬里、春秋尊、非糒乾肉之所能堪。且無巡狩……」。莽曰「……更以天鳳七年、歳在大梁、倉龍庚辰、行巡狩之禮。厥明年、歳在實沈、倉龍辛巳、即土之中雒陽之都」。乃遣太傅平晏・大司空王邑之雒陽、營相宅兆、圖起宗廟・社稷・郊兆云。（王莽は詔して「予は二月建寅の節をもって巡狩の礼を行うこととするが、その際に太官は乾し飯、干し肉を持参し、内者は家具調度を携行して、経由地にこれらの負担をかけさせないようにせよ。予の東巡に際しては、必ずやみずからスキを用意して、県ごとに耕作〔儀礼を実施〕し、春の農作業を奨励する。予の南巡に際しては、必ずやみずから薅を用意して、県ごとに除草し、夏場の農作業を奨励する。予の西巡に際しては、必ずやみずから鎌を用意して、県ごとに収穫をし、秋の農作業を奨励する。予の北巡に際しては、必ずや拂を用意して、県ごとに脱穀し、冬場の貯蔵を奨励する。北巡の礼をすませたならば、世界の中心、洛陽の都に居ることとする……」とした。群公が「……一年に四回も巡狩あそばすには、道のりは万里、お年も召されていることゆえ、乾し飯や干し肉などで堪えられるものではございません。まずは巡狩はなさらずに……」と奏言したところ、王莽は「あらためて天鳳七年の、歳は大梁にあり、倉龍は庚辰である年に、巡狩の礼を行うこととする。その翌年の、歳は実沈にあり、倉龍は辛巳である年に、世界の中心、洛陽の都に移ることとする」と詔し、

太傅平晏・大司空王邑を洛陽に派遣して、墓域を検討し、宗廟・社稷・郊兆などの建設を計画させた）とあって、すでに新代において儒教的な巡狩が洛陽遷都とあわせて準備されていたことが知られるのである。実際には、悪化の一途をたどる内外の情勢の中、これらは実現されることのないままに終わったのではあるが、ここに見える儒教的な巡狩や洛陽遷都が後漢時代のそれを先取りしたものであることは明らかであろう。[86] 郊祀や宗廟などの制度、あるいは洛陽遷都や畿内制度[87]などにおいてはすでに指摘されていることではあるが、後漢時代の行幸についても、そこに（前漢後期より）王莽の時代を経て、そして後漢時代へと至る一つの連続した流れを認めることができるのである。

注

（1）本書第三部第三章注（1）参照。このほか李世龍二〇〇一は、中国史全体を通じて行幸について論じたものであるが、後漢の行幸についてはあまりふれられていない。

（2）始皇帝の巡狩についての研究としては稲葉一郎一九八九、桐本東太一九八九、中野美代子一九九一、鶴間和幸一九九二a、一九九三などがあげられる。

（3）後漢時代の行幸について多少なりとも言及のあるものとしては、たとえば陳戍国一九九三、第四章第九節「東漢巡狩及外交礼儀」に、崔駰四巡頌や章帝期の巡狩についての簡単な言及がある。

（4）前漢時代における大規模な行幸の事例については、本書第三部第三章注（13）参照。

（5）そのうち後漢時代にも関わるものとしては、本書第一部第三章、第四章、第五章など参照。

（6）後漢時代における行幸の事例については、『冊府元亀』巻一一二帝王部・巡幸一や『東漢会要』巻六・禮四の「行幸」、「巡狩」の項などに『後漢書』本紀の記事を中心とした簡単な集成がなされているが、本章では『後漢書』、『東観漢記』、

『後漢紀』などから、あらためてできる限り網羅的な検索・集成を試みた。なお、『東観漢記』については呉樹平二〇〇八を、『後漢紀』については周天游一九八七をそれぞれテクストとして参照した。

(7) たとえば建武四年四月の鄴・臨平・元氏・盧奴行幸、七月の譙行幸、八月の寿春行幸、十一月の宛・黎丘行幸（いずれも『後漢書』巻一光武帝紀）など。

(8) 『後漢書』巻六孝順帝紀永和四年冬十月戊午条、巻七孝桓帝紀永興二年冬十一月甲辰条、延熹元年冬十月条、六年冬十月丙辰条、巻八孝霊帝紀光和五年冬十月条など。

(9) たとえば、(25)の事例で『後漢書』巻二孝明帝紀永平六年冬十月条には「行幸魯」とあるのに対して、伝二三馮魴列伝や伝三二東平王蒼列伝では「幸魯」とするなど、こうした事例は多く見られる。

(10) また、その記事の原引史料名についても、原則として注記を省略した。

(11) 巡狩の制度や観念については、趙世超一九九五、金徳建一九八三など参照。また小南一郎一九九七でも、巡狩の原初的形態について言及する。

(12) 例外として、(28)、(33)の事例では『東漢観記』の記事にも「巡狩」などの語が見えているが、『後漢紀』では基本的にこの語は用いられていない。

(13) 日付の干支の換算には、陳垣『二十史朔閏表』（中華書局、一九六二年、北京）、董作賓増補『増補二十史朔閏表』（芸文印書館、一九八九年、台北）などを参照した。なお、朔閏表と合致しないなどの場合でも、干支から所要日数を知ることができたり、干支を訂正すべきことが指摘されている例についてはそれに従ったものも若干例あるが、煩を避けてそれらを一々注記することはしない。

(14) なお、黄巾の乱以後の例として、『三国志』巻一魏書武帝紀裴注所引司馬彪九州春秋には、「靈帝欲北巡河間舊宅、(王)芬等謀因此作難……會北方有赤氣、東西竟天、太史上言『當有陰謀、不宜北行』、帝乃止」とあり、「北巡」が計画されたものの結局は実施されなかったことを伝える。

(15) 経書などでの巡狩の間隔をめぐる諸説については、金徳建一九八三に詳しい。

（16）『後漢書』巻三孝章帝紀元和二年条および伝十八桓譚列伝、伝三十五張酺列伝など。
（17）渡邉義浩一九九五では、「儒教の国教化」の時期を「白虎観会議が開催された後漢時代の章帝期に措定できる」（四二五頁）とする。
（18）譚其驤一九八二、李暁傑一九九九など参照。
（19）明帝・和帝・順帝・桓帝は、即位後初の行幸先が西方である。また章帝の場合も（29）の事例が「車駕行秋稼、観収穫、因渉郡界。皆精騎輕行、無它輜重」（『後漢書』孝章帝紀建初七年九月条の詔）とされる十八日程度の短期の行幸であることからすれば、事実上最初の本格的な行幸は（30）の「西巡狩」の事例であったと見ることができるであろう。
（20）『後漢書』孝章帝紀元和三年秋八月乙丑条。なおこの「特殊な」行幸は、章帝期に一時復活されていた塩専売と何らかの関わりがあるのかもしれない。この時期の塩専売については影山剛一九七二参照。
（21）西嶋定生一九七五参照。このほか漢代の即位儀礼をめぐる研究としては、尾形勇一九八二、松浦千春一九九三、金子修一一九九八、一九九九などを参照した。
（22）金子修一一九九八、一九九九など参照。
（23）『後漢書』光武帝紀建武二年正月壬子条に、「起高廟、建社稷於洛陽」とある。
（24）当時の交通路線については、譚宗義一九六七参照。
（25）ただし（15）の事例には「南陽」とあるのみであり、そこでの行程からすると、章陵を経由しなかった可能性が考えられる。
（26）宇都宮清吉一九五三など参照。
（27）『後漢書』伝五李通列伝。
（28）『後漢書』伝三四張禹列伝。
（29）桐本東太一九八九では、秦始皇帝の東方への巡行に「春の季節祭」というファクターを指摘する。
（30）『後漢書』孝章帝紀元和二年二月丙子詔。

（31）『後漢書』巻二孝明帝紀永平十五年三月条。
（32）なお、魯国への行幸については、とくに明帝期のそれは、かつて光武帝の皇太子であった東海恭王劉彊（魯・東海を封国とするが、臨終に際して東海郡を返上）の祭祀も、その大きな理由であったと思われる。（25）、（28）、（33）の事例には、「祠東海恭王陵」の記事が見える。
（33）この問題については、前注（17）掲、渡邉義浩一九九五に詳しい。
（34）以上、『後漢書』伝六寇恂列伝。
（35）以上、『後漢書』光武帝紀。
（36）『後漢書』伝八呉漢列伝。
（37）『後漢書』孝章帝紀元和三年二月壬寅条。
（38）たとえば前出『白虎通義』などにもこうした議論を引用している。
（39）たとえば『後漢書』伝十三竇憲列伝注引漢官儀に「光武中興、以幽・冀・幷州兵騎克定天下」とある例など。
（40）『後漢書』伝三四張禹列伝。
（41）『後漢書』伝七三逸民列伝漢陰老父の語。
（42）『続漢書』祭祀志上劉昭注所引「漢祀令」に「天子行有所之、出河、沈用白馬珪璧各一、衣以繒緹五尺、祠用脯二束、酒六升、鹽一升。涉渭・灞・涇・雒佗名水如此者、沈珪璧各一。律、在所給祠具。及行、沈祠佗川水、先驅投石、少府給珪璧。不滿百里者不沈」とある。
（43）『東観漢記』敬宗孝順帝紀。
（44）『続漢書』祭祀志下にも「建武以來、關西諸陵以轉久遠、但四時特牲祠。帝每幸長安謁諸陵、乃太牢祠」とある。
（45）『後漢書』伝五李通列伝。
（46）たとえば渡邉義浩一九九五では、地方祭祀としての孔子廟祭祀の変遷の事例の検討から、後漢「儒教国家」の衰退とともに、儒教的祭祀の権限が、後漢国家から次第に儒教的官僚や在地勢力へと移行したとする。

(47)『後漢書』孝明帝紀永平十年冬十一月条。
(48)『後漢書』孝章帝紀章和元年九月庚子条。
(49)明帝期における政治と諸王謀反の問題については、東晋次一九九五、第一章第一節に詳しい。また狩野直禎一九九三、第三章第二節でも、明帝期の行幸において諸王を徴しての会合が増加していることに言及したうえで、諸王謀反事件との関係から、宮廷内の不安定さを指摘する。
(50)『後漢書』伝三二楚王英および広陵王荊列伝。
(51)『後漢書』孝章帝紀元和三年二月壬寅条。
(52)『後漢書』孝章帝紀建初七年九月己酉条。
(53)行幸記事に見える例としては、長安（22）、三輔（41、43）、河東郡（22、30）、魏郡（29）、章陵（45）、南頓（15、26）、元氏（24）など。
(54)たとえば『東観漢記』顕宗孝明帝紀永平三年十月条の「上在于道所幸見吏、勞賜省事畢」など。
(55)『獨断』のこの部分については、『独断』研究ゼミナール一九八一参照。
(56)父老（および三老）については、守屋美都雄一九五五参照。
(57)『東観漢記』世祖光武帝紀にも同様な記事が見られる。
(58)伝十五魯丕列伝、伝十六蔡茂列伝など。
(59)伝十六韋彪附韋豹列伝、伝二二樊宏附樊準列伝、伝三一寒朗列伝など。
(60)『東観漢記』恭宗孝安皇帝紀、御覧巻九一。
(61)（23）の事例の『東観漢記』顕宗孝明皇帝紀。
(62)以上、いずれも『後漢書』孝章帝紀。
(63)伝十祭肜、十五魯恭、十六韋彪、十七杜林、二三馮魴、二五張純、曹褒、三三朱暉、四四楊秉、六六王渙、伝七三逸民（漢陰老父）列伝など。また『続漢書』祭祀上の封禅刻石にも、扈従者への言及がある。

(64) 伝二二陰識、二三馮魴、三二東平王蒼、三四張禹列伝など。
(65) 以上、いずれも『後漢書』の本伝。
(66) 『後漢書』巻十皇后紀安思閻皇后の例(42)など。
(67) 『東観漢記』世祖光武皇帝紀に、(10)の事例について「以車騎省、留數日行、黎陽兵馬千餘匹、遂到章陵」とある。
(68) 『後漢書』伝四五清河王慶列伝に、(38)の事例について「至冬、從祠章陵、詔假諸王羽林騎各四十人」とある。
(69) 『後漢書』巻四孝和帝紀永元三年十二月庚辰条。
(70) 『史記』巻六秦始皇本紀二十八年条にも、「使刑徒三千人皆伐湘山樹、赭其山」という例が見える。
(71) 前注(41)掲、『後漢書』逸民列伝漢陰老父。
(72) 当時における租税優免の問題については、山田勝芳一九九三、第七章「秦漢代の復除」、重近啓樹一九九九、第七章「漢代の復除」、など参照。
(73) 『後漢書』光武帝紀建武十九年九月壬申条に「父老前叩頭言、『皇考居此日久、陛下識知寺舍、毎来輒加厚恩、願賜復十年』」とあり、また同・孝明帝紀永平五年冬十月条に「常山三老言於帝曰『上生於元氏、願蒙優復』」とある。
(74) 『史記』巻八高祖本紀十二年条に「沛父兄皆頓首曰、『沛幸得復、豐未復、唯陛下哀憐之』」とある。
(75) 伝三十班固、伝三八楊終、伝四二崔駰、伝五十馬融列伝など。
(76) 本書第三部第一章など参照。
(77) 本書第一部第二章および補論参照。
(78) 本書第一部第三章参照。
(79) 本書第一部第五章など参照。
(80) 筆者はまた、後漢期の洛陽を囲繞する「四関」、「八関」など関所のラインについて、「国内の境界線」としての重要性を指摘したことがあるが(大櫛敦弘一九九七b)、本章での考察からすれば、この点については再検討の必要があるであろう。
(81) 桐本東太一九八九参照。

(82) 稲葉一郎一九八九参照。
(83) 栗原朋信一九六〇、四一～二頁。
(84) 鶴間和幸一九九三参照。
(85) なお、稲葉一郎一九八九では、始皇帝や武帝の巡狩についてさらに「統一政策を定着させるための事業」としての側面も強調している。この点は後漢時代の行幸においても共通するものであると思われるが、これまでに述べてきたような統一体制の成熟の度合いからすれば、その表われ方もおのずと異なったものとなるであろう。
(86) 金子修一一九八二参照。
(87) 本書第一部第四章参照。

終　章

本書ではここまで三部十二章にわたり、秦漢時代における統一国家体制の形成と展開のあり方について、主として「地域の統合」という側面より考察を加えてきた。そこで以下に、ここまでの議論をあらためて確認した上で、現時点での最新の史料の成果も取り入れながら、各時期における「地域間での支配、対立関係の構図とその相対化」の動きを時系列に沿って整理し、さらにはそこから戦国後期から後漢時代におよぶ統一国家体制の形成と展開のあり方を総括的に示すこととしたい。

第一節　ここまでのまとめ

ここまでの議論をあらためて簡単に整理するならば、以下の通りである。

まず第一部「内史・三輔・関中」編は、秦および前漢統一国家の基盤であり、「支配する側の地域」となる渭水盆地一帯の中核地域（「（秦の）初期領域」、「内史の地」、「三輔」）の統一国家体制における位置づけのあり方に注目して検討を加え、それが「本土」から「首都圏」へと変質、展開する過程のうちに、地域間での支配や対立の構図が相対化し、統一国家体制が成熟してゆく過程が具体的にうかがわれることを論じてきた。

第一章「内史の展開と秦漢統一国家体制の形成」では、雲夢秦簡をはじめとする出土文字資料を中心に、中国の戦国秦から漢初にかけての内史の性格をめぐる諸説について検討を加え、それが全土の財政（あるいは文書行政）をめぐるいわば「朝廷の中央官」と「（占領地に対する）本土の地方官」としての「二重性」をもつ存在から、次第に「首都圏の地方官」へと変化していったと整理した。その上でこうした内史の「二重性」には、中央の諸官府が分担して統治する「本土」とその他の占領地とが明確に区別されているような体制が反映されており、こうした「二重性」が解消されてゆく過程のうちに、統一国家としての体制が成熟してゆく動きがうかがわれることを論じた。

それをうけて第二章「前漢三輔制度の形成」では、前漢時代の「首都圏」である三輔制度の形成について、三輔の前身である「内史」が（官制の上で、さらには行政区分として）左右に分置された時期、「三輔」に移行した時期について新たな理解を提示した。そこからまた「地域間対立の枠組み」が統一国家体制へと収斂してゆく過程を明らかにした。

なお、これに関連して、補論「『漢書』地理志における内史の設置時期をめぐって」は、『漢書』地理志に見える全国一〇三郡国の設置年代についての記事を分析・補正することを通じて、秦漢統一国家における首都圏地域の性格が「特殊地域から一般の郡へ」と移行する時期が、そこでは前漢成立期とされていたことを指摘して、このことから秦から前漢武帝期にいたる統一国家体制の成熟が段階的に進んでいったことを補足的に論じた。

さらに第三章「前漢三輔制度の展開」では、前漢後半期の統一国家体制について、依然として三輔地域（やそれを含むかつての「広域関中」）をその基盤としつつも、そこでの機能の一部を、それぞれ新「関中」や「司隷校尉部」などの（一般の郡との）中間的な性格をもつ地域を設定して分与し、前者をいわば防衛ラインとしての「盾」、後者を東方制圧のための「槍」として、東方を中心とする他の地域を牽制・統御する形をとるなど、相対化しつつも地域的層位性をもって展開していたことを論じた。

そして第四章「中国『畿内制度』の形成に関する一考察」では、こうした統一国家体制展開の一環として、理解が必ずしも一定していない表題の問題について、統一以前の、諸国並立の状況での「国際秩序」としての「畿内制度」と、統一国家体制下での「畿内制度」とを区別することによって、これまでの理解の混乱を整理し、その上で後者の畿内制度の形成過程を追い、その成立時期を新代に求め、さらに日本の「畿内制度」との関係についても言及した。

最後に第五章「関中・三輔・関西――関所と秦漢統一国家――」では、表題のような秦漢時代における首都圏地域の呼称の用例の変遷を検討することにより、ここまでの考察の結果を通時的に確認すると同時に、その外側に展開していた「関所の内側」の地域と東方地域とを画する関所のラインが「国内の境界線」として実質的な重みをもって機能していた状態から、その重要性を次第に低下させ、やがては形骸化してゆく過程がそこに反映されていることをあわせて指摘し、これらの底流には、いずれも秦から後漢期にかけての統一国家体制における「地域間支配の構図」の相対化という大きな流れがあったことを論じた。

第二部「東方諸地域編」では、統一国家形成の過程において「支配される側の地域」となった東方地域へと目を転じて、それらが（対立、あるいは服属する）他の「諸国」から「占領地」、さらには「地域」へと転化してゆく具体的なあり方を通じて、それが秦漢統一国家体制と対立しつつも、次第にそこに組み込まれてゆく過程を論じた。

まず第一章「統一前夜――戦国後期の「国際」秩序――」では、戦国後期の言説の分析などを通じて、当時、秦が一段優位に立って他の諸国がそれに服属するような、秦を中心とする「国際」秩序が存在していたこと、さらに「統一」国家出現後も、こうした「国際」秩序がそこでの支配のあり方に一定の影響を与えていたことを指摘し、このように考えることによって、戦国から前漢武帝期にかけての統一国家形成の過程を、より一貫した形でとらえることができる事を論じた。

ついで第二章「燕・斉・荊は地遠し」では、秦末、楚漢抗争期の旧六国などの諸勢力や、漢初の諸侯王国の動向に見られる「地域間の関係」（あるいは「地域差」、「地域的動向」）という側面に注目して検討を加え、そこから統一国家の支配が「地域的層位性」を伴いつつ、徐々に東方地域に及んでゆく過程をある程度具体的に論証した。

なお、これに関連して補論「戦国の残像——秦末、楚漢戦争期における旧魏の領域——」では、絶えず変化し移動していた戦国魏の領域について注目し、『戦国縦横家書』の分析からその末期における領域の範囲を確定し、その上で秦末、楚漢戦争期において「旧魏の領域」として意識される範囲がほぼこれと一致することを確認して、この時期の情勢に大きな影響を与えていた「戦国時代の枠組み」が、ほぼ戦国末期の時点での状況を反映するものであることを論じた。

さらに第三章「使者の越えた「境界」——秦漢統一国家体制形成の一こま——」では、近年の研究成果をふまえつつ、前漢武帝期における統一国家体制形成の具体的なあり方について検討を加え、西方に基盤を置く漢王朝が東方諸地域を本格的に取り込んでゆく中で、領域全体のさまざまな問題を抱え込み、枠組みが確立しないままに積極的に関与してゆくことなどによる混乱のもと、地域間の枠組みが相対化し、統一国家体制の形成が進んでゆくことを論じている。

以上の考察をうけて、第三部「移動と空間編」は、以上に見てきたような「舞台設定」の上に展開される統一国家の諸相について、軍事、行幸という事例から具体的に考察したものである。

まず軍事について、第一章「秦代国家の統一支配——主として軍事的側面から——」では、秦末・楚漢抗争期の軍事状況の分析から、秦は占領した東方地域の城壁を撤去するなどの措置を通じて、その軍事的な自立性を奪って強力な統一支配を実現させていた事を指摘し、あわせて、そうした状況のもとに展開された「強力だが脆い」軍事的な統一支配の体制について、ここまでに検討してきた統一国家体制と関連づけて論じた。

なお、これに関連して補論「三川郡のまもり」では、「内史の地」に隣接し、東方諸地域の出入り口となる戦略上の要衝でもある三川郡について、秦末の諸反乱におけるその軍事的な状況の検討から、秦は「被征服地」のうちでもとくに三川郡をこうした強力な統制下に置く事によって、他の「被征服地」への支配を展開していたこと、また、それは前漢においても基本的に継承されていったが、一方で統一の成熟にともなう制度の整備とともに、こうしたむき出しの軍事的支配のあり方は次第に後景へと退いていったことを論じた。

第二章「新朝の統一支配――主として軍事的側面から――」では、四関将軍や新朝崩壊時の事例など、主として軍事的側面から検討を加え、そこから三輔地域や新「関中」による東方支配を支えるシステムには「ほころび」が生じてきており、その一方で洛陽一帯の地域に重心が移りつつあるといった傾向が見られることを指摘し、そこに統一国家体制における「地域間での支配、対立の関係」の枠組みの変化をうかがうことができることを論じた。

つぎに行幸について、第三章「前漢武帝期の行幸――その基礎的考察――」では、前漢武帝期の行幸事例を集成して分析を加え、その概要や経由地域、内容などについて整理し、あわせて先行する秦始皇帝の巡狩、後漢時代の行幸の事例との比較からその歴史的位置づけについて考察を加えたもので、その背景には統一国家体制の成熟が想定されること、あるいは秦および前漢初期の国制構造が、後漢期のそれへと変質してゆく過渡的な状況もそこには示されていること、などを指摘した。

これに対して第四章「後漢時代の行幸」では、表題の問題について関連資料を集成したうえで、その展開や目的地ごとの性格づけ、あるいは祭祀、諸王との会見、地方巡察、その歴史的位置づけ等々、様々な角度から検討を加えた。秦や前漢時代のそれと比べてそれまで注目されることの少なかった後漢時代の行幸について全体像を明らかにし、その重要性を指摘すると同時に、そこから後漢時代の統一国家支配のあり方についても浮き彫りにしたのである。

以上がここまでの議論の大まかな内容であるが、これらをうけて以下では、各時期における「地域間での支配、対立関係の構図」のあり方を時系列に沿って整理してゆく。その前提となる作業として、まずは戦国後期と統一期の秦の状況について、それぞれ検討を加える。このうち前者については、さらに「（領域内における）地域間の支配、対立関係の構図」および「国際」秩序のあり方について見てゆくこととしたい。

第二節　秦邦――戦国後期の「国際」秩序と領域内での地域的区分――

（一）戦国後期の「国際」秩序

本書第二部第一章では、主として文献史料から戦国後期に秦が一段優位に立って他の諸国がそれに服属するような、秦を中心とする「国際」秩序が存在していたことなどを論じてきたわけであるが、同時代の出土文字資料たる雲夢睡虎地秦簡において、こうした秦と他の諸国との関係――いわば秦の側から見た「統一前夜」――はどのようにあらわれているのであろうか。
この問題についてはすでにいくつかの研究がなされており[1]、その点でいささか重複することにはなるが、以下にまずは、関連する史料についてそれぞれ見てゆくこととしたい。
まず、法律の条文・用語解釈などの問答集である「法律答問」での
「使者。（諸）侯。・外臣邦。、其邦徒及偽吏（使）不来、弗坐」可（何）謂「邦徒」・「偽使」。●徒・吏與偕使而弗爲

私舎人、是謂「邦徒」・「偽使」。(「諸侯や外臣邦に出使し、その邦徒および偽使が帰って来なくても、処罰しない」とある「邦徒」、「偽使」とは何か。随行の従者や吏で、私的な従者ではない者を「邦徒」、「偽使」というのである(2))

という記事には、使節団の往還に関して「諸侯(国)」と「外臣邦」の語が見えている。ここで両者が並記されていることから、この「諸侯(国)」と「外臣邦」とは、基本的に共通する性格のものではあるが、一方では区別のある関係でもあったことがうかがわれるであろう。

ところでこのうちの「外臣邦」の語からは、それに対置される「内臣邦」の存在が想定されるが、それに当たるのが、以下の数条の「法律答問」の記事に見られる「臣邦」のことであると思われる。まず、

「擅殺・刑・髡其後子、讞(讞)之」●可(何)謂「後子」。●官其男爲爵後、及臣邦君長所置爲後大(太)子、皆爲「後子」。(「ほしいままに、その後子を殺し、傷つけたり、髪を切ったりした者については、その罪を議すること」とある「後子」とは何か。その爵の相続人として官に届け出済みの者、および臣邦君長が置くところの太子を、いずれも「後子」というのである(3))

では、「臣邦」の首長として「君長」、さらにその「太子」の存在が見えている。一方、

可(何)謂「贖鬼薪鋈足」、可(何)謂「贖宮」。●臣邦真戎君長、爵當上造以上、有辠(罪)當贖者、其爲羣盜、令贖鬼薪鋈足。其有府(腐)辠(罪)、□(贖)宮。其它辠(罪)比羣盜者亦如此。(「鬼薪鋈足を贖う」とは何か。また「宮を贖う」とは何か。臣邦真戎君長で上造以上の爵に相当する者が罪を贖う場合、群盗を為したのであれば、鬼薪鋈足を贖わせ、宮刑に該当する罪であれば、宮を贖わせるということである。その他の罪で群盗に相当するものも、また同様に処理する(4))

という記事では、「臣邦の真戎君長」とあり、臣邦の首長、ひいては臣邦の形態そのものに、いくつかの類型のあったことが知られる。ここで「戎」とは、いうまでもなく非漢族を指すものであり、したがってこの語がとくに用いられていない場合の「臣邦君長」とは、少なくとも漢族の首長ではあったということになるであろう。「真」については、次の記事にその定義がなされている。

「真臣邦君公有辠（罪）、致耐辠（罪）以上、令贖」可（何）謂「真」。臣邦父母産子及産它邦而是謂「真」。●可（何）謂「夏子」。●臣邦父・秦母謂殹（也）。（「真臣邦の君公が罪を犯し、それが耐罪以上であれば、贖わせる」とある「真」とは何か。臣邦の両親より生まれた子、および他邦に生まれた者を「真」という。「夏子」とは何か。臣邦の父・秦の母から生まれた者のことをいうのである）(5)

すなわち「臣邦真戎君長」とは、「両親ともに秦の血を引いていない、非漢族の臣邦の首長」であり、またここに見られる「真臣邦君公」とは、「漢族ではあるが、非秦人の臣邦の首長」ということになるのである。なお、単なる「臣邦君公」とは、秦人のそれを指すものということになるであろう。このように秦簡中の秦邦のあり方には、非漢族、そして漢族ながら非秦人、秦人（の首長）の臣邦、という二つの形態が存在していたのであった(6)。

なお、この最後の記事には、「秦」、「臣邦」と並んで「它邦」の語が見えているが、前二者と区別されるこの「它邦」とは、本節の最初に挙げた記事より、「外臣邦」と「諸侯（国）」のことを指すものと考えられる。これまでの挙例からも明らかなように、臣邦の首長にはある程度、秦の法が及んでいたのであるが、さらに

「臣邦人不安其主長而欲去夏者、勿許」●可（何）謂「夏」。欲去秦屬是謂「夏」。（「臣邦の者が、その首長に不満を持って夏を去ろうとしても、これを認めてはならない」とある「夏〔を去る〕」とは何か。秦属を去ろうとすることを「夏〔を去る〕」というのである）(7)

からすれば、その成員に対しても秦の拘束力は及んだものと考えられ、まさに臣邦は「秦の属国」として、秦にとっては「他国」とは区別される存在だったのである。

以上、雲夢睡虎秦簡に見える他の諸国のあり方として、「諸侯（国）」、「外臣邦」、「臣邦」の三者について見てきた。なお、この他に「属邦」の語も見られるが、[8]これについては、非漢族に関わるものという以外には――前三者との関係なども含めて――ほとんど明らかではないことから、ここでの考察の対象からは除外しておく。[9]

ところで先にも述べたように、本書第二部第一章では、主として文献史料から「統一前夜」における秦と他の諸国との関係について論じ、そこでは「（秦と基本的に対等な）諸侯」、「秦に服属する諸侯」、そして「関内侯」の三つのあり方が見られることを論じてきたのであるが、このうち後二者についてもう少し詳しく説明すると、秦は当時、「本土」である渭水盆地一帯の中核地域である「初期領域」などの東辺に展開する関所のラインと、他国との間の国境たるその外側の、内外「二重の境界」を有しており、この外側の境界が秦にとっては「内」と「外」との境界線であったわけであるが、先の「秦に服属する諸侯」とは、この境界線の外側にあって、秦に対して

稱藩、稱臣、築帝宮、受冠帯、祠春秋、割地、擧圖、效璽

などの形で臣従し、「郡縣に比」せられるような「外臣」であったのに対して、「関内侯」は、境界線の内側に包摂され、

給貢職、比（秦国内の）諸侯、入朝

といった形で臣従し、「郡縣の如」き「内臣」であり、その従属の度合いも、より強いものだったのである。

これをここまでに見てきた、秦簡での他の諸国のあり方と比べるならば、まず、秦簡中の「諸侯（国）」が（秦と対等の）諸侯に当たるものであることはいうまでもない。また、外臣として秦に服属する諸侯とは、まさに秦簡での

「外臣邦」のことといえよう。問題は、秦簡の「臣邦」と文献史料中の「関内侯」であるが、先述したように「臣邦」が「外臣邦」に対する「内臣の邦」であるならば、その秦に対する従属の度合いの強さという点においても、それは「関内侯」に相当する存在であったと思われる。

このように、雲夢睡虎秦簡に見える他の諸国のあり方は、文献史料でのそれと基本的に対応するものであった。このことは、主として文献史料によるものであった前章での議論を、出土文字資料の側から確認するものといえるであろう。秦簡での以上のような事例は、まさに秦の側から見た当時の「国際」秩序のあり方を示してくれるものであるが、文献史料でのそれとの対応関係を簡単に図示しておくと、次のようになる。

	臣		不臣
	内臣	外臣	
秦簡	臣邦	外臣邦	諸侯
文献史料	関内侯	服属する諸侯	諸侯

なお、ここでは「臣邦」、「外臣邦」ともに秦に対して服属する存在とはなっているが、両者を隔てるのは秦の（外側の）国境線なのであり、その実質的な差異が決して小さなものでなかったことは、ここで強調しておかなければならない。「臣邦」は基本的には「邦」であり、秦と区別される存在ではあるものの、ここまでに見てきたことからすれば、それは広い意味での「秦」の「邦」に包含されるものであったと思われる。[10] これに対して国境線の外にある「外臣邦」は、秦から見れば「它邦」として、むしろ「諸侯（国）」と共通する存在であった。その意味で、これら諸国の関係は——秦の（外側の）国境線を基本的な境界として——「臣邦」を含む広義の「秦邦」と、「外臣邦」・「諸侯

（国）」からなる「它邦」とにまず大別され、それがさらに狭義の「秦邦」と「臣邦」、あるいは「外臣邦」と「諸侯（国）」へと、それぞれ細かく区分されてゆく――このような構図になっていたものと考えられるのである。[11]

（二）領域内での地域的区分

それでは戦国秦の領域内における地域的な区分――とくにここまでに見てきた「初期領域」と他の郡とのそれ――については、どのように見ることができるのであろうか。ここまでにも見てきたように、（領域国家としての）秦国の初発の版図そのものであったこの地域は、やがてその領域を越えて版図を広げていった後も中央の諸官府が分担して直接に統治する「本土」として、その他のいわば「占領地」たる「郡」の地域とは一線を画する位置づけにあったわけであるが、その名称については雲夢睡虎秦簡からはうかがうことができない。この資料がもともとこの地域を対象に形成されたものであり、他の地域では準用する形で用いられていたのであるとすれば、ある意味それも無理からぬことではあろう。

なお、この点について筆者はかつて旧稿において、「秦律雑抄」中の遊子律に「故秦」の人間の不法な出国や戸籍抹消に関わる規定[12]が見られることから、そもそもの「本土」である「故秦」と他の地域との間で法律上の区別のあったこと、また「秦律十八種」中の工律の条文[13]に見える「邦中之徭」の例から、この「故秦」の地は「邦中」の語で呼称されていたこと、などを論じたのであった。[14]

しかしこれに対して渡邉英幸氏は「故」の用例などから検討を加え、それが従来想定されてきたような関中地区（本書でいう「狭義の」）乃至その周囲を含めた地域的概念ではあり得ないことを論証し、この概念を根拠として、秦の国制が「本土」＝関中と「占領地」＝関外諸郡を厳しく区別していたとすることはできないとしている。[15] この「初期領域」については、前述のような体制のうちに（他の「郡」とは区別される）その「本土」としての性格がうかがわれるのであり、また（狭義の）「関中」や後述する「中」の存在からすれば、この「初期領域」を「邦の中」と呼称していた可能性もなお考えられるのではあるが、少なくとも現在のところ、この「初期領域」を「邦中」と呼んでいた積極的な論拠が見当たらないのもまた事実である。(16)

この地域の名称について、本書では第一部第五章において検討を加えてきた。それによれば、秦および前漢前期においては文献史料などで「関中」の語が——狭義の、かつ多義的、曖昧な用例として——見られるのではあるが、藤田勝久氏も指摘されるようにそれは統一後の名称であった。(17) また里耶秦簡、岳麓書院蔵秦簡など新出土の法律、行政関連史料には「中（縣道）」あるいは「内史」などがこの地域の呼称として見えており、それが戦国秦にさかのぼる可能性は充分に考えられはするものの、なおその確証を見ていない。

こうした中で注目されるのが、文献史料に見える「秦中」の語である。これまた第一部第五章において指摘したように、この語は秦から楚漢戦争期にかけて見えており、また「関中」の語と互用される呼称なのであるが、『史記』巻八高祖本紀六年十二月条での「陛下韓信を得《とら》え、又た秦中に治す」という田肯なる人物の発言に付された集解に引く如淳の注では、

時山東人謂關中爲秦中。（当時、山東では関中のことを秦中と呼んでいた）

とあり、「当時」とは直接には漢初のことではあるものの、「山東」とは秦以外の東方諸国の地のことであり、また「秦」という冠称は一般に秦以外の他国の存在を前提とする表現であることを考えるならば、この「秦中」の語については、統一以前の、東方諸国がいまだ健在であった時期にさかのぼってその存在を想定することもできるかもしれない。

もっともこの語は他国からの呼称であるので、当然、秦の側の呼称ではありえない。おそらく秦の国内ではそれは「秦」という冠称のない「中」であり、それはまさに統一秦や漢初に見られる「中（縣道）」と同様な存在として、この時期にもさかのぼって想定できるのではなかろうか。とはいえ、それを直接に証明する事例を確認することのできない現時点においては、まずは推測にとどめておかざるをえないであろう。

以上、主として雲夢睡虎地秦簡より、戦国後期における秦の「（領域内における）地域間の支配、対立関係の構図」および「国際」秩序のあり方について検討を加えてきたのであるが、そこではまず中核地域としての「初期領域」（この時期における名称についてはなお検討を要する）が存在し、その外側に前後して秦の領域に組み込まれた「郡」や「臣邦」が展開していた。これら全体が秦という「邦」を構成しており、そのさらに外側（東方）は「它邦」であったが、それは秦に対する服属の有無によってさらに「外臣邦」と「諸侯」とに区別される――このように内から外へと差等をともなう地域的区分がなされていたと考えられるのである。なお、雲夢睡虎地秦簡には見えていないものの、秦の領域拡大にともなって、「広域」関中とそれ以外の地域、あるいは秦に組み込まれた時期の先後などによるさらなる地域的な区分が生じてきたことが考えられるのであるが、それらは次に見る統一下での領域内の地域的区分にもあらわれている。

第三節　統一秦における領域内での地域的区分

秦の統一によって、前節で見てきたような「国際」秩序はいったん消滅し、すべてが領域内の秩序に含まれることとなった。もとよりそれによって全領域にわたる均質均等な支配が出現したわけではなく、これまでの地域間の関係は形を変えながらも引き継がれることとなる。

この時期の状況についてはは従来ほとんど手かがりとなる資料を欠いていたわけであるが、里耶秦簡や岳麓書院蔵秦簡の出現によって新たな事実が知られるようになってきた。これらのうち前者はいまだ公刊中であり、後者も公刊終了からなお日が浅く、関連する研究も緒に就いたばかりではあるものの、以下にここまでの議論も踏まえつつ、主として岳麓書院蔵秦簡にみられる秦代の領域内での地域区分について①中（県道）、②関中、③新地、④故徼などから簡単に確認し、その上でさらに「地域間の関係」より秦代の統一国家体制を論じた研究についてもあわせて検討を加えてゆくこととしたい。

①中（県道）

最初の統一体制の下での、中核地域としての「初期領域」のあり方については、すでに本書第一部第一章第四節でややくわしく論じてきた通りである。すなわちそこでは「中」がこの地域の県・道を管轄する存在として、「郡」と並列、対置される存在であり、かつ「郡」とは事務的な手続きなどにおいて区別が見られ、あるいは「郡」からの移動、入境にも制限のかけられる場合があるなど、王朝の中核地域として特殊な位置づけがなされていた。前節の雲夢睡虎地秦簡の段階と比べると、しだいに「郡」としての性格を強めつつあるものの、基本的に当時におけるこの「初期領域」は、文字通り「中央が（その県や道を）直轄する地域」なのであった。

ちなみにこれらの新出土資料によって、この渭水盆地一帯の中核地域が「内史」の語で示される例も確認されるようになってきたこと、これまた前述した通りであるが、その「中（県道）」との関係、棲み分けなどの問題については、今後の検討課題とせざるをえない。(18) なお岳麓書院蔵秦簡に「襄武・上雒・商・函谷關」に言及した律文の一部が見られることから、これらに囲まれる領域をもって「中県」の範囲とする議論もなされているが、こうした見方が成り立ちがたいものであることは、本章補論に述べる通りである。

②関中

こうした「中（県道）」以外の領域は、秦の統一体制のもとではすべて「郡」ということになるわけであるが、実際にはこれら諸「郡」の置かれた広大な領域は、さらにいくつかの地域に区分されていた、一つは「関中」と「関外」という区分であり、これについては本書第一部第五章第三節でも述べたように、岳麓書院蔵秦簡以外にも龍崗秦簡や里耶秦簡にもすでにその区分が見えている。ここにいう「関中」とは、函谷関や武関、あるいは扞関や漢陽関などの関所のラインの西側の「広域関中」のことであり、前記「中県道」のほかに、巴蜀や天水・安定郡など比較的早期に秦の領域に組み込まれた「郡」によって構成されていた。岳麓書院蔵秦簡の「郡及び關外の黔首」（肆、三六六）という例からも見られるように、同じく郡でありながらも、遅れて秦の版図となった「関外」の地域の「郡」と、これらの「関中」の「郡」とでは区別がなされていたのである。

③新地

そしてこうした「関外」の地域のうちには、さらに「新地」という区分が存在していた。「新地」とは、文字通り「新たに版図に組み込まれた地域」のことであり、具体的には秦の統一の最終局面で征服されたばかりの地域を指すと見てよいであろう。これについての研究もすでにいくつかあらわれているが[19]、具体的にどの時期以降に編入された地域を対象とするものであるかなど、なお見解の分かれる点も少なくない[20]。岳麓書院蔵秦簡では、「新地の吏」が「新黔首」との間で金品授受や売買貸借を通して収奪することを禁ずる規定[21]などのほか、過失などで免職となった吏がこの地に配属される「新地吏」の例[22]が多く見えているなど、版図に組み入れられたばかりの占領地としてのこの地域の具体的なあり方が示されている。

当然のことながら、これら「新地」に対して、それより以前に秦の版図に組み込まれていたであろう「新ならざる」地域の存在を想定することができるであろう。すなわち前記「関外」の領域は、これら「新ならざる」地域と、さらに遅れて秦に征服されたこの「新地」とに区分されていたと考えられるのである。

④ 故徼

これら「新地」との関わりにおいて注目されるのが、「故徼」の存在である。「徼」は国境などを意味する語であり、それゆえ「故徼」とは「かつての国境線」ということになる。この語について従来の文献資料では漢初の「蜀故徼」[23]の存在が見られるくらいであったが、新出土の文字資料である里耶秦簡、とくに岳麓秦簡の出現によって故徼に関する知見は格段に増加した。たとえば里耶秦簡の更名扁書に「邉塞曰故塞。毋塞者曰故徼」[24]とあることから、故徼とは、塞ほどには厳重な設備をもたない辺境の防衛ラインを（秦の統一に際して）改称したものであったことが知られるのである。[25]また岳麓秦簡によれば、故徼の出入には厳しい制限が課されていたようであり、[26]あるいは戍卒も配置されていた。[27]さらにその内と外とでは処罰の軽重に差等がつけられている例も多く見られるなど、[28]それは「故」とありながらも、統一期の秦において重要な境界線として機能していたことがうかがわれる。[29]「故徼外盜」とある例がいくつも見られることなども、このことを示すものであろう。[30]

岳麓秦簡にはさらに「徼中蠻夷」[31]、「徼外蠻夷」[32]の語が見えており、また前出「蜀故徼」の存在などからも、「故徼」は「故塞」とともに、統一直前の段階での秦とそれをとりまく異民族や他の諸国との間に設けられた諸々の境界線に対する（統一後の）総称であったと思われる。[33]そしてこれらの中でもとくに本書での考察との関わりにおいて注目されるのが、秦と他の東方諸国との境界に設けられていたであろう「かつての国境線」であることは言うまでもない。統一直前の「ある時点」での秦と東方諸国との地域的な関係が統一後も根強く残存し、その後の歴史的展開にも強い影響を及ぼし続けていたことは本書第二部の諸章でも見てきたところであるが、こうした「戦国の（領域的）枠組み」のもとで「国内の境界線」を構成していたのが、まさにこの故徼東段の部分――岳麓秦簡に見える「東故徼」[34]があるいはこれに相当するか――であり、さらにそれは先の「新地」と「新ならざる地域」の境界線ともなっていたのではないかと考えられるからである。

もっともこうした「国内の境界線」としての故徼については、「故徼は異民族との間の辺境にのみ設けられた境界である」との理解から、その存在に否定的な見方もあり、たとえば近年の尚宇昌氏の研究ではその論拠として、（一）睡虎地秦簡中の「故塞」、「故徼」の語は常に「蛮夷」とともに出現しており、また岳麓秦簡では「故塞」、「故徼」に関わる簡文二十余条のうちの約半数の内容が明らかに「蛮夷」と関係があり、それ以外の内容も多くは「戍故徼」の類で、一つとして新地あるいは新黔首を直接に対象としているものはないこと、（二）関東諸国との境界は絶えず変化しており、安定した辺界は形成し難かった。かりに始皇本紀に見られる即位当初の状況以後に獲得した領土を「新地」と称することが出来たとしても、「新地」と「故塞」、「故徼」は対応関係にはなく、秦旧地と新地の境界線とはいえないこと、（三）「新地」と「故塞」、「故徼」との出現時期は前後で異なっており、関わってくる部分もまた異なっており、秦王政時期に占領した関東の「新地」とは事実上、称帝改制後の「新地」と「故塞」、「故徼」の内に含まれると見るべきこと、（四）「東故徼」は（「国内の境界線」ではなく）秦越国境の武夷山脈のラインであること、などの諸点を挙げている[35]。

ただし、（一）睡虎地秦簡の年代や、第一部第一章でも紹介した「読替説」などを考えるならば、そこに「国内の境界線」としての故徼はそもそも見られるはずはなかったと考えられるのであり、統一時におけるその存在を否定する根拠とはなりえない。また故徼は旧東方諸国との境界のみならず、周囲の異民族との間に設けられた境界線――むしろこちらの方が圧倒的に多くを占めていたであろう――をも含む境界線の総称であったのだから、岳麓秦簡中の故徼関連の条文中に「蛮夷」の記事が多く現れてくることも怪しむには及ばないであろう。さらに（二）の秦と関東諸国との境界が固定したものではなかったという点については、先にも述べたように「戦国の（領域的）枠組み」が統一後も根強く残存していたことからするならば、旧秦と旧東方諸国の間にある程度安定した境界線のようなものが持続して存在していた可能性も充分に考えられるのではなかろうか。（四）の「東故徼」についても、これを武夷山脈のラインとするのは李威霖氏の批判するように方位的にも無理のある解釈で[36]、普通に「東方の故徼」と解すべきであり、そうであるならば――「河間故徼[37]」の存在とも相まって――それは東方地域に「国内の境界線」が存在したことを示すものと考えることができるであろう。また、そもそも更名扁書での改称の事例は、（「王」に関わる用語を「皇帝」のそれに改めるなど）統一というタイミングでの改称項目を逐一列挙していったものであるのだから、そこに見られる「故徼」の改称も、統一により旧東方諸国との国境が消失したことを契機としていた、すなわちこの「国内の境界線」の存在と密接に関わっていたのではないかと思われるのである。

以上より本書では、（統一直前の「ある時点」での秦と東方諸国との境界に設けられていたであろう）「かつての国境線」も「故徼」の一つに含まれていた――との理解のもと、考察を進めてゆくこととしたい（とくに断りのないかぎり以下の議論においては、「故徼」は基本的にこの「東側の故徼」を指すこととする）。とはいえ尚氏も指摘されるように、新地と故徼との対応関係は直接に論証されているわけではなく、さらにはこの「国内の境界線」が具体的にどのあたりに引かれていたのか――あるいはそれは単数であったのか、あるいは（前記「河間故徼」の例からも示唆されるように）複数であったのか――など、多くの問題が今後の課題として残されている。ちなみにこの故徼の「位置」をめぐる問題については、近年の李威霖氏の研究において諸説の紹介、整理がなされており、それらをふまえた上で、岳麓秦簡中の邦亡や囚人の配属事例などから、東故徼は「太原―東郡―南陽―南郡」の郡のラインに位置していたであろうこと、さらにそれは設置年代の異なる河間故徼とは連接していなかったこと、故徼の外とくに東故徼以東は主に「新地」と称される六国の故地であったこと、などが論じられており[38]、現在のところこれが比較的穏当な解釈であるかと思われる。李氏はさらに故徼が始皇三十二年の城壁撤去政策の一環として廃棄された可能性にも言及しており[39]、このように考えることができるのであれば、それは都市の城壁撤去政策から「強力だが脆い」秦の統一支配を見出した本書第三部第一章での議論をさらに補強するものといえるであろう。なおこの故徼の「位置」の問題については、後段でもいささかふれることとしたい。

また翁明鵬氏は、「故徼」「故塞」「故徼外」「故塞外」「故塞徼外」は見えるが、単独での「徼」「塞」「徼外」「塞外」の用法はないことを指摘し、秦帝国の眼中には秦国（時代の）「故塞」「故徼」「故徼外」「故塞外」「故塞徼外」の概念があるのみで、大一統帝国の「徼」「塞」「徼外」「塞外」の概念は模糊としていたと指摘し、またこうした状況は漢代以降には変化してゆくという[40]。

以上、岳麓書院蔵秦簡を中心として、秦代の領域内での地域区分について、「中（県道）」、「関中」、「新地」、そして「故徼」などから見てきたわけであるが、これらからも明らかなように、秦代の統一国家体制においては、必ずしも従来強調されていたように全領域が等し並みに扱われていただけではなく、おそらくは支配の安定度などの現実の状況に応じて、複数の境界線のもとに地域による区分、差等も存在していたと考えられるのである。この新出史料の知見をもとに、秦代（さらには引き続きそれ以降）の統一国家体制下におけるこうした地域の区分をめぐり、すでにいくつかの注目すべき議論もなされているので、以下にこれらについて紹介し検討を加えてゆくこととしよう。

まず欧揚氏は、（秦の領域が拡大し）郡が次第に領域全体に設置されてゆく中で、中央直轄の県をそれらと区別する概念が「中県道」であり、郡の職掌が次第に軍事から上計・治獄、奏讞等へ拡大してからは、「中県道」のこれらの事務については内史、中尉など中央の関係諸官府が管轄するように規定されるようになったとする。さらに（「二年律令」に見えるような広域）「関中」はおおよそ「故徼」の内と一致するとした上で、まず「故徼」の内（広域「関中」）には、「中県道」／「隴西県道」／上郡、北地郡、漢中郡、蜀郡、巴郡などの「郡県道」の区別があり、その外の「新地」（「関外」に対応）には、その他の「郡県道」が存在していたと論じたのであった。(41) いち早く岳麓秦簡の新知見によりながら、「中県・道」の特殊な位置づけや故徼を軸とする地域区分など、その議論には首肯すべき点が多い。また広域「関中」内部での区別についても傾聴すべき見解であり、隴西県道の位置づけなど今後のさらなる解明が待たれる。ただし「国内の境界線」としての故徼を「関中」の関所のラインと同一視している点については、以下に述べるように検討の余地があるものと思われる。

先述したように、「国内の境界線」としての故徼の「位置」、あるいはそれと関連して「新地」の範囲などについてはすでにいくつかの見解が示されているのであるが、(42) 前出の李威霖氏の研究をはじめとして、それらの多くはこの故徼の位置を「国内の関所のライン」よりは東側のどこかであるとして――すなわち関所のラインとは別個の存在であることを前提として――論じているのであり、そこでの内容や論拠として挙げられている史料自体が欧楊氏の見解への有力な反証となっている。(43) 本書第三部第一章補論で見てきた三川郡の場合にしても、「関外」（欧氏によれば「故徼の外」すなわち「新地」でもある）の郡ながら、その位置づけからすれば到底それを「新地」であると見なすことはできないであろう。さらには違法な出関の行為に対して「送道亡故徼外律」を準用するとある岳麓秦簡の例なども、(44) 間接的に関所のラインと故徼とは別な存在であったことを示すものと思われる。故徼の正確な位置については現在もなお未確定の問題ではあるものの、以上からすれば少なくともそれを関所のラインと同一視することは適当でなく、それよりはかなり東方に存在していたと見るべきであろう。本書第二部第二章でも引いた『史記』巻六秦始皇本紀に秦王政即位当時のこととして

當是之時、秦地已幷巴・蜀・漢中、越宛有郢、置南郡矣。北收上郡以東、有河東・太原・上黨郡。東至滎陽、滅二周。置三川郡。（この当時、秦の版図はすでに巴・蜀・漢中を併せ、宛をこえて郢を領有し、南郡を設置していた。さらに北は上郡以東を収めて河東・太原・上党郡を領し、東は滎陽に達して二周を滅ぼし、三川郡を置いていたのである）

という状況をことさらに記しているのは、あるいはそれが重要な地理的枠組みであったことの反映であるとも考えられるのであり、戦国末期におけるそれが秦代さらにはそれ以降にも影響を与え続けていたことは第二部各章でも論じてきた通りである。そうであるならば統一が実現したばかりの段階において、なお「国内の境界線」としては最重要であったであろう旧東方諸国との境界について何の措置も施すことなく放置されていたとは考えにくいのであり、その点からもこうした「かつての東方諸国との国境線」にこそ「故徼」が設置され機能していたのではないかと思われるのである。

次に琴載元氏の研究は、統一国家体制における地域区分の関係を通時的な流れにおいて確認しようとするものである。すなわち岳麓秦簡から、秦代の関中と関外とは「襄武・上雒・商・函谷關」を境界として「中県・道」とその外部の区域とに区分されること、また「故徼外」と「徼中」との間に法律上明確な区別があったことなどを指摘した上で、これら法律で「関外」および「徼外」を特殊地域としてそれぞれ設定する政策は「二年律令」にも見出だされること、こうした漢初の「関中／関外郡／諸侯国」といった区域区分は、まさに秦代の「中県・道／関外／故徼外」の

区分を継承したものであり、さらにそのうちの関外郡は、郡と国との間の緩衝地帯として特別な軍事的役割を担う区域であり、かつこの特徴はおよそ戦国時期の秦の対六国防御戦略に淵源すること──などを論じたのであった[45]。このように琴氏の議論では、故徼を（関中とは別個の）旧六国との間の境界として理解している。また秦と前漢の統一支配における地域間の関係を関連してとらえようとする、あるいは関外郡の役割やその重要性などに注目する点などは、本書でのここまでの議論の方向性とも一致するものであるといえよう。ただし、そこでの「中県（・道）」や「関中」の理解については、以下のような問題があるものと思われる。

すなわちそこでは、いわゆる「広域関中」の存在は想定せずに（「襄武・上雒・商・函谷關」を境界とする）「中県・道」を（狭義の?）「関中」と等しい存在と理解しているわけであるが[46]、その場合、函谷関はともかくとして襄武・上雒・商を（「関中」を区画する）関所と見なすことができるのか、また逆に上雒・商の先にある武関をはじめとするそれ以外の関所はそこに含まれないのか、などの疑点がまず指摘されるであろう。また琴氏の議論では渭水盆地一帯（に加えて隴西の一部も）を関所のラインが「囲繞」するような「後世の関中」の形を想定されているようであるが、そもそも秦代における「国内の境界線」としての関所のラインはそれとは異なり、南北に走る「直線」をなしていたのであり[47]、さらに「襄武・上雒・商・函谷關」をもって「中県」の範囲とする見方には問題のあること[48]、いずれも本書での考察において論ずる通りである。岳麓書院蔵秦簡に見える「関中」の範囲とは、「中県道」と（おそらくは「関外の郡」とは区別されるところの巴蜀や天水・安定郡など）関所のラインの西側の「郡」とからなる「広域関中」のことであったと見るべきであろう[49]。

さらに張韶光氏はこれら「中県道」や「故徼」、「新地」などについて先行諸研究の成果も踏まえて検討を加え、統一秦におけるそれぞれの位置づけを論じている。すなわち「中県道」は秦の直轄統治による核心地区で、秦の故地を中心として発展してきた。その範囲はおおよそ内史・隴西地区を含む。一方、これ以外の地域（辺縁地区）は、「故徼」によって「故徼中の一般の県道」と「新地」とに分かれる。「故徼」は秦王政即位以前の境界であり、その後の領域の拡大によってすでに境界ではなくなって以降も、なお重要な分界線でありつづけていた。その内側（西側）の「故徼中の一般の県道」は、具体的には恵文王から昭襄王までの時期に組み込まれた地域で、巴・蜀・漢中・上郡などにあたり、「故徼」の内側ではあるものの「中県道」とは明確に区別される。これに対して「故徼」の外側（東側）の「新地」は、秦王政即位後の新占領地区であるが、秦はあらたに版図に入ったばかりで反秦感情の盛んなこれらの地に対して、刑罰の減免や既得権の保障などの優遇措置をとっていた。なお故徼周辺地区（「縁故徼県」）の住民は、移動の制限などで厳格な統制のもとに置かれていたという。そしてこれらを総合して、秦では「中県道」を統治の中核としつつ、「故徼中の一般県道／新地／故徼（周辺）地区」の順に、いわば階層的な序列、位置づけがなされていた、と論じているのである。(50)

このように張氏の議論では、岳麓秦簡などに見られる新知見に基づいて、「関中本位政策」のもと地域的層位性をともなって展開される秦の統一支配のあり方が示されている。とはいえ見られるように、その基本的な区分の枠組みは――「関外」が「故徼中の一般県道」、「故徼外」が「新地」などと呼称は異なるものの――前述の琴氏の見解とほぼ一致しているのであり、したがってそこでの問題点についても同様のことが指摘されることとなるであろう。すなわち「中県道」に（内史地区のほかに）隴西地区が含まれるとする論拠には疑問があるのであり、またそこでの議論には「広域関中」の存在が欠落しているが、実際にはここまでにも見てきたように、国内の関所のラインを境界とする「広域関中」と「関外」との区分が厳然として存在していたと考えられるのである。また張氏の議論での独自の論点として、故徼周辺地区に特別な位置づけが与えられているのであるが、この地域への統制が厳格であったのは、一般的に見てこの「故徼」という境界がいかに重要な存在であったかを示すにすぎないものであり、ことさらに大まかな地域区分として取り分けて理解するには及ばないであろう。それはとりもなおさず、王朝の「新地」に対する警戒感の大きさを物語るものである。周知のように、文献史料などでは秦がこの地に対して過酷な支配、収奪をおこなってきたことが繰り返し強調されているのであり、こうした中で優遇措置など一定の配慮も示されていたとの今回の新知見は注目すべきものではあるものの、それにしても「新地」に対してこのような配慮や強い警戒感が見られることからするならば、少なくともそれは版図全体の中では統治の相対的に不安定な地域であったと見なされるのではなかろうか。

以上に見てきたように、岳麓秦簡や里耶秦簡などの新知見により、前後の時期に比較してその具体的なあり方が従来あまり明らかではなかった秦代の「空白部分」が埋められた意義は大きい。ここではこうした知見に基づいて、統一国家体制下の「地域間の関係」について論じた主要な成果のうち、国内の関所のラインを「故徼」であるとして「中県道／（故徼の内である）関中／（関外の）新地」と区分する欧揚氏、関所のラインが中県道を「囲繞」し、その他の地域をさらに故徼が区分するとして「中県・道／徼外（関外）／故徼外」とする琴載元氏、さらに「中県道／故徼中の一般県道／新地／故徼（周辺）地区」と区分する張韶光氏の見解をそれぞれ紹介し、あわせてその問題点などについて検討を加えてきた。こうした考察の結果をふまえて、そこに見られる「地域間の関係」についての本書での理解を簡単に図示したものが五一二ページの**図18**である。

すなわちまず、秦代統一国家体制における特殊な中核地域として「中県・道（狭義の関中）」（A）が存在していた。それは渭水盆地一帯の「秦の初期領域」にあたる地域である（隴西などの地はおそらくその範囲には含まれていない）。この地域は中央の直接の統治下にあったという点で、「郡」の置かれたその他の地域（B）とは区別される存在でもあった。秦の統一体制のもとでは、（A）以外の地域はすべてこうした「郡」の地域とされていたのであるが、ただしそれらは「関所のライン」と「故徼」という二本の「国内の境界線」によってさらに大まかに区分されていたのである（B1—B3）。このうち（A）の周囲を（北、西、南の三方向に）とりまく（B1）は、比較的早くに秦の領域に組み込まれた地域であり、（A）とともに「国内の関所のライン」の内側（すなわち西側）の「広域関中」を構成していた。これより東の地域が「関外」の諸郡となるが、それらはさらに「故徼」によって区分されており、関所のラインのすぐ東の（B2）は、（B1）より後にしだいに秦の領域となっていった地域であり、さらにそのさき故徼の東側には、もっとも遅れて征服された（B3）の「新地」が広がっていた——このように理解されるのである。それは重層的な「地域間での支配、対立の関係」を基礎とするものであるが、そのあり方はまさに年輪のように、戦国秦が領域を拡大し、統一へと至った過程がそこに刻み込まれているともいえるであろう。そこで最後にこのような地域間の関係が前後の時代を通じてどのように変化していったのかを追いながら、統一国家体制の形成と展開のあり方を次節で簡単に提示して、本書での考察を締めくくることとしたい[51]。

第四節　秦漢統一国家体制の形成と展開

以上の考察をうけてここでは、各時期における「地域間の支配、対立関係の構図」を時系列に沿って整理し、さらにはそこから戦国後期から後漢時代におよぶ統一国家体制の形成と展開のあり方を総括的に示すこととしたい。

まず「統一前夜」の戦国後期の状況については、おおむね**図17**のように理解することができる。すなわちそこで戦国秦の領域に当たるのは、AとBの地域であるが、このうちAは「秦の初期領域」ともいうべき中核地域であり、一

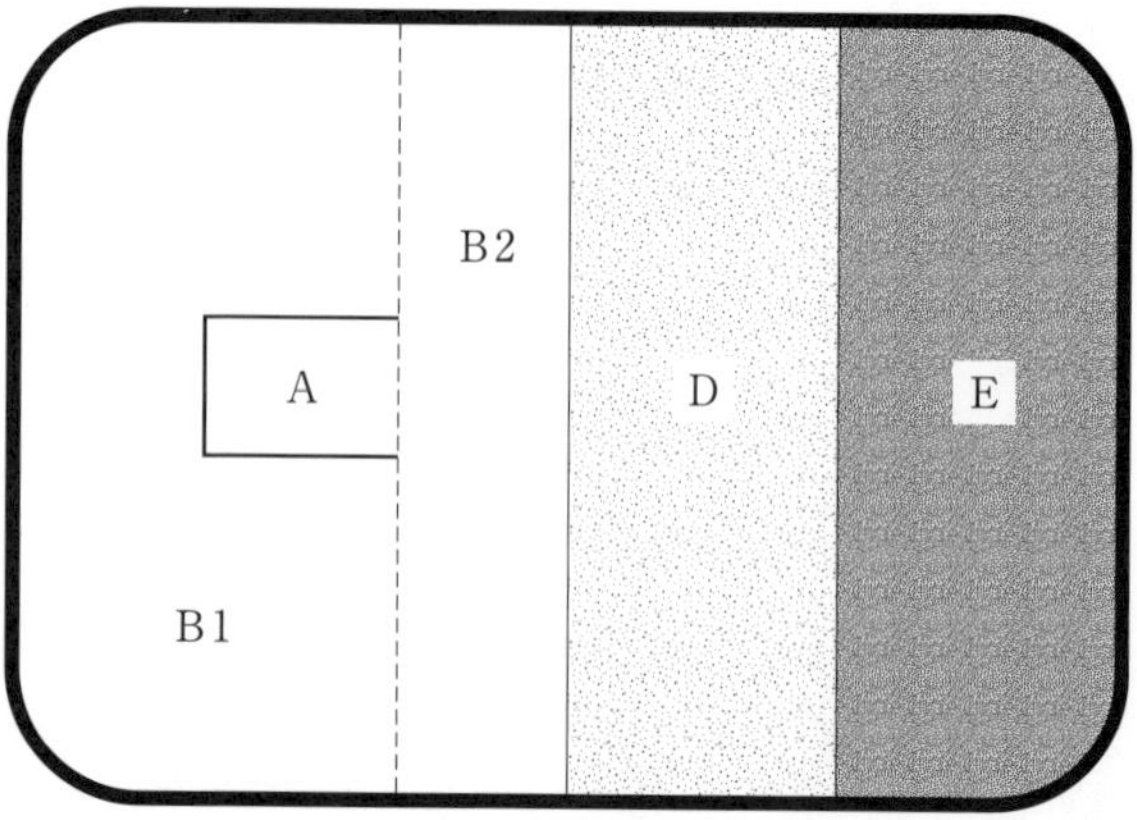

図17　戦国後期の地域関係概念図

方その外側に広がるBは、秦の領域拡大にともなって逐次その版図に組み入れられていった地域である。Bの地域にはいくつもの「郡」が設置され、それを通じて支配されていたのに対して、Aの地域では内史をはじめとする中央諸官府が分担してその属県を支配する、すなわち（この地域がかつて秦の領域全体《そのもの》であったころの体制そのままに）中央の直接の統治下にあったのであり、そこには（いわば「被征服地」であるBの地域に対する）「本国」、「本土」としての性格が色濃く残されていたのであった。

戦国秦はAの地域を基盤として制度を整え、国力の増加とともに周囲のB（B1）の地域を征服し、「郡」を設置してその版図に組み入れてゆく。そこでの両者の間にはまさに「本土」と「占領地」としての支配—被支配の関係が存在していた。なお、図には示されていないが、これらA、Bの地域のうちには（非漢族、漢族ながら非秦人、秦人など）さまざまな形の属国である「臣邦」（関内侯）が点在していた。こうした後背地としてのB（B1）をも版図に加えた秦「邦」は、函谷関や武関、臨晋関などによって構成される関所のライン（図の点線部分）を国境線として、東方諸国と対峙する。さらにこの関所のラインをこえて東方地域へと進出を本格化させた秦は、近隣諸国の領域を蚕食して郡を設置してゆく（B2）[52]。これらA、B（広域関中に含まれるB1と関外の郡B2）の地域によって構成される「秦邦」に対する他の諸国、すなわち「它邦」の領域となるのが東方のDとEの地域であり、そこでの国々は、秦への服属の有無によって、「外臣邦」（D）と「諸侯（国）」（E）とに大別されていた。その区分はその時々の「国際」情勢に応じて流動的なものではあったろうが、おおむね秦との地域的な遠近関係に対応していたと見ることができる。戦国後期には、秦が一段優位に立って他の諸国がそれに服属するような、秦を中心とする「国際」秩序が成立しており、秦王政即位前後、あるいは戦国末期における諸国の状況は「戦国の枠組み」として、後の時代の統一国家体制にも影響を及ぼすこととなる。

以上のように、秦を中心とする「統一前夜」の状況においては、国内の支配のあり方や他の諸国の従属の度合いなどに応じて、AからEのような「地域的層位性」が形成されていたのである。さらにここで付け加えておくべきは、これら各地域の範囲、境界は必ずしも固定不変のものではなく、状況の変化に応じて絶えず増減、移動するものであったという点であろう。すなわち秦の領域拡大にともなって、Bの地域はDやEを浸食しつつ拡がっていったのであり、それと並行してあるいはEの諸国はDへと転化していった可能性も考えられる。そしてこうした動きの行き着いた先が、D（・E）の地域をことごとくBに吸収する秦の「統一」なのであった。

ちなみに本書第二部第二章でも取り上げたように、秦の朝廷では統一の当初、「燕・斉・楚などの遠方の地への皇子封建」という構想が提起されていた。実現するに至らなかったために詳細は不明であるものの、その性格について考えた場合、それが直轄領であるBの地域とは区別される存在であったことは明らかであろう。さらにそれは秦の皇子が王に据えられるという点でDの「外臣邦」より服属の度合いが強く、一方で封国の規模や遠近などからは（AやBに含まれる）「臣邦」ほどには秦の支配、統制が及ばない——すなわち両者の中間的な性格の存在（C）が想定されていたのではないかと考えられるのである。

もっとも実際にはこの提議は却下され、基本的にAとBの地域のみからなる全土直轄支配の体制がとられることとなる。これについては、すでに前節において見てきた通りであり、まず中核地域としての「中県・道（狭義の関中）」

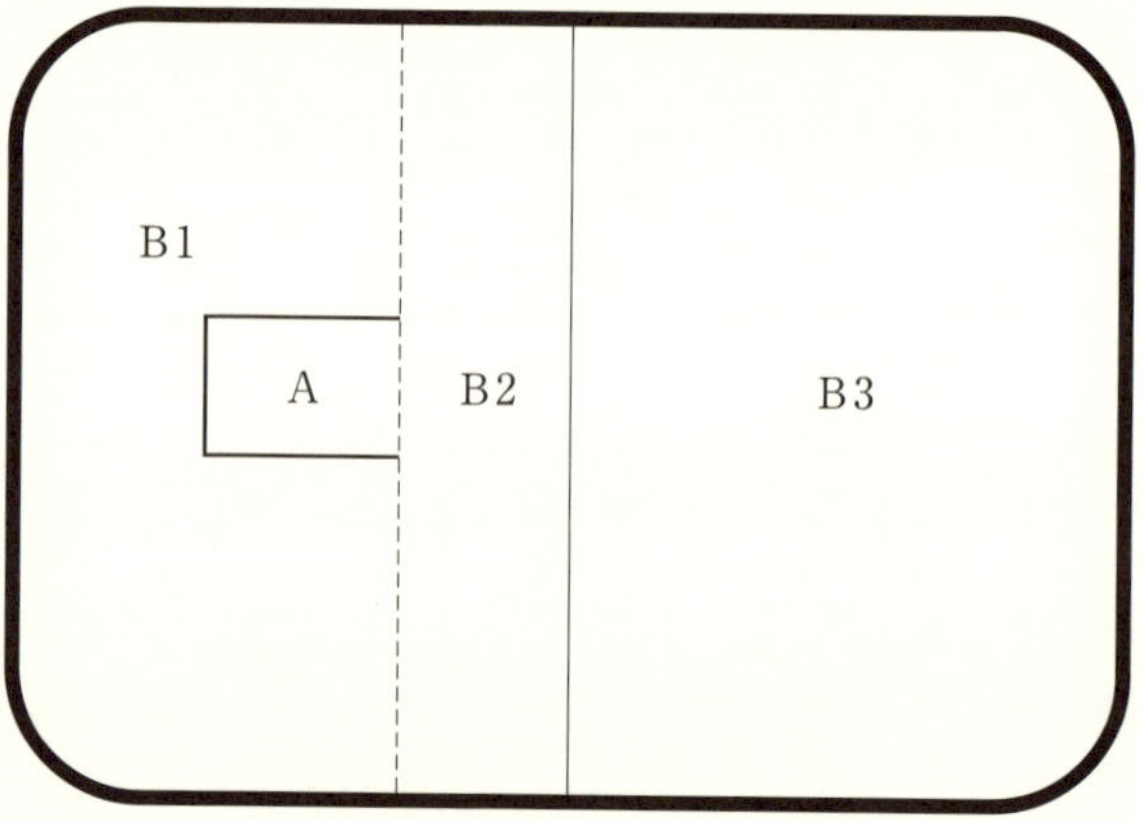

図18　秦代の地域関係概念図

（Ａ）があり、その周囲をとりまく（Ｂ１）の地域とともに「広域関中」を構成していた。その東には関所のラインと「故徼」にはさまれた（Ｂ２）の地域が展開していたが、戦国後期の場合と重ねてみるならば、これらがおおむね「秦邦」の範囲に相当するものであったと考えられる。そしてそのさらに東に展開していたかつての「它邦」の領域は、秦の占領下では、「新地」（Ｂ３）とされていたのであった。これを図示するならば、**図18**のようになるであろう。

なお、渡邉英幸氏は、里耶秦簡の「更名扁書」の検討などから、秦は統一を実現すると、これまでの「邦」という枠組みを撤廃し、至高の存在である「皇帝」が、他国の介在しない「天下」全域を統治する体制を志向したと論じている。[53] それはたしかに秦代統一国家体制の一つの側面をあらわすものではあったが、その一方では領域の内部において、このような地域の区分が存在していたのである。その史料の性格については充分に注意しなければならないが、[54]『史記』をはじめとする後世の史書では、秦の統一が東方地域への厳しい支配、収奪をともなうものであり、また東方地域での反発が根深いものであったことを随所で伝えている。さらに外征や大規模な土木事業といった要素に加えて、統一による広大な領域を統治するインフラがなお未整備であったという事情も指摘されている。[55]「地域間での支配、対立の構図」を色濃く帯びているという点も含めて、秦による統一は未整備なものであったのである。ほどなくかつてのＤやＥ、とくに後者を中心に続発、拡大する反乱のうちに秦の統一支配は崩壊したのである。

秦の崩壊後、項羽の十八王分封を経て、前漢が成立すると郡国制のもと異姓諸侯王、ついで同姓諸侯王が封建されることとなる。この過程を最前と同様に見てみるならば、秦の統一の崩壊はBの地域に組み込まれたB３の地域を中心に分離して東方諸国が復活したものであり、十八王や異姓諸侯王国の存在は（前者は「覇王」の基盤となる地域が異なるものの）おおむねDに該当するものと見てよい。それに対して劉氏一族を王とする前漢の同姓諸侯王国は、より服属の度合いの強い（C）の地域に当たる存在であったといえるであろう。先にも述べたように、かつて秦廷で提起された「皇子封建」の構想はここにおいて、ほぼそれに近いかたちで現実のものとなったのである（図19）。

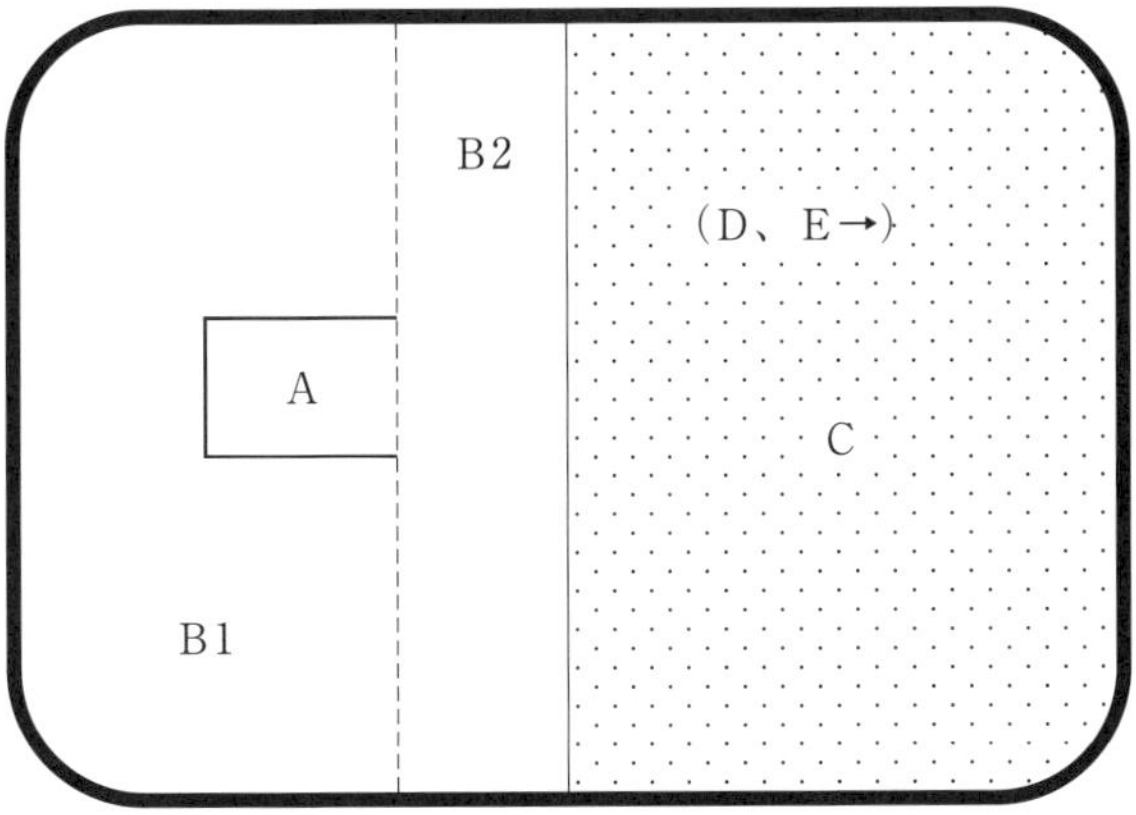

図19　漢初の地域関係概念図

このように戦国から秦漢時代にかけての統一国家体制の形成は、西方のAの地域を基盤とする王朝の支配が、地域的層位性をともなってしだいに東方へと及んでゆく過程でもあったと理解されるのであるが、そうであるならば、「一時的にすべてBの地域に組み込まれるものの、すぐにそれは破綻してEやDが復活し、最終的にはCの形で落ち着く」という秦の統一から漢初にかけての東方地域をめぐる以上のようないわば「揺り戻し」の現象は、当時における「統一」支配が、いまだ全土に充分にゆきわたる段階にまでは至っていなかったことを示すものなのではなかろうか。そもそも統一国家形成の足取りとは、推進する側の一方的な意志や思惑のみによって決定づけられるわけではなく、それに抵抗する側との現実の力関係など様々な要因が複合して規定されるはずのものであろう。その意味でこの時期における統一支配のあり方として、全土直轄体制はやはり時期尚早に過ぎたのであり、むしろ皇子封建論に代表されるような「遠方の間接支配」という体制こそが当時の実情に見合った、より現実的な方途であったことがそこからは見て取れるのである(56)。

ちなみに楚漢戦争を経て漢の成立に至る過程においては、東方地域の中で離反の動きがもっとも徹底していたのが、秦の中核地域から遠く離れていた旧斉・楚の地域であり、旧魏・趙・燕の地域もこれに追随して、ともにBから離脱してEの地域に復したわけであるが、秦に近接する旧韓の地域は長く押さえ込まれていた。楚漢戦争を経て漢の成立に至る過程では、旧斉・楚の地が最後まで抵抗するものの、旧魏・趙・燕とともに同姓諸侯王国が置かれるCの地域となり、一方で旧韓の地域は以後は基本的にBの地域であり続けることとなる。ただしCの地域のうちでも、旧斉・楚の地域が（同姓諸侯国ながら）DあるいはE的な性格の地域への遠心的な指向性をもつのに対して、より西方の旧魏・趙・燕の地域は中央の統制が比較的強く及び、一部では直轄化の動きも進むなど、そこには傾向性の違いが存在していたのであった。やがて呉楚七国の乱を契機としてこれら地域の直轄化が進み、実質的にBの地域に転化して組み込まれてゆくのであるが、この場合でも、旧斉・楚の地域においてはそれが本格的な直轄化への動きの「始まり」であったのに対して、旧魏・趙・燕の地域ではそれ以前から実質的に直轄化への動きがすでに進行しているなど、両者の間には統一支配の及び方に「時間差」が認められるのであった。そして以上のような過程は、西方に拠点を置く統一国家の支配が「地域差」や「時間差」を伴いつつ近くから遠くへ、西から東へと次第に及んでゆく状況を示すものであるといえよう。武帝期には大きな混乱を伴いながらも、こうした東方地域の取り込みが本格化してゆくこととなる。ちなみに第二部第三章第三節でも見てきたように、こうした動きが進行しつつあった元鼎初年の状況として、「内史の地（A）― 広域関中（A+B1）― 天子の郡（A+B）― 封域（A+B+C）」といった重層的な構造が確認される。

一方で、かつてAの地域が領域全体《そのもの》であったころの体制そのままに、そこでは中央諸官府による分担統治がなされており、それはこの地域が「占領地」である「郡」とは区別される体制を残すものであったのであるが、時とともにしだいにこの地域も「郡」としての性格を強めるようになってゆく。三輔制度の成立は、「本土」としての内史地区の特殊性もしだいに相対化され、実質的に一般の「郡」と同様な存在となったという点で、統一国家体制の成熟を象徴する出来事であったといえるのであり、ここに（この地域を含む）全領域が基本的に郡県（郡国）制の枠組みの中に包摂されるような「真なる統一国家」の体制が成立するのである。これを地域間の関係によって示すならば、Cの地域が基本的にBのうちに吸収され組み込まれる[57]とともに、A、Bの区別も相対化していった――とすることができるであろう。

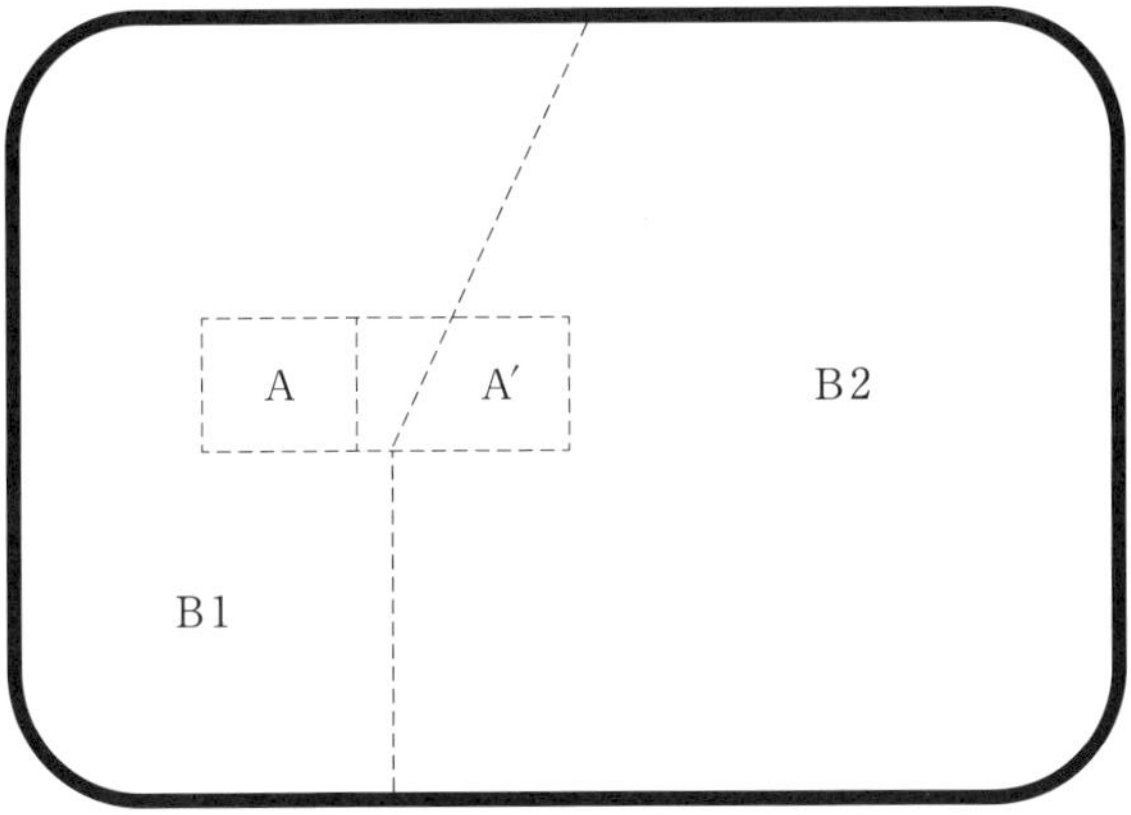

図20　前漢後期の地域関係概念図

このようにおよそ前漢武帝期ごろを画期として、統一国家体制における「地域間での支配、対立の構図」は次第に相対化してゆくのであるが、それによっても地域間の区分がまったく消滅したというわけではなく、相対化しつつも新たな地域的層位性がそこには認められる（**図20**）。すなわち関中の拡大（「広関」）によってB1の地域が東に拡大する。また「司隷校尉部」（A+A′）のようにB2の地域にもまたがるような特別地域も設定されている。とはいえ、そこでは全領域が郡国制のもとに一元的に編成されるような統一国家の体制がより基本的な枠組みとして、実質的な重みを持って展開するようになっていた。こうした流れの中、境界としての関所のラインの重要性も低下し、B2（A′）の地域の洛陽への遷都論が提唱されたりもする。地域間の関係が相対化し、東方諸地域が統一国家体制のうちに本格的に組み込まれてゆくのにしたがって、帝国の重心は東方へとゆっくりと移動していったのである。

そして後漢時代になると洛陽遷都が現実のものとなり、統一国家の基盤は関所の東側の地域へと移ることとなる。もともと「司隷校尉部」は洛陽一帯もその管轄としていたのではあるが、三輔の「首都圏」としての地位は河南尹に取って代わられる。とはいえ、後漢の統一国家体制における「地域間の支配、被支配の構図」はさらに希薄化すると同時に、他の要素も加わって複雑化してゆくのであり、そこに戦国以来の領域形成、さらには統一国家形成の動きが行き着いた一つの到達点を見出だすことができるのである。

以上が本書での考察の大まかな総括である。そこでは西方の中核地域より発した統一支配が地域的層位性をともないつつ、周辺さらには東方の諸地域との対立関係の中で波状的に及んでゆき、さらには定着していった過程を、統一国家体制の形成と展開のうちから具体的に見てきたのであった。序章でも述べたように、「統一」と「地域」、あるいは「統一国家体制」の研究は多岐にわたる大きなテーマであり、本書での「地域統合」という側面からの考察もそのごくごく一部にふれたものであるにすぎない。さらには「邦」の問題や「内と外」、あるいは「郡国制」や「天下の共有」、対外関係、異民族、天下観等々、ここでの議論に密接に関わってくる事柄ではありながら、充分に掘り下げて検討を加えることができなかったり、きちんと言及することすらかなわなかった問題も少なからず残されてはいる。(58)とはいえ、限られた内容ながらも戦国から後漢時代にかけての展開を一貫した形で提示して見せたことは、これら関連する問題の理解にも何かしら寄与するところがあると思われるのであり、さらにこのほかにもたとえば、このような一つの「舞台装置」を想定することで——第三部の諸章などでも見てきたように——そこに生起するこの時代の様々な事柄や問題などについて考えてゆく上でもいささかの手がかりを提供することができるであろう。

序章などでも述べたように、「統一の主体となる地域」と「それ以外の地域」との「地域間での支配、対立の関係の構図とその相対化」という現象そのものは、本書で論じてきた秦漢統一国家体制の場合に限らず、ローマ帝国におけるイタリア本土や初期イスラム帝国におけるアラビア本土、あるいは唐代における「関中本位主義」、律令制下の日本における畿内諸国など、多くの類例が知られている。人類の歴史上、「地域がより規模の大きい、より高次のレベルでのそれへと統合されてゆく、そしてそれがさらに高次の、より広域なレベルの地域に統合されてゆく」、「統合の当初に見られた地域間の露骨な支配—被支配の対立関係がやがて相対化して一体化の枠組みが定着してゆく」という循環は幾度となく繰り返されてきたのであり、「グローバル化」の波に洗われている現在の世界にしても、なおそのサイクルの中にあるといえるかもしれない。

こうした中、基本的に統一の枠組みが維持され、かつ拡大、発展してきたとされる中国の歴史において、ここまでに論じてきた最初の統一国家体制はどのように位置づけられるのであろうか、さらにはそれが解体し、「再生」、「継続」してゆく道筋はどのように展望されるのであろうか——それはもとより筆者自身の課題でもあるが、同時に本書でのささやかな考察がそのための土台ともなりうるのであれば幸いである。

注

（1）古賀登一九八〇、工藤元男一九八四、飯島和俊一九八六、越智重明一九九二、堀敏一一九九三、三「中国の異民族支配の原型」、矢澤悦子一九九七b、渡邉英幸二〇〇七など参照。

(2) 法律答問・第一八〇簡、二二九頁。
(3) 法律答問・第七二簡、一八二頁。
(4) 法律答問・第一一三―四簡、二〇〇頁。
(5) 法律答問・第一七七―八簡、二二七頁。
(6) 堀敏一一九九三では、「臣邦の君公の父が秦人である場合は原則としてない」(六二頁)とする。
(7) 法律答問・第一七六簡、二二六頁。
(8) 秦律十八種・第二〇一簡、一一〇頁。
(9) 矢澤悦子一九九七aでは、属邦を「昭襄王晩期から秦王政の初期ころに設置された異民族の総括管理機関」であるとする。
(10) 秦簡中に見える「邦亡」(法律答問・第一八一簡、二二九頁)や「邦関」(同・第一四〇簡、二一一頁)が、こうした(外側の)国境線に関わるものであるとするならば、この国境線の内側を「邦」と総称するような考え方も、当然ありえたものと思われる。
(11) 秦簡中、「『者(諸)侯客来者、以火炎其衡厄(軛)。』炎之可(何)。當者(諸)侯不治騒馬、騒馬蟲皆麗衡厄(軛)鞅韅轅靷、是以炎之」(法律答問・第一七九簡、二二七―八頁)、「可(何)謂『竇玉』。『竇玉』、者(諸)候(侯)客節(即)来使入秦、當以玉問王之謂殹(也)」(法律答問・第二〇三簡、二三九―四〇頁)などの例では、「諸侯(国)」のみで、「外臣邦」については見えないが、あるいはこれらは、まだ秦が「外臣邦」となる服属国を有していなかった早期の条文であった可能性も考えられる。
(12) 「有爲故秦人出、削籍、上造以上爲鬼薪、公士以下刑爲城旦。」(秦律雑抄・第五簡、一三〇頁)。
(13) 「邦中之繇(徭)及公事官(館)舎、其叚(假)公、叚(假)而有死亡者、亦令其徒・舎人任其叚(假)、如従興戍然。工律」(秦律十八種・第一〇一簡、七〇―一頁)。
(14) 大櫛敦弘一九九九参照。なお鶴間和幸一九九七は戦国長城との関連から「故秦」について論ずる。
(15) 渡邉英幸二〇一八参照。

(16) なお工律に見られる「邦中（之徭）」について渡邉氏は都である咸陽のことを指した可能性が高い、としているが、宮宅潔氏のように「国内での役務」のことであるとする解釈もある。宮宅潔二〇一九参照。

(17) 藤田勝久一九九二参照。

(18) たとえば岳麓書院蔵秦簡中の「為人除貲贖者、内史及郡各得為其畍（界）中人除、毋得為它郡人除」。中縣它郡人為吏它郡者、【得令所為】吏郡黔首為除貲贖。屬邦與内史通相為除」（柒、三〇―一）、「●綰請、令内史及郡各得為其畍（界）中人解爵、毋得爵」。中縣・它郡人為吏它郡者、得令所為吏【郡黔】首解爵。屬邦與内史通相為解爵。它如令」（柒、三三―四）という例では、「中縣」と「内史」の両者が見えている。このうち内史が「界中」の語と関連していることは、その領域、区画としての側面を示すものであるようにも思われるが、この問題についてはさらなる検討が必要であろう。

(19) 于振波二〇〇九、孫聞博二〇一五、張夢晗二〇一七、朱錦程二〇一七、呉方基二〇一九、苑苑二〇一九など。呉方基二〇一九には諸説の整理もなされている。

(20) たとえば張夢晗二〇一七では、秦王政十七年（前二三〇）に韓を秦が大規模な統一戦争を開始して以降に占領した地区がすべて「新地」と称されていたとする。一方、朱錦程二〇一七では、秦王政五年以後に秦の統治下に組み入れられた地区はみな新地と見なされたとするが、そこでは「●定陰忠言、律曰『顕大夫有辠當廢以上勿擅斷、必請之。』今南郡司馬慶故為冤句令、詐（詐）課、當廢官、令以故秩為新地吏四歳而勿廢、請論慶。制書曰『諸當廢而為新地吏勿廢者、即非廢。已後此等勿言。』」・廿六」（伍、〇五三―五）という事例について、慶はもともとは冤句令であったのが、考課優等によって郡司馬に昇任したものの、のちにその考課の詐りが発覚したため、故秩のまま新地の吏に貶降されたものであり、その左遷先が定陶であったとする。そして南郡が故地であることから、貶降された先の定陶（東郡）は新地であるとして、少なくともそれが設置された秦王政五年段階で編入された地は新地であったと論じている。ただし、この事例はむしろ冤句令から転任して現在南郡司馬である慶について、過去の考課における不正が発覚したことをうけて（その不正の舞台である東郡の関係者として）定陰（陶）忠が「顕大夫有辠當廢以上勿擅斷、必請之」の条文に基づき処分の指示を仰いだものと考えられるのであり、この事例をもって東郡が「新地」であるとしたり、さらには「新地」の条件となる年代を定義づけることは難しいのではないかと思われるなど、その論拠には疑点がある。また呉方基二〇一九は、少なくとも秦王政十四（前二三三）年以前に設置された郡は秦の（「新地」に対しての）「故地」に含まれるとしている。

(21)「●新地吏及其舍人敢受新黔首錢財酒肉它物、及有賣買叚（假）賃貣於新黔首而故貴賦〈賤〉其賈（價）、皆坐其所受及故為貴賦〈賤〉之臧（贓）・叚（假）賃費・貣息、與盜同灋。（後略）」（伍、三九―四〇）。

(22)「諸吏為詐（詐）以免去吏者、卒史・丞・尉以上上御史」、屬・尉佐及乘車以下上丞相、丞相・御史先予新地遠犨害郡、備、【以】次予之、皆令從其吏事新地四歲、日備免之、日未備而詐（詐）故為它、貲・廢、以免去吏、駕（加）辠一等。（後略）」（陸、二四八―九）など。なお、張夢晗二〇一七では、秦は旧来の統轄地区から新地吏を選抜したが、新地の統治機構が強固になるにつれて、おそらくこの種の新地吏は次第に減少し、現地の人間を選用して吏とすることが相対的に増加していったとする。

(23)『史記』巻一一六西南夷列伝に「秦滅。及漢興、皆弃此國而開蜀故徼」とある。

(24)八―四六一。校釈一、一五七頁。

(25)李威霖二〇二三では、『史記』の諸注などの記事から、「塞」が牆垣を主体とするのに対して、柵や木石、水流などによるものが「徼」であったとする。また尚宇昌二〇二二は、「故徼」の改名前は「辺徼」であった可能性を指摘する。

(26)「●尉卒律曰、縁故徼縣及郡縣黔齒（首）・縣屬而有所【之、必】謁于尉。尉聽可許者、爲期日。所之它縣、不謁自五日以上、縁故徼縣、貲一甲、典・老弗告、貲一盾。非縁故徼縣殹（也）、貲一盾、典・老弗告、治（笞）□□。」（肆、一三二―四）など。

(27)「當戍故徼」（肆、二七四、二九二）など。

(28)たとえば「奴婢從誘、其得徼中、黥顏（顔）頯、其得故徼外、城旦黥之、皆畀主」（肆、一〇〇）など。

(29)太田麻衣子二〇二三では、外地向けの防衛戦である故塞に対し、内地で秦本土を防衛するために機能していたのが故徼であったとし、故塞・故徼は「故」を冠するとはいえ、統一秦の現役の境界として機能しており、そこに統一の理念と実情をよみとることができるとする。

(30) たとえば「奔警律曰……諸挾符者皆奔敬（警）故徼外盜徹所、合符焉、以譔（選）伍之。」（肆、一七七—八）。このほか行書律（肆、一九七）、置吏律（肆、二一五）、あるいは（伍、三一七、三一八）などにも見えている。「故徼外盜」について、「秦代出土文字史料の研究」班二〇二〇では、「故の六国の地にいて、秦に服属しない勢力」（一三五頁）とする。

(31)「之亡徼中蠻夷而未盈歲、完爲城旦舂」（肆、九九—一〇〇）など。ここにいう「徼中蠻夷」が、前節にて言及した「非漢族の臣邦」に当たる存在であるのかは興味深い問題であるものの、現在のところその可能性を指摘するにとどめておかざるをえない。矢澤悦子一九九七bでは、秦はただちに郡を設置できない占領地に対しては、その前段階として「臣邦」を置き、その地の首長を封君として秦の支配体制に組み込んだとしており、あるいはこうした状況がここにも関わっているのかもしれない。なお、太田麻衣子二〇二三では、岳麓書院蔵秦簡からこの問題について考察する。

(32)「●告道故塞徼外蠻夷來為閒及來盜略人」、以城邑反及舍者、令・丞必身聽其告辭（辭）、善求請（情）、毋令史」（伍、一八一）など。

(33) 本書では、統一国家体制における異民族の問題については基本的に考察の対象からはずしているが、「誘隷臣、隷臣從誘以亡故塞徼外蠻夷、皆黥爲城旦舂。亡徼中蠻夷、黥其誘者、以爲城旦舂。亡縣道、耐其誘者、以爲隷臣。」（肆、一〇一）などの例からは、「県道／徼中蠻夷／徼外蠻夷」といった区分のなされていたことがうかがわれる。

(34)「屬邦・道當戍東故徼者、署衡山郡」（柒、〇〇一）、「南郡・上黨・屬邦・道當戍東故徼者、署衡山郡」（柒、〇〇三）。

(35) 尚宇昌二〇二一参照。

(36) 李威霖二〇二三参照。

(37)「禹故為獷平獄史、坐不為囚簍、當均河間故徼一歲」（柒、〇八六）。

(38) 李威霖二〇二三参照。

(39) 同右。

(40) 翁明鵬二〇一九参照。

(41) 欧揚二〇一五参照。

(42) 前注（20）、（38）参照。

(43) たとえば前注（20）に引く岳麓秦簡伍、〇五三―五の例からは、少なくとも南郡は新地ではなかったと思われるのであり、「関所のラインすなわち故徼の外は新地である」とする欧氏の議論とは矛盾する。

(44) 「●諸取有辠䙴（遷）輸〈輸〉及處蜀巴及取不當出關為葆庸、及私載出扜關・漢陽關及送道之出蜀巴畍（界）者、其葆庸及所私載、送道者亡及雖不亡、皆以送道亡故徼外律論之。同船食・敦長・将吏見其為之而弗告劾、論與同辠。弗見、貲各二甲而除其故令。・廿四」（伍、〇四五―七）。楊長玉二〇二三［和文］参照。

(45) 琴載元二〇一八参照。

(46) 琴載元二〇一八ではこの点について、秦代の関中の範囲は函谷関・上雒・商および褒武などを包括するのみで、長江水域の拠点にまでは及んではおらず、もし漢律中の関中が確実に扜関を包括する「大関中」であるならば、それは秦代の関中政策の革新であるとみることができるであろう、とする。

(47) 本書第一部第五章など参照。

(48) 本章補論参照。

(49) 本書第一部第五章第三節参照。

(50) 張韶光二〇二〇参照。

(51) 李威霖二〇二三では、漢初の中央直轄地東界は秦代からの東故徼を継承したものであったこと、あるいは武帝の「広関」における太行山脈一帯の線は東故徼とおおむね重なること、など本書での考察とも関わって傾聴すべき指摘がなされている。

(52) 琴載元二〇一六では、本格的な六国征服戦争を発動する前二三〇年ごろの秦の占領地を蜀、三晋、楚地に分けて、それぞれが秦の版図に組み込まれてゆく過程を人口政策や反秦感情などともあわせて論じており、ここにいう関外のB2の地域内でのさらなる「温度差」についても指摘している。ただし本書第二部の諸章でも見てきたような秦末漢初におけるDやEの地域の動向との比較からするならば、このB2（あるいはB全体）の地域はやはりまずは一つのまとまりにおいてとらえるのが適当ではないかと思われる。それはまた基本的に、秦の版図に組み入れられた時期の長短、ひいてはその支配が定着する度合いと対応するものとして理解することができるものであるといえよう。

(53) 渡邉英幸二〇一五参照。

(54) 鶴間和幸二〇一三第二篇の諸章など参照。

(55) たとえば宮宅潔二〇一八bでは、領土が拡大する以前の、比較的狭隘な領土を前提とした兵制での「戍卒としての勤務が一ヶ月交替、食糧自弁」という原則を秦が統一後も引きずり、遠隔地の軍事支配を支えうる兵站制度を十分に確立しないまま、征服から占領統治へ踏み出していったと指摘し、こうした兵站制度の未熟さにも秦の統一が早々に破綻した一因が潜んでいたと論じる。

(56) 漢初の文帝期の例であるが、『漢書』巻四八賈誼伝に見える「今淮南地遠者或數千里、越兩諸侯、而縣屬於漢。其吏民繇役往來長安者、自悉而補、中道衣敝、錢用諸費稱此、其苦屬漢而欲得王至甚、逋逃而歸諸侯者已不少矣」との賈誼の上疏などは、こうした状況の一面を示すと同時に、それがこの時期においても基本的に持続していることを物語るものでもあろう。

(57) その意味でこれ以降の諸侯王国は、かつての「臣邦」とある種共通する存在として理解することができるかもしれない。

(58) こうした問題を論じた研究としては、たとえば阿部幸信二〇二二などがある。

補記

馬孟龍二〇二四では、張家山漢簡「二年律令」秩律ならびに『漢書』地理志に見える郡の配列の検討から、漢初の政治地理構造が「内史―関中郡―関外郡―王国」という東西対立の政治構造であったのが、前漢後期には「京畿（三輔）・准京畿（弘農・三河）―内郡・王国―辺郡」からなる三層の「圏層構造」に変化していったとする。そこでの議論は本書での理解と基本的に共通するものであるが、さらにはこうした転換の背景として、諸侯王国の弱体化に加えて、武帝元封年間の大量の初郡の設置により、（一）内郡と辺郡との分化さらには分業体制が出現したこと、（二）京畿地区が全国の地理的中心からはずれることで（関外の）弘農・三河の政治的地位が上昇したこと、など傾聴に値する指摘がなされている。

補論「襄武・上雒・商・函谷關」の間
――岳麓書院蔵秦簡（肆、五三）に見える特定領域――

第一節　問題のありか

岳麓書院蔵秦簡（肆、〇五三。以下「第五三簡」）には、つぎのような律文の一部が記されている。(1)

郡及襄武」上雒」・商」・函谷關外人及遷（遷）郡、襄武・上雒・商・函谷關外（郡および襄武・上雒・商・函谷関外の人、および郡、襄武・上雒・商・函谷関外に遷された……）

見られるようにそれは「郡」および「襄武・上雒・商・函谷關外」の住民、遷徙者に関わる何らかの規定のようであるが、文章として完結しておらず、全体の主旨は直接には不明である。とはいえ、この簡を含めた「秦律令（壹）」第一組の一〇五枚の木簡群は「亡律」の篇題をはじめとして、逃亡犯あるいはその隠匿についてのさまざまな処罰規定から構成されており、(2)このことからすればこの第五三簡の内容も、おそらくはここに挙げられた地域の住民、遷徙者たちが「郡」以外、あるいは「襄武・上雒・商・函谷關」を境界とする領域内に逃亡（もしくはそれを隠匿など）した場合についての処罰規定の類いであったと見てよいであろう。すなわちここでは、こうした移動の制限、禁止あるいは強制といった「亡」をめぐる事柄に関わって、その対象となる「特定の領域」の範囲が具体的に示されていると考えられるのである。

もっとも（これに続く簡番号の）第五四簡から五八簡にかけては「男女去闌亡・將陽、來入之中縣・道、無少長、舍人室」以下、男女が不法に逃亡して「中縣道」域内に入った際にこれを匿ったり、告発・捕捉しなかった場合の処罰規定が見えており、[3]そこから多くの場合、この第五三簡と第五四簡以下はひとまとまりの条文であるとして、そのまつなげて——すなわち、第五三簡に示された地域の住民、遷徙者が逃亡していった先は「中縣道」であるとして——読まれてきた。そこからさらに、第五三簡に見られる襄武・上雒・商・函谷關を境界とする「特定の領域」をもって、第五四簡の「中縣道」の範囲を示すものであるとの議論もなされているのである。[4]「中縣道」（もしくは「中」）とは秦の「中核地域」（あるいは「初期領域」）とも呼ぶべき領域であり、本書においてもここまでにこうした中核地域の国制上の位置づけの問題から秦漢統一国家の形成と展開のあり方について考察を重ねてきたわけであるが、[5]以上からするならば、この第五三簡に示された内容は、こうした問題についても具体的にこの中核地域の範囲を明示した、貴重な知見をもたらす史料であるということになるであろう。

ただしここでの議論の前提ともなる第五三簡と第五四簡以降との接続については、「秦代出土文字史料の研究班」による訳注稿において、第五三簡の「函谷関外」以下に大きな余白のあること、その対象となるのが第五三簡では「人」であるのに対して五四簡以下では「男女」と異なっていることから、両者は直接には繋がらないとの重要な指摘がなされており、[6]この点を看過することはできない。それに加えて第五三簡での「特定領域」を「中縣道」の範囲を示したものであると見ること自体についても、後述するような疑点がいくつか存在するのであり、この史料をめぐってはなお検討が必要であると思われる。

以上より本稿では、このような第五三簡中の「襄武・上雒・商・函谷關」で示される特定領域について、第五四簡以下との接続や「中縣道」との関係を中心に、関連諸研究も検証しながら、あらためて検討を加えてみることとしたい。

第二節　特定領域の範囲とその問題点

以下の考察に先立ってまずは、第五三簡に見える「郡」および「襄武・上雒・商・函谷關」それぞれについて簡単に確認しておくこととしよう。

郡

戦国秦が渭水盆地一帯の初期領域をこえてその版図を拡大してゆく中、獲得した占領地を統治すべく設けられたのが「郡」である。秦の領域が広がってゆくにつれて郡の数も範囲も大きく増加していったわけであるが、一方で初期領域は中核地域として「(内史をはじめとする) 中央諸官府が分担してその属県を統轄する」という体制がとられていた。その点で、こうした中核地域（「中」、あるいは内史地区）と諸「郡」の領域との関係には、基本的に（「本土」と「占領地」とも言うべき）地域的な支配と対立の関係が残されていたと考えられるのである。[7] なお、この第五三簡に見える「郡」の範囲については、後述するようにいくつかの議論がなされている。

襄武

『漢書』巻二八地理志では、隴西郡の属県として見えている。現在の甘粛省隴西県の西に当たる。[8]

上雒

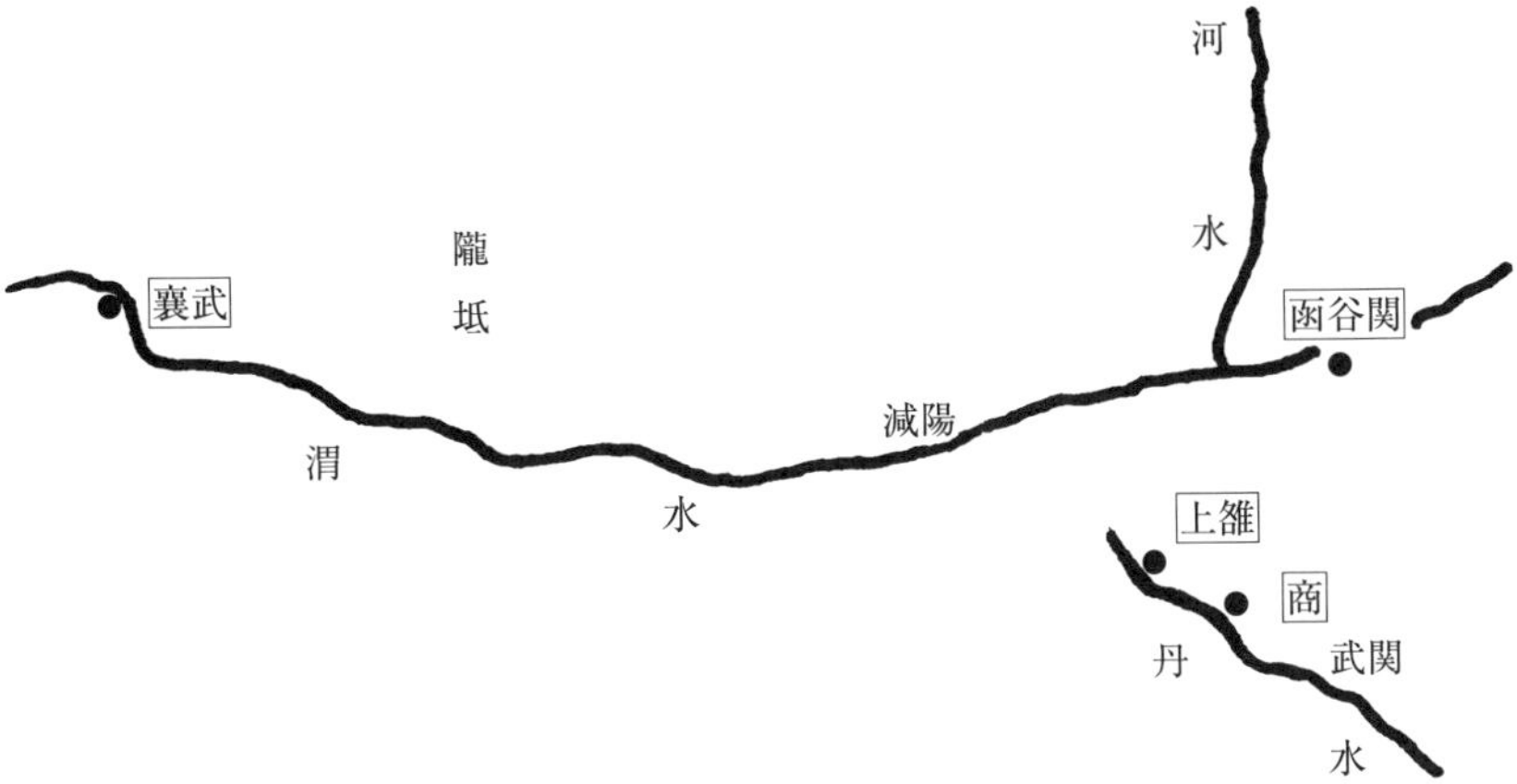

図21　第五三簡関連地図
譚其驤主編『中国歴史地図集』第二冊（地図出版社、1982年、上海）をもとに作成

『漢書』地理志では弘農郡の属県として見えている。ただし弘農郡は前漢武帝の元鼎四（前一一三）年の設置にかかり、それ以前の上雒は商県などとともに右内史、さらには秦の内史地区の属県であった。(9) 現在の陝西省商県に当たる。

商

上雒と同様、『漢書』地理志では弘農郡の属県として見えており、現在の丹鳳県に当たるという。

函谷関

いうまでもなく、秦の東方の守りの要となる関所である。漢初の「二年律令」津関令などからは、扜関・鄖関・武関などとともに南北の関所のラインを構成して関中と関東との境界となっていたことが知られているが、(10) こうした体制は戦国秦以来受け継がれてきたものであった。(11) 前漢武帝の元鼎三（前一一四）年に新安に移されるが、それ以前の函谷関は現在の河南省霊宝県に置かれていた。(12)

これら襄武以下の四地点について、その位置関係を簡単に図示するならば、上図の通りである。

第五三簡では、以上の一つの関所と三つの県によって内外を分かつ境界が示されているわけであるが、そのうちまず函谷関については秦の関門として代表的な存在であり、ここに挙げられていること自体に何の不思議もない。ただし、それが「中」と「郡」との境界に位置するという点では、もう一方の（「郡」とある）規定と重複するものではあろう。

一方、これとは対照的に、函谷関と並ぶ東南方の関門である武関の名はここには見えておらず、代わりにその「内側」に位置する上雒と商が挙げられている。しかも見られるように、この両者は丹水に沿う同一ルート上に相連なって隣接しているなど、その境界としての示し方にはいささか不可解な点がある。(13)

さらに問題となるのが襄武であり、他の三者が基本的に中核地域（「初期領域」、のちの「内史地区」）の境内あるいは境界にあると考えられるのに対して、この襄武の地はそれを大きく西に超えて位置しているのではないかと思われるのである。文字通り隴坻以西を隴西郡の領域であるとするならば、襄武を西限とするこの特定領域はそこに大きくせり出す形で広がっていたことになる。その意味でこのことは、隴西郡さらには「中縣道」のあり方についての理解にも関わってくる問題であるといえよう。

このように「襄武・上雒・商・函谷關」に囲まれた特定領域の範囲は、秦の中核地域の行政区画と重なる部分も見られる一方で――東南の上雒・商についてはしばらく措くとして――襄武を境界とする西部については大きく異なっている可能性が考えられるのである。それではこれらの状況をどのように理解したらよいのか――この点については、すでに先行研究においていくつかの議論がなされている。それらはおおむね第五三簡と五四簡以降とをつなげて一連の条文として読む前提に立つものであるが、そこではここに見られる特定領域と「中縣道」との関係を含めてどのような解釈がなされているのか、章を改めてそれぞれについて紹介し、かつ検討を加えてゆくこととしよう。

第三節　特定領域をめぐる諸研究の検討

特定領域を含めて第五三簡の内容については、この時代の地域区分や郡のあり方、あるいは亡律との関わりなどから取り上げられてきており、以下それら先行研究での議論について簡単に紹介し、検討を加えてゆくこととしたい。

まず『岳麓書院蔵秦簡』肆の整理小組の注では、第五三簡に見える「郡」について、同じく「秦律令（壹）」の「□□□罪而與郡縣道及告子居隴西縣道及郡縣道者、皆毋得來之中縣道官」（肆、〇九三）から、「郡縣道」とは（そこに並記されている）「中縣道」や「隴西縣道」と相対して述べられた一個の特別指定地域であり、ここでの「郡」とはあるいは「郡縣道」もしくは「関東諸郡縣道」の略称であろうと推測する。[14] ただし、中県道や隴西県道以外にも、上郡や巴・蜀郡などの（広域）関中諸郡が存在しているのであるから、ここでの「郡」をただちに「関東諸郡縣道」に限定するのには検討の余地があるであろう。

また第五四簡の「中縣」についての注では、（第五三簡とつなげて読み）「襄武・上雒・商・函谷關」で画定される地域を指すのではないかとした上で、そのうちの襄武が隴西にあることから、中県道はあるいは隴西郡所轄の若干の県道を含むのであろうと推測する。[15] しかしその場合、第五三簡ではなぜこの「中縣道」の語を用いず、あえてかくも煩瑣な示し方をしたのか疑問となる。この注ではさらにここにいうところの「關中」とは、『三輔舊事』に記す「西以散關為界、東以函谷為界、二關之中謂之關中」のような、（狭義の）関中を指すのかもしれないとしているが、[16] 襄武は散関よりはるかに西に位置しており、これをもって第五三簡の「特定領域」と狭義の関中とを同一視することは困難であろう。[17]

つぎに周海鋒氏は岳麓書院蔵秦簡の亡律をめぐる検討の一環としてこの史料について取り上げているが、そこでは「郡」と「襄武・上雒・商・函谷關外」とを並列して示された別個の領域と見るのではなく、これら全体で一つの領域（以外の範囲）が規定されている、としている点で注目される。すなわち襄武、商、上雒・函谷関がそれぞれ西、南、東の境界であることから、残る「郡」は北の境界を示していることになるのでそれは実質的には「内史郡正北方の北地・上郡・九原・雲中等四郡の所轄区域」のことを指す。したがって第五三簡において対象として規定されているのは「内史郡以北の諸郡、襄武以西、商邑以南、上雒と函谷關以東」（の地域の住民、遷徙者）であり、これら四方の境界に囲まれた内史郡と隴西郡の一部分を包括する領域をもって、第五四簡に見られる「中縣道」の具体的な範囲であった――と論ずるのである[18]。

第五三簡全体で一つの領域を示しているとする周氏のこのような解釈はシンプルでわかりやすいものではあるが、その一方で、同一ルート上に相連なる商、上雒を別個に南、東の境界とすることや、「郡」を以上のような理由で北方の境界と限定して解釈することの妥当性については、なお疑点も残るであろう。とくに西・南・東方は「襄武・上雒・商・函谷關」と具体的な地名が挙げられているのに対して、北方のみこのような「郡」とあるだけの漠然とした標記がなされているのはあまりにもバランスを失しており、不自然なのではなかろうか。またそもそもこれによって規定される領域が「中縣道」であるならば、なぜここでは単純に「中縣道（外）」と表記せずに、かくも煩雑な示し方をするのか疑問である。このように見てくるならば、周氏の解釈にはなお問題となる点が少なくないと考えざるをえない。

なお黄海氏も「郡、襄武・上雒・商・函谷關（外）」全体をもって秦の「核心地域」の四面の境界と理解し、かつ「郡」は北の境界を表す地名であるとはしながらも、そのうち秦と早くから深く関わっていた北地郡と上郡とは（隴西郡の東部とともに）「核心地域」に含まれるとしており、また上雒と商をもって南の境界としている点が周氏とは異なる。そしてこの「核心地域」は上郡を含む関中の範囲に近く、「秦中」と呼ばれていたという。[19]黄氏は第五四簡以下や「中縣道」との関連については言及してはいないが、先に周氏の見解に対して指摘した問題点のいくつかはここでも当てはまるであろう。また第五三簡のこの「核心地域」についても、先ほどと同様に、なぜ「関中」なり「秦中」なりとそのまま表記されていないのかが問われなくてはならないであろう。

一方、琴載元氏は漢初の「関中／関外郡／諸侯国」といった区域区分の前身としての秦代の状況について検討を加える中で、この資料に言及している。そこでは整理小組の議論を引いて、ここに見られる「特定領域」を（「二年律令」津関令などでの広域の関中とは区別される）狭義の関中であるとする。さらに肆、三六六簡に見える「郡及關外」[20]の「關外」とは「襄武・上雒・商・函谷關外」の省略ではないかと指摘した上で、秦代の「関中」と「関外」とは、襄武・上雒・商・函谷関を境界として「中縣・道」とその外部の区域とに区別されるとした。[21]たしかに第五三簡での「郡、襄武・上雒・商・函谷關外」と第三六六簡の「郡及關外」とは相互に対応するかのようでもあり、そこから「襄武・上雒・商・函谷關」を「關中」（さらには「中縣・道」？）と見ることも可能なようにも思われるが、しかし一方で「関中」といいながら、第五三簡に挙げられた境界のうち関所は函谷関のみで、あとの三つは県であること、あるいはそれではなぜ第五三簡では第三六六簡のように「郡及關外」と表記しないのか、などといった問題点が指摘されるのである。[22]

また欧揚氏は岳麓書院蔵秦簡中の「郡」をめぐる問題について考察する中で、この第五三簡について論じている。そこでは第五四簡以下とつなげて読み、「襄武」以下のこの領域を「中縣道」であるとするほかに、その西限が襄武とされていることに関連して興味深い議論が示されている。すなわちまず本条の表現が煩冗で「新地」「新黔首」、

「故塞徼」などの秦統一後の律令述語を用いていないことなどから、その頒行年代ははなはだ早く、およそ恵文王の上・蜀・巴・漢中諸郡の設置以後、昭王の隴西郡設置以前のものであるとした上で、まだ隴西郡の存在していないこの当時の段階にあっては、（第五三簡に見られるように）襄武以東の隴西東部が中央の管轄する「中縣道」に含まれており、一方でそれ以西は属邦の管轄区となっていたこと、しかしやがて隴西郡が形成されてゆく過程で、襄武以東の隴西東部は「中縣道」から離脱するに至ったのであったこと、などが論じられているのである。(23)このような欧氏の解釈によれば、そこで示される「中縣道」の領域が襄武に至るまでの隴西東部まで西に大きく広がっていた事情やその後の展開が整合的に理解できるのであり、また中県道と「郡」以外に（属邦の管理する）「中間地域」が存在していたと想定することによって、後述するような「郡」と「襄武・上雒・商・函谷關外」との範囲が重複してしまうという問題からも免れることができるのである。これら以外の論点でも、四つの地点によって境界を画定するこの条文において、北と南の境界についての言及がなされていないのは、すでに（北には上郡、南には蜀・巴・漢中郡といった）郡が設置されており、それは第五三簡での「郡」において規定されている部分であるからここでことさらに言及する必要はなかったためである――など、従うべき指摘は多い。なお欧氏には、隴西郡の地位が特殊であることについて言及した別稿もある。(24)

しかしその一方で、ここでの前提となる第五三簡の条文の年代や「中間地域」の存在などについては、いま少し詳細な検証が必要であるかと思われるのであり、またその論証においてもいささかの疑点がある。(25)そしてここでも繰り返すことになるが、襄武・上雒・商・函谷関によって囲まれる領域が「中縣道」の範囲を示すものであるのなら、なぜ第五三簡ではそれをそのまま「中縣道（外）」の語で示していないのか、という点はやはり問われなくてはならないであろう。この点について欧氏は「襄武・上雒・商・函谷關」の四地点の外にはいまだ郡が設置されていないか区画調整が頻繁に行われていたので、律文で明記しておく必要があった、としているものの、そうであるにしても――あるいはそうであればこそ――それが亡律の一条文中に、しかもこのような形で規定されているのはいかにも不自然なことなのではなかろうか。以上のように考えるならば、欧氏の議論は傾聴に値する論点を含むものの、なお検討の余地があるのではないかと思われるのである。

以上、第五三簡の条文についてとりあげた諸研究の内容を簡単に紹介し、検討を加えてきた。これらをふまえて最後に、第五三簡中の「襄武・上雒・商・函谷關」で示される特定領域について、第五四簡以下との接続や「中縣道」との関係を中心に考察を試みることとしたい。

第四節　終節

ここまでに見てきた先行の諸研究は、（それについて言及のない黄氏を除いて）いずれも第五三簡に見られる「襄武・上雒・商・函谷關」を境界とする「特定領域」がすなわち「中縣道」の範囲である――との前提に立っているのであるが、その具体的な内容については、第五三簡に挙げられている「郡」と「襄武・上雒・商・函谷關（外）」を別個の領域とした上で後者を本稿でいう「特定領域」と見るのか、あるいはこの両者全体で「特定領域」を示しているとするのかでまず見方が分かれており、さらにはこの「特定領域」の範囲についても、それが狭義の「關中」や「秦中」に当たるのか、あるいはそこに北地郡や上郡なども含めるのか、はたまた（上雒・）商は東の境であるのか南の境であるのか、などの点でも理解に相違が見られる。また条文中の「郡」についても、とくに限定せずに郡全体を指したものと解する以外に、それを「関東諸郡縣道」とする、あるいは北地・上郡・九原・雲中等四郡の所轄区域とするなど、そこでの理解は必ずしも一定していない。そしてこれら諸説にはそれぞれに疑点が指摘され検討の余地があること、ここまでに述べてきた通りである。この「特定領域」が中核地域（内史地区）の範囲を大きく西に超えて隴西郡東部にまで広がっているという先述の問題点についても、欧氏を除いて充分な説明はなされてはおらず、その欧氏の見解についても、（これまた前述したように）問題点が指摘されるのであった。このように見てくるならば、やはりそこで前提とされている「特定領域」と「中縣」、あるいは第五三簡と第四簡以下との関係については、あらためて問い直してみる必要があるのではなかろうか。

そもそも冒頭でも述べたように、第五三簡はこれら「郡」および「襄武・上雒・商・函谷關外」の住民、遷徙者に関わる規定であると考えられるのであるが、そこに見られる遷徙者は、当然これら以外の地域から移動を強制されてきた人々ということになるであろう。さらに、これも前述したように、ここでの規定がこうした住民、遷徙者の逃亡を内容とするものであったとするならば、その逃亡先はやはりこれら以外の地域、すなわち「郡」については主として「中縣道」であり、「襄武・上雒・商・函谷關外」の場合は「襄武・上雒・商・函谷關」を境界とする特定領域内であったと考えられるのである。

第五三簡の内容が以上のようなものであるならば、もしこれを第五四簡以下とつなげて「ひとまとまりの条文」として読んだ場合、そこで逃亡先として見えているのは唯一「中縣道」のみであることから、第五三簡中の「郡」はもとより、「襄武・上雒・商・函谷關外」からの逃亡先もまた「中縣道」であったということになる。そこから襄武・上雒・商・函谷關を境界とする「特定の領域」をもって、第五四簡の「中縣道」の範囲を示すものであるとの理解も出てくるのであるが、しかしそれでは第五三簡において、このような「郡」および「襄武・上雒・商・函谷關外」とで、「同一内容の」事柄（範囲）が表現を変えて「重複して」並列されているということになってしまう。法律の条文として、このような表記はいかにも不自然なのではなかろうか。

ちなみに「郡」および「襄武・上雒・商・函谷關外」を一体として解する周氏や黄氏の見方はこうした問題からは免れているものの、その解釈には看過しがたい難点の存すること、先に指摘した通りである。行政区画である「郡」と、特定の地点を境界として設定された領域とでは、それぞれ異なる位相の存在であったと見るのが自然であろう。またこれはどちらの場合についても指摘されることであり、かつこれまでにも繰り返し述べてきたことではあるが、もしこの規定において対象として関わってくる地域が「中縣道」に相当するものであるならば、なぜ最初からシンプルに「中縣道（外）」の語でそれを明記することなく、わざわざかくも煩雑な表現をとらなければならなかったのであろうか。同一の条文内では、同一の事項については基本的に同一の語が一貫して用いられるはずであろう。「中縣道」の範囲を規定する法令が存在していたであろうことは当然に考えられることではあるが、それが亡律の一規定の中に、しかもこのような形で置かれていたとは到底考えがたいことである。第五三簡に規定されている「特定の領域」とは、おそらくはこの条文で問題とする何らかの「亡」の場合に限ってのものであると見るべきなのではなかろうか。

以上よりするならば、第五三簡と第五四簡の内容とを一連のまとまりとして理解し、そこから襄武・上雒・商・函谷関を境界とする領域をもって「中縣道」の範囲を示していると見ることはできない――というのが本章での結論である。第五三簡では、郡の住民、遷徙者が郡から中県道へと逃亡する場合と、「襄武・上雒・商・函谷關外」の住民、遷徙者がこの特定領域の内へと逃亡する場合との、二つの逃亡のケースが並列して規定されているのであるが、それぞれの逃亡先である中県道とこの特定領域とは――この段階での中県道の領域が中核地域（「秦の初期領域」、のちの「内史地区」）と一致するものであったとして[26]、特定領域は隴西地域東部をも含んでいるなどの点で――それぞれ別個の領域なのであった。とはいえ一方で両者の領域は截然と分かれていたわけではなく、大部分の範囲は重なっていたことからするならば、この「襄武・上雒・商・函谷闗」を境界とする特定領域は、何らかの必要から「郡」（と「中縣道」）の枠組みには収まりきらない領域として補完的に規定されたものだったのではないか――と現在のところは考えている。これについては、法律の条文においてその対象となる領域がこのように「二重写し」のようなかたちで規定されることがありうるのか、また両者が重ならない地域での具体的な扱いはどのようになっていたのか、さらに郡が設置されていない周辺地域への逃亡はここで想定されているのかなど、なお検討を必要とする問題も残されているのではあるが、ここでは最後にこの特定領域の歴史的位置づけについて簡単に言及して、本章でのささやかな考察を締めくくることとしたい。

第二節でも見てきたように、この特定領域の大きな特徴は、秦の中核地域（内史地区）の範囲を大きく西に超えて隴西東部にまで広がっているという点にある。そしてそこが秦の早期の発展段階において重要な地域であったことは、欧揚氏をはじめとする諸家の指摘する通りであろう。一方で東方の境界については、最重要の函谷関こそ明記されてはいるものの、東南方面の武関は境界として挙げられてはおらず、代わりにその「内側」の、しかも同一ルート上に相連なって隣接する上雒・商が境界となっている。このように第五三簡に見られる特定領域は、全体としてかつての根拠地に近い西方に大きく重心がかかっている反面、東方への支配の広がりはいまひとつ浸透、確立していなかったように見えるのであり、このことからすれば、そこには秦が中核地域支配を確立するさらに以前の段階における具体的な領域の一状況が反映されているのではないかと思われるのである。その意味では第五三簡には――あくまでも逃亡の事例に限ってのことではあるものの――「郡―中県道」というその当時の領域支配の枠組みと、かつての領域のあり方の名残を示す特定領域とが、新旧重なる形で示されていたのであり、それは同時に前者の枠組みへとしだいに収斂、一元化されてゆく中での秦の領域支配の過渡的なすがたを伝えるものなのでもあったのである。

注

（1）陳松長主編『岳麓書院蔵秦簡』肆（上海辞書出版社、二〇一五年、上海）参照。

（2）同右、および宮宅潔二〇一七など参照。

（3）男女去、闌亡・將陽、來入之中縣・道、無少長、舍人室、室主舍者、智（知）其請（情）、以律䙴（遷）之。典・伍不告、貲典一甲、伍一盾、不智（知）其請（情）、主舍、貲二甲、典・伍不告、貲一盾└。舍之過旬乃論之└、舍、其鄉部課之、卒歲、鄉部吏弗能得、它人捕之、男女無少長、伍（五）人、誶鄉部嗇夫。廿人、貲鄉部嗇夫一盾。卅人以上、貲鄉部嗇夫一甲、令丞誶、鄉部吏主者、與鄉部嗇夫同罪。其亡居日都官・執灋屬官└・禁苑└・園└・邑└・作務└・官道畍（界）中、其嗇夫吏・典・伍及舍者坐之、如此律。免老└・小未傅└・女子未有夫而皆不居償日者、不用此律（肆、五四―八）。

（4）第三章に引く諸説などのほかに、たとえば渡邉英幸二〇一八など。

（5）本書第一部第一章、第二章など参照。

（6）「秦代出土文字史料の研究」班二〇一七参照。

（7）前注（5）参照。ただし、本書終章でも言及しているように、諸郡の間ではさらに「関中」や「新地」などの地域的層位性が存在していた。

（8）秦代の地理については以下、譚其驤一九八二、后暁栄二〇〇九など参照。

（9）周振鶴一九八七、下巻第一章第一節参照。

（10）「〼議、禁民毋得私買馬以出扜關・鄖關・函谷・武關及諸河塞津關。其買騎・輕車馬、吏乘・置傳馬者、縣各以所買名匹數告買所内史・郡守、内史・郡守各以馬所補名爲久久馬、爲致告津關、津關謹以藉（籍）、久案閲、出」（五〇六―七簡）。

（11）『新書』壹通の「所謂建武關・函谷・臨晋關者、大抵爲備山東諸侯也。天下之制在陛下。今大諸侯多其力、因建關而備之、若秦時之備六國也」など。

（12）函谷関の歴史地理的な役割や現地調査については史念海一九八四、関治中一九九八、塩沢裕仁二〇一六など参照。

(13) 丹水沿いのこのルートについては、少し時代が降るが、譚宗義一九六七参照。
(14) 前注（1）掲、『岳麓書院蔵秦簡』肆、第一組注〔六十六〕。
(15) 同右、注〔七十四〕。
(16) 同右。
(17) 「関中」の用語については、本書序章ならびに第一部第五章など参照。また、その後者でも述べているように、秦代における（国内）関所のラインは、後世のように「首都圏を囲繞する」のではなく、東方地域に対して南北に走るものであった。
(18) 周海鋒二〇一六、二〇一九参照。
(19) 黄海二〇一八参照。
(20) 「●郡及關外黔首有欲入見親・市中縣【道】、【毋】禁錮者殹（也）、許之。入之、十二月復、到其縣、毋後田」。この史料については、欧揚二〇一五参照。
(21) 琴載元二〇一八参照。
(22) 前注（20）にも見られるように、肆、三六六簡は「黔首」が親族訪問や商用で中県道境内へ入ることを原則許可するものの、農作業に支障が出ないうちに退去すべきことを規定したものであり、「人」や遷徙者に関わる第五三簡の規定とは、その対象や内容を異にしていたであろうことからすると、双方に見える「關中」と「襄武・上雒・商・函谷關」をただちに同一視することには慎重であるべきかとも思われる。また、ここで詳しく論じることはしないが、筆者は岳麓書院蔵秦簡に見える「関中」は基本的に「広域関中」のことであろうと考えている。
(23) 欧揚二〇二〇参照。なお、前章で取り上げた張韶光二〇二〇なども、中県道の範囲について内史および隴西地区を包括するとしている。
(24) 欧揚二〇一五参照。
(25) たとえば岳麓書院蔵秦簡の「為人除貲贖者、内史及郡各得為其畍（界）中人除、毋得為它郡人除」、【中】縣・它郡人為吏它郡者、得令所為吏郡黔首為除貲贖。屬邦與内史通相為除。為解爵者、獨得除貲贖。令七牒・尉郡卒令第乙七十六」（伍、

一四三―五）を属邦と内史、郡、中県が並列されている例として、そこから属邦の管轄する「中間地域」の存在を想定するが、実際にはこの条文では、「内史と郡とで、それぞれの境内での爵による除貲贖を認める。中県や他郡の者が他郡の吏となっている場合は、任地の民の除貲贖を認める。属邦と内史は相通じて除をなすのを認める」とされていることから、基本的には内史と郡とに大別されている一方で、属邦は内史の枠内において言及される存在にすぎなかったのではないかと考えられる。

（26）　張韶光二〇二〇などに引く鄒水傑「岳麓秦簡〝中県道〟初探」（第七届出土文献与法律史研究学術研討会論文）では、「虜學炊（吹）栒（枸）邑・壊徳・杜陽・陰密・沂陽及在左樂・樂府者、及左樂・樂府謳隷臣妾、免為學子・炊（吹）人、已免而亡、得及自出、盈三月以為隷臣妾、不盈三月、笞五十、籍亡日、後復亡、謝盈三月、亦復以為隷臣妾、皆復炊（吹）謳于（?）官。」（肆、八四―八七）に見える栒邑・壊（懐）徳・杜陽（以上は内史地区）、ならびに陰密・沂（泥）陽（以上は北地郡）が中央直轄の「中県道」を構成していた、と論じているという。本書執筆段階で直接に鄒氏の論文を確認することが出来ていないでいるために確言はできないものの、この条文での五県は「学吹」の場の所在としてあらわれているにすぎず、これをもってただちにそれが中県道の範囲を示すものとするには及ばないのではないかと現時点では考えている。

引用文献一覧

（和文　五十音順）

青山定雄一九五〇　唐・五代の関津と商税（『横浜大学論叢』二―三。のち青山定雄一九六三に所収）
　一九六三　『唐宋時代の交通と地誌地図の研究』（吉川弘文館）
明間信行一九八九　前漢の諸侯王と王国の官吏――所謂「第一期」論再考――（『茅茨』第五号）
秋元悦子一九九〇　洛陽をとりまく交通路の歴史地理〔1〕漢函谷関（『千葉県立中央博物館研究報告』人文科学、第二号）
秋川光彦二〇〇一　前漢文帝の対諸侯王策――呉楚七国の乱の一背景として――（『大正大学大学院研究論集』第二五号）
　二〇〇三　前漢斉悼恵王の封域――漢初の諸侯王国の行政体制についての予備的考察――（『三康文化研究所年報』第三四号）
　二〇〇五　前漢楚元王の封域――漢初の諸侯王国の行政体制についての予備的考察（二）――」（『大正大学大学院研究論集』第二九号）
　二〇〇七　前漢梁王国の封域――漢初の諸侯王国の行政体制についての予備的考察（三）――（『三康文化研究所年報』第三八号）
浅野哲弘一九九二　前漢景帝の対諸侯王政策の一考察――梁王武の擁立事件を中心に――（『立正大学大学院年報』第九号）
　一九九三　漢代の対諸侯王政策の一考察――左官・附益・阿黨の法の制定者をめぐって（『立正大学大学院年報』第十号）
　一九九七　後漢時代の関について――特に光武帝期の関中を中心に――（『吉田寅先生古稀記念アジア史論集』（同編集委員会）

阿部幸信二〇〇四　漢帝国の内臣――外臣構造形成過程に関する一試論（『歴史学研究』第七八四号）
二〇〇五　対匈奴関係からみた漢朝支配体制の推移と確立（『歴史学研究』第八〇七号）
二〇〇八 a 漢初「郡国制」再考（『日本秦漢史学会会報』第九号。のち阿部幸信二〇二二に所収）
b 前漢時代における内外観の変遷――印制の観点から――（『中国史学』第十八巻。のち阿部幸信二〇二二に所収）
二〇〇九　武帝期・前漢末における国家秩序の再編と対匈奴関係（『早期中国史研究』〔台湾〕第一巻。のち阿部幸信二〇二二に所収）
二〇一二　漢初における諸侯王と礼・法（『中央大学アジア史研究』第三六号。のち阿部幸信二〇二二に所収）
二〇二二　『漢代の天下秩序と国家構造』（研文出版）
飯島和俊一九八六　戦国秦の非秦人対策――秦簡を手掛りとして見た、戦国秦の社会構造――（『中村治兵衛先生古稀記念東洋史論叢』、刀水書房）
飯田祥子二〇〇四　前漢後半期における郡県民支配の変化――内郡・辺郡の分化から――（『東洋学報』第八六巻第三号。のち飯田祥子二〇二二に所収）
二〇一四　王莽の戦争（『名古屋大学東洋史研究報告』三八。のち飯田祥子二〇二二に所収）
二〇二二　『漢新時代の地域統治と政権交替』（汲古書院）
池田敦志二〇〇八　賈誼の対諸侯王政策と呉楚七国の乱――前漢代地方支配体制の変遷よりみた――（『早稲田大学大学院文学研究科紀要』第五三輯第四分冊）
池田雄一二〇〇二（編）『奏讞書――中国古代の裁判記録――』（刀水書房）
石岡　浩一九九七　前漢代の博士の郡国循行――地方監察における博士と刺史の役割――（『早稲田大学大学院文学研究科紀要』第四二輯第四分冊）
伊藤徳男一九九〇　『史記』十表について（その二）（『東北学院大学論集歴史学・地理学』第二二号。のち伊藤徳男一九九四に所収）

一九九四『史記十表に見る司馬遷の歴史観』（平河出版社）
稲葉一郎一九八九　秦始皇の巡狩と刻石（『書論』第二五号）
薄井俊二一九九七　始皇帝の「郡県」「封建」論議をめぐって――始皇帝の政治方針と秦の朝廷――（『埼玉大学紀要』教育学部（人文・社会科学）第四六巻第一号）
二〇一一「皇帝の出遊」緒論――漢の文帝の場合――（『中国文化』第六九号）
宇都宮清吉一九五三　劉秀と南陽（『名古屋大学文学部論集』八。のち宇都宮清吉一九五五に所収）
一九五五『漢代社会経済史研究』（弘文堂）
江村治樹一九八一　雲夢睡虎地出土秦律の性格をめぐって（『東洋史研究』第四十巻第一号。のち江村治樹二〇〇〇に所収）
一九八六　戦国三晋都市の性格（『名古屋大学文学部研究論集』ＸＣＶ〔史学〕三二。のち江村治樹二〇〇〇に所収）
一九八九　戦国時代の都市とその支配（『東洋史研究』第四八巻第二号。のち江村治樹二〇〇〇に所収）
二〇〇〇『春秋戦国秦漢時代出土文字資料の研究』（汲古書院）
二〇一一　秦漢帝国の形成と地域――とくに都市の視点から――（『日本秦漢史研究』第十一号）
大櫛敦弘一九八九　漢代の鉄専売と鉄器生産――「徐偃矯制」事件より見た――（『東方学』第七八輯）
一九九〇　秦代国家の穀倉制度（『海南史学』第二八号）
一九九二ａ漢代三輔制度の形成（池田温編『中国礼法と日本律令制』、東方書店）
ｂ前漢「畿輔」制度の展開（平成二・三年度科学研究費補助金・一般研究（Ｂ）研究成果報告書『出土文物による中国古代社会の地域的研究』〔代表・牧野修二〕）
一九九四　秦代国家の統一支配――主として軍事的側面から――（平成五年度科学研究費補助金・一般研究（Ｂ）研究成果報告書『「史記」「漢書」の再検討と古代社会の地域的研究』〔代表・間瀬収芳〕）
一九九五　統一前夜――戦国後期の「国際」秩序――（『名古屋大学東洋史研究報告』一九）

一九九七 a秦および漢初の統一国家体制に関する一考察（『東方学会創立五十周年記念東方学論集』、東方学会）
b関中・三輔・関西——関所と秦漢統一国家——（『海南史学』第三五号）
一九九九　秦邦——雲夢睡虎地秦簡より見た「統一前夜」——（『論集　中国古代の文字と文化』、汲古書院）
二〇〇〇 a後漢時代の行幸（『人文科学研究』〔高知大学人文学部人間文化学科〕第七号）
b中国『畿内制度』の形成に関する一考察（『西嶋定生博士追悼論文集東アジア史の展開と日本』、山川出版社）
二〇〇一 a国制史（松丸道雄ほか編『殷周秦漢時代史の基本問題』、汲古書院）
b斉王に見せた夢——『戦国縦横家書』における覇権のかたち——（『人文科学研究』第八号、高知大学人文学部人間文化学科）
二〇〇四　前漢武帝期の行幸——その基礎的考察——（『日本秦漢史学会会報』第五号）
二〇〇五　東方朔の「除目」——漢代官制史研究の一資料として——（『海南史学』第四三号）
二〇〇九　三川郡のまもり——「秦代国家の統一支配」補論（『人文科学研究』〔高知大学人文学部人間文化学科〕第十五号）
二〇一〇　新朝の統一支配——主として軍事的側面から——（『人文科学研究』〔高知大学人文学部人間文化学科〕第十六号）
二〇一一　帝国の東の門——秦漢統一国家と海域世界——（高知大学人文学部「臨海地域における戦争と海洋政策の比較研究」研究班『臨海地域における戦争・交流・海洋政策』、リーブル出版）
二〇一三　使者の越えた「境界」——秦漢統一国家体制形成の一こま——（『東洋史研究』第七二巻第一号）
二〇一四　近年の内史研究から見る秦漢統一国家体制の形成（『中国史学』第二四巻）
二〇一五　漢代三輔制度の形成再論（『人文科学研究』〔高知大学人文学部人間文化学科〕第二一号）
二〇一六　大梁の墟（高知大学人文社会科学部門研究班『高知をめぐる戦争と交流の史的研究』）

二〇一七　燕・齊・荊は地通し――秦漢統一国家と東方地域――（『海南史学』第五五号）

二〇一九　戦国の残像――秦末、楚漢戦争期における旧魏の領域――（『日本秦漢史研究』第二〇号）

二〇二二　「襄武・上雒・商・函谷関」の間――岳麓書院蔵秦簡「秦律令（壹）」第五三簡に見える特定領域――（『資料学の方法を探る』二一）

太田麻衣子二〇〇九　鄂君啓節からみた楚の東漸（『東洋史研究』第六八巻第二号）

二〇一二　越の淮北進出とその滅亡――「劉邦集団＝楚人」説再検討のために――（『古代文化』第六四巻第三号）

二〇一五　韓信故里からみた楚の東漸――江蘇淮安市運河村一号戦国墓の検証を中心に――（『史林』九八巻二号）

二〇一九ａ東遷後の楚と秦末の楚――春申君から「王侯将相寧んぞ種あらんや」へ――（『アジア史学論集』第十一号）

ｂ江浙地区出土「楚式墓」にみる楚・秦・越文化の融合（『中国出土資料研究』第二三号）

二〇二三　故塞徼外蛮夷――故塞・故徼のむこう側――（宮宅潔二〇二三〔編〕に所収）

大津　透一九八五　律令国家と畿内――古代国家の支配構造――（『日本書紀研究』第十三冊。のち大津透一九九三に所収）

一九九三『律令国家支配構造の研究』（岩波書店）

大西克也・大櫛敦弘二〇一五『戦国縦横家書』（東方書店）

大庭　脩一九五四　漢代の関所とパスポート（『関西大学東西学術研究所論叢』一六。のち大庭脩一九八二に所収）

一九五七　漢の官吏の兼任について（『聖心女子大学論叢』九。のち大庭脩一九八二に所収）

一九六三　漢代詔書の形態について（『史泉』第二六号。のち大庭脩一九八二に所収）

一九七〇　漢王朝の支配機構（『岩波講座世界歴史』4、岩波書店。のち大庭脩一九八二に所収）

一九八二『秦漢法制史の研究』（創文社）

尾形　勇一九八二　中国の即位儀礼（『東アジア世界における日本古代史講座9『東アジアにおける儀礼と国家』、学生社）

小澤正人一九九六　考古学から見た巴蜀文化（『日中文化研究』第十号）

二〇〇八　華中・華南における前漢墓の様相と地域性についての一考察（『中国考古学』第八号）
小竹武夫一九七九（訳）『漢書』下巻（筑摩書房。のちちくま学芸文庫にも所収）
越智重明一九九二　華夷思想の成立（『久留米大学比較文化研究所紀要』第十一輯。のち越智重明一九九三に所収）
一九八八『戦国秦漢史研究』1（中国書店）
一九九三『戦国秦漢史研究』2（中国書店）
影山　剛一九七二　後漢朝の塩政に関する一、二の問題（『山本博士還暦記念東洋史論叢』、山川出版社。のち影山剛一九八四に所収）
一九八四『中国古代の商工業と専売制』、東京大学出版会）
勝畑冬実一九九五　北魏の郊甸と『畿上塞囲』――胡族政権による長城建設の意義――（『東方学』第九十輯）
加藤　繁一九一八　漢代に於ける国家財政と帝室財政との区別並に帝室財政一斑（『東洋学報』第八巻第一号、第九巻第一・二号。のち加藤繁一九五二に所収）
一九四二（訳注）『史記平準書・漢書食貨志』（岩波文庫）
一九五二『支那経済史考證』上巻（東洋文庫）
狩野直禎一九九三『後漢政治史の研究』（同朋舎出版）
金子修一一九八二　中国―郊祀と宗廟と明堂及び封禅（『東アジア世界における日本古代史講座』第九巻・東アジアにおける儀礼と国家、学生社。のち金子修一一九九九に所収）
一九九八　中国古代の即位儀礼の場所について（『山梨大学教育人間科学部研究報告』第四九号。のち金子修一一九九九に所収）
一九九九　皇帝祭祀の展開（『岩波講座世界歴史』第九巻中華の分裂と再生　3―13世紀、岩波書店）
二〇〇一『古代中国と皇帝祭祀』（汲古書院）

二〇〇六『中国古代皇帝祭祀の研究』(岩波書店)
鎌田重雄一九三九 漢代京師掌治の官三輔について(『史潮』第九年第一号。のち鎌田重雄一九四九、一九六二aに所収)
一九四七 漢代の郡都尉について(『東洋学報』第三一巻第二号。のち鎌田重雄一九四九、一九六二aに所収)
一九四九『漢代史研究』(川田書房)
一九五四 前漢王国の官制(『東洋史学論集』三〔東京教育大学〕)
一九六二『秦漢政治制度の研究』(日本学術振興会)
紙屋正和一九七四a漢代刺史の設置について(『東洋史研究』第三三巻第二号)
b前漢諸侯王国の官制(『九州大学東洋史論集』第三号)
一九七八a前漢時代の関と馬弩関(『福岡大学人文論叢』第十巻第二号)
b前漢諸侯王国の財政と武帝の財政増収策(『福岡大学研究所報』第三七号)
一九八二a前漢時代の郡・国の守・相の支配権の強化について(『東洋史研究』第四一巻第二号。のち紙屋正和二〇〇九に所収)
b前漢郡県統治制度の展開について――その基礎的考察――(『福岡大学人文論叢』第十三巻第四号、第十四巻第一号。のち紙屋正和二〇〇九に所収)
一九八九 武帝の財政増収政策と郡・国・県(『東洋史研究』第四八巻第二号。のち紙屋正和二〇〇九に所収)
一九九〇 前漢後半期における郡・国への規制の強化(『古代文化』第四二巻第七号。のち紙屋正和二〇〇九に所収)
二〇〇九『漢時代における郡県制の展開』(朋友書店)
二〇一三 前漢初期の諸侯王国と父老・豪傑層(『川勝守・賢亮博士古稀記念東方学論集』、汲古書院)
鬼頭清明一九九二 王畿論――中国・朝鮮・日本――(『アジアのなかの日本史』Ⅳ・地域と民族、東京大学出版会)
木村正雄一九六七 前後漢交替期の農民反乱――その展開過程――(『東京教育大学文学部紀要』六一〔史学研究〕。のち木村正雄

一九七九に所収）
一九七一　秦末の諸叛乱――特に陳勝集団の性格と機能をめぐって――（『東京教育大学文学部紀要』八一〈史学研究〉。のち木村正雄一九七九に所収）
一九七九　『中国古代農民叛乱の研究』（東京大学出版会）
桐本東太一九八九　不死の探求――始皇帝巡狩の一側面（『中国古代史研究』第六、研文出版。のち桐本東太二〇〇四に所収）
二〇〇四　『中国古代の民俗と文化』（刀水書房）
工藤元男一九八一　秦の内史――主として睡虎地秦墓竹簡による――（『史学雑誌』第九〇編第三号。のち工藤元男一九九八に所収）
一九八四　睡虎地秦墓竹簡の属邦律をめぐって（『東洋史研究』第四三巻第一号。のち工藤一九九八に所収）
一九九四　戦国の会盟と符――馬王堆漢墓帛書『戦国縦横家書』二〇章をめぐって――（『東洋史研究』第五三巻第一号）
一九九八　『睡虎地秦簡よりみた秦代の国家と社會』（創文社）
栗原朋信一九六〇　『秦漢史の研究』（吉川弘文館）
一九七〇　漢帝国と周辺諸民族（岩波講座『世界歴史』第四巻・古代四。のち栗原一九七八に所収）
一九七八　『上代日本対外関係の研究』（吉川弘文館）
胡　宝国一九九八　漢代政治文化の中心の転移（『徳島大学総合科学部人間社会文化研究』第五巻。葭森健介監訳・解題、城戸久枝・末崎澄香訳）
黄　海二〇一八　岳麓秦簡から見る『秦の核心地域』と秦漢時代の関中（『中国出土資料学会会報』第六七号）
古賀　登一九八〇　『漢長安城と阡陌・県郷亭里制度』（雄山閣）
小林　聡一九九一　漢時代における中国周辺民族の内属について（『東方学』第八二輯）
小南一郎一九九七　石鼓文製作の時代背景（『東洋史研究』第五六巻第一号）
斎藤幸子二〇一一　前漢諸侯王国の太傅（『日本秦漢史研究』第十一号）

坂出祥伸一九八六　風の観念と風占い（新田大作編『中国思想史研究論集――欧米思想よりの照射――』、雄山閣。のち坂出祥伸一九九一に所収）
　一九九一　『中国古代の占法――技術と呪術の周辺――』（研文出版）
佐々木仁志二〇一六　漢初諸侯王国の軍制に関する一考察（『集刊東洋学』第一一四号）
　二〇二〇　漢代「内臣」「外臣」考（『集刊東洋学』第一二三号）
佐竹靖彦二〇〇五　『劉邦』（中央公論新社）
　二〇一〇　『項羽』（中央公論新社）
佐藤武敏一九六四　先秦時代の関と関税（『甲骨学』一〇）
　一九七七　司馬遷の旅行（『人文研究』第二九巻四分冊。のち大幅な加筆のうえ佐藤武敏一九九七に所収）
　一九九七　『司馬遷の研究』（汲古書院）
佐藤武敏（監修）、工藤元男・早苗良雄・藤田勝久（訳注）一九九三　『戦国縦横家書』（朋友書店）
佐藤智水一九八四　北魏皇帝の行幸について（『岡山大学文学部紀要』第五号）
佐原康夫二〇〇一　漢代貨幣史再考（松丸道雄ほか編『殷周秦漢時代史の諸問題』、汲古書院。のち佐原康夫二〇〇二に所収）
　二〇〇二　『漢代都市機構の研究』（汲古書院）
塩沢裕仁二〇〇三　洛陽八関とその内包空間――漢魏洛陽盆地の空間的理解に触れて――（『法政考古学』第三十集。のち塩沢裕仁二〇一〇に所収）
　二〇一〇　『千年帝都洛陽　その遺跡と人文・自然環境』（雄山閣）
　二〇一六　函谷関遺跡考証――四つの函谷関遺跡について――（『東洋文化研究所紀要』第一六九冊）
潮見　浩一九八二　『東アジアの初期鉄器文化』（吉川弘文館）
重近啓樹一九八六　秦漢の兵制について――地方軍を中心として――（静岡大学人文学部『人文論集』第三六号。のち重近啓樹一

九九九に所収）
一九九五　秦の内史をめぐる諸問題（『堀敏一先生古稀記念　中国古代の国家と民衆』、汲古書院。のち重近啓樹一九九九に所収）
柴田　昇一九九四　戦国史研究の視角――諸子百家と戦国時代の『国』をめぐって――（『名古屋大学東洋史研究報告』一八）
一九九九　『秦漢税役体系の研究』（汲古書院）
二〇一一　陳勝論ノート――陳勝呉広の乱をめぐる集団・地域・史料――（『名古屋大学東洋史研究報告』三五。のち柴田昇二〇一八に所収）
二〇一二　秦末の抵抗運動（吉尾寛編『民衆反乱と中華世界――新しい中国史像の構築に向けて――』、汲古書院。のち柴田昇二〇一八に所収）
二〇一三 a 項羽政権の成立（『静岡大学人文社会科学部人文論集』第六三号の二。のち柴田昇二〇一八に所収）
b 劉邦集団の成長過程（『海南史学』第五一号。のち柴田昇二〇一八に所収）
二〇一五　楚漢戦争の展開過程とその帰結（上）（『愛知江南短期大学紀要』第四四。のち柴田昇二〇一八に所収）
二〇一六　楚漢戦争の展開過程とその帰結（下）（『愛知江南短期大学紀要』第四五。のち柴田昇二〇一八に所収）
二〇一八　『漢帝国成立前史　秦末反乱と楚漢戦争』（白帝社）
下田　誠二〇〇七　戦国時代中原地域領域変遷図作成の試み――戦国三晋諸国の領域形成と「県」制――（『東洋文化研究』第九号。のち下田二〇〇八に所収）
二〇〇八　『中国古代国家の形成と青銅兵器』（汲古書院）
白川　静一九七三　作冊考（『甲骨金文学論集』、朋友書店）
「秦代出土文字史料の研究」班二〇一七　「岳麓書院所蔵簡《秦律令（壹）》訳注稿」その（一）（『東方学報』第九二冊）
二〇一八　同（二）（『東方学報』第九三冊）

二〇二〇　同（三）（『東方学報』第九五冊）
二〇二一　同（四）（『東方学報』第九六冊）
杉村伸二二〇〇四a漢初人事考――漢初の国制と人事の諸相――（『史泉』第九九号）
b景帝中五年王国改革と国制再編（『古代文化』第五六巻第一〇号）
二〇〇五　郡国制の再検討（『日本秦漢史学会会報』第六号）
二〇〇六　二年律令より見た漢初における漢朝と諸侯王国（冨谷至編『江陵張家山二四七号墓出土漢律令の研究』論考篇、朋友書店）
二〇〇八　前漢景帝期国制転換の背景（『東洋史研究』第六七巻第二号）
二〇一一　漢初における『皇帝』と『天子』――戦国後期～漢初の国制展開と君主号――（『福岡教育大学紀要』第六十号第二分冊）
二〇一八　漢初「郡国制」再論――戦国後期～秦末楚漢抗争期の秩序形成研究より見る――（『中国史学』第二八巻）
杉本憲司二〇〇三　漢代の武庫――尹湾漢牘を例に、内郡と辺郡の武器――（冨谷至編『辺境出土木簡の研究』、朋友書店）
曾我部静雄一九六四　日中の畿内制度（『史林』第四七巻第三号。のち曾我部静雄一九六八に所収）
一九六八『律令を中心とした日中関係史の研究』（吉川弘文館）
荘　卓燐二〇一九　漢初における符の下賜（『史学雑誌』第一二八編第二号）
孫　聞博二〇一八　秦漢「内史―諸郡」武官演変考（野口優訳。宮宅潔編『多民族社会の軍事統治――出土史料が語る中国古代』、京都大学学術出版会）
高津純也二〇〇二　戦国秦漢の支配構造に関する一考察――「外臣」「外国」と「諸夏」――（池田温編『日中律令制の諸相』、東方書店）
鷹取祐司二〇一七　肩水金関遺址出土の通行証（同氏編『古代中世東アジアの関所と交通制度』、立命館大学）

高濱侑子一九九四　華中・華南地方における漢墓の変遷――木槨墓から塼室墓へ――（青山学院大学東洋史論集『東アジア史の展開』、汲古書院）
高村武幸二〇〇〇　前漢西北辺境と関東の戍卒――居延漢簡にみえる兵士出身地の検討を通じて――（『駿台史学』第一一〇号。のち高村武幸二〇〇八に所収）
二〇〇八　『漢代の地方官吏と地域社会』（汲古書院）
二〇一七　前漢後半期以降の河西地域に対する物資供給――漢代辺郡の存在意義を考える手がかりとして――（同氏編『周縁領域からみた秦漢帝国』、六一書房）
楯身智志二〇一〇　漢初における郡国制の形成と展開――諸侯王の性質変化をめぐって――（『古代文化』第六二巻第一号）
二〇一六　『前漢国家構造の研究』（早稲田大学出版部）
土口史記二〇一〇　先秦期における「郡」の形成とその契機」（『古代文化』第六一巻第四号。のち土口史記二〇一一に所収）
二〇一一　『先秦時代の領域支配』（京都大学学術出版会）
二〇一七　岳麓秦簡「執法」考（『東方学報』京都第九二冊）
二〇二三　戦国秦漢「内史」問題補論（『岡山大学大学院社会文化科学研究科紀要』第五五号）
鶴間和幸一九八〇　漢代における関東・江淮豪族と関中徙民（『中島敏先生古稀記念論集』上巻、汲古書院）
一九八六　秦帝国の形成と地域――始皇帝の虚像を超えて――（『歴史と地理』第三七二号。のち鶴間和幸二〇一三に所収）
一九九二ａ秦帝国による道路網の統一と交通法（池田温編『中国礼法と日本律令制』、東方書店。のち鶴間和幸二〇一三に所収）
ｂ古代中華帝国の統一法と地域――秦帝国の統一とその虚構性――（『史潮』新三〇号。のち鶴間和幸二〇一三に所収）
一九九三　秦帝国の形成と東方世界――始皇帝の東方巡狩経路の調査をふまえて――（『茨城大学教養部紀要』第二五号。

のち鶴間和幸二〇一三に所収）
一九九五　司馬遷の時代と始皇帝――秦始皇本紀編纂の歴史的背景――（『東洋学報』第七七巻第一・二号。のち鶴間和幸二〇一三に所収）
一九九七　秦長城建設とその歴史的背景（『学習院史学』第三五号。のち鶴間和幸二〇一三に所収）
一九九八　中華の形成と東方世界（岩波講座世界歴史3『中華の形成と東方世界』、岩波書店。のち鶴間二〇一三に所収）
二〇〇一　『秦の始皇帝　伝説と史実のはざま』（吉川弘文館）
二〇一三　『秦帝国の形成と地域』（汲古書院）
『独断』研究ゼミナール一九八一　蔡邕『独断』の研究（一）（『史滴』第二号）
礪波　護一九九二　唐代の畿内と京城四面関（唐代史研究会編『中国の都市と農村』、汲古書院。のち礪波護二〇一六に所収）
二〇一六　『隋唐都城財政史論考』（法蔵館）
冨田健之一九八四　漢代における司隷校尉（『史淵』第一二一輯）
二〇〇三　尚書体制形成前史――前漢前半期の皇帝支配をめぐって――（『日本秦漢史学会会報』第四号）
二〇〇五　前漢武帝期の側近政治と「公卿」（『新潟大学教育人間科学部紀要』第八巻第一号）
冨谷　至二〇〇六（編）『江陵張家山二四七号漢墓出土漢律令の研究』訳注篇（朋友書店）
二〇一二　中華世界の重層環節　その第一幕（岩波講座世界歴史5『中華世界の盛衰　四世紀』、岩波書店）
中村亜希子二〇〇七　臨淄斉故城出土瓦の検討（『中国考古学』第七号）
中野美代子一九九一　『龍の住むランドスケープ――中国人の空間デザイン』（福武書店）
西川利文一九九〇　漢代博士弟子制度について――公孫弘の上奏文解釈を中心として――（『鷹陵史学』第十六号）
西嶋定生一九六七　中国古代統一国家の特質――皇帝支配の出現――（『前近代アジアの法と社会』仁井田陞博士追悼論文集第一巻、勁草書房。のち西嶋定生一九八三に所収）

一九七〇　皇帝支配の成立（岩波講座『世界歴史』第四巻・古代四。のち西嶋一九八三、二〇〇二aに所収）
一九七五　漢代における即位儀礼――とくに帝位継承のばあいについて――（『榎博士還暦記念東洋史論叢』、山川出版社。のち西嶋定生一九八三に所収）
一九八三　『中国古代国家と東アジア世界』（東京大学出版会）
二〇〇二a『西嶋定生　東アジア史論集』第一巻（岩波書店）
b『西嶋定生　東アジア史論集』第二巻（岩波書店）
c『西嶋定生　東アジア史論集』第五巻（岩波書店）
西本昌弘一九八四　畿内制の基礎的考察――日本における礼制の受容――（『史学雑誌』第九三編第一号。のち「近年における畿内制研究の動向」を加えて西本昌弘一九九七に所収）
一九九七　『日本古代儀礼成立史の研究』（塙書房）
仁藤敦史一九九〇　古代国家における都城と行幸（『歴史学研究』第六一三号。のち仁藤敦史一九九八に所収）
一九九八　『古代王権と都城』（吉川弘文館）
布目潮渢一九五三　前漢の諸侯王に関する二三の考察（『京都府立西京大学人文学報』第三号。のち布目潮渢二〇〇三に所収）
二〇〇三　『布目潮渢中国史論集』上巻（汲古書院）
服部克彦一九六八　漢代の弘農郡（『龍谷史壇』第五九号）
一九六九　『古代中国の郡縣とその周辺』（ミネルヴァ書房）
濱川（佐藤）栄　一九九三　瓠子の「河決」――前漢・武帝期の黄河の決壊――（『史滴』第十四号。のち濱川栄二〇〇九に所収）
一九九四　瓠子の〈河決〉と武帝の抑商（『早稲田大学大学院文学研究科紀要別冊』哲学・史学編二一集。のち濱川栄二〇〇九に所収）
二〇〇八　関東・山東小考――特に漢代以前の中原との関係について――（『早稲田大学高等学院研究年誌』第五二号）

二〇〇九 『中国古代の社会と黄河』（早稲田大学出版部）
濱口重国一九三五 漢代の傳舍――特に其の設置地點に就いて（『東洋学報』第二二巻第四号。のち濱口重国一九六六に所収）
一九三九 両漢の中央諸軍について（『東洋学報』東京、第一〇冊之二。のち濱口重国一九六六に所収）
一九四〇 前漢の南北軍について（『池内博士還暦記念東洋史論叢』、座右寶刊行会。のち濱口重国一九六六に所収）
一九六六 『秦漢隋唐史の研究』（東京大字出版会）
東　晋次一九九五 『後漢時代の政治と社会』（名古屋大学出版会）
肥後政紀一九九五 前漢後半期における地域別の人口変動（『堀敏一先生古稀記念中国古代の国家と民衆』、汲古書院）
平勢隆郎一九九六 『中国古代紀年の研究――天文と暦の検討から――』（汲古書院）
一九九八 越の正統と『史記』（『史料批判研究』創刊号）
二〇〇〇 『「史記」二二〇〇年の虚実――年代矛盾の謎と隠された正統観』（講談社）
二〇〇三 『「春秋」と「左伝」 戦国の史書が語る「史実」、「正統」、国家領域観』（中央公論新社）
二〇一二 『「八紘」とは何か』（汲古書院）
廣瀬薫雄二〇一七 青川郝家坪秦墓木牘補論（藤田勝久・關尾史郎編『簡牘が描く中国古代の政治と社会』、汲古書院）
藤岡喜久男一九五七 前漢の監察制度に関する一考察（『史学雑誌』第六六編第八号）
藤田勝久一九八三 前漢時代の漕運機構（『史学雑誌』第九二編第十二号。のち藤田勝久二〇〇五に所収）
一九八四 中国古代の関中開発――郡県制形成過程の一考察――（『佐藤博士退官記念中国水利史論叢』、国書刊行會。のち藤田勝久二〇〇五に所収）
一九八八 『史記』韓世家の史料的考察（『愛媛大学教養部紀要』第二一号。のち藤田勝久一九九七に所収）
一九九二 戦国秦の領域形成と交通路（平成二・三年度科学研究費補助金・一般研究（B）研究成果報告書『出土文物による中国古代社会の地域的研究』［代表・牧野修二］。のち藤田勝久二〇〇五に所収）

一九九三ａ戦国略年表（佐藤武敏（監修）、工藤元男・早苗良雄・藤田勝久（訳注）一九九三）
ｂ馬王堆帛書『戦国縦横家書』について（佐藤武敏（監修）、工藤元男・早苗良雄・藤田勝久（訳注）一九九三。のち藤田勝久一九九七に所収）
一九九四ａ『史記』魏世家の史料的考察（『愛媛大学教養部紀要』第二七号。のち藤田勝久一九九七に所収）
ｂ戦国楚の領域形成と交通路――『史記』楚世家と鄂君啓節の比較検討――（平成五年度科学研究費補助金・一般研究（Ｂ）研究成果報告書『「史記」「漢書」の再検討と古代社会の地域的研究』［代表・間瀬収芳］。のち藤田勝久二〇〇五に所収）
一九九五『史記』項羽本紀と秦楚之際月表――秦末における楚・漢の歴史評価（『東洋史研究』第五四巻第二号。のち藤田勝久二〇一五に所収）
一九九七『史記戦国史料の研究』（東京大学出版会）
一九九九　包山楚簡よりみた戦国楚の県と封邑（『中国出土資料研究』第三号。のち藤田勝久二〇〇五に所収）
二〇〇三ａ中国古代史における秦、巴蜀、楚――長江流域の出土資料と地域文化――（『長江流域文化研究所年報』第二号。のち藤田勝久二〇〇九に所収）
ｂ秦漢帝国の成立と秦、楚の社会――張家山漢簡と『史記』研究――（『愛媛大学法文学部論集』人文科学編第十五号。のち藤田勝久二〇〇五に所収）
ｃ『司馬遷の旅　『史記』の古跡をたどる』（中公新書）
二〇〇五『中国古代国家と郡県社会』（汲古書院）
二〇〇六ａ『項羽と劉邦の時代　秦漢帝国興亡史』（講談社選書メチエ）
ｂ『中国古代国家と社会システム――長江流域出土資料の研究』（汲古書院）
二〇一〇　張家山漢簡「秩律」と漢王朝の領域（『愛媛大学法文学部論集』人文学科編第二八号。のち藤田勝久二〇一五に

所収）
二〇一五『史記秦漢史の研究』（汲古書院）
堀　敏一一九九三『中国と古代東アジア世界』（岩波書店）
牧野　巽一九三二　西漢の封建相続法（『東洋学報』東京、第三冊。のち牧野巽一九四四、一九七九に所収）
一九四四『支那家族研究』（生活社）
一九七九『牧野巽著作集』第一巻（御茶の水書房）
町田三郎一九八五『秦漢思想史の研究』（創文社）
松浦千春一九九三　漢より唐に至る帝位継承と皇太子――謁廟の例を中心に――（『歴史』第八〇輯）
松崎つね子一九九九　楚・秦・漢墓の変遷より秦の統一をみる――頭向・葬式・墓葬構造等を通じて――（唐代史研究会編『東アジア史における国家と地域』、刀水書房。のち松崎つね子二〇一七に所収）
二〇一七『睡虎地秦簡と墓葬からみた楚・秦・漢』（汲古書院）
松島隆真二〇一三「劉邦集団」と「郡国制」をめぐる問題――漢初政治史復元のために――（『中国史学』第二三号）
二〇一四　陳渉から劉邦へ――秦末楚漢の国際秩序――（『史林』第九七巻第二号。のち松島二〇一八に所収）
二〇一八『漢帝国の成立』（京都大学学術出版会）
松丸道雄一九六三　殷墟卜辞中の田猟地について――殷代国家構造研究のために――（『東洋文化研究所紀要』第三一冊）
宮宅　潔二〇〇四　張家山漢簡《二年律令》解題（『東方学報』京都、第七六冊。のち宮宅潔二〇一一に所収）
二〇一一『中国古代刑制史の研究』（京都大学学術出版会）
二〇一七　岳麓書院所蔵簡「亡律」解題（『東方学報』京都、第九二冊）
二〇一八a「中華帝国」の誕生（南川高志編『B.C.220年　帝国と世界史の誕生』、歴史の転換期Ⅰ、山川出版社）
b征服から占領統治へ――里耶秦簡に見える穀物支給と駐屯軍（同氏編『多民族社会の軍事統治――出土史料が

語る中国古代』、京都大学学術出版会）
二〇一九　秦代徭役・兵役制度の再検討（『東方学報』京都、第九四冊）
二〇二三　廷内史郡二千石官共令（宮宅二〇二三編書所収）
宮崎市定一九五五　中国古代史概論（ハーバード・燕京・同志社東方文化講座八。のち宮崎市定一九九一aに所収）
一九五七　中国における聚落形体の変遷について――邑・国と郷・亭と村とに対する考察（『大谷史学』第六号、のち宮崎市定一九九一aに所収）
一九七七　史記李斯列伝を読む（『東洋史研究』第三五巻第四号。のち宮崎一九九一bに所収）
一九九一a『宮崎市定全集』3（岩波書店）
b『宮崎市定全集』5（岩波書店）
目黒杏子二〇〇三　前漢武帝期における郊祀体制の成立――甘泉泰畤の分析を中心に――（『史林』八六巻六号。のち目黒杏子二〇二三に所収）
二〇一一a前漢武帝の封禅――政治的意義と儀礼の考察――（『東洋史研究』第六九巻第四号。のち目黒杏子二〇二三に所収）
b前漢武帝の巡幸――祭祀と皇帝権力の視点から――（『史林』九四巻四号。のち目黒杏子二〇二三に所収）
二〇一二　封禅儀礼の創出（『古代文化』第六三巻第四号。のち目黒杏子二〇二三に所収）
二〇二三『漢王朝の祭祀と儀礼の研究』（京都大学学術出版会）
籾山　明二〇〇六『中国古代訴訟制度の研究』（京都大学学術出版会）
森谷一樹二〇〇四　張家山漢簡・秩律初探（『洛北史学』第六号）
二〇〇六「二年律令」にみえる内史について（京都大学人文科学研究所研究報告『江陵張家山二四七号墓出土漢律令の研

究』論考篇、朋友書店）
守屋美都雄一九五五　父老（『東洋史研究』第一四巻一・二号。のち守屋美都雄一九六八に所収）
一九六八　『中国古代の家族と国家』（東洋史研究会）
矢澤悦子一九九七ａ戦国秦の異民族支配と「属邦」（『明大東アジア史論集』創刊号）
ｂ秦の統一過程における「臣邦」――郡県制を補完するものとして――（『駿台史学』第一〇一号）
矢沢忠之二〇一〇　漢初における北方郡国の再編（『東洋学報』第九二巻第一号）
山田勝芳一九七二　漢代財政制度に関する一考察（『北海道教育大学紀要』第一部Ｂ、社会科学編第二三巻第一号）
一九八四　前漢武帝代の財政機構改革（『東北大学東洋史論集』第一輯）
一九八七　秦漢時代の大内と少内（『集刊東洋学』第五七号）
一九九一　『秦漢代税役制の研究』（昭和六三年度・平成元年度・平成二年度科学研究費補助金・一般研究（Ｃ）研究成果報告書）
一九九三　『秦漢財政収入の研究』（汲古書院）
二〇〇二　張家山第二四七号漢墓竹簡『二年律令』と秦漢史研究（『日本秦漢史学会会報』第三号）
楊　長玉二〇二三　蜀巴――関連する諸問題の考證――（宮宅二〇二三編書所収）
吉田　歓二〇一八　古代中国の畿内制（講座畿内の古代学第Ⅰ巻『畿内制』、雄山閣）
李　開元一九九〇　前漢初年における軍功受益階層の成立――「高帝五年詔」を中心として――（『史学雑誌』第九九編第十一号。のち李開元二〇〇〇に所収）
二〇〇〇　『漢帝国の成立と劉邦集団』（汲古書院）
渡邊信一郎一九九六　『天空の玉座――中国古代帝国の朝政と儀礼』（柏書房）
一九九九　天下の領域構造――戦国秦漢期を中心に（『京都府立大学学術報告』人文・社会第五一号。のち渡邊信一郎二〇

〇三に所収）
二〇〇二　天下観念と中国における古典的国制の成立（『中国の歴史世界――統合のシステムと多元的発展――』東京都立大学出版会。のち渡邊信一郎二〇〇三に所収）
二〇〇三　『中国古代の王権と天下秩序――日中比較史の視点から』（校倉書房）
二〇一〇　『中国古代の財政と国家』（汲古書院）
二〇一三　中国第一次古代帝国的形成――以龍山文化時期到漢代的聚落形態研究為視角（『中国史研究』二〇一三年第四期）
二〇一五　後漢における古典的国制の成立――漢家故事と漢礼」（『日本秦漢史研究』第十六号。のち渡邊信一郎二〇二三に所収）
二〇一七　中国における第一次古代帝国の形成――龍山文化期から漢代にいたる聚落形態研究から――（渡辺信一郎・西村成雄編『中国の国家体制をどうみるか――伝統と近代――』、汲古書院。のち渡邊信一郎二〇二三に所収）
二〇二三　『中国古代国家論』（汲古書院）
渡邉英幸二〇〇七　秦律の夏と臣邦（『東洋史研究』第六六巻第二号。のち渡邉英幸二〇一〇に所収）
二〇一〇　『古代〈中華〉観念の形成』（岩波書店）
二〇一三　秦漢交代期における民・夷の帰属と編成（『歴史研究』第五九号）
二〇一五　里耶秦簡「更名扁書」試釈――統一秦の国制変革と避諱規定――（『古代文化』第六六巻第四号）
二〇一八　戦国秦の「邦」と畿内（『東洋史研究』第七七巻第三号）
二〇一九　戦国秦の内史に関する覚書（高村武幸・廣瀬薫雄・渡邉英幸編『周縁領域からみた秦漢帝国』2、六一書房）
渡邉義浩一九九五　『後漢国家の支配と儒教』（雄山閣出版）
和田　清一九四二（編）『支那官制発達史（上）』（中央大学出版部）

（中文　ピンイン順）

安作璋・熊鉄基一九八四『秦漢官制史稿』上冊（斉魯書社、一九八四年、済南）
　一九八五『秦漢官制史稿』下冊（斉魯書社、済南）
巴　新生一九九二　漢初郡国并行政体試析（『東北師大学報』哲社版一九九二年六期）
蔡　坤倫二〇〇八　前漢関中「関」之地理位置考（『簡牘学報』第二〇期）
曹　旅寧二〇一二　従岳麓秦簡内史郡諸令推測睡虎地秦律簡的性質（『秦簡魏晋法制探微』、人民出版社、北京）
沈　展如一九七七『新莽全史』（正中書局、台北）
陳　鴻彝一九九二『中華交通史話』（中華書局、北京）
陳　戍国一九九三『秦漢礼制研究』（湖南教育出版社、長沙）
陳　松長二〇一六　岳麓秦簡中的幾個令名小識（『文物』二〇一六年第十二期）
陳　蘇鎮二〇〇五　漢初侯国隷属関係考（『文史』二〇〇五年第一輯）
陳　偉二〇〇三　張家山漢簡《津関令》中的渉馬諸令研究（『考古学報』二〇〇三年第一期。のち中国社会科学院簡帛研究中心編『張家山漢簡《二年律令》研究文集』、広西師範大学出版社、二〇〇七年、桂林、に所収）
　二〇一二（主編）『里耶秦簡牘校釈』第一巻（武漢大学出版社、武昌）
陳梧桐・李徳龍・劉曙光一九九八『中国軍事通史』第五巻西漢軍事史（軍事科学出版社、北京）
程　鐘書二〇一五　孝景三年二十四郡考（『歴史地理』第三一輯）
初師賓ほか二〇〇一・二〇〇五『中国簡牘集成』（敦煌文藝出版社、蘭州）
崔　在容一九九六　西漢京畿制度的特征（『歴史研究』一九九六年第四期）
杜　正勝一九八三　説古代的関（『食貨月刊』復刊第十三巻第一・二期合刊）
傅　楽成一九七六　漢代的山東与山西（『食貨月刊』復刊第六巻第九期。のち傅楽成一九七七に所収）

一九七七　『漢唐史論集』（聯経出版事業公司、台北）
傅　斯年一九三三　夷夏東西説（『慶祝蔡元培先生六十五歳論文集』、中央研究院歴史語言研究所、南京）
高　敏一九七九　従雲夢秦簡看秦的幾項制度（『雲夢秦簡初探』、河南人民出版、新鄭）
葛　志毅一九九六　漢代的博士奉使制度（『歴史教学』一九九六年第十期。のち葛志毅・張惟明一九九八に所収）
葛志毅・張惟明一九九八　『先秦両漢的制度与文化』（黒竜江教育出版社、哈爾浜）
宮　長爲一九九六　雲夢秦簡所見財政管理――読《睡虎地秦墓竹簡》札記（『史学集刊』一九九六年第三期）
顧　頡剛　漢武巡狩及其祠祀等事（『顧頡剛読書筆記』郊居雜記（三）に所収）
一九三五　両漢州制考（『国立中央研究院歴史語言研究所集刊』外編第一種『慶祝蔡元培先生六十五歳論文集』下冊）
一九六三　畿服（『史林雜識』初編、中華書局、北京）
一九七九　〝周公制礼〟的伝説和『周官』一書的出現（『文史』第六輯）
関　治中一九九八　函谷関考証――関中要塞研究之二――（『渭南師専学報』社会科学版一九九八年第六期）
郭　洪伯二〇一二　張家山漢簡《二年律令・秩律》編連商兌（『簡帛研究』二〇一二）
韓　兆琦二〇〇四（編）『史記箋証』（江西人民出版社、南昌）
何　平立二〇〇三　『巡狩与封禅――封建政治的文化軌迹』（斉魯書社、済南）
后　暁栄二〇〇九　『秦代政区地理』（社会科学文献出版社、北京）
后暁栄・田小娟二〇〇七　秦内史置県新証（『西部考古』第二輯）
胡　徳経一九八六　両京古道考辧（『史学月刊』一九八六年第二期）
胡　方二〇一五　漢武帝〝広関〟措置与西漢地縁政策的変化――以長安、洛陽之間地域結構為視角――（『中国歴史地理論叢』第三十巻第三輯）
湖北省文物考古研究院・雲夢県博物館二〇二一　湖北雲夢県鄭家湖墓地二〇二一年発掘報告（『考古』二〇二二年第二期）

黄　彰健一九五四　釋漢志所記秦郡與漢郡国的増置（『国立中央研究院院刊』第一輯、慶祝朱家驊先生六十歳論文集）
賈　俊侠二〇〇四　内史之名及職能演変考析（『西安聯合大学学報』第七巻第六期）
賈俊侠・剛紹輝・姚徳元・馮瑞強二〇一九　『両漢三輔研究：政区・職官与人口』（陝西新華出版伝媒集団、陝西人民出版社、西安）
金　徳建一九八三　関于巡狩制度今古文異説的解釈（『中国歴史文献研究集刊』第四集）
荊三林・宋秀蘭・張量・秦文生一九八四　敖倉故址考（『中原文物』一九八四年第一期）
荊州博物館・武漢大学簡帛研究中心二〇二一（編）『荊州胡家草場西漢簡牘選粋』（文物出版社、北京）
孔　祥軍二〇〇六　漢初〝三輔〟称謂沿革考（『歴史地理』第二一輯、のち孔祥軍二〇一一、二〇一七に所収）
　　　二〇一一　『漢唐地理志考校』（新世界出版社、北京）
　　　二〇一七　『出土簡牘与中古史研究』（江蘇人民出版社、南京）
雷　虹霽二〇〇七　『秦漢歴史地理与文化分区研究――以《史記》《漢書》《方言》為中心――』（中央民族大学出版社、北京）
李　開元一九九八　秦末漢初的王国和王者（『燕京学報』新第五期。のち李開元二〇〇〇［和文］に所収）
李　世龍二〇〇一　中国古代帝王巡遊活動述論（『斉魯学刊』二〇〇一年第四期）
李天虹・熊佳暉・蔡丹・羅運兵二〇二二　湖北雲夢鄭家湖墓地M二七四出土〝賤臣筡西問秦王〟觚（『文物』二〇二二年第三期）
李　威霖二〇二三　秦「故徼」考論（『中国歴史地理論叢』第三八巻第二輯）
李　曉傑一九九九　『東漢政区地理』（山東教育出版社、済南）
　　　二〇〇一　戦国時期韓国疆域変遷考（『中国史研究』二〇〇一年第三期）
　　　二〇〇三　戦国時期魏国疆域変遷考（『歴史地理』第十九輯）
李　偉二〇一九　漢初内史与治粟内史考辨（『蘭台世界』二〇一九年第九期）
栗　勁一九八五　『秦律通論』（山東人民出版社、済南）
連雲港市博物館・東海県博物館・中国社会科学院簡帛研究中心・中国文物研究所一九九七（編）『尹湾漢墓簡牘』（中華書局、北京）

劉　樹友二〇〇二a隴山諸関考――関中要塞研究之六――（『渭南師範学院学報』二〇〇二年第一期）
　　b武関考――関中要塞研究之七――（『渭南師範学院学報』二〇〇二年第三期）
　　二〇〇五　蕭関考（『中国歴史地理論叢』第二〇巻第三輯）
柳　春藩一九八四『秦漢封国食邑賜爵制』（遼寧人民出版社、沈陽）
洛陽市第二文物工作隊二〇〇〇　黄河小浪底塩東村漢函谷関倉庫建築遺址発掘簡報（『文物』二〇〇〇年第十期）
馬　非百一九八二『秦集史』（中華書局、北京）
馬　孟龍二〇二四　従〝東西対立〟到〝内外有別〟：西漢国家政治地理結構演変――以《二年律令・秩律》《漢書・地理志》郡級政区排序為視角――（『社会科学』二〇二四年第一期）
馬王堆漢墓帛書整理小組一九七六（編）『戦国縦横家書』（文物出版社、北京）
　　一九八三『馬王堆漢墓帛書』参（文物出版社、北京）
馬　雍一九七五　帛書『別本戦国策』各篇的年代和歴史背景（『文物』一九七五年第四期。のち馬王堆漢墓帛書整理小組一九七六、馬雍一九九〇に所収）
牛達生・許成一九八三　漢代蕭関考（『固原師専学報』社会科学版一九八三年第一期）
繆　文遠一九八四『戦国策考辨』（中華書局、北京）
欧　揚二〇一五　岳麓秦簡〝毋奪田時令〟探析（『湖南大学学報』社会科学版第二九巻第三期）
　　二〇二〇　岳麓秦簡秦郡史料補議（『中国歴史地理論叢』第三五巻第二期）
彭　邦炯一九八七　従出土秦簡再探秦内史與大内、少内和少府的関係與職掌（『考古与文物』一九八七年第五期）
彭浩・陳偉・工藤元男二〇〇七『二年律令與奏讞書――張家山二四七号漢墓出土法律文献釈読』（上海古籍出版社、上海）
銭　穆一九六二『史記地名考』（太平書局、香港）
琴　載元二〇一四　反秦戦争時期南郡地区的政治動態與文化特徴――再論〝亡秦必楚〟形勢的具体層面（『簡牘学研究』第五輯）

　二〇一六　戦国時期秦領土拡張及置郡背景（『首都師範大学学報』社会科学版二〇一六年第四期）
　二〇一八　秦及漢初黄河沿線地帯郡県與河津管理体系（『簡帛』二〇一八年第一期）
裘　錫圭一九八一　嗇夫初探（中華書局編集部編『雲夢秦簡研究』、中華書局、北京）
曲　守約一九五八　古代之関（『大陸雜誌』第十六巻第十期）
容　肇祖一九二八　韓非子初見秦篇考（原載『国立中山大学語言歴史学研究所週刊』五集五十九・六十期合刊。のち『古史辨』第四冊所収）
陝西省考古研究所一九九〇　『西漢京師倉』（文物出版社、北京）
尚　宇昌二〇二二　「故塞」「故徼」的由来与秦并天下（『中国辺疆史地研究』第三二巻第一期）
施　丁一九九四（主編）『漢書新注』（三秦出版社、西安）
施　之勉一九六一　『漢書補注辨證』（新亜研究所、香港）
史　念海一九六三　古代的関中（『河山集』、生活・読書・新知三聯書店、張家口）
　一九八四　函谷関和新函谷関（『西北史地』一九八四年第三期。のち史念海一九九一に所収）
　一九九一　『河山集』四集（陝西師範大学出版社、西安）
睡虎地秦墓竹簡整理小組一九七八　『睡虎地秦墓竹簡』（文物出版社、北京）
　一九九〇　『睡虎地秦墓竹簡』（文物出版社、北京）
宋　傑一九八九　敖倉在秦漢時代的興衰（『北京師範学院学報』社会科学版、一九八九年第三期）
孫家洲・楊賢軍一九九三　西漢縦横家探論（『中国史研究』一九九三年第二期）
孫　聞博二〇一五　秦漢帝国〝新地〟与徙・戍的推行——兼論秦漢時期的内外観念与内外政策特徴（『古代文明』二〇一五年第二期。のち孫聞博二〇一六bに所収）
　二〇一六a秦漢〝内史—諸郡〟武官演変考——以軍国体制向日常行政体制的転変為背景（『文史』二〇一六年第一輯。のち

孫聞博二〇一六ｂに所収）
ｂ『秦漢軍制演変史稿』（中国社会科学出版社、北京）
二〇一七　東郡之置与秦滅六国――以権力結構与郡制推行為中心（『史学月刊』二〇一七年第九期）
譚　其驤一九四二・三　西漢地理雑考（『益世報』三月二四日、七月十五日。のち譚其驤一九八七に所収）
一九四四　秦郡界址考（『真理雑誌』第一巻第二期。のち譚其驤一九八七に所収）
一九八二（主編）『中国歴史地図集』第二冊（地図出版社、上海）
一九八六（主編）『清人文集地理類滙編』第一冊（浙江人民出版社）
一九八七『長水集』上（人民出版社、北京）
譚　宗義一九六七『漢代国内陸路交通考』（新亜研究所、香港）
唐　蘭一九七六　司馬遷所没有見過的珍奇史料――長沙馬王堆帛書『戦国縦横家書』（馬王堆漢墓帛書整理小組一九七六）
田　余慶一九八九　説張楚――関于〝亡秦必楚〟問題的探討（『歴史研究』一九八九年第二期。のち田余慶一九九三年に所収）
一九九三『秦漢魏晋史探微』（中華書局、北京）
王　昌富一九八九　早期武関地望初探（『文博』一九八九年第四期）
王　京陽一九八〇　関于秦始皇幾次出巡路線的探討（『人文雑誌』一九八〇年第三期）
王　樹民一九九八　畿服説考略（『文史』第四四輯）
王　四維二〇一九　秦郡〝執法〟考――兼論秦郡制的発展（『社会科学』二〇一九年第十一期）
王　勇二〇一三《漢書・枚乗伝》〝二十四郡、十七諸侯〟考辨（『秦漢研究』第七輯）
王　子今一九九四『秦漢交通史稿』（中共中央党校出版社、北京）
二〇〇四　秦漢区域地理学的〝大関中〟概念（『秦漢史論叢』第九輯）
王子今・劉華祝二〇〇三　説張家山漢簡《二年律令・津関令》所見五関（『中国歴史文物』二〇〇三年第一期。のち中国社会科学院

翁　明鵬二〇一九　簡帛研究中心編『張家山漢簡《二年律令》研究文集』、広西師範大学出版社、二〇〇七年、桂林、に所収）
呉　方基二〇一九　説秦簡牘中〃徼〃的含義及時空問題（『励耘語言学刊』二〇一九年第一期）
呉良宝・秦鳳鶴二〇一六　里耶秦簡〃日備帰〃与秦代新地吏管理（『古代文明』第十三巻第三期）
二〇二四　秦簡〃中県道〃与秦代京畿行政体制（『史学月刊』二〇二四年第一期）
呉　樹平二〇〇八　戦国至秦代内史轄県新考（『社会科学戦線』二〇一六年第二期）
呉　恂一九八三　『東観漢記校注』（中華書局、北京）
武国卿・慕中岳一九九二　『漢書注商』（上海古籍出版社、上海）
辛　徳勇二〇〇六　『中国戦争史』第二冊（金城出版社、北京）
張家山漢簡所示漢初西北隅辺境解析――附論秦昭襄王長城北端走向与九原雲中両郡戦略地位（『歴史研究』二〇〇六年第一期。のち辛徳勇二〇〇九に所収）
二〇〇八　漢武帝〃広関〃与西漢前期地域控制的変遷（『中国歴史地理論叢』第二三巻第二期）
二〇〇九　『秦漢政区与辺界地理研究』（中華書局、北京）
邢　義田一九八三ａ試釈漢代的関東・関西与山東・山西（『食貨月刊』復刊第十三巻第一・二期合刊。のち邢義田一九八七に所収）
ｂ同・補正（『同』第十三巻第三・四巻合刊。のち一九八七に所収）
一九八七　『秦漢史論稿』（東大図書公司、台北）
徐　衛民二〇〇五　秦内史置県研究（『中国歴史地理論叢』第二〇巻第一輯）
許　樹安一九八〇　漢代司隷校尉考（『文献』一九八〇年第三輯）
薛　瑞澤二〇〇八　論河洛地区的三川郡（『洛陽理工学院学報』社会科学版第二三巻第一期）
郇　蕾二〇〇七　秦内史初探（『理論学習』二〇〇七年第九期）
閻　歩克二〇〇三　従《秩律》論戦国秦漢間禄秩序列的縦向伸展（『歴史研究』二〇〇三年第五期）

厳　耕望一九六一　『中国地方行政制度史』秦漢地方行政制度（中央研究院歴史語言研究所専刊之四五、台北）
晏　昌貴二〇〇六　《二年律令・秩律》與漢初政区地理（『歴史地理』第二一輯）
　　　二〇一二　秦簡〝十二郡〟考（北京大学中国古代史研究中心主編『輿地、考古与古史新説――李孝聡教授栄休紀念論文集』、中華書局。のち晏昌貴二〇一七年に所収）
　　　二〇一四　里耶秦簡牘所見郡県名録（『歴史地理』第三十輯。のち晏昌貴二〇一七に所収）
　　　二〇一七　『秦簡牘地理研究』、武漢大学出版社、武昌。（第二章「睡虎地秦簡《葉書》地理研究」は本書が初出）
　　　二〇一九　里耶秦簡牘所見郡県訂補（『歴史地理研究』二〇一九年第一期）
楊　鴻年一九八五　『漢魏制度叢考』（武漢大学出版社、武昌）
楊　華二〇一一　秦漢帝国的神権統一――出土簡帛与『封禅書』・『郊祀志』的対比考察（『歴史研究』二〇一一年第五期）
楊　建二〇一〇　『西漢初期津関制度研究：附《津関令》簡釈』（上海古籍出版社、上海）
楊　寛一九九八　『戦国史』（増訂本、上海人民出版社。初版一九五五年、第二版一九八〇年）
　　　二〇〇一　『戦国史料編年輯証』（上海人民出版社）
楊寛・呉浩坤（主編）二〇〇五　『戦国会要』（上海古籍出版社）
楊　振紅二〇一三　従秦〝邦〟〝内史〟的演変看戦国秦漢時期郡県制的発展（『中国史研究』二〇一三年第四期。のち楊振紅二〇一五に所収）
　　　二〇一五　『出土簡牘与秦漢社会』（続編）（広西師範大学出版社、桂林）
姚　生民二〇〇三　『甘泉宮志』（三秦出版社、西安）
易　図強一九九四　五代朝廷軍事上削藩設置（『東北師大学報』哲社版一九九四年第五期）
尹　弘兵二〇〇八　漢初内史考――張家山漢簡中所見漢初内史之演変（『江漢考古』二〇〇八年第三期）
游　逸飛二〇一二　太史、内史、郡――張家山《二年律令・史律》所見漢初政区関係（『歴史地理』第二六輯）

于　豪亮一九八〇「雲夢秦簡所見職官述略」（『文史』第八輯。のち于豪亮一九八五に所収）
　一九八五『于豪亮学術文存』（中華書局、北京）
于　振波二〇〇九「秦律令中的〝新黔首〟与〝新地吏〟」（『中国史研究』二〇〇九年第三期）
苑　苑二〇一九「秦簡〝新地吏〟再探――兼論秦〝新地〟統治政策」（『学術探索』二〇一九年五月）
臧　知非一九九二「二輔与三輔小考」（『文史』第三六輯）
張　鶴泉二〇〇七「東漢時期的河南尹」（『秦漢研究』第二輯）
張家山二四七号漢墓竹簡整理小組二〇〇一『張家山漢墓竹簡〔二四七号墓〕』（文物出版社、北京）
張家山二四七号漢墓竹簡整理小組二〇〇六『張家山漢墓竹簡〔二四七号墓〕』（釈文修訂本）（文物出版社、北京）
張　金光一九九二「秦簡牘所見内史非郡辨」（『史学集刊』一九九二年第四期）
張隣・周殿傑一九八五「唐代的関津制度」（『中華文史論叢』一九八五年第三輯）
張　夢晗二〇一七「〝新地吏〟与〝為吏之道〟――以出土秦簡為中心的考察」（『中国史研究』二〇一七年第三期）
　二〇一九「漢初内史職能辨析」（『中国社会科学院研究生院学報』二〇一九年第五期）
張　韶光二〇二〇「試論簡牘所見秦対辺縁地区的管轄」（『史学月刊』二〇二〇年第八期）
張　新斌二〇〇三「敖倉史迹研究」（『中国歴史地理論叢』第十八巻第一輯）
張　雅娟二〇〇七「《二年律令・秩律》中的漢初内史」（『呼倫貝爾学院学報』第一五巻第三期）
趙　世超一九九五「巡狩制度試探」（『歴史研究』一九九五年第三期）
趙　志強二〇一六「関於秦漢内史的幾個問題」（『出土文献』第八輯）
朱　紅林二〇〇五『張家山漢簡《二年律令》集釋』（社会科学文献出版社、北京）
朱　錦程二〇一七「秦対新征服地的特殊統治政策――以〝新地吏〟的選用為例」（『湖南師範大学社会科学学報』二〇一七年第二期）
朱　聖明二〇一四「有層次的〝天下〟与有差別的〝政区〟――兼論秦漢天下格局視域下的人群画分与認同建構」（『中国辺境史地研究』

周　海鋒二〇一六　岳麓書院蔵秦簡《亡律》研究（『簡帛研究』二〇一六年春夏巻）
　二〇一九　岳麓秦簡《亡律》所見各類逃亡論析（陳松長等『岳麓秦簡与秦代法律制度研究』第二章第一節二、経済科学出版社、北京）
周　天游一九八七『後漢紀校注』（天津古籍出版社、北京）
周　振鶴一九八七『西漢政区地理』（人民出版社、北京）
　一九九七　従〝九州異俗〞到〝六合同風〞——両漢風俗区画的変遷（『中国文化研究』一九九七年第四期。のち周振鶴一九九九に所収）
　一九九九『周振鶴自選集』（広西師範大学出版社、桂林）
　二〇〇七『二年律令・秩律』的歴史地理意義（中国社会科学院簡帛研究中心編『張家山漢簡「二年律令」研究文集』、広西師範大学出版社、桂林）
鄒　旭光一九九〇「『韓非子・初見秦篇』作者新考」（『東南文化』一九九〇年第四期）

（韓国文）

崔　在容一九八五　西漢三輔の成立とその機能（『慶北史学』第八輯）

初出一覧

序章　書き下ろし

第一部　内史・三輔・関中編――「本土」から「首都圏」へ

第一章「近年の内史研究から見る秦漢統一国家体制の形成」『中国史学』第二四巻、二〇一四年

第二章「漢代三補制度の形成」池田温編『中国礼法と日本律令制』東方書店、一九九二年。および「漢代三輔制度の形成再論」『人文科学研究』〔高知大学人文学部人間文化学科〕第二一号、二〇一五年

補論「秦および漢初の統一国家体制に関する一考察」『東方学会創立五十周年記念東方学論集』東方学会、一九九七年

第三章「前漢「畿輔」制度の展開」平成二・三年度科学研究費補助金・一般研究（B）研究成果報告書『出土文物による中国古代社会の地域的研究』〔代表・牧野修二〕、一九九二年

第四章「中国『畿内制度』の形成に関する一考察」『西嶋定生博士追悼論文集　東アジア史の展開と日本』山川出版社、二〇〇〇年

第五章「関中・三輔・関西――関所と秦漢統一国家――」『海南史学』第三五号、一九九七年

第二部　東方諸地域編――「他国」から「地域」へ

第一章「統一前夜――戦国後期の『国際』秩序――」『名古屋大学東洋史研究報告』一九、一九九五年

第二章「燕・齊・荊は地通し――秦漢統一国家と東方地域――」『海南史学』第五五号、二〇一七年

補論「戦国の残像――秦末、楚漢戦争期における旧魏の領域――」『日本秦漢史研究』第二〇号、二〇一九年

第三章「使者の越えた『境界』――秦漢統一国家体制形成の一こま――」『東洋史研究』第七二巻第一号、二〇一三年

第三部　移動と空間編――軍事、行幸

第一章「秦代国家の統一支配――主として軍事的側面から――」平成五年度科学研究費補助金・一般研究（B）研究成果報告書『「史記」「漢書」の再検討と古代社会の地域的研究』〔代表・間瀬収芳〕、一九九四年

補論「三川郡のまもり――「秦代国家の統一支配」補論――」『人文科学研究』〈高知大学人文学部人間文化学科〉第十五号、二〇〇九年

第二章「新朝の統一支配――主として軍事的側面から――」『人文科学研究』〈高知大学人文学部人間文化学科〉第十六号、二〇一〇年

第三章「前漢武帝期の行幸――その基礎的考察――」『日本秦漢史学会会報』第五号、二〇〇四年

第四章「後漢時代の行幸」『人文科学研究』〈高知大学人文学部人間文化学科〉第七号、二〇〇〇年

終章　第二節は「秦邦――雲夢睡虎地秦簡より見た「統一前夜」――」『論集　中国古代の文字と文化』汲古書院、一九九九年。それ以外は書き下ろし
補論「『襄武・上雒・商・函谷関』の間――岳麓書院蔵秦簡「秦律令（壹）」第五三簡に見える特定領域――」『資料学の方法を探る』二一、二〇二二年

あとがき

中国の（戦国）秦漢という時代をどのように理解するか――本書ではそのための手がかりとして、この時代の主要な属性の一つである「統一」、わけてもそこで統一の基盤、原動力となった地域とその他の地域との間での支配―被支配の関係、あるいはその相対化といった「地域間の関係」の視点より考察を試みてきた。中国史上最初のこの「統一」をめぐる問題は関わるところ多岐にわたり、主立ったものを挙げてみるだけでも、かの広大な領域を統治するための官僚、行政、法律などの諸機構、諸制度をはじめとして、交通、情報伝達のシステムや政治、経済、軍事、あるいは儀式や理念的な問題に至るまで、数多くの重要な論点がひしめいている。こうした中にあって、本書で取り上げる「地域間での差違、対立」のごとき問題は、ある意味統一の志向性とはいささか逆行、矛盾する、いわば「異物」感満載の副次的なテーマの一つであるにすぎないかもしれない。しかし序章でもふれたように、このような性質の問題であればこそ逆に、そこからはその時々における統一体制の抱える矛盾や課題など生々しい実態をうかがい知ることができるのであり、かつそのような視角から、統一前夜の戦国後期からはじまり、始皇帝の統一と秦末の諸反乱、楚漢戦争と前漢の成立、漢初のいわゆる「郡国」体制、そして武帝期における統一体制の一応の完成を経て王莽政権、さらには（東方へと基盤を移す）後漢に至るまでのこの間の展開について、ある程度一貫した理解を得ることができるとともに、そこで生起する諸々の事象についても、こうした流れのもとに解釈することができるのではないかと思われるのである。

このような見通しのもと本書では、あるいは中核地域の国制上の位置づけが「本土」から「首都圏」へと転化する、あるいは元来「他国」であった東方地域が「占領地」、さらには「地域」へと転化してゆく過程から、当初の「地域間での支配、対立の関係」が次第に相対化してゆき、そこに統一国家体制の確立、成熟が見られることなどを論じてきた。もともと西方より興った秦は、周辺地域を併せて強大化し、やがて東方諸国を征服して統一を成し遂げたのであるが、かつての「最前線」であった国境線のうちのいくつかは、その役割を終えた後も「国内の境界線」として存続し、全体の領域をいくつかの地域に区分している。それはあたかも年輪のように統一への足取りを刻むものであると同時に、統一支配の及び方の度合いを異にする諸地域を内包した「統一国家体制」の実際のあり方をも示しているといえよう。続く前漢時代においても、こうした領域内のグラデーションは引き継がれるが、そこで長い期間をかけて西から東へと統一の流れが波状的に浸透してゆくのにつれて、その存在感は次第に希薄化し統一の枠組みの中に変質、埋没してゆく。本書ではこうした「舞台設定」について論じるとともに、その上に展開されるところの畿内制度や諸侯王国、あるいは軍事や行幸などといった具体的な事柄についてもあわせて考察を加えてきた。以上のような内容の研究に対する表題として「統一国家体制の研究」という書名が果たしてふさわしいものであるのかは、筆者にしても正直悩ましい問題ではあるが、この点読者の皆様には意のあるところをお汲み取りいただければ幸いである。

本書のもととなっているのは、ここ三十年余りの間に発表してきた諸論考であり、その間はさまざまな新出資料、さらにはそれによる重要な研究が次々とあらわれてきた時期でもあった。本書での議論の重要な論点の一つである内史の問題にしても、それまで研究の主要な手がかりであった雲夢睡虎地秦簡に加えて江陵張家山漢簡や里耶秦簡、岳麓書院蔵秦簡などの出現により、従来知られることのなかった戦国秦、漢初、秦代における内史をめぐる新たな知見がそれぞれにもたらされ、それをもとに研究が大きく進展してきたことはここまでに見てきたとおりである。このような新知見による研究の深化をうけて筆者も、時として自らの見方を改めながら、全体的な理解の組み直しを幾度となく繰り返してきた。もとよりこうした「新しい知見による研究の更新」というサイクルはこれからも絶えず繰り返されてゆくものではあろうが、たとえば曲がりなりにも岳麓書院蔵秦簡の全貌にふれた上で本書をまとめることができたことなどは幸いであったといえよう。その他最新の史料や研究についても補記の形で言及するなど、できるだけアップデートにつとめている。

もっともこのようにして理解や考え方が変化してゆく中で、それまでの自らの研究との間の「ずれ」や「きしみ」も蓄積されてゆくこととなり、これらを整合し全体としてあらたにまとめ直すのは、それが長きにわたる過程の産物であるだけに、なかなかに困難な作業であった。とくに本書における重要なキーワードである「関中」などは、当初は「東は函谷、南は武關、西は散關、北は蕭關」といった後世の記載そのままに「これらの関所に取り囲まれた地域」のことであると理解していたのであるが、やがてこの「関中」地域を画する関所のラインは、当時においてはこの地域を「囲繞」していたわけではなく、その東辺に南北に連なって設置されていたのであり、かつ「関中」の指し示す地域も必ずしも一様ではない（正式にはこの関所のラインの西側全体の地域のことを指す）などの見方を受け入れるようになった。いわば長い時間をかけて「関中」の境界線のイメージが囲み線から直線へと変わったわけであるが、その意味するところは重大であり、そのために第一部第五章などは「大規模改修」といってよいほどの大幅な改訂を余儀なくされた。これほどではなくとも、細かいものも含めて、同様に手を入れた部分は少なくない。

このほか本書全体の体裁もできるだけ統一するようにはつとめたものの、それでも史料の引用の仕方の違い、あるいは説明や引用史料の重複など、原載時の微妙な「痕跡」を随所に残してしまわざるをえなかった。「統一」を対象とする研究としてはまことにもって不面目の極みではあるものの――そして開き直るようではあるが――これも本書で縷々論じてきたような「統一の実態」を体現したものであると御海容いただければ幸いである。

なお私事にわたる話ではあるが、筆者の研究室が入っている学部棟では現在まさに大規模改修工事の真っ只中であり、間の悪いことに本書の校正作業はこうした環境のもとで進めなければならなかった。すなわち引用史料の語句や研究論文等の書誌情報を原典や掲載誌などに当たって確認するために、本来であれば自分の研究室の書棚からそれらをすんなり取り出せばすんだところを、改修工事に伴う引っ越しで段ボールに詰めたまま「疎開」させてもらっている別部屋（や関連部門の書庫や図書館）などにその都度足を運んでは、それらを探し出して確認する作業を延々と続けなければならなかったのである。梅雨時から夏場にかけての蒸し暑い中を汗だくになりながら、目指す史料や研究書、学術雑誌に抜き刷り、コピーを求めて、そこに詰められているかどうかも定かではない段ボール箱群からどうにか当たりをつけつつ試行錯誤を繰り返しながら「発掘」してゆく作業は、非力な筆者にとってしばしば心の折れそうな重労働であり、災難であったというほかはない。しかしそのような苦行の果てにようやく目指す文献を探し当てたときの達成感は格別なものであり、それはまた学生や院生のころ、史料や研究論文を求めて学内の書庫や図書館、さらには学外の研究機関を探し回っていたころの初心を思い起こさせてくれるものであった。そして何よりも、本書での研究がいかに多くの史料や先行研究によって支えられていたかを、あらためて実感させてくれたのである。

思い起こせば高校時代、中国史大好き少年であった筆者の関心をより具体的なものにしてくれたのが片山正毅先生であった。学部に入って右も左もわからずにいた筆者に研究の基礎を教えてくれたのが佐竹靖彦先生であり、佐竹先生にはその後も折にふれて気にかけていただいている。大学院に進んでからは池田温先生、尾形勇先生のご指導を受け、さらに松丸道雄先生の演習で学ぶことも許された。とくに尾形先生には「いかに読者に読んでもらえる論文を書くか」等々、具体的な研究の方法を実に丁寧かつ根気よく教え込んでいただいたのであり、もし本書での内容が独りよがりの難解なものであることから多少なりとも免れているとするならば、それはこのときのご指導の賜物に他ならない。また一々お名前を挙げることは控えるが、魏書研究会や東洋文化研究所での律令制研究会、さらには清明集研究会や松山秦漢史研究会、四国東洋学研究者会議などの研究会のメンバーをはじめとして、諸先輩や多くの研究者のみなさんから実にさまざまなご教示や刺激をいただいた。このほかにもものの役に立たない筆者を放逐、迫害することもなく仲良くしてくださった大学の同僚たち、親身にサポートしていただいた職員の皆さん、拙い講義に付き合ってくれた高知大学や集中講義先での学生さんたち、そしてわが家族たち——ささやかな成果ながらも本書をまとめるに至るには、これら多くの方々に支えられてきたのであった。この場を借りて感謝の意を表したい。

なお、早くより本書をまとめるよう慫慂していただいた汲古書院の三井久人社長、細やかで緻密な「プロのお仕事」で編集、校正をサポートしてくださった飯塚美和子氏に、末尾ながら深く御礼申し上げる。

二〇二四年十二月五日

大櫛　敦弘

本書の刊行にあたっては令和六年度高知大学人文社会科学系長裁量経費（成果公表支援）の交付を受けた。

A Study
on
Structure of the Unified State
in Qin and Han

by

OHKUSHI Atsuhiro

2025

KYUKO-SHOIN

TOKYO

著者紹介

大櫛　敦弘（おおくし　あつひろ）

1960年　東京都に生まれる
1982年　東京都立大学人文学部史学専修卒業
1984年　東京大学大学院人文科学研究科東洋史学専攻修士課程修了
1988年　東京大学大学院人文科学研究科東洋史学専攻博士課程単位取得退学
　　　　日本学術振興会特別研究員（PD）
1989年　高知大学人文学部（当時）専任講師
現在　　高知大学人文社会科学部教授

第9回東方学会賞受賞（1990年）

主要業績
「国制史」（『殷周秦漢時代史の基本問題』、汲古書院、2001年）
「斉王に見せた夢――『戦国縦横家書』における覇権のかたち――」（『人文科学研究』〔高知大学人文学部人間文化学科〕第8号、2001年）
「歩行と乗車――戦国秦漢期における車の社会史的考察――」（『人文科学研究』〔高知大学人文学部人間文化学科〕第10号、2003年）
馬王堆出土文献訳注叢書『戦国縦横家書』（東方書店、2015年。大西克也氏との共著）

汲古叢書184

秦漢統一国家体制の研究

二〇二五年一月二七日　発行

著　者　大櫛敦弘
発行者　三井久人
整版印刷　富士リプロ㈱
製　本　牧製本印刷㈱

発行所　汲古書院
〒101-0065　東京都千代田区西神田二-四-三
電　話　〇三（三二六五）九七六四
ＦＡＸ　〇三（三二二二）一八四五

ISBN978-4-7629-6083-3　C3322

OHKUSHI Atsuhiro ©2025
KYUKO-SHOIN, CO., LTD. TOKYO
※本書の一部又は全部及び画像等の無断転載を禁じます。

汲古叢書

152	戦争と華僑　続編	菊池　一隆著	13000円
153	西夏建国史研究	岩﨑　　力著	18000円
154	「満洲国」の日本人移民政策	小都　晶子著	8000円
155	明代国子監政策の研究	渡　　昌弘著	9500円
156	春秋時代の統治権研究	水野　　卓著	11000円
157	燉煌文書の研究	土肥　義和著	18000円
158	唐王朝の身分制支配と「百姓」	山根　清志著	11000円
159	現代中国の原型の出現	久保　　亨著	11000円
160	中国南北朝寒門寒人研究	榎本あゆち著	11000円
161	南宋江西吉州の士大夫と宗族・地域社会	小林　義廣著	10000円
162	後趙史の研究	小野　　響著	9000円
163	20世紀中国経済史論	久保　　亨著	14000円
164	唐代前期北衙禁軍研究	林　　美希著	9000円
165	隋唐帝国形成期における軍事と外交	平田陽一郎著	15000円
166	渤海国と東アジア	古畑　　徹著	品　切
167	朝鮮王朝の侯国的立場と外交	木村　　拓著	10000円
168	ソグドから中国へ―シルクロード史の研究―	栄　　新江著	13000円
169	郷役と溺女―近代中国郷村管理史研究	山本　英史著	13000円
170	清朝支配の形成とチベット	岩田　啓介著	9000円
171	世界秩序の変容と東アジア	川本　芳昭著	9000円
172	前漢時代における高祖系列侯	邉見　　統著	10000円
173	中国国民党特務と抗日戦争	菊池　一隆著	10000円
174	福建人民革命政府の研究	橋本　浩一著	9500円
175	中國古代國家論	渡邊信一郎著	品　切
176	宋代社会経済史論集	宮澤　知之著	9000円
177	中国古代の律令と地域支配	池田　雄一著	10000円
178	漢新時代の地域統治と政権交替	飯田　祥子著	12000円
179	宋都開封の成立	久保田和男著	12000円
180	『漢書』の新研究	小林　春樹著	7000円
181	前漢官僚機構の構造と展開	福永　善隆著	14000円
182	中国北朝国家論	岡田和一郎著	11000円
183	秦漢古代帝国の形成と身分制	椎名　一雄著	13000円
184	秦漢統一国家体制の研究	大櫛　敦弘著	15000円

（表示価格は2025年１月現在の本体価格）

索　　引

歴史人名索引…… 1
事 項 索 引…… 5
引用史料索引…… 8
研究者名索引……15

索引の配列は、語句の頭の漢字の音読み順で並べ、同一漢字で始まるものが並ぶようにした。同じ読みはその筆画順とした。

「歴史人名索引」では、人称や官職名などで特定可能なものも採録する。また「武帝期」など、王や皇帝の名で時期を示している場合などは原則として採録しないが、それが王や皇帝との関連において重要な例については採録しているものもある。

歴史人名索引

ア行

尉佗(南越王、趙佗)　234, 354
尹翁帰　140
尹賞　140, 178
尹斉　140, 303, 304
衛青　304
王温舒　71, 96, 116, 119, 139, 140, 303, 304, 444
王訢　119, 436
王尋　136, 377, 402
王尊　119, 140
王綰　194, 195, 224, 236
王莽　154～156, 183, 185, 380, 388, 393, 398, 402～406, 408, 409, 411, 416, 417, 439, 476, 477

カ行

何武　131
何並　125, 141
賈誼　389, 523
隗囂　405, 408, 415
霍去病　304
霍光　379, 454, 466
桓譚　452, 466
漢
　高祖(高帝、劉邦)　20, 145, 173, 175, 176, 184, 226, 233, 237, 240, 244, 248, 252, 254, 259, 260, 262, 264, 273, 276, 278, 286, 330, 334, 335, 343, 351～356, 358, 359, 364, 367～377, 383～385, 392, 405, 407, 417, 454, 455, 458, 460, 479, 496
文帝　52, 63, 76, 78, 87, 91, 150, 166, 237, 248, 252, 254, 263, 355, 414, 460, 537
景帝　124, 141, 237, 250, 251, 254, 263
武帝　8, 77, 78, 80～82, 84, 85, 96, 116, 120, 126, 135, 142, 237, 249, 264, 292～295, 304,

307, 309～311, 316, 320, 323, 356, 378, 385, 414, 420, 421, 424, 426, 427, 432～440, 442～444, 460, 475, 483, 489, 522
宣帝　178, 439
元帝　152, 439
更始帝(劉玄)　157, 183, 403～405, 411, 417
光武帝(劉秀)　161, 186, 403, 411, 412, 444, 449, 454～457, 459～462, 465, 467, 469, 472, 475, 480, 482
明帝　193, 449, 454, 457, 459, 461, 465, 467, 470, 472, 479, 481, 482
章帝　448, 451, 452, 454, 457, 459, 461, 464, 467, 470, 471, 479
和帝　448, 454, 457, 462, 463, 467, 479
安帝　448, 451, 454, 457, 459, 467, 469
順帝　197, 448, 453, 454, 465, 479
桓帝　193, 448, 451, 453, 454, 457, 464, 479
霊帝　478
管仲　82
韓信　175, 240～242, 248, 250, 259～261, 277, 330, 335, 443, 496
韓非　209, 230
灌嬰　136, 377, 392, 393
(某)喜　14
義縦　70, 96, 303, 304
魏相　125, 141, 379
汲黯　70, 311, 321, 323
荊軻　216, 222, 232
兒寛　71, 81, 92, 97, 444
黥布　136, 176, 226, 240, 250, 251, 333, 334, 351, 352, 377
呉漢　461
公孫弘　70, 71, 80, 81, 92, 250, 323
孔光　131
孔子(孔丘)　82, 433, 438, 446, 452, 458, 459, 462, 466, 473, 480
孔融　159
皇甫規　183, 184
項羽　75, 145, 173, 176, 225, 226, 234, 237, 238, 240～244, 246, 260, 275～278, 286, 330～332, 334, 343, 344, 350～352, 367～370, 374, 377, 383, 513

サ行

崔駰　472
司馬遷　419
郅都　139
主父偃　227, 249, 250
周亜夫　126, 136, 142, 145, 332, 393,
周苛　36, 42, 70
周公　82
周昌　42
周勃　63, 276, 286, 369
終軍　198, 289, 294～296, 299, 300, 321
叔孫通　342, 352, 353
春申君(黄歇)　207, 209, 212, 219, 220, 224
徐偃　289, 293～301, 303～306, 314～316, 318, 321, 322
召公　82
商鞅　30, 213, 328
章邯　173, 241～243, 286, 330, 337, 344, 353, 365～367, 369, 370, 374, 375
蕭何　41, 175, 176, 184, 454, 466
蕭望之　142
穰侯(魏冉)　211, 271
秦
孝公　213
恵文王　507, 532
武王　360, 361
昭襄王　298, 507, 518, 532
始皇帝(秦王政)　149, 209, 214, 221, 236, 239, 320, 336, 337, 345, 347, 350～353, 355, 356, 362～364, 419, 420, 426, 429～431, 433, 435, 437～439, 441, 442, 445, 475, 477, 479, 483,

489, 505, 507, 511, 518
二世皇帝　342, 352, 366, 367, 370, 371, 382
石慶　71, 311, 443
蘇秦　215
曹参　383, 454, 466
繒賀　136, 377, 393
孫堅　198

タ行

張禹　463
張儀　209, 215, 216, 230
張耳　225, 241, 242, 374
張敞　125, 140, 141
張蒼　41
張湯　293〜296, 299, 303, 304, 309〜311, 321, 323
張餔　452
張良　244, 371, 383, 384
趙廣漢　119, 140
趙佗→尉佗
鼂錯　70〜72, 75, 78, 87
陳豨　176
陳勝(渉)　225, 240, 241, 243, 246, 275, 329, 330, 340, 343, 344, 352, 355, 358, 364, 366, 367, 382
陳平　39, 52, 63
陳餘　225, 241, 242
鄭玄　186
鄭當時　71〜73, 77
翟義　124, 180, 389, 393, 395, 396, 398, 399, 403, 408〜411
田橫　242, 259〜261, 264
田仁　143, 443
田儋　242
田蚡　73
杜相夫　124, 141
杜恬　36, 42, 70
杜林　183
東方朔　82, 84
董卓　183, 192, 198
鄧禹　183, 185, 412
竇嬰　73, 136, 377, 393
竇太后　78, 263

ナ行

内史匽氏　55
内史肆　55
内史騰　34
寧成　71, 139

ハ行

馬融　472
枚乗　75, 88, 89
伯夷　82, 230
白起　213
范丹　186
班固　472
番係　71, 142
方回　9
彭越　244, 252〜254, 275〜280, 286, 330, 331, 334, 350, 351

マ行

蒙恬　34

ヤ行

陽浚　136, 377, 402
楊震　183
翼奉　152〜154, 159, 160, 181, 317, 318, 380, 401

ラ行

李傕　183
李斯　214, 224, 230, 236, 237, 358, 363, 366
李由　286, 343, 358, 359, 363, 364, 366〜370, 371, 375, 376, 379, 380, 383
劉安(淮南王)　136, 144, 251, 263, 309, 377
劉印(膠西王)　249
劉歆　134, 394
劉閭(斉懐王)　135, 264, 378
劉興居(済北王)　136, 144, 248, 256, 264, 377, 393
劉賜(衡山王)　251, 263, 309
劉将閭(斉孝王)　97
劉襄(斉哀王)　248, 264, 377, 392
劉崇　395
劉澤(琅邪王、燕王)　124, 126, 141, 255, 321
劉濞(呉王)　75, 88, 89, 144, 240, 249〜251, 263, 332
劉肥(斉悼恵王)　248, 249
劉武(梁孝王)　124, 141, 253, 254, 321, 332
呂后(太后)　141, 237, 248,

250, 254, 377, 392
呂不韋　214, 230, 361, 362, 366, 379, 380, 382
梁鴻　186
酈食其　145, 259, 260, 264
酈商　260, 264
魯仲連　205, 206
盧植　192
婁敬(劉敬)　175, 240

事 項 索 引

ア行

夷華東西説　20
異民族(非漢族)　45, 148, 150, 151, 157, 159, 311, 492, 493, 500, 501, 510, 516, 518, 521
宛　239, 262, 384, 394～396, 403, 404, 406, 417, 456, 457, 478, 505

カ行

華
　中華　4, 19
　蛮夷　80, 500～502, 521
華夷　4
華南　6
華北　5, 6, 20
外　228, 229, 235, 258, 264, 493, 516
外臣　228, 229, 231, 233, 235, 493, 494
合従(従)　211, 215, 222, 226, 227, 230, 234, 235, 347
咸陽　43, 60, 218, 225, 330, 336, 339, 363, 365, 382, 519
関外　35, 43, 49, 53, 57, 60, 146, 172, 176, 180, 193, 194, 229, 319, 345, 377, 384, 385, 495, 499, 500, 504～510, 522～525, 530～535, 538／126, 347 (関所の内と外)
関中
　(狭義の)関中　13, 121, 127～129, 133, 138, 147, 151, 153, 168, 171, 173～177, 179, 185, 188, 191, 322, 360, 362, 393, 405, 407, 415, 495, 496, 506, 508, 511, 529, 531, 533
　広域関中(大関中)　13, 14, 53, 54, 93, 94, 121, 165, 167, 170～172, 174, 176, 184, 185, 188, 189, 191, 194, 203, 287, 298, 300, 319, 320, 327, 349, 385, 386, 390, 391, 414, 415, 474, 486, 497, 499, 504, 506, 507, 509, 510, 512, 515, 522, 529, 531, 538
　新関中　13, 127, 133, 134, 137, 138, 142, 145, 147, 153, 154, 159, 162, 170, 178, 179, 189, 317, 348, 378～380, 387, 388, 474, 486
関中卒　142, 175, 179, 194, 196, 344, 353
関内侯　208, 209, 217, 219, 220, 228～231, 493, 494, 510
旧秦　21, 49, 50, 53, 167, 191, 203, 225, 226, 319, 327, 344, 346, 349, 502
旧東方諸国(旧六国)　21, 49, 50, 53, 62, 174, 191, 203, 238, 239, 245, 246, 258, 265, 282, 292, 318, 319, 339, 340, 344～347, 358, 386, 488, 501, 502, 505, 506, 521
匈奴　146, 150, 175, 245, 262, 290～292, 305, 306, 308～313, 323, 332, 356, 399, 416, 431, 432, 434, 442, 444
羌　152, 160, 183, 197, 400, 402
近郡　97, 155, 156
景帝中五年の王国改革　53, 94, 290
滎陽　135～137, 144, 145, 152, 153, 160, 196, 239, 330, 332, 333, 335, 355, 358～362, 364～367, 370～379, 381, 382, 384, 387, 392, 393, 395, 396, 403, 406, 408, 411, 429, 456, 457, 505

故徼　46,53,62,192～195,319,348,498,500～509,512,520～522
故地(秦の)　13,47,49,154,320,506,519,520／(六国の故地)503
呉楚七国の乱　6,52,72,75,76,126,136,154,167,226,227,234,248～255,263,290,291,299,309,312,320,328,331～333,335,336,349,350,377,393,514
広関(関中の拡大)　13,115～123,125～128,133,137～139,141～143,146,163,167～171,174,177～182,189～191,309,316,323,348,378～380,387,388,391,398,399,407～409,411,414,415,425,515,522
江南　5,6,210,306,307,463
黄巾の乱　160,169,170,451,478
敖倉　135,136,144,145,152,160,196,264,334,351,358,362,363,365,376,377,378,382,384,385,392,402,403,406,414

サ行

司隷校尉部(司隷、中州、三輔・三河・弘農)　47,115,128～134,137,138,143～145,147,154～156,158～160,162,287,378～380,387,474,486,515,516,523
城壁堕壊(撤去)　244,336～340,349,352,356(五代),357,376,386,387,488,503
新地　60,319,498～504,506～509,512,519,520,522,531,537
成皐　135～137,144,145,152,153,160,330,331,334,335,351,355,358～362,377～379,382,392
赤眉　183,402,403～406,411,412,417
関所のライン　10,12,35,53,124,125,138,163～172,174,176,177,179～182,185,186,188～192,198,220,228,229,235,296,298,299,316～320,322,324,341,344～349,378,389～391,394,396,399,401,402,407～412,425,487,493,499,504～510,512,516,522,527,538
属邦　43,45,59,60,64,98,194,195,493,518,519,521,532,539

タ行

地域的層位性　115,138,154,162,169,187,246,258,266,288,317,391,486,488,507,511,513,515,516
地域的(遠近による)傾向性、地域差　213,224,227,238,245～247,256,258,259,265,283,287,318,488,503,514
中　14,34,36,41,43～47,57,61,171,177,188,496,497,525,526,528
　中縣(・道)　14,43,44,48,50,60,61,64,172,177,188,194,195,496～499,503～508,511,519,525,526,528～539
　秦中　171,175,176,178,188,194,356,431(新秦中),434(新秦中),496,531,533
中原　5,145,210,267
長安　20,58,65,74,96,139,152,155,156,169,174,198,250,296,297,317,392,394,395,399,400,405,406,409,411,412,417,426,429～431,433,438,446,447,454,455,461,462,465,471～474,

480, 481
長城　340(内地), 352(内地), 430～432, 434, 438, 441, 463, 518
陳勝・呉広の乱　274, 328, 340, 342, 364, 375

ナ行

内　228, 229, 235, 258, 264, 291, 292, 322, 493, 516
内郡(内地の郡)　4, 7, 41, 80, 145, 155, 156, 317, 523
内史
　界中　62, 97, 176, 195, 519, 538
　中央諸官府による分担統括　32, 36, 40, 41, 44～50, 66, 91, 99, 109, 111, 128, 177, 486, 495, 504, 510, 515, 526
　二重性　31～33, 38～40, 47, 48, 52, 62, 64～66, 91, 93, 94, 486
　分置　25, 52, 54, 63, 67～79, 86, 87, 89～93, 95, 110, 112, 115, 486
　読替説(襲用、準用)　30, 33, 37, 44, 49, 60, 64, 501
内史郡　63, 78, 87, 95, 98, 132, 530
内臣　217, 220, 228, 229, 231, 233, 235, 493, 494

ハ行

巴蜀　6, 7, 20, 53, 54, 93, 121, 167, 172～174, 193, 194, 239, 306, 307, 320, 358, 414, 499, 505, 507, 522, 529, 532
武庫　135, 144, 264, 377～379, 385, 392, 414
辺郡　4, 7, 41, 80, 145, 155, 156, 292, 312, 317, 323, 523
邦　44, 45, 61, 494, 497, 510, 512, 516, 518
　秦邦　53, 490, 492, 494, 495, 510, 512
　臣邦　491～495, 497, 510, 511, 521, 523
　　外臣邦　490～495, 497, 510, 511, 518
　它邦　53, 492, 494, 495, 497, 510, 512
邦関　55, 354, 518
邦司空　32
邦中　495, 496, 518, 519

ラ行

洛陽　9, 14, 42, 58, 111, 125, 134～138, 142, 144, 146, 152～156, 160, 161, 169, 170, 181, 182, 185～187, 190, 198, 257, 262, 264, 317, 318, 324, 333, 356, 357, 359, 360, 362, 371～382, 384, 385, 387, 392, 395, 396, 401～404, 406～409, 411～414, 417, 418, 429, 443, 453～457, 459～462, 474, 476, 477, 479, 482, 489, 516

ワ行

枠組み
　(戦国の、戦国時代の)　5, 203, 246, 254, 265, 266, 268, 281～284, 390, 488, 501, 502, 511
　(統一国家、郡県制の)　3, 5, 8, 50, 51, 66, 91, 92, 99, 162, 190, 284, 288, 315, 318, 324, 328, 388, 515, 517

引用史料索引

ア行

逸周書　161
尹湾漢簡　289,444
雲夢睡虎地秦墓竹簡(秦律、秦簡)　14,15,26,28～39,44,45,47～50,52～54,56,358,486,490,492～495,497,498,501,518
　效律　14,15
　秦律雑抄　14,15,495
　　五　518
　秦律十八種　14,15,28,495
　　廐苑律　28,61
　　均工律　28,
　　金布律　28,61
　　工律　519
　　效律　28
　　倉律　28,58,61
　　置吏律　47
　　内史雑律　28,30,43,56
　　一九～二〇　55
　　二八　55
　　三六　55
　　八七～八　55
　　一一一～一一二　55
　　一〇一　518
　　一五七　62
　　一七五　55
　　一八七　55
　　一八八　55
　　一九〇　55
　　一九七　55
　　二〇一　518
　法律答問　14,15,28,490,491,518
　　七二　518
　　一一三～一一四　518
　　一四〇　55,518
　　一七六　518
　　一七七～一七八　518
　　一七九　518
　　一八〇　518
　　一八一　518
　　二〇三　518
雲夢龍崗秦簡　172,358,499
越絶書　337
燕丹子　216,217
鹽鐵論　142,182,196,305,355

カ行

過秦論(賈誼)　231,336,355
　→新書
会稽典録　448
岳麓書院蔵秦簡　12,14,17,18,27,42,43,45～48,50,51,60,62,64,172,175～177,319,358,496,498～508,521,531
　尉卒律　46,62
　置吏律　47
　廷内史郡二千石官共令　43,59,60
　内史郡二千石官共令　43,47,59,60
　内史襍律　43,45,59,64
　内史倉曹令　43,60
　内史旁金布令　43,60
　内史律　43,60
　亡律　529,530,533
　傜律　46
　肆、二四～二五　60
　肆、五三　60,194,524～536,538
　肆、五四(～五八)　60,525,528～531,533～535,537
　肆、八四～八七　539
　肆、九三　60,529
　肆、九九～一〇〇　521
　肆、一〇〇　520
　肆、一〇一　521
　肆、一三二　62
　肆、一三二～一三四　520
　肆、一五六　62
　肆、一六九～一七〇　59
　肆、一七一～一七二　59
　肆、一七五～一七六　59
　肆、一七七～一七八　521
　肆、一九七　521

肆、一九九　172
肆、二一五　521
肆、二二〇　62
肆、二七四　520
肆、二九二　520
肆、二九七　59
肆、三〇二　60
肆、三〇七　59
肆、三一二　59
肆、三二〇　59
肆、三二七　59
肆、三二八　59
肆、三二九　59
肆、三三二　59
肆、三三三　59
肆、三四〇　59
肆、三四三　59
肆、三五三　59
肆、三六六　60, 193, 531, 538
肆、三七五　59
肆、三九〇　59
伍、三九～四〇　520
伍、四五～四六、四七　193, 522
伍、五一　60
伍、五三～五五　519, 522
伍、一四三（～一四四、一四五）　60, 62, 538
伍、一八一　521
伍、一八八～一八九　60
伍、二五四　60
伍、二五六　60
伍、二五八　60
伍、二六〇　60
伍、二六二　60
伍、二六四　60
伍、二九六　61
伍、三一七　521
伍、三一八　521
陸、一三八～一三九　193
陸、二四八～二四九　520
陸、二五二　61
柒、一　521
柒、一～三　194
柒、三　521
柒、八六　521
柒、三〇～三一　519
柒、三三～三四　195, 519
漢官儀　198
漢紀　321～323, 415, 420, 422, 423, 429, 440, 441
漢舊儀　143
漢書　72, 73, 100, 113, 180, 182, 194, 323, 351
1高帝紀　172, 173, 194, 196, 244, 278, 338, 353, 370, 371, 384
4文帝紀　167
5景帝紀　74, 83, 192
6武帝紀　73, 122, 141, 302, 306, 322, 323, 355, 414, 420～424, 426, 427, 429, 440～444
7昭帝紀　97, 130, 131, 134, 143, 195
8宣帝紀　195, 443, 444
9元帝紀　134, 179, 195
10成帝紀　97, 122, 130～132, 141, 143, 179, 353, 414
13異姓諸侯王表　337
16高恵高后文功臣表　141, 443
19百官公卿表（百官表）　13, 25～27, 54～56, 63, 64, 67, 69～75, 79, 80, 83, 86～89, 94, 97, 115～120, 129, 130, 132, 139, 140, 355
22礼楽志　422
23刑法志　341
24食貨志　127, 142, 195, 415, 423
25郊祀志　420, 422, 423, 442
26天文志　141, 178
27五行志　124, 304, 415
28地理志　5, 25, 26, 54, 58, 63, 67, 68, 70～72, 74, 75, 79, 89, 99～101, 104～110, 112, 159, 161, 287, 422, 423, 486, 523, 526, 527
29溝洫志　81, 130～132, 194, 422
30芸文志　444
36楚元王伝　144, 385
39蕭何曹參伝　176, 184
40張陳王周伝　142, 276, 369
42張周趙任申屠伝　94

45蒯伍江息夫伝　422
46萬石直周張伝　443
48賈誼伝　523
49袁盎鼂錯伝　94
51賈鄒枚路伝　75, 76, 87, 88, 96, 444
54李廣蘇建伝　423
58公孫弘卜式兒寛伝　97, 98, 442
59張湯伝　443
63武伍子伝　427
64厳朱吾丘主父徐厳終王賈伝　198, 289, 293, 295, 296, 298, 306, 313, 321～323, 337, 423
65東方朔伝　73, 74, 76, 82, 84, 85, 90, 92, 116, 118, 195, 311, 313
66公孫劉田王楊蔡陳鄭伝　97, 119, 195, 311, 422, 444
68霍光金日磾伝　422
71雋疏于薛平彭伝　141
72王貢両龔鮑伝　143
73韋賢伝　435, 444
74魏相丙吉伝　124, 141, 379
75眭両夏侯京翼李伝　159, 160, 196, 434, 435
76趙尹韓張両王伝　119, 140, 141, 143
77蓋諸葛劉鄭孫毋将何伝　141
79馮奉世伝　324
84翟方進伝　124, 196, 394, 415
85谷永杜鄴伝　142
88儒林伝　95
89循吏伝　143
90酷吏伝　139, 144, 195, 423
94匈奴伝　196, 416, 423, 424, 427
97外戚伝　441
99王莽伝　124, 136, 145, 154, 155, 192, 195, 324, 377, 393～397, 401, 402, 404～406, 409, 415～417, 444, 476
100敍伝　145
顔師古注　72, 74, 83, 97, 112, 148, 159, 399
如淳注　143
『漢書補注』(王先謙)　95(劉攽、全祖望), 97(劉攽、劉奉世、何焯), 112, 139, 143(沈欽韓), 160(劉奉世), 351(王啓原), 383
『漢書辨疑』(銭大昭)　139
『漢書地理志稽疑』(全祖望)　113
管子　219
観堂集林(王国維)　97
韓非子　205, 209, 216, 217, 219, 220, 224, 351
癸巳類稿　231
荊州胡家草場前漢簡牘　62(興律)
芸文類聚　448(班固南巡頌・東巡頌、崔駰東巡頌、張衡東巡頌、馬融東巡頌)
後漢紀　159, 192, 197, 448～450, 468, 469, 478
後漢書　426, 446, 448, 450, 469, 471, 472, 477
1光武帝紀　196, 197, 417, 449, 468, 478～480, 482
2顕宗孝明帝紀　187, 197, 449, 478, 480～482
3粛宗孝章帝紀　447, 448, 457, 464, 479～481
4孝和孝殤帝紀　448, 482
5孝安帝紀　187, 196, 448
6孝順孝沖孝質帝紀　196, 448, 478
7孝桓帝紀　193, 196, 448, 478
8孝霊帝紀　160, 196, 478
10皇后紀　448, 449, 482
伝1劉玄劉盆子列伝　404, 411, 417
伝3隗囂公孫述列伝　196, 405, 415
伝5李王鄧来列伝　449, 479, 480
伝6鄧寇列伝　197, 198, 417, 418, 480
伝7馮岑賈列伝　418
伝8呉蓋陳臧列伝　197, 449, 480

伝9耿弇列伝　157, 416
伝10銚期王覇祭遵列伝　449, 481
伝13竇融列伝　193, 198, 480
伝15卓魯魏劉列伝　448, 481
伝16伏侯宋蔡馮趙牟韋列伝　197, 417, 448, 449, 481, 482
伝17宣張二王杜郭呉承鄭張列伝　196, 197, 449, 481
伝18桓譚馮衍列伝　448, 479
伝20下郎顗襄楷列伝　184
伝21郭杜孔張廉王蘇羊賈陸列伝　198, 448
伝22樊宏陰識列伝　448, 449, 481, 482
伝23朱馮虞鄭周列伝　449, 478, 481, 482
伝25張曹鄭列伝　198, 449, 481
伝26鄭范陳賈張列伝　197
伝29劉趙淳于江劉周趙列伝　449, 469
伝30班彪列伝　482
伝31第五鍾離宋寒列伝　324, 448, 481
伝32光武十王列伝　448, 449, 478, 481, 482
伝33朱楽何列伝　448, 449, 481
伝34鄧張徐張胡列伝　448, 479, 480, 482
伝35袁張韓周列伝　448, 479
伝37班梁列伝　196, 197
伝38楊李翟應霍爰徐列伝　448, 482
伝42崔駰列伝　452, 482
伝44楊震列伝　197, 448, 481
伝45章帝八王伝　448, 482
伝48虞傅蓋臧列伝　197
伝49張衡列伝　196
伝50馬融列伝　448, 482
伝51左周黄列伝　187
伝54呉延史盧趙列伝　192
伝55皇甫張段列伝　196, 197
伝56陳王列伝　197
伝61皇甫嵩朱儁列伝　169
伝62董卓列伝　198
伝63劉虞公孫瓚陶謙列伝　196
伝66循吏列伝　448, 449, 481
伝69儒林列伝　448
伝70文苑列伝　449
伝71獨行列伝　196～198
伝72方術列伝　196
伝73逸民列伝　198, 448, 480～482
伝77西羌列伝　196, 197
続漢書4禮義志上　143
続漢書7祭祀志上　197, 449, 480, 481
続漢書8祭祀志中　448
続漢書9祭祀志下　197, 480
続漢書16五行志四　196
続漢書19郡国志一　370
続漢書21郡国志三　112, 113
続漢書26百官志三　382
続漢書28百官志五　120, 159
続漢書29輿服志上　443
劉昭注　143(漢舊儀), 159(劉劭爵制), 197(東観書), 443(蔡邕表志), 480(漢祀令)
李賢注　160, 198(漢官儀)
『後漢書集解』(王先謙)　161(王會汾)
袁山松後漢書　198
薛瑩後漢書　448
江陵張家山漢墓竹簡→張家山漢墓竹簡
国語　148

サ行

冊府元亀　440, 477
三国志　197(荀彧伝), 478(武帝紀)
裴松之注　478(九州春秋)
三輔舊事　355, 417, 529
三輔黄図　96
史記　72, 73, 100, 113, 175, 215, 269, 351, 359, 383,

512
5秦本紀　232, 270, 273, 361, 381
6秦始皇本紀　55, 97, 149, 159, 193, 194, 221, 223, 224, 228, 230～232, 236, 239, 327, 336, 342, 351～355, 382, 426, 427, 435, 482, 501, 505
7項羽本紀　193, 194, 240, 276, 286, 351, 353, 354, 356, 374, 383, 417
8高祖本紀　97, 113, 136, 142, 145, 175, 193, 194, 196, 240, 242, 248, 264, 273, 275～277, 285, 286, 351, 353～355, 368, 370, 371, 373, 377, 414, 417, 443, 482, 496
9呂太后本紀　63, 136, 194, 233, 264, 377, 414
10孝文本紀　95, 136, 144, 150, 377, 414
11孝景本紀　72, 95, 97, 194, 234
12孝武本紀　420, 422, 423
15六国年表　51, 354, 382
16秦楚之際月表　193, 238, 244, 262, 337, 353, 368, 370, 371, 374, 381, 382
17漢興以来諸侯王年表　51, 75, 97, 107, 110, 113, 142, 159, 233, 247, 255, 262, 263
18高祖功臣侯者年表　124, 141
19恵景間侯者年表　63
20建元以来侯者年表　443
22漢興以来将相名臣年表　72, 194, 416
28封禅書　142, 322, 420～427, 429, 430, 432, 433, 442
29河渠書　142, 195, 422
30平準書　97, 116～120, 122, 127, 141～143, 303, 307, 308, 311, 323, 423～425, 431, 436
34燕召公世家　382
40楚世家　231, 354, 381
43趙世家　355
44魏世家　231, 285
46田敬仲完世家　232
48陳勝世家　243, 285, 353, 355, 364, 365
50楚元王世家　263
51荊燕世家　141
52斉悼恵王世家　63, 194, 249, 250, 264, 414
53蕭相国世家　175, 184
54曹相国世家　277, 285, 353, 368, 372, 382～384
55留侯世家　160, 194, 233, 244, 264, 372, 381, 384
56陳丞相世家　52, 91, 264, 285, 414
57絳侯周勃世家　286, 368, 372, 383, 384, 414
58梁孝王世家　113, 122, 141, 414
59五宗世家　113
60三王世家　135, 264, 385, 392, 414
68商君列伝　230
69蘇秦列伝　230, 231, 347
70張儀列伝　231
71樗里子甘茂列伝　360
72穰侯列伝　285
77魏公子列伝　285, 354
78春申君列伝　204, 207, 212, 217, 219, 220, 224, 229, 230, 355
79范雎蔡澤列伝　230
83魯仲連鄒陽列伝　204～207, 209, 232
85呂不韋列伝　362, 382
86刺客列伝　216, 231
87李斯列伝　230, 337, 363, 366, 382
88蒙恬列伝　382
89張耳陳餘列伝　225, 262, 277, 351, 353
90魏豹彭越列伝　243, 276, 277, 280, 285, 286, 351
91黥布列伝　144, 232, 334, 351
92淮陰侯列伝　232, 264, 351, 353
93韓信盧綰列伝　244, 262, 264, 372, 381
94田儋列伝　259, 260, 264,

285
95樊酈滕灌列伝　353,354,368,372,373,382～384,414
96張丞相列伝　41,94,383
97酈生陸賈列伝　145,351
98傅靳蒯成列伝　286,368,371,383,384
99劉敬叔孫通列伝　194,240,337,342,352,382
100季布欒布列伝　144
101袁盎鼂錯列伝　94
103萬石張叔列伝　311,442,444
104田叔列伝　132,143,422,427,443
106呉王濞列伝　136,144,145,240,249,377,414
107魏其武安侯列伝　414
108韓長孺列伝　233
109李将軍列伝　423
110匈奴列伝　423,424
112平津侯主父列伝　234
113南越列伝　234,235,354
114東越列伝　320
116西南夷列伝　520
117司馬相如列伝　235
118淮南衡山列伝　144,251,263
120汲鄭列伝　97,194,311,321,323
121儒林列伝　80
122酷吏列伝　96,119,139,140,195,310,311,314,323,423,443
123大宛列伝　195,311,435
126滑稽列伝　144
129貨殖列伝　5,173,196,287
130太史公自序　175
『史記集解』(裴駰)　94,193(徐廣),194(如淳),339(應劭),381(韋昭),417(徐廣),496(如淳)
『史記索隠』(司馬貞)　383,416,417(三輔舊事)
『史記正義』(張守節)　351,355(三輔舊事)
『史記志疑』(梁玉縄)　94
『史記會注考證』(瀧川亀太郎)　232
詩経　464
資治通鑑　422,440
七國考　354
爵制(劉劭)　147,159
周礼　148,156
春秋公羊伝　294,295,321
荀子　121,204,206,207,217,219
初学紀　160(洛陽記、洛都賦),192(洛陽記)
尚書　148,426,431,447,450,454,458,463～465,472
新書　121,124,150,159,166,263,298,355,389,398,414,537
→過秦論
新序　207,230,231
水経注　113,422
西漢会要　440
青川県出土田律　55,56
戦国策　55,207,209,215～217,219,229～231,269,285,347,353,355,381
『国策地名考』(程恩沢)　266(管同)
戦国縦横家書　268～274,281,284,285,381,488
「賤臣筡西問秦王」木觚　235
潜研堂文集(銭大昕)　112(「秦四十郡辨」、「秦三十六郡攷」),113(「漢百三郡國攷」)
宋書　444(符瑞志、礼志),475(礼志),476(礼志)
續古今攷　20

タ行

太平寰宇記　416
太平御覧　198(袁山松後漢書),448(崔駰南巡頌・北巡頌・西巡頌、会稽典録),481
張家山漢墓竹簡(二年律令)　14～16,26,34～42,44～48,50,51,54,58,61,91,176,177,237,289,299,417,504,505,523

史律　39
津関令　15,35,53,121,140,167,192,288,298,321,385,389,390,398,527,531
秩律　15,34,40,41,52,63,83,88,280,288,523
置吏律　34,43
田律　35
二一四～二一五　57
二一八　58
二五六　57
四四〇～四四一　57,58
四四五　58
四四六　58
四六八・四四四　58
四九二　140,321
五〇二～五〇三　57
五〇六～五〇七　57,537
五〇九～五〇八(逆順)　57
五一二　57
通志　72
通典　96
東漢会要　477
東観漢記　448～450,456,477,478,480～482
独断　468,471,481

ナ行

二十五史補編　112
二年律令→張家山漢墓竹簡

ハ行

白虎通義　452,464,465,472,480
封泥攷略　139
風俗通義　423
文献通考　72
方言　5,180
墨子　219

マ行

孟子　121
文選　159(潘岳西征賦、班固両都賦),192(鮑昭結客少年場行),193(班昭東征賦)

ラ行

礼記　121,463
洛陽記　170
里耶秦簡　12,14,16～17,19,27,36,42,43,45～48,51,54,64,88,176,319,358,496,498～500,508
更名篇書　16,500,502,512
八－一〇五　47
八－二〇六　47
八－四六一　520
八－六五七　59,98
九－九六五　47
九－二二八三　58,59,98
九－二三五四　47
九－二四七七　172
呂氏春秋　219,231
両都賦　147,159

研究者名索引

ア行

阿部幸信　233, 234, 261, 264, 290, 291, 312, 315, 320, 322, 323, 523
青山定雄　198
明間信行　233
秋川光彦　261, 286
秋元悦子　140, 415
浅野哲弘　193, 261
安作璋　94, 139, 143
晏昌貴　47, 58, 62, 88, 96, 97
伊藤徳男　262
飯島和俊　517
飯田祥子　145, 324, 417
池田敦志　261
池田雄一　16
石岡浩　301, 317, 322, 324
稲葉一郎　440, 477, 483
尹弘兵　38, 39, 58
于豪亮　33, 56
于振波　519
宇都宮清吉　479
薄井俊二　261, 440
江村治樹　20, 30, 37, 55, 56, 62, 328, 329, 351, 356
易図強　356
苑苑　519
閻歩克　63
小澤正人　6, 19
小竹武夫　416
尾形勇　479
越智重明　31, 56, 517
王子今　5, 19, 54, 173, 174, 192, 194, 322, 381, 414
王京陽　440, 441
王四維　62
王樹民　159, 161
王昌富　141
王勇　96
欧揚　60, 504, 508, 521, 522, 531～534, 536, 538
翁明鵬　503, 521
大櫛敦弘　45, 49, 62, 66, 76, 79, 82, 94, 95, 97, 144, 229, 262, 269, 284, 285, 297, 321～323, 327, 350, 351, 355, 357, 381, 382, 389, 392, 445, 482, 495, 518
大津透　161
大西克也　269, 284
大庭脩　94, 95, 140, 191
太田麻衣子　19, 239, 262, 263, 520, 521

カ行

加藤繁　143, 233, 323
何平立　439
狩野直禎　481
賈俊俠　34, 55, 57, 94
郭洪伯　58
影山剛　479
勝畑冬実　198
葛志毅　301, 322
金子修一　161, 439, 441, 442, 479, 483
鎌田重雄　72～74, 76, 77, 86, 87, 94, 96, 139, 140, 233, 237, 261, 263
紙屋正和　20, 63, 123, 132, 140～144, 163, 170, 192, 233, 235, 261, 296, 317, 321, 323, 324, 345, 354, 389, 413
関治中　140, 415, 537
韓兆琦　286
木村正雄　262, 351, 418
鬼頭清明　159, 161
宮長為　33, 57
裘錫圭　33, 56
牛達生　416
許樹安　143
許成　416
曲守約　191
桐本東太　440, 477, 479, 482
金徳建　478
琴載元　287, 384, 505～508, 522, 531, 538
工藤元男　15, 16, 29, 32, 36, 37, 39, 56, 57, 231, 232, 287, 517

栗原朋信　228, 231, 234, 235, 350, 483
邢義田　54, 123, 126, 140, 171, 192, 193, 195
荊三林　382
厳耕望　94, 131, 143, 161, 198, 382, 385
小林聰　234
小南一郎　478
古賀登　517
胡徳経　140
胡方　146
胡宝国　5, 19
顧頡剛　131, 143, 159, 160, 232, 419, 431, 439, 440, 442
呉浩坤　354
呉樹平　478
呉恂　96
呉方基　64, 519, 520
呉良宝　34, 57
孔祥軍　77～79, 86～88, 95, 96
后暁栄　34, 57, 287, 359, 381, 383, 537
高敏　33, 39, 56
黄海　530, 531, 533, 535, 538
黄彰健　105～109, 112, 113
剛紹輝　94

サ行

佐々木仁志　234, 261
佐竹靖彦　246, 262, 383
佐藤武敏　191, 439, 442
佐藤智水　439
佐原康夫　322
崔在容　74～76, 78, 79, 84, 86, 90, 95, 146
斎藤幸子　261
蔡坤倫　414, 417
蔡丹　235
坂出祥伸　6, 19
史念海　140, 193, 415, 417, 537
施丁　416
施之勉　95, 97, 139, 381
塩沢裕仁　140, 160, 192, 324, 415, 416, 537
潮見浩　145
重近啓樹　31, 32, 38, 56, 352, 482
柴田昇　7, 20, 229, 245, 246, 262, 263, 285, 287, 351
下田誠　267, 284
朱漢民　17
朱錦程　519
朱紅林　16, 57
朱聖明　20
周殿傑　198
周海鋒　530, 531, 535, 538
周振鶴　5, 19, 75～78, 86～88, 95, 112, 113, 142, 143, 159, 195, 237, 247, 253, 261, 263, 264, 286, 287, 297, 381, 537
周天游　478
郇蕾　34, 57
初師賓　55
徐衛民　34, 57
尚宇昌　501, 502, 520, 521
白川静　55
沈展如　399, 416
辛徳勇　54, 88, 89, 96, 97, 123, 140, 192
秦文生　382
秦鳳鶴　34, 57
鄒旭光　230
鄒水傑　539
杉村伸二　63, 233, 261, 263, 290～292, 312, 313, 315, 320
杉本憲司　385, 444
薛瑞澤　381, 384
銭穆　383
曽我部静雄　158, 161
宋傑　382, 384
宋秀蘭　382
荘卓燐　57, 140, 322
曹旅寧　60
臧知非　77, 86, 95, 96
孫家洲　233, 234
孫聞博　41, 47, 58, 62, 177, 195, 285, 519

タ行

高津純也　234
高濱侑子　6, 19
高村武幸　145, 324
鷹取祐司　57
楯身智志　233, 286
譚宗義　140, 440, 479, 538
譚其驤　83, 88, 95, 97, 112,

239, 271, 279, 287, 360, 369, 373, 381, 383, 479, 527, 537
張鶴泉　385
張雅娟　40, 58
張金光　33, 39, 56
張韶光　506～508, 522, 538, 539
張新斌　382
張夢晗　42, 58, 59, 519, 520
張量　382
張隣　198
趙志強　40, 58, 98, 99, 112
趙世超　478
陳偉　16, 17, 57, 385
陳梧桐　417, 418
陳鴻彝　352, 354
陳戍国　477
陳松長　17, 60, 537
陳蘇鎮　83, 96
土口史記　62, 64, 285
鶴間和幸　4, 7, 9, 18, 20, 143, 327, 350～352, 439～442, 477, 483, 518, 523
程鐘書　96
田小娟　34, 57
田余慶　234
杜正勝　191
礪波護　198, 417
唐蘭　270～272, 285
冨田健之　143, 320, 323
冨谷至　16, 19, 57, 287

ナ行

中村亜希子　6, 19
中野美代子　440, 477
仁藤敦史　439
西川利文　95
西嶋定生　19, 233, 479
西本昌弘　158～160
布目潮渢　261

ハ行

巴新生　234
馬非百　286, 287, 381～383
馬雍　270, 271, 284
馬孟龍　146, 523
服部克彦　142, 381
濱川(佐藤)栄　193, 292, 307, 312, 320, 323
濱口重国　139
肥後政紀　54, 192, 414
東晋次　481
平勢隆郎　4, 18, 234, 264
廣瀬薫雄　55, 56
傅楽成　20
傅斯年　20
武国卿　383, 417, 418
馮瑞強　94
藤岡喜久男　143
藤田勝久　7, 20, 30, 36, 56, 165, 171, 192, 193, 219, 229, 232, 234, 261, 262, 264, 267, 284, 287, 320, 324, 346, 348, 354, 439, 442, 496, 519
慕中岳　383, 417, 418
彭邦炯　33, 39, 56
彭浩　16, 57
繆文遠　229, 230
堀　敏一　517, 518

マ行

牧野　巽　219, 231
町田三郎　233
松浦千春　479
松崎つね子　6, 15, 19
松島隆真　7, 20, 233, 261, 262, 286
松丸道雄　439
宮宅潔　18～20, 58, 60, 519, 523, 537
宮崎市定　3, 18, 382
目黒杏子　291, 320, 323, 439, 441
籾山明　19
守屋美都雄　481
森谷一樹　36～39, 51, 58, 63

ヤ行

矢澤悦子　517, 518, 521
矢沢忠之　262, 263, 292, 312, 320
山田勝芳　30, 31, 56, 63, 73, 77, 85, 86, 95, 96, 139, 140, 192, 322, 354, 482
游逸飛　39, 58
熊佳暉　235
熊鉄基　94, 139, 143

姚生民　441
姚徳元　94
容肇祖　230
楊華　320
楊寛　229, 272, 285, 351, 352, 354
楊建　57, 140, 192, 321, 322
楊賢軍　233, 234
楊鴻年　143
楊振紅　44, 61
楊長玉　522
吉田歓　161

ラ行

羅運兵　235
雷虹霽　18
李偉　41, 58, 59
李威霖　502～504, 520～522
李開元　193, 234, 261
李暁傑　267, 284, 287, 479
李世龍　477
李成珪　73, 74, 95
李天虹　235
李徳龍　417, 418
栗勁　33, 56
柳春藩　231, 233, 261
劉華祝　414
劉樹友　416
劉曙光　417, 418

ワ行

渡邊信一郎　4, 7, 18, 20, 145, 159, 161, 317, 324, 416, 444
渡邉英幸　19, 41, 44, 45, 49, 56, 61, 62, 234, 495, 512, 517～519, 523, 537
渡邉義浩　479, 480